U0132660

清日戰爭

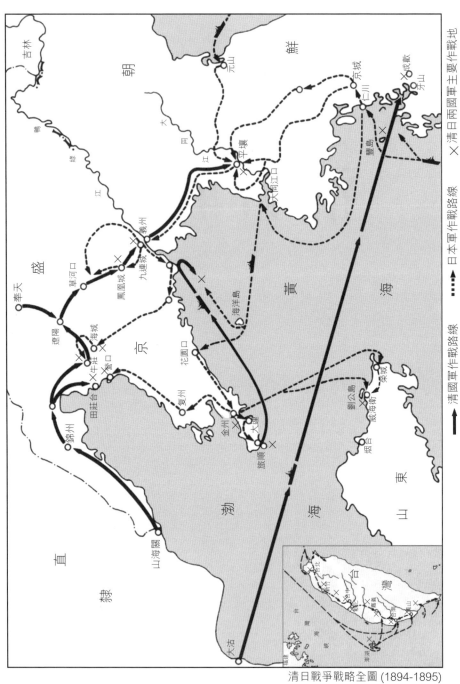

清日戰爭戰略全圖 (1894-1895)

吉林

朝

鮮

盛

京

黃

海

東

山

渤

海

直

隸

元山

京城

仁川

成歡

牙山

平壤

大同江口

豐島

義州

草河口

鳳凰城

九連城

海洋島

奉天

遼陽

海城

花園口

劉公島

榮城

田莊台

牛莊

營口

金州

大連

威海衛

煙台

復州

旅順

錦州

山海關

台

灣

台

彰

新竹

台北

基隆

台中

嘉義

台南

鳳山

澎湖

台

灣

海

峽

福建

大沽

× 清日兩國軍主要作戰地

日本軍作戰路線

清國軍作戰路線

清日戰爭

宗澤亞　著

商務印書館

清日戰爭

作　　者：宗澤亞

責任編輯：徐昕宇

審　　校：黃　東

封面設計：張　毅

出　　版：商務印書館 (香港) 有限公司

　　　　　香港筲箕灣耀興道 3 號東滙廣場 8 樓

　　　　　http://www.commercialpress.com.hk

發　　行：香港聯合書刊物流有限公司

　　　　　香港新界大埔汀麗路 36 號中華商務印刷大廈 3 字樓

印　　刷：美雅印刷製本有限公司

　　　　　九龍官塘榮業街 6 號海濱工業大廈 4 樓 A 室

版　　次：2019 年 11 月第 4 次印刷

　　　　　© 2011 商務印書館 (香港) 有限公司

　　　　　ISBN 978 962 07 6468 4

　　　　　Printed in Hong Kong

版權所有，不准以任何方式，在世界任何地區，以中文或其他文字翻
印、仿製或轉載本書圖版和文字之一部分或全部。

百年前照相技術的發明，記錄了這場戰爭發生的一幕。

日清戰役從軍攝影器第一號　龜井家

出版說明

　　本書所稱的"清日戰爭"，中國依傳統，通常以戰爭爆發當年的干支紀年稱為"甲午戰爭"或"中日甲午戰爭"；在日本則命名為"明治二十七八年戰役"、"日清戰爭"；歐美各國命名為"First Sino-Japanese War"。

　　甲午戰爭源於清日兩國爭奪朝鮮半島控制權，始於 1894 年 7 月 25 日的豐島海戰。清軍在各戰場連戰連敗，最終日軍在遼東、山東及台灣登陸，並徹底摧毀了清朝海軍主力——北洋艦隊。清政府被迫向日求和。1895 年 4 月 17 日，清政府與日本簽署喪權辱國的《馬關條約》，戰爭宣告結束。

　　甲午戰爭對遠東戰略格局產生了深遠的影響，此後，日本迅速崛起。而清朝的慘敗，使國內的改革派對自身的弱點有了更深的認識，開始積極宣傳政治制度的改革。以孫中山為代表的中國民主革命的先行者，也正是在這樣的歷史背景下，創辦興中會，倡導民主革命。

　　甲午戰爭，被視為近代中日矛盾衝突之始。今日之釣魚島、東海等問題，上溯其源，皆與此役有一定關係。至今，雙方關係始終是人們關注熱點之一。出版本書，有助於人們了解中日關係的重要性所在。

　　作者宗澤亞先生歷時數年，大量徵引、採用了日本國立國會圖書館、國立公文書館、外務省外交史料館、防衛省防衛研究所圖書館、東京都立圖書館、武藏野市圖書館、西東京市圖書館等處所藏的日本政府、軍方、民間的史料和文獻，其中包括約 500 幅與戰爭相關的各類照片、繪畫、地圖以及近百張數據表格。這些源自日本文獻的資料翔實介紹了日本政府、軍方、民眾、媒體對戰爭的態度和認識，並對日清兩國當時的政治、軍事、經濟及其制度組織等諸多方面進行了對比。其中許多圖、表、數據，是此前較為少見或不為人們所關注的，此番系統整理出版，具有相當的學術價值，學者可進一步研究，讀者也可從閱讀中啟發思考。

　　通過作者精心整理和分析的日方的文獻、統計資料和數據，有助於讀者更深層次地認知戰爭的時代背景，更細緻入微地觀察戰爭的歷史細節，了解作為戰爭一方的日本，是如何謀劃、準備、應對、看待這場戰爭的。同時也可以明白，一場戰爭的勝負，不單純取決於交戰雙方的武器、兵力、戰術，更取決於雙方綜合實力的對比，包括了戰爭體系是否完備、組織理念是否先進，以及國家體制和政治經濟制度等多方面因素。

作為一部專題史著作，本書內容涉及大量的歷史人物、歷史事件、歷史文獻。在編輯過程中，編校人員查閱了中國學者編著的《中國近代史資料叢刊〈中日戰爭〉》、《中國近代史資料叢刊續編〈中日戰爭〉》、《甲午中日戰輯》、《清光緒朝中日交涉史料》、《中國歷史地圖集》、《中日甲午戰爭全史》、《甲午戰爭史》、《李文忠公全集》、《譚嗣同全集》等史料文獻和書籍，互相印證，以保證著作嚴謹、準確。

本著作依據日本方面保存的檔案材料寫作而成，故其中有些內容、統計數據、事件因果、人物評價等，與中國學界和讀者的認識有所不同。由此形成的觀點和主張，也會有分歧，但這些不妨礙其重要的史料和學術參考價值，值得進一步研究、探討和商榷，也希望能引發廣大讀者對甲午中日戰爭歷史研究和探討的興趣。

感謝作者宗澤亞先生，一遇編輯有疑問，即在日本翻查核實文獻，保證了本著作資料和數據言必有據。感謝黃東博士，為本著所涉及的中國近代史史料進行審定、校對。書中文字若間有錯誤，編輯部責無旁貸，歡迎有識者予以指正。

商務印書館編輯部

2011 年 5 月

目　錄

第一章

清日戰爭

戰爭背景

1 朝鮮之亂

　　同屬遠東的朝鮮國像楔子一樣插在中國、俄國、日本國之間，是列強踏入遠東的最後一塊神秘封地，因此有"隱藏的王國"之稱。朝鮮獨特的自然地貌形成了天然屏障，它的東海岸是一道連綿不斷的峭壁；西海岸是一汪淺灘，港灣仁川可以與海路相連，卻不是一個優良港口，灣內海潮變化頻繁，漲潮和退潮時間相隔短暫。漲潮時艦船可以順海流進入港岸，退潮時強大的回吸力能將艦船引向礁岩，退避不及的艦船會擱淺在淤泥中。朝鮮的地理位置決定了它的戰略意義，成為近代列強爭奪、佔領、蹂躪的受害國。

　　1863 年朝鮮國王哲宗駕崩，無後嗣，奉翼宗神貞王后趙氏之命，由興宣大院君嫡第二子李熙(1852—1919)即位，廟號高宗。高宗未成年，生父大院君作為攝政王執掌政務。朝鮮的吏制推行儒學、朱子學教育，模仿鄰國明清兩朝的科舉制度。出世的學者在朝廷日益形成維護貴族利益的"兩班"勢力，擁有像中國的士大夫、日本武士那樣的特權。當外國勢力欲打開朝鮮國門時，他們首先擔心外來文化會動搖本身物質利益、思想傾向和國內的權貴體制，奉行鎖國政策。清國鴉片戰爭失敗後，西洋文化強行滲入清國的同時，也滲入了朝鮮。大院君的鎖國政策開始在兩班勢力中出現爭議，朝鮮開化派的萌芽誕生。此時，國內廣大農民不滿君主專制下沉重的賦稅、徭役和嚴重的土地兼併問題，反抗朝廷的聲勢逐漸壯大。

　　1866 年在朝鮮傳教的法國神父卡特利庫，因遭到朝鮮宮廷的迫害、追殺而逃亡清國。應神父的請求，常駐清國的法國艦隊七艘戰艦開往朝鮮，佔領了江華島，向朝鮮施加軍事壓力，引發"丙寅洋擾"事件。大院君政權推行強硬的攘夷政策，不屈膝於法國強敵，迫使艦隊撤離。1871 年美國駐華公使藉口數年前，朝鮮燒毀進入朝鮮的美國商船，要求朝鮮開國通商，遭到拒絕。美國六艘軍艦侵入朝鮮，實施了登陸作戰，引發"辛未洋擾"事件。兩國交涉沒有取得任何結果，美國只好退出朝鮮，返回清國。朝鮮長期以來的對外政策和天然的地理屏障，成功阻擋了歐美諸國用炮艦外交敲開國門的企圖，使之成為遠東最後一個頑固鎖國的王朝。

　　1873 年大院君辭去攝政，高宗親理國事，王妃閔氏一族趁機篡取了權力。此

1.1.01　明朝繪製的屬國圖，朝鮮併入明朝版圖。圖中註明："朝鮮乃箕子封國，漢唐皆中國郡邑，今為朝貢屬國之首。古有三韓、穢貊、渤海、悉真、駕洛、扶餘、新羅、百濟、魷羅等國，今皆併入。"

後，大院君派和王妃閔氏派的兩大勢力內鬥加劇，在內政和外交上各持己見針鋒相對。而國政腐敗、貪官污吏橫行，使得民眾苦不堪言，脆弱的朝廷危機四伏，不堪一擊。此時，朝鮮的鎖國政策也引起鄰國日本的強烈不滿，國內"征韓論"的呼聲日益高漲。歐美列強頻繁撞擊朝鮮國門的情勢警覺了日本，一旦朝鮮置於列強的控制之下，日本將永遠失去朝鮮，日本必須在列強之前取得對朝鮮的控制權。

1875 年 5 月日本"雲揚號"等三艘軍艦，侵入釜山港，開炮示威。9 月"雲揚號"再度獨自進入江華島測量海圖，遭到江華島朝鮮守軍的開炮攻擊，"雲揚號"立即還擊，摧毀了江華炮台。12 月日本全權大使率軍艦六艘前往朝鮮，就江華島開炮事件向朝鮮提出抗議，要求兩國締結通商條約。作為朝鮮宗主國的清國政府不願看到朝日間對抗，引來歐美列強的干涉，勸告閔氏一族對日開港。

1876 年朝鮮與日本簽定了《日鮮修好條規》，史稱《江華條約》。日本從朝鮮獲得開港通商和免稅特權，在朝鮮擁有了領事權和裁判權。日本對朝鮮的強權滲透引起西方列強的關注，1882 年美國效仿日本與朝鮮簽訂《朝美修好條約》，英、法、德、俄、意、奧、比、荷、丹等國也步美國後塵，與朝鮮簽訂了類似條約。在江華島不平等條約的框架下，日本商品進入朝鮮享有免稅特權，嚴重衝擊了朝鮮的國有產業。閔妃親日派一族主導的朝鮮政府軍，開始招募日本軍事顧問改造軍隊，編制訓練新軍。軍制的改革觸動了朝鮮舊軍人的利益，招來舊勢力的猛烈反擊。

1882 年大院君在京城煽動軍隊叛亂，衝入王宮，挑起"壬午兵變"。亂兵焚毀日本公使館，殺死七名日本軍事顧問，公使官員被迫趁夜潛逃回國。應朝鮮國王請求，清國駐朝鮮軍隊迅速鎮壓了兵變。兵變事件發生後，日本派遣陸海軍兩個大隊開赴朝鮮，抗議朝鮮的無禮行為，朝鮮國王派遣全權特使金玉均一行前往日

3

本謝罪。清國政府為了平息日本和朝鮮間的緊張局勢，將大院君押送清國軟禁。日本政府則迫使朝鮮政府簽訂了《濟物浦條約》，要求朝鮮向日本賠償 55 萬日圓損害金，允許日本派 1,000 名警衛駐紮朝鮮，保護日本僑民和公使館。事件雖然就此平息，但是清國警覺日本駐軍朝鮮的目的，急速從本土增調 3,000 人的兵力開進朝鮮，向日本施加壓力，兩國軍隊因此形成了對峙的強弩之勢。壬午兵變的結果，導致朝鮮宮廷完全倒向清國，日本在朝鮮處於被冷淡的境地。

1884 年，從日本歸來的朝鮮政治家金玉均等人，在日本軍方支持下秘密組建了資產階級改良主義政黨——"開化黨"。12 月 4 日開化黨策動了挾持國王，企圖推翻王室政權的政變，史稱"甲申政變"。政變一時取得成功，開化黨宣佈朝鮮脫離與清國的宗藩關係，建立獨立國家。緊急之中，閔妃請求清國駐朝大臣袁世凱救援，清軍迅速出兵鎮壓了政變。金玉均等人的政權僅三日便告流產，主謀數人被迫逃往日本避難。政變平息過程中，清軍和日本公使館警衛隊之間發生衝突，日方民眾和軍人均有傷亡。事件驚動了清日兩國政府，為了解決圍繞在朝鮮問題上的糾紛，兩國分別委派李鴻章和伊藤博文在天津會談，雙方簽訂了《天津條約》。條約之一項規定，"今後朝鮮國若有重大變亂事件，清日兩國如要派兵，須事先相互行文知照。"此一條款，為十年後清日兩國軍隊合理出兵朝鮮埋下伏筆。

《天津條約》簽訂後，日本加速對朝鮮的滲透並不斷擴充本國的軍事力量。1886 年，清、日對朝鮮的貿易額之比為 83:17，到了 1892 年，兩國對朝鮮的貿易額之比達到 55:45，水平已趨於接近。日本對朝鮮貿易的急速增長，預示了清國作為朝鮮宗主國的地位發生動搖，清日兩國在朝鮮問題上的矛盾日益深化。與此同時，為了對抗清國飛躍擴展的軍事力量，日本陸海軍急速擴大軍備，國家財政年年增加軍費開支。1881 年，軍費佔國家支出總額的 16%；1883 年為 21%；1890 年為 29%，日本的產業政策，從殖產興業向富國強兵方面轉型。

1890 年，面對朝鮮半島的緊迫情勢，清國以日本為假想敵在旅順擴建要塞，興建大型船塢和機械

1.1.02　日本海軍"雲揚"號，公然闖入江華島灣，測量朝鮮沿海水文，朝鮮守軍奮起炮擊，遭到雲揚艦炮的還擊，摧毀了江華島炮台。1876 年朝鮮被迫與日本簽訂了不平等條約《江華條約》。

1.1.03 1876年2月10日，日本全權正副大臣等107名軍人在江華島登陸，隨同的行員、儀仗兵、軍樂隊、4門加特林速射炮，堂皇開進島府，日軍登陸時，軍艦鳴禮炮21響。

1.1.04 日軍侵入江華島，朝鮮地方官集體出迎。兩國大臣在島內這座廟堂，簽署了《江華條約》。圖為朝鮮官員在迎候日本來使。

工廠，在周圍高地構築永久炮台。來自北方俄國人的威脅更是咄咄逼人，1891年俄國開工興建橫貫西伯利亞的鐵路，在海參崴開設軍港。同年，俄國艦隊訪問日本，展示自己強大的軍事力量。俄國人傳遞的信息非常明確，就是排除日本在朝鮮的勢力，並企圖獲得朝鮮周邊的不凍港，建立俄國在遠東的霸主地位。在錯綜複雜的國際背景下，日軍元老山縣有朋向國會提交了一份軍備意見書，指出俄國的西伯利亞鐵路計劃將在十年後完成，那時日本的假想敵將不是清國而是俄國，日本必須搶在俄國人之前在政治和軍事上確保對朝鮮的控制權。為達到這個目標，日本有必要在清國領地內設立據點，且需要合適的理由打擊清國的軍事力量。

2 清日出兵

十九世紀末，朝鮮李氏王朝的高宗李熙生性懦弱，國家政務的決策權被王后閔妃獨攬。在閔氏家族統治下，朝政腐敗，民不聊生；統治集團內部派系林立、盤根錯節，清國派、日本派、俄國派日益動搖和肢解着國家的權利。再加上外來勢力的侵入和不平等條約的簽署，無異於雪上加霜，使這個原本貧困的國家內外交困，嚴重的內優外患正在把李氏王朝推向崩潰的邊緣。民眾不滿貧窮生活的現狀，各地不斷發生農民反對貪官污吏的抗爭，順應民意的東學教在民間得到廣泛呼應。

朝鮮東學教是教祖崔濟愚獨創的一種排斥基督教和儒教的民間宗教組織，教義傳授説教：每日吟誦13字祝文便能得到好生活，接受靈符祈禱就能去除病災。東學教雖然愚昧，但代表了民眾渴望幸福生活的基本願望，影響不斷擴大。1864年，朝鮮政府以異教邪説之名殘酷鎮壓了東學教，處死了教祖崔濟愚。二代教祖崔時亨繼承先祖衣缽，在朝鮮南部重建教團，公開立幟"為教祖申冤"、"驅逐倭洋"與官府抗爭。1892 年,東學教徒開展集會,要求政府停止對東學教的迫害鎮壓。1893 年,崔時亨親赴京城向國王直訴教祖崔濟愚的冤罪,東學教信徒則在各國公使館附近張貼斥洋標語,由此引發騷亂。清國駐朝鮮大臣(全稱:"欽命駐紮朝鮮總理交涉通商大臣")袁世凱請求李鴻章允許鎮壓東學異教,李鴻章立即命令"靖遠"、"來遠"兩艦開赴仁川。東學教妥協,騷亂得到和平解決。

　　1894 年 2 月全羅道古阜農民不滿郡守趙秉甲的酷政,引發農民暴動,在東學教中堅領袖全琫準領導下,民亂從局部地域擴大到整個朝鮮南部。東學農民軍聲勢浩大,打出"排斥洋倭、懲討貪官污吏、還我民生"的旗幟,數月間發展到數萬人之眾。朝鮮宮廷連續收到地方的緊急報告請求派官軍鎮壓農民暴動,閔氏一族的首輔大臣閔泳駿立即請奏國王發兵討伐,遭到多數大臣的反對。有大臣上奏稱:"東學黨本係良民,因不堪忍受地方官的惡政而蜂起抗爭,朝廷不應武力討伐,應該採用招安之策平息暴動。"閔泳駿的意見被否決後,他秘密拜訪袁世凱,圖謀對策。袁世凱認為,朝鮮軍隊太弱,一旦敗北,農民軍就會侵入京城,那時就可能遭致外國的干涉,必須及時援助朝鮮宮廷,盡快將農民軍鎮壓下去乃上策。5 月 9 日朝廷終於不堪農民軍聲勢的壓力,決定發兵鎮壓,任命京城壯衛營正領官洪啟薰為"招討使",率領京城兵 800 名前往討敵。洪啟薰因在 1882 年壬午兵變時救助王妃避難有功,深得高宗及閔妃的寵信。袁世凱借給朝鮮官軍一艘清國軍艦"平遠"號,加上朝鮮本國汽船"蒼龍"、"漢陽"號,搭乘出征兵八百和野戰炮 4 門、彈藥 140 箱,從仁川出發趕往全羅道群山浦。然而,八百討敵軍面對數萬農民大軍尚未接戰便丟盔棄甲,半數以上的兵卒臨陣而退、四散逃亡。農民軍則趁勢控制了朝鮮南部全羅、慶尚、忠清三個道,聲勢大振。

　　朝鮮局勢日趨緊迫,袁世凱向李鴻章進言,東學黨變亂有利於穩定大清國在朝鮮的宗主國地位,清國出兵鎮壓亂黨可以從政治和軍事上加強對朝鮮的控制。5 月 26 日袁世凱會見閔泳駿。袁世凱說:"貴國南部局勢嚴峻,實在令人擔憂。"閔泳駿回答道:"上國小國之痛癢乃一體事柄,當下戰端危及朝

1.1.05　迎恩門位於朝鮮京城西大門外,專為迎接宗主國皇帝的使臣之用。清朝時,朝鮮大臣要在迎恩門施三跪九拜之禮迎接清國使者。清日戰爭後的 1897年,朝鮮拆除迎恩門,改建獨立門。

1.1.06　景福宮是朝鮮李朝時期京城的五大宮殿之一，建於 1394 年。建築風格酷似中國的故宮。"景福宮"作為皇家宮殿，曾是古近代朝鮮國家政治權力的中心。

廷，全仰仗袁大人援助的好意。"袁説："前日洪招討使兵敗，亂徒依然猖獗，貴朝廷中難道就沒有其他將才了嗎？"閔道："雖選拔了精鋭，但無法馬上進剿，朝廷不希望與東學黨決戰，故陷入現在的被動局面。"袁説："聽聞貴國士兵毫無軍紀不聽從命令，將官怯戰心虛，兵卒畏敵不前，與賊徒相對而不戰，遠隔十餘里聽聞有賊便駐足而逃，此乃討賊乎？。"閔無言以對。袁説："如果我國用兵，只需五日便可蕩平亂賊。"閔道："貴國援兵之事還請袁大人做主。"

　　此時，有大臣上奏高宗："近日局勢緊急，東學黨若只有數千，我討伐兵尚可以剿滅，然如今賊人達數萬之衆，剿滅顯然已是空話。農民軍雖係烏合之衆，但其勢難以抵擋，朝廷只能勸説招安歸順。全羅道、慶尚道、忠清道乃國之糧倉，絕不可失。朝廷可派大臣敕使前往，對貪官猾吏行刑，除之以平民憤，亂民便可一朝退散。"閔泳駿反駁道："哪裏有貪官猾吏，現今刁民者皆稱自己冤罪。聽説那趙秉甲遇襲之日早已去向不明，朝廷即便派遣特使，如何行刑服衆？諸臣招安之説只能是姑息養奸，陛下若圖安治國、平定亂局，應立即向清國借兵剿滅亂黨。"高宗斥責閔泳駿，同意諸大臣的請奏，説道："聞聽東學教徒乃以忠孝為本，為何説臣民為亂黨？"遂委任金鶴鎮為全羅道監司，攜帶諭旨前往農民軍陣營招降。結果事與願違，東學黨沒有接受朝廷的懷柔政策，農民軍乘勝佔領了全州府，慶尚、忠清、平安諸道農民也蜂起北上，意欲總攻京城，形勢迫在眉睫。5月 31 日，朝廷接到全州城陷落急報，朝堂大臣皆大驚失色，一致同意向清國借兵鎮壓亂黨。6 月 1 日領議政總理大臣在請求清國援兵的公文上簽字，由於朝廷內對引進外兵入境仍存異論，文書沒有立即送交袁世凱府邸。此間，洪啟薰招討使再上疏朝廷，呼籲若無外兵救援，則東學亂黨不滅，李氏江山難保。朝鮮近代史上最大的內亂——甲午農民起義進入了關鍵的歷史階段。

1.1.07 此圖為 1895 年，在駐朝俄國公使館鳥瞰京城市街風貌。京城位居盆地，周圍環繞山巒，右側遠方可望見皇家宮殿"光華門"和"景福宮"。朝鮮居民的房屋多為草頂結構，大戶建築保留唐式飛簷風格。

6月2日，日本駐朝鮮臨時代理公使衫村濬，派遣公使館書記生鄭永邦探訪袁世凱，打探朝鮮是否已經請求清國出兵一事。袁道："雙方已經達成內定意向，公文尚未到手。公文一旦取得，待命部隊即可出兵。貴國對出兵朝鮮有何見解？"鄭回："日本政府對朝鮮從無他意。"鄭永邦返回公使館，立即將袁世凱談話稟告了衫村，同時給外務省發出"朝鮮政府有請求清國派遣軍隊之意向"的急電。當日，日本政府召開臨時內閣會議商討朝鮮局勢，會議認為朝鮮壬午軍亂和甲申政變失敗以及目前東學黨起事，均以排斥洋倭為宗旨。日本在朝鮮的政治地位正在受到嚴重打擊，東學黨起義必將危及我駐朝公使館和本邦 8,825 名僑民的安全。會議一致通過保護駐朝公使館和在朝國人安全出兵朝鮮的議案。

6月3日晨，衫村公使親自拜訪袁世凱，圍繞朝鮮借兵之事談話達 3 小時。袁："眼下要想維持東洋和平，當務之急是鎮定朝鮮之亂。東學亂黨是政府及地方官惡政的結果，政府官員的懲戒應首當其衝，若放任自流，鎮定亂黨就是空話，屆時朝鮮勢必受外國勢力干涉，成為各國爭奪的是非之地。依拙者所見，無論朝鮮政府如何施政，當前首要的是鎮定亂民，防止外國干涉招惹禍端。"衫村故意試探袁世凱，"貴國出兵，那我國也不能不出兵，實在令人為難啊。"聞其所言，袁世凱頓時面色大變，說道："為何貴國需要出兵？"衫村："為了保護我公使館和朝鮮的居民。"袁："我國援兵是為了鎮定亂民，絲毫不會危機貴國人民的安全，貴國無需出兵。"衫村："朝鮮政府自己不能鎮壓亂民，既然要向外國借兵，那我國人民依靠外國兵保護豈能安心。而且現在朝鮮國尚無正式請求貴國保護，

1.1.08 朝鮮歷史上國家的象徵——光華門，1395年，朝鮮李氏王朝太祖李成桂所創建。光華門深處有皇家宮苑「景福宮」。歷史上光華門曾幾經磨難，不斷重建。此圖為十九世紀的甲午年，戰爭欲至，光華門前民眾人心惶惶。

我國出兵亦在情理之中。"袁："如果貴國出兵，那麼就會招來其他外國軍隊進入京城，此乃禍亂之端，朝鮮國王是不會歡迎的。"衫村為消除袁世凱的警覺，笑曰："此乃笑談，僅僅是余之空想，切望閣下不必多慮，貴國如確定出兵，務請閣下轉告我國。"在衫村濬看來，袁世凱表面上公平理論，實則滿腹野心，企圖通過援兵入境進一步明確清國和朝鮮的宗屬國關係，為自己建功立業。袁氏口口聲聲絲毫不會傷及日本官民，可1882年朝鮮壬午事變時，正是袁氏派出清兵殺傷日本官民，此人係陰險無信用之人。

　　6月3日，朝鮮政府請求清國派兵的正式公文送到，袁世凱立即電告李鴻章，並把與衫村濬的會談情況作了報告，強調："當前日本國內多事，即便日本出兵，不過也是以保護公使館名義派遣區區百餘兵力罷了，對清國出兵不會構成威脅。"李鴻章贊同袁世凱的意見，決定派兵入朝，隨即電告總理衙門轉奏摺與帝，光緒聖旨云："李鴻章電奏已悉，此次朝鮮亂匪聚黨甚眾，中朝派兵助剿，地勢敵情均非素習，必須謀出萬全，務操必勝之勢，不可意存輕視，稍涉疏虞，派出練兵千五百名是否足敷剿辦，如須厚集兵力，即着酌量添調，克期續發，以期一鼓蕩平，用慰綏靖藩服至意。"當夜，衫村再訪袁世凱，探問："貴國如果沒有朝鮮請求援兵之公文，亂民將對漢城構成威脅，清國有何對應。"袁："朝鮮政府已經下達請求我朝援兵公文，清國準備派發1,500人兵力赴朝鎮定東學民亂。"

　　6月4日，衫村急電東京，報告"昨夜在袁世凱敦促下，朝鮮政府正式交付了請求清國出兵的公文。清國北洋水師威海衛基地已經出航四艘軍艦駛向天津，為

1.1.09 仁川港屬於仁川郡,本是濟物浦的一個小漁村。十九世紀,列強先後進入朝鮮,仁川逐漸開發成朝鮮與世界文明交匯的重要口岸。

1.1.10 1882年日朝簽署《濟物浦條約》,仁川港對日開放,日本租界也並列在各國租界之間,相繼建成了頗具規模的繁華街市。

赴朝清兵的商船護航,日本政府應迅速對應派遣軍隊進駐朝鮮。"清國政府對朝鮮事態的快速反應,引起日本政府的高度警覺,政府根據臨時內閣會議作出的出兵議案,決定搶先完成在朝鮮的軍事部署。

6月5日,日本戰時大本營在參謀本部內設立,下達向朝鮮增派混成旅團的動員令。歸國休假中的駐朝公使大鳥圭介,依照政府對朝鮮的既定方針,緊急調集70名海軍陸戰隊員趕赴朝鮮,與停泊在仁川港的五艘日艦匯合,臨時從各艦抽調海軍加入先遣陸戰隊,組成488人的臨時戰鬥序列,趕往京城日本領事館。伊藤首相考慮到日清兩國外交上的均衡,不贊成派遣大規模軍隊赴朝。但軍方強硬派主張,必須打敗清國在朝鮮的軍事力量,雪"甲申事變"日本敗北之恥,把清國勢力趕出朝鮮。伊藤對清國一貫的弱勢外交,在國會內早已讓許多人感到厭倦,正在組織力量試圖推翻伊藤內閣。事已至此,伊藤別無選擇,只能順應軍方的要求。

6月12日至18日,混成旅團先發部隊完成了仁川登陸的軍事行動。23日,混成旅團主力包圍京城,28日混成旅團全部登陸完畢,兵員增至8,000人,大大超過了駐牙山清軍2,000人的兵力。在清日兩國出兵朝鮮問題上,日本的情報準確、對應迅速、兵力佔明顯優勢。從地理位置上看,清軍駐防牙山偏僻之地,孤兵獨處,前後無援。而日軍駐防京城,兵臨城下控制京畿,且在朝鮮近海有日艦巡航警戒,兩國第一輪軍事對峙日本佔據了絕對優勢。

3　外交紛爭

清國出兵朝鮮的決定,啟動了清日兩國十年前簽訂的《天津條約》中之約定,"今後朝鮮國若有重大變亂事件,清日兩國如要派兵,須事先相互行文知照。"6月

6 日，外務省電信課截獲李鴻章指示駐日公使汪鳳藻，知會日本政府清國出兵的電報。6 月 7 日，汪鳳藻向日本外相遞交照會公文，文中聲明："此番清國派兵援助朝鮮，乃我朝保護屬邦之舊例，清國政府依據 1885 年清日《天津條約》中第三條規定，特知會日本政府。"

日本外相立即回覆照會："承知貴國出兵朝鮮，但日本歷來不承認朝鮮是清國屬國。日本政府為應對朝鮮之亂，保護本國在朝居民安全，也準備向朝鮮派出若干軍隊。"9 日，清國總理衙門再致照會日本："清國保護屬國之行動，乃應朝鮮政府鎮壓國內民亂之請求。然貴國派兵僅為保護居民安全，故無需派遣大軍入朝，並不得進入朝鮮內地。"日本拒絕了清國的要求，表示"日本派遣軍隊入朝，是根據日朝《濟物浦條約》主旨以及日清《天津條約》之約定，屬於條約份內之舉動，與清國的主張無關。"日本為介入朝鮮事務的軍事行動，牽強附會製造了出兵的"合理名份"。

全州陷落，清日兩國出兵，在國內外政治軍事壓力下，6 月 10 日朝鮮宮廷向農民軍妥協，命全羅監司金鶴鎮與農民軍談判。雙方達成《全州和議》，政府承諾了農民軍的要求。1. 停止迫害起義者和東學教徒，政府與東學黨人合力維持社會秩序。2. 查明貪官污吏的罪行，加以嚴懲。3. 嚴懲橫暴富豪。4. 嚴懲不良儒林兩班。5. 燒毀奴婢文書。6. 改善七種賤民待遇，不得強制白丁戴平壤笠。7. 許青年寡婦再嫁。8. 廢除一切擾民的苛捐雜稅。9. 任用官吏打破門閥界限，錄用人才。10. 嚴懲私通日本者。11. 取消一切公私債務。12. 土地應平均分配。合約達成後，農民軍退出全州城，解散返回了故里。

日本派大軍入朝的行為震驚了清國朝廷，命令袁世凱盡快通過外交途徑尋找退兵方案。袁世凱驚恐至極，生怕自己的過失給清國釀出被動戰事，也想極力挽回不利局面。6 月 15 日，袁世凱和大鳥會談，達成"即時同時撤兵"的約定。就在大鳥準備簽字時，杉村代理公使提出，撤兵條約應報本國政府知曉，大鳥因此暫緩簽字。清日兩國駐朝公使代表，早期確實尋求過用外交手段

1.1.11　朝鮮官吏是國政腐敗的禍根，民眾深受官僚權貴的殘酷壓榨，使這個原本貧困的國家，政治混亂、經濟衰敗，陷於崩潰邊緣。

1.1.12　1861年1月，清國設立總理各國事務衙門，簡稱"總理衙門"，係朝廷辦理洋務及外交事務特設的中央機構。其總理大臣一職由親王總領，即為首席大臣。首席大臣只有兩任，分別是恭親王奕訢(任職28年)和慶親王奕劻(任職12年)。清日戰爭中，總理衙門是清國唯一的對外窗口，謂之清國的戰爭智囊。總理衙門之匾額，乃中外各國安福和睦之意。

解決朝鮮問題的做法，原因是大鳥公使那時並不了解伊藤博文和陸奧宗光欲取朝鮮的戰略意圖。

6月15日，日本政府召開緊急內閣會議，伊藤首相提出解決朝鮮問題的新議案，第一、日清兩國共同參與鎮壓東學黨起義軍；第二、亂黨平息後兩國各派代表若干名參與朝鮮的內政改革。如果清國不接受此議案，日軍就不撤出朝鮮。伊藤相信，清政府絕不會同意日本參與朝鮮政治改革，故有意提出讓清政府難堪的議案。

6月17日，陸奧外相向汪公使遞交解決朝鮮問題新議案的公文，同時電訓北京小村公使知會總理衙門。正如所預料的那樣，清政府拒絕了此議案，並譴責日本干涉朝鮮內政的行為。清國強調，"朝鮮內亂已經平息，朝鮮內政改革應由朝鮮自身解決，清日兩國應該立即撤兵。"此時已經進入朝鮮的日本軍，強硬要求政府應該與清國一戰，沒有理由錯失良機無功而返。況且清軍大部隊駐紮在偏僻的牙山，孤兵勢薄沒有優勢，日本應當尋找合適的理由與清國開戰。

6月22日，日本內閣首腦在皇宮鳳凰閣召開御前會議，首相、各大臣、參謀總長、樞密院議長、海陸軍部長，請求天皇"聖斷"，繼續向朝鮮增派軍隊，準備與清國一戰。23日，陸奧外相通知汪公使，日本將在朝鮮駐留軍隊，單獨實施對朝鮮內政的改革。並電訓大鳥公使，混成旅團餘部已經出航赴朝，命令第一批上陸的混成旅團在京城完成集結部署。26日，大鳥公使拜見朝鮮國王，闡述朝鮮內政改革的必要性，同時會見了國王選定的改革委員會成員。27日，混成旅團先遣部隊完成對京城各要地的控制，日、清、朝三國間戰爭空氣如箭在弦。28日，大鳥公使向朝鮮外務督辦趙秉稷發出挑戰性照會，質問朝鮮政府是否仍然承認朝鮮是清國的屬國，要求在翌日立即答覆。

6月30日，俄國駐日公使希德洛夫向日本政府遞交了政府訓電，要求日本應遵從朝鮮政府的要求，日清兩國軍隊同時撤兵。英國外相金伯利也向青木公使轉達了撤兵要求。當日，朝鮮國王發佈《罪己詔》："當前朝鮮國內混亂的原因，完全是由於自身的不德和官吏瀆職所造成的⋯⋯。"儘管如此，大鳥公使還是依照日本政府的既定方針，提出了朝鮮行政、司法、財政、兵制、教育改革綱領，要求改革委員會在規定限期內拿出改革具體意見。

1.1.13　反抗酷吏的民眾被官府投進大獄，佩戴重木鎖具"首枷"的民眾，等待的將是最殘酷的刑罰。

　　7月3日，大鳥公使按照陸奧外相的訓令，要求朝鮮政府進行內政改革，答覆時間限定在8日中午。朝鮮政府被迫任命內相申正熙、內務次官金嘉鎮、曹寅承三位重臣加入改革委員會，與日本共同商談改革事宜。10日，在漢城南山老人亭，大鳥公使會見朝鮮內政改革委員會委員，提出五條二十七項內政改革案綱目，要求三日內決議、十日內實施。改革案要旨七項，第一、恢復議政制，確立六曹判書的權限。第

1.1.14　官府大牢人滿為患，只能把普通房屋改建成簡易牢房，房屋一側用椽子固定成籬障即可收監。

二、嚴格宮中、府中的行為，宮廷不得干涉政務。第三、明確外交責任制，由專任大臣負責。第四、清除派閥、啟用新人。第五、嚴禁買官賣官。第六、嚴禁官吏收受賄賂。第七、漢城及重要港灣間修建鐵路，全國主要都市間架設電信線路。

　　上述限定日期的大鳥改革案，公然干涉朝鮮內政，在朝堂上引起強烈反對呼聲。朝鮮宮廷本無進行改革的誠意，對日本的高壓十分憤怒，可是政府又無力拒絕日本提出的要求。此時，他們唯一的期待就是宗主國大清帝國能有所作為。

　　13日，朝鮮政府在議政府內任命總裁官、堂上官，作出應和大鳥改革提案的姿態。15日，朝鮮政府通告日本，如果日本方面不撤兵，不撤消改革案實施期限，朝鮮的內政改革無法如期實施。在朝鮮內政改革問題上，日本外相陸奧宗光後來在他的《蹇蹇錄》裏吐露實情："當時日本尚不具備與清國全面戰爭的信心，必須製造合理藉口博得國際社會的認同，減少各列強國的譴責。所謂朝鮮內政改革的提案只是空有虛名而已，清國政府一定會拒絕日本的提案。如此一來，阻礙朝鮮國家進步的責任在清國，日本和清國決裂一戰就會名正言順。"

4 列強仲裁

1.1.15 朝鮮政治腐敗、民不聊生，儒家學者冒死靜坐草席陳情上疏，祈求朝廷拯救日漸崩潰的國家。

朝鮮政府同時受到兩個國家軍隊介入的壓力，被迫請求各國政府出面，敦促日清兩軍盡快撤兵。清國也迫切希望緩解緊張局勢，積極展開外交運作，請求西方列強從中周旋，化解戰爭危機。然而日本繼續以所謂改革案拖延時間，無視列強的警告，加速向朝鮮增兵。6 月 30 日，俄國駐日公使希德洛夫送來了政府訓電，向日本政府提出強硬警告："朝鮮的內亂已經平息，日本應遵從朝鮮政府的要求，接受日清兩國軍隊同時撤兵的方案，否則日本將負有重大責任。"俄國政府用"重大責任"一詞，在日本政府看來顯然有通牒的意思，威脅日本對今後可能發生的事件承擔後果。

俄國的強硬介入使陸奧外相感到事態嚴重，陷入進退兩難的境地，他帶着俄國公使的公文，立即前往伊藤首相宅邸"伊皿子"聽取首相的意見。伊藤看過俄國的公文沉默良久，陸奧請求良策，伊藤慢慢開口言道："局面已經發展到了現在的地步，還如何應和俄國的要求，將我軍從朝鮮撤回呢？！"聽到伊藤模棱兩可的表態，陸奧立即回道："尊意與鄙見完全符合，然今後之事態無論演變得如何艱難，都是你我兩人的責任，其他不必多言。"陸奧匆匆離開伊藤宅邸，當夜給日本駐俄國公使西德二郎發去急電，婉轉駁回俄國政府的要求，"日本同意俄國的要求，但目前尚不是應該撤軍的時機。"為了讓與俄國矛盾重重的英國牽制俄國，陸奧同時也給日本駐英國公使青木子爵發去相同內容的電報。

在日清對立的外交問題上，日本最大的擔心莫過於來自俄國的干涉。長期以來，俄國和日本一樣，覬覦在朝鮮半島的利益，朝鮮宮廷內的親俄勢力日漸形成，日俄之間已經暗地裏出現對未來利益角逐的徵兆。朝鮮的內亂導致日本出兵，清國擔心宗主國地位受到威脅，俄國也擔心剛剛形成的親俄勢力受到打擊。雖然在對立的兩個大國面前，陸奧鋌而走險，向俄國表示不撤軍的固執立場，但他內心十分恐懼和擔憂俄國會做出軍事上的強硬反應，因為日本確實還沒有抗擊清俄共同軍事力量的能力。

陸奧獨自向俄國發出反駁書，心中忐忑不安，擔心獨斷行為使日本陷入國家危機。次日，陸奧慌忙向內閣報告了給駐俄公使的反駁文，請求內閣追加承認上奏天皇。陸奧在回憶錄《蹇蹇錄》中寫道："嗚呼，追想當時的情形，至今都毛骨悚然。吾與伊藤伯的短暫會談，兩人竟在默諾間心領神會，雖然僅僅三言兩語卻成就了天大的事情。如果當時兩人或一人稍微動搖，就不會有今日的時局，更不會有受到世界瞻目誇耀的日本。"

伊藤和陸奧向俄國發出強硬反駁書後，俄國政府沒有作出強烈反應。期待東亞國際關係安定的英國，一直對清日間採取等距離外交政策，期待東亞現狀的穩定。英國希望清國政府對日本的朝鮮改革提案盡快作出反應，推動雙方早日撤兵。在清國政府的委託下，英國駐清公使向日本政府作出試探，"如果清國政府對日本政府的提議願意考慮的話，日本是否願意重新對話？"日本答覆："為了朝鮮的政治改革，日清兩國如果願意共同派遣代表參與改革，日本不會拒絕與清國對話。"英國公使向清國政府轉達了日本的態度，同時也告知日本駐清國公使小村壽太郎，"清國政府希望會見日本公使，共同商議日本政府提議的改革諸事項。"可是，清國的總理衙門王大臣奕劻會見日本公使小村時卻表示，"日本的改革案根本沒有甚麼新意，日本不撤軍，任何提議都無法商議。"

7月12日，日本向清國發出強硬通告，"清國拒絕日本的共同改革提案，又無視英國政府周旋兩國合意的好意，仍然堅持日本先撤軍的立場。如此盛氣凌人不聽相勸，將來由此引起的任何事態，清國必須承擔全部責任。"對此，駐日英國臨時代理公使帕則特，向日本轉達了清國政府的回答，"清國政府對12日日本的通告感到非常不快，如果日本真心希望維持和平，應該不會拒絕繼續談判。清國政府希望日本政府提出新的改革提案，如果到7月20日為止日本仍不作出決定的話，清國將派遣十二萬清兵部隊登陸仁川。"

7月13日俄國答覆陸奧外相，表示俄國對日本出兵的抗議到此為止。

1.1.16　東學農民軍順應民意聲勢浩大，揚"排斥洋倭、懲討貪官污吏、還我民生"的旗幟，勢如破竹，擊敗朝廷派來的800招討軍，佔領了全州府。

俄國的退縮讓日本慶幸來自俄國的威脅已經不復存在，可以更大膽地對清國實行強硬政策。15日，朝鮮方面又發來最新情報，報告外務督辦趙秉稷代表朝鮮政府向大鳥公使遞交了拒絕內政改革綱領的回答書，表示在日軍撤軍後，朝鮮政府將自己實施改革。

5　和平破裂

清國和日本兩國終於走向武力對抗的邊緣，日本政府無視清國政府提出的，7月20日為止，再提出改革新案的警告；清國政府也無視日本政府提出的，7月25日為止，停止向朝鮮運兵的通牒，清國皇帝決心與日本一戰。日本駐清國公使館的海軍情報武官瀧川具和大尉、參謀本部情報武官神尾少佐分別報告，20日、21日、22日清國派數艘運兵船向朝鮮運送作戰兵力。日本認定清國政府無視日本的最後通牒，戰爭已經不可避免。日本政府以朝鮮改革案為藉口和清國周旋，贏得了調遣軍隊的時間，而李鴻章對西方列強的調停太寄厚望，錯過了向朝鮮調兵的時機，使清國在朝鮮的作戰力量處於劣勢。

7月18日，駐漢城的大鳥公使向陸奧外相提出包圍朝鮮王宮的請求。陸奧囑其先控制王宮及京城外圍，作戰行動需謹慎不得妄動，防止引起外交紛爭。20日，大鳥照會朝鮮政府，蠻橫提出四項要求，第一、日本着手架設漢城和釜山間的軍用電線。第二、朝鮮政府遵循《濟物浦條約》即刻着手建設日軍兵營。第三、放棄朝鮮是清國屬國論，立即將清國軍隊逐出朝鮮。第四、廢除朝鮮和清國間的各項條約。以上要求必須在22日之前作出答覆，否則日本將採取必要的行動。

7月19日，在仁川的村木少佐向大本營報告，清國駐朝鮮大臣袁世凱未通知各國公使館，深夜秘密從京城出發前往仁川，換乘本國軍艦歸國。袁世凱此時歸國搬兵，顯然是對朝鮮內政的干涉，也許恐懼戰事臨陣脫逃。在離開朝鮮時袁世凱向朝鮮官員放話：「余歸國後，會立即率大軍回來！」袁世凱的歸去，動搖了朝鮮宮廷內的親清派勢力，親日派蠢蠢欲動。

7月22日，面對日本的最後通牒，朝鮮國王和政府別無選擇，只得回覆大鳥說：朝鮮同意放棄清國屬國論，業已向清國駐朝鮮臨時代辦唐紹儀提出了撤軍要求。但朝鮮政府的全面退讓，並沒有阻止日本的咄咄相逼，大鳥終於露出戰爭狂人的真面目。大鳥指責朝鮮的答覆只是口頭應付，朝鮮政府內心其實仍然承認屬國論，此答覆不能算數。大鳥向朝鮮外務督辦趙秉稷遞交了日軍準備進攻王宮的通告文。

7 月 23 日凌晨 3 時，大鳥命令部署在王宮附近的混成旅團向王宮發起攻擊，朝鮮王宮衛隊奮力抵抗日軍的進攻，日朝戰爭開始。保衛王宮的衛隊很快被日軍打垮，6 時 20 分戰事結束，日軍佔領了朝鮮王宮。朝鮮衛隊戰死 40 餘人，餘者降伏。日軍繳獲大炮 30 門、槍械 2,000 挺。日軍戰死 1 人，負傷 1 人。

日本向朝鮮開戰，大鳥公使雖然履行了外交交涉、最後通牒、宣戰照會的戰爭程序，可是日本對國際社會仍然缺少必須開戰的交代，政府唯恐陷入國際譴責的危機。為此，大鳥採用了扶植大院君出山與閔妃勢力對抗的計謀，建立臨時親日傀儡政權，以消除國際輿論的非難。7 月 23 日上午，杉村公使在大院君宅邸出示日本政府的書狀，作出日本只是幫助朝鮮實施內政改革，絕不佔領朝鮮一寸土地的書面保證。大院君同意了日方的要求，但指出必須由朝鮮國王下詔，恭請大院君回宮。11 時大院君收到國王委任他全權處理國政的詔書，在日軍護衛下進入景福宮。一貫奉行鎖國逐倭政策的大院君，搖身變成了日本的代言人。

7 月 25 日，大院君以朝鮮政府的名義，通告清國領事館唐紹儀代辦，即刻廢棄朝鮮和清國的諸項條約，朝鮮委託日軍驅逐駐防在牙山的清軍。當日，日本聯合艦隊在豐島海域和清國艦隊遭遇，雙方發生戰鬥，日軍駐留朝鮮的混成旅團也開始向牙山進攻，清日兩國不宣而戰。

8 月 1 日，清日兩國發佈宣戰文告，大鳥向金弘集為領議政的朝鮮臨時政府遞交兩國關係新條約提案。內容涉及內政改革；開設京釜間鐵路；開設京釜、京仁間電信；招聘日本人擔任政法軍務顧問等七款。案中尤其要求日朝雙方，面向國際輿論對 7 月 23 日發生的王宮戰鬥統一口徑，表明 "日朝間發生的戰鬥，純屬兩國士兵間的摩擦，偶爾發生的衝突事件，事件已經平息，兩國政府對此不再追究。"

8 月 15 日，朝鮮國王裁可了新體制政府的大臣名單，議政府領議政金弘集、左贊成金壽鉉、右贊成李允承，外務衙門大臣金允植、協辦金嘉鎮，內務衙門大臣閔泳達、協辦李埈鎔，度支衙門大臣魚允中、協辦金喜洙，軍務衙門大臣李景遠、協辦趙義淵，法務衙門大臣李用求、協辦金鶴羽，學務衙門大臣朴定陽、協辦鄭敬源，農商衙門大臣嚴世永、協辦鄭秉夏，工務衙門大臣徐正淳、協辦韓耆東，警務使安駉壽，宮內大臣李載冕、協辦金宗漢。

8 月 26 日朝鮮新成立的親日政府和日本締結《大日本大朝鮮同盟條約》，確立了日朝兩國由敵對國轉向同盟國的戰略友好關係，共同驅逐清國在朝勢力。日清戰爭進入了日本和朝鮮兩國對決清國的歷史階段。

6　戰爭的民意

1886 年 8 月 1 日，清國海軍提督丁汝昌率領北洋艦隊途徑日本長崎港，靠岸維修戰艦。李鴻章想藉此機會向日本國炫耀清國實力，藉以打擊日本的氣焰。當時“定遠”、“鎮遠”兩艦是遠東最強大的戰艦，對日本朝野上下刺激極大，國內輿論嘩然。北洋艦隊在長崎停留期間，發生了清國水兵與當地居民的毆鬥事件，使日本民眾對大清帝國產生強烈的厭惡情緒。清國艦隊的來航，加速了日本政府擴充軍備對抗清國的決心，日本國民對清國大陸的關注度開始急劇增高。

清國作為朝鮮的宗主國，在朝鮮極力施加大國的政治經濟影響，幫助朝鮮排斥親日勢力。1894 年 3 月避難日本的朝鮮政治家金玉均，在清國上海遭到朝鮮宮廷派遣的殺手暗殺。朝鮮政府請求李鴻章將殺手洪鐘宇和金玉均屍體引渡朝鮮，得到允可，清國派軍艦“威靖”號專程將兇犯和靈柩送回朝鮮。金玉均的屍體被朝鮮凌遲暴屍於楊花津刑場，其家族也受到株連。金玉均事件在日本引發反清浪潮，5 月 20 日，東京舉行盛大葬儀，安葬金玉均遺髮。清國政府在還屍問題上的做法，激起日本國民的強烈憤慨，征韓論、征清論的呼聲甚囂塵上。日本歷史上把金玉均事件與朝鮮東學教農民軍起義，共同視為引發日清戰爭的直接原因。

1.1.17　袁世凱與大鳥會談達成口頭撤兵協議，卻沒有停止兩國增兵。大院君與閔氏一族恩怨深重，此時遂決意與日軍合作，鏟除閔妃黨族勢力。在日軍護衛下，大院君重返“景福宮”，建立親日政權。

清日兩國開戰後，日本國民對戰爭的關注度激增，各界報紙的新聞、社論、記事一齊轉向戰況話題，激發起國民對戰爭的狂熱。報界派遣戰地記者跟隨作戰部隊和軍艦觀察戰鬥實況，隨時傳遞前線的最新戰報。日本國會在野黨立即停止了對執政黨的攻擊，出現了平靜的政治休戰和一致對外的團結局面。會議通過了相當日本兩年歲入額度的一億五千萬日圓臨時軍費預算，其中一億日圓以公債募集形式向社會籌集。社會名流福澤諭吉等人，在財閥和富豪中為募集公債奔走遊說，第一次 3,000 萬日圓的公債目標額，應募到 7,694 萬。第二次 5,000 萬日圓的公債目標額，應募到 9,027 萬。民間各地及地方政府自發掀起征朝義勇軍活動，相繼組織了義勇隊、決死隊、拔刀隊等團體，向政府請願參加赴朝作戰。8 月 7 日，天皇頒詔："各地臣民、義勇兵之團結，乃忠良愛國之舉，朕至情盡知。然臣民應勤勉操守各自定業不可怠慢，朕之所望乃國民生殖之大要，實為富國

1.1.18　大院君李昰應是國王高宗的生父，有過三次執掌朝鮮政權的經歷。曾經力主推翻外戚專政；廢除儒教書院；加強國防力量等國策。在外交政策上，對東西方資本主義各國持強硬態度，推行鎖國攘夷政策，提出斥洋斥倭口號。由於和國王愛妃閔氏爭權奪勢，結下不共戴天之仇，在傾向清日兩國立場上搖擺不定，被清日勢力左右。日清戰爭的翌年，被親日勢力廢黜，晚年慘淡孤寂死去。謚號"獻懿"，追謚"興宣獻懿大院王"。

強兵之源，今民間自願義兵之舉尚無必要。"義勇軍"禁止詔"發佈後，各地自發團體相繼解散，但是國民的戰爭熱情沒有冷卻下來。這支民間力量作為後備役被軍隊募集為軍夫，十五萬人規模的軍夫大軍，在戰爭中發揮了僅次於軍隊的重要作用。

明治維新後，日本政府一直在努力推進公娼業的廢除。隨着戰爭的爆發，政府限制娼妓業的立場發生了奇妙轉變。國家首次公開接受娼妓為戰爭的捐獻金。娼妓作為國民的一員，在國內掀起了為戰爭捐獻的熱潮，一些娼妓將多年積攢的儲蓄自願獻給國家支持戰爭。在遠征軍集結的地方，雲集了來自日本各地，自願為士兵提供服務的娼妓。娼妓業主趁機大發戰爭財，募集了大量生活貧困的婦女加入軍妓的行列。當時娼妓與妓院的契約酬金增到普通妓月薪 15 圓，美人妓月薪 30 圓的行情。旅順口攻陷後，第一師團徵集新宿十二家大妓院的"奉公女"前往慰問，祝賀日軍的大勝利，場面十分熱鬧。

清日戰爭日本獲得全面勝利的重要原因，是全民的熱情支持，日本民眾贏得了押給明治政府的戰爭賭注。可是彼岸的大清國，朝廷卻在默默無聞的民意中反

1.1.19 清軍敗退平壤。東學黨農民軍再度蜂起，轉戰全州、泰仁、淳昌等地抗擊日軍。11 月起義軍公州之役失利，12 月 28 日全琫準等首領遭降者告密被捕，朝鮮史上規模最大的農民起義失敗。圖為全琫準逮捕後移送的場面。

覆揣摩戰爭，在戰和間搖擺不定。國家靠增加稅賦維持戰爭，甚至挪用國庫巨額銀兩為慈禧太后修園子祝壽。戰爭對清國來說只是皇家的事，戰敗賠償也是皇家割讓自家私有的土地，由自家臣民繳納的稅賦來承擔戰敗的責任。清國朝廷長期的愚民政策，是導致這場無民意支持的戰爭必然失敗的根源。

7　清日兩國宣戰

　　清國光緒二十年、日本明治二十七年，公曆 1894 年 8 月 1 日，清日兩國在同一日宣戰。日本政府的對清宣戰書，先後做了六次重大修改，其中第三、四、五案中包括對朝鮮宣戰的內容。但在此前的 7 月 23 日，日軍佔領朝鮮王宮，朝鮮傀儡政權同意日本的要求，將日本侵入王宮解釋成兩國士兵間偶爾的摩擦衝突。日本和朝鮮間的戰爭因此從宣戰書中刪去，宣戰對象只剩下清國。

　　日本內閣針對宣戰書中的開戰日是 7 月 25 日的豐島海戰日，還是 8 月 1 日的正式宣戰日，出現不同意見。如果宣佈 8 月 1 日為開戰日，8 月 1 日以前出征海外的日本軍人的軍齡就無法加算，各種戰爭待遇撫恤也無法授予。經過反覆協調，最終決定 7 月 25 日為實際戰爭爆發日，8 月 1 日為日清戰爭宣戰日。內閣通過的宣戰書，由伊藤博文總理大臣和內閣諸大臣聯名簽字，提交天皇裁可，一場令全世界矚目的亞洲兩強間的戰爭爆發。

清日軍力

1　清軍戰鬥力

軍事體制

　　清國的戰爭機構以皇帝為最高統帥，由朝廷的軍機處、兵部、總理衙門組成。國家發生動亂或遭到外來侵略時，皇帝命令各省督、撫、將軍、總兵等率軍出征。1894 年 11 月 2 日，清日戰爭爆發已經數月，朝廷才決議新設"督辦軍務處"全權指揮對日作戰，其職能相當於日本的"戰時大本營"，卻滯後了將近五個月。擔任直隸總督兼北洋通商大臣的李鴻章，接受督辦軍務處的指揮，負責東三省及膠州灣地域的防衛，指揮北洋陸軍、北洋水師對日作戰。

　　清軍的部隊沒有番號，通常依據旌旗上將軍姓氏判斷其所屬。陸軍分步兵、騎兵兩兵種，建制中沒有獨立的炮兵、工兵、通信兵、輜重運輸兵等專業性兵種。炮兵混編在步兵營內，炮手在步兵內調用。戰時，步兵營臨時募集民夫，擔任野戰部隊的架橋及炮具、行李搬運等任務。

　　清軍的編制以營為基礎單位，正規步兵營定員 505 人，下設四個哨隊和一個營部，每哨定員 108 人。營官包括參將、遊擊；哨官包括都司、守備、千總。正規騎兵營下設五哨，兵員 263 人、馬 276 匹；一哨 52 人、馬 54 匹；指揮部 3 人、馬 6 匹。數個步兵營和騎兵營組成一個軍，軍分前軍、後軍、左軍、右軍、中軍，由總兵和副將擔任指揮。若干個總兵的部隊組合在一起，構成一個作戰集團，歸陸路提督指揮。各營內配置文官，擔任賬房、彈藥補充、軍糧給養等後勤職能。

　　清軍編制中沒有固定的衛生兵，軍中合格軍醫嚴重不足，和士兵比例相差懸殊。士兵治療費和營養費實施個人負擔制，傷病患者難以得到及時救助治療。騎兵部隊缺少足夠的獸醫，作戰馬匹出現疾病時難以做到及時救治。可以說，醫務衛生人員的欠缺和不足，是造成清軍整體戰鬥力低下的重要因素之一。

　　此外，清軍各營不滿編的情況比較普遍。分散在全國各地的駐軍，分稱"軍"、"勇"、"旌"、"隊"等，均為雜牌編制，以雜牌營冒充正規營，冒領軍餉者不乏其人。若按滿員統計，清軍陸軍合計 862 營，其中騎兵 192 營，總兵員 40 餘萬人。清日戰爭前，日本即參照獲取的清軍編制情報，制定了本國參戰人員的動員計劃。但是在實戰中統計發現，清軍步兵營實際編制多數是 350 人，騎兵營 250 人。按此

1. 2.01　李鴻章嫡系北洋陸軍裝備優良，使用進口和本國仿造的西方槍械，但槍械種類繁多，存在諸多弊端。且非作戰部隊仍以刀劍類冷兵器為主，槍械普及尚處低級階段。

1. 2.02　清國造抬槍是清國自製數量最多的槍械之一，各兵工製造局都曾有過製造的記錄。清日戰爭日軍繳獲的清軍槍械中，抬槍佔 60% 的比例。

1. 2.03　哈乞開司速射機關炮，在清國和日本艦船上普遍裝備。近距作戰連射火力密集，對艦表目標有兇猛殺傷力，但穿甲能力不足。圖為鎮遠艦尾部裝備的 47 毫米哈乞開司機關炮和清國水兵的風采。

類推，清軍戰爭總兵員數約 35 萬。

戰爭期間，清軍臨時徵兵 60 餘萬人，使得陸軍總兵力達到 962,463 人，與日軍總兵力 240,616 人比較，超過日軍三倍。但是清軍大部分散在全國各地，戰時從內地調遣出關作戰的部隊，兵員運輸及後勤支援上存在諸多困難。因此清日戰爭時，清軍實際參戰部隊只有十多萬人，作戰兵員的實際數量劣於日軍。

武器裝備

李鴻章自倡導洋務運動以來，主張軍隊西洋化，積極引進西方先進武器裝備清軍。北洋大臣麾下練軍、勇軍的營隊大多配備洋式槍炮，並聘用外國將校訓練部隊熟悉近代戰法。

清國陸軍的武器主要有四種類型：一、原裝西洋進口槍炮；二、國產仿造西洋槍炮；三、國產清式槍炮；四、傳統刀劍矛類冷兵器。清日戰爭開戰時，清軍裝備了大量毛瑟槍、來福槍、速射機關槍、克魯伯炮等先進武器，其中還有西方先進的連發式步槍。據悉，北洋陸軍早期參戰的精銳部隊，武器裝備優於日軍。戰鬥中，日軍從清軍將校俘虜口中獲知，大約五分之一的清兵使用西洋新式連發步槍，每營配槍一般在 300 支左右。

1881 年，清國的兵器製造局成功

仿製美式加特林輪轉機關槍，又稱連珠格林炮。1884年，仿製德國克魯森式後膛炮、美式諾登菲手搖式多管連珠炮。炮隊配備各種原產和國產山炮、野炮。炮彈種類有銳鋼彈、尖銳彈、堅鐵彈、圓筒彈、榴彈、霰彈、榴霰彈等多種類型。

清國海軍有北洋、南洋、福建、廣東四支水師，總計有大中型艦船82艘、水雷艇25艘，總噸數85,000噸。北洋水師屬北洋大臣管轄，基地設在威海衛，負責旅順、大連灣、膠州灣海域的防衛。南洋水師屬南洋大臣管轄，基地設在吳淞口，負責江蘇沿海和長江水域的防衛。福建水師屬閩浙總督管轄，基地設在福州馬尾，負責浙江、福建、台灣沿海的防衛。廣東水師屬兩廣總督管轄，基地設在廣州黃埔，負責廣東沿海的警備和防衛。

清國海軍的近代化裝備遠超陸軍，主戰艦船都是購置於德國、英國著名的艦船兵工廠。“定遠”、“鎮遠”兩主力艦，艦體裝甲堅厚，裝備4座30.5厘米口徑、6,000米射程的大炮，曾令日本人為之膽寒。海軍擁有操作近代化軍艦的人才，艦隊管帶(艦長)絕大多數出身歐洲軍事院校，具有優秀的海軍院校學歷，被朝廷視為大清國的軍事棟樑，享有清國軍隊最高的待遇。海軍擁有優良的海防要塞體

1. 2.04　清國陸軍主力炮械是德國製克式後膛7.5厘米野炮，單門炮建制為10人一組，炮車配備彈藥箱，在平坦道路移動時可以人力牽引。

1. 2.05　清國陸軍沒有獨立的炮兵編制，炮械混編在步兵營隊內，炮手因需調用。故此，清軍炮兵無法發揮火炮集中攻擊的優勢。圖為清軍馬力牽引式野炮。

1. 2.06　十九世紀末，後膛炮取代前膛炮，清軍進口大炮主要以海防炮為主，步兵活用炮械火力的作戰思想仍處啟蒙階段。圖為老炮手在教授野炮操作的情形，實彈射擊演練非常稀少。

1. 2.07 李鴻章用白銀堆積的清國海岸防禦體系，以虎踞龍盤自居，堪稱亞洲海防要塞之首，但史上並無擊沉敵艦的戰績。圖為1893年清國為裝備旅順、威海衛海軍基地，在德國訂造的28厘米口徑克魯伯巨炮，正在德國埃森港裝船運往清國。因為清日戰爭爆發，而德國為中立國，不向交戰國提供武器，故大炮滯留德國。1896年11月，大炮裝備於廈門，投入海防。

1. 2.08 李鴻章青睞德國造克魯伯系列大炮，先後購買了三百多門，優先佈防大沽口、北塘、山海關炮台，藉以穩固近畿地區的防務安全。李鴻章聘請德國退役軍官漢納根協助建設旅順、威海衛炮台。圖為山海關炮台的清兵防衛訓練。

1. 2.09 1888年12月17日，北洋水師成立，在威海衛劉公島設大本營。北洋艦隊是清國建立的近代化海軍艦隊，實力在南洋、福建、廣東水師之上。北洋水師擁有清軍最優良的裝備和待遇，是清軍士卒嚮往的兵種。

系，配備完善的艦隊後勤支援。炮台炮群的火力，能覆蓋十數里之外的海上目標，令敵艦不敢貿然接近港灣。

從數據上分析，大清皇帝與日本宣戰並非不自量力之舉。清國陸軍有近百萬軍隊的動員力量，幾十萬支槍械，上千門炮械；規模龐大的近代海軍——北洋水師，擁有大小艦船60餘艘；海防要塞旅順、威海衛堅如磐石。且清軍以防禦戰為主，佔有地利的優勢。基於此，大清國面對倭邦小國的挑釁，無論從保衛國土的主權角度考慮，還是為維護東方大國的面子，都有必須與日本一戰的理由。清國人的戰爭思維符合國家利益的基本原則，也符合對本國戰力的評估，清國皇帝相信，憑大清國的實力可以戰勝日本。

2　日軍戰鬥力

軍事體制

明治天皇(睦仁)是日本國家軍事機構的最高統帥，戰爭的決策由內閣、外務省、軍部大本營負責，最後呈天皇裁可。日清戰爭的爆發，就是先由文人內閣挑起外交爭端，繼而軍部強硬派積極主戰，文武勢力聯合以逼宮的方式，迫使天皇恩准開戰。從日本戰爭指揮機構及軍事編制表可見，日軍戰爭大本營直轄海軍省、陸軍省、軍令部、參謀本部、憲兵，擁

1.2.10 明治維新以來，日本軍力得到了迅速成長。日本陸海軍在與清國的軍備競賽中，採取洋為我用，精打細算，立足本國力量的方針，使國家軍事力量得以逐步升級。圖為日本海軍士官在東京日比谷列隊檢閱的場景。

有軍事上至高的權力。強力的指揮體制和嚴謹的編制，形成了能適應近代戰爭需求的軍事系統。

　　1873 年，日本政府對新軍編制實施了重大改革，陸軍合編成七個師團，包括六個師團和一個近衛師團，屯駐國內各地。和平時期，部分師團以屯田兵的形式，在偏遠地方擔任警備、訓練、開墾土地，部隊自給自足、休養生息、積極備戰。第一師團駐東京周邊、第二師團駐仙台、第三師團駐名古屋、第四師團駐大阪、第五師團駐廣島、第六師團駐熊本，近衛師團駐守近畿東京，保衛天皇和政府機構的安全。全軍總計 123,047 人，馬 38,009 匹。上等兵以下戰鬥人員總數 63,360 人，騎兵 2,121 名。野炮 168 門，山炮 72 門。每個野戰師團的編制為，步兵 12 個大隊、騎兵 3 個中隊、炮兵 6 個中隊、工兵 2 個中隊、輜重隊以及獨立作戰配置的諸機關，總員 18,492 人，馬 5,633 匹。各野戰師團上等兵以下戰鬥員 9,600 人，騎兵 303 人，野炮 24 門，山炮 12 門，以及佔總數三分之一強的非戰鬥人員和軍夫。相同規模的兩個或三個野戰師團，根據作戰需要組合在一起編成一個集團軍。軍編制下的獨立作戰體制，在戰時臨時配備野戰電信隊和軍兵站部（後勤部隊）。和平時期由參謀總長擔任全軍的統帥，戰爭時期編成的集團軍和各師團，直屬全軍臨時最高機構大本營指揮。

　　日清戰爭開戰時，日軍諸部隊總動員 220,580 人。開戰後，一些師團兵員得到補充，加上朝鮮半島山嶽地帶不宜使用野炮，炮兵連隊全部改配山炮，清國北部馬糧籌集困難，馬匹用量減少等因素，作戰實際用兵超過總動員數，合計 240,616 人，馬 47,221 匹。除軍事人員外，還派遣高等判任文官、僱員、傭員等 6,497 人。全國僱傭的戰爭臨時軍夫為 154,000 人，主要擔任作戰部隊物資搬運輸送的職能。

1.2.11　旅順黃金山位於旅順港口東側，海拔 119 米，地形險要，與港口西側的老虎尾山遙相呼應，扼守着旅順港出海口。1880 年 11 月經朝廷批准，李鴻章在旅順口興建大船塢，作為北洋水師的補給維修基地。為保證基地安全，以黃金山為中心，周圍山地修建大量永久性炮台，工程歷時 2 年零 5 個月。炮台配

1894 年日清宣戰，全軍編制根據作戰需要進行了調整，增設兩個糧食兵站縱列、臨時攻城廠縱列、第一第二電線架設支隊、臨時南部兵站電信部、臨時東京灣守備司令部、臨時東京灣守備炮兵隊、臨時下關守備隊司令部等編制。9 月以降，再增設第一軍預備炮廠、第一第二軍臨時攻城廠、第二軍兵站電信部，以及各師管轄的臨時預備馬廠、大本營所屬臨時測量部等編制。根據戰地患者送還收容的需要，在廣島、松山、丸龜、熊本、小倉、福岡、名古屋、金澤、豐橋、高崎、佐倉、東京、仙台、新發田、青森、大阪、姬路、大津、對馬、橫須賀、下關等地開設軍隊醫院，接收戰地回歸的傷病兵。

1895 年日軍為準備直隸決戰，在旅順設立統一指揮作戰的大總督府。旅順口、大連灣新設臨時旅順口要塞炮兵聯隊、臨時旅順口炮台監視隊、臨時大連灣要塞炮兵聯隊、臨時大連灣炮台監視隊。各軍新編大橋、小橋架設縱列、第一軍橋樑縱列、第二軍橋樑縱列、臨時海城守備炮兵隊、屯田兵團的臨時第七師團。台灣作戰方面，編成獨立野戰電信隊、聯合艦隊附屬混成支隊。

全軍後方兵站組織，由兵站總監部長全權管轄兵站事務、運輸通信事務、野戰總監事務、野戰衛生事務。兵站總監部的運輸通信長官，統管鐵道、船舶、車馬、電信、郵遞事務。野戰監督長官統管野戰軍會計事務。野戰衛生長官統管

備 24 厘米口徑加農炮，是當時旅順要塞威力最強的新式火炮。炮台專用通道直通老虎尾炮台和其他炮台陣地，構成旅順要塞體系中的重要防禦網。清日戰爭中，要塞不堪日軍打擊，一日之內便陷落敵手。圖為巍巍黃金山炮台陣地上，鳥瞰旅順港灣內的風景，氣魄雄大、顯赫亞洲。

野戰軍衛生事務。各野戰軍有獨自的後方兵站部，統籌管理兵站監部、兵站輜重部、兵站司令部的戰時後勤支援。兵站監部包括：憲兵、法官部、金櫃部、糧餉部、軍醫部、兵站電信部。兵站輜重部包括：第一軍野戰炮廠、野戰兵工廠、炮廠監視隊、輜重監視隊、衛生預備員、衛生預備廠、患者輸送部、兵站糧食縱列。第二軍野戰兵器廠、野戰兵工廠、炮廠監視隊、輜重監視隊、衛生預備員、衛生預備廠、患者輸送部、兵站糧食縱列、兵站電信員、電信預備廠。

　　日清戰爭期間，日本前往海外的僱傭軍夫達十數萬人。軍方重金僱傭大量軍夫的重要理由，是根據日本馬匹體質偏弱，馬匹產地偏遠，徵集困難；而朝鮮和清國本地馬匹和糧草入手不易等現狀，作出由人力補充動力的決定。

武器裝備

　　日本步兵的槍支品種比較單一，主戰部隊的步兵和工兵配備明治十三年式和十八年式村田式步槍，騎兵和輜重隊配備十三年、十八年式村田騎式步槍。部分後備部隊配備美國造比堡迪步槍、英國造士乃德 M1866 步槍，騎兵配斯本瑟仿美式騎步槍。軍官配備英國造轉輪手槍和國產二十六年制式轉輪手槍。裝備村田槍的步兵，每槍攜帶子彈 70 發，大隊小行李中備份 30 發，彈藥大隊備份 100 發，合計平均每人配備彈藥 200 發。村田騎式槍槍型比較短，每槍攜帶子彈 30 發。下

1.2.12　廣島大本營是清日戰爭中,日本最重要的政治軍事中心,負責指揮日軍各戰場的作戰。明治天皇居住在這裏,督導了整個戰爭的過程。大本營僅為小二層建築,中央樹後可望見廣島城天守閣城樓頂。

士以上軍官配備手槍,每人配備子彈 36 發。

　　日軍野炮和山炮是大阪炮兵工廠鑄造的國產青銅炮,口徑 7.5 厘米、野炮彈初速 428.6 米、最遠射距 5,000 米;山炮彈初速 256 米、最遠射距 3,000 米。野炮搬運用六匹馬牽引,山炮炮身和炮架可以分解,用三匹馬馱運。炮兵隨行攜帶炮彈,野炮 142 發,山炮 144 發。後續縱隊預備炮彈,野炮 144 發,山炮 144 發。戰時野炮每門平均 286 發,山炮每門平均 288 發。炮兵攜帶如此數量的炮彈,是為了在補給不足的狀況下,能維持連續打擊的能力。

　　1872 年,日本改革海軍體制,擴充新艦。日清開戰前,日本海軍的軍艦已經達到可以與清國艦隊匹敵的數量。炮艦數 28 艘,噸位 57,631 噸;水雷艇 24 艘,噸位 1,475 噸,合計艦艇 52 艘,總噸位 59,106 噸。海軍裝備的新銳主力戰艦,松島、橋立、嚴島、吉野、扶桑、浪速、高千穗、秋津洲、千代田、高雄、八重山、赤城、比叡組成常備艦隊,戰爭初期俘獲的清軍降艦"操江號"也編入聯合艦隊。老朽艦船用於沿岸防衛警備,後改稱西海艦隊。戰前日本從英國購買的"龍田號"新銳魚雷炮艦,在交貨歸國途中因清日戰事爆發,英國政府宣佈局外中立,將其扣留在也門首都亞丁,於翌年 1895 年 1 月 20 日釋放回國。3 月 19 日,龍田號回到橫須賀軍港,編入西海艦隊。此外,海軍風帆艦 3 艘,日本郵船會社所屬 4 艘大型汽船西京丸、山城丸、近江丸、相模丸,改裝成炮艦徵做戰時軍用船。海軍還有諸如警備艦、練習艦、測量艦、非役艦等非作戰艦隻。

　　清日戰爭開戰前,日本海軍為了與清國海軍作戰,對艦隊進行了重大調整,

1.2.13 日軍聯合艦隊"高千穂"艦上水兵官兵在甲板上的紀念合影。當時日本水兵的服裝已與歐美海軍服式統一。照片中央是 26 厘米主炮。清日戰爭中，日本海軍的綜合能力實質上已超越了清國海軍。

將常備艦隊和西海艦隊合併，組成臨時"聯合艦隊"，艦船分駐在橫須賀港、吳港、佐世保港的三大軍港基地，實行統一指揮。聯合艦隊中的常備艦隊負責對清國海軍作戰，西海艦隊擔負國土防衛。常備艦隊擁有最強的戰艦，艦隊噸位、速度、火力、機動性都保持最強的作戰狀態。戰艦除擔任海上作戰外，也協助陸軍運兵船進行護衛任務。

3　清日兩國軍力比較

清日兩國軍力，單純從武器裝備上比較，不能準確評估一個國家的軍事實力和軍隊戰鬥力。近代戰爭，通常體現的是一個國家的綜合實力。包括兵役制度、武器裝備、交通運輸、後勤保障、野戰通信、軍隊醫療、情報收集、媒體宣傳等諸多環節。

（1）兵役制度

清國軍隊屬於皇帝的皇家軍隊，傭兵體制。日本軍隊屬於效忠天皇的國家軍隊，義務兵體制。日本的國家軍事體制特性優於清國。

（2）武器裝備

陸軍　清軍大炮和機關炮 1,733 門，日軍大炮 294 門，炮械比為 5.9：1。清軍裝備洋槍 23 萬支，舊式槍械 4 萬支，12 萬參戰部隊槍械裝備率為 85%。日軍包括輜重運輸兵在內的戰鬥人員全部配備國產及進口洋槍，槍械裝備率為 100%。從炮械機動性、槍械簡易性、彈藥配套性綜合評價，日軍優於清軍。

1.2.14　日軍七厘山炮炮架早期採用木質，1887 年改制後，炮架改為鋼架。新式炮架強度、重量皆有所增加。七厘山炮的馱馬從定員三匹增加至四匹，分載炮身、炮架、炮車、器具箱、彈藥箱。圖為清日戰爭中，炮手在為馱馬裝載，單匹馱馬負荷的炮身和洗桿，重量約 100 公斤。

1.2.15　日本陸軍的德國教官梅克魯主張 "山炮機動優先論"，運用馱馬搬運能拆卸組裝的山炮，發揮炮械機動性。野炮論者小川又次中將強調 "野炮威力優先論"，主張兩軍炮戰中火力制壓的重要性。清日戰爭中，日軍採用野炮和山炮混編。圖為朝鮮戰場上的日軍野炮炮隊。

海軍　清日兩國海軍都是傾兩國財力武裝的高科技兵種，清國進口戰艦在噸位上名列亞洲海軍第一。1887 年日本加速引進新銳戰艦，至日清開戰，性能優異的戰艦噸位已經超越清國。綜合比較清日兩國艦隊各項指標，日本聯合艦隊優於清國北洋水師。

艦船噸位　清國水師的戰艦數量、噸位、艦種超過日本海軍。清國居優勢。

船體材質　鋼鐵材質裝甲艦，清國 18 艘，日本 12 艘。清國居優勢。

艦船動力　開戰前日本進口的戰艦數量超過清國，蒸汽動力 5,000 馬力以上的戰艦，日本 9 艘，清國 6 艘。日本居優勢。

巡航速度　航速 16 節以上的戰艦，日本 10 艘，清國 2 艘。日本居優勢。其中令各國矚目的日本新購艦 "吉野" 號堪稱世界上最快的戰艦，巡航速度達到 22.5 節。此艦原係清國訂購艦，因資金不足而放棄。

戰艦炮力　前 10 位主戰艦主炮平均口徑：清國戰艦 20 厘米，日本戰艦 22.9 厘米，平均口徑日本佔優。大口徑艦炮的發射速度，平均 1 彈需 1 分鐘以上。速射炮：清國艦無標準裝備。日本有 3 艘戰艦裝備 12 至 15 厘米中口徑速射主炮；8 艘艦裝備 12 厘米中口徑速射副炮。日艦火力佔優。速射炮最大特點是炮彈發射時產生的後座力推動炮身沿滑軌向後移動，降低炮身震動帶來的副作用，保持炮體的穩定性，短時間內可以連續發射。中口徑速射炮發射速度，平均 1 分鐘 6 彈以上。

裝甲防禦　"定遠"、"鎮遠" 艦舷側裝甲厚 35.6 厘米，炮塔 30.5 厘米。黃海海戰中 "定遠" 艦被彈 159 發、鎮遠艦被彈 200 發，均未破穿裝甲。炮塔、彈藥庫、動力等要害部在重裝甲保護下基本完好，保證了艦體戰鬥力沒有喪失。日艦

1.2.16　日軍軍夫的僱傭採取軍民契約承包制，承包業者協助各兵站包攬戰時需求的馬匹徵集、物資調集、被服供給、武器和傷亡士兵的搬運、軍夫管理等複雜業務。惡劣地理條件下，軍夫取代駅馬隊，靠人力完成輸送業務。

包括旗艦“松島”號在內的戰艦被彈 134 發，雖然裝甲沒有清艦堅厚卻沒有被破甲擊沉。

　　艦隊指揮官　清國北洋水師提督丁汝昌，三年私塾學歷，陸軍軍官出身，歷經對太平軍和捻軍陸戰經驗，無海戰經歷。日本聯合艦隊司令官伊東祐亨，東京大學前身幕府“開成所”公派英國留學，歷經炮術學、航海術學專修，參加過薩英戰爭（按：指 1863 年日本薩摩藩與英軍的武裝衝突）和戊辰戰爭（按：指爆發於 1868 年的日本倒幕戰爭），1889 年曾任海軍大學校長。

　　（3）交通運輸

　　開戰前，清國有鐵路 300 公里，海上靠租賃洋船運兵。日本國內鐵路全長 3,200 公里，火車頭 417 輛，客車 1,550 輛、貨車 5,583 輛。陸軍徵用汽船 112 艘 212,636 噸，海軍徵用汽船 24 艘 45,750 噸。日軍兵員及軍需物資搬運效能優於清國。

　　（4）後勤保障

　　日軍設置有“兵站基地”、“積集基地”、“積集主地”、“兵站主地”、“兵站地”、“海運地”的兵站物流系統，成功實現了跨海作戰。清軍後勤保障沒有成熟的兵站體系，實戰中後勤支援鏈不能保障。日軍後勤保障能力優於清國。

　　（5）野戰通信

　　清軍本土作戰，專屬北洋防務的軍事通信網絡電報線達 6,500 里，通訊系統優

1.2.17 明治六年（1873），屯田兵制度開始實施。屯田兵是指在和平時期，駐紮在偏遠地區，擔任開墾和警備的部隊。屯田兵制度，是國家戰爭儲備的重要一環，希望培養一支既能守衛開拓邊疆，又能訓練作戰的部隊，可以做到完全的自給自足。明治時期三十年的開拓計劃獲得成功，移民人口大增。明治三十七年（1904），屯田兵制度廢止。

勢明顯。日本國內通信業發達，軍隊內設通信兵編制，敵國境內作戰，以新設線路和奪取清國原有線路通信為主要手段。野戰通信保障清日兩軍近似。

（6）軍隊醫療

清國軍隊中沒有明確的衛生醫療編制，軍隊內的醫療處於一種渙散的無組織狀態。清日戰爭中，清軍戰場醫療幾乎處於癱瘓狀態，正規的醫療主要來自西方紅十字會的慈善援助。日軍軍隊編制中有嚴謹的軍事醫療體系，如在戰爭中，軍、師團、兵站、佔領地總督部均設軍醫部。下設隊屬衛生員、衛生隊、野戰醫院、衛生預備員、衛生預備廠、患者輸送部、兵站部附屬衛生部員等醫療部門，有效保障了戰場醫療。在軍隊醫療體系方面，日軍優於清軍。

（7）情報收集

清國不重視情報工作，國家及軍事體系中沒有專門的情報機構。國內長期存在大量日本間諜和清國奸細，廣泛搜集清國的政治、經濟、軍事情報。日本重視情報戰的價值，駐外公使館有諜報課，由間諜武官、情報員、偵察員，以及旅居清國的居民，構建情報網絡。戰前、戰中、戰後，日軍都能及時得到清國的軍事動向。清國的戰敗，也被認為是情報戰的失敗。情報工作，日本優於清國。

(8) 媒體宣傳

十九世紀的清朝，延續祖上嚴厲的愚民政策，國人被禁止過問政治，報刊媒體更在嚴控之列，不能為清國在世界上擴展影響。反觀明治維新以來的日本，有效運用了媒體宣傳的作用，"脱亞入歐"的戰略方針，使日本成為亞洲文明國家的象徵。即使在戰爭中，日本政府也成功利用了媒體的力量，使清國處於嚴重的被動之中。媒體宣傳，日本優於清國。

(9) 軍夫體制

"軍夫"體制是日本近代戰爭後勤保障的重要力量，軍夫編入正規軍內，組成受制於軍法的有組織集團。日清戰爭中 15 萬軍夫大軍，為戰爭的勝利奠定了基礎。與之相比，清國軍隊缺少明確的後勤保障體制，戰爭中主要靠清兵本身或沒有組織體制的臨時民工。

朝鮮戰役

1 清日兩軍動向

6月3日夜，北洋大臣李鴻章簽發赴朝征討東學黨的命令。6日至8日，直隸提督葉志超率2,465名士卒，攜山炮4門、臼炮4門。分乘"圖南"、"海晏"、"海定"號汽船，從大沽和山海關出發，前往朝鮮忠清道仁川以南的牙山。臨行前，葉志超電報李鴻章，請求待"圖南"號歸港後，再派蘆防步兵350名，古北口練軍馬隊50騎增援。8日"圖南"號到達牙山，總兵聶士成在"平遠"艦警備下登陸，9日在牙山下寨宿營，準備翌日開始掃蕩東學起義軍。10日未明，聶總兵收到袁世凱從漢城發來的急電，轉達朝鮮國王旨意："現今局勢業已鎮靜，東學民匪四散

1.3.01　奉李鴻章之命，赴朝清軍匯集大沽港登船出發，分乘"圖南"、"海晏"、"海定"三艘汽船，前往朝鮮忠清道仁川以南的牙山，驅剿東學黨農民軍。

1.3.02　清軍利用國內的津唐鐵路，向大沽港輸送兵員，出征士兵與鄉友話別，毫無前程兇險的預感。

而去，希望清軍不要再深入腹地。"李鴻章也指示，為了不給日本出兵藉口，清軍需先在牙山駐屯。"海晏"號10日午後到達牙山灣，葉志超11日進入牙山營地。出發前請求李鴻章增援的兵力，22日大沽出發，24日抵達牙山，25日完成登陸，兵員400人，馬70匹。

6月5日，日本戰時大本營下達向朝鮮增派混成旅團的動員令，第五師團編制下的混成旅團，步兵、炮兵、騎兵、工兵等多兵種的野戰部隊8,000兵力奉命開赴朝鮮。6月5日，歸國休假中的駐朝公使大鳥圭介，緊急湊集70名海軍陸戰隊員，乘軍艦"八重山"號從橫須賀港出發，途徑神戶補充燃料，向仁川方向出航。此時日本海軍"赤城"、"築紫"、"大和"、"松島"、"千代田"艦已經在朝鮮仁川港與豐島一帶遊弋，密切注視事態的發展。9日，"八

1.3.03　6月9日，八重山等五艘日艦匯合仁川港，與停泊在灣內的清國濟遠等四艘軍艦對峙。

1.3.04　6月13日，混成旅團奉命向朝鮮緊急增兵，圖為抵達仁川的先遣部隊乘小船登陸的情形。

1.3.05　大本營新編山縣第一軍第1師團在青山停車站集結，乘火車前往廣島出征朝鮮。

重山”抵達仁川，與“赤城”等日艦匯合，組成臨時戰鬥編制。此時，仁川港內同時停泊着8日到達的清國“濟遠”、“平遠”、“揚威”、“操江”號戰艦。大鳥考慮：鑒於清軍的動向，當前日本在朝鮮的作戰力量必須與清軍勢力均衡，遂決定在仁川港停泊的日本軍艦中，臨時抽調海軍陸戰隊員加入先遣陸戰隊。為躲避清軍耳目，防止清艦窺知日軍調兵情況，488名陸戰隊員趁薄霧實施登陸行動。先遣隊分步槍隊和炮隊兩兵種序列，經陸路和水路向朝鮮京城進發。10日，先遣隊抵達京城日本領事館，完成應付緊急事態的集結。

在清日兩國交涉之際，駐紮在牙山的清軍提督葉志超派出一支部隊前往全州偵查敵情，總兵聶士成認為，如果兩國政府交涉順利，我赴朝軍隊原封不動撤回本國，豈不是無功而返、無戰功可言。遂在與葉提督商議後，自己率步兵、騎兵千餘人、炮3門，前往全州清剿東學黨，然而起義軍已經散盡，蹤影皆無。袁世凱聞訊，急電勸告聶士成撤回牙山，目前兩國正在交涉之中，大部隊行動將不利於談判的進行。聶士成仍然決定在全州駐屯，繼續觀察起義軍動向。

7月2日，袁世凱電報李鴻章，牙山清兵長期駐屯於我不利，部隊應盡快移向平壤或鴨綠江一線待命。李鴻章回電認為，部隊改變原案大舉行動，需要等待朝廷的許可才行。6日，袁世凱電報聶士成，李鴻章準備派船來朝接應部隊撤回國內，10日，聶士成率部撤回牙山。7日，葉志超曾請求李鴻章繼續派大軍赴朝，報告現在日兵患病者甚多，已處於不堪一擊之狀態，正是我軍取勝之良機。李覆電指出：現在各國全力為和平周旋，我軍之行動不能給日本以藉口。當前增兵尚不可行，需安靜鎮守不可妄動。萬一交涉決裂，本官必會派海陸大軍增援。葉志超再電，日本軍力正在增強，列國調停恐無期待，為救援朝鮮，平息事態有兩策可行。上策，清國盡快派大軍赴朝，同時牙山軍以保護清國商民之理由深入朝鮮內地，如果談判失敗，我軍能即刻應對。中策，派商船三四艘，作出接我牙山部隊回國姿態，以此要求日方同時撤兵，日方若不撤兵即暴露其真實面目，我大軍即可大舉增兵。李鴻章將葉的請求轉呈總理衙門，同時提示葉志超，政府正與日本交涉，若突然做出舉兵行動即會給日方造成誤解，上策實施不可。中策朝廷尚在猶豫中，不願意向日本表現示弱姿態，需要等待朝廷的最後決定。

1.3.06　屯田兵奉命開往廣島集結。屯田兵是和平時期日軍駐在各偏遠地擔任開墾和警備的部隊。

1.3.07　抵達仁川的日艦運輸船雲集，正在等待命令，實施換乘登陸艇的登陸行動。

1.3.08　朝鮮百姓用好奇的目光注視進入自己國家的日軍，努力理解這支紀律森嚴的鄰國軍隊。

　　清日談判破裂，朝廷意識到當前形勢緊迫，7月19日命令李鴻章開始向朝鮮大舉增兵。清軍北塘、蘆台、天津的仁字營、仁字副營、武毅軍步兵1,300人，於7月21日分乘英國汽船"飛鯨"、"愛仁"號從大沽出發，23日進入牙山灣，24日在白石浦登陸。天津練軍、親兵前營、護衛營炮兵，計1,200人、炮12門，23日午後乘英國汽船"高陞"號從大沽出發，途中與通報艦"操江"匯合。兩艦25日早晨到達牙山近海時，隱隱聽到遠方傳來激烈炮聲。後來知道是護送"飛鯨"、"愛仁"返回的"濟遠"、"廣乙"兩艦，與日本艦隊遭遇，發生戰鬥。"高陞"號英國人船長傲睨自若，自視是懸掛英國旗的英國船，直闖戰鬥海域，捲入兩軍戰鬥，被日艦攻擊沉沒。結果增

1.3.09　日軍向王宮發起攻擊,王宮衛隊奮力抵抗。6 時許,日軍制壓衛隊,士兵丟下武器四散而逃。這場被稱作戰爭的戰鬥僅三個小時便告結束。

援牙山的部隊只有"飛鯨"、"愛仁"號運送的 1,300 人與葉志超軍匯合,朝鮮半島的清軍總勢僅增至 3,880 人,大炮 8 門。

2　朝鮮王宮之戰

1894 年 7 月 23 日,入朝日軍和朝鮮王宮衛隊之間發生戰鬥。戰鬥雖然歷時短暫,但仍然作為一場兩國的戰爭載入歷史記錄。22 日日軍混成旅團司令部向各部隊發佈以下作戰命令:(1)23 日凌晨 3 時半,部隊向王宮實施威嚇挑釁。(2)王宮警衛隊若行使武力,各隊立即應戰。(3)午前 4 時佔領光賢門、東大門、東北門、南大門、西大門。(4)工兵小隊用炸藥炸開宮門,後續部隊立即佔領王宮。

23 日凌晨 3 時,大島義昌旅團長率領混成旅團實施攻佔王宮的部署,凌晨 5 時包圍王宮,進入攻擊態勢。朝鮮王宮衛隊率先向日軍進攻,日軍即時應戰。埋伏在迎秋門的日軍炸毀大門衝入王宮,衛隊雖頑強抵抗,但寡不敵眾,防線即刻崩潰,士兵逃散。早晨 6 時 20 分,戰鬥結束,大島旅團佔領王宮,控制了國王,收繳王宮衛隊的武器。上午 11 時,日軍護送臨時扶植的朝鮮傀儡政權大院君進入景福宮,組成臨時政府,宣佈廢除朝鮮國和清國間所有條約,簽發公文邀請日軍驅逐在朝鮮駐紮的清國軍隊,兩國當日簽訂了同盟國條約。

日本和朝鮮的王宮戰鬥結果:朝鮮王宮衛隊戰死 40 餘人,日軍繳獲大炮 30 門、步槍 2,000 餘支、軍馬 10 餘匹。日軍戰死 1 人。朝鮮國王、王室成員以及諸大臣被日軍軟禁。

3　成歡戰鬥

7 月 21 日,葉志超接到清國公使館唐紹儀的緊急通報,日本公使強迫朝鮮政

府答應驅逐清軍，我軍必須做好與日軍作戰的準備。24 日，江自康、許兆貴率領的清軍增援部隊 1,300 人，乘 "愛仁號"、"飛鯨號" 到達牙山。26 日，聶士成提議：當前作戰對象正在發生變化，牙山地勢不利於作戰，我軍應立即移師成歡佈陣。聶士成率武毅軍副中營和老前營、正定練軍中營、古北口練軍中營和後營馬隊，合計 2,040 名清兵、炮 8 門前往成歡。翌日上午，副將江自康率仁字營、仁字副營千名清兵在成歡與聶軍匯合。

成歡是全州通往漢城的重鎮，聶士成軍右翼在成歡東南月峰山佈陣，左翼在成歡南面的南山里山丘佈陣，另翼在成歡西面牛歇里險要高地佈陣，構築野炮陣地和堡壘掩體工事。從阻擊敵軍進攻的戰術角度評價，聶軍選擇了適於防禦作戰的互角陣勢地形。28 日，清軍主帥葉志超率正練軍右營、前營、馬隊約千人移向天安，坐鎮聶軍後方。大敵當前，葉帥卻分兵兩路，於相隔遙遠之處為聶軍後援，這種違背作戰原則的戰法，日軍百思不得其解。

7 月 25 日，佔領京城的大島混成旅團，以步兵 3,500 人，騎兵 47 騎，山炮 8 門，準備向牙山進發時，發生了僱傭的朝鮮民夫拐劫馱馬 53 匹及軍糧逃跑的事件，大隊長古志正綱少佐自責引咎，破腹自殺。當時，日軍很難僱傭到朝鮮腳夫，民夫逃跑事件是朝鮮民眾對日軍的一種抵抗行為。面對朝鮮地勢險峻、山路崎嶇、彈藥給養運輸困難的局面，日軍原計劃的陸地戰不得不向後推遲。

27 日，日軍偵查兵探明，牙山清軍主力已經移師成歡，在成歡周圍山地構築堡壘工事，兵力約 3,500 人。29 日凌晨 2 時，日軍武田 12 中隊右翼前衛從素沙場露營地出發，3 時 20 分到達佳龍里附近時，突然遭到清軍小股部隊阻擊，日軍一時陷入混亂，許多士兵跌入河中，傷亡頗多。原來，當時清軍派出天津武備學堂畢業的學生周憲章、余光炘、李國革、辛得林等 10 人冒雨偵查敵情，得知日軍已經接近清軍防區，立即率領數十名清軍在駐地以北安城渡的狹窄要道伏擊日軍。被伏擊的日軍很快恢復鎮定，向清軍展開反擊，雙方激戰 30 分鐘，周憲章等 20 餘名清兵戰死，凌晨 5 時左右，清軍伏擊小隊撤出陣地。戰鬥中日軍企圖迂迴包抄清軍陣地，小隊長山襲造中尉等 22 名士兵，在泗渡過河時陷入河牀淤泥之中，全部溺亡。這場規模不大的遭遇戰，是清日戰爭兩國陸軍最初的陸戰，日本報紙以“安城渡之戰”為題詳細報道了戰鬥過程。大島旅團的左翼部隊，28 日子夜冒雨從素沙場露營地出發，29 日凌晨 3 點到達令通里，聽到佳龍里附近傳來槍戰聲。6 時 10 分，部隊向月峰山、坊主山、新井里進攻。聶士成指揮部隊憑藉有利地勢猛烈射擊敵軍，壓制了日軍的進攻。此時，配置在寶蓮山的日軍炮兵向清軍陣地發起猛烈炮擊，造成清軍慘重傷亡，可是部署在牛歇里的清軍炮兵距敵甚遠，無法打到日軍炮兵陣地。在敵優勢炮火轟擊下，清兵陣勢開始動搖，接着開始大面積潰退。駐守天安的葉志超聞知前方戰鬥，心中膽怯，沒有增援聶軍，聶軍迫於日軍漸趨包圍之勢，丟棄輜重武器向天安方向遁逃。途中聶士成和葉志超軍相遇，兩人決定放棄成歡向全州方向撤退。敗退的清軍因丟棄糧草輜重，一路只得洗劫朝鮮百姓，掠奪財物和食品充飢，清軍此舉，改變了朝鮮民眾的立場。怨聲載道的朝鮮百姓視清軍為仇敵，開始對作戰勇猛、軍紀森嚴的日軍表現出友

1.3.11　日軍第一軍司令部和第 3 師團在仁川登陸。照片上日軍登陸作業繁忙，左側建築是日本郵船仁川支店，右側海邊排放的大型物資是日軍舟橋部隊的鐵舟橋材。岸邊大量的馱馬將物資運出灘頭。

1.3.12 成歡之戰，聶士成軍先頭小隊成功襲擊進攻日軍。主力與日軍激戰戰傷亡慘重。坐鎮天安的主帥葉志超知道聶部陷入敗勢，非但不增援聶部，反而率軍奪路遁逃，聶軍不敵日軍攻勢敗陣而退，向平壤方向潰散。

善。初戰取勝的日軍，在反省日清兩軍初回戰鬥過程時，日本將軍坦誠指出：我軍官兵作戰勇敢、表現不凡，但諸多方面也存在僥倖因素。駐守天安的葉志超軍未及時增援聶軍，加劇了清軍敗勢，葉軍如果共防成歡，清軍就會佔有更多優勢。假如我聯合艦隊 7 月 25 日豐島海戰沒有擊沉高陞號運兵船，成歡清軍的總數量就會超過 5,000 人、大炮增至 21 門，勝負就很難定論。成歡戰鬥結果，清軍死傷 500 餘人、遺棄大炮 8 門、帳篷 90 頂、步槍 30 支、大量槍炮彈藥、軍旗 30 餘面，繳獲的大量軍糧及時補充了糧食短缺的日軍前線部隊。安城渡之戰，日軍戰死 39 人，其中將校戰死 1 人、溺死 1 人、負傷 4 人；兵卒戰死 14 人、溺死 23 人、負傷 50 人。耗費炮彈 254 發、槍彈 67,801 發。

4　平壤會戰

7 月 20 日，清國皇帝發佈出兵諭令，直隸總督兼北洋大臣李鴻章向朝鮮增派援兵。李鴻章最初請劉銘傳出山統領各路軍馬，劉稱自己老朽多病固辭，李只好先讓各路將軍共同商議，相互協調行動。21 日衛汝貴率第一路盛字軍，在大沽乘船經海路赴朝。23 日第二路馬玉昆毅字軍，在大東溝乘帆船沿鴨綠江逆流而上，在朝鮮義州登陸，向平壤進發。第三路左寶貴豐軍，因 25 日豐島海戰失利取消海路，沿東北通往朝鮮的官馬大路入朝。第四路豐升阿奉天盛字練軍，28 日經官馬大路趕赴平壤。

1.3.13 大鳥公使和朝鮮國王的敕使李允，出迎牙山成歡作戰凱旋的大島混成旅團。圖為在萬里倉臨時修建的凱旋門，隆重迎接大獲全勝的大島部隊。

　　成歡戰敗，葉志超、聶士成帶領部隊向平壤方向潰散。7月31日至8月3日，行軍中的衛、馬、左、豐四路將軍分別接到李鴻章命令：迅速佔領平壤，策應陷入困境的葉志超部隊。四路大軍馬不停蹄、日夜兼程、頭頂酷暑徒步數百里，分別於4日至9日間抵達平壤。8月6日，探報牙山、成歡失守，日軍已經佔領仁川、京城，在各要道敷設地雷阻止清軍南下。四位將軍決定暫在平壤下寨，休整兵馬，嚴密監視日軍向平壤移動的動向。就在四將軍猶豫是否南下禦敵時，葉志超、聶士成帶領的成歡殘兵陸續到達平壤。炎熱盛夏中，葉聶殘軍為躲避日軍追擊，選擇渺無人烟的山野溪谷行軍，數十人一伙，百十人一群，攜帶傷病弟兄跋山涉水穿林越峪，在無醫無藥、缺糧少炊的艱難狀況下向平壤方向摸索，沿途丟棄大量武器彈藥。隊伍到達平壤時，部隊已經不成建制，一路減員200多人。兵勇蓬頭垢面、衣衫襤褸，疲憊淒慘之狀給新到朝鮮的清軍極大震撼，沮喪之氣氛開始在清軍中蔓延。

　　葉志超到達平壤後，向朝廷虛報戰績，報告成歡之戰擊斃日軍2,000餘人，我軍戰死200人。謊稱日軍突然大舉登陸，我軍陷入包圍困境，英勇抵抗數萬敵兵的進攻，終於寡不敵眾，退至平壤與各路將軍匯合，請求火速增援。8月23日李鴻章接朝廷上諭，命令在朝清軍向日軍發動進攻。李鴻章電報與四將軍商議攻防形勢，各將報告目前陸續登陸的日本大軍正在向平壤移動，日軍訓練有素作戰勇猛，我軍須盡快增派大軍才能與其抗衡。同時建議：援軍須在平壤通往安州、定州、義州的各海口增加守備，以防日軍從海上登陸，切斷我軍退路。援軍到達平

1.3.14 戰鬥前，平壤制高點牡丹台和玄武門的遠望。牡丹台是清軍重點防衛的陣地，構築了多處堅固的圓形堡壘。日軍在奪取牡丹台陣地時，付出了重大傷亡。

壤後，再舉兵與日軍作戰為上策。李鴻章同意各將意見並啟奏朝廷，同時任命葉志超擔任在朝清軍總指揮，統帥各路人馬。李鴻章偏聽偏信的任命在四將軍中引起不滿，導致日後平壤大敗的結局。

　　清國朝廷的早期作戰目標，計劃用赴平壤的援兵和牙山葉聶軍匯合，對京城的日軍形成夾擊攻勢。可是派往平壤的兵力尚未到達，日軍就擊潰了葉聶軍，使朝廷的夾擊計劃落空，今後對日作戰只能固守平壤與日軍決戰。葉志超清點集結平壤的軍力，衛汝貴盛字軍 6,000 人；馬玉昆毅字軍 2,000 人；左寶貴豐軍 3,500人；豐升阿奉天盛字練軍 1,500 人；牙山殘兵 2,500 人；鎮守平壤的守備兵百餘人，總計約 15,400 餘人、山炮 28 門、機關炮 6 門。李鴻章為增加戰時兵力支援朝鮮作戰，下令徵召新兵。新編賈起勝 8 營、宋得勝 5 營、姜桂題 4 營、潘萬才 3營等，合計 21 營，約一萬人，作為後備軍。

　　9 月 8 日平壤守軍完成禦敵部署，平壤城周邊構築了大量堡壘和各種防禦工事。清國特色的堡壘高 4 米，堡外圍挖掘壕溝敷設地雷，堡內兵勇以堡為藏身之所，可以從槍眼向外射擊。奉軍和盛字練軍防守城北，在牡丹台至並峴高地構築堡壘 5 座，遏制愛美、坎北兩山以南之敵，在乙密台修築胸牆，補強城廓垣壁，配置大炮。牙山軍擔任城西面防禦，在景昌門外高地構築大堡壘，扼制文陽關至安山方向來犯之敵。盛字軍、毅字軍防衛城南外廓，在 4 公里範圍內築堡壘 15座，在大同江平壤外側的船橋里構築堡壘 5 座，城內北角 2 座。城廓內外構築堡壘合計 27 座。清軍把大同門外船橋拆除，大同江附近數十里江船靠向右岸，在

1.3.15　9月8日，平壤清軍完成禦敵部署，在平壤城周邊構築了大量堡壘和各種防禦工事。城廓內外構築堡壘合計27座。圖為9月15日平壤大同江左岸街道的村落船橋里，留下了兩軍會戰時燒毀的民居殘跡。

城廓東南角至對岸架設一座連絡橋。平壤城內到處是備戰的清軍，葉、聶、衛、馬、左、豐的軍旗林立，街道周圍設有八所清軍幕營。12日，提督葉志超下達戰鬥動員令，給各軍增補槍支彈藥，要求各隊做好隨時應戰的準備。表面看起來一切準備就緒，事實上，清軍的現狀並不樂觀，諸將對敗將葉志超心懷不滿，軍內風紀渙散、士氣低下。

日本戰時大本營任命山縣有朋大將為新編第一軍司令官，統帥第三師團、第五師團及附屬部隊，從元山、釜山、仁川登陸。牙山、成歡作戰的大島混成旅團編入第五師團，野津師團長率領14,000人向平壤方面進發。大本營下達本次作戰任務，要求只把清軍驅逐出朝鮮境外，趕回清國而不是殲滅。原因是日本尚未取得制海權，漫長的補給線會給後勤保障帶來諸多困難。野津師團長向軍部請求，在第三師團尚未到達之際，速戰速決奪取平壤。9月12日，山縣司令官在仁川登陸，後續第三師團及其他部隊繼續完成登陸集結作業，命令第五師團按照原定計劃進軍平壤。12日至15日，野津第五師團陸續到達平壤外圍，14日中午，炮兵部隊發起佯攻，炮擊大同門外清軍堡壘，配合步兵進入預定戰鬥位置。

15日凌晨4時，日軍開始向清軍發起進攻。大島混成旅團右翼部隊進攻中碑街東方的長城里橋頭堡，中路攻擊船橋里右側守敵，左翼由羊角島強渡大同江，沿江邊向長城里迂迴。日軍在馬玉昆毅字軍和衛汝貴盛字軍防區內遭到頑強阻擊，猛烈炮火下雙方出現數次拉鋸攻防戰，暴露在開闊地前的日軍傷亡很大。船橋里激戰的同時，日軍左翼在羊角島強渡大同江遭到清軍阻擊。日軍強力炮火很快遏制了清軍火力，清兵開始向長城裡遁退。津野師團主力 5,400 餘人，在黃州十二浦渡江，擔任平壤西線進攻任務。6 時，前衛尖兵在鼎山東南麓附近和清軍安山堡壘發生戰鬥，此時混成旅團、元山、塑寧支隊方面已經開始激戰。師團獨立騎兵隊渡過普通江，進攻平壤中城的西北城牆景昌門堡壘，城內清軍奮力抵抗，左右盛軍和蘆榆防軍向進攻之敵猛射，忽然城中殺出清軍騎兵衝向敵軍陣地，立即遭到日軍炮火殺傷。清軍騎兵隊兩次無謀的衝擊，造成戰馬 273 匹、兵勇 130 餘人的慘重傷亡，清軍只能退守堡壘內防禦，日軍亦不敢越過普通江，兩軍處於對峙狀態。野津接到各部隊報告，"敵兵防守甚固，我軍傷亡嚴重"。當日船橋里戰鬥慘烈，清軍以 2,200 名士兵對陣日軍

1.3.16　清軍勇將左寶貴率兵奮勇禦敵，眼見牡丹台高地被攻克，戰勢極為不利。他換上御賜朝服，衝上城頭督戰，不幸被敵榴霰彈片擊中身亡。左寶貴之勇戰，受到日軍將士仰目，在陣亡之處豎碑一座。

3,600 名士兵，取得了斃敵 140 人，傷敵 290 人的戰果。日軍累計戰死 170 人，負傷 500 人，野津下令休戰，待明日再戰。

平壤會戰的主戰場之一發生在平壤北面。日軍朔寧、元山兩個支隊集中 7,800 餘兵力，於 15 日拂曉分東西兩路向玄武門外清軍堡壘實施夾擊。當日軍接近堡壘時，堡壘內清軍槍彈驟然齊發，其勢迅猛，頓挫日軍。破曉，日軍設於坎北山南麓的炮兵陣地 12 門山炮，集中火力轟擊清軍堡壘和城北防守陣地。日軍發射了對步兵殺傷力極強的榴霰彈，彈丸在清軍陣地上空爆炸，堡壘內清兵死傷慘重，紛紛棄堡而逃，平壤城北四座堡壘及箕子陵陣地陷落。

平壤牡丹台居高臨下，是清軍禦敵的有利陣地，位於平壤城北角築有壁高五丈的堅固堡壘，台內配備野炮三門及加特林機關炮，步兵均裝備七連發步槍，火力強大。日軍從三面向牡丹台發起猛攻，皆被清軍火力壓制。朔寧支隊的炮兵中隊和元山支隊的炮兵大隊，立即把向玄武門射擊的炮口轉向牡丹台，轟擊牡丹台

1.3.17 日軍冒死攀登玄武門城牆，其勇敢在日本國內傳為美談。

堡壘陣地。炮彈炸壞牡丹台胸壁，清兵傷亡慘重，逐漸不支。8時30分，清軍放棄牡丹台陣地潰退。防守玄武門的將領左寶貴，見牡丹台被日軍佔領，決意以死與敵相拼。左寶貴換上御賜朝服，身先士卒，親操火炮發彈，不幸被敵榴霰彈片擊中身亡。左寶貴所部其他營官也相繼陣亡，激戰中的兵勇雖然士氣開始動搖，但仍然堅守陣地，令敵軍無法接近。

清日雙方幾番交火，旗鼓相當，清軍憑藉堡壘防禦佔有較大優勢。此時城內清軍統帥葉志超卻喪失續戰信心，召集眾將商議撤兵之策。各路將軍中除馬玉昆主張抗敵外，其餘將官皆同意棄城。朝鮮官員平安道監司閔丙奭見清軍欲撤兵平壤，央求無果，無可奈何。下午4時，平壤下起大雨，城內清軍停止了槍炮射擊。玄武門、七星門、靜海門、大同門等處清軍陣地同時掛出了白色降旗，日軍見狀也停止了炮擊。4時45分，七星門城內出來一名朝鮮人信使，冒雨來到日軍陣前傳遞城內書信。佐藤大佐展開被雨水浸濕的書信，推讀信中漢文："平安道閔丙奭致書大日本領兵官麾下，現華兵已願退兵，依照萬國公法止戰，伏俟回教，即揚白旌回國望勿開槍，立候回書。閔丙奭"。日軍派出一名士官來到城門下，大門被炮車頂住僅露一隙。雙方語言交流不暢，故相互筆談，士官要求清軍打開城門即刻受降，否則白旗投降不能算數。清兵代表堅持今日已晚且大雨瓢潑，定於明早開城。野津師團長判斷，清軍的降伏或許是緩兵之計，為防清兵逃跑，命令各隊保持警戒態勢。

葉志超命掛白旗談判的背後，其實隱藏着其欲敗逃的玄機。傍晚6時，大雨滂沱，暮色昏暗，清軍各部兵勇已經開始擅自逃亡。是夜8時，清軍開始撤退，葉志超傳令輕裝持械，趁夜出城。但大隊清兵急於突圍，毫無秩序，人馬從七星門、靜海門爭相蜂擁而出，也有攀

越城牆而去者。逃出的清兵取甑山大道
一氣向北狂奔，埋伏在通往義州大道的
元山支隊及埋伏在甑山大道的第五師團
主力部隊，伏擊逃跑的清軍。黑暗中各
警戒部隊向人馬運動聲音的方向猛烈射
擊，終夜槍聲不斷。那些白日作戰勇猛
的兵勇，被自己怯懦將軍葬送於逃跑的
命令中。清兵在敵軍的亂槍之下，混
亂、踐踏、中彈、哀嚎，悲淒之聲通宵
不絕。第二天早晨，透過薄霧觀望，僅

1.3.18　下午 4 時，天降瓢潑大雨，平壤城內清軍槍
炮嘎然停止。玄武門、七星門、靜海門、大同門等處
清軍陣地，同時掛出了白色降旗。一名朝鮮使者舉白
旗，從七星門出來與日軍交涉投降。

一個日軍步哨線前就留下被擊斃的清兵屍體 200 有餘及眾多馬匹，被擊斃者總數
達 1,500 餘人。次日凌晨，日軍佔領平壤城空城。黎明 5 時，日軍搜索俘虜，清理
戰場，7 時，野戰醫院開設，收容負傷清兵。

　　平壤會戰，清軍在無謀的潰退中傷亡慘重。24 日赴朝參戰的清軍各部隊，
陸續越過鴨綠江退至東北境內，清日朝鮮戰役結束。清軍參加平壤會戰的總人數
15,500 人，實際作戰員人數約 13,000 人，山炮 28 門、野炮 4 門、機關炮 6 門。
戰後日軍統計戰果，戰死者總兵左寶貴以下約 2,000 余人，負傷者推計 4,000 人以
上；被俘者 513 人，其中朝鮮人 14 人；收容負傷清兵 82 人，朝鮮人 2 人；乘馬
及馱馬 250 匹，大車 156 輛；繳獲炮類，野炮 4 門、山炮 25 門、機關炮 6 門、炮

1.3.19　平壤會戰，
清日雙方兵力旗鼓相
當，清軍憑藉堡壘防
禦佔據優勢，打退日
軍多次進攻。在雙方
膠着狀態下，主帥葉
志超喪失續戰信心，
率先主張退兵。試圖
用假降之計，趁夜棄
城逃跑。圖為清軍大
部隊尚未正式出城突
圍，已有清兵兩人一
組、三人一夥，從城
內溜出，私自逃亡。

1.3.20 按照葉志超的撤退命令，城內清軍丟棄全部輜重，湧出城門向多個方向潰逃。無序撤退，人呼馬鳴雜亂無章，遭到日軍埋伏。一千五百餘名清軍士卒沒有戰死疆場，卻魂喪逃跑的不歸途。

彈 900 發；步兵連發步槍 470 支、騎兵連發槍 80 支、單發步槍 409 支，火繩槍 201 支、手槍 5 支；步槍子彈 76 萬發；槍劍 721 把、青龍刀 15 把、紅纓槍 11 根、清劍 380 把；繳獲軍糧相當 15,000 人 1 個月分量，糧米 2,900 石、雜穀 2,500 石；行軍帳篷 1,000 餘頂、軍鍋 350 口；金磚 43 公斤、金錠 53 公斤、銀錠 540 公斤、錢幣及大量文件書信。

日軍參加平壤會戰的總人數 14,000 人，包括了步兵、騎兵、炮兵、工兵等多兵種，實際作戰員人數 12,000 人，山炮 44 門。師團本隊、混成旅團、元山支隊、朔寧支隊合計戰死 180 人、負傷 506 人、生死不明 12 人。消耗炮彈：榴彈 680 發、榴霰彈 2,128 發、霰彈 16 發、槍彈 284,869 萬發。

平壤會戰是近代以來清日兩國陸軍正規部隊首次大規模陣地戰之範例，也是日本對清國陸軍力量的試探。作戰之初，日軍沒有百分之百勝算，戰爭僅限於驅逐清國在朝鮮的軍事力量。可是作戰結果暴露了清軍的脆弱，日本相信這支軍隊根本沒有保衛國家的能力，進而堅定了將戰爭擴大到清國本土的決心。朝鮮戰役後，各國從軍武官述評清軍"作為遠東大國的國家軍隊，顯然不具備近代軍隊的素質。儘管清軍擁有洋式精良裝備，但戰術陳腐，將官和兵士缺少軍人應有的鬥志。成歡和平壤之戰一日即敗、潰不成軍，清軍是一支不堪一擊的軍隊。"

清日大海戰

　　清日戰爭，清日兩國發生過兩次海戰和一次艦隊保衛戰。作戰雙方的海軍是清國"北洋水師"和日本"聯合艦隊"。第一次海戰"豐島海戰"，在朝鮮近海的豐島附近。第二次海戰是"黃海海戰"，發生在鴨綠江出海口大東溝，別稱"大東溝海戰"、"鴨綠江海戰"，日本亦稱"海洋島海戰"。艦隊保衛戰在清國山東半島的威海衛，中國史稱"威海衛保衛戰"。近代清日兩國的海戰意義深遠，對世界各國海軍的發展產生了重要影響。

1　豐島海戰前動向

　　1894 年 7 月，清日兩國的外交交涉面臨破裂，清國皇帝決意與日本一戰，敦促李鴻章加緊備戰。7 月 9 日，北洋水師諸艦完成在威海衛軍港的集結，開始在朝鮮海域值班巡航。16 日，北洋水師提督丁汝昌親自率領艦隊，前往朝鮮海域巡航，為大清國壯勢。20 日，清國皇帝發佈出兵諭令，直隸總督兼北洋大臣李鴻章開始向朝鮮增派援兵。為此，清國僱用英國籍商船愛仁、飛鯨、高陞號，每日從

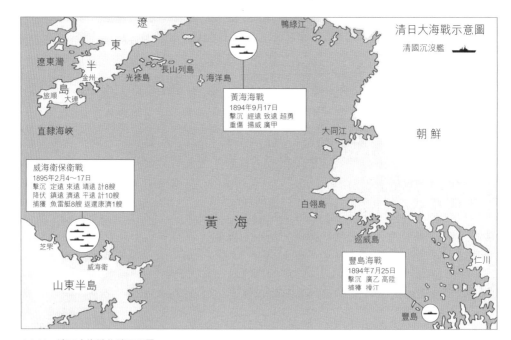

1.4.01　清日大海戰作戰示意圖。

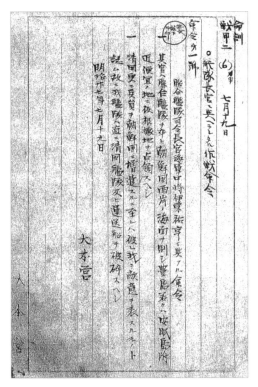

1.4.02　聯合艦隊作戰命令。1894 年 7 月 19 日，大本營密令聯合艦隊司令長官伊東祐亨，控制朝鮮西岸海域，在豐島、安眠島附近建立臨時根據地。阻止清國向朝鮮增兵，若清艦隊對我敵意，可以摧毀清國艦隊和運兵船。

大沽港啟程，滿載兵勇、軍馬、軍餉、糧食和武器彈藥，在北洋艦隊戰艦護衛下，往返於清國和朝鮮國之間。

7 月以來，清日兩國外交對話持續惡化，駐在夏威夷的日本戰艦奉命回歸本土，在佐世保軍港集結。19 日，日本海軍為應對戰爭，進行重大人事和艦隊編制調整，樺山資紀出任海軍軍令部長。海軍常備艦隊和西海艦隊合併成"聯合艦隊"，任命伊東祐亨中將為聯合艦隊司令長官。19 日，大本營向聯合艦隊下達兩項密令，第一"為掌握朝鮮半島制海權，方便艦隊機動，海軍在朝鮮近海魚隱洞設立臨時根據地"。第二"今後若發現清國向朝鮮的增兵船，可以實施破碎行動。"

23 日，海軍除老朽艦、風帆艦、水雷艇留守國內警備軍港、要塞之外，其餘戰艦全部編入聯合艦隊參加遠征。司令官伊東中將，率旗艦松島及千代田、高千穗、橋立、嚴島；第一遊擊隊司令官坪井少將，率旗艦吉野及秋津洲、浪速；第二遊擊隊旗艦葛城及天龍、高雄、大和；艦隊附屬母艦比叡；水雷艇小鷹、第 7、12、13、22、23 號艇；運送船門司丸；護衛艦愛宕、摩耶，奉命起錨出航朝鮮海域。坪井少將率領第一遊擊隊為先鋒，伊東司令官率領本隊從佐世保軍港出發，實施阻止清國向朝鮮增兵的任務。

駐上海、天津的日本公使館，啟動潛伏大陸的間諜網，全力收集清國的戰前情報。各種軍政信息匯集領事館，被迅速傳遞到戰時大本營。情報確定清國皇帝發佈出兵諭令後，李鴻章開始向朝鮮增兵，僱用英國籍所屬商船愛仁、飛鯨、高陞號擔任運兵船。停靠大沽港的愛仁號，21 日午後出發，載兵 1,150 人、彈藥 116 箱，繞道煙台，預定 24 日午前到達牙山港。飛鯨號，22 日傍晚出發，載兵四個營、軍糧 800 石、軍馬 47 匹、槍支、大炮及諸多彈藥，預計 24 日午後到達牙山

1.4.03 7月19日，日本海軍調整重大人事和艦隊編制，樺山資紀出任海軍軍令部長，海軍常備艦隊和西海艦隊合併成"聯合艦隊"，任命伊東祐亨中將為聯合艦隊司令長官。圖為集結在吳軍港的聯合艦隊戰艦。

港口。高陞號，23日早晨出發，載兵1,100人、大炮14門及大量武器彈藥。聯合艦隊根據得到的情報，迅速調整作戰計劃，加強朝鮮近海的巡航搜索，隨時準備實施對清國運兵船的"破碎"計劃。

2　豐島海戰

7月25日凌晨4時，濟遠、廣乙兩艦，協助飛鯨號在牙山灣港口卸下大部分輜重。6時濟遠艦管帶方伯謙命令起錨返航，接應途中的高陞號。6時30分，日本艦隊第一遊擊隊吉野、浪速、秋津洲三艦，在朝鮮豐島海面發現清國軍艦濟遠、廣乙號，清艦同時也發現日艦，雙方立即擺開戰鬥警戒姿態。7時52分，清日兩艦隊距離縮小至3,000米時，雙方發生猛烈炮擊戰。

日本艦隊合計噸位11,000噸，裝備15厘米速射炮8門、12厘米速射炮14門、26厘米克魯伯炮2門、15厘米克魯伯炮6門，平均巡航速度18節以上。清國艦隊合計3,300噸、21厘米克魯伯炮2門、15厘米炮1門，12厘米炮3門，平均巡航速度17節。猛烈炮擊戰持續約1小時20分，清艦廣乙桅樓和艦橋被敵彈炸毀，被迫退出戰鬥，向南退逃，秋津洲艦窮追不捨，繼續炮擊。9時許，廣乙艦行至卡勞林灣附近觸礁擱淺，清兵點燃火藥引爆自沉。秋津洲趕到時，廣乙艦體噴出濃厚白煙，徐徐下沉。炮戰中，濟遠艦21厘米大炮的彈片切斷浪速艦信號索，機關炮擊中吉野艦船桅。一發15厘米堅鐵榴彈命中"吉野"機關室，貫穿至火藥庫旁

1.4.04　廣乙艦的
桅樓和艦橋被敵彈炸
毀，艦員死 10 人、
負傷 40 人，被迫退
出戰鬥，向南退逃，
在附近觸礁擱淺，水
兵自爆炸毀軍艦，乘
舢板分兩路登岸避
難。

室，炮彈竟然沒有爆炸。濟遠艦在日艦速射炮圍攻下轉舵向西遁逃，吉野、浪速
兩艦加速追擊。

　　8 時 53 分，在猛烈炮火攻擊下，濟遠艦開始降低航速，接着升起白旗，向
日本海軍示意投降。浪速艦停止炮擊，發出信號，命令濟遠艦立刻停船。正在此
時，一艘懸掛英國國旗的商船和一艘小軍艦駛近戰鬥區域，逃走中的濟遠艦和小
軍艦互通旗語，傳遞清日戰艦發生海戰的信號。護航的小軍艦操江號聞知海戰發
生，立即掉轉航向，扔下滿載清軍的英國商船向西逃去。就在濟遠艦猶豫是否停
船時，高陞號通過浪速艦右舷，浪速立即發現商船上載有清軍。艦長東鄉平八郎
決定停止追趕濟遠艦，執行艦隊既定方針——"破碎"敵運兵船的任務。浪速發
射二響空炮命令英商船拋錨，濟遠號趁機加速向旅順口方向逃去。

　　9 時 50 分，吉野艦追上清艦操江號，在相距 2,500 米的時，操江艦降下龍旗
升起白旗示意投降。吉野停止對操江艦炮擊，加大馬力追擊遁逃的濟遠艦。11 時
40 分，操江艦向趕來的秋津洲艦投降。12 時 38 分，吉野已追至距濟遠 2,500 米，
吉野右舷炮火猛攻濟遠，濟遠艦先以尾炮頑強應戰，並急轉右舵朝三尋堆方向遁
逃。德國造濟遠巡洋艦排水 2,300 噸，吃水 4.67 米；英國造吉野艦排水 4,225 噸，
吃水 5.18 米。坪井司令官立即看破，濟遠艦企圖將吉野誘入淺水海域，經過一段
追擊後，只好下令放棄追擊返回艦隊。豐島海戰基本結束。

　　豐島海戰中，日軍聯合艦隊吉野艦被三彈命中，中度負傷；秋津洲無損傷；

51

浪速中一彈，信號索被切斷，屬輕傷。北洋水師濟遠艦重傷、死 13 人、傷 27 人，但成功擺脫敵艦追擊，逃回旅順港基地。廣乙艦受傷擱淺，自爆沉沒，死 10 人，傷 40 人。操江艦不戰自降，82 名水手被俘，成為清日戰爭中，第一批清軍戰俘。操江號後編入日本聯合艦隊，參加了對清威海衛作戰。英國商船高陞號，因載乘的清軍拒絕降伏，遭到日艦浪速號攻擊。高陞號中彈沉沒，千餘名清軍將士和無辜民間水手犧牲。豐島海戰使清國在朝鮮的兵力呈劣勢，嚴重影響了後來的戰局。

3　黃海戰前動向

豐島海戰後，清日兩國實質上已經開戰。李鴻章清楚知道，清國水師艦船的巡航速度和火炮發射速度劣於日本艦隊，外海作戰沒有勝算的把握。為保存北洋水師的實力，清艦只能採用近海防禦的策略，讓北洋水師在渤海灣附近巡航，憑藉海岸炮台和港灣屏障的庇護與敵對抗。李鴻章命令提督丁汝昌率艦隊前往漢江灣一帶巡航，伺機迎擊日本艦隊。丁汝昌建議，艦隊沒有超過日艦速度的巡洋艦，而且日軍在漢江各口敷設許多水雷，我艦有遭到魚雷艇襲擊的危險。如果我艦誘敵於縱深海域，即使航度和炮速不如日艦，憑藉我艦堅固裝甲和大口徑炮優勢也有取勝的可能性，李鴻章沒有接受丁汝昌的建議。

7 月 28 日，艦隊從大連灣返回威海衛基地。8 月 3 日，丁汝昌率艦 6 艘從威海衛出發，去朝鮮近海巡航，5 日返回威海衛基地。按照李鴻章避免艦隊在外海作戰的指示，9 日，艦隊前往渤海灣口的廟島附近巡航；10 日，水師主力前往大東溝近海巡航，13 日，艦隊返回威海衛基地。此後直到黃海海戰為止，艦隊只在威海衛和旅順口之間巡航，艦隊似敷衍巡航令有意迴避與日艦遭遇。根據豐島海戰的教訓，為防火災，丁汝昌命令各艦僅留一艘舢版艇，

1.4.05　豐島海戰中，濟遠艦中彈，舵輪被炸壞，隨之掛出日本旗、白旗示意投降。後因高陞號運輸船的闖入，濟遠艦才趁機成功脫逃。

可燃物品、裝備一律拆除。甚至定遠、鎮遠、平遠的 12 英寸主炮炮塔頂部的防彈鋼板罩，也被莫名其妙拆掉。

日本聯合艦隊在豐島與清艦交手後，重新調整了戰鬥序列編制。本隊松島、千代田、嚴島、橋立、比叡、扶桑；第一遊擊隊吉野、高千穗、浪速、秋津洲；第二遊擊隊武藏、金剛、高雄、大和、葛城、天龍；第三遊擊隊赤城、大島、愛宕、築紫、摩耶、鳥海，水雷艇 6 艘，以及其他附屬艦若干艘。7 月 30 日，聯合艦隊伊東司令長官命令全艦隊補充燃煤備戰。8 月 2 日，大本營授與聯合艦隊護送第五師團在朝鮮登陸的任務，同時命令艦隊嚴密監視，阻止清軍從海路向朝鮮運兵，尋機擊垮清國艦隊，奪取制海權。8 月 7 日下午 4 時，艦隊從隔音島出發，在黃海道西方海面搜索清國運兵船未見蹤影，隨即轉向威海衛方向。10 日拂曉，艦隊到達威海衛軍港附近海面，與港外停泊的一艘英國軍艦馬丘利號相遇。英艦向日旗艦松島號鳴禮炮致意，日艦回敬英艦禮炮。炮聲驚動了威海衛海防清軍，諸炮台立即向日艦轟擊威嚇，由於艦隊和海岸之間尚有五海里之遙，故未受到任何損傷。日軍偵查探知，港內只停泊有軍艦六、七艘，估計清國艦隊可能在旅順口或大連灣一帶活動。11 日晚 8 時，聯合艦隊返回隔音島臨時基地。19 日至 24 日，聯合艦隊護送第五師團完成在朝鮮仁川的登陸任務，第一遊擊隊駛抵牙山灣，設立臨時錨地。27 日，赤城艦長訪問停泊在仁川港內的俄國軍艦"堡布魯"號，得

1.4.06　高陞號船長堅信自己的船是英國船，掛有英國國旗，足以保護它免受一切敵對行為的攻擊。但是他想錯了，當日艦浪速判明高陞號搭載增援牙山的清兵，而且拒絕投降時，急功心切的東鄉艦長，發出了攻擊命令。圖中的高陞號在下沉，日艦出動舢舨艇只是為了搭救落水的西洋人。

1.4.07 9月17日中午12時，清日兩國艦隊主力近30艘戰艦相遇，在黃海大東溝展開了大規模海戰。北洋艦隊擺開鱗次橫陣隊形迎敵，日本聯合艦隊採用單縱陣隊形應戰。

知 25 日清國北洋艦隊戰艦 25 艘、魚雷艇 5 艘，返回威海衛軍港。28 日，英國軍艦伯盧易斯號神秘駛入日軍牙山錨地又急速離開，司令官坪井少將判斷此為清國軍艦來襲之兆，率艦隊前往"貝卡"島附近設伏，警戒清艦到來。9 月 5 日，聯合艦隊接到大本營護送山縣第一軍登陸的命令，12 日艦隊各遊擊隊全部出動，警戒清艦動向，掩護大軍團在仁川港登陸。

4 黃海海戰

豐島海戰失利，使得駐紮朝鮮牙山的葉志超深感情勢緊迫，向李鴻章請求速派大軍增援。9 月 16 日黎明，丁汝昌率領定遠、鎮遠、來遠、靖遠、濟遠、平遠、經遠、致遠、揚威、超勇、廣甲、廣丙、鎮中、鎮南，14 艘戰艦和魚雷艇 4 艘，護送提督劉盛休銘字軍 4,000 人和輜重武器趕赴平壤增援。清軍乘坐利運、新裕、圖南、鎮東、海定和美國商船哥倫比亞號從大連灣出航，當日午後到達大東溝灣。鎮中、鎮南、平遠、廣丙 4 艦和魚雷艇 4 艘，奉命護衛和協助運輸船進入鴨綠江口，再換乘吃水淺的木船登陸。下午 2 時，清軍在大東溝開始換船登陸，龐大的兵馬輜重僅憑數十艘木船，在相距數海里的朝鮮義州之間往返擺渡，登陸困難之多難以想像，現場人聲鼎沸、場面混亂、景象壯觀。北洋艦隊其餘戰艦駛離大東溝約 12 海里的海面上拋錨警戒，提督丁汝昌心情沉重，擔心日本艦隊此時襲來。就在增援平壤的援軍繁忙登陸作業時，15 日的平壤戰鬥已經結束，葉志超敗軍正如潮水般向清國東北地區潰逃。16 日下午開始的登岸作業通宵達旦，已是人困馬乏、疲憊不堪，卻只有近半兵馬登上義州港。大部隊只得在 17 日繼續登陸。

1.4.08 英國報紙報道黃海海戰。據清國軍艦上西洋人回憶，兩艦隊遭遇，清艦相距四、五里就開始遠程炮擊。交戰中硝煙瀰漫、激起高大水柱，以致無法識別敵艦的狀況。清國水兵英勇應敵，頻頻命中敵艦。但己方隊形被敵艦沖散分割，而敵艦隊始終保持戰鬥隊形，並保持距我艦2海里距離的最佳炮擊射程，我艦無法接近敵艦，損失慘重。

　　17日清晨4時30分，停泊在大東溝口外的北洋艦隊例行作息鳴鐘起牀，上午各艦如往常一樣進行戰術操練。旗艦"定遠"號上各位將領聚在餐廳內神情凝重，為陸軍大隊登陸作業擔心，而艦隊本身面臨的形勢也十分嚴峻。清日開戰以來，艦隊要求增加榴霰炮彈的請求至今沒有結果，而艦隊動力使用的煤炭都是朝廷調撥的劣質煤，熱效轉換率低、煤煙濃厚，極容易被遠方的敵艦發現。炮彈不足和劣質煤炭着實令人煩惱。正在北洋艦隊焦慮不安時，尋找清艦的日本聯合艦隊已經駛入大東溝附近海域，提前一個半小時發現了北洋艦隊的煤煙，艦隊即刻投入判讀和備戰態勢。直到中午12時，北洋艦隊瞭望哨才發出警報，報告南面方向發現可疑艦船煤煙群。提督丁汝昌、管帶劉步蟾、德國軍事顧問漢納根急入艦橋，瞭望結果判定來艦必是日本艦隊。丁汝昌心煩意亂，大東溝登陸部隊尚在作業之中，一旦被日軍發現，後果不堪設想，必須盡快接敵作戰阻止日艦，當即下令艦隊立即起錨迎敵。

　　9月中旬，日本聯合艦隊護送第一軍赴朝作戰，陸續接到日本駐朝鮮公使和陸軍的報告，通告清艦駛近大同江口向平壤運兵的情報。伊東司令官決定在大同江口圍堵清艦。14日下午4時，伊東率領艦隊駛向大同江，15日抵達大同江口，卻未發現清國艦船。伊東司令官命令第三遊擊隊築紫、摩耶、鳥海、磐城、天城及魚雷艇逆流而上，搜尋清艦並聲援第五師團的平壤作戰。伊東司令官判斷，北洋艦隊也許沿遼東半島的近海向鴨綠江口輸送部隊，16日下午5時，率領艦隊從大同江口出發，預計翌日到達鴨綠江口附近繼續搜索。

　　9月17日清晨，天氣晴朗、海面寧靜，艦隊抵達海洋島附近搜索，仍未見清國艦隊的蹤跡。聯合艦隊此番不遺餘力尋找清艦，就是想和北洋水師決戰，奪取制海權。海軍最高長官，軍令部長樺山資紀親自出征督戰，乘坐在改裝成巡洋艦的西京丸上，跟隨在本隊右側。上午 10 時 50 分，東北東面方向隱約發現艦船煤煙，11 時 40 分煤煙越加濃郁，交織在水跡相連的天邊，艦船數量達十餘艘。如此龐大的艦隊編隊無疑就是清國北洋艦隊主力，聯合艦隊各艦立即進入臨戰狀態。伊東司令官認為，北洋艦隊的出現定是為報豐島之仇前來決戰，這種想法影響了伊東的判斷，沒有派艦船搜尋已經陷入登陸困境的清國陸軍。

12 時 50 分，兩艦隊迎面接近，北洋艦隊採用英國海軍軍官琅威理指導的“鱗次橫陣”隊形，這是 1866 年奧地利艦隊在利薩海戰中擊敗意大利艦隊時所採用的著名陣法。日本聯合艦隊則擺出“單縱陣”隊形迎戰清艦，該陣形是英國海軍軍官尹古魯斯提案和指導的，僅在桌面上推演過的陣法，此陣法能有效發揮日艦側面速射炮火優勢攻擊敵艦。當兩艦隊相距 5,700 米距離時，清國旗艦定遠號 30 厘米巨炮向日艦第一遊擊隊先行發炮，炮彈在“吉野”左舷數百米處爆炸騰起巨大水柱，北洋艦隊諸艦隨後也相繼向敵艦開火。日本艦隊裝備的速射炮存在射程短的弱點，只有在 3,000 米距離時才能發揮最佳射擊效果。日艦將航速提升至 14 節屏息急進，忍耐着清艦炮火的攻擊。當兩艦隊間距離縮小至 3,000 米左右時，日艦急不可待，向清艦發起猛烈炮擊，黃海海戰開始。

戰鬥伊始，日艦集中火力攻擊北洋旗艦定遠，炮彈命中定遠舵機室，主帥丁汝昌負傷，指揮艦隊作戰的旗語信號裝置被破壞。定遠失去了艦隊的指揮功能，

1.4.09　1895 年刊，陸地測量部編《日清戰爭寫真圖》，黃海海戰近敵混戰的一幕。圖中可見，百年前海戰的景象。軍艦上聳立的高大煙囪冒出滾滾黑煙，艦炮射出的有煙炮彈煙霧瀰漫，激起巨大的水柱，爆炸聲震耳欲聾。敵我雙方助戰的汽笛發出刺耳鳴音，中彈士兵血肉橫飛。煤煙、硝煙、苦澀的水汽令人窒息，地獄般的海戰比陸戰更加血腥殘酷，令人震顫膽寒。

1.4.10 定遠旗艦遭到數艘日艦圍攻，致遠艦運動在定遠周圍，用猛烈火力誘敵攻擊，以保護旗艦不會中彈沉沒。圖為致遠艦傾斜沉沒的瞬間。

1.4.11 北洋水師致遠艦軍紀嚴明，管帶鄧世昌深受士兵愛戴。照片是鄧世昌在致遠艦上與同艦洋人、將校、士官的合影。

諸艦只能各自為戰，自己尋找可攻擊的目標。戰鬥初期，清國北洋水師一時佔居上風，在和日艦第一遊擊隊的混戰中，致遠、經遠、來遠、靖遠奮力炮擊。高千穗右舷後部中彈引發火災，死傷數人；秋津洲右舷速射炮被擊毀；浪速艦首主炮下方水線帶破損進水。13時8分，超勇艦射向吉野一彈，命中後甲板，引爆堆積在炮位旁的彈藥，當場死傷9人。日艦很快穩定了攻擊態勢。13時10分，超勇、揚威兩艦中彈起火，稍後超勇沉沒，揚威向大鹿島方向遁退，觸礁擱淺。經遠、來遠、平遠艦先後中彈發生火災，被迫退出戰鬥。

黃海海戰之初，濟遠艦位於艦隊之後，左顧右盼。下午3時30分，致遠艦沉沒，濟遠艦管帶方伯謙心驚膽顫，命令掛出重傷信號旗逃出戰場，廣甲艦跟隨其後逃之。濟遠艦的逃跑路線與豐島海戰時相同，選擇淺水區路線，意圖讓吃水較深的敵艦不敢靠近。奔逃中的"濟遠"艦竟然撞上重傷的揚威艦，卻又不管不問，倉皇離去，揚威艦最終掙扎至淺水區擱淺。廣甲艦逃跑途中迷失航路，在大連灣外觸礁擱淺，數日無援。23日發現巡航前來的日艦浪速、秋津洲，被迫自爆沉沒。

聯合艦隊本隊和北洋諸艦，在日落前的對戰相當慘烈。旗艦松島多處中彈，定遠艦的一枚炮彈炸毀了其前部炮台，引起火災，鎮遠艦的30厘米口徑炮彈給松島造成貫穿性損傷。嚴島艦後部水線附近的輪機艙中彈爆炸，橋立艦主炮塔被摧毀。定遠艦一枚榴霰彈射入比睿艦艙內爆炸，當即炸死日兵19名。扶桑、赤城兩艦在清艦攻擊下負傷退出戰場。不被北洋水師看重的國產小艦平遠，在雙方混戰時勇敢衝入敵陣，將一枚炮彈射入松島船艙，造成船艙爆炸。被清艦圍攻的松島傷痕纍纍、船體傾斜，卻奇跡般的沒有沉沒。海軍軍令部長樺山資紀乘坐的西京

1.4.12 聯合艦隊松島號旗艦受到清艦重點攻擊，鎮遠、平遠艦的炮彈重創松島。導致松島艦體傾斜，一度退出指揮。圖中松島艦首黑洞，是被清艦炮彈擊穿留下的傷痕。

丸巡洋艦，被定遠艦炮命中，艦體受傷。逃走途中遭遇清艦福龍號魚雷艇攻擊，西京丸幸運躲過三枚魚雷。艦上督戰的樺山資紀，狂呼天神之威助我平安。

北洋水師的損失十分嚴重，旗艦定遠的上部建築物被炸損，艦上火災四起，鐵板支架扭曲。下午 3 時 10 分，日艦扶桑一枚 24 厘米炮彈，擊穿定遠艦首無裝甲防禦部位，穿入艦艙內爆炸，燃起兇猛大火，艙內湧入海水。危機情勢之中，致遠艦迅速趕來救援，在定遠艦前勇敢地與敵艦展開炮戰，為旗艦撲滅大火、排出浸水贏得寶貴時間。但致遠艦右舷吃水線下中彈，大量浸水，艦體出現 30 度傾斜。在生死關頭，致遠艦管帶鄧世昌欲與敵艦衝撞，追敵途中艦體中部爆炸沉沒，240 餘名官兵陣亡。歷時 3 個多小時的海戰，北洋艦隊只剩下定遠、鎮遠兩艘巨艦，仍然頑強與松島、千代田、嚴島、橋立、扶桑 5 艘日艦對戰。兩艦頻繁發生火災，艦體中彈千瘡百孔，多數艦炮被炸壞或發生機械故障，炮彈已然匱乏。兩艦且戰且退，向西南方向移動，企圖把日艦盡量引向遠離大東溝的方向，掩護登陸中的陸軍部隊。日艦集中所有炮火猛攻兩艦，卻無法將其擊沉，無法抹去長久以來籠罩在日本人心中的陰影。戰後，日本聯合艦隊官兵和歐美列強艦隊長官歎服定遠、鎮遠裝甲的堅固強大，是新一代戰艦製造技術的楷模。

大東溝遠處海面上傳來越來越密集的炮聲，顯然清日海軍已經開戰，銘軍統領劉盛休心急如焚、坐立不安，擔心日艦襲來毀滅登陸部隊。當日中午，劉盛休收到北洋大臣李鴻章催促加快登陸的電報，然而面對如此之慢的登陸速度，劉盛休也無可奈何。為了防備日本軍隊入港襲擊，劉命令銘軍炮隊先行在大東港入口

1.4.13 日軍赤城艦因航速遲緩脫離了本隊序列，遭到北洋艦隊攻擊。中彈30發，死11人、傷17人。艦長阪元八郎太被炸死。後有讚美該艦的《赤誠的奮戰》軍歌。圖為長崎港待修的赤城艦。

登岸，在岸邊壘築臨時火炮工事，以備與日艦決一死戰。此刻的陸軍急切期待自家的北洋艦隊能夠打敗聯合艦隊，否則後果不堪設想。

清艦與日艦的戰鬥一直延續到日落，作戰位置逐漸遠離大東溝海面。17時45分，就在第一遊擊隊4艘戰艦逼近靖遠、來遠時，旗艦松島發出停止戰鬥，返回本隊的旗語命令。伊東司令長官擔心夜幕降臨，容易遭受北洋艦隊魚雷艇的偷襲，為了確保當前戰果，遊擊隊和本隊必須結束戰鬥盡快集結。暮色中，旗艦吉野帶領第一遊擊隊返航歸隊。清點彈藥，吉野艦尚存12厘米和15厘米炮彈1,251發，機關炮彈6,095發；高千穗剩餘26厘米炮彈178發、15厘米炮彈361發、機關炮彈65,947發；浪速剩餘26厘米炮彈167發、15厘米炮彈299發、機關炮彈65,884發；秋津洲剩餘12厘米和15厘米炮彈869發、機關炮彈41,978發。

18時左右，清日雙方艦隊各自退出戰場，接近5個小時的海戰宣告結束。日本聯合艦隊退出戰場時的方向是東方，這給北洋艦隊增添了新的憂慮，因為日本艦隊離去的方向正是銘字軍登陸作業的大東溝灣。為此，北洋艦隊所剩6艦重新編隊，在定遠艦的率領下向大東溝方向駛去。夜色中，北洋艦隊返回大東溝灣，附近海域沒有發現日艦蹤影，大東溝航道內的擺渡船仍在往復忙碌運兵，陸軍統領預計作業會持續到次日結束。丁汝昌留下兩艘魚雷艇保衛陸軍安全登陸，帶領其餘軍艦連夜返回旅順港基地。

聯合艦隊司令官判斷，北洋水師主力已經退往威海衛基地，翌日再次親率艦船10艘前往威海衛，結果未發現清艦主力蹤跡。終於恍然大悟，清艦前日必是護送陸軍在鴨綠江口登陸才與我艦隊遭遇，也許現在登陸作業尚未結束，隨即率艦隊趕往前日作戰海域。途中發現淺灘擱淺的清艦揚威號，將其摧毀破壞。艦隊到達大東溝附近海域時，沒有發現清軍登陸部隊和清艦的蹤跡，隨即返航，於 19 日清晨回到大島錨地。

黃海海戰以日本聯合艦隊擊敗清國北洋水師取得勝利而結束。綜合兩艦隊參加作戰的軍力，北洋水師戰艦 12 艘、排水量 34,420 噸、平均巡航速度 15 節、火炮和速射炮合計 79 門、機關炮 129 門、魚雷發射管 31 門、魚雷艇 2 艘。清國巨艦定遠、鎮遠和 2 艘魚雷艇的戰鬥序列使日本艦隊感到明顯威脅。聯合艦隊除去西京丸外，戰艦 11 艘、排水量 36,771 噸、平均巡航速度 18 節、火炮和速射炮合計 246 門、機關炮 29 門、魚雷發射管 37 門。日本艦隊在噸數、速度、炮數上佔有優勢，戰鬥中始終保持戰鬥隊形，有效發揮了速射炮密集火力的長處，得到擊沉經遠、致遠、超勇 3 艦，揚威、廣甲自爆沉沒，定遠、鎮遠、來遠、靖遠、濟遠、平遠、廣丙負傷的戰果。日本艦隊雖然取得無艦沉沒的成績，也付出了松島、比睿、赤城、西京丸被重創，其他艦不同程度負傷的代價。損傷的日軍戰艦，經過五日的修理便恢復了巡航戰鬥力，又奇跡般出現在清國附近海域。

黃海海戰慘烈之極，乘員在一葉方舟內隨時面臨炸死、燒死、溺死的威脅。無論是清國水兵還是日本水兵都為打敗對方拼死一搏，表現出各自民族勇武的意志。黃海海戰之後，日本坦承，戰鬥的勝負不能單純評價。命中彈數和死傷數關係比較，日艦中彈 134 發、戰死 150 人、死傷合計 298 人，平均每彈傷亡 2.08 人。清艦中彈 754 發、戰死 715 人、死傷合計 837 人，平均每彈傷亡 1.11 人。清艦鎮

1.4.14　黃海海戰中，赤城艦擔任保護西京丸的任務。當時海軍軍令部長就在西京丸艦上督戰。兩艦遭到清艦的炮火攻擊和魚雷攻擊。圖為戰後赤城艦甲板上的水兵，艦上仍然留下戰鬥的傷跡。

遠號命中彈數最多達 225 發，日艦命中彈數最多艦赤城號達 30 發。吉野艦在三小時海戰中，全艦發射炮彈 1,200 發，七門大炮平均發射 170 發炮彈。定遠艦 30 厘米大炮每門平均發射 35 發，15 厘米大炮每門 67 發。命中率比較，清艦命中率 20%，日艦命中率 12%。日本艦炮數量多，命中率偏低，但群炮齊轟的飽和式攻擊，使得整體上得到較多的命中彈數。清艦命中率雖高，但發射彈數少，相對減少了對日艦的危害。清艦定遠、鎮遠遭到日艦圍攻，負彈纍纍卻沒有沉沒，而且能在與敵對抗狀態下帶傷脫離戰場，給敵艦隊留下震撼的印象。海戰結果應驗了開戰前，日本天皇和伊藤首相對清國巨艦巨炮的恐懼，定遠、鎮遠的裝甲和巨炮確實令人生畏。

5　黃海戰後動向

黃海海戰北洋水師戰敗，李鴻章最初接到戰報，北洋水師重創日本聯合艦隊，日本已無能力向外海派出艦隊作戰。9 月 23 日，英國遠東艦隊司令官在天津拜訪李鴻章，告知日本艦隊包括負傷的松島、吉野艦一艘未沉，全部受傷戰艦已經修復，投入備戰狀態。李鴻章大驚，堅稱此乃謠傳，絕不相信此等說法。當日，威海衛北洋水師來電，稱發現數艘日艦在威海衛海域遊弋，同時接到軍機處直接給丁汝昌的責令：威海、大連灣、旅順口乃北洋要隘、大沽門戶，海軍各艦須在此域梭巡，嚴行扼守不得遠離，若有疏虞定治提督重罪。

9 月 24 日，李鴻章給丁汝昌電報，命令北洋水師在 10 日內修復靖遠等艦，定遠、鎮遠艦限期一個月內恢復近海巡航能力，讓敵方知曉我北洋艦隊實力仍存。丁汝昌不敢怠慢，戰艦退避在旅順口要塞，憑藉海岸炮台防禦，日夜趕修艦船。25 日、27 日李鴻章再催促丁汝昌加快定遠、鎮遠兩艦的修理進度，盡快在旅順和威海之間巡航恫嚇日軍。29 日，李鴻章在朝廷作戰命令壓力下再令丁汝昌出動戰艦巡航，丁汝昌一籌莫展，只能再報戰艦尚未修復無法立即出航。10 月丁汝昌給李鴻章寄書一封，詳述黃海海戰後北洋艦隊狀況和內心苦衷。

"謹致中堂閣下，屢屢授命急修各艦，船渠日夜兼工不敢有誤。預定本月中旬定遠、鎮遠、靖遠、平遠、廣丙艦可出渠，如果彈藥到達即可配發各艦以備出航。汝昌之足傷，至今步履艱難尚在治療中，如有戰事必帶疾登艦鼓舞士氣。茲我海軍之利鈍，略陳所感。我國海軍創設之要旨，乃為禦敵外寇之軍，然無事時不籌算軍艦裝備所需，有事時又不顧敵眾我寡一味命我傷艦出戰進剿，汝昌自愧弗如，難操勝券。獨我師(李鴻章)洞察此情，更曉末將之苦衷。汝昌並非畏敵，如需為朝廷捐軀之時，斷固決死而戰。只慮時下各艦備炮破損三分之一，修復之配件尚未到達。平遠艦舵向運動不便，也無榴彈、炮彈。廣丙艦炮彈所剩僅60餘發。定遠、鎮遠艦錨機破壞，起錨作業需時兩小時，若遇風浪即便費時亦不得，完全修復工期難保。現在6艘主戰艦只有3艦可以效用。汝昌深受君相(李鴻章)厚愛，赴湯蹈火在所不辭，現諸將同心協力為克服眼下困難不辭勞苦。勝乃國家之幸，敗敢棄之微軀。今後若有艦隊重金巨大之誹謗，罪歸汝昌。忠實愚鈍，誠惶誠恐，伏乞鑒諒。丁汝昌頓首"。

1.4.15 清國艦隊主力戰艦鎮遠號，對日艦隊構成極大威脅。黃海海戰中，鎮遠艦成為日艦的重點攻擊目標，由於艦體裝甲雄厚，艦表雖然傷痕纍纍卻未被擊沉。威海衛保衛戰，定遠沉沒後，一度擔任旗艦，指揮作戰。北洋水師降服後，鎮遠成為日軍戰利品，被送到旅順船塢修理。後被編入日本艦隊，繼續留用鎮遠艦名，成為日本海軍第一艘鐵甲戰列艦。

　　北洋水師的現況確如丁汝昌所述，主戰諸艦破損嚴重，同時面臨配件和備彈不足現狀。丁汝昌帶傷日夜督修傷艦不辭勞苦，然而修船作業效率極低、進展緩慢。工匠們已經預感到旅順情勢危機，怠工和逃跑時有發生。李鴻章深知丁汝昌不敢怠慢，也深知憑清國的工業能力修復受傷戰艦不是一朝一夕即可完成。然而迫於朝廷各方壓力，特別是朝廷大臣中有"李鴻章祖護北洋水師"之議論，李鴻章無可奈何，只能反覆催促丁汝昌盡快完工。當時清國輿論界對北洋艦隊的損傷狀況並不知曉，強烈要求艦隊出海與日本海軍決一雌雄，討敵聲浪日趨高漲。

　　10月18日，日本陸軍大連灣登陸戰事風聲鶴唳，丁汝昌率領尚未完全修復的定遠、鎮遠、靖遠、平遠、濟遠、廣丙、鎮中、鎮南及若干水雷艇，駛回威海衛北洋水師大本營。11月12日，丁提督率領艦隊前往渤海灣巡航，途中收到李鴻章斥責電報："大連灣危在旦夕，旅順口不保，爾等今坐視直隸門戶，若渤海灣被日軍打開汝將罪不可救。”丁汝昌驚恐之極，立即帶領艦隊駛向大沽港，自己匆匆去天津拜見李鴻章。李鴻章的怒責令丁汝昌無地自容，發誓傾北洋艦隊全部戰力出海迎敵，保衛旅順，不惜決死一戰，但李鴻章並沒有答應丁汝昌激昂的出戰請求。原來，李鴻章日前請德國顧問漢納根分析當前戰局，漢納根認為：“現在清國北洋艦隊可依賴的只有定遠、鎮遠，失去兩艦北洋艦隊就會元氣大傷。若將艦隊盤踞在威海衛港灣內，憑藉強有力的炮台火力支援，尚可以保護艦隊。至於旅順基地，敵軍已經從陸路迂迴而來，派艦隊救援也派不上用場。旅順口有極其堅固的防禦體系，糧食彈藥足夠三年使用，只要陸軍誓死堅守，旅順就不會丟失。”李鴻章採納了漢納根的建議，遣丁汝昌返回威海衛基地，憑藉海防禦敵保船。丁汝昌返回後，命令北洋艦隊停泊在威海衛港灣內，無論日艦如何誘戰也拒不出港，直至北洋水師全軍覆沒。

日清大海戰中，日本聯合艦隊取得豐島、黃海兩戰勝利，奪取了制海權。事實上，日本在開戰前面對清國強大的北洋艦隊，並沒有十足的獲勝把握。戰前，大本營與海軍部長樺山資紀制定了上、中、下三策。上策“日本若海戰獲勝，取得制海權，陸軍就可以長驅直入進攻遼東、山東、北京”；中策“海戰如果未決勝負，陸軍只佔領朝鮮，海軍盡力維持朝鮮海域的制海權”；下策“日本海戰敗北，陸軍退出朝鮮，海軍依靠海防力量拒敵於國門之外”。海戰的勝利，打開了日本通往清國的海上通道，使清國失去了制海權，在海上不再對日本有任何威脅。日本對清國的攻勢從此迅速展開，第二軍順利經海路侵入清國本土，並長驅對台灣作戰。黃海海戰後，退避威海衛的清國艦隊剩餘勢力，在李鴻章“禦敵保船”的方針下，最終成為日軍的囊中之物。

鴨綠江作戰

1　清軍防禦態勢

9 月 16 日凌晨，北洋水師 14 艘戰艦護送提督劉盛休銘字軍 4,000 餘人趕赴平壤增援，部隊在鴨綠江口登陸朝鮮義州。17 日，還在登陸作業中的劉盛休接到偵察兵探報，早在 15 日，平壤戰役清軍已經大敗，敗軍正向義州方向潰退。而救援平壤的另一路清軍，總兵呂本元率領的盛字軍"飛騎馬隊"5 營 1 哨約 1,300 人已火速奔襲平壤。17 日剛到達定州就接探馬報告平壤失陷的消息，眼見潰敗散兵朝己方湧來，呂總兵命令部隊移向清川江右岸，掩護敗軍撤退，並密切監視日軍追擊動向。18 日，增援朝鮮的作戰部隊獲知北洋水師在黃海海戰中失利的戰報。

9 月 19 日，李鴻章向光緒皇帝上奏《軍事緊急情形摺》，建議集結赴朝部隊在義州佈陣，阻敵於國門之外。劉盛休急電李鴻章，強調在義州背水與日軍作戰乃兵家大忌，清軍應退守鴨綠江西岸九連城，利用有利地形地勢阻擊日軍。20 日，平壤守軍馬玉昆、豐升阿、聶桂林(左寶貴後任)三將，21 日，葉志超、聶士成、衛汝貴三將，相繼匯聚義州。20 日，光緒帝命李鴻章派遣駐守旅順要塞的四川提督宋慶發兵趕赴九連城。21 日，命令黑龍江將軍依克唐阿率 3,000 人馬增援九連城。23 日，命令所有集結義州的清軍部隊，包括從平壤敗潰下來的葉志超殘部，全部渡江退回鴨綠江西岸，在九連城、安東一線構築防衛工事，以鴨綠江為天

1.5.01　日軍在鴨綠江建造舟橋，工兵跳入刺骨的江水裏，在黑夜中摸索作業。僅一夜之間，就在鴨綠江上完成一座 193 米的臨時軍橋。

1.5.02 強渡安平河口作戰，日軍摧毀了清軍鴨綠江防線，第一軍浩浩蕩蕩越過鴨綠江。日本軍隊史上第一次踏上清國土地，實現了豐臣秀吉的夢想。

塹，禦敵於國境之外。25 日，在義州集結的各路清軍完成渡江作業，撤入九連城一帶。

葉志超軍平壤敗戰後向義州潰退，途中遭到敵軍襲擊傷亡慘重，部隊支離破碎、狼狽不堪。由於潰逃時丟棄全部輜重糧草，敗兵在安州至義州的沿路，對朝鮮居民反覆搶劫、掠奪，激起朝鮮民眾對清軍的仇恨。葉志超退至義州時深知難逃朝廷問罪，自肅等待後任統帥的發配。

東北是清朝的發祥地，奉天(瀋陽)有清朝入關前的皇家陵寢，朝廷下令力保東北，加強奉天一線的軍事防衛。29 日，駐防旅順口的宋慶毅字軍出發，10 月 11 日到達九連城，黑龍江將軍依克唐阿率軍於 13 日抵達九連城。18 日，朝廷任命宋慶和依克唐阿為鴨綠江防線的最高統帥，提督葉志超、盛字軍統領衛汝貴被割去官職；聶士成接任葉軍，盛字軍由呂本元、孫顯寅統領。宋慶收編朝鮮敗軍，對各路部隊下達備戰命令，構築防禦工事阻止日軍進入東北。10 月中旬，鴨綠江一線防衛增強，清軍增添大量新徵兵勇，兵力總計 81 營 5 哨，兵員 34,000 人，火炮90 餘門。

清軍鴨綠江防線右翼總指揮提督宋慶的作戰部隊，作出以下配置。

九連城堡壘銘字軍，總兵劉盛林步隊 10 營 1 哨、馬隊 1 哨，兵力 4,750 人，野炮 14 門、山炮 15 門。

栗子園、虎山一線牙山軍，總兵聶士成步隊 6 營 1 哨，銘字軍馬隊 1 營，兵力 2,750 人，山炮 10 門。

　　榆樹溝附近靉河右岸毅字軍，總兵馬玉昆步隊 5 營，兵力 2,500 人，山炮 6 門。

　　葦子溝附近靉河右岸毅字軍，總兵宋得勝步隊 4 營，兵力 2,000 人，山炮 6 門。

　　鴨綠江右岸及沙河兩岸盛字軍，總兵呂本元、孫顯寅步隊 12 營 1 哨，馬隊 5 營 2 哨，兵力 6,300 人，野炮 22 門、機關炮 4 門。

　　葦子溝附近，統帥宋慶直屬親兵 400 人。

　　右翼部隊合計，兵員 18,700 人、野炮和山炮 73 門、機關炮 4 門。

　　鴨綠江防線左翼總指揮將軍依克唐阿的作戰部隊，作出以下配置。

　　安平河口、皷樓子、蒲石河口齊字練軍，侍衛倭恆額步隊 4 營，馬隊 2 營，兵力 1,500 人，野炮 4 門。

　　東陽河口、蘇甸河口、長甸河口鎮邊軍，將軍依克唐阿直屬步隊 4 營，馬隊 9 營，兵力 4,000 人，野炮 4 門。

　　左翼部隊合計，兵員 5,500 人、野炮 8 門。

　　清軍鴨綠江兩路防線兵力總計，兵員 24,200 人、野炮山炮 81 門、機關炮 4 門。此外，尚有一部分兵力配置在鴨綠江防線以外，擔任增援後續任務。

2　日軍侵略東北

　　平壤戰役是日軍首次取得大規模陣地戰的勝利，極大增強了日軍對清作戰的野心。戰役後，大本營決定展開對清國本土的進攻，制定了分兵南北兩路同時入

1.5.03　10 月 25 日 6 時，第三師團先頭部隊在虎山戰鬥中遭遇清軍增援部隊抵抗，戰鬥持續到 9 時，清軍潰敗。10 月 29 日日本第一軍大部隊越過鴨綠江，踏上清國土地。

1.5.04 1894年九連城鳥瞰照片。九連城始建於金代，因大小九城相連而得名。光緒時人陳本植曾有："細辨圍壕界址，其勢乃長短方圓相環，共計營圍有九，與貢道旁之土城三面分峙"之描述。九連城是遼東東南部邊境軍事要地，也是明、清兩代中國與朝鮮政治交往和通商的要道。

侵清國的作戰計劃。命令山縣第一軍團從朝鮮越過鴨綠江進攻遼東半島北部，牽制集結鴨綠江一線敵軍主力；命令大山第二軍團在第一軍掩護下登陸大連灣，佔領金州，切斷敵軍防禦鏈，奪取旅順口要塞。

9月16日平壤陷落後，日軍第五師團因後勤補給未到，不敢貿然追擊清軍，在平壤清理戰場暫作修整。18日，黃海海戰大捷，海路運輸通暢。23日，山縣司令官決定暫不等待給養，命令第五師團追擊向北撤退的清國軍隊。10月17日，混成旅團佔領義州，20日，第一軍主力到達所串館、龍川、鐵山附近。24日，第一軍諸隊完成鴨綠江以南的集結，與北岸清軍形成對峙態勢。27日，日軍海路運入的作戰物資在定州卸載，可是物資向內地作戰部隊投送卻遇到極大困難，徵集的牛馬車隊輸送速度非常緩慢。山縣決定第三師團部分留守等待給養，其餘部隊集結義州，投入東北作戰。

強渡安平河口

清軍以鴨綠江入冬的冰冷江水為屏障，在九連城周邊構築大量地堡工事，安平河口的守軍全部投入戰備狀態。日軍進攻清軍的計劃是在鴨綠江上架設舟橋輸送部隊過江。而鴨綠江在此段分為三條支流，稱為第一江、第二江(中江)和第三江，架設舟橋作業難度較大。為此，日軍在對岸配置9厘米臼炮6門、7厘米野炮4門，警戒清軍動向，掩護工兵實施架橋任務。24日上午11時29分，佐藤正大佐率兩個步兵大隊、一個炮兵小隊在水口鎮東強行泅渡過江，遭到清軍猛烈阻擊，日軍炮兵立即向清軍開炮，發射榴彈18發、榴霰彈40發。清軍防禦工事在

1.5.05 虎山統軍亭位於鴨綠江下游與靉河交匯處，與對岸朝鮮的"統軍亭"遙遙相對，曾是高麗人指揮士兵的樓亭。登亭而望，朝鮮義州城及鴨綠江景色盡收眼底。清日戰爭時，統軍亭成為重要防禦陣地。

日軍炮火壓制下崩潰，散兵從前沿撤退，向後方潰逃。下午 1 時，登陸日軍與 200 清軍騎兵遭遇，發生戰鬥，清兵不敵，放棄炮台陣地向虎山方向退去。

24 日下午 6 時，工兵三大隊完成第一座舟橋的架設，深達兩米的湍流不斷衝擊脆弱的橋樑。晚 8 時半，工兵五大隊完成第二座舟橋的架設，由於鐵舟在長途運輸中發生嚴重變形，十餘個鐵舟間不能吻合。工兵用收集的 23 艘清國小木船和朝鮮圓形木舟作橋基，趁夜幕掩護，在清軍陣前架橋。夜晚，日軍實施嚴格燈火管制，工兵泡在冰冷的江水中作業苦勞倍至。至 25 日晨 6 時，終於完成了全長 193 米的舟橋，日軍得以大批渡江。但是舟橋非常脆弱，大軍經常因橋面損壞不能正常通行。

虎山戰鬥

25 日清晨 6 時 40 分，第二大隊在虎山鞍部清軍陣地前方集結，黑田炮隊佔據有利地形向鞍部清軍陣地開炮轟擊。部署在虎山鞍部的是守將馬金敍的步兵 3 個營、炮 2 門，馬將軍知道昨夜江邊發生過零星戰鬥，但沒料到日軍一夜之間能架成舟橋渡江。馬將軍指揮掩體堡壘內的清兵向敵軍猛烈射擊，兩門速射炮火力成功壓制住日軍的攻勢。7 時 30 分，完成過江的第一大隊向清軍側翼陣地包抄，欲斷清軍後路。清兵發現日軍企圖，恐慌之中槍炮火力逐漸減弱，7 時 50 分，清兵分兩路向九連城和西北方向逃去。日軍第一、三大隊趁機發起衝鋒，奪取了虎山清軍陣地。

聞知虎山發生激烈戰鬥，上午 8 時 20 分，栗子園附近的牙山軍聶士成、榆樹

1.5.06 虎山戰鬥失利，九連城清軍趁夜不戰而退，丟卻大量輜重。圖為日軍繳獲清軍的戰利品，山野炮 78 門，步槍 4400 支及軍旗和大量糧草輜重。

溝附近的馬玉昆、葦子溝附近的宋得勝、九連城的劉盛林共約 6,000 清軍前往增援，九連城高地的清軍炮火也向虎山鞍部敵軍猛烈轟擊。8 時 40 分，日軍逐漸不支。9 時，第三師團長桂太郎中將率渡江部隊趕到，步兵第十二聯隊三個中隊在野戰炮隊掩護下，連續向清軍陣地發起四次衝鋒。栗子園高地、葦子溝高地、九連城高地的清軍炮兵向敵軍猛烈炮擊，但因步兵戰鬥力弱，很快被日軍衝鋒攻勢瓦解。清兵丟卻陣地向栗子園、靉河方向潰逃。中午 12 時，日軍大部隊完成過江，先後佔領了馬溝高地、葦子溝高地、榆樹溝高地。當日戰鬥日軍消耗榴彈 122 發、榴霰彈 372 發。過江部隊士兵多數浸濕軍服，上官允許明火烘乾取暖，半夜又遭到九連城北方山上清軍炮兵的連續炮擊，致四名士兵負傷。

攻佔九連城

山縣司令官接到戰報稱，清軍虎山守軍退入九連城，遂下達命令於 26 日攻打九連城。翌日 6 時，配置在九連城周圍高地的各部隊準備發起進攻，卻發現城內異常寂靜，毫無清軍跡象。偵察兵回報城內空無一人，清軍已經趁夜退卻，九連城已是一座空城。原來 25 日夜清軍右翼總指揮官宋慶眼見各路軍馬敗陣，局勢不可挽回，便帶領毅字軍經蛤蟆塘向鳳凰城遁退，聶士成、劉盛林的人馬隨之撤離。老龍頭、安東守備的盛字軍見友軍撤離，也退出陣地。尚未接到撤退命令的九連城守軍銘字軍，聞知附近友軍已經向鳳凰城方向潰退驚憤不已，也不管城內的輜重糧草，棄城追趕主力。大島旅團輕易佔領了鴨綠江重鎮九連城，繳獲清軍遺棄的大炮 14 門及大量彈藥和軍糧。

1.5.07 清軍在九連城鴨綠江一線修築堅固堡壘以防禦日軍渡江。但 10 月 26 日，日軍未受到任何抵抗便佔領九連城。圖為日軍和軍夫在清軍堡壘合影。

鴨綠江防線崩潰

10 月 25 日，日軍奧山支隊偵知安東縣守軍佈防情報，翌日晨 6 時 50 分，炮兵向清軍陣地開炮攻擊，卻不見清軍陣地任何抵抗。偵查官回報對岸清軍已經撤離安東城。中午 12 時 30 分，日軍開始渡河，下午 5 時全支隊安全過江，未發一彈便佔領了安東城。

25 日夜遁退鳳凰城的宋慶尚未坐定，各路撤退的守軍陸續到達，一夜吵雜，喧嘩責罵聲至天明。26 日清點殘存的部隊，尚有毅字軍步隊 10 營，盛字軍步隊 12 營 1 哨、馬隊 5 營 2 哨，銘字軍步隊 3 營、馬隊 1 營，牙山軍步隊 3 營，合計步隊 28 營 1 哨、馬隊 6 營 2 哨。部隊建制受創，士氣極度低落，四分之一的士兵竟然沒有兵器，大炮和槍支彈藥在撤逃時被丟棄。提督宋慶見此敗狀，知道到在短時間內難以恢復戰鬥力，鳳凰城的地形不宜防守，在強敵日軍面前不可能有勝算，遂下令捨棄鳳凰城，退守摩天嶺保衛奉天。29 日，宋慶部隊繼續撤退，日軍立見旅團趁勢佔領了鳳凰城。11 月 1 日，清軍各路軍馬抵達摩天嶺一線，構築陣地等待日軍。

10 月 26 日，大迫旅團長奉山縣司令官命令，率領步兵第六聯隊、野戰炮兵隊、獨立騎兵隊奔襲大孤山，計劃與第二軍和近海活動的聯合艦隊取得聯繫，補充軍需物資。27 日晚 7 時，大迫支隊抵達大東溝北端，與清軍 500 餘騎兵交火，戰鬥進行約一小時。清軍破壞橋樑、燒毀兵營和火藥庫，扔下 50 餘名士兵屍體，從村莊後路逃去。大孤山清軍 5,000 餘人退向岫岩方向。至此，鴨綠江攻防作戰基

1.5.08　第3師團佔領安東縣城。日本人感慨清國和朝鮮兩國貧富差距之大,朝鮮人多居茅草房屋,而清國人的房屋大多是磚瓦結構的大房。

本結束。鴨綠江防線的崩潰,使通往大清國發祥地的大門洞開。

鴨綠江作戰,清國朝廷命宋慶和依克唐阿協調作戰,造成同一戰區兩將齊頭,無最高統帥的局面。主將宋慶素質不高,無將才和作戰能力,被朝廷任命為統領時,清軍各支部隊均不服氣,故不服節制。虎山一戰,清軍戰前怯敵,鬥志全無,連續丟棄九連城、安東縣兩座重鎮,大量武器彈藥被遺棄,部隊幾乎沒有了重武器。此役,清軍總計調度兵馬 70 餘營 24,200 人,實際投入作戰兵力 18,250人,炮 81 門,佔有江河天塹和堅固陣地的優勢。日軍參戰兵力 15,052 人,騎兵350 騎,炮 78 門。清軍戰死約 500 人、被俘 15 人;日軍戰死 33 人、負傷 114 人,消耗炮彈 494 發、槍彈 95,730 發。繳獲清軍大炮 78 門、槍支 4,400 挺及大量彈藥糧草。繳獲的糧草如雪中送炭,彌補了日軍軍需短缺的現狀,穩定了軍心。

3　山縣有朋的冒進作戰

大本營授予第一軍入侵清國的作戰命令,主旨是協助第二軍從大連灣登陸,牽制清國北方之敵。鴨綠江作戰的成功和第二軍登陸金州的捷報,助長了山縣有朋司令官擴大戰果的野心。11 月 3 日,根據鴨綠江的戰績,山縣主張在嚴冬到來之前,給予遼東半島的清軍以重創,為直隸決戰奠定基礎。他電報大本營,提出三條進攻方略:(1)立即向山海關一帶推進;(2)第一軍與第二軍匯合攻佔旅順;(3)展開進攻奉天的攻勢。大本營沒有接受山縣提出的進攻方案。9 日,山縣收到參謀總長的電報,大本營認為直隸平原的冬季寒冷,若對清軍展開大規模戰鬥,我軍

1.5.09 大孤山街市。大孤山在安東縣大洋河口右岸，主峰340餘米，孤山鎮環繞山之南麓。照片是大孤山富裕重鎮，清日兩軍作戰之要地。

定會遭遇寒地作戰經驗不足和後勤保障的嚴重障礙。要求第一軍在靉河、大洋河設立冬營待命，收斂東部戰場的攻勢。山縣司令官反對設立冬營，16日再次電報大本營，要求實施第一方案向山海關一帶推進。25日當山縣再接大本營制止進攻案的電訓時，已經決定實施掃蕩遼東半島北部清軍的行動。山縣司令官無視大本營決定，命令第五師團挺進懷仁、遼陽，第三師團挺進海城、蓋平，拓展遼河平原一線作戰。

掃蕩作戰計劃實施後，日軍不斷遭到清軍的反擊。11月19日的賽馬集大西溝一戰，日軍步兵十二聯隊戰死14人，敗退。18日，日軍經苦戰佔領岫岩。25日草河嶺一戰，富岡聯隊陣亡12人。不但中小規模戰鬥頻繁，傷亡日益增加，而且自鴨綠江渡河一個月以來，軍中疾病蔓延，非戰鬥減員情況持續嚴重，患病死亡人數攀升到483人。入冬的東北冰天雪地，人馬行進艱難，日軍的被服還是入朝時的夏季服裝。渡過尚未完全封凍的小河時，士卒只能敲碎不結實的冰面，徒步過河，尖銳冰塊刺傷士兵的腿腳，沿路隨處可見遺棄的凍死馬匹。自11月14日至翌年2月27日之間，日軍平均每日出現129名患者，其中大部分是感冒和凍傷。隨軍軍醫、衛生員、護理員、看護人、紅十字社救護員也有多人傷亡。

12月9日，集結在岫岩的第三師團接到偵察兵報告，清軍在析木城附近集結大批部隊，計有馬玉昆、聶桂林、豐升阿率兵四、五千，步隊22營、馬隊5營、炮隊1營；蓋平宋慶率軍三、四千，步隊44營、馬隊1哨；海城清軍駐軍新兵500人，二道河子南端騎兵40人。第三師團長命左翼支隊進攻蓋平，師團主力的

1.5.10　析木城街市。析木城屬海城周圍地區，在岫岩與海城之間，是鴨綠江防線清軍主要集結兵力之地。然清軍以萬餘兵力之眾，聞知日軍攻來，主帥宋慶居然不戰而退，遁入海城。

1.5.11　岫岩位於安東、鳳凰城、海城、莊河之間。清日兩軍在岫岩有過數次戰鬥，日軍傷亡頗大。圖為佔領後的岫岩街市景象，遠處城牆氣勢宏偉。

1.5.12　日軍佔領海城後，宋慶軍曾發起七次攻打海城的戰鬥，均無戰果。而海城少量日軍成功牽制了清軍主力。圖為百年前海城之壯觀景象。

大迫少將率一隊迂迴王家堡子、賈家堡子、牛心山道；桂師團長率一隊迂迴大偏嶺、小孤山，兩隊向析木城的清軍合圍。12日日軍到達析木城附近準備攻城時，才知清軍已經撤離，退往海城方向。當日清日兩軍在海城外圍發生戰鬥，蕎麥山清軍陣地備有大炮數門和百餘守軍。9時20分大島前衛司令官下達攻擊命令，雙方發生激烈槍炮戰。10時30分清軍炮勢被日軍火力壓制，10時40分清軍士兵放棄陣地潰逃。張家元子陣地清軍見蕎麥山主陣地抵擋不住日軍進攻，也放棄陣地向海城城內遁退。逃入城內的清軍沒有將領指揮，步兵和騎兵大亂，人馬又衝出城外逃走。日軍第三中隊向海城發起衝鋒，11時10分佔領海城。清軍海城守軍5,000餘人，一部退往遼陽，一部潰向牛莊方向。海城之戰日軍負傷4人、消耗槍彈4,599發、榴霰彈91發。12月10日，立見旅團第22聯隊在樊家台與清軍2,000人交火，戰死上兵19人，日軍佔領了摩天嶺。14日，第12聯隊在鳳凰城與清軍苦戰，陣亡士兵27人，日軍陷入與清軍周旋的困境。

　　山縣司令官違抗大本營冬季作戰方針，導致日軍在苦寒之地孤軍深入，分兵作戰，被清軍包圍襲擊。寒冷中部隊行動艱難，補給嚴重短缺，第一軍被迫暫停遼河攻勢，在海城駐屯，進入防禦態勢。川上操六次長在伊藤首相面前哭訴前線作戰狀況，希望將山縣司令官從前線招回。山縣有朋是江戶幕府末期的舊軍閥，也是創建明治陸軍的元老。擔任過第三任日本內閣總理大臣，出征朝鮮時是元帥、陸軍大將兼樞密院議長，有元勳、伯爵、侯爵的地位。如此爵勳集一身的重臣，在政軍界內無人可與之匹敵。山縣的抗命和冒進，令大本營軍方首腦及伊藤首相為之躊躇，只能呈請天皇裁決。11月中旬，明治天皇下詔，派特使赴前線招還山縣，令其歸國修養療病。敕語婉轉溫和："朕與卿已有多時不見，今聞卿患病，深感軫念，朕想親耳聆聽卿在前線與敵作戰的情形，望卿盡快歸朝奏上。"12月8日，山縣被變相解除司令官職務，雖心中煩悶不滿，無奈只能服從。臨行前，他給野津和桂太郎兩師團長留下絕句詩一首。詩曰："馬革裹屍元所期，出師未半豈容歸。天子急召還故里，臨別陣頭淚滿衣。"17日，山縣返回廣島大本營述職，就任陸軍監軍。29日，第五師團長野津中將被任命為第一軍司令官，奧保鞏中將接任第五師團長職務。

金州旅順作戰

1 花園口登陸

　　1894 年 9 月 17 日的黃海海戰後，日本取得了制海權，確保了海上通道。大本營作出翌年春天在直隸平原與清國決戰的作戰計劃，為此，要求在年內必須攻克旅順要塞，佔領遼東半島，建立決戰根據地。9 月 21 日，大本營編成第二方面軍，由第一師團、第二師團、第六師團混成第十二旅及各附屬部隊組成，任命陸軍大臣大山巖陸軍大將為第二軍司令官。作戰命令訓示："進入朝鮮半島的清軍，經平壤會戰被我第一軍擊潰，敗軍正向本國鴨綠江一線敗退。目前清軍調集盛京省和直隸省的兵力，正在鴨綠江一線集結。命令貴官與第一軍和聯合艦隊密切配合，由第一軍牽制北面敵軍之主力，貴第二軍伺機佔領旅順半島。"

　　日本近代史上第一次大規模登陸作戰在清國遼東半島沿岸展開。為輸送第二軍三萬餘兵力登陸，日本動員了國內軍用、民用運輸船 48 艘，登陸艇 208 艘。大本營收到的情報判明，遼東半島有許多的歷史古城，較之堅固的城牆，日軍野炮明顯威力不足。大本營遂令大阪兵工廠趕鑄威力更大的 12 厘米加農炮、15 厘米臼炮、9 厘米臼炮。第二軍司令部還補充了地圖測量班、戰場攝影班、軍樂隊等編制隨軍作戰。

　　第二軍的登陸作戰分兵兩路，第一路先遣部隊混成第十二旅，於 9 月 24 日至

1.6.01　9 月 16 日征清第二軍在宇品港集結出發。圖中景象是步兵在岸邊列隊，先搭乘小擺渡船到達灣內停泊的大型運兵船側登艦。周邊由憲兵隊嚴密警戒，市民禁止靠近。

1.6.02　10月23日第二軍作戰部隊搭乘十數艘運兵船,在聯合艦隊吉野、高千穗、扶桑、嚴島等戰艦護衛下,浩浩蕩蕩挺進清國渤海灣。

1.6.03　日軍登陸地點花園口是金州沿岸的小漁村,距金州城21公里,距旅順36公里。由陸海軍先遣偵查選定。

1.6.04　10月24日第二軍第一師團在花園口登陸,運輸船在距海岸6公里遠的海面拋錨,部隊換乘小艇登陸上岸。數十艘小艇在灣內繁忙往返。

1.6.05 花園口海潮落差 4.6 米，海灘寬達公里。退潮時，許多小艇因來不及抵達岸邊而擱淺在泥灘上，登岸作業只能等待再次漲潮。圖為退潮後滯留泥灘的小艇，留下許多被拖拽的痕跡。

1.6.06 花園口登陸成功後，日軍又擴展了大連灣柳樹屯大棧橋為登陸地點。柳樹屯是清軍北洋艦隊補給的重要軍事基地，人口眾多、商業繁茂。

28 日分乘 19 艘運輸船從門司港出發，27 日至 30 日陸續在朝鮮仁川登陸，經朝鮮向遼東半島迂迴。第二路為第二軍主力，分三個登陸梯隊在遼東半島的花園口登陸。主力第一梯隊包括司令部在內，於 10 月 15 至 16 日分乘 16 艘運輸船從宇品港出航；第二梯隊於 17 至 18 日分乘 16 艘運輸船出航，兩個梯隊分別在 19 日至 22 日到達朝鮮大同江口魚隱洞錨地。第三梯隊等待運輸船返回，於 10 月 23 日至 11 月 22 日分乘 11 艘運輸船在大連灣登陸。

　　海軍最初選擇的登陸地點是距離旅順較近的大連灣貔子窩，但偵查發現此地的地勢平坦海面茫茫，不利艦隊隱蔽，旅順港內的魚雷艇如果實施夜間襲擊，日

1.6.07 金州城牆高六米，寬五米。女牆高二米，頂寬四米。城牆高合計約九米，是清軍防守禦敵的主要屏障。金州戰鬥中，城牆各處的女牆被日軍炮火摧毀倒塌，青磚散落。

1.6.08 日軍聯合艦隊運兵船匯集大連灣柳樹屯大棧橋，加速了登陸作戰計劃。圖為日本兵登岸後休息待命。

軍艦隊就會遭遇危險。海軍建議選擇花園口作為登陸地點，陸軍司令官對此案提出強烈反對，因為花園口海岸退潮時淤泥帶寬達 1,500 米，漲潮時波浪高，小艇靠岸不易，要求登陸地點再靠近大連灣。海軍和陸軍的意見發生嚴重對立，最終請大本營裁決登陸地點。大本營讓海陸兩軍各派兩名參謀乘軍艦"高千穗"號，沿海岸巡視，再探合適登陸地點，結果仍然沒有理想的結論。為了不耽誤作戰時機，陸軍司令官同意了海軍提出的登陸方案。

10 月 24 日，集結鴨綠江東岸義州的第一軍和抵達清國近海的第二軍，同時向清國本土發動攻擊。第二軍在聯合艦隊慎密護衛下，從魚隱洞駛入遼東半島莊河以南 80 公里的花園口。戰艦浪速、秋津洲在威海衛海面游弋，密切監視北洋艦隊動向。日軍在大連海域的 15 艘戰艦嚴陣以待，隨時準備與清艦戰鬥。24 日凌晨 3 時 30 分，51 名海軍陸戰隊員登岸偵查敵情，搶佔灘頭陣地，海岸異常寂靜沒有發生預想的阻擊戰。24—31 日，第二軍兵員分四批順利完成登陸，但是作戰物資的登陸作業緩慢，直至 11 月 7 日才全部結束。10 月 25 日，日艦觀察到威海衛清艦定遠、鎮遠、靖遠、平遠、濟遠、廣丙和兩艘水雷艇出港駛向山東高角方向，沒有靠近大連灣尋找和攻擊日本艦隊的跡象。第二軍登陸作業雖然沒有受到天氣和清軍的干擾，卻低估了海岸漲退潮和沒膝淤泥的困擾，預定作戰計劃被迫推遲。

10 月 28 日上午 11 時，登陸後的第一師團在貔子窩附近與清軍 300 人遭遇，清兵不戰而退，返回金州城方向。日軍佔領貔子窩，此後部分日軍後續部隊在此登陸，花園口登陸部隊也向貔子窩方向集結。31 日，第一路先發部隊混成第十二旅從朝鮮經陸路抵達花園口，與主力部隊會師。派出的偵查官回報，金州城有居民 6,000 餘人，清軍佈防嚴密，城上有重炮十數門，城外敷設大量地雷。駐紮復州（今大連瓦房店、普蘭店一帶）的清軍在增援金州城，普蘭店未見敵軍，蓋平方向的援軍正在向金州城移動。

1.6.09　防守金州的清軍兵力約三千，日軍攻城部隊有一萬之眾，兵力相差懸殊。11 月 6 日，部分日軍攻城士兵徒手攀登金州城西隅的城壁，逾越三丈高城牆，突破了清軍局部防守陣地。圖中士兵的攀城作戰，是戰後再現攻城情景時所攝。

1.6.10　金州城牆有角台四處，分設四門，東門春和門，西門寧海門，南門承恩門，北門永安門。各門之上有城樓，門外築有甕城，城外環繞護城河，河深5米，寬15米。金州攻城時，城門被日本工兵爆破炸開，大兵長驅直入。圖為陷落後的金州城永安門，城牆雄偉壯觀。

1.6.11　復州古城歷史悠久，是渤海灣的海防重鎮，商賈雲集之所。圖為復州陷落後的十一月初冬，身著防寒大衣的日本兵，踏著積雪開進復州城東門的情形。

1.6.12　鍾家山防線被日軍攻破，清兵丟棄陣地，向南面遁逃。照片背景是清軍用石頭建造的堅固堡壘，周圍的武器、彈藥、衣物、旌旗散亂狼藉。

1.6.13 在蘇家屯設立的日軍旅團司令部。蘇家屯位於金州城往南兩餘里處,是金州地區比較富庶的地方。旅團營所的外牆壁上,可見仙鹿、虎獅、怪獸等動物的彩色壁畫。圖繪中的故事,充溢着渾厚的中原文化,令日本人歎服不已。

2 金州攻防戰

平壤會戰後,清國為增強鴨綠江防線,調集包括旅順守軍在內的軍隊助戰鴨綠江,使得金州的防備變得更加脆弱。清軍在金州的兵力只有三支部隊,分別是:捷勝營副都統連順,率步兵 1 營擔任守城、騎兵 2 哨負責監視貔子窩。拱衛軍總兵徐邦道,率步兵 3 營駐徐家山附近,另有騎兵 1 營各地巡迴偵查,炮隊 1 營在金州城外南面佈陣。懷字軍總兵趙懷業,率步兵 6 營 2 哨駐守各炮台,其中和尚島 2 營、老龍島和黃山 2 營、南關嶺 1 營、蘇家屯 1 營 2 哨。

三支清軍部隊互不統屬,也沒有共同的統帥,副都統連順歸盛京將軍裕祿指揮;徐邦道、趙懷業歸北洋大臣李鴻章調遣。24 日,清軍抓獲日軍山崎、鐘崎、藤崎等十數名偵探,嚴刑拷問下得知日軍三萬大軍已經開始登陸,將進攻金州、大連、旅順。大驚之下,趙、徐二人立即給李鴻章發電告急,請求旅順、營口的陸軍和水師增援。李鴻章斥責二將:"大敵當前汝等如此驚慌失措,令二將立即率領各營加強佈陣迎擊敵軍。如今旅順、營口同樣危機,南來之軍已調往山海關守備,爾等不能過度期待增援。"28 日,李鴻章再電告二將,已命大同軍總兵程之偉率軍增援貴處,命水師丁汝昌派艦前往大連灣巡航。趙、徐、連三將隨即聯名給大同軍總兵程之偉發電,催促程部日夜兼程趕來金州救援。29 日,大同軍到達金州附近熊岳城,按兵觀望躊躇不前。30 日,丁汝昌率艦隊巡航大連灣,金州諸將甚感欣慰,底氣大增。不料丁提督只在大連灣逗留一夜,次日便拔錨返回了威海衛。

1.6.14 被日軍佔領後的和尚島炮台鳥瞰。炮台高所三四段，低所十段，壁高12米，與斷崖相連，直落海面。清國在大連灣修築永久性連環海防要塞工程，有混凝土炮台共六座。金州之役，炮台海防沒有起到作用，被日軍經陸路迂迴，輕易佔領。

　　日本作戰方略是第二軍在大連灣登陸後佔領金州，割斷遼東半島和奉天之間清軍的呼應鏈。鴨綠江一線清軍在第一軍牽制下必會自顧不暇，旅順要塞就會變成一座孤塞。海路無制海權，陸路漫長遙遠，清國內地援軍無法迅速前來增援，守衛旅順的清軍定會陷入戰略弱勢。11 月 5 日，登陸後的日軍第一師團乃木部隊佔領三十里堡南高地，在破頭山、劉家店附近與清軍激戰。清軍徐邦道的拱衛軍大部分是新募兵，步隊 1,500 人、馬隊 250 騎、炮隊山炮 10 門，外加副都統部下的捷勝營馬隊 2 哨。雙方戰鬥僅持續 30 分鐘，清軍死傷 50 餘人，便丟棄槍械彈藥分兩路向南關嶺和旅順口方向逃去。日軍佔領金州城周圍高地，兵臨城下遙望金州古城。

　　金州是遼東半島最狹窄的地帶，呈長方形的金州古城，南北長 760 米、東西寬 600 米，城高 6 米、頂寬 4 米，城牆氣勢雄偉、壯觀堅固，四面均築有城樓，設兩重敦實城門。城牆外約 10 米處挖有環城壕，壕溝內注水為護城河。城頭上配備大炮 10 門，城門外敷設大量地雷。6 日晨，金州守將徐邦道給總兵趙懷業寫信求援，趙以堅守炮台為由，拒絕了徐的請求。上午 9 時，山地司令官下達攻城命令，日軍在七里莊南部高地與清軍展開槍炮戰。清軍約 200 騎兵從城東西兩端向敵陣發起衝鋒攻擊，即刻被日軍炮火擊退。北關外約 300 清軍步兵欲發起衝鋒，也被敵火力壓制退卻。日軍炮兵集中火力向城頭清軍炮位轟擊，城炮被炸壞，被迫停止炮擊。同一時刻，乃木部隊進攻金州城東南面，日兵徒手攀登城，攻入城內。9 時 30 分，清軍散兵三五成群從西門逃跑，10 時起更多清軍兵勇陸續衝出突

1.6.15　日軍進入空曠無人的和尚島炮台。炮台建在海面絕壁之上，大門用歐洲產鋼鐵打造，門楣橫批刻字"和尚西台"，兩側刻字"海疆鎖鑰遼左屏藩"、"光緒十六年四月吉日 統領銘字右軍副左後等營記名提督馬春發監造"。

圍，向大連灣、旅順口方面潰逃。10時10分，日軍工兵中隊迂迴至城邊，切斷地雷電線，用炸藥將第一、第二大門破壞，後續部隊蜂擁入城。戰鬥歷時約兩個小時，日軍完全佔領了金州城。

金州城守軍向旅順口方向遁退，海灣一線的清軍炮台不知金州已經陷落，仍頻繁向金州城南日軍集結地炮擊。起初，日軍對清軍炮台配置情報知之較少，金州城攻擊開始後才接到偵察兵報告，在七里莊南部發現像城郭一樣的圍地（徐家山炮台），約200清兵正在向那裏移動，圍地內大炮正在朝我軍炮擊。山地師團長聽取報告後，判斷日軍野炮不敵清軍永久炮台火力，命令奇襲清軍炮台。

清軍總兵趙懷業的懷字軍6營2哨，分別配置在老龍島、黃山、南關嶺、蘇家屯，趙自帶2營駐守和尚島。金州城失守，副都統連順的潰兵大部分向大連灣和旅順口逃去，一部分潰軍路過蘇家屯、南關嶺時與徐邦道部合流。趙懷業炮台守軍聞知金州城被攻破，驚恐之下決意放棄炮台逃亡。趙懷業命令各炮台兵士盡量破壞和掩埋炮具部件，而後連夜向旅順口方向撤退。通向炮台的後大門完全向敵軍敞開。7日凌晨，河野大佐支隊襲擊徐家山炮台，發現清軍只剩下幾名殘兵，其餘已經遁逃，徐家山炮台被佔領。同一時間，乃木支隊襲擊和尚島三座炮台，炮台的清軍也全部逃光。6時30分，和尚島三炮台的兵營、水雷營、火藥庫全部被日軍佔領。下午6時，日軍佔領老龍口炮台，8日清晨佔領黃山炮台、大孤山炮台。日軍未傷一卒便佔領了清軍在大連灣的諸炮台陣地，還在陣地內搜繳到清軍在大連灣內敷設水雷的配置圖，立即派工兵拆除威脅艦船的水雷。9日至11日，

1.6.16　清日戰爭爆發前，旅順要塞的炮台工事基本竣工。照片是旅順慶字正營軍舍，四周是用石塊圍起的堅固防護牆，各角設有哨樓。背面山上是饅頭山炮台，與老虎尾、威遠、巒子營、城頭山炮台遙相呼應。

分散在貔子窩、大孤山、大同江各處待命的聯合艦隊軍艦陸續駛入大連灣集結，花園口登陸作戰結束。

3　旅順攻防戰

　　旅順口獨特的地貌形成了一座天然的優良港灣，是遠東最重要的戰略要塞之一。旅順口和威海衛在清國版圖上，形如一雙並舉突起的犄角，守衛渤海的門關。清國曾投下巨資，責成李鴻章在此修建永久性炮台，裝備了當時世界上最先進的新型巨炮，將旅順要塞建成遠東近代化的軍事堡壘。清日戰爭爆發前，可攻擊海上目標的陸基炮台工事基本竣工，背面群山上的防禦體系尚未完工。戰爭開始後，清軍加速修築了臨時的掩體和炮兵陣地，防禦體系基本完成。戰爭之初，日本就把目光投向奪取旅順要塞，意圖在旅順建立與清國在直隸決戰的大本營。因為旅順港距離日本本土最近，又與天津隔海遙望，是陸海軍聯合行動進攻北京的理想根據地。

戰時旅順防務

　　旅順防務體系由海軍防務、海岸防務、陸地防務三部分組成。

　　海軍防務　豐島、黃海兩戰敗北以來，海軍官兵士氣大衰，雖然日夜搶修負傷戰艦，但仍無法達到出海應戰的正常狀態。在花園口日軍登陸，迫近旅順要塞緊迫情況下，北洋水師為避免日陸軍和聯合艦隊夾攻，艦隊全部撤離旅順港，躲入威海衛水師大本營。旅順守軍見艦隊遁去，向李鴻章報告請求再派艦隊支援。

1.6.17 土城子日軍第一師團向旅順口進軍。前日先頭部隊在此遭到清軍襲擊,受創部隊突出包圍,遁退雙台溝。圖中部隊在原地休息,等待旅順方向的偵查報告。

丁汝昌卻只率領戰艦在山東高角附近遊弋,有意迴避日艦鋒芒,未敢接近旅順灣。日軍進攻旅順口前的 11 月 16 日,駐守旅順港內,一直讓日艦感到威脅的 8 艘魚雷艇也被丁汝昌調回威海衛,旅順口的海上防禦能力完全喪失。

海岸防務　以面向大海方向的黃金山、嘮律咀、饅頭山炮台為主,外加九個輔助炮台。港口東岸有海軍的水雷營,可投放機械水雷阻止敵艦進入港灣。西南岸巒子營炮台的西南麓建有探照燈台,夜間能照射敵艦,引導炮台對其進行火力攻擊。諸炮台採用永久性築城法建設,備有各式進口大炮及充足彈藥。海岸防務常駐守八個陸兵營,保障炮兵、水雷兵、魚雷局等技術兵種的安全。陸炮防務分東西兩區,以港口為中心呈半圓扇面形,在旅順口周圍的蟠桃山、大坡山、小坡山、雞冠山、二龍山、松樹山一線,構築了九個半永久性炮台和四個臨時炮台。各炮台的炮位之間連通深兩米的臨時戰壕,可以相互策應、支援。各炮台裝備各種制式的山炮、野炮、榴彈炮、加農炮。面向大海方向的炮數,重炮 58 門、輕炮 8 門、機關炮 5 門。面向陸地的炮數,重炮 18 門、輕炮 48 門、機關炮 19 門。旅順防衛炮數合計,重炮 76 門、輕炮 56 門、機關炮 24 門。

陸地防務　親慶軍 8 營 4,000 人,將領黃仕林、張光前,擔任海面防禦和東西兩岸諸炮台守備。桂字營 4 營 2,000 人,將領姜桂題,位於東半部腹背的堡壘防線,擔任旅順金州以東方向的防禦。和字軍 3 營 1,500 人,將領程允和,位於西半部腹背堡壘防線,擔任旅順金州東西方向的防禦。成字軍 5 營 2,500 人,將領衛汝成,擔任白玉山東北下狹隘入口的守備。營務所(道台親兵),1 營 500 人以及日軍

85

1.6.18　深夜，清軍派遣的偵查兵在石嘴子日軍營地附近窺探軍情，被日軍哨兵發現，射殺三人，活捉兩人。翌日晨，日騎兵在現場發現被射殺的清兵屍體。

花園口登陸作戰後，從金州方向敗退而來的部隊，懷字營 6 營 1,800 人；拱衛營步兵 4 營 1,200 人、騎兵 1 營 200 人；銘字軍 6 哨 400 人，各雜牌兵力計四千餘人。日軍進攻旅順時，清國在旅順的陸軍作戰兵力合計約 14,000 人，而實際參與作戰的兵員，陸地作戰部隊 9,500 人；海岸防禦作戰兵員 3,200 人。

　　旅順防禦匯集了桂字軍、和字軍、親慶軍、銘字軍、懷字營、拱衛營的各路人馬，可是防衛如此重要的要塞，卻沒有任命負責統一指揮的統帥。11 月 7 日，旅順守軍得知金州、大連灣失陷，連續三日目睹了從東面潰退下來的敗兵，狼狽之相讓旅順守軍震驚和沮喪，旅順要塞立刻陷入極度混亂的狀態。諸將各懷心思、紙上談兵、爭論不休，失去了在外圍阻擊日軍的最佳時機。官銜位於諸將軍之上的文官道台龔照璵，眼見旅順危在旦夕，終日失魂落魄，專程前去天津見李鴻章求援，遭李鴻章訓斥返回旅順。混亂之中，徐邦道、姜桂題、程允和三將軍力主抗戰，而其他諸將則默不作聲，顯出退意。徐、姜、程三將軍下達命令，(1) 各部隊立即進入防禦陣地，警戒日軍動向；(2) 水雷營、魚雷營加速在港灣內敷設水雷；(3) 各炮台加強警戒，以防敵艦海上入侵，老鐵山炮台再增山炮 9 門，支援陸軍作戰。17 日，徐、姜、程三將率部開赴土城子附近伏擊日軍，道台龔照璵乘機攜家眷乘汽艇逃往煙台。留守旅順的黃仕林、趙懷業、衛汝成三將見大勢已去，相繼逃離旅順，其部下清兵公然打開銀庫掠奪官銀。造船所的官吏相互爭奪和盜走貴重器材，裝上民船從海上逃走，旅順陷入一片恐慌之中。

1.6.19　石嘴子附近的三角山，位於旅順後山的正面，可一覽水師營地。清日兩軍在此地進行炮戰。圖中為待命進攻的日軍士兵，在瞭望炮戰和躲避流彈。

要塞攻防戰

　　旅順口發生的主要戰鬥有：土城子戰鬥、于大山戰鬥、案子山戰鬥、二龍山戰鬥、旅順口戰鬥，戰鬥從 18 日開始至 21 日結束。旅順要塞失陷後，日軍連續三日在旅順街市以捕殺清兵為名，實施包括老弱婦孺在內的屠城。

　　土城子戰鬥　11 月 13 日，第二軍大山巖司令官召集會議，確定了 21 日進攻旅順口的作戰計劃。混成第十二旅團牽制旅順口以北及東北方之敵；第一師團進攻水師營東南方敵主力；聯合艦隊圍堵海面運動之清兵。18 日 10 時，秋山第二中隊前衛與埋伏在土城子南面高地的徐、姜、程部隊交火。隱蔽佈陣的清軍佔據有利地形向日軍發起猛烈攻擊，側翼步隊從日軍兩側展開包圍攻勢。雙方戰鬥激烈，被困日軍死傷嚴重。中午，姜桂題軍的兩門山炮向日軍陣地炮擊，日軍被迫向後遁退。此時恰逢阪井中尉向其他部隊提供補給時路過，看到友軍被圍不利，立即發出攻擊敵炮兵陣地的命令，抑制住清軍的攻擊，秋山部隊趁機逃出重圍。偵察兵報告長嶺子方向有日軍活動跡象，清軍命令停止追擊逃跑之敵。清兵割下戰死日兵的首級，班師返回旅順口。此戰清軍投入步兵約 5,000 人，山炮 2 門；日軍投入步兵 600 人、騎兵 200 騎。日軍戰死 11 人、負傷 37 人，清軍取得了土城子戰鬥的勝利。自從戰爭以來，日軍首次受挫敗陣，深感恥辱、惱羞成怒，加上清兵割取日兵頭顱虐屍事件，激起日軍上下同仇敵愾，決意向清軍復仇。

　　于大山戰鬥　11 月 20 日，清軍約 4,000 人分兩隊向水師營東北高地和被日軍佔領的于大山方面進發，中午 12 時 30 分到達于大山附近的盤龍山，在距敵 1,900

1.6.20 旅順石嘴子清日兩軍炮戰的壯觀景象，戰場上硝煙滾滾。早期大炮的發射和彈着點都會產生大量硝煙，極易暴露敵我的陣地，因此先行開炮壓制敵方，成為炮兵主要戰術之一。

米位置進入戰鬥態勢。下午 2 時 30 分，刺兔溝北方高地、水師營南方高地、松樹山炮台的清軍炮兵，向防守于大山的日軍陣地發起炮擊。在炮兵掩護下，清軍向碾盤溝南方高地迂迴包圍，陣前雙方猛烈對射，清軍炮兵的轟擊威力明顯壓制了敵軍火力。此時，日軍野戰炮兵第一聯隊趕到，被動苦戰中的日軍士氣頓時高昂起來。清日雙方炮兵展開陣地炮擊戰，日軍炮兵彈着準確，清軍炮兵火力很快被壓制下去。增援于大山、金家屯附近的日軍支隊向碾盤溝西側迂迴，企圖從側背包圍清軍。清兵發現日軍欲斷後路防守陣勢開始動搖，接着放棄陣地倉惶逃跑。清軍案子山炮台向日軍陣地炮擊，支援友軍大隊向旅順口撤退。日軍兩個中隊追擊潰退的清軍至磐龍山附近未果，下午 4 時 50 分結束戰鬥。

于大山戰鬥，日軍消耗炮彈 493 發、槍彈 2,488 發、負傷士兵 2 人。順利解除了旅順外圍清軍的防守陣勢，向旅順口推進一步。

案子山戰鬥　總兵程允和率步隊兩個營駐守案子山堡壘，成字步隊五個營、馬隊 1 哨在白玉山東麓待命支援。21 日凌晨 1 時 15 分，日軍第二旅團長西少將率部從石咀子出發。第一師團長山地中將率部從洪家溝西南出發，企圖趁黑夜偷襲清軍案子山陣地。月照下雖有視野，但所持地圖標識道路不明，兩軍在黑夜中迷失方向。清晨 6 時 50 分，日軍野戰炮兵趕到案子山西南，為探明清軍陣地位置向清軍炮台方向發炮。清軍案子山諸炮台立即開炮攻擊敵軍，不想卻暴露自己的炮台方位，給迷途的日軍引導了方向。西少將部隊的徒步炮兵迅速佔領標高 203 高地(爾靈山)北麓，炮擊案子山低炮台。在炮兵掩護下，步兵聯隊向案子山炮台

1.6.21 炮兵部隊攜帶可分解山炮到達方家屯附近，向清軍陣地開炮。圖中炮兵觀察官正在瞭望彈着點，修正炮擊精度。

1.6.22 金州戰鬥，在高家窰南面田地中遺留的清軍士兵屍體。圖中所見，李鴻章北洋軍清兵軍服的圓形背標上，記有所屬部隊的文字，與早期單純"兵"、"勇"記號寫法有所不同。

移動。炮台內千餘名清兵和數門機關炮向敵猛烈射擊，日兵被壓制在山腰開闊地之間無法前進。7時15分，野戰炮兵和徒步炮兵集中炮火向清軍低炮台轟擊，丸井大隊長率隊衝入案子山炮台彈道死角仰攻。7時30分，木村中佐帶兵突入低炮台，雙方發生短暫肉搏，清兵棄陣敗逃。東西炮台的清兵見低炮台陷落，士氣頓挫，不戰而退。一部分沿東西海岸向北方逃跑，大多數退至白玉山、松樹山堡壘群與守軍匯合。

二龍山戰鬥 日軍第一師團攻取案子山後，待命中的混成第十二旅團長谷川少將，獨自率部進攻松樹山和二龍山炮台陣地。9時30分，諸隊接近松樹山和二

1.6.23　日軍佔領旅順口椅子山第二炮台。圖為炮台內部，留下兩門完好的德國造 12 英吋口徑的克式大炮。

1.6.24　椅子山炮台位於水師營西南，有炮台三座，與小案子和大案子山炮台遙相呼應，是旅順西線防禦重點。圖為被佔領的椅子山第三炮台，炮台內清兵屍體和兵器散亂。

龍山附近時，清軍密集的炮彈在部隊附近炸開，阻礙其前進。10 時 10 分，水師營東的日軍野戰炮兵第六聯隊向二龍山炮台炮擊，隨軍徒步炮兵也頻頻發炮，支援步兵分隊近敵。突然，徒步炮兵各炮械的閉鎖器發生故障，發炮相繼停頓，只有清軍單向炮彈不斷射來，聯隊陷入被動捱打境地。日軍即刻調集野戰炮兵陣地的火力，向清軍陣地開炮，炮彈命中了松樹山炮台的火藥庫，黑煙衝天而上。二龍山清兵見狀，自感獨臂難支，遂點燃陣地上的地雷導火線，逃離陣地向南面遁去。但地雷爆炸時，日軍尚未進入雷區，各隊佔領炮台有險無傷。

　　旅順口戰鬥　日軍第二聯隊佔領案子山炮台後，繼續追擊向黃金山炮台方向

1.6.25 饅頭山炮台中央裝備三門 24 厘米口徑克式大炮，大炮轉動輪軌可調節炮口射擊方向。兩翼配置兩門 12 厘米口徑克式炮。

1.6.26 黃金山炮台陷落。炮台用大塊方石建築而成，樣式與大連炮台相同，門頭題字"北洋鎖鑰""光緒壬午二月合肥李鴻章題"。炮台上的大炮炮身刻字 1881 年，乃 13 年前製造之舊式炮械。

遁逃的清軍。當日軍抵達黃金山、白玉山、人字牆附近時，遭遇毅字軍的頑強抵抗。松樹山至白玉山的清軍也勇猛阻擊日軍第三聯隊的進攻。苦戰中的日軍調集野戰炮兵朝清軍堡壘群陣地炮擊，一時間雙方槍炮戰異常激烈。突然，武庫附近衝出清軍二百餘騎兵和二百步兵企圖增援毅字軍，遭到日軍猛烈阻擊，將其隊伍衝散，潰兵向旅順方向逃去。日軍士氣高漲、攻勢兇猛，很快瓦解了清軍的防禦陣地，第二、第三聯隊先後佔領清軍放棄的東雞冠山、小坡山、大坡山、蟠桃山、北山 5 座炮台。下午 4 時 50 分，清軍又陸續放棄黃金山、東人字牆、摸珠礁炮台和馬家屯兵營，向老鐵山方向逃去。部分清兵乘民船從海上出逃，遭到聯合

1.6.27 清國三艘小型軍艦超海號、敏捷號和一艘炮艦困在旅順港內，被入侵旅順港的日軍俘獲。圖中的超海號上裝備有兩門速射機關炮。

1.6.28 旅順敗走的清兵向金州方向撤退。乃木部隊追擊敗軍至金州灣頭約一里長的斷壁懸崖盡頭。日軍繼續攻擊已經放棄抵抗的清兵，約五百清兵被趕下懸崖。照片背景中有墜入懸崖十數日的清兵屍體。

艦隊的海上堵截，被迫返回陸地逃生。許多兵勇脫掉軍服換上事先準備的百姓服裝，消失在街道民巷之中。各路將軍無法控制大軍崩潰的局面，姜、徐、程、張諸將也混雜在敗退的兵潮人群中逃亡。敗退途中的清軍，連續遭遇日軍阻擊，兩軍發生多次拉鋸突圍戰。22 日，旅順潰軍突破金州防線，與宋慶軍匯合。旅順西面的部分清軍守兵，當夜沿西海岸躲過日軍封鎖線成功突圍。

宋慶軍自鴨綠江一線敗退後，10 月 29 日率部隊從鳳凰城退至摩天嶺。11 月 7 日進攻海城期間，接到李鴻章火速增援旅順口的命令。20 日，劉盛休銘字軍與宋慶軍在金州以北的四十里堡會合。21 日受到石門子、三十里台子日軍前哨的阻擊。宋慶統領各路清軍，自居中路、劉盛休軍為左翼、馬玉昆軍為右翼，大舉反攻金州城。但由於在鴨綠江戰鬥中，清軍不戰而逃，全部大炮輜重被丟棄，失去了攻城必須的炮兵火力。無強勁火力支援的清軍不斷受到城內日軍大炮的轟擊，不但攻城不克，而且傷亡慘重。戰鬥持續了整日，當夜各路清軍退至四十里堡，遇上許多從旅順潰退下來的敗兵，方知旅順失陷在即。清軍各路軍馬連連敗戰，令宋慶失去戰意，只能先撤向安全地帶，修整部隊以期再戰。22 日，從旅順潰退下來的諸將與宋慶軍匯合，一同向蓋平方向退去。

4　旅順海防戰

　　10 月 24 日，日軍聯合艦隊協助第二軍完成花園口的登陸作戰，艦隊奉命進入渤海灣尋找清國艦隊決戰。11 月 14 日，日軍得到北洋艦隊主力駛入威海衛按兵不動的情報。聯合艦隊伊東司令官下達引誘清國艦隊出港，在外海決戰的作戰指令。15 日下午 4 時，聯合艦隊主力戰艦，第一、第二遊擊隊及 6 艘水雷艇、1 艘供給艦近江丸前往威海衛。16 日，艦隊在威海衛軍港外 20 海里處停泊，第一遊擊隊在軍港附近遊弋誘敵。清國北洋艦隊旗艦定遠號及隨同的 11 艘戰艦，發現日艦隊迫近，立即改變錨地，駛進劉公島背面避敵。日艦隊在威海衛灣巡航一夜，水雷艇甚至冒着岸炮攻擊的危險接近港口，清艦也不予理會。17 日，伊東再命誘

1.6.29　11 月 21 日旅順口僅一日之戰，號稱遠東的第一要塞的重鎮便落入敵手。清軍統領無法控制屬下大軍崩潰的局面，姜、徐、程、張諸將也混雜在敗兵群中逃亡。在日軍的追擊下，清軍朝金州方向敗走。此圖是西洋記者描繪的旅順清軍敗走圖。

1.6.30 日軍佔領旅順後，魚雷局被海軍接管，在魚雷倉庫內發現清軍丟棄的成品魚雷。按照當時國際武器水平評估，清軍的魚雷製造設備和技術已經進入近代化的行列。後來，日艦在威海衛擊沉清國主力艦定遠號的魚雷與此係相同型號。

敵出港，用無戰鬥力的運輸艦做誘餌，引誘北洋艦隊出灣作戰，然而北洋水師提督丁汝昌命令所有戰艦守在港灣內拒不出戰。11 月 19 日，旅順口戰鬥迫在眉睫，第二軍大山司令官致信海軍伊東司令官，傳達陸軍將於 21 日發起總攻的決定，請求聯合艦隊協力作戰。伊東司令官命令留下兩艦繼續監視清國艦隊，其餘主力戰艦立即趕往旅順灣協同陸軍聯合作戰。21 日早 7 時，聯合艦隊駛入旅順灣，在海面往復巡航，向老鐵山、黃金山、摸珠礁、嘮律咀各炮台開炮，牽制清軍炮台火力。嘮律咀炮台向日艦開炮應戰，雙方岸艦炮火對射。下午 1 時，日艦發現嘮律咀炮台東方海岸集聚大量從東雞冠山諸炮台潰退下來的散兵，立即接近海岸，向清軍開炮。遭到日艦炮轟的清軍部隊轉向大連灣方向潰逃。此時在"鳥海"號軍艦上，海軍會見了陸軍司令官派來的特使，得知第二軍已經攻陷旅順口北面防線，目前正在接近敵炮台陣地圍殲清軍，請求海軍中止炮擊以免誤傷。由於聯合艦隊的協力出擊，成功牽制海岸諸炮台的清軍火力，為陸軍攻克旅順防線創造了有利條件。

11 月 21 日的旅順攻防戰於當日太陽落山前結束，旅順要塞完全被日軍佔領。22 日，日軍清理戰場，第二軍工兵部隊拆除敷設在旅順灣內的水雷，為日艦隊提供了安全入港的通道。24 日，伊東司令官率領艦隊駛入清國旅順口軍港，第二軍向海軍移交了繳獲的清軍造船所、兵器工廠、水雷營、倉庫、材料、船舶等一切海軍軍事設施。日軍實現了奪取東方戰略要塞旅順的計劃，為直隸作戰打下了基礎。

1.6.31　旅順口陷落後，日軍在市內展開了三日大虐殺。圖為旅順陷落後的 11 月 23 日，日軍在旅順造船廠大船塢舉行祝宴的情形，慶賀佔領遠東第一要塞。

　　旅順之戰，日軍戰死 40 人，負傷 241 人，下落不明 7 人。消耗榴彈 247 發、榴霰彈 1,526 發，槍彈 179,562 發。繳獲清軍槍械 1,650 支，以及旅順口全部炮台設施和炮械、彈藥。

威海衛作戰

　　1894 年 12 月 7 日，日軍聯合艦隊司令官和第二軍司令官給大本營發出聯名電報，報告"期待的直隸作戰，因為天氣原因出現諸多困難。目前金州半島的氣溫已經降到零下七、八度，相繼有人、馬凍死。直隸一帶的寒冷超出了預期，現在即使是晴朗天氣，結冰的渤海灣和刺骨寒風也不適宜登陸作戰。大本營如果希望繼續實施作戰計劃，可以先發兵山東半島，海陸兩軍合力夾擊北洋水師，全殲清國海上軍力乃上策。"伊藤首相不擴大戰爭的意見和軍方作戰的實際態勢不謀而合，大本營下達偵查威海衛作戰條件的命令，同時發佈了進攻山東半島的軍事動員令。

1　清軍在山東半島的防禦

　　清日兩國開戰初期，山東省的清軍兵力，步兵約 40 營、騎兵 8 營、水雷營 2 營。具體配屬，威海衛附近，綏字軍 4 營、鞏字軍 4 營、水雷營 2 營；劉公島北洋護衛軍 2 營；芝罘嵩武軍 4 營；登州嵩武軍 1 營，登營練軍 2 營；膠州灣附近嵩武軍 5 營、青州駐防步隊 1 營、馬隊 1 營；濟南嵩武軍 4 營，濟字前營 1 營、泰靖營 2 營、靖健營 2 營、撫濟營馬隊 1 營、武定附近精健營 1 營；兗州濟字營 2 營、刑字營 1 營、精健營馬隊 1 營，兗州所在馬隊 1 營、濟字營 1 營；曹州山東

1.7.01　1 月 20 日，聯合艦隊匯集榮成灣龍睡澳，實施山東戰區摧毀北洋艦隊作戰。登陸作業分四次輸送部隊登陸。一月的山東半島，已經白雪皚皚、寒風凜冽，氣溫降至零下。

1.7.02 龍睡澳登陸的日軍部隊向威海衛方向挺進。灣內部分地段已經封凍，人馬可以在冰面上通行。圖中部隊是後續的司令部序列，正在向榮成開進。

步隊練軍 3 營、濟字營馬隊 1 營、松字營馬隊 1 營；沂州附近新健營馬隊 1 營。山東巡撫福潤為加強防衛向朝廷請求，又獲得 4 個炮兵營、大炮 36 門的編制。威海衛軍港的防衛由統領道員戴宗騫負責，率 4 個營防守北岸；總兵劉超佩率鞏字軍 4 個營守衛南岸；總兵張文宣率 2 個營擔任軍港防務，守護劉公島。上述各建制均直屬李鴻章指揮。

　　1894 年 7 月，朝鮮戰事爆發，提督葉志超請求援軍時，李鴻章欲抽調威海衛綏、鞏兩軍 1,000 人步隊增援，被威海衛陸軍統領戴宗騫拒絕。為加強威海衛防務，巡撫福潤向朝廷徵得募兵許可，徵募新兵步隊 4 營，並在沿海十餘州縣張榜檄文，組織漁民團警備海岸。9 月平壤陷落、黃海海戰戰敗，清國對山東防區的防衛兼顧不暇，把準備駐屯威海衛的湖南巡撫吳大澂率領的 4 個湘軍營調往山海關。9 月下旬，福潤的後任李秉衡受命率曹州地方步隊 4 營、馬隊 2 營駐防天津。11 月中旬，駐防威海衛的綏、鞏兩軍聽說鴨綠江、金州陸續失陷的消息後，鬥志沮喪、軍紀混亂。綏字軍三營兵勇，因軍餉和給養問題引發騷亂，險些釀成兵變。戴宗騫惟恐波及其他軍營，千方百計調來軍餉，先期支付糧餉，同時制定懸賞規則安撫兵心，把事件平息了下去。12 月 7 日李鴻章電報，要求威海衛諸將構築禦敵工事，請求軍務處調集湖北的凱字軍增援。由於清軍連敗的消息傳遍山東各地，李秉衡募集新兵的工作遇到困難，自願應募者非常稀少。戴宗騫在軍港北岸、柏頂炮台、田村附近增添 20 門大炮加強防禦力量，而榮成方面的防禦卻沒有引起足夠的重視。日本軍艦連日來進入榮成灣龍睡澳（龍鬚島）一帶偵查登陸地

1.7.03 清國北洋艦隊在榮成設置的燈塔。燈塔光信號引導清國艦船安全航行，是清國海軍的重要裝備。榮成灣登陸作戰的日軍，首先奪取燈塔，引導日艦航向。

點，暴露了日軍登陸作戰的企圖。李秉衡命令濟字右營、靖健前營、泰靖左營、河成左營在榮成、俚島一帶佈防，防止日軍在該地點登陸。

2 日軍在山東半島的攻勢

12月16日大本營任命第二軍司令官大山巖為山東戰區長官，一直在廣島待命的第二師團和警備九州的第六師團的半個師團編入第二軍，擔任威海衛作戰任務。聯合艦隊負責護送第二軍兵團登陸和摧毀清國艦隊。為了保證艦船的作戰效能，艦底必須清除貝殼等雜物，並換漆維修。伊東司令官決定聯合艦隊諸艦一面監視清國艦隊；一面輪換返回國內船塢維修作業；一面搶修遭到清軍破壞的旅順港船塢，命令艦隊必須在12月底前完成戰鬥準備。12月22日至26日，日本陸軍和海軍各派遣將校參謀團，乘"高千穗"艦進入榮成灣的龍睡澳周邊，偵查測量登陸地形，調查作戰條件。結果發現登陸此地不同於花園口，道路簡陋，無法通行車輛，遂請求大本營徵用軍夫並增添大量的登陸物資。根據山東半島的地形，陸軍參謀建議增加兩個9厘米臼炮中隊。28日偵查探知，山東省全域駐屯的清軍兵力增加到54營17,195人，其中威海衛和劉公島10營、周邊8營，合計7,711人。煙台防禦兵力5營2,524人，而且，山東各地的清軍仍然繼續向威海衛一線集結。

1895年1月16日，日軍第二師團和第六師團陸續抵達遼東半島，赴山東半島作戰部隊的出征前準備工作就緒。輸送第二、六師團前往威海衛的任務，由44艘艦船分三次完成。16日，聯合艦隊派遣"八重山"、"愛宕"、"摩耶"、"磐城"艦，

1.7.04 陷落後的威海衛楊峰嶺炮台陣地遠眺，炮台氣勢雄偉壯觀。穹窖式炮台（地阱式炮台）建築雄偉，內部裝備岸對艦穹窖炮。山丘上是大口徑炮兵陣地，能望見豎立的大炮筒。

搭乘海軍陸戰隊和第一野戰電信隊，於凌晨 4 時提前進入龍睡澳，換乘 3 艘小艇登岸，執行偵查敵情和切斷清軍電報線的任務。6 時 40 分，小分隊到達落鳳崗村西北約 400 米灣頭，突然遭到陸上數隊清軍的射擊，小分隊立即施放撤退信號彈，緊急退回艦上。日艦向清軍陣地開炮，清軍兵勇三三兩兩從陣地脫逃。陸戰隊再次登陸落鳳崗村，清軍稍作抵抗，便丟棄陣地向玉皇廟方向逃去，附近友軍見落鳳崗村的守軍敗退也棄陣而逃。7 時許，海軍陸戰隊佔領了落鳳崗村，電信隊佔領了成山角燈塔和電信局。8 時，運輸船隊陸續駛入龍睡澳灣，聯合艦隊在澳外警戒，陸軍開始登陸作業。上午 9 時，威海衛下起大雪，道路被雪覆蓋。夜幕降臨後，強風席捲雪花，直到晚上 9 時左右，部隊才到達榮成。26 日，日軍主力部隊按原定方案分三次海上輸送，完成了榮成灣的登陸計劃。

3　威海衛陸戰

　　1 月 25 日，第二軍司令官大山巖進入榮成，26 日下達進攻威海衛的命令。但雪地行軍，日軍行動緩慢，輜重運輸困難重重。次日黎明，北皁和孟家莊附近高地的清軍炮兵，向佔領牙格莊的日軍前衛部隊猛烈炮擊。日軍二大隊反擊，清軍一時向西面退卻。午後，清軍大部隊襲來，倚仗猛烈炮火支援，步兵 1,200 人揮舞大旗在鑼鼓聲的壯勢下，向北皁十家河日軍陣地殺去。另約 300 步兵進攻孟家莊至福祿莊之間的高地，又數百步兵向孟家莊北側高地迂迴。此時天降大雪，清日雙方展開了激烈的陣地槍炮戰。進攻的清兵在雪地裏身影暴露無法隱藏，有助

1.7.05 威海衛黃島炮台，位於威海灣北口南側，與劉公島相連，島岸線長一里半餘，島高十二米。黃島炮台裝備 24 厘米大口徑炮，對日艦接近威海衛港北口起到威懾作用。

1.7.06 威海衛北山嘴炮台，位於威海衛東端，炮台分三層。圖中下層部分是兵營，與港灣相連，築有碉堡樓式建築。北山嘴炮台是阻止敵軍進入港灣的重要防禦陣地。對面島嶼是劉公島。

1.7.07 日島炮台在劉公島和威海衛港灣入口中間，戰略位置極其重要。日島炮台火力十分強大，迫使日艦無法接近劉公島，成為日軍炮擊的主要目標。2月7日，日軍用繳獲的清軍炮台和聯合艦隊所有火力轟擊日島炮台，使其徹底癱瘓。

1.7.08　在當地人引導下，日軍查看趙北嘴炮台現場。清軍守軍遁退時，對炮台設施實行了全面破壞。圖中右側是兩門28厘米大口徑巨炮，其餘是24厘米口徑大炮。

1.7.09　龍廟嘴炮台是日軍進入威海衛港的主要奪取目標。在龍廟嘴火力配置上海軍丁汝昌與陸軍戴宗騫曾有爭執。圖中是被日軍炮火摧毀的龍廟嘴炮台，已經失去了往日的雄姿。

1.7.10　威海衛西岸祭祀台炮台的北方高地背面部分場景。中央門口左側電線杆旁邊的道路通往黃土崖北山嘴方向。左側山坡上有13個堡壘式兵營入口，兵營左側是用土袋築起的胸牆，通向山頂，右側階梯通向祭祀台炮台。

1.7.11 陷落後的威海祭祀台炮台。主炮台廢墟是清軍在遁退時，實施自主性爆炸所破壞。右端長堤下方有連接地雷的導火索。照片左側是巨形土袋和穿釘板防禦壁壘。

日軍瞄準射擊，迫使清軍退卻。28 日，日軍向前推進，左縱隊和右縱隊分別佔領鮑家村、江家口，後續增援大隊也相繼到達。29 日，日軍偵查報告，清軍在溫泉湯西北高地和百尺崖西南高地佈防。30 日早 7 時，日軍右翼部隊向楊峰嶺炮台炮擊，大寺少將左翼部隊進攻清軍摩天嶺炮台，遭到清軍重炮反擊，炮彈在雙方陣地隆隆爆炸。可是清軍大炮的彈着點大部越過日軍部隊落在後方，傷敵率微乎其微。8 時 25 分，日軍左翼部隊向摩天嶺炮台和西方堡壘發起衝鋒，清兵奮力射擊抵抗，港內清軍炮艦和日島炮台也集中火力猛烈轟擊。日軍進攻受到挫折，士兵死傷人數上升，大寺少將被清艦彈片命中負傷，於 2 月 9 日不治而死。日軍工兵冒死衝入炮台近前，用炸藥炸開炮台一角，日軍突入炮台，清軍陣營大亂，兵勇紛紛向楊峰嶺炮台方向逃去。8 時 30 分，日軍佔領摩天嶺炮台，9 時 30 分佔領鹿角嘴和龍廟嘴炮台。日軍炮兵在摩天嶺炮台用繳獲的清軍大炮轟擊楊峰嶺炮台，造成楊峰嶺炮台火藥庫中彈爆炸，守兵頓時大亂，向鳳林集北方海岸逃走。日軍追趕清軍逃兵，北洋戰艦急速駛近岸邊炮擊日軍追兵，迫其退回。12 時 20 分，日軍右翼部隊先後佔領楊峰嶺、趙北嘴炮台和鞏軍右營。戰鬥中，日軍死亡 25 人。

清軍南岸堡壘群陣地，正面配備重炮 4 門、輕炮 28 門、步兵 4 營；側翼鳳林集東南一線高地的南北虎口和虎山，配置步兵 4 營、野炮 3 門、山炮 10 門。在海岸炮台、日島炮台、劉公島炮台、北洋戰艦的炮火轟擊下，給日軍造成較大傷亡。清軍雖然佔有優勢地形，可是兵勇鬥志低下，終於不敵日軍攻勢，丟棄南岸堡壘群陣地逃走，日軍順勢佔領了保衛北洋軍港的南岸防禦陣地。南岸攻堅戰，

1.7.12 威海衛戰鬥中,龍廟嘴炮台遭受日軍炮火的猛烈轟擊。在道路附近的廢墟中,散亂着許多清國士兵的屍體,慘狀令人顫慄。屍體表面創傷,多是槍炮傷和燒傷。

日軍戰死 54 人、負傷 152 人。清軍死傷確切數字不明,第六師團清理戰場時,埋葬清兵屍體 740 具,其他部隊清理數不詳。日軍消耗榴彈 245 發、榴霰彈 1,074 發,步槍子彈 84,483 發。繳獲清軍裝備,山炮 13 門、南岸堡壘群陣地和大量遺棄的槍支彈藥。

　　清軍南岸防線陣地的丟失給北洋水師帶來極大威脅,清艦完全暴露在已被日軍佔領的炮台射程之內。清軍日島、劉公島、北岸諸炮台進入最高警戒狀態,一旦日軍部隊靠近海面立即炮擊。30 日晚 8 時,大山司令官下達攻擊準備命令,第二師團前衛於 31 日晚 8 時從宋家窪出發,在長峰寨西方高地附近擊敗了清軍守軍。31 日夜,司令官下達翌日向羊亭集和曲家河進軍的命令,2 月 1 日羊亭集附近日軍與孫家灘至港南村一線清軍交火,清軍以 6 門大炮轟擊日軍,致日軍 9 人戰死。日軍冒死接近清軍陣地,大炮失去了攻擊力,清軍見突至近前的日軍,立即退出陣地向煙台方向撤退,羊亭集被日軍佔領。

　　2 日凌晨 2 時,第二師團從羊亭集出發,奇襲威海衛,到達田村東北高地清軍堡壘群時,清軍已經棄陣逃跑,空無一人。9 時 30 分,日軍在無任何抵抗下進入了威海衛重鎮。威海衛的失陷,使清軍艦隊一側完全暴露在日軍攻擊的視野之內,清艦被迫頻頻接近岸邊,用艦炮阻擊日軍佔領的威海衛城。10 時 30 分,前衛司令官貞愛親王命令部隊向北面縱深方向移動,計劃佔領北岸全部炮台,以掃清護衛清軍艦隊的所有陸上障礙。下午 1 時 50 分,日軍從黃家溝北海岸迂迴至北岸諸炮台附近,發現炮台清軍已不知去向,日軍佔領神道口新兵營、九峰頂炮台、

1.7.13 威海衛港西岸黃土崖炮台陣地的狼藉景象，兩門 21 厘米口徑克式大炮，在清軍逃離時自爆破壞。中央遠景建築是水雷營，右方高地是北山嘴炮台。

遙瞭墩炮台。傍晚 8 時，日軍又攻取北山嘴炮台、柏頂炮台。至此，威海衛陸岸防線被徹底瓦解。

　　1 月 20 日清晨，駐防威海衛的清軍報告，日軍在榮成灣大舉登陸，已經佔領了成山角燈塔和電報局。朝廷此時才恍然大悟，後悔自己無謀，抽調兵力北上忽略了山東防務。急忙下令遣清江駐軍李占春 15 營、徐州陳鳳樓 5 營、沂州丁槐 5 營火速趕往威海衛救援。24 日，丁汝昌視察南北炮台防務，發現日島炮台甚至沒有配置指揮官，海岸炮台守軍只有重炮沒有配備槍支，敵陸軍若進攻炮台，根本無法自衛防身。一旦炮台落入敵手，大炮就會變成敵軍攻擊北洋艦隊的武器。丁汝昌與劉超佩商議，先把龍廟嘴炮台大炮的閉鎖器卸下隱藏起來，即使日軍奪取炮台也無法利用這些大炮。陸軍總指揮官戴宗騫得知此事勃然大怒，25 日命令將閉鎖器恢復炮身，同時給李鴻章發出電報，狀告丁汝昌無根無據擅自行事，要求今後陸地上的防禦，北洋水師一律不得干涉。26 日，在橋頭集陸續集結的清軍達 14 營，與不斷登陸的日軍形成對壘態勢。駐紮在酒館集的孫萬林率三個營向橋頭集進發，綏軍劉樹德率三個營為側援，南岸堡壘群守衛鞏軍三個營沿榮成海岸北路後進，駐守煙台的總兵孫金彪率嵩武軍的福字營、東字營前往寧海方向阻擊登岸之敵。孫萬林組織大隊向日軍發動兩次進攻，每次前面的兵勇被擊退，後面大隊就即刻潰散，無奈大隊只能返回防禦陣地。27 日，孫萬林得知劉樹德前夜遁退溫泉湯，閻得勝部也退往草廟集，陷入孤立的孫萬林只得率隊撤離陣地而去。30 日，日軍南北兩路夾擊南岸堡壘陣地，戴宗騫、李秉衡抗敵，龍廟嘴、鹿角嘴炮

1.7.14 駐守威海衛摩天嶺陣地的清軍一時勇戰，日軍大寺少將在進攻戰鬥中陣亡。圖為被清軍丟棄的東岸摩天嶺陸戰堡壘陣地，9厘米克式野炮合計8門。

台相繼失陷，戴李二人逃往北岸炮台。結果丁汝昌擔心的事情終於發生，炮台陣地的一些大炮，成為日軍毀滅北洋水師的利器。

4 港灣攻堅戰

威海衛失陷，日軍佔領了港灣周邊炮台。北洋艦隊儘管冒險接近岸邊，用艦炮攻擊日軍，支援陸軍作戰，可是本應保衛艦隊的防軍卻丟下北洋艦隊，紛紛向煙台方面遁逃。日軍威海衛陸地作戰的同時，聯合艦隊的艦炮火力猛烈轟擊清軍南岸炮台陣地，支援地面攻勢，戰艦在港外擺開圍堵陣勢，防止清艦奪路逃走。聯合艦隊擔心北洋艦隊一旦逃走與南洋艦隊會合，仍將成為日本艦隊的心腹大患。2月1日天氣惡化，暴風雨和冰雪使軍艦甲板和大炮結冰，戰艦失去了正常的戰鬥能力。2日天氣恢復平靜，戰艦稍微接近港灣，就會立即遭到清軍艦隊、日島、劉公島炮台的猛烈轟擊。大山司令官決定用繳獲的清軍炮台大炮攻擊清艦，但是許多炮械在清軍逃跑時被破壞，大山請求海軍派炮械師急速前來，協助修復炮具。

2月3日晨，伊東司令官率領聯合艦隊進入威海衛軍港東口附近，被設置在灣外的鋼索柵欄擋住通路。柵欄為方柱或圓柱體，每根長 3.6 米，直徑 30 厘米，柱和柱之間用三根漂浮在海面的鋼索鏈接，每十根柵欄繫在一挺錨鏈上，深入海底固定。4日，伊東司令官下令夜襲灣內北洋艦隊，命令魚雷艇隊潛入灣內攻擊清艦。第一魚雷艇隊 6 艘、第二隊 6 艘、第三隊 3 艘參加作戰。5日凌晨 3 時 20 分，

1.7.15 東岸鹿角嘴炮台陷落後，北洋水師為阻止日軍利用炮台攻擊灣內清艦，定遠艦隨即開炮，摧毀了鹿角嘴炮台陣地的大炮。圖為24厘米口徑克式大炮的炮身被炸斷的場景。

兩隊魚雷艇趁夜色從被風浪破壞的鋼索柵欄縫隙中通過，其中三艘艇受阻。進入灣內的魚雷艇被清軍發現，立刻遭到猛烈炮擊，致使兩艇負傷，第三魚雷艇隊在猛烈炮火阻擊下衝入灣內，尋找停泊在灣內的清國主力軍艦。混亂中9號艇單獨冒進，隻身陷入清艦群中也不知曉，猛然間在前方200米處發現兩條巨艦，艇長即刻命令發射魚雷2枚。暴露在探照燈下的9號艇被清軍炮火命中，負傷沉沒。8號艇、14號艇觸礁擱淺，艇員被救助撤退。夜襲戰中，22號艇發射魚雷3枚、5號艇發射魚雷2枚、10號艇發射魚雷1枚。翌日清晨，日軍在陸上觀測到"定遠"艦中部中彈，但仍然浮在海面；午後，定遠艦在淺灘擱淺，艦身已經進水傾斜，確認了前夜魚雷艇夜襲的戰果。6日凌晨4時，伊東司令官再次下達魚雷艇襲擊灣內清艦的命令。灣內清軍探照燈交叉照射，偶爾發射冷炮，警戒日艦偷襲。緊張情勢中，23號魚雷艇貿然撞向漂浮的木柱，無意中竟跳過浮材。隨後小鷹號、13號、11號艇也照樣越過柵欄潛入灣內。4艘魚雷艇擺出攻擊隊形向清艦衝去，在接近清艦400米時被清軍發現，立刻受到清軍各方向炮火的猛烈攻擊。日艦立即向清艦發射魚雷，23號艇發射2枚、小鷹號發射3枚、11號艇發射2枚，然後迅速退出灣內返回。清晨，日軍偵查報告，北洋艦隊來遠、威遠、水雷敷設艇共三艦被魚雷擊沉，判明夜間襲擊取得成功。

2月7日，聯合艦隊派遣的炮械技師修復了趙北嘴、謝家所炮台的重炮。上午7時30分，日軍陸上和海上同時向清軍發動總攻擊。聯合艦隊23艘軍艦一齊向日島和劉公島炮台轟擊，守軍大炮和彈藥庫中彈爆炸。數日來一直威脅日軍的日

1.7.16 黃泥崖炮台陣地遭到日軍炮火的攻擊，炮台陷落後，北洋水師艦炮又進一步摧毀了炮台。炮台陣地一片狼藉，數門大炮的炮筒折斷，日軍無法利用清軍大炮實施作戰。

島炮台，在群炮攻擊下沉默。炮擊戰中，清軍9艘魚雷艇突然從港灣西口魚貫而出，在"吉野"等艦追擊圍堵下多數擱淺被俘，只有一艘成功逃走，北洋艦隊魚雷艇全部被殲。8日，聯合艦隊炮擊劉公島東南端炮台，鹿角嘴炮台炮擊劉公島西北端炮台，南岸諸炮台一齊向劉公島灣內開炮。北洋水師戰艦在灣內四處躲避，被動捱打，全無還手之力，9時30分靖遠艦中彈沉沒。10日，日軍司令部收到最新情報，李鴻章部下張將軍率軍六千正在趕往威海衛，山東巡撫李將軍率領步兵一萬、騎兵三千、炮十六門正在接近威海衛。伊東司令官命令，炮擊攻勢晝夜不得間斷，不給清軍以喘息之機。在日軍強大攻勢下，清軍士氣低落，部分人產生降敵主張。2月12日，清國水師派遣代表程璧光前往日艦交涉投降事宜，當夜水師提督丁汝昌、定遠艦管帶劉步蟾、劉公島陸兵指揮官張文宣先後自殺。13日和14日，兩軍代表達成投降協議。17日，聯合艦隊伊東司令長官和清國威海衛道台牛昶昞在《降服規約書》上簽字落印，清日雙方即日履行交接降艦和港口事宜。日軍經由陸路釋放清軍降兵3,000人，經由海陸釋放降兵千餘人，其中包括清國海軍將校和僱傭外國人等，威海衛保衛戰落下帷幕。

附《俘將蔡廷干審訊錄》

2月7日7時30分，日本陸海軍同時向劉公島發起總攻。北洋水師在密集炮火攻擊下處於及其危險的境地，8時30分許，清軍9艘魚雷艇突然從西口魚貫而出。日艦以為北洋水師發起魚雷決死攻擊戰，迅速向遠岸退避，不久發現清艦魚

1.7.17 2月9日，佔領北山嘴西高地的日軍向清艦開炮，清艦同時向日艦對射。劉公島前左側艦是鎮遠艦，其右濟遠艦，右端吐黑煙的是四艘炮艦，旁邊是平遠艦。

雷艇沒有攻擊意圖，而是沿着海岸全速向西駛去。日艦判定敵魚雷艇是在逃跑，第一遊擊隊立即以最快航速追去。清艦速力不及日艦，慌亂中魚雷艇相繼觸礁擱淺被日艦俘獲，只有"左隊一號"僥倖逃離圍捕駛回煙台。黃海海戰攻擊西京丸的清國魚雷艇"福龍號"乘員全體被俘，管帶蔡廷干負傷，作為上等軍官受到嚴格審訊。

日本防衛省防衛研究所保存當時的審訊筆錄，《水雷艇福龍號管帶蔡廷干詢問問答書》抄錄如下。

文件：陸參第 218 號(秘)字

時間：明治二十八年二月十五日(1895 年 2 月 15 日)

被審者：蔡廷干 籍貫：廣東人 年齡 35 歲

審問者：上席海軍參謀官神尾陸軍中佐

《第一回審訊筆錄》

問：現在就有關貴國軍隊的事情進行訊問，汝不得隱瞞。

答：承知。

問：汝何時開始參與艦隊戰鬥的？

答：余六年前進入海軍編制，曾在定遠艦和威遠艦上服役。

問：旅順戰鬥時汝在何艦？

答：在威海衛"福龍號"魚雷艇任職。

問：現劉公島守備官為何人？

答：張文宣統領。

問：劉超佩現在何干？

答：本月 5 日負傷，現在劉公島。

問：戴宗騫現如何？

答：兩三日前服鴉片自盡。

問：丁汝昌現如何？

答：現在鎮遠艦上。

問：鎮遠艦還可以航行嗎？

答：數日前觸礁，但還可以航行。

問：威海衛港內共有多少艘魚雷艇？

答：12 艘。

問：本日在受到我艦隊炮擊時，魚雷艇在做甚麼？

答：皆遁出港外，但據余所見，其中 6 艘被“吉野”艦追散，其他向西方逃走。

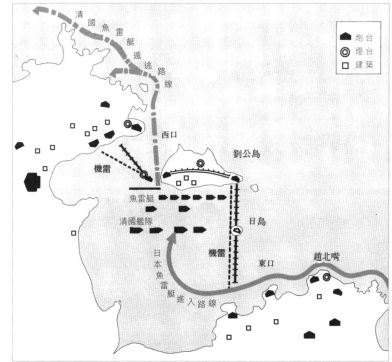

1.7.18　日軍威海衛灣作戰示意圖。清軍在東口和西口設置漂浮障礙柵欄，柵欄後敷設水雷。劉公島和威海衛港灣中間的日島是阻止日軍聯合艦隊的主力屏障。2 月 5 日和 6 日，日軍魚雷艇兩次迂迴東口潛入灣內對清國艦隊實施奇襲攻擊。2 月 7 日，北洋水師九艘魚雷艇從西口狹縫出逃，遭到日艦攔截，僅一艘魚雷艇逃脫成功。

1.7.19　小鷹號魚雷艇是日軍聯合艦隊的主力魚雷艇，英國製造，排水量203噸，長50米，1217馬力，巡航速度18節，速射炮2門，魚雷發射管4具。2月5日參加了奇襲劉公島北洋艦隊的行動。

問：現威海衛港內還有幾艘軍艦，其艦名和艦長名叫甚麼？

答：鎮遠艦長楊（名字不詳）、靖遠艦長葉祖圭、平遠艦長李和、廣丙艦長程璧光、濟遠艦長林國祥、外加炮艦6艘。

問：劉公島內現有多少陸兵？

答：實數不清，約有兩三千人。

問：島內存儲有多少糧草？

答：四、五個月的用量。

問：劉公島陸上炮台及各艦備炮還有多少彈藥？

答：實數不詳，但每炮應該有三百至五百發。

問：日本軍及聯合艦隊進攻威海衛以來，魚雷艇都接受了甚麼任務？

答：只限防衛。

問：日前艦隊和魚雷艇是否曾考慮向港外突圍？

答：曾經有過突圍的考慮。

問：陽曆2日，我陸軍佔領威海衛時，沿岸的小帆船為何燒毀？

答：據余判斷，大概是丁汝昌的命令。

問：前夜清艦3艘被擊沉以來，魚雷艇接受了甚麼任務？

答：只是防衛。

問：今晨受到炮擊時，魚雷艇向港外突圍時接到怎樣的命令？

答：得到丁汝昌的命令，若見到日本艦隊就擊沉它。

1.7.20 2月4日夜，北洋水師旗艦定遠號在劉公島南灘遭到日本魚雷艇襲擊，左舷中彈，遭到重創。定遠艦行至淺灘，繼續用艦炮與佔領炮台的日軍對射，最終自爆沉沒。

問：身負擊沉敵艦的使命，為何不履行職責逃走？

答：因為"吉野"艦發現了我艇，襲擊目的已經無法達成，不逃走就會被擊沉。

問：是逃走還是準備再度返回港內？

答：我魚雷艇速度 18 節，不敵貴國軍艦速度，故沒有再度返回的考慮。"福龍"在"吉野"的追擊中，螺旋槳損壞無法自由航行，余等在棄艦登陸時被貴軍捕獲。

問：有降服的考慮嗎？

答：否，不會降服。陸軍敗戰時，相互間從來沒有救援之心，而我北洋艦隊的軍人絕不會有那樣的情形。

問：眼下艦隊的士氣如何？

答：仍然堅持抗戰。

問：丁汝昌是否下定決心，誓死決戰到底？

答：上官已立下為國誓死而戰的決心，否則早已逃走。

問：丁汝昌現在哪裏？

答：丁提督依然在"鎮遠"艦上指揮作戰。

問：陸軍不能相互救援而招致失敗，沒有其他原因嗎？

答：太平時期不思軍備，臨戰時新招兵丁首鼠兩端乃敗因。

問：有無從陸上(煙台方向)派兵增援艦隊，殺回威海衛之計劃？

答：余不知是否有此計劃。

1.7.21 日艦水雷艇夜襲劉公島灣時，清軍陸基探照燈照射敵艦，引導岸炮打擊敵艦，但也讓敵艦發現了清艦的位置。圖為被日軍佔領的劉公島信號台和探照燈台。

問：劉公島內有幾名西洋人？

答：約七、八名。

問：其擔任甚麼職務？

答：英國人醫師克魯庫、機械師哈瓦盧；德國人炮術教師斯庫內魯，此三人為劉公島常駐外國人。另有英國人托馬斯、美露司、瑪庫利阿；美國人哈布由，此四人為新募外國人，其他轉來的外國人不詳。

問：汝為何通曉西洋語？

答：1873 年赴美國留學，1881 年歸國，在美國生活 9 年。

問：倘若將汝釋放，還有再上魚雷艇與我艦隊對抗的考慮嗎？

答：有。

備考：其他俘虜旁證，證明蔡廷干確係魚雷艇"福龍號"艇長。

《第二回審訊筆錄》

問：丁汝昌是否曾收到過日軍的書簡？

答：有，丁汝昌開始以為是通牒，與左右言道："就讓他們來殺吧！"後來閱讀中又沉默歎曰："誠感昔日之友誼，然報國之大義不能棄，余唯有一死以報朝廷。"

問：汝等以為投降日本軍隊會遭殺戮嗎？

答：是的，據聞日本軍在旅順大開殺戒，對已經投降之清兵也悉數斬殺。

1.7.22 威海衛水雷營是清軍專門配置的佈雷部隊。清軍水雷雖然阻止了大型日艦進入灣內，卻沒有阻止魚雷艇的襲擊。圖為威海衛港西岸北山嘴水雷營被日軍炮火摧毀的廢墟。

問：否！事實上完全相反，我軍對投降者針對不同的身份地位給予相當的待遇。反而清軍對日本軍人施以慘無人道的殺害（審問官敍說金州清兵殘酷分解日兵屍體事件）。

答：清國陸軍的作為可以想像，然我海軍與陸軍則完全不同。在我等之間的戰鬥中，曾捕獲了貴軍第9號魚雷艇，發現機械師1名、火夫3名的屍體。對此我軍特別製作棺槨，鄭重其事地將他們埋葬在劉公島。

問：魚雷艇是怎樣配置的？

答：左右兩艇隊各3艘，共計6艘。另外福建艦隊1艘；旅順水雷營2艘；"定遠""鎮遠"配備4艘，魚雷艇合計13艘。

問：英國人司令官馬格祿（海軍副提督）現在何處？

答：和丁汝昌同在鎮遠艦上。

問：帕威斯現在怎樣？

答：海洋島（黃海海戰）的海戰中陣亡。普雷斯密、斯庫瓦爾、奧爾紹、約翰斯頓等人，在聽到日本軍榮成登陸的消息後，皆去了芝罘。

問：西洋人還有誰留下了？

答：劉公島醫院有多克托爾、克爾克哉；製造所哈瓦特；陸上炮台湯瑪斯；其他新來的名字不詳，不過每艘巡洋艦上都配備一名外國炮手。

問：現在劉公島內陸軍有多少人？

答：約有兩千至三千。

1.7.23 日軍魚雷艇奇襲清艦成功，同時遭到清軍炮台的打擊，損失魚雷艇三艘。圖為從鹿角嘴炮台遠望，沉沒的日本第22號魚雷艇。

問：據悉劉公島張統領麾下的護軍只有三營，即千五百人左右，汝所說兩千餘人豈不有誤？

答：如貴言所述三營護軍千五百人，但二月初日又向劉公島增兵約兩營，故達到兩千餘兵。

問：威海衛北方海岸諸炮台，是陸軍遁退時破壞的？

答：否，陸軍敗走時倉皇而逃，是丁汝昌命令水兵上岸破壞和炮轟炸毀的，防止日軍利用此炮攻擊我艦隊。

　　蔡廷干拒不投降日軍，作為清軍軍官戰俘被日軍押送回本國，監禁在廣島俘虜營內。1895年3月13日《讀賣新聞》發表"蔡廷干惜敗"的文章，文中寫道："無勇可憐可笑的數百清軍俘虜中，仍然存在一兩個有血有骨的硬漢子，他就是北洋水師水雷艇長蔡廷干。蔡氏眼下在廣島的俘虜營內呻吟，賦詩屈詞渲洩軍旅。一日《歎北洋兵敗》為題作詩一首，賦歌詠曰：'渤海清兵勢力微，日東軍士向前馳，此敗沙場君莫笑，他年再戰決雄雌。' 蔡氏之意氣雖可敬可佩，然眼下畢竟乃我軍階下之囚是也。"

　　清日戰爭後，遣返清國的蔡廷干經歷了輝煌的政軍生涯，歷任清國海軍部軍制司司長、民國海軍中將、民國總統府副大禮官、中國紅十字會副會長等職。晚年辭職隱退，以其較為深厚的中英文功底，潛心讀書習字、翻譯書籍，並在清華大學、燕京大學教授中國文學。

遼河平原會戰

1 缸瓦寨作戰

宋慶軍自鴨綠江敗退後，一直在鳳凰城、摩天嶺、海城與日軍周旋，11 月 7 日接到李鴻章火速增援旅順口的命令。20 日，劉盛林銘字軍與宋慶軍在金州北會合，大舉反攻金州城，從側翼支援旅順作戰。至 11 月 22 日，宋慶軍屢次反攻，仍未能攻取金州，又聞知旅順失陷，只得收容了大批從旅順口敗退下來的清軍散兵，再作打算。27 日，宋慶率軍轉往蓋平，與在營口登陸，準備增援旅順的嵩武軍會合。

宋慶整編當前各路人馬，包括了直屬的毅字軍步隊 10 營、劉盛休銘字軍步隊 11 營 2 哨、章高元嵩武軍步隊 8 營、徐邦道拱衛軍步隊 11 營、張光前親慶軍步隊 5 營，合計 45 營 2 哨。12 月 11 日宋慶聞探報，日軍正在向海城方向移動，隨即率領毅字軍、銘字軍從大石橋出發救援海城，途中得到報告析木城和海城陷落，宋慶只好帶領部隊轉向牛莊。18 日，宋慶接軍務處電報："海城陷落對我軍事上極為不利，爾與依克唐阿協商，組織現有兵力反擊或實施防禦策。"宋慶遵照軍務處指示，調集遼陽方面軍，急赴缸瓦寨構築臨時工事準備迎擊日軍。同日，劉盛休部已在缸瓦寨東面小樹林構築防禦戰壕，利用城東至南面的圍牆作屏障，圍牆上鑿開很多射擊口，配置大炮 7 門，形成一道堅固的防禦工事。19 日上午 10 時 50 分，宋慶率毅字軍抵達缸瓦寨附近，準備與銘字軍會合，突聞日軍已逼近缸瓦寨，宋慶命部

遼河平原作戰圖

1.8.01　遼河平原會戰圖。清日戰爭，清日雙方在遼東半島分別投入兩萬作戰部隊，在缸瓦寨、蓋平、海城、營口、牛莊、田莊台間展開了激烈戰鬥。

115

1.8.02 日軍第三師團和清將宋慶部投入約兩萬人兵力,在缸瓦寨激戰,死傷數百人。清軍敗戰,宋慶率殘部向田莊台遁退。圖片上斜坡開闊地,是缸瓦寨戰場的一部分。

隊搶先進入缸瓦寨。下午 1 時 30 分,日軍進攻開始,經過數小時激戰,劉盛休和宋慶的防線崩潰,敗退的兵勇向營口方向逃去。當夜,宋慶收拾殘兵,率部取道營口向田莊台轉移。銘字軍統領劉盛休在缸瓦寨戰鬥中作戰勇猛、抗敵頑強,因不滿宋慶在防禦戰中見死不救,一怒之下脫離部隊而去,此後銘字軍指揮由總兵姜桂題接任。

　　日軍方面,12 月 17 日海城日軍接到偵查報告,宋慶兩萬大軍經蓋平向海城逼近,企圖收回海城失地。18 日,日軍到達缸瓦寨周邊進入作戰陣勢。19 日晨,田村少佐騎兵部隊、第六旅團大島少將部隊、大迫少將部隊、桂師團本隊,在缸瓦寨附近的于官屯、東柳公屯、缸瓦寨、八里河子,與清軍展開進入清國境內以來最激烈的一次戰鬥。日軍第三師團參戰兵力 3,960 人、山炮 30 門;清軍劉盛休的銘字軍 11 營 3 哨,宋慶的毅字軍 10 營,合計 21 營 3 哨,總兵力 9,200 人、山炮野炮 6、7 門。清軍佔據馬圈子等地的有利地形迎擊日軍,日軍在三四十厘米深的積雪中艱難前進,向清軍陣地進攻,沒有隱蔽物的開闊地使得日軍暴露在清軍的槍炮之下,死傷嚴重。下午 1 時 50 分,石田第四中隊在距離清軍 300 米的位置,突然吹響衝鋒號,全隊一鼓作氣,衝入馬圈子清軍陣地,500 餘清軍棄陣而逃。缸瓦寨東端清軍陣地,在日軍猛烈炮火攻擊下仍然擊潰敵數次進攻,清軍炮兵火力有效阻止日軍的前進,雙方處於膠着狀態,難解難分。3 時 50 分,大島少將命令第六中隊迂迴襲擊清軍炮兵陣地側翼,遭到陣地內 200 餘清兵阻擊,被壓制在松林墓地內。戰鬥持續到日落時分,正面進攻的日軍被阻擋在距陣地一千數百米以

1.8.03　牛莊外圍的清軍不敵日軍攻勢，被迫退往市內。不久街市被日軍包圍，清軍失去了退路，被迫與日軍展開十分慘烈的肉搏戰。

外的開闊地上。下午 5 時 30 分，日軍發起全線衝鋒，陣地四處響起軍號聲。面對日軍突如其來的決死氣勢，清軍毫無防備，防線頃刻崩潰，紛紛棄陣敗退。傍晚 6 時，日軍師團司令部開進缸瓦寨鎮。戰鬥中，日軍戰死 69 人、傷 339 人；消耗彈藥，槍彈 65,241 發、榴彈 273 發、榴霰彈 1,100 發。缸瓦寨戰鬥結束後，師團司令官擔心海城防禦空虛會遭清軍偷襲，不敢久留，於 6 時 30 分下達撤退命令，全軍連夜撤出缸瓦寨，於 21 日上午 11 時 30 分回到海城。

2　蓋平戰鬥

12 月 23 日，為奪回海城，宋慶軍繼續增加兵力，從三面包圍海城，給日軍施以壓力。缸瓦寨之戰，日軍雖然擊潰清軍，第三師團也受到較大傷亡，非戰鬥減員尤其嚴重。據 24 日第三師團軍醫部提交的戰傷報告記載，各支隊重度凍傷患者539 人、輕度凍傷者 523 人。日軍自佔領海城以來，戰傷和疾病的減員使其戰鬥力明顯下降，桂師團長向第一軍司令部請求增援，司令部命令桂軍放棄海城向析木城方向撤退。桂師團長則堅持主張固守海城，並調入大孤山守備隊支援海城，集中兵力抵禦清軍進攻。面對清軍圍困的不利局面，第一軍司令部命令第三師團安東諸隊支援海城，同時請求大本營調動旅順作戰的第二軍前來救援。

當初，第一軍司令官山縣有朋擅自發動海城攻略，違背了大本營直隸決戰的戰略意圖。可是事已至此，當務之急必須盡快解救陷入苦境的第一軍。已被變相解職，返回廣島的山縣有朋極力遊説大本營，大本營也認為若我軍迫於清軍攻

1.8.04 清日兩軍牛莊街巷的戰鬥從上午十時持續到當日下午五時，約一萬清軍突出包圍，潰向田莊台。市內留下兩軍纍纍屍體和殘垣斷壁的廢墟，慘烈之狀不堪忍睹。

勢退出海城，會增長清軍的氣焰。若失去海城立足之地，在冰天雪地、給養不足的情況下，必定會招致更嚴重的後果。大本營最終同意了第一軍請求第二軍救援的要求，命令第二軍派遣準備南征威海衛的乃木西典少將率第一混成旅團前去救援，從南面進攻蓋平，壓迫圍困海城的清軍。

1895 年 1 月 3 日，乃木旅團向蓋平進發。行軍途中歷經艱辛，極度寒冷使將士凍死凍傷的情況嚴重，乃木司令官也凍壞雙耳，以致耳廓變形，落下終身殘疾。7 日，旅團右翼支隊到達莫家屯，前衛、本隊、獨立騎兵到達熊岳城，9 日諸隊進入戰鬥位置，完成進攻前準備。8 日夜，第三師團門司大隊前往蓋平，從北面牽制清軍，與乃木旅團形成南北夾擊之勢。乃木旅團有步兵 6 個大隊、騎兵 2 個中隊、工兵 1 個中隊，野炮 12 門，總計 5,500 人。第三師團門司大隊有步兵 3 個中隊。

蓋平方面的清軍防禦兵力由數路部隊會合而成，統領章高元率領嵩武 4 營、廣武 2 營、福字 2 營、炮隊 200 人、炮 4 門；統領張光前率領淮軍 5 營；統領徐邦道率領胡隊 3 營，全體戰鬥兵員合計約 5,500 人。最先到達蓋平城的清軍急速佔據有利地形，在蓋平東面的海山寨一線構築防禦陣地，以火力控制蓋州河前方的開闊地。左翼在孤立的小山丘(塔山)構築禦陣地，其視野能有效監視和控制進退之敵。9 日到達前沿的乃木混成旅，偵知清軍已經佔據有利地形，決定利用夜行軍避開平坦地帶，突襲清軍防禦線。翌日早 6 時，清軍和日軍在祁家務交火，兩軍陣地炮火槍戰異常猛烈，清軍數百步槍火力一時壓制日軍的進攻。6 時 50 分，

1.8.05　盛京的古城海城，是清日戰爭主戰場之一。照片中海城的一角，透出古城宏大的氣勢。海城乃東北富庶之地，民房多用上等磚瓦，建築格局規範，鱗次櫛比，令日本人歎服讚絕。

清軍不敵日軍攻勢，放棄祁家務退至西邵家屯附近樹林繼續抵抗。7 時 30 分，西方龍王廟子的清軍精銳 600 人，突襲日軍第九、第十中隊，日軍死傷十多人。6 時 50 分，日軍小米寨北端的炮兵陣地遭到清軍炮兵的猛烈轟擊。日軍直到天明霧散才準確判斷出清軍炮兵陣地的位置，開始向清軍炮兵陣地還擊。7 時 10 分，日軍遭遇塔山和馬圈子附近清軍的頑強抵抗，7 時 50 分，日軍相繼佔領塔山、邵家屯、蓋州河左岸陣地，8 時 25 分，攻入蓋平城。北面牽制清軍的第三師團門司大隊，因不知乃木旅團夜襲行動，中午到達蓋平城與乃木旅團會合時，戰鬥已經結束。日軍蓋平戰鬥目的達成，清軍對海城的包圍網被撕開，海城守軍的壓力一時得以緩解。蓋平戰鬥，日軍戰死 36 人，傷 298 人。消耗彈藥，榴霰彈 570 發、槍彈 121,579 發。蓋平之戰後，宋慶軍向營口方向潰退，戰鬥中清軍死 450 人、馬 20 匹、被俘 32 人，丟棄大炮 3 門、槍械 200 支、子彈 150 箱。宋慶因作戰不利，被軍務處追究責任，降兩級留任；徐邦道、章高元亦被革職留用。

3　海城攻防戰

　　1 月 9 日，兩江總督劉坤一接替李鴻章主持對日作戰。劉坤一命令黑龍江將軍依克唐阿和吉林將軍長順，率兵兩萬增援宋慶軍。依克唐阿率敵愾軍步隊 4 營；鎮邊軍步隊 3 營、馬隊 8 營；靖遠新軍步隊 2 營、馬隊 4 營；齊字練軍部隊 4 營、馬隊 2 營；齊字新軍馬隊 3 營；朝鮮邊外志願民兵團 3 營。長順率靖邊軍步隊 11 營、馬隊 2 營 3 哨、炮隊 2 哨；吉字軍步隊 8 營、馬隊 4 營，合計 59 營。大隊

1.8.06　日軍第三師團佔領海城後由攻勢轉為守勢，牽制清軍主力。此後宋慶軍發動了大小七次攻城戰。圖為日本守軍在城中修整備戰。

人馬在匯集鞍山一帶時，得知蓋平已被日軍攻陷。1月13日，長順接到軍務處電報：「蓋平已失，牛莊、遼陽陷入危機。盛京乃清之聖地，務必堅守拒敵北上。」清國軍務處期待渤海沿岸進入結冰期，依靠冰凍季節阻止日軍從海路增兵，這段時間可將山海關和關內兵力調往遼東與日軍決戰。

1月17日，宋慶率12,000清軍向海城日軍發動第一次進攻戰。各路支隊從北面和西南方向，組成扇面攻勢包圍海城，在城外圍與7,800人的日軍防禦部隊發生陣地攻防戰。清軍雖兵力數量佔有優勢，但士氣低落、缺少戰鬥意志，所發動之攻勢對日軍未構成威脅。下午4時半，清軍收兵，戰鬥中，清軍斃敵13人。

1月22日，山海關各路大軍東進，此時軍務處得到日軍準備在山東榮成登陸的情報。劉坤一推斷日軍擴展山東戰區必然分散和削弱遼東半島的兵力，遼東防衛空虛，是清軍奪回的大好時機。遂命令依克唐阿、長順二將軍掌握時機對日軍發動攻勢，同時命令牛莊守備總兵徐邦道、道台李光久協助作戰。22日，遼陽長順部、大富屯依克唐阿部、牛莊城徐邦道的拱衛軍及李光久的老湘軍，總兵力25,000人、炮16門，向海城日軍發動第二輪大規模進攻。攻勢遭到日軍頑強抵抗，清軍無法攻克海城，再次被迫退兵。

2月10日，山海關出發的各路援軍，先後到達田莊台。山海關援軍與宋慶軍、依克唐阿軍、長順軍會合，於2月16日向日軍發起第三輪進攻，決意奪回海城。此戰清軍投入兵力16,000人，海城日軍守軍5,800人，實力相差懸殊。徐慶璋率諸隊從東北方向進攻析木城，擬斷日軍退路；依克唐阿軍和長順軍協同牛

1.8.07 日軍軍紀井然。圖為一支炮兵中隊經過普蘭店城鎮時,在民宅附近休息的情形。嚴寒之中,士兵和軍馬都被安排在院外未入民家。

莊兩軍從西北方向包圍海城;宋慶主力攻擊蓋平方面日軍。結果日軍第七聯隊在雙龍山設下埋伏,清軍大隊遭到突然襲擊,損失慘重。歡喜山、菠蘿堡子、唐王山的清軍部隊也遭到日軍炮火猛烈轟擊,清軍攻勢很快被日軍瓦解。第三輪海城攻擊戰,清軍未達成作戰目的,退至海城附近的柳公屯、小馬頭、四台子、大富屯、沙河沿、頭河堡一線。日軍在清軍第三輪攻勢下戰死 3 人。

2 月 21 日,清軍發動第四輪反攻海城作戰,兵力增至 17,000 人、大炮 18 門,從三個方面向海城進擊。海城日軍炮兵和步兵用猛烈火力阻止了清軍的進攻,激戰中清軍不敵日軍,被迫撤退。此次作戰,日軍戰死 4 人。

2 月 24 日,日軍山地第一師團從遼南北上進攻營口,減緩了清軍對海城的壓力。日軍在大平山、老爺廟、西七里溝與清軍交戰,激烈戰鬥一直持續到下午 5 時,日軍突破清軍陣地一角,致使清軍防線迅速崩潰,敗軍向西潰退。當日戰鬥慘烈至極,日軍十五聯隊二大隊子彈用盡,急中用齊聲高呼衝殺之聲詐敵,清軍誤認敵援軍到達,放棄陣地退縮潰逃。此戰鬥日軍陣亡 57 人。

2 月 27 日,清軍從海城西面實施第五輪反攻作戰計劃,結果再次被日軍守城炮兵擊退,日軍無傷亡,清軍行動失敗。

自 1894 年 12 月 13 日第三師團佔領海城至翌年 2 月 27 日,清日雙方圍繞海城展開了五次規模較大的攻防戰。清軍調動大軍企圖全殲遼東半島日軍主力,日軍則固守海城以擊退敵軍為度,迴避與清軍決戰拖住敵軍。由於日軍第一軍第五師團分散守衛鳳凰城以北至香爐溝嶺一帶佔領地,無力增援海城的第三師團。

1.8.08 為解海城守軍的壓力，日軍乃木旅團與清軍在蓋平發生激戰。戰後，被皚皚白雪覆蓋的清兵屍體，被飢餓的野狗刨出，瘋狂吞食。

清軍的重圍和攻勢給海城日軍造成一定的傷亡，士兵凍傷的非戰鬥減員也非常嚴重。從整體上來看，日軍以數量劣勢的兵力與清軍周旋，在海城一線有效牽制了清國的作戰主力，為確保第二軍奪取威海衛，殲滅北洋水師提供了寶貴時間。1895 年 2 月 25 日，結束山東作戰的第二軍迅速回師遼東半島，協同第一軍開始了遼東戰場的大會戰。

4 遼河會戰

清軍發起五次海城攻勢，均未達到重創日軍主力的目的，只能暫時退至海城周邊伺機再戰。1895 年 2 月下旬，日軍第一軍野津司令長官為扭轉清軍頻繁進攻的壓力，請求大本營批准遼河反攻作戰計劃。大本營考慮未來直隸決戰的總戰略，最初否決了這一計劃。但是在作戰部隊的強硬請求下，最終，大本營同意了打擊遼東清軍主力的作戰方案。

1895 年 2 月 28 日，野津司令官命令駐守海城的第三師團和分散在東部佔領區的第五師團會師鞍山，兩師團和第二軍第一師團合力與牛莊、田莊台、營口的清軍主力決戰。第三師團海城突圍作戰分三個步驟：(1)部隊穿插西煙台、沙河沿、大富屯一線清軍防線，將敵勢力分割為二；(2)左翼迂迴攻擊大富屯之敵；(3)右翼攻擊西煙台之敵。師團經遼陽向前挺進，最後與友軍在鞍山會合。2 月 28 日凌晨 4 時，第三師團趁夜幕出城，6 時，大島旅團在西沙河沿受到清軍強力阻擊，雙方激戰。6 時 20 分，日軍得到炮兵聯隊火力支援，清軍退出沙河沿陣地，向白廟

1.8.09　在營口紅十字醫院接受治療的清軍傷兵，聽聞日軍大隊攻來，500 餘人逃往田莊台，剩下 400 餘重傷員驚慌失措。

子方向撤退。7 時 20 分，日軍攻陷清軍白廟子陣地，佔領東西長虎台、平耳房。7 時 35 分，大迫旅團向大富屯發動攻擊，10 時 30 分，大島旅團又接到奪取西煙台的命令。此時戰場上北風呼嘯、天降大雪，能見度極差，雙方的槍炮聲逐漸停息，下午 3 時 55 分，司令部下達宿營命令。當日參加戰鬥的日軍兵力有步兵十個大隊，騎兵兩個中隊，野戰炮兵六個中隊，以及炮廠、工兵等，總計 10,030 人，大炮 50 門。戰死 15 人、負傷 109 人，消耗榴炮彈 275 發、榴霰彈 477 發、子彈 60,089 發。清軍兵力約 7,200 人，大炮 10 門，戰死 200 餘人。

3 月 1 日，位於新台子的 2,000 清軍與日軍發生戰鬥，下午 3 時，日軍佔領新台子，清軍退至新台子西北高地和日軍對峙。入夜後，清兵在山上燃起點點篝火過夜。翌日 7 時，日軍開始進攻清軍陣地，發現陣地內空無一人，方知清軍用篝火障眼法趁夜退去。第三師團長命令部隊立即向鞍山進發與第五師團匯合。先頭部隊沿路沒有遭遇清軍襲擊，10 時 55 分，日軍佔領鞍山空城，第三、第五師團如期會師。

3 月 3 日，在鞍山集結的第三、第五師團向牛莊方向挺進，上午 11 時 30 分抵達牛莊附近的耿家莊子。當日偵察兵報告，牛莊城內有清兵守軍四、五千人，各處有許多旌旗晃動。4 日 10 時，第三師團從耿家莊子、第五師團從三道崗對牛莊發起進攻，牛莊內的清軍頑強抵抗，激烈戰鬥在兩軍間展開。由於牛莊被日軍包圍，清軍失去了退路，迫使清兵以死相拼。12 時，日軍第 7 聯隊二大隊吹響軍號，全線衝鋒，突入牛莊城西北陣地。第一大隊攻入牛莊城南部陣地，第三大隊

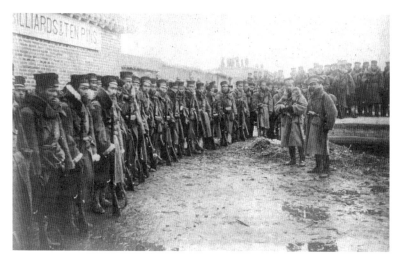

1.8.10 日軍一支先遣偵查部隊先行到達營口。圖為日軍將校在市內外國人居住地外，集合部隊訓話的場面。

1.8.11 營口遼河港口被日軍佔領，河灣中停泊着日本輕型軍艦。圖中左側建築群是清國的營口海關衙門所在地。

攻陷牛莊城西北部防衛。清軍前沿防線抵擋不住日軍炮火和勇猛進攻，清兵紛紛逃入牛莊街巷，躲入居民家中，利用街巷房屋展開巷戰，拼死抵抗。一場清日戰爭以來規模最大、最殘酷的肉搏戰在牛莊街巷內展開，清日士兵在各街道內格鬥廝殺。下午 3 時，約 500 清兵退至一富豪院內頑強抵抗，迫使日軍不能近前。日軍工兵趕來，在大院外面安裝數個炸藥包，企圖炸毀院牆。就在導火索即將點燃的瞬間，院內掛出白旗打開了大門，500 清兵投降。牛莊戰鬥一直持續到當日下午 5 時，約一萬清軍突出包圍，向田莊台方向撤退，日軍佔領了牛莊城。戰鬥中，清軍戰死 1,880 人，被俘 698 名。日軍戰死 105 人，負傷 400 人以上。

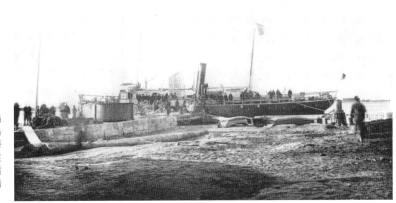

1.8.12　營口港陷落，聯合艦隊派遣"鳥海"艦控制遼河入海口，營口的對外商業再開。圖為營口棧橋邊停泊的日本運輸船勝浦丸。

1.8.13　第一師團佔領營口的海防炮台，炮台宏偉壯觀、完好無損。炮台正面的階梯建築是中央主炮炮座，周圍配置各式側炮台座。

　　3月5日，日軍第二軍第一師團在遼河南線對營口清軍形成包圍之勢，山地師團長命令次日開始進攻營口城。6日，部隊接近營口城時得知，清軍主力已經退卻撤離，乃木旅團輕易佔領營口空城。遼河作戰以來，清軍陸續丟失海城、鞍山、牛莊、蓋平、營口等軍事重鎮，各路敗軍相繼退往田莊台。奪取牛莊和營口的日本第一軍第三、第五師團會同第二軍第一師團向田莊台合圍，清日兩軍在田莊台附近各集結約兩萬兵力。3月9日，清日戰爭中規模最大的陣地戰在田莊台展開，清軍宋慶軍兵力20,000餘人，大炮40門；日軍兵力19,000餘人，野炮54門、山炮30門、臼炮7門，合計大炮91門。上午8時，日軍攻擊開始，第三師團步兵在炮兵火力掩護下，從冰上越過堤防突入街市，第一師團從西面攻入。田莊台戰鬥日軍不僅計劃殲滅清軍，還要徹底摧毀清軍的營地。司令部下達放火令，派工兵在市內四面八方放火點燃民房。《日清戰爭從軍秘錄》記載，放火作戰是為了避免日軍像在旅順、牛莊巷戰中造成的近戰傷亡。一時間數百民房淹沒在熊熊大火之中，濃煙蔽日。日軍甚至連鎖在遼河右岸的數百條過冬民船也全部焚毀，燃燒的餘燼直到數日後仍未熄盡。《從軍秘錄》的作者寫下憐憫之語："我軍雖然取得勝利，可是卻讓眾多民眾在隆冬中流離失所，葛藤的心中受到莫明內疚的衝擊。"

10 時 30 分，日軍佔領田莊台，日清兩軍士兵在街市各處留下慘烈搏殺的痕跡。清軍死者多數是沒有作戰經驗的兵勇，死在日兵刺刀之下，血腥場面令人膽寒。清軍主力部隊敗走，丟棄陣亡者屍體 1,000 餘具，全部大炮被日軍繳獲。兩三日後，一名住在奉天的蘇格蘭醫師來到田莊台的戰場，將親眼目睹的慘狀記錄在《奉天三十年》的回憶錄中："曾經有一萬人口的繁華街市，今日死寂在一片荒涼的廢墟上。戰死者的屍體仍然隨處可見，皮包骨的兇暴野狗，口中叼着從死體上撕下的骨肉在街上亂竄……。"田莊台戰鬥中，日軍以 91 門大炮，消耗炮彈 2,790 發，壓倒性優勢的炮火在一個小時之內就使清軍炮兵沉默了下來。日軍負傷合計 128 人，死亡 16 人。田莊台戰鬥結束後，清軍分散在各地屏息避戰，雙方各有小型摩擦衝突，周旋對峙。

3 月 4 日，在美國人的斡旋下，日本政府正式接受清國政府的和談請求，會談地點定為日本下關。3 月 10 日，天皇發表敕諭："我軍取得盛京省重要之地，尤牛莊戰之殘酷激烈大挫敵兵，朕甚感欣慰特嘉賞之。"遼河會戰的結果，使得日本在談判桌上取得了更大的籌碼。3 月 14 日，李鴻章代表大清國，踏上了赴日和談的艱辛旅途。

日本軍方沒有因為和談在即而降低對直隸決戰的野心，第一軍司令官野津道貫晉升為陸軍大將，大本營繼續加速在遼東半島部署兵力。參謀本部請求天皇統帥全軍渡海親征大清國，被天皇拒絕。3 月 7 日，大本營任命參謀總長小松宮為征清大總督，組成征清大總督府。4 月 13 日，小松宮率征清大總督府從宇品港渡海前往旅順口。這一切表明，日本軍方正在企圖超越文官政府，推動新一輪的戰爭升級——"直隸大決戰"。

清日和談

1 和談背景

　　1894年9月15日平壤陷落，17日北洋水師黃海敗戰，清國失去制海權。10月24日，日本兵分兩路同時向清國本土發動進攻，山縣有朋率第一軍越過鴨綠江，大山巖率領第二軍在遼東半島花園口登陸。面對強勢勇武的日軍和節節敗退的清軍，朝廷終於覺悟到清國已經不是日本小國的對手，一場前所未有的危機正在襲來。清國朝廷內主戰和主和兩派矛盾日漸尖銳，傾向光緒皇帝的主戰派受到排擠，追隨慈禧太后的主和派趁勢佔據上風。11月起，朝廷開始探索和談的可能性。11月4日，恭親王請求英、法、德、俄國公使出面調停。5日，美國國務卿葛禮山(Gresham)向日本駐美國公使栗野慎一郎表明，美國願意調解兩國間戰爭糾紛。陸奧外相根據戰局狀況和鼎沸的國內輿論，認為目前實現停戰和平的時機尚未到來，日本需要更多的談判籌碼。此時，俄國向列強發出警告，日本有永久佔領朝鮮的企圖。英國也憂心忡忡，擔心日本的勝利會導致清國崩潰。日本駐英公使內田康哉向陸奧建議，戰爭應在清國不受重創的狀況下，再實現停戰和平為度，否則日本會面臨列強國的群起干涉。23日，美國駐清公使田貝(Charles Harvey Denby)電報美國駐日公使，向日本轉達清國同意以朝鮮獨立和適當的戰爭賠償作為和談的基本條件。伊藤內閣召集會議，決定接受美國的提案。陸奧向美國公使表示，日本國的和談條件目前尚不能公開，同意於1895年1月由日清兩

1.9.01　1895年1月31日，清國和談代表戶部左侍郎張蔭桓、湖南巡撫邵友濂一行抵達廣島。日方全權代表為伊藤博文、陸奧宗光。圖為張蔭桓、邵友濂兩使臣在神戶登陸的情形。

1.9.02 1895年2月1日，清日兩國在日本廣島進行了第一輪和談，會議在廣島縣廳舉行。會談初日，日方便以兩使節不具備談判資格而終止，拒絕繼續會談。

國的全權代表，在日本廣島舉行會談。11月26日，李鴻章邀請天津海關稅務司德璀琳(德國人)，帶上他的兩封親筆信在神戶登陸，希望通過私人關係另謀和途。伊藤首相以不具備正當手續為理由拒絕會面；陸奧外相亦表示，日本政府不接受任何私人關係的和談使者。

正當清國政府努力通過外交渠道，請列強周旋休戰之時，11月21日旅順口要塞被日軍攻破。消息傳來，日本舉國沸騰。旅順口的大捷，激發起日本國民空前高漲的戰爭熱情。福澤諭吉等社會名流煽動輿論，呼籲政府目前不是日清兩國媾和的時機，應該乘勝攻入北京，逼清國簽城下之盟。福澤在《時事新報》發表社評說："旅順口是北支那的香港，日本應該領有金州、大連、旅順。"12月10日，東京召開第一次慶祝大會，市民在銀座、日本橋、淺草、神田、下谷、山手町等地慶賀勝利。12月召開的臨時黨代表大會一致贊成進軍北京，堅決拒絕列強的干涉和調停，認為休戰應該在佔領北京之後再議。26日，陸奧外相請美國公使轉告清國政府，日本要求清國割讓遼東半島，如果清國不予答應，日本陸海軍將繼續軍事行動。

伊藤首相在國人狂熱慶祝之時，密切注意着西方列強的動向。他清楚西方列強的骨子裏並不歡迎日本的崛起，妒嫉日本在清國分享他們的利益。列強對日本以助"朝鮮獨立"而出兵的理由提出質疑，甚至在軍事上已經有所動作。因此，伊藤告誡內閣和國民保持清醒頭腦，如果日本的進攻引發清國大亂、朝廷倒台，日本就會失去合法的談判政府，已經到手的戰爭利益就會喪失，甚至招致西方列強的武力干涉。目前日軍若在直隸展開冬季作戰，後勤保障和交通狀況都存在嚴重問題。基於這種戰略思考，伊藤力主放棄直隸決戰，把對近畿直隸的決戰轉向消滅威海衛北洋艦隊和進攻澎湖列島的作戰上面，為談判桌上爭取更多的籌碼。伊藤首相的政治見地，成功引導了大本營的作戰思想，軍人主戰的情緒得到抑制，避免了日清間進入長期消耗戰的局面。

1.9.03　清國重臣李鴻章，簽署《馬關條約》後的照片，凝重的面容上仍然滯留着當年肩負朝廷重任、背負罵名，前往日本和談留下的屈辱和憤怒。

　　正如伊藤博文所料，清國朝廷斷然拒絕了日本割讓領土的要求。12 月 14 日，大本營命令第二軍協同聯合艦隊進攻威海衛，命令第一軍在海城一線牽制清軍主力。結果清軍在兩戰區接連失利，朝廷終於意識到戰局已經無法挽回，只能盡快尋求停戰。日本方面依仗軍事優勢，態度變得越加強硬。在美國駐清公使的斡旋下，12 月 18 日日本接受了清國承諾朝鮮國獨立、戰爭賠款的提議，同意雙方在日本本土舉行和平會談，要求清國派遣有資格的大臣擔任全權代表。

1.9.04　下關“春帆樓”是日清兩國談判的場所，因簽下著名的《馬關條約》而聞名於世。

　　代表戰敗方與日本談判，包括李鴻章在內的清國大臣人人迴避這個肩負重大歷史責任的差事。12 月 20 日，清國政府經由美國公使轉告日本政府，任命總理衙門大臣張蔭桓、湖南巡撫邵友濂作為全權代表赴日會談。1895 年 1 月 7 日，張蔭桓從北京出發，在上海與邵友濂會合，換乘中立國船隻駛向廣島。日本政府要求特使船入日本港時，經下關海關官吏臨檢，確認是清國全權代表的船舶後，方可換掛清國國旗入港。清國使節 1 月 26 日乘英輪王后號從上海出發，特使船在經過下關時沒有停船，直行神戶港。再從神戶港經海路前往廣島，31 日抵達廣島，一行共 49 人，其中僕從 24 人。

1.9.05　山口縣赤間關市"引接寺"建於 1560 年，本尊"阿彌陀如來"之古剎。引接寺是清國全權特使李鴻章赴日談判時的下榻館所，也曾是朝鮮通信使往來日本的下榻之所。

1.9.06　日本政府為方便李鴻章往來引接寺和春帆樓，開闢了一條約三百米的小路。1895 年 3 月 24 日日清第三輪會談後，李鴻章在途經該小路時，遭遇日本浪人暗殺而負傷。圖為百年前引接寺內一角。

2　第一輪和談

1895 年 2 月 1 日上午 11 時，清日兩國全權大臣在廣島縣廳會晤，互換了各自皇帝授與的委任狀。日本首相伊藤博文、外相陸奧宗光出任日方特命全權代表。清國全權代表是戶部左侍郎張蔭桓、頭品頂戴署湖南巡撫邵友濂。日本代表在驗證了清國的授權委任狀後，對清國皇帝的國書和兩使者的任命書提出質疑。

第一、按照國際公法慣例，清國使臣應該攜帶國際公法認定的全權委任狀。而今所攜國書只是清國皇帝派遣兩使臣前來會商和聽取日本意見的公函，沒有授與其最後決斷及簽字的全權，也沒有記載預計談判的要點。

第二、清國使臣的官爵、資歷、名望欠乏，劣於日本任命的全權代表。作為交戰兩國的和談使，須具備同等規格的爵位才符合外交禮儀。對於如此重大的會談，清國應該任命恭親王或李鴻章那樣有名望之人作全權代表。

在質疑面前，清國代表張蔭桓、邵友濂均無法向日方確定自己是否具有可以簽署重大決議的權限，而且國際公認的全權委任狀也無法即刻解決，雙方經過多次會商毫無結果。2 月 8 日，由美國公使轉達了日本政府的意見："日本政府希望，如果清國政府有恢復和平之誠意，應該攜有正確的全權委任狀，任命有名爵和有資望的全權代表前來會談。日本政府拒絕本次兩國和談的約定。"2 月 12 日，清國代表張蔭桓、邵友濂一行從長崎出帆歸國，清日間第一輪和談告終。恰逢這一日，威海衛港灣內的北洋水師在日軍攻勢下被迫投降。威海衛陷落、北洋艦隊全軍覆滅，大清國再遭沉重打擊，陷入岌岌可危的境地。

3 第二輪和談

　　2 月 19 日，陸奧外相收到美國駐清國公使電報，清國政府已任命李鴻章為和談全權代表，請求通告和談地點。3 月 4 日，日本政府正式接受清國政府的和談請求，會談地點定為日本的下關(馬關)。日本向清國公佈了一攬子和談條件，(1)賠償戰爭軍費；(2)承認朝鮮獨立；(3)割讓土地；(4)重新締結兩國未來交往的條約。3 月 19 日，李鴻章率使團到達日本；20 日雙方舉行會談。和談之中，李鴻章身繫大清國至上的利益，用盡了畢生的智慧。一貫高傲的老人，在一群詭計多端以強凌弱的倭人面前，終於顯得蒼白無力無可奈何，甚至遭到日本浪人暗殺，用血的代價給大清國贏得了喘息的機會。

　　日本政府為了逼迫李鴻章屈服，大本營加速部署直隸決戰，調動全國軍力出征清國。1895 年 3 月 7 日，大本營任命參謀總長小松宮擔任征清大總督，率領征清大總督府實施渡清大決戰計劃。征清大總督府要員由參謀總長小松宮大將、幕僚川上次長、樺山軍令部長、大本營副官大生定孝步兵大佐、兵站總監部大本營運輸通信長官寺內正毅少將、野戰監督長官、野戰衛生長官等人組成。按照直隸作戰的構想，預計清國會出動 20 萬作戰部隊抗擊日軍。為此，日本集中全國 7 個師團及國內三分之一預備役部隊，總計步兵總兵力 80 個大隊、騎兵 14 個中隊、野戰炮兵 40 個中隊、工兵 13 個中隊投入決戰。4 月 13 日，小松宮率征清大總督府從宇品港出發渡海前往旅順。

　　大本營作戰計劃主要部署：(1)第一軍戰鬥序列：第一、第三、臨時第七師團，臨時攻城廠，第一、第三野戰電信隊。(2)第二軍戰鬥序列：近衛、第二、第四、第六師團，第十六機關炮隊，臨時攻城廠，獨立第二、第四野戰電信

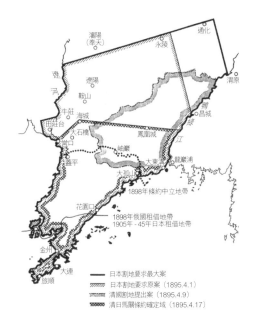

清國遼東半島割讓案變化圖

1898年條約中立地帶
1898年俄國租借地帶
1905年-45年日本租借地帶

— 日本割地要求最大案
▨ 日本割地要求原案 (1895.4.1)
▨ 清國割地提出案 (1895.4.9)
▨ 清日馬關條約確定域 (1895.4.17)

1.9.07　近代遼東半島割讓、租借分割圖示。日清戰爭勝利方日本國，強硬要求清國割讓遼東半島。李鴻章用盡畢生的外交智慧，背負着日本直隸決戰的軍事壓力和個人的屈辱，經過原案、修正案、確定案的談判過程，最小限度割讓了遼東半島的領土，卻為自己背上了百年歷史罵名。

1.9.08 遙望春帆樓的人們，關注馬關會談的進程。日本國民極度關心，他們支持國家的第一次對外戰爭，將能得到如何的利益。

隊。(3)作戰部隊在洋河口登陸，奪取山海關，確保臨時根據地。近衛師團鎮守山海關，第一軍為左翼，第二軍為右翼，分別向近畿挺進。(4)大本營隨機從旅順口渡海在洋河口上陸。 (5)後方守備部隊一個野戰師團、預備役步兵六大隊、預備役工兵一中隊、海城守備炮兵隊駐防盛京省一線。遼東半島由預備役步兵六大隊、預備役騎兵一小隊、預備役工兵一中隊、要塞炮兵四中隊駐守。預備役步兵五大隊駐守朝鮮。

如此龐大的兵員運輸規模，遠遠超出日本國內現有船舶的運載能力，總督府決定 70 餘艘船舶優先輸送近衛師團和第四師團，運輸船返回後再輸送後續部隊。4 月 9 日近衛師團、第四師團從宇品港出發，13 日小松宮大總督等要員團也從宇品港出發，18 日大總督府在旅順成立時，日清和談已經結束。清國在日本的壓迫下正式簽訂了《馬關條約》，日本軍方蓄謀已久的直隸決戰不得不全面停止。為了直隸決戰，日本軍方投入巨大，冒險一搏，整個大本營中樞及海陸作戰部隊全部渡海，以至於國內防守空虛。

日本在《馬關條約》中獲得巨大利益，令西方列強震驚，極度不安的情緒立即浮上水面。在俄國人牽頭下，俄、法、德三國聯合從外交和軍事上強硬干涉日本取得的利益。面對三國聯合干涉，日本自知無力打敗強大的俄國艦隊和法國艦隊，而一旦喪失制海權，日本必會陷入恐怖的絕境之中。5 月 4 日，日本無奈作出永久放棄遼東半島的決定。10 日，明治天皇下詔告示全體國民，征清大總督向前線部隊下達停止一切作戰行動和歸國命令。遼東半島除留下第二師團、第四師團主力，以保證清國賠償金的支付外，其他部隊開赴台灣和返回本土。

日清戰爭史上把征清大決戰的軍事行動，評價為無謀的愚蠢之舉。外交和軍事上的冒進導致三國干涉，國內防禦空虛；而且前線補給困難多多，使日本陷入極度危險的境地，最終被迫作出放棄遼東半島的決定。在征清大決戰的軍事行動中，近衛師團和第四師團的船艙內突發嚴重的霍亂傳染病，僅僅 11 天的兵員運輸過程中，因此造成的非戰鬥減員就達 96 人。無謀的作戰計劃、戰略的誤算、軍事資源的浪費、人命無謂的犧牲、到手利益的丟失，都給這支"勝利之師"留下深刻的悔悟。

4 三國干涉

日清兩國正式簽署《馬關條約》後，伊藤博文擔心的列強干涉終於發生，三國干涉不期而來。三國干涉是清國、日本、歐美列強圍繞各自利益展開的一場外交戰。在這場爭鬥中，日本自認取得了重大失敗，稱之為明治開朝以來日本人的恥辱，只能以清國割讓台灣和獲得巨額戰爭賠款聊以自慰。日本史學者認為，三國干涉的勝利者是李鴻章，他用過人的膽識和機敏遊刃於各國之間，激化列國與日本的矛盾，把身陷險境的大清國從被分割的事態中解救出來。李鴻章赴日談判前就向朝廷提議，清國必須聯合美、英、法、德、俄、意等列強干涉和談，向貪婪的日本施加壓力。朝廷動用了所有外交運作手段，不惜引狼入室也要保住清國的國土利益。三國聯合之勢咄咄逼人，日本政府和軍方不願意放棄到手的佔領地，伊藤和陸奧苦澀的心境達到了極點。

1.9.09　1895 年 4 月 26 日，征清大總督陸軍大將、參謀總長小松宮彰仁親王在旅順設置大總督府。大總督府大門的側面，懸掛有"大總督府"字樣的布匾。

1.9.10 5月13日，征清大總督陸軍大將彰仁親王視察佔領下的金州城。第二軍司令官大山巖率將校在金州城南門外親自迎接。圖為清國百姓圍觀大將軍的場面。

　　3月20日，日清雙方第一次會談剛結束，伊藤就接到日本駐意大利公使高平來電，報告清國駐英國公使突訪意大利，請求意大利國王對和談施加壓力，解脫清國面臨的割地困境。同日，日本駐英國公使加藤來電，報告清國向本國駐各國公使發出訓令，日本若向清國提出割讓領土要求，公使可以請求外國勢力出面干涉，以保衛國家領土完整。3月28日，列國駐日公使要求外務省次官林董公開日本政府的和談條件。身在廣島的陸奧外相指示林董，休戰條約已經簽署，日本沒有必要答覆列國的要求。林董向陸奧進言，目前清國已經毫無保留地將和談條件洩漏給列強請求幫助，日本也應該把和談條件的秘密透露給英、美、俄等國公使為上策。

　　4月3日，陸奧指示林次官向英、美、法、俄公使透露和談條件，翌日又知會了德國公使。日本政府公示的和談條件，立即引起各國政府的震驚和不滿。4月3日，俄國公使從林次官那裏又得知，日本要求清國割讓盛京省南部領土，俄國公使直率表示：“此條項傷害了歐洲各國的感情，會給列強製造干涉的理由。”13日下午2時35分，日駐俄公使西德二郎來電報告，法國和俄國正在協商共同抗議日本要求清國割讓澎湖列島的舉動。14日，日駐德公使青木周藏來電：“德國政府表示，日本如果要求清國特別的經濟利益，本國政府將會堅決反擊。法國雖然沒有抗議舉動，但是作為同盟國正在和俄國秘密協商，似有連帶干涉的傾向。”

　　4月17日上午，《馬關條約》正式簽字，陸奧外相立即分別給九國公使(英、俄、法、美、奧、意、瑞、德、朝)和四地區領事(香港、新加坡、科爾薩科夫、海參崴)發出電報：“前日向貴國公示的日清媾和條款經過若干修正，雙方於4月

17 日正式簽署了和平條約。除商業條款做了緩和修正外，其餘諸議項沒有實質變更。三周內兩國在清國芝罘(煙台)交換由日本天皇和清國皇帝簽發的批准文書，特知會貴政府和領事。"伊藤、陸奧簽署條約後沒有立即向天皇報告，就直接將結果通知各國政府，目的是搶在列強干涉前，讓媾和條約既成事實。同日，駐德公使青木從柏林急電，報告德國的最新動向："德國政府認為日本分割清國領土，在通商利益上使德國受到危害，皇帝威廉二世下令派遣鐵甲巡洋艦一艘開赴遠東。"此時伊藤、陸奧兩大臣正興高采烈地趕赴東京拜謁天皇，報告《馬關條約》的重大成果，沒有及時收到青木的柏林急電。

4 月 20 日上午，兩大臣覲見天皇後，德國駐日公使和其他各國公使要求會見陸奧外相。在播州兵庫縣舞子休養中的陸奧宗光(肺結核晚期)感覺事態嚴重，立即給外務次官林董回電："請向各國公使轉達，本人因養病不能會見各國公使，並將會見結果速報過來。"林董收下三國遞交的備忘錄，俄德兩國公使分別陳述了本國立場。俄國公使稱："日本永久佔領遼東半島恐招致衝突，望貴國政府善體此意，保全名譽。"德國公使稱："日本必須妥協，日本沒有能力與三國開戰。"三國聯合態度強硬，讓林董驚慌失措，立即將會見結果報告了陸奧。

4 月 22 日午夜，柏林來電，德國外相向青木公使言明："德國反對日本佔領旅順口，陸奧的秘密外交刻意隱瞞條約細則的行為引起各國猜疑。《馬關條約》使得日本在通商條件上取得過份不當利益，德國不但反對而且要聯合諸國採取行

1.9.11　俄國皇帝尼古拉二世是三國干涉的主導，沙皇聯合德國、法國向日本施加軍事壓力，要求日本退出清國本土，並永久放棄遼東半島，日本從此與俄國結下宿怨。圖為1891年，尼古拉二世訪問日本時的留影。

1.9.12 主導三國干涉的俄國在海參崴軍港集結戰艦，並調集了數萬軍隊前往遠東，向日本施加軍事上的壓力。

動。"同日，駐俄公使西德二郎接到俄國政府的通告："如果日本要求的割地範圍擴大到鴨綠江，歐洲諸國就會聯手強力干涉。"事實上，在《馬關條約》內，日清之間達成的領土割讓範圍，正是包括從鴨綠江下游的平安向西延伸至鳳凰城、海城、營口的廣大地域。俄國外交大臣羅波諾夫對德、法兩國駐俄公使表示："俄國政府決定以友善的方式，向日本政府提出不要永久佔領中國本土的請求。如果日本不接受友善的忠告，俄國希望與德法兩國在海上對日本採取共同軍事行動。"4月22日，俄國《聖彼得堡報》報道："據柏林急電報告，德國、俄國、法國達成協議，決定對日清媾和條約以及領土割讓之事態進行介入。"4月23日，德國《法蘭克福報》報道："為捍衛政治和商業的利益，德國和歐洲列強取得了共識。"對日本駐各國公使的緊急報告，陸奧外相並不認同，他認為媾和條約的當事者是日清兩國，賠償金和領土割讓是日清兩國間的事情，國際社會應該無權干涉。陸奧指示林董拖延和列強間的對話，加速促進日清兩國皇帝簽署媾和條約，只要批准書交換完畢，國際社會就必然承認既定的事實。

事態的發展完全超出陸奧的想像，4月23日下午，俄國公使希特羅渥、德國公使哥特斯米德、法國公使阿盧曼，在外務省與林董面會，遞交了外交備忘錄。三國公使的文件內容基本相同："清國戰敗，我國政府可以容忍日本佔領台灣的要求。但是日本佔領清國的遼東半島，實質上對清國首都構成威脅，而且日本以朝鮮國獨立為名義的出兵，已經變得有名無實，這給遠東的安定與和平帶來了障礙。對此我國政府向日本天皇的政府表示誠摯的勸告，日本政府應該放棄佔有遼東半島。上述勸告日本政府須在15日內給予明確答覆。"

4月24日，伊藤博文首相在廣島大本營召開緊急御前會議。與會者僅伊藤首相、山縣陸相、西鄉海相三人，是史上人數最少的一次御前會議。會議歷時一個小時，伊藤針對三國干涉的勸告，提出三個研究方案。第一、拒絕勸告，與列強開戰。第二、召開列強會議，共同商議遼東半島問題。第三、妥協，對清國施以恩惠，將遼東半島還給清國。三人磋商權衡的結果，第一案，清日戰爭已經消耗了國內大量的人力物力，海軍主力已經全部出征，單獨對抗俄國艦隊本無把握，更難應付三國聯合艦隊。陸軍方面，內地防禦空虛，前方兵士疲憊不堪、軍需欠乏，日本不是三個歐洲強國的對手，此議案被否決。第三案，對清國施以恩惠，會背負怯懦的罪名，日本國民在感情上定會難以接受，此議案不可行。眼前也許只有第二案有可以迴旋的餘地。

御前會議後的當日晚 8 時，伊藤專程乘車前往兵庫縣舞子海濱療養地，與負有外交責任的陸奧會商。25 日晨，在陸奧養病的宅邸"龜屋"召開了具有歷史意義的"舞子會議"。伊藤博文首相、陸奧宗光外相以及從京都趕來的松芳正義藏相、野村靖內相等四巨頭出席了會議。會議開始，陸奧主張應該拒絕列強的勸告，伊藤認為此乃無謀的自殺行為，反對陸奧的主張，松芳和野村也贊同伊藤的觀點。陸奧撤回自己的意見，但他主張："不同意召開列國會議案，如此一來日本很容易捲入列強的包圍中，招致歐洲大國的新干涉，甚至影響日清戰爭日本獲得的既得利益，陷入更被動的局面。現在天皇陛下已經批准了媾和條約，日本的面子和尊嚴必須捍衛。至於歸還遼東半島可以作為另案來考慮，在歸還遼東半島的前提下，爭取保留金州官廳(日清戰爭日本在大連金州設立的關東州)。日本應該盡量拖延答覆三國的勸告，聯合英國、美國、意大利牽制三國。"陸奧外相的提案得到伊藤首相的贊同，會議達成一致意見，即使對列強做出讓步也決不能對

1.9.13 德國皇帝威廉二世代表的西方列強，不願意看到日本威脅西方在清國的利益，堅決加入俄國陣營，對日本採取了強硬態度和軍事壓力。

1.9.14　德國皇帝威廉二世提出"黃禍論"，呼籲歐洲各國對公然擴張的日本國施加壓力。漫畫中的天空，瀰漫着黃色沙塵，暗示東方黃色人種的日本人，正在惡夢般地襲擾歐洲權貴們的美夢。

清國讓步，防止媾和條約變成一紙空文。26 日，松芳、野村二相攜帶新案回到廣島，請求天皇裁可此新案。

日本尋求英、美兩國的幫助，但英美不想得罪日清兩國任何一方。兩國在清日戰爭中雖然傾向日本，但看到日本如今野心勃勃，企圖獨自坐大，英美兩國都迴避日本的請求，宣告中立。而俄、德、法三國態度強硬，根本無意共同商議遼東半島問題。俄國提出如果日本不放棄對遼東半島的佔領，就不可能迴避行使武力。為此，俄國動員了三萬軍隊向海參崴集結，停泊在日本各港口的俄國軍艦，也接到 24 小時隨時出航的命令，德國派遣的巡洋艦也已經開赴遠東。面對虎視眈眈的列強，日本終於徹底覺悟已經沒有挽回的餘地。5 月 4 日，日本內閣召開緊急會議，作出了永久放棄遼東半島的決定。

翌日，內閣把會議的決定通告了三國。10 日，明治天皇下詔告示全體國民。11 月 8 日，日清兩國正式簽署《遼南條約》歸還遼東半島，作為歸還的代價，清國支付日本國庫平銀 3,000 萬兩（相當 4,500 萬日圓）。日本宣佈歸還遼東半島的決定後，在國內引起軒然大波，歸還到手的領土成為日本人的一大恥辱，政府向國民提出了"臥薪嘗膽"的口號。天皇向伊藤首相慰言："永久獲取遼東半島不要那麼着急，也許以後還能有機會，那時再取朕不會反對。"

在要求日本歸還遼東半島的問題上，俄國的戰略意圖非常明確。俄國為了向清國和朝鮮擴張，正在大舉修建西伯利亞鐵路，計劃橫貫清國的滿洲到達俄國遠東的海參崴，進而南下遼東半島。因此，俄國是最不願看到日本佔領遼東半島的國家。法國和俄國是剛結成不久的同盟國，法國有履行同盟國的義務，同時為本國擴大在清國的利益積極支持對日勸告。德國一直窺視清國的膠州灣，德國皇帝威廉二世告誡俄國皇帝尼古拉二世，新興日本的動向預示着黃色人種企圖將白色人種從亞洲驅逐出去，如同當年成吉思汗侵略歐洲一樣。德國人從種族關係的角度提出"黃禍論"，警示歐洲各國對公然擴張的日本施以壓力。三國的干涉取得了成功，但日本從此與俄國結下宿怨，為 10 年後的日俄大戰埋下了火種。

　　1894 年，樞密院顧問官勝海舟（江戶末期至明治期幕臣、政治家），在一首《偶感》為題的詩句裏定格了日清戰爭："鄰國交兵日，其軍更無名，可憐雛林肉，割以與魯英。"詩中說日本和清國在鄰國朝鮮交兵打仗，其戰爭出師無名無份，可憐的雛林（朝鮮）卻成為俄國和英國進入亞洲的宰割之肉。勝海舟指責戰爭導致歐洲人漁翁得利，批評政府製造的這場無謀的戰爭。

　　清日戰爭，日本付出極大代價迫使清國割讓遼東半島和台灣，但卻使日本陷入三國干涉的險惡危機。李鴻章趁勢把失去的部分領土贖了回去，清國不惜引狼入室，籍列強勢力孤注一擲保住了大陸版圖，其卓識在伊藤之上，其遠見在陸奧之先，勝者乃李鴻章其人也。日本倡導的脫亞入歐理念，歸根結底沒有虛心學好歐洲人的外交和政治。日本一小國打敗大清國的舉動，驚醒了歐洲人在東亞的美夢，西方列強不願意再看到黃色人種的崛起，不能容忍日本人分食白色人種在亞洲的利益。日清戰爭的結果和歐洲人的干涉，在日本人心裏留下

1.9.15　俄、德、法國政府遞交日本政府的返還遼東半島的勸告書。

1.9.16 東京新橋車站凱旋門場景，正匾書大字"奉迎聖駕"，左匾"皇威發揮"、右匾"國光宣揚"。1895年5月30日，天皇乘奉迎馬車親臨新橋站凱旋門還幸。

1.9.17 日清戰爭勝利慶賀，東京搭起數座凱旋門。上野三枚橋的燈綠門，門高12.7米、寬11米、1200燭光（1燭光＝1根蠟燭的光亮度）的照明燈2組，慶祝活動通宵達旦。圖為最大的日比谷凱旋門，高30米、長108米，全建築用綠葉裝飾。

對清國、朝鮮和歐洲人仇恨的陰影。他們的"卧薪嘗膽"，堅定了對亞洲軍事擴張的野心，從此揭開長達五十年戰爭歷史的序幕。

5 清日戰爭總決算

清國

戰爭動員兵力總數：962,163人（推算）1.傷亡：35,000人（推算）2.陣亡推算（平壤2,000人、威海衛1,000人、蓋平1,500人、田莊台2,000人、旅順4,500人、

1.9.18 1895年4月17日，日清兩國《馬關條約》簽字。5月17日，征清大總督府奉命歸國。圖為大總督府官員自旅順港起錨，離開清國的情形，數艘凱旋的艦船裝飾彩旗。

台灣 14,000 人，推計 25,000 人） 3.被俘：1,790 人

　　武器損失：1.軍艦：擊沉 9 艘(含自爆艦)、被俘 14 艘　2.炮械：重炮 29 門、輕炮 451 門、機關炮及速射炮 107 門　3.槍械：洋式、仿製、自製等 10 餘種，約 17,537 支　4.彈藥：大量　5.冷兵器：11,764 件

　　戰爭賠償：1.軍費兩億兩庫平銀　2.遼東半島贖金三千萬兩庫平銀。

　　(庫平銀是官府徵收賦稅稱量標準，1 兩約 37.3 克)

　　國土割讓：台灣、澎湖列島

　　通商貿易：開放與其他列強相同的口岸。

　　宗主國權利：清國放棄對朝鮮的宗主國地位，承認朝鮮國獨立。

日本

　　參謀本部編撰《明治二十七八年清戰史》(統計時限：1894 年 7 月 25 日豐島海戰開戰日至台灣作戰結束 1895 年 11 月 18 日)

　　戰爭動員兵力總數：240,616 人　1.死亡總計：13,488 人(戰死及傷死 1,132 人、病死 12,356 人、事故死及不明死因等 177 人)　2.損失馬匹：11,532 匹

　　軍費：1.臨時軍費 200,475,508 日圓　2.陸軍軍費 164,520,371 日圓　3.海軍軍費 35,955,137 日圓

　　榮譽合祀：1898 年 11 月 5 日，日清戰爭符合合祀標準的戰死、病死者 11,427 人，特旨合祀於靖國神社。

台灣作戰

清日兩國間簽定《馬關條約》，清國朝廷把台灣割讓給日本，日本隨即以接收割讓領土的名義出兵台灣，實施了一場殘暴的掠奪作戰。台灣作為清國的領土而被政府割讓，成為一葉被遺棄的孤島。台灣民眾為保護家園奮起自衛，與日軍展開了曠日持久的英勇作戰。戰鬥之慘烈，持續時間之長久，日軍傷亡之大，遠超過清國本土的戰爭，上演了一場華夏後裔抵禦侵略的悲歌。戰爭雖以台灣失敗而告終，但卻給日軍以重創，展現出台灣百姓不畏強敵的頑強精神。從現存日本文獻中仍然不難窺見，當年入侵者斑斑傷痛的痕跡，台灣人不屈的民族氣節，令後來人無限敬仰。

1　日本侵台方略

清日戰爭中的日本政軍關係，在初期基本是協調一致的。戰爭後期，軍方在軍事行動中屢屢獲勝，政軍關係開始出現明顯對立。陸軍主張直隸決戰，攻克北京降伏清國皇帝；海軍則要求佔領台灣列島，日本軍界擴大戰爭的氣焰甚囂塵上。政府方面，伊藤首相努力克制軍方的野心，以防止引發不可收拾的局面。他勸導軍方：日本若瓦解清國政府，勢必失去一個符合法理的談判對象，並引來列強的干涉，使日本用鮮血換來的成果前功盡棄。伊藤力主舉兵殲滅威海衛北洋艦隊，爭取談判桌上更多的籌碼，然後用外交和武力並舉的手段奪取台灣。1895 年 1 月 13 日，大本營在結束威海衛作戰之後，立即開始了奪取澎湖列島的作戰計劃，力圖摧毀台灣前沿的防禦體系。

1895 年 3 月 12 日，日本海軍新編 "南方派遣艦隊"，由原聯合艦隊司令長官伊東擔任司令官，率領本隊松島、嚴島、橋立、千代田；第一遊擊隊吉野、浪速、高千穗、秋津州；第四水雷艇隊第 25、24、15、16、17、20 號艇；供給艦西京丸、相模丸、近江丸、兵工船元山丸；衛生船神戶丸前往台灣海域。陸軍任命新編臨時混成旅團比志島義輝大佐為司令官，率領第一師團第一、第二大隊；第六師團第二大隊；第四師團山炮中隊、彈藥縱隊、水雷隊；軍夫 1,572 人，總員 5,508 人，3 月 15 日隨同海軍南下，直航澎湖列島。當時清國駐守澎湖列島的兵力，只有步兵 12 營、炮兵 2 營、海兵 1 營，後方補給貧乏，戰鬥力相當薄弱。

1.10.01 日本基於"欲佔領台灣，先取澎湖"的戰略思考，在日清談判背景下搶佔澎湖列島。圖為日軍佔領下的澎湖列島中的漁翁島鳥瞰。

1.10.02 海軍新編"南方派遣艦隊"組成陸海混合部隊，逼近澎湖列島，向駐守漁翁島的清軍東西炮台發起攻擊。圖為澎湖島西嶼西炮台和灣內停泊的日軍艦隊。

1.10.03 比志島混成旅團在澎湖島西海岸灘頭強行登陸，受到清軍拱北炮台猛烈轟擊，日艦集中炮火壓制了炮台火力。清軍投降，炮台陷落。圖為陷落後的漁翁島東炮台，門屇上書"西嶼東台"。

1.10.04 澎湖島馬公城本名"媽宮"，以媽祖天后宮得名，宮廟建於明朝天啟四年。清光緒十三年時擴建媽宮城。日據時期，媽宮城更名"馬公城"。圖中日軍在馬公城下宿營，背景中的城牆宏大壯觀。

1.10.05 日本大軍逼近台灣三貂角沿海，開始大規模武力奪取台灣的軍事行動。圖中海面停泊的是待命進攻的南方派遣艦隊築紫、高雄、相模丸艦。

　　日軍的南下作戰行動並不順利，從一開始便陷入了惡夢般的厄運。航行中的比志島混成旅團，受到風浪和疾病的襲擊，19 名士兵感染霍亂病死亡。3 月 20 日，艦隊抵達澎湖島將軍澳嶼灣，由於暗礁密佈、風浪過大，登陸作戰失敗。船倉內空氣混濁，霍亂患者又新增 54 人。23 日上午 10 時 30 分，日軍在裏正角西海岸約 1,400 米的灘頭強行登陸，清軍拱北炮台猛烈轟擊日艦，被日艦以密集炮火壓制，登陸部隊迅速佔領太武山和尖山的清軍防禦陣地。工兵隨後架設了三座臨時棧橋，引導後續部隊登陸。戰鬥中日軍戰死 1 人、傷 10 人，清軍戰死 54 人。24 日，清軍拱北炮台、大城北莊西方炮台被日艦快速炮摧毀，登陸日軍佔領了炮台。中午 12 時，第一聯隊攻入朝陽門，十二聯隊攻入拱辰門，清兵大部逃向白沙島、吉貝島，澎湖島的重鎮媽公城陷落。攻城戰中日軍戰死 1 人、傷 16 人；清軍 50 人戰死、55 人被俘。25 日，位於澎湖島西側圓頂半島的定海衛隊營官郭潤馨，帶領營官 12 人，兵勇 576 人投降，澎湖列島作戰宣告結束。

　　3 月 26 日，日軍在澎湖島設置行政廳，開始對佔領地的行政管理。澎湖列島遠離日本本土，日軍與國內尚無快捷聯絡的手段，因此，直至 4 月 7 日才收到日清休戰條約書的通知，25 日知道了《馬關條約》簽定的消息。29 日發生三國干涉事件，艦隊受命返航歸國。6 月 1 日，比志島混成旅團歸編台灣臨時總督指揮，3 日接到命令，留下霍亂患者 1,105 人，其餘部隊開赴台灣基隆作戰。澎湖列島作戰，日軍總計戰死 4 人、負傷 26 人、感染疾病死亡者多達 736 人、軍夫病死數百，當地的日本人臨時墳塚達千座以上。

2　武力奪取台灣

　　1885 年，清國朝廷任命劉銘傳為台灣巡撫，劉任職期間推行李鴻章洋務政策，開辦了鐵道、郵政等新政。劉退任後，布政使邵友濂接替巡撫，邵收縮了劉的新政規模，並致力整頓吸食鴉片、惹是生非、擾亂社會治安的清兵，駐台清軍被削減一半，但清軍並不服從邵的管制。遠離大陸在荒涼的台灣島生活，令邵友濂頗感失意。清日開戰後，經過多方運作，邵便調離台灣赴任湖南巡撫。邵友濂離任後，布政使唐景崧繼任巡撫。唐巡撫上任伊始，立即募兵強化防衛，在前巡撫邵友濂幫助下，又從

1.10.06　清日簽訂《馬關條約》，將台灣割讓給日本。1895 年 5 月 25 日台灣島民自發成立台灣民主國，巡撫唐景崧出任總統。在日本武力征台背景下，唐景崧逃渡大陸。圖為台灣民主國 "黃虎旗" 國旗，國璽刻 "民主國寶印"，建年號 "永清"，首都台北。

1.10.07　6 月 2 日樺山總督和清國代表李經方，在基隆灣停泊的 "橫濱丸" 船上，舉行了台灣受渡儀式，日本名正言順取得了徵收台灣的名份。日軍出動近衛師團進入台灣，採取了嚴屬而血腥的征服手段。圖為雲集台灣沿岸準備登陸的日本艦船。

1.10.08　樺山總督和清國代表李經方在基隆灣停泊的"橫濱丸"上，舉行了台灣受渡簽字儀式。日本正式佔領台灣。

廣東調來大隊清兵支援台灣防衛。

　　根據《馬關條約》約定，清國被迫放棄了鄭成功從荷蘭人手裏收復的台灣。台灣富商林維源向處境艦尬的唐巡撫舉薦了丘逢甲。丘逢甲時年 30 歲，是本地出生的進士，代表了台灣上流階層的利益。丘逢甲向唐景崧提出了"台灣民主國"的構想，反對朝廷割讓台灣。起草了向全台民眾的佈告書，宣誓"台灣民主國"獨立。獨立宣言用英語、漢語、日語寫成，通過各國領事、教會長老向世界傳達了台灣民眾的意願。宣言曰：

　　台灣民主國總統，前署台灣巡撫布政使唐為曉諭事：照得日本欺凌中國，大肆要求，此次馬關議款，於賠償兵費之外，復索台灣一島。台民忠義，不肯俯首事仇，履次懇求代奏免割，總統亦奏多次，而中國欲昭大信，未允改約。全台士民不勝悲憤。當此無天可呼，無主可依，台民公議自立為民主之國。以為事關軍國，必須有人主持，於四月二十二日士民公集本衙門遞呈，請余暫統政事。經余再三推讓，復於四月二十七日相率環呼；五月初二日，公同刊刻印信，文曰："台灣民主國總統之印"，換用國旗"藍地黃虎"捧送前來。竊見眾志已堅，群情難拂，不得已為保民起見，俯如所請，允暫視事。即日議定，改台灣為民主之國，國中一切新政，應即先立議院，公舉議員，詳定律例章程，務歸簡易。惟是台灣疆土，荷、鄭、大清經營締造二百餘年，今須自立為國，感念列聖舊恩，仍應恭奉正朔，遙作屏藩，氣脈相通，無異中土，照常嚴備，不可稍涉疏虞。民間有假立名號，聚眾滋事，藉端仇殺者，照匪類治罪。從此台灣清內政、結外援、廣利源、除陋習，鐵路、兵輪次第籌辦，富強可致，雄峙東南，未嘗非台民之幸也。

　　特此曉諭全台知之。　　　　　　永清元年 五月二十五日

　　然而唐景崧沒有實現台灣民眾的期待，在日軍登陸台灣的前夜，便乘德國商船匆匆逃亡廈門。"台灣民主國"的發起人丘逢甲接任義軍統領之職欲抗擊日軍，不久也逃亡大陸。清國官吏出逃，日軍大舉登陸，混亂中，廣東籍清兵開始了大肆掠奪。台灣人和清兵之間展開了械鬥，雙方為奪取布政使金庫的官銀，死者達四百餘人。空位的台灣總統大印，紳甲們欲轉讓給台南守備劉永福，劉執意不接受，以幫辦身份統軍抗日。

　　台灣島內發生的事情，出乎日本政府的意料，征清大總督府決定增派近衛師團支援征台作戰。5 月 29 日，近衛師團從台灣島東北端的岬角——三貂角登陸，在舊社西北高地與 100 名清軍交火。數日內，日軍相繼攻陷了澳底高地、丹裏莊兵營、瑞芳高地。

　　6 月 2 日，樺山總督和清國代表李經方，在基隆灣停泊的"橫濱丸"船上，舉行了台灣受渡儀式。受渡儀式原本預定在台灣本島內舉行，因為戰事頻起，臨時決定在船上簽署受渡書，日本需要名正言順地佔領台灣。3 日上午 6 時，近衛師團進攻基隆市，遭到獅球嶺炮台清軍阻擊，在日軍炮兵猛烈轟擊支援下，步兵一氣攻陷防衛基隆的主炮台，佔領了基隆市。基隆戰鬥中，日軍 8 人戰死、21 人負傷；清兵 70 餘人戰

日軍侵攻台灣路線圖

1.10.09　日軍武力奪取台灣作戰，由先頭部隊先取澎湖列島。之後大部隊在基隆登陸佔領台北，一路向南揮進，同時澎湖佔領軍向台南方向合圍。

1.10.10 精銳部隊近衛師團登陸台灣，裝備當時最 新型連發式村田步槍。可是面對為誓死保衛家園的台 灣人，日軍遭遇到從未有過的猛烈抵抗。加之日軍在 台灣水土不服，許多人多感染疾病，傷亡慘重。

死。基隆市陷落後，日軍把台灣總督府設在市內，指揮陸海軍作戰。

6月11日，北白川宮師團長率大部隊進入台北，14日樺山總督隆重入城。

台北陷落和日本駐台灣總督的進入，實質上意味"台灣民主國"的崩潰，唐景 崧等官吏，慌忙從台灣逃亡廈門。在嚴峻形勢下，主張抗日的清將劉永福率領"黑 旗軍"收拾殘局，組織抗日民眾與日本佔領軍展開了不屈不撓的頑強抵抗。這場沒 有軍餉，沒有後援，沒有精良武器的抗日戰爭一直持續到1896年3月，台灣軍民 陣亡和罹難者多達14,000人。而日軍為維持這場戰爭，投入兩個半師團的兵力， 付出了10,841名將士戰死和病死的代價。

1.10.11 《馬關條約》簽訂，台灣 被清廷割讓。日本政府震驚於台 灣人用成立民主國獲得外國承認 的手法，排斥日本佔領台灣的企 圖，立即派遣大軍武力征台。圖 為1895年6月11日，北白川宮 親王率近衛師團進入台北城北門 的繪畫。

3　台灣民眾的抗戰

台北作戰

　　6 月 19 日，阪井支隊在楊梅壢受到抗日軍的頑強抵抗，激戰持續到 22 日，日軍雖然佔領了新竹鎮，但是沒有控制住台北至新竹之間的戰勢。28 日，三木部隊兩個中隊，進攻安平鎮被抗日軍擊退。7 月 1 日，增援的炮兵和工兵參與作戰，猛烈轟擊抗日軍陣地，守軍頑強抵抗，日軍傷亡不斷，進攻失敗，被迫遁退中壢。7 月 9 日，抗日軍大炮和步隊攻擊被佔領的新竹鎮，阪井支隊防守至 23 日，不敵抗日軍攻勢，放棄新竹鎮敗退而去。7 月 12 日，山根少將的第二旅團進攻三角涌和大嵙崁，不料先遣部隊陷入抗日軍的包圍，激烈戰鬥持續到 16 日。在大部隊的救援下，日軍得以勉強佔領大嵙崁，可是後勤補給線卻頻頻受到攻擊，日軍佔領的地盤非常脆弱。在連續作戰失利的局面下，樺山總督不得

1.10.12　樺山資紀初任總督，用漢語發佈鎮服島民的諭示，文曰：「日中兩國欽差全權大臣，於明治二十八年四月十七日在下之關所定和約所讓台灣島及所屬各島嶼並澎湖列島，即在英國格林尼次束經百十九度起，至百二十度；及北緯二十三度起，以至二十四度之間諸島嶼之管理主權，及該地方所有堡壘、軍器、工廠及一切屬公物件永遠歸並。」「大日本國特簡本大臣授予總督，駛抵任所。本大臣恭遵諭旨接收：大清國所讓各地方並駐此督理一切治民事物。凡爾眾庶在本國所管地方稟遵法度，恪守本分者，悉應享周全保護，永安其堵。特此曉諭。」

不向大本營請求向台灣增兵。7 月 14 日，大本營派遣第二師團伏見宮貞愛少將，率麾下混成第四旅團在基隆登陸。近衛師團依仗增援強勢，於 22 至 25 日實施第一階段掃蕩作戰，台北、中壢、大嵙崁、溪河孟一帶的抗日軍根據地遭到毀滅性打擊。數千家房屋被焚毀，數百抗日將士陣亡，大量平民百姓慘遭日軍殺害。29 日，日軍對海山口至新竹一帶和大嵙崁至新埔街一帶實施第二階段掃蕩作戰，台日兩軍在龍灘坡發生激戰，8 月 2 日，抗日軍被迫撤退。兩次掃蕩作戰之後，抗日軍所剩不足千人，被迫移師客仔山南方一帶山頂，構築堡壘戰壕繼續抵抗日軍的進攻。8 日，日軍攻陷客仔山抗日軍陣地，14 日佔領苗栗，完成了北部掃蕩作戰。一月有餘的作戰，日軍戰死 159 人，因水土不服而患病減員 1,108 人，死亡總

1.10.14 武力征服台灣的過程中，日軍對不屈的台灣人展開了兇殘鎮壓。圖為近衛師團炮兵用七厘米山炮，向台灣抗日軍民陣地開炮。日軍炮兵身穿十九年式夏季軍衣，配備便攜式水壺。

數 1,267 人。

台中作戰

樺山總督平定北部後，下令南下平定台灣中部。8 月 17 日命令近衛師團進軍台中，佔領彰化。21 日至 26 日，師團分別佔領大甲、牛罵頭、大肚街，28 日進攻彰化。由於日軍實力得到充分增強，疲憊無援的抗日軍被迫向台灣南部撤退。日軍攻到北斗鎮後，恐孤軍深入，遂停止進軍，部隊在台中修整至 9 月 28 日。中部作戰日軍戰死 16 人，患病死亡者 1,307 人，病死人數佔總死亡數的 98.8%。

8 月 20 日，大本營為擴展台南攻略，新任命高島鞆之助中將為副總督，於 9 月 11 日抵達台灣組編南進軍。29 日，高島命令近衛師團分四路南下，川村少將前衛部隊路線為：樹仔腳莊、莿桐巷、他裏霧街、大莆林、打貓街。阪井大佐右翼部隊路線為：西螺街、土庫街、後壁店莊、雙溪口莊、番仔莊。內藤大佐左翼路為：樹仔腳莊、施瓜寮莊、斗六街、牛厝灣莊、林仔頭莊、山仔腳。第二旅團司令部基幹本隊路線為：北斗、莿桐巷、大莆。10 月 7 日，各路部隊相繼遭遇抗日軍頑強抵抗，他裏霧街戰鬥中，約 3,000 人的抗日軍被擊退，日軍 15 人戰死，抗日軍 350 人陣亡。土庫戰鬥中，400 人的抗日軍被擊退，約 80 人陣亡。左翼部隊樹仔腳莊戰鬥，第一陣地 1,000 人、第二陣地 3,000 人的抗日軍被擊潰，日軍佔領了雲林鎮。戰鬥中，日軍戰死 5 人、負傷 10 人，抗日軍 200 餘人戰死。8 日，抗日軍和日軍在雙溪口附近激戰，日軍戰死 1 人、負傷 16 人，抗日軍陣亡 210 人。為了剿滅抗日軍，右翼日軍在西螺街、土庫街放火，焚燒了全部房屋建築。9 日清

1.10.15　日軍台北總督府，成立之初設民政、陸軍、海軍三局。民政局下置內務、殖產、財務、學務四部。圖為延用清國衙門的總督府西轅門外，飛簷屋頂的建築群，保留着濃厚的大陸建築風采。

1.10.16　清國的台灣雞籠港海關官邸，豪華建築係西洋式格調，前望海灣背依靠山，是風景秀麗的好地方。此官邸一時充作總督府官舍。官舍背靠後山上的左方，築有清軍海防炮台。

1.10.17　1885 年清廷改台灣府為省，在台北設立巡撫衙門，劉銘傳為首任巡撫。1891 年邵有濂任台灣巡撫。1894 年，唐景崧繼任台灣巡撫。1895 年 5 月 25 日出任台灣民主國總統。圖為台灣日據時期總督府的內庭。

1.10.18 日本佔領台灣以來，反日的戰鬥不絕。1895年12月下旬至翌年1月，北部島民以台北為中心，在各地掀起抗日高潮。圖為台北城頭日軍守備兵驚恐應戰的情形。

1.10.19 彪悍的台灣土著高砂族原住民敵視大清國，長期襲擾清國在台灣的居民，成為清國駐台軍隊圍剿的對象。日軍入侵台灣後，高砂族武裝為保衛家園與日軍展開了殊死抗爭，成為日軍瘋狂濫殺的目標。

1.10.20 面對近代化裝備的日軍，憤怒的台灣民眾，利用自然地貌為屏障，隱藏在森林竹樹之中，用最原始的武器襲擊來犯之敵。日本正規軍無法適應這些看不見對手的遊擊戰法，戰傷和傳染病，嚴重削弱了作戰部隊的戰鬥力。

晨，日軍包圍嘉義，向城內 1,000 餘名抗日軍發動總攻擊。結果抗日軍 70 餘人戰死、200 餘人被俘，其餘戰士敗退或隱入民間。日軍佔領嘉義後，供給線仍然不斷遭到抗日軍的襲擊，至 10 月 15 日為止，日軍有 33 人戰死。嘉義戰鬥慘烈至極，抗日軍遭受重大傷亡，但其中多數陣亡者是抗日軍村寨的百姓，在日軍掃蕩中作為抗日軍屬被一並殺害。

1.10.13 台灣人為保衛自己的家園，在失去清政府支援的狀況下，自行組織抗日武裝，運用遊擊戰法襲擾來犯的日軍。照片中的抗日遊擊隊，已經不同程度裝備了槍械武器。

台南作戰

聯合作戰的日本海軍，10 月 10 日派遣俘獲的清艦"濟遠"號，參加台南嘉義市布袋口登陸作戰。艦炮猛烈轟擊抗日軍的海防陣地，日軍混成第四旅團雖然搶灘登陸成功，卻遭到 500 名抗日軍的迎頭痛擊。在台南鹽水溪、頭竹圍、杜仔頭莊、東石港，日軍士兵 24 人、軍夫 37 人戰死。16 日在蚵寮，日軍與 4,600 人的抗日軍遭遇，結果抗日軍敗走，日軍 6 人陣亡。

參加旅順作戰的第二師團旅團長乃木少將榮升中將後，率領第二師團前往台灣戰區作戰。10 月 11 日乘八重山艦在台灣南部的枋寮村登陸。第二師團依仗艦炮火力支援，企圖佔領茄苳腳、鹽仔新打港一線，遭到茄苳腳抗日軍包圍和勇猛抵抗，傷亡不斷。日軍惱羞成怒，放火燒掉村內民房，殺害大量無辜民眾後突圍。

1.10.21 台灣民眾為保衛家鄉，與侵台日軍展開了不屈的戰鬥。圖為台灣人夜襲台北城，火燒城樓的圖畫，描繪了台灣人不畏強敵的精神。

13 日，日軍步兵第十七聯隊第十中隊進入東石鎮，受到當地長老及村民的

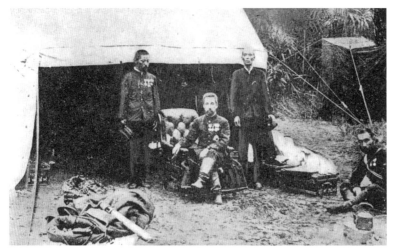

1.10.22 北白川宮能久親王,係日本皇族、近衛師團長。1895年6月率近衛師團入台灣作戰,期間身染瘧疾抱病死亡。另一傳說是遭受抗日軍襲擊身亡,為怕影響士氣謂之病死。北白川宮能久受到國葬禮遇。

歡迎,就在日軍失去警惕之時,被約1,000人的抗日軍包圍,雙方展開了激烈戰鬥。日軍組織數次突圍均未成功,傷亡增大彈藥缺乏,戰鬥一直僵持到翌日援軍到來,抗日軍被迫撤退才告結束。是役日軍戰死9人、負傷10人,抗日軍陣亡60人。15日,日軍佔領打狗炮台,16日,佔領鳳山城。在此期間,日軍糧食運輸隊遭到抗日軍襲擊,4名士兵和軍夫戰死。

10月11日至16日的戰鬥,日軍戰死13人、負傷86人;與日軍交戰的抗日軍7,900人,戰死815人。10月11日,在茄苳腳500人抗日軍的步炮聯合部隊和擁有重型火力的日軍展開炮陣對射戰,日軍戰死14人、55人負傷;抗日軍80餘人戰死。在日軍的重型火力面前,抗日軍的輕武器呈明顯劣勢。南部作戰從9月29日至10月16日的半個月裏,日軍患病死亡達553人,近衛軍第二旅團長山根信成少將也病死在彰化第二野戰醫院。

台灣作戰以來遇到的強烈抵抗,使日軍終於覺悟到一個事實,奮起的抗日軍不是想象中清國本土的那群"腐軍弱兵",而是有組織紀律、勇猛果敢、戰鬥意志高昂的軍隊。抗日軍把部隊分成千人或五百人規模的戰鬥單位,不但運用遊擊戰專攻日軍薄弱環節,而且佔據有利地形構築工事堡壘,與日軍展開陣地戰。日軍對地形不熟,且得不到當地民眾支持,許多村寨長年為防禦土匪高築的磚瓦圍牆到處佈滿了槍眼,堅固的村落要塞和有抗爭經驗的村民,使日軍經常陷入作戰困境。抗日軍民拼死抵抗日軍的背景,是因為他們當中絕大多數人是來自福建和廣東的移民,為了生存,他們必須拼死保護數百年勤勞開墾的土地和用血汗築成的家園。作為明朝以後的外來移民，他們經常受到台灣島上原住民的騷擾，強烈的自我防禦意識和戰鬥意志，造就了一支勇猛善戰的隊伍。當外來侵略者佔領他們的家園時，拼死抵抗就成為他們唯一的選擇。

4　佔領台灣

自 1895 年 7 月下旬起，日本駐台灣總督樺山資紀開始與劉永福多次書信往來，勸其放下武器，和平解決台灣問題，劉永福復函闡明立場，拒絕投降。往來信件的措詞從溫和至嚴厲，雙方戰鬥逐步升級。10 月，日軍攻陷台南以北地域，近衛師團於嘉義、混成第四旅團於布袋、第二師團於鳳山城，完成對台南的包圍態勢。

雖然日軍表面呈強弩之勢，可是日軍各部隊已經面臨重重困難。作戰主力近衛師團，因水土不服而患病呈蔓延之勢，士兵病亡數量驚人；輜重糧草運輸隊的軍夫減員達到 40%，糧食和武器供應嚴重短缺。而劉永福的部隊孤軍作戰沒有後方支援，傷亡慘重，早已陷入極端困境。各部隊已不成編制，戰意動搖，劉永福開始籌劃如何伺機從台灣撤退。日本為了防止抗日軍從海上逃脫，下令海軍艦隊連日封鎖海岸線，密切監視抗日軍的動向。

1.10.23　劉永福與樺山往復數信請求議和，派英國人和葡萄牙人使者與日軍交涉，遭到拒絕。

1.10.24　劉永福和其子乘英國汽船"多利士"號，躲過日軍登船臨檢，安全抵達廈門。

155

1.10.25 從 1895 年 3 月日軍進入台灣到 1896 年 3 月日軍宣佈平定台灣為止，台灣軍民與日軍展開了殊死的戰爭。戰爭之慘烈，台灣人之英勇，是清國政府主導的本土戰爭無法比的。台灣的抗日民眾，戰死者、被抓捕處刑者，總數達一萬四千人之眾。

10 月 19 日，高島鞆之助司令官下達命令，對台南發起總攻擊。混成第四旅團在南勢角與抗日軍發生激烈戰鬥，日軍 20 日晨佔領南勢角。同日，第五聯隊與駐守蕭壠的 1,500 名抗日軍將士發生衝突，雙方激戰長達五個小時，日軍戰死 52 人，抗日軍兵士陣亡 300 多人。晚 9 時，台南的英國傳教士和居民代表，來到日本軍兵營報知劉永福已經從海上逃走，希望日軍盡快入城維持治安。21 日山口支隊佔領台南，22 日高島司令官率隊入城。

10 月 20 日，劉永福和其子成良等，以重金賄賂英國汽船"多利士"號，得以藏匿於煤炭庫水桶中，躲過臨檢抵達廈門。24 日，在六名武裝護衛的保護下，乘汽船"西山"號經汕頭前往香港。封鎖海上的日本艦隊，在安平灣與一艘外國軍艦相遇，外國領事登上"吉野"艦，向日艦司令官通告劉永福已經逃走，所轄部隊士兵願意投降。日艦"八重山"號水兵登上一艘德國商船"費斯"號臨檢，未發現統領劉永福和任何兵器，看似清軍士兵的嫌疑乘客一千五百餘人，未作追究被放行離港。

1895 年 10 月 21 日，日本海軍陸戰隊在安平登陸，佔領炮台，約五千名劉永福部下向日軍投降。降兵將士被放行，乘運輸船遣送金門島。至此，長達 5 個月的對台作戰終於落下帷幕。台南作戰一個星期，日軍戰死 52 人，病死 319 人；抗日軍陣亡 1,794 人。

台南陷落，台灣西部平定，抗日軍主力消滅，清國在台灣的勢力被驅逐，日軍佔領了台灣。然而事實上台灣的抗日戰爭遠沒有結束，台灣南端的恆春以南，台灣東部以及台灣原住民居住的山嶽地帶仍然與日軍處於戰鬥對峙狀態。10月28日，台南作戰中的近衛師團長能久親王北白川宮傳染上瘧疾病亡，傳說是在嘉義南下途中遭到抗日軍襲擊而死。北白川宮之死以及大批日本軍人被病魔奪去生命，使日本人深感台灣的恐怖和不祥的凶兆。

11月26日，樺山總督向大本營宣告，台灣業已平定，日本對台戰爭結束。12月6日，南進日軍的編制解除，13日至22日，近衛師團從打狗港出發，匆匆撤回日本東京。但那陰魂不散的病魔，依舊頑固地追逐着軍事佔領下的日本殖民統治者，從1895年10月26日至1896年5月，短短6、7個月，

1.10.26　1895年11月台灣總督府發佈刑規條例，刑分死刑、徒刑、罰金、沒收。監獄類型分留置場、被告拘禁場、判決拘禁場。1896年軍政期結束，在台北縣、台中縣、台南縣、澎湖島設監獄署和監獄。圖為日軍執行台灣人死刑的絞刑場。

台灣更換了三任總督。第三任總督乃木希典69歲母親也在台灣死於瘧疾。

1896年1月1日，日本在台灣正式實施日語教育，力圖在文化上同化台灣。台灣人為維護數百年自身的文化和生活方式，與日本殖民者進行了長期抗爭，各地民眾反日鬥爭蜂起，並不斷升級，台灣總督深感兵力單薄，請求大本營增兵。1月11日，大久保春野少將率領第七旅團抵達基隆，19日對宜蘭一帶的反日力量實施鎮壓。3月11日大本營新編三個台灣守備混成旅，對島內抗日勢力進行大規模討伐。討伐作戰中，日軍戰死160人，但總算結束了曠日已久的台灣反日戰爭。

日軍侵台戰爭之慘烈，遠遠超過其在清國本土的作戰規模。在保衛台南的防禦戰中，劉永福抗日軍用盡軍資，彈盡糧絕，靠野菜和田鼠肉充飢與日軍浴血奮戰，被日軍讚譽是"有熱血男兒意氣的勇士"。台灣人面對兇殘的日軍，在絕境中孤軍奮戰了十年。從1895年日軍侵台開始，到1916年日軍完全平定台灣為止，清國原駐軍以及台灣地方武裝等抗日力量約33,000餘人，與日軍展開了殊死的抗爭，死亡總數達17,000餘人。日軍先後向台灣投入兵力49,835人，軍夫和備役26,214人。戰鬥死亡1,988人，感染疾病而死7,604人，合計9,592人，包括其他

1.10.27 台灣高砂族是泰雅族、布農族、鄒族、賽夏族、排灣族、卑南族、阿美族、雅美族、達悟族、魯凱族等族的統稱，是台灣土著原住民。清朝統治時期，台灣土著曾與清朝為敵。日據時期以日本為敵，受到日軍殘酷鎮壓。圖為高砂族被奴役勞作的情形。

死因在內者合計 10,841 人，日本用重大代價奪取了台灣。

1896 年 4 月 1 日，日本台灣作戰結束。1895 年 6 月 17 日下午 3 時，台北原清國巡撫衙門上升起了日本國旗，日本近代第一塊殖民地誕生。仇日的漢人對日本國旗嘲諷為"膏藥旗"，亦有漢家詩人美其名曰"一輪映天紅日冉冉升起"。這面象徵殖民統治的國旗，經過五十年的漫長歲月，伴隨 1945 年日本的戰敗，永遠降落了下來。

附　勸降劉永福始末

1895 年 7 月，台灣總督樺山資紀給劉永福寫了一封勸降書，被劉永福拒絕。雙方經過三個月的浴血戰鬥，日軍傷亡病亡慘重，大本營不斷向台灣增兵。劉永福率領的抗日軍，在朝廷拒絕援助的情況下，傷亡巨大士氣低落，殘餘部隊面臨最後一搏的選擇。10 月 10 日劉永福委託英國軍艦"比庫"號向日艦隊司令官轉交了媾和信，此信於 11 日轉送給南進軍司令官高島。12 日劉永福的使者攜帶媾和信，再前往日艦隊"吉野"號議和，遭到艦隊司令官的拒絕。12 日兩名英國使者受劉永福之託，攜帶媾和信前往陸軍近衛師團議和，亦被師團長拒絕。此後，日軍對台南展開全面進攻，劉永福軍損失巨大，眾勸之下逃離台灣，前往廈門。

書信 1　台灣總督樺山資紀給劉永福的勸降書

勸降書於光緒二十一年七月初四午刻，由英國兵輪送至台南，封面書"劉君永福足下"，封背書"明治二十八年六月二十五日"。

大日本國台灣總督海軍大將子爵樺山資紀呈書劉永福足下：

自從客歲，大日本國與大清國構難也，清國海陸之前軍每戰不利，其出外之師敗於牙山，潰於平壤，覆於黃海。旅順之要隘、威海之重地，相尋而陷，北洋水師之兵輪覆沒殆盡，燕京之命運岌岌乎在於旦夕之間。於是乎大清國皇帝欽差大臣李鴻章及李經方與本總督相會於基隆，完清本島並澎湖列島授受之約。本總督乃開府台北撫綏民庶，整理政務，凡百之事，將就其緒。乃聞足下尚據台南，漫弄干戈，會此全局奠定之運，獨以無援之孤軍把守邊陬之城池，大勢之不可為，不待智者而可知矣。

足下才雄名高，能明理事，精通萬國公法；然而背戾大清國皇帝之聖旨，徒學頑愚之為，本總督竊為足下惜焉！若能體大清國皇帝聖旨之所在，速戢兵戈，使民庶安堵，則本總督特奏大日本國皇帝，待以將禮，送還清國，各部將卒亦當宥恕其罪，遣還原籍。既基隆、台北、宜蘭及滬尾之地現收容降附殘敗之清兵，或依官船，或付船資送遣原籍垂八千人。本總督稔聞足下之聲名也尚矣，故豫佈腹心，告以損逆之理，取捨惟足下之所擇，足下請審計之。不宣。

信封蓋：大日本帝國台灣總督方印

書信 2　劉永福給台灣總督樺山資紀的答覆書

大清國欽差幫辦台灣防務記名提督軍門閩粵南澳總鎮府依博德恩巴圖魯劉永福覆書大日本國海軍大將子爵樺山氏閣下：

接閱來書，甚承獎譽。惟所言戰事，語多不悉，今試為足下覼縷言之。

竊維我大清國皇帝聖聖相承，數百年來，仁政覃敷，感被中外。當今皇帝，尤以柔遠為懷，故嘗遣使各國，結聯鄰好。至於貴國，同隸亞洲之土，共為唇齒之邦，講信修睦，久載盟府，宜乎休戚與共，永遠勿渝，庶不為他國所竊笑也。不意貴國背盟負義，棄好尋仇，無端而奪我藩封，無端而侵我邊境。當是時，中國民臣人人切齒，咸欲滅此朝食，以張我朝廷撻伐之威。適以當軸者衰庸誤國，禁止各營接戰，免傷和局，致令牙山、平壤、威海、旅順等處兵機有失——非戰之罪也，當局者誤之耳。不然，貴國即率傾國之師，亦未必能入中國境地也。

今四月，我大清皇帝不忍生靈塗炭，乃復大度包容，重修舊好。乃貴國不體我皇上愛民至意，佔據台北，縱容兵卒，殺戮焚擄，無所不至，且有准借婦女之示。嗟嗟！民生何辜，遭此荼毒！來書云"開府台北，撫綏民庶"，其即此之謂耶！抑別有所謂善政耶？自古興國之人，必先施仁佈澤而後可得民心，而後可感天心。近日台北時疫大作，兵勇死亡甚多，足見貴國日嗜殺人，上干天怒；而足下不悟，反以余背戾大清國皇帝之聖旨，來相詰責，甚矣！何見理之不明也！

台灣隸我中國二百餘年矣。先皇帝締造之初，不知若何經營，若何教養，始得化蠻夷之俗為禮儀之鄉。余奉命駐防台灣，當與台灣共存亡；一旦委而棄之，將何以對我先皇帝於地下？無以對我先皇帝，即無以對我當今皇帝也。將在外，君命有所不受。余豈懵然學古人為哉？況台南百姓遮道攀轅，涕泣請命。余既不敢忘「效死勿去」之語，又何忍視黎庶沉淪之慘？爰整甲兵，以保疆土。台南雖屬邊陬，然部下數十營，皆經戰敢死之士；兼之義民數萬，糧餉既足，軍械亦精。竊以天之不亡台灣，雖婦孺亦知之。閣下總督全師，為國大將，雄才卓識，超邁尋常，何不上體天心，下揆民意，撤回軍旅，歸我台北。不唯台灣百姓感戴不忘，而閣下大義昭然千古矣！

書信 3　劉永福請和信

大清國幫辦台灣防務記名提督軍門署福建台灣總鎮府劉永福致書大日本國澎湖水師提督閣下：

貴國樺山君手書當於七月初四收啟，覆函七月初六經由廈門轉寄淡水，按時間計算想必收到。

大清國與貴國開戰，業於本年四月間商妥畫押大眾歡喜，惟條約內有割讓台灣之條款，台灣民眾自入版圖年久，皆不願意割歸，納入貴國版圖。當時敝國各官內渡，全台紳民眾志已堅，公舉本幫辦為統領辦理台灣防務，惟本幫辦未奉大清國皇帝聖旨撤兵，不得已允從紳民所請。把持台灣一島實乃不易，但為保民起見，非戀此官職以此圖利。自台灣開戰以來，數月之久百姓受苦，更堪憐憫慘不可言。現本幫辦意欲免使百姓死亡受累，願將台灣讓與貴國。先立條約二端。

其一、貴國厚待百姓不可踐辱，其台民不論何種人等，均不得加罪殘害，須當寬刑省法。

其二、本幫辦所部兵勇以及隨員人等，亦須厚待不可侮辱，將來須請照會閩浙總督迅速用船載回內地。

此二約乃因保民免致生靈塗炭之苦，並免後日再開戰起見。如能見允，目下即能成議，並希即日詳細回覆。手此謹佈。惟照不宣。

書信 4　帝國常備艦隊司令官有地品之允覆劉永福請和信

拜復陳者，台灣降伏之貴墨，於明治二十八年十月十日午後，經英國領事轉交閱見。本官預定十二日正午到達安平灣，屆時請貴官之正當代理者，前來帝國軍艦 "吉野" 號面談，決定貴下請求降伏之事。我軍任務乃討滅兇賊，絕無傷害無辜之意，故貴軍須立即停止炮台炮擊等之抵抗。

明治二十八年十月十日帝國常備艦隊司令官有地品之允

書信 5　南進軍司令官陸軍中將子爵高島鞆之助代表台灣總督樺山資紀覆劉永福請和信

劉君永福足下：

接閱經由艦隊司令官有地中將轉來之請和書及有地中將之覆函。然，汝其書面毫無降伏謝罪之意，欲以對等國之立場談判講和，措辭不遜無禮，對此等使書應當斷然斥卻。有地中將覆函既已交付，現降伏時機稍縱即逝。今本官代表台灣總督樺山資紀給汝覆函答覆。

本職於今十一日接悉汝託英國軍艦 "比庫" 號送呈之手書。依照該書之意，汝欲擬具條件乞和。如今《下關條約》簽訂，台灣已歸入我大日本帝國版圖，總督樺山海軍大將出於好意，上夙利害順逆之理，善意陳汝迅速撤兵。然汝當時故意左右託辭斥吾好意，竊據南部台灣之地以至今日。復以唆使所在之匪類，悍然抵抗我王師擾亂本島，汝實罪魁禍首也。今大軍迫於咫尺，汝命在旦夕之際，仍據條件覷然乞和。欲以對等國將領談判方式議和，殊令本職不解，若汝確實痛悔前非誠意求降，唯有自縛前來哀求本官一途。此後，汝若再發出類似使書，本職一概斥回。並茲奉告。

明治二十八年十月十日南進軍司令官高島鞆之助

書信 6

10 月 12 日下午 4 時 18 分，劉永福的使者廣東人廖恩光攜帶劉永福書簡，來到停泊在安平灣內的 "吉野" 艦。信內容同書信 3，並曰："按照英國領事前日與貴方交涉之意向，本軍門願意講和交讓台灣。" 司令長官閱畢信函，斷然拒絕有條件講和，斥卻使者，口授傳言與劉永福："本官和外國領事之間毫無任何關係，劉永福若誠意乞降我軍門，讓其本人 13 日上午 10 時，親自前來吉野艦具陳真意。"

翌日，安平灣內“吉野”、“秋津洲”、“大和”三艦，等待劉永福前來。至上午10時，沒有見到劉永福蹤影，三艦即刻起錨從該水域出航。

書信 7

10月12日夕，劉永福的兩名英國使者，攜帶劉永福8月23日書簡來到嘉義近衛師團司令部。信內容同書信3

近衛師團長答覆來使：“台灣已係日本領土，日軍是在自己之領土上剿滅草賊，自稱清國官吏的劉永福，無講和之理由。”隨即讓使者返回台南。

書信 8　劉永福給南進軍司令官高島鞆之助的信

幫辦台灣防務記名提督軍門署福建台灣總鎮府劉永福再上書高島君足下：

午前7時，廖代表歸來，接悉貴書。書中謂曰本幫辦呈書中多有不敬之詞，其實非也。7月接樺山君手書一封，擬定友好議和，謂本幫辦若肯退兵內渡，大日本皇帝當待以將禮，送歸內地，本幫辦今已願議和。然而既肯商議和好，今貴軍門忽言令我投降，此將何以明信於天下耶？本幫辦已準備議和之船，希貴軍門再確定和談之意。貴軍門乃大日本國一將官，本幫辦亦一將官，既然貴軍門已經上陸，如願開誠和談，本軍門定遣和談代表前往。本幫辦唯人民生靈免遭涂炭為大義，始出於此和議。倘若我等再戰，雙方死傷不能保全，何談民之愛恤。為憐惜兩國兵民，請貴官一言決斷，故特此覆書和議耳。

再啟，若再戰，其勝敗之數不可預料，即便本幫辦不能取勝於此戰，亦可率舊部退入內山（蕃地），或尚可支持數年，且不時出戰，此地豈能安居乎？何況世態尚難逆料也。今八月十三日，本官剛收悉大清國代表交割台灣之文書，於是擬行和議急於內渡。若貴官執意不允諾議和，唯只有一戰到底耳。故懇請貴軍門謹慎思慮，盼覆貴書，以便吾等有應戰之備。

光緒二十一年八月二十五日

清日戰爭觀

近代軍備

1 清國的近代軍隊

　　清朝建國以來,皇帝作為最高統帥君臨國家的武裝力量。清國早期的軍隊體系是八旗制,即依據旗幟的顏色和形制分為正黃、鑲黃、正白、鑲白、正紅、鑲紅、正藍、鑲藍八支部隊,八旗總兵力約 20 萬人。最初,士兵主要由滿族旗人構成,後來不斷擴充,分為滿八旗、蒙古八旗和漢八旗三支。清軍入關後,組建了以漢人為中心的綠營軍,總兵力達 50 萬人。在此後兩百多年的時間裏,清朝的軍隊編制及教育一直沿用這一舊有體制,沒有改革和創新,到了清朝末期,軍隊已經退化嚴重、腐弱不堪,失去了抗敵禦侮的能力。兩次鴉片戰爭的失敗,使清國注意到戰爭工具的落後,開始大力引進西方的先進武器裝備軍隊。到了清日戰爭時,由綠營軍演化而來的勇軍和練軍,在近代武器裝備下成為朝廷對外作戰的主力。而八旗軍作為朝廷的御林軍,只負責皇室和京畿地區的安全。

　　勇軍始於嘉慶年間(1796—1820),有鄉勇、楚勇、湘勇、淮勇等,由地方武裝發展而來,不屬於國家正規軍。勇軍在平定白蓮教叛亂中有功於朝廷,亂匪剿滅後,大部分勇軍被解散,部分壯兵轉編為湘軍、淮軍,並在平定太平天國運動中立下赫赫戰功。練軍始於同治年間(1862—1874),是從退化的八旗軍和綠營軍中選拔出的健壯士卒組成,改稱"練軍"。北洋大臣旗下的練軍,按照湘淮軍的"營

2.1.01　十九世紀德國克魯伯是歐洲著名的兵工廠,大炮技術名冠全球。克魯伯與清國李鴻章曾結下深厚情誼,清國是克魯伯最大主顧之一。同樣,日本陸海軍也裝備有克魯伯炮械。圖為克魯伯大口徑炮身車間情景。

2.1.02 1865 年，李鴻章等人在上海創辦江南機器製造總局，該局有外國技師十八人，技工千餘人，役夫兩萬餘人。是清國興辦的四十多個兵工廠中最有影響的一個，亦是近代中國最重要的軍工企業之一。圖為江南機器製造總局大炮製造車間原貌。

哨"、"餉章"整編軍制，招聘西方國家的軍事顧問訓練部隊，武器裝備較多採用西洋槍炮，成為近代清國軍隊中的精銳。

1866 年，清政府在福州設立第一所近代海軍軍事學校"福州船政學堂"，1880 年"北洋水師學堂"在天津開校。至清日戰爭前，"江南操炮學堂"、"天津武備學堂"、"黃埔水師學堂"等十五所軍事院校先後成立。1875—1895 年這二十年間，清國派往英、美、法等國的軍事留學生達百餘人。清國還組織翻譯了英、美、法、德、俄等軍事強國的兵制、軍隊訓練、海防配置、軍費開支、臨陣用兵、兵器製造、戰鬥操法等七十餘種軍事著作。北洋水師二十餘艘艦船皆任用有留洋經歷的人才擔任管帶，形成有西方海軍特徵的清國海軍。留學英國的"定遠"艦管帶劉步蟾，參考西洋軍制撰寫的《北洋水師章程》，成為清國艦隊的建軍宗旨，受到歐美海軍界的關注和讚賞。清政府還聘用歐洲軍事人才，幫助訓練指導清國海軍。

清國軍隊歷史以來實行備兵制度，官兵服役更多是為了得到軍餉。大多數士卒兵勇來自沒有特權的貧困家庭，從軍成為窮人躲避飢餓、解決溫飽的一種特殊"職業"。備兵制度下的軍隊沒有明確的服役年限，軍中

2.1.03 從 1893 年至清日戰爭開戰為止，江南機器製造總局共仿造德國速射炮十二門。圖為造炮車間，工人正在操作進口大型臥式車牀，切削大炮部件。

2.1.04 旅順大船塢是清國為北洋海軍所修建，其左側連接旅順港灣；左下四棟圍起來的建築是船塢局；北岸有伸向海中的大棧橋；西側山丘上是椅子山炮台，正面大山是白玉山。

老年、壯年、青年人混雜，士兵的年齡和經驗參差不齊，難以承擔相同的軍事任務。在長期和平的環境下，軍隊中滋生各種不良風氣，將士逐漸失去了實際作戰的能力和素養。清日戰爭的實踐證明，清國軍隊已經完全沒有抵禦外來侵略的戰鬥能力。光緒三十年(1905)，清國吸取清日戰爭失敗的教訓，仿照外國兵制進行軍制改革，制定出以"常備兵"、"續備兵"、"後備兵"為代表的清國式兵役制度，但是仍然沿襲餉銀備兵的方式。

1880年，李鴻章奉旨籌辦北洋海軍，大力採購歐洲近代艦船和興建海防要塞。李鴻章對建設海防體系頗有見地，主張"水陸相依"，他強調"水師以船為用，以炮台為體，若有兵船而無炮台庇護，則兵船彈藥、煤、水耗盡，必為敵所奪。有池、塢、廠、棧而無後炮台，亦必為敵所奪，故炮台與水師極宜並舉。"在德國和英國軍事顧問的幫助下，北洋海軍修建了旅順口、大連灣、威海衛永久炮台群，以及為艦隊服務的船塢修理所、魚雷製造局、棧橋等專用設施。炮台裝備德國炮為主的遠、近程海岸炮，大炮多為口徑35厘米、28厘米、24厘米、21厘米、15厘米、12厘米不等的克魯伯後腔填彈鋼炮，重型炮配置升降機械輔助填彈裝置。炮台位置設計互成犄角陣勢，能發射穿甲彈、榴霰彈等輕重型彈種，交叉攻擊敵艦。清國海防永固型防禦體系的建設，大大強化了清國海岸的防禦能力，艦隊在港灣內的停泊安全得到保障。

清國近代軍事變革的潮流中，缺少戰略和戰術意義上的遠見，使清國在和日本的軍備競賽中逐漸落後。清國在引進西式武器過程中，沒有章法、各自為政，

2.1.05　旅順大船塢可以停泊多艘大型軍艦。中央建築是海軍公署、關帝廟、三官廟、北洋醫院，後方連接的山丘有二龍山炮台和松樹山炮台。

進口裝備種類繁多、五花八門，營中新舊兵器混雜情況嚴重。通過對日軍在平壤、九連城、缸瓦寨、遼陽、海城、牛莊、營口、田莊台等處戰鬥中繳獲清軍的武器彈藥統計，可見其裝備混亂之嚴重。安徽廩生朱照在給張之洞的《上張香濤制府條陳平倭事宜書》中寫道："炮則有格林、阿姆斯脱郎、克虜伯、田雞炮、開花炮等種，槍則有新舊毛瑟、林明敦並中國自製之快利槍，名色繁多，殆難指屈。夫槍炮一種有一種之彈藥，即一種有一種之施放之法。彈藥或誤，則與槍炮格格不入，或大或小，或長或短，或鬆或緊，皆不適於用，則有器與無器等。中國海軍兵輪所用之炮，如格林、克虜伯等，一艘必有數種，此炮之彈或誤入他炮，則必不能開放；重新取易，愈覺勞費，遲誤稽延，多由於此。陸營兵士或持毛瑟，或持林明敦，或持快利等槍，臨陣往往有槍與彈不合之弊。蓋由常兵入伍者多係椎野粗鹵之夫，不能一一辨認；間有一二老於兵者，雖有認識，而倉促時或信手誤攜，貽害匪淺。況種類繁多，即營官、哨弁尚有不能盡識者哉。"

清國軍隊不僅槍炮武器裝備中存在諸多問題，在後勤、醫療、食品、運輸等領域內的戰爭儲備同樣存在致命傷，很難應對一場近代戰爭。清國雖然興建了亞洲最強大的要塞炮群，但海岸炮台只強調正面攻擊力，而忽略後路防禦。戰爭中，日軍屢屢從後路迂迴奪取炮台，輕易摧毀了李鴻章艦船和炮台相互庇護的作戰構想。清國軍隊的軍事改革只學到西方軍事的皮毛，沒有真正掌握近代西方軍隊的建軍思想和原則，並在清日戰爭中為此付出了巨大代價。

大清王朝的統治經過二百五十年的盛衰起伏，清初的尚武精神已經所剩無

2.1.06　旅順東港大船塢，長138米，寬41米，深12.6米，港池四周用山東方石砌成。塢周邊有鐵路連接，三面配備大型起重機及煤炭輸送機，塢周圍山丘上設有數座炮台。

2.1.07　旅順口造船所，位於港北端，是維修保養戰艦的重要設施。造船所內船塢配備強力排注水系統。周圍有官房、木工廠、銅工廠、鑄造廠、煉鐵廠、氣罐室、發電機室、起重機、海軍公所、大棧橋等設施。

幾。朝廷唯恐將領擁兵自重，在軍隊中設立了文官和武官雙重管理制度。武官的權力和地位被不斷削弱，在朝廷中的位置明顯低於文官。在地方，戰略決策權掌握在屬於文職系統的總督、巡撫手中；提督、總兵等武官只是戰術上的指揮官。戰事發生時，各省總督臨時任命調動將軍參戰，文武官員間經常出現作戰思維和戰法構想相悖的狀況。李鴻章身為大清國直隸總督兼北洋通商大臣，是政務官員；又是主持北洋外交事務的外交官；同時還擔任對日作戰的總司令官，國家政軍體制混亂，這樣的體制對一場關係國家生死存亡的重大戰爭來說，無疑是有違近代戰爭規律的致命錯誤。

2.1.08　北洋水師魚雷局設在距饅頭山不遠的魚雷製造所內，有魚雷營、佈雷營，擁有當時東亞最強的水上機雷作戰體系。圖為旅順陷落後，日本海軍從陸軍手中接管魚雷局駐防。

2.1.09　旅順魚雷局負責北洋水師魚雷製造、儲存、供給。局內劃分魚雷製造所、設計製圖室、機械工作室、魚雷儲存庫、教習講堂等部門。魚雷局常時有三百職工，擁有先進的西洋式魚雷管理系統。

2　日本的近代軍隊

兵役制

　　慶應四年(1868)日本國改元"明治"，開始了著名的"明治維新"。維新政府下的各藩閥將兵權奉還天皇，軍隊合編成明治新軍，施行天皇敕令下的"國軍"軍政體制。明治維新廢除了舊的士、農、工、商(四民)差別的封建制度，允許平民名前冠姓，允許平民居住、職業、結婚自由。軍界長老山縣有朋，倡導在"四民平等"原則下"全民皆兵"的建軍方針。明治六年(1873)1月10日天皇頒佈"徵兵令"，將"四民平等原則"貫徹到了兵役制度中，規定日本男性公民不論貧富貴

2.1.10 德國人設計的"大棧橋"碼頭，在大連、旅順、威海衛、天津均有同類型的棧橋。圖中大連灣柳樹屯大棧橋，伸向海灣長達六百米，寬四米，棧橋有龍門吊一座，水深能停泊各種規格戰艦，能快速完成軍需補給。

賤、地位高低，都有為國服兵役的義務。清日戰爭中，日本皇室與國民履行相同的兵役義務，多名適合兵役條件的皇室成員入伍，參加了戰爭。

明治早期兵役制度，常備軍 3 年(在營)；第一後備軍 2 年(每年召集一次訓練)；第二後備軍 2 年(專務家業)。17 至 40 歲男子中未服兵役者，皆為國民軍(戰爭爆發時在本地域內守備)。明治二十二年一月，為適應擴軍的需要，發佈了明治新"徵兵令"。凡年滿 17 歲至 40 歲的男性國民，有義務承擔國家的兵役。兵役義務分四個階段，第一"現役"，年滿 20 歲者服現役三年。第二"預備役"，現役期滿者服預備役四年四個月。第三"後備役"，預備役期滿者服後備役五年。第四"國民兵役"，年滿 17 歲至年滿 20 歲以及預備役期滿至 40 歲者為國民兵役。日本國民的兵役義務，現役、預備役、後備役、國民兵役，滿期合計 23 年。1893 年，日本修訂戰時兵役編制，現役、預備役、後備役，構成國軍的野戰部隊、守備部隊、補充部隊的兵源。

明治維新的兵役制度，徹底改造了舊藩閥的軍隊體制，成為"國家軍隊"最重要的法律支柱。政府設置兵部省(國防省)，採用法國式軍制改編軍隊，大力扶植軍校教育體制，嚴格接受西方軍事思想的訓練。興建陸軍屯兵營地、海陸軍士官和將校培養軍校、兵器彈藥製作所、軍隊專屬醫院。在"國家軍隊"意識統合下，把江戶時代續存的尚武精神與近代國軍意識融合起來，建設成有極高戰鬥素養的近代國家軍事集團。明治維新導入"國家"和"國民"的概念，把國民和國家捆綁在共同生存的精神支柱上，形成軍、民、國一體化"天皇的國家軍隊"。

陸軍

1889年，陸軍發佈《野戰教範條例》，提出炮兵是戰場"主兵"的概念。炮兵作為未來戰爭的"戰鬥骨幹"開始在軍事思想中定位，推動了炮兵兵種空前發展的勢頭。陸軍野戰教範採用歐洲炮兵炮術戰法，炮兵學校講義引入"彈道學"課程，聘請意大利武官布拉加尼講習彈道學，開創了日本彈道學理論基礎。彈道學科理論不但在陸軍被廣泛採用，也是當時海軍艦炮唯一的彈道理論教程。此後，日本武田大佐又提了出本國的彈道學理論，在陸海軍炮兵中推廣。炮兵彈道學的應用，使日軍炮兵發展迅速，一舉跨入炮兵先進國家行列。

日本陸軍的炮兵制式，採用野炮還是山炮，在軍中出現過嚴重意見分歧。野炮論者小川又次中將強調"炮火威力優先論"；山炮論者德國教官梅克魯主張"炮械機動性優先論"。兩人在東京炮兵將校研究會上力陳己見、互不相讓，最終陸軍大臣大山巖折中了雙方的觀點，採用了野炮和山炮混用方案。日清戰爭中，師團炮兵聯隊混用野炮、山炮，獲得良好的戰果，證明野炮和山炮組合使用，具有火力和機動性兼備的戰術功能。雖然9厘米臼炮、15厘米臼炮、8厘米加農炮、9厘米加農炮、12厘米加農炮等中大口徑炮械，也有少量參加日清戰爭的記錄，但這些炮類沒有留下值得讚譽的功績。反倒是小口徑7.5厘米馬馱可分解山炮、7.5厘米馬拉野炮在戰爭中戰果顯著。

近代早期炮械受火藥技術的限制，炮彈射出後硝煙瀰漫，極易暴露炮隊位置。為此，日軍炮兵採用不惜自身暴露，先發制人的手段，先於對手進行炮擊的戰術，頗有成效。日軍炮彈多採用榴霰彈，以殺傷敵軍地表目標為目的，

2.1.11 兩艘懸掛德國商船旗的巨艦"定遠"、"鎮遠"姊妹艦，是清國近代海軍擴張的象徵。由於清法戰爭爆發，德國作為戰爭中立國，命兩艘歸國途中的巨艦返回德國港。照片是兩艦再度出航歸國的照片，近前艦是鎮遠艦，背後艦是定遠艦，艦上裝備艦載魚雷艇一艘。

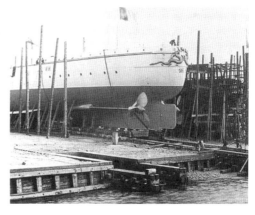

2.1.12 清國新購戰艦"致遠"號，在德國造船廠下水前的情形。船上懸掛德國旗，船尾鑲有清國海軍標誌的龍形銘牌。動力系統採用雙引擎螺旋槳驅動，是同時代最新型戰艦。

2.1.13　明治三年(1870)二月，日本政府於東京設置 "造兵司"，同年歸屬關口製造所，明治十二年改為東京炮兵工廠，主要生產槍械和槍彈，歸陸軍大臣管轄。炮廠設相關教育機構，早期設置東京炮兵工廠學舍，明治二十三年(1890)改為陸軍炮兵工科學舍，明治二十九年(1896)改稱陸軍炮兵工科學校。大正十二年(1924)，關東大地震後，東京炮兵工廠改為陸軍造兵廠，直屬陸軍大臣管轄。圖為明治時代東京炮兵工廠分廠門前的景象。

彈內攜帶新式起爆引信，彈頭在到達敵陣地上空時爆炸，能有效殺傷地表敵軍，成為炮兵制敵的一大優勢。榴霰彈的威力令人震憾，被清軍稱為 "天彈"，日軍大炮一響，清軍陣地的士兵就會立即出現恐慌和動搖。

戰前，日本陸軍已經發展到六個師團和一個近衛師團的規模，總人數 123,047 人，馬 38,009 匹。上等兵以下戰鬥人員總數 63,360 人、騎兵 2,121 人，野炮 168 門，山炮 72 門。配置有多兵種編制，多方位後方支援建制，全天候軍夫機動隊，組成集兵站、通信、衛生、情報為一體的近代作戰體系。

海軍

日本係島國，四面環海的地理條件決定了建設強大的海防要塞成為明治政府政治、軍事發展的既定方針。而清國強大的北洋艦隊，尤其令日本感到窒息和壓抑，決心發展近代海軍，加快海防建設的步伐。可是同時並舉海防建設和擴張海軍艦隊，龐大軍費預算遠遠超出日本政府的財政能力。面臨這一大難題，明治天皇率先從宮內經費中下賜御內帑金，支持國家海防建設。全國有志者在天皇恩惠感召下紛紛響應追隨，總計捐獻海防金 230 萬日圓。明治二十年(1887)至明治二十五年(1892)，全國各要塞裝備的海防火炮總數達 212 門，除兩門大炮是從外國購入外，其餘全部是大阪炮兵工廠用獻納金製造的。國家用獻金款製造的大炮，尾部刻有 "獻納" 文字標識，以向捐納者表示敬意，並向獻金者授予 "黃綬褒獎章",表彰他們為國家作出的貢獻。

聯合艦隊的主力戰艦"吉野"號,是日本為與清國北洋海軍對抗,傾國力定購的最新銳戰艦。該艦由英國的阿姆斯特朗兵工廠於1892年3月1日開工建造,1893年9月30日服役,採用了新型蒸汽機驅動,航速23節,是當時世界上最快的裝甲巡洋艦。艦上配備15.2厘米口徑阿姆斯特朗速射炮4門,12厘米口徑速射炮8門,4.7厘米口徑哈乞開斯機關炮22門,36厘米魚雷發射管5具。艦體水平部裝甲45毫米,傾斜部裝甲115毫米,防盾115毫米。吉野艦造價高昂,為了募集經費,日本政府動員全國官、民捐資,明治天皇也捐贈皇室用度,最終得以購入,大幅提升了日本海軍的實力。

日本為對抗清國戰艦"定遠"、"鎮遠"的巨炮威脅,採用法國造船技術建造了三艘松島級巡洋艦,並用日本國內絕色佳景"陸奧松島"、"安藝嚴島"、"丹後天橋立"命名為"松島""嚴島""橋立",海軍美其名曰"三景艦"。"三景艦"上裝備32厘米巨炮,超過"定遠"、"鎮遠"30.5厘米巨炮的口徑。但是"三景艦"的巨炮在海戰中沒有發揮預想的作戰性能,打敗清國艦隊實際上是倚仗速射炮強大的速射火力和艦隊機敏的運動戰法。戰後,日本海軍通過分析得出清國"定遠"、"鎮遠"艦的30.5厘米主炮優於日艦32厘米主炮的結論,在以後的新造艦上,均採用30.5厘米炮作為主炮標準。

日清開戰時,日本海軍聯合艦隊的軍艦已經達到可以與清國艦隊匹敵的數量。炮艦數28艘,噸位57,631噸;水雷艇24艘,噸位1,475噸,合計艦艇52艘,總噸位59,106噸。聯合艦隊人才濟濟,大多數艦長是畢業於西洋軍事院校的優秀人才,他們成為日本海軍的最重要力量。

軍夫體制

明治軍隊編制中的"軍夫"是一支與正規軍人不同的集團,在日清戰爭中起到了舉足輕重的作用。軍夫起源於江戶時代,是藩閥軍後勤補給部門的編制,通稱"陣夫"。當時百姓每年負擔國家規定的年貢和國役,而陣夫役本身就相當一種國役,屬於既有收入又履行

2.1.14 大阪炮兵工廠設立於明治二十二年(1889),在近代戰爭理念主導下,陸軍追隨西洋軍事戰術,提出炮兵是戰場"主兵"的概念,炮兵作為未來戰爭的"戰鬥骨幹"開始在建軍思想中定位。大阪炮兵工廠區別於東京炮兵工廠,主要製造炮械和炮彈。圖為大阪炮兵工廠的轄轄廠青屋門遠眺。

2.1.15　大阪炮兵工廠擁有數千名工人，廠方制定《職工規則》、《職工懲戒規則》、《職工過怠金概則》等措施，強化企業管理，向戰鬥部隊提供了大量國產近代化優質炮械。圖為廠內車牀車間的作業場面。

2.1.16　明治十六年（1883），大阪炮兵工廠聘請意大利技術顧問指導完成了國產青銅鑄造炮第一炮。1886年陸續裝備陸軍野戰部隊。圖中大阪炮兵工廠生產的7.5厘米口徑的山野炮身，俗稱"七厘山炮"。

國役的人氣職業，但也伴有戰爭傷亡的風險。明治維新以後，日本軍隊引入西方近代軍制，模仿德法兩國兵站編制，使用更多的近代化手段運送載荷，突出了軍夫的應用價值。

　　日軍遠赴國外作戰時，受地理環境等因素的影響，物資運輸面臨許多新的考驗和問題，迫使日軍重新啟用"軍夫"，擔任向前線部隊輸送輜重、彈藥、糧草、救護等後勤保障任務。軍夫的僱傭採取軍方和民間的契約承包制，承包業者協助軍兵站包攬軍隊戰時需求的馬匹徵集、物資調集、被服供給、武器搬運、軍夫管理等複雜的業務。在馬匹車輛不能到達的地方，軍夫用"馱馬隊"或"背負子隊"

2.1.17 "七厘野炮" 是日本陸軍火力最強的火炮。清日戰爭中,由於朝鮮道路崎嶇,野炮沒有發揮預想的作戰優勢。而可以拆裝的馬馱式山炮,表現出顯著的機動性。圖為大阪炮廠量產的野炮炮車。

2.1.18 明治時代在英國等先進國家影響下,日本鐵路發生了巨大變遷,鐵路經營和蒸汽機車技術的國產化,加速了日本鐵路網的建設。圖為日清戰爭時,日軍運送士兵和物資的主力蒸汽機車。

(人力肩擔背扛),完成艱難地段的運輸業務。雖然軍夫的工作主要是單純體力勞動,但薪水收入卻高於正規軍士兵的津貼。而且,軍夫在受僱前沒有受過專門的軍政教育訓練,其中又不乏地痞、流氓、賭徒等不務正業者,故成為戰爭中違反軍紀的突出代表,給部隊管理帶來諸多困難。

戰場上軍夫存在的紀律問題,很快引起陸軍省法官部的注意。1894 年 8 月 27 日,兒玉源太郎陸軍次官強調指出:"軍夫沒有軍人的素質,沒有軍紀習慣,任務執行中無法按照軍人的標準來約束。""軍夫缺少文明的人格,在敵國作戰容易作出有傷我軍名譽的行為。對發生劣跡的軍夫必須施以嚴罰、解僱、減薪的紀

2.1.19 宇品港是位於廣島的優良外港，由縣令千田貞曉規劃修建，明治二十二年(1889)完成。日清戰爭開始時，從廣島火車站至宇品港鋪設了軍用線路，成為國內向海外輸送兵員和物資的重要港口。戰爭大本營和天皇坐鎮廣島，更突出了宇品港的政治和軍事地位。廣島市宇品港之圖描繪了戰爭時港灣忙碌的場景。

律。"10 月 22 日，日軍越過鴨綠江進入清國，第一軍司令官山縣有朋發出訓示："日軍侵入清國領地時的重要一點，是要管好自己的士兵和軍夫，對他們必須嚴格訓誡。作為文明國家的軍隊，屬行軍紀乃我軍天職所在，絕不能讓害群之馬暴亂胡來。那些缺少軍隊教養的軍夫，只是以賺錢為目的從軍。如今數萬後勤支援的軍夫與野戰軍共同作戰，軍紀上會成為我軍的累贅，甚至妨礙正常的作戰秩序。因此，對在戰場上燒民屋者、掠民財物者、羞辱婦女者，必須軍法從事，趕出神聖的戰場。"戰爭中，軍夫的表現果如上官預料一樣，尤其在違反風俗軍紀的數量上遠遠超過正規士兵，酗酒賭博、打架鬥毆、偷騙財物、侵擾婦女、戰場逃兵等情況層出不窮，在很大程度上損害了明治軍隊的形象。

在戰爭中組織軍夫擔負作戰部隊物資輸送的重要任務，這一方式在各國軍隊中都曾經使用過，只是組織方式不同。日本採用的是高薪僱傭制，國內的軍夫每日薪水 40 錢，出征海外的軍夫每日薪水 50—70 錢，自行解決食宿、被服等問題。戰場上的軍夫，穿戴江戶時代式樣的防寒服和褲子，佩戴護手護腳，頭戴日式斗笠，腳穿草鞋，粗衣粗食，時常以鹽為菜，在惡劣環境中肩負繁重的勞動。軍人所到之處有帳篷棲息，軍夫則沒有這樣的設備，只能自己尋找遮寒場所。1894 年12 月 12 日《東京日日新聞》報道，僅一兩日就有二十餘軍夫在嚴寒中凍死。而且，軍夫每日的收入都明文規定上交 5 錢，作為軍夫承包商的中介費。

清日戰爭中，擔任朝鮮半島、遼東半島、山東半島作戰任務的日軍第一、第二、第三、第五師團，均配置了軍夫編制。戰時一個師團的編制約 18,500 人，馬5,600 匹，其中軍夫人數佔編制總數的 26.7%。戰爭中，軍夫的傷亡在日軍傷亡總數中佔較大比例，然而日本在清日戰爭統計中，人為地忽略了軍夫的傷亡數。根據獲得戰爭撫恤金"恩給"的記載，軍夫陣亡約 7,000—8,000 人，其中絕大部分死於疾病，這一事實使得日軍在清日戰爭中陣亡的總人數超過兩萬人。

軍人的野心

清日戰爭為日本軍人登上政治舞台帶來了機遇，軍人勢力抬頭，推動了日本國半個世紀的戰爭政治。依照明治國家憲法，國防計劃、作戰計劃、用兵計劃等軍事大權獨立於日常國務範圍之外，內閣不能干涉軍務，軍部大臣可以直接上奏天皇，呈請敕裁。利用日清戰爭，軍部第一次驗證了憲法中規定的，軍人擁有軍事大權的實效性，這一驗證助長了軍方的野心。戰爭中，軍方堅持我行我素的軍事獨立行動，當他們的行為超越政府預案時，文官也必須為維護國家利益而開脫武官的過失。聯合艦隊擊沉英國商船"高陞"號；未經宣戰先行進攻駐朝清軍；旅順虐殺事件；執意發動直隸決戰等軍事行動，暴露出軍方違背內閣初衷，野心勃勃的好戰慾望。內閣文官也曾嘗試向軍方做過若干挑戰，企圖削弱軍隊在國家政治上的決策權，結果沒有取得明顯效果。例如，戰爭中，軍界長老、陸軍大將山縣有朋作為第一軍司令官，在進攻海城的決策上抵制大本營作戰意圖，孤軍深入，給作戰部隊造成重大傷亡，最終被天皇撤換職務，就是文官挑戰武官的一場較量。

明治維新鼓吹全民擁戴天皇，憲法給予天皇統帥軍隊的最高榮譽。軍部利用憲法中"天皇統帥權獨立"的條款，混淆明治民主國家和明治軍國的概念，力圖從民主國家"文民統制"原則的束縛中擺脫出來。日清戰爭前夜，軍部利用文官外交誘導戰爭氣氛，戰爭中又意欲脫離文官政治的約束，推動戰爭政治。戰爭勝利的結果，進一步助長了軍人的野心，軍方主導國家政治的軍國主義傾向日益公開化。軍人在皇道軍統政治框架下架空了天皇、支配了國家、愚弄了國民，日本民族終於被拖入五十年戰爭的深淵。

兵站體系

1 清軍後勤體系

後勤體制

鴉片戰爭後，清國朝廷開始關注軍隊改革的重要性，但是近代軍事科學理念，難以撼動二百年的陳腐觀念，軍隊後勤體制的思維仍然停留在"兵馬未動，糧草先行"的初級階段。太平天國戰爭中，清軍主力湘、淮兩軍的後勤體制開始有些改革，專設有負責餉械的糧台。糧台內設有：文案所、內銀錢所、外銀錢所、軍械所、火器所、偵探所、發審所、採編所，共八所。糧台總理事一人，總管全軍糧草餉械，下屬各所督辦，分管本轄內籌糧籌餉、輸送糧草軍械等事務。戰役中，又增設前敵糧台、後敵糧台和轉運局，明確各部職責，提高作業效率。清軍的糧台機制，在鎮壓太平天國的 13 年內戰中，起到了重要的後勤保障作用。

1854 年，曾國藩在湘軍首創"長夫制"，在軍營中設置擔任雜務的後勤兵，規定營官及幫辦配給長夫 48 人，軍需搬運配備長夫 30 人，五百人一營的編制配備各種職能的長夫總數 180 人，相當每百人兵勇擁有長夫 36 人。長夫是臨時僱傭的隨軍人員，不屬於軍隊的編制，在一定程度上提高了戰鬥力與後勤保障的效率。曾國藩創設的軍內長夫制，合理運用了民間的人力、物力資源，成為近代戰爭的一項典範。

鎮壓太平天國的戰爭勝利後，清國陸軍進行了大規模裁軍。在李鴻章洋務運動風潮中，武器裝備的近代化推動了軍制的部分改革。陸軍改革重點側重於武器裝備的增設配給，相對輕視了後勤支援在軍隊體制中的鼎足作用。清國的軍制改革，沒有統一規劃，各地總督各行其是，沒有引進西方近代軍制中後勤學的理論來改造自身落後的軍事體系。至清日戰爭爆發為止，清國的陸軍實際上已經變成東西南北聚合的大雜燴，後勤體系各自為政，無法適應一場近代化的戰爭。

1885 年，清法戰爭落幕，海戰的失敗加速了清國的海防建設。同年，清國增設總理海軍事務衙門，確定優先發展北洋水師的國家戰略。北洋水師號稱一支新型的近代化海軍部隊，艦船投資與物資消耗量驚人，艦隊運行及保養需要注入大量專業技術人才及附屬工廠才能維持。李鴻章主持北洋艦隊的原則是："凡籌餉、練將、修船、製器，鑄造軍火，置設電線，以及儲備械具煤斤，無一而非急務。……是以地方則有清訟、發審、保甲、水利、籌賑、車船、釐金、徵信各局，海防則有練餉、支應、軍械、機器、製造、電報、船塢、工程等局，並分設營務處、建立水師、武備各學堂及醫院、煤廠，俾專責成而免貽誤。"李鴻章的近代軍事後勤思想，有力支持了當時稱雄亞洲的北洋艦隊。1888年《北洋海軍章程》正式頒佈，進一步明確了水師各部門的職責。船械局專管維修艦船的船塢和兵船一切器具的添置購買；天津海防支應局專管海軍的軍俸餉；天津軍械局專管水陸各軍軍火的收發；威海衛水師養病院專管海軍將兵戰傷救治。清日戰爭開戰前的近十年中，北洋水師實現了較為完整的後勤保障體系。

運輸能力

十九世紀末，當世界列強都在廣泛運用蒸汽機帶來的福利時，東方大國卻在鐵軌上奔馳著"鐵路馬車"，上演了用馬匹做動力取代蒸汽機車牽引的鬧劇，愚昧觀念嚴重制約了清國鐵路的發展。1881年11月，全長9.7公里的唐胥鐵路竣工，通車運行；1887年，唐胥鐵路延長35公里至蘆台；1888年，唐胥鐵路延長130公里，展築至天津，更名"津唐鐵路"；1894年，天津至山海關間的津榆鐵路通車，全長127公里。從1881—1894年的十三年間，清國本土僅修築鐵路300餘公里。清日戰爭中，天津以及山海關一線的清軍調動，曾經利用了這段鐵路作為運兵工具。而其他各地的大部分部隊，只能依靠畜力牽引、人力步行方式行軍。

大清王朝在康熙年間(1662—1722)奠定了國家的基本疆域，用於交通的工具、設施、動力、管理技術，比前朝在量上有所增加，質上卻沒有大的躍進。作為中央集權統治的需要，清朝對全國道路佈局經過多次改造，形成以北京為中心的道路網。清國的道路有"官馬大路"、"大路"、"小路"之分。官馬大路是國家級

2.2.01　清日戰爭中，清軍的輜重運輸車隊，以驢、騾、馬為主要動力。可以在官製大道快速行進。遇到雨季、道路失修、大車故障，運輸能力就會深受影響。清日戰爭時，清國東北地區仍是尚待開發的荒涼地域，道路整備率極低。因此，清軍的大車輜重運輸方式，遠低於日軍的馱隊運輸方式。由於清軍過於依賴效能落後的大車隊，戰中經常出現戰敗遁逃時，丟棄糧草輜重的狀況。

2.2.02　清日戰爭中，日軍輜重運輸的主役是以馬為動力的馱隊。圖為在朝鮮作戰的日軍輜重馱隊，正在向前方輸送軍需物資的情形。馱隊附近集聚了眾多觀望的朝鮮百姓。

官道，由北京向各方向輻射，主要通往各省城；大路從省城通往地方主要城市；小路則連接各地主要城市與邊遠市鎮。"官馬大路"作為全國交通的總樞紐，分北路、東路、西路和中路四大幹線網路，共長 4,000 餘華里，總驛站設在京城東華門外的皇華驛。其中的北路幹線通往清朝的發祥地東北，是清日戰爭中最重要的道路系統。此路從北京經山海關、盛京，一支延伸到雅克薩、廟屯與俄國接壤；另一支通往朝鮮半島。隸屬官馬北路網的還有呼倫、恰克圖幹線，這支道路在開發清代北疆、打擊蒙古叛亂等方面發揮過重要作用。

　　清代漫長的官馬大路，其實是靠馬蹄、車輪和人類足跡，經過千百年碾壓而形成的道路。這些道路通往四面八方，連接有人煙和部落的地方，形成所謂的道路網絡。大多數官馬大路是沙石路或泥土路，沒有人工築路的痕跡，沒有路基填築和排水構造，晴朗乾燥日尚可以支撐騾馬載荷通過；雨水日在輜重車輛重壓下，道路極易變形，泥濘中車馬行進艱難。1894 年清日戰爭爆發時，東北大部分地區已經經歷了連年澇災，路況極差，完全不能滿足清軍輜重運輸的需要。7 月28 日，直隸總督李鴻章命令豐升阿的奉天盛字練軍，從陸路出發趕赴朝鮮，增援牙山葉志超軍。豐升阿部沿官馬北路晝夜兼程、歷盡艱辛，8 月 9 日才疲憊不堪地趕到平壤，此時牙山、成歡的清軍已經敗戰多日。

　　侵入東北的日軍面對清國泥濘的道路也經常陷入困境，幸運的是戰爭中日軍的輜重運輸採用的是馱馬搬運方式，可解體組裝的山炮發揮了能適應惡劣天氣和地貌作戰的特點。而清軍拖拽式炮械經常舉步維艱，大炮一旦進入陣地就失去了

2.2.03　鴨綠江戰線日軍第一軍土門子兵站一景。兵站部隊調集大量軍需物品，圖中木桶內是大醬等食物調料。前面站立的便裝者是日軍軍夫和僱傭的清國民夫，其中有未成年的少年。

進退機動性，在敵軍進攻的狀況下，士卒只能丟棄炮械等輜重逃命。

　　清國派往朝鮮的軍隊和給養運輸，最初的運送方式是海上運輸。十九世紀末，清國海上大型運輸業幾乎被外國洋行壟斷，經海路運送兵員只能依賴租借外國公司的船隊。豐島海戰，日本聯合艦隊擊沉清國租借的英國籍商船"高陞"號，就隸屬英國印度支那汽船公司。1894 年 9 月 17 日，清國租用英國和美國的多艘商船向朝鮮運兵，北洋水師主力護送船隊時，在大東溝與日本聯合艦隊發生了黃海海戰，結果北洋水師敗戰，制海權喪失。此後，清軍運兵和一切後方支援，只能依靠奉天至平壤間約千里的泥土官道。

戰時後勤

　　戰爭的勝負取決於"天時"、"地利"、"人和"等多方面因素。清日戰爭中，清軍與日軍作戰於清國本土，戰略上佔有"地利"的優勢。可是清國連年的自然災害和嚴重饑荒，使清軍的"地利"優勢陷入"天時"的惡運之中。

　　清日戰爭前十年，順直一帶（順天府、直隸地區）水旱災害頻發。甲午年夏秋，直隸又遭洪水侵襲，時任直隸總督李鴻章奏報："本年順、直各屬，自春徂夏，陽雨應時，麥秋尚稱中稔。""自五月下旬起，至七月底止，節次大雨淫霖。加以上游邊外山水及西南鄰省諸水同時匯注，洶湧奔騰、來源驟旺，下游宣洩不及，以致南北運河、大清、子牙、滏陽、潴龍、潮白、薊、灤各河紛紛漫決，平地水深數尺至丈餘不等，汪洋一片，民田廬舍多被沖塌。計秋禾災歉者一百二州縣，內有被潮、被雹之處。"後任直隸總督王文韶也上奏順直地區災情："永平、

2.2.04　日本陸軍第二軍花園口登陸作戰中的兵站部隊，正在用小船轉運軍需物資上岸。由於花園口漲退潮落差大，作戰物資的登陸作業遇到諸多困難，登陸作業直至 11 月 7 日才全部結束。

遵化兩府州屬，雨水連綿，冰雹頻降，灤、青各河同時漲發，漫決橫溢，廬舍民田盡成澤國”；“收成不及十分之一，小民無以為食，專恃糠粃。入春以來不但糠粃全無，並草根樹皮剝掘已盡。無力春耕，秋成無望，較尋常之青黃不接更形危機”；“訪查該處情形，一村之中舉火者不過數家，有並一家而無之者。死亡枕藉、轉徙流離，聞有一家七八口無從覓食，服毒自盡者。”

　　遼東半島是清日戰爭的主戰場，1894 年夏季連降暴雨，河水泛濫、災害不斷。12 月 15 日，盛京將軍裕祿上奏：“奉省自本年夏間大雨連綿、河水漲發，所有沿河之承德及省城西南之新民、廣寧、錦縣、遼陽、海城、蓋平、復州、岫岩等處各廳、州、縣均被淹澇。”翌年 2 月 18 日又奏：“去歲奉天夏雨過多，沿河州縣所屬低窪地方田畝被水淹澇。受災各區以錦縣、廣寧、新民、牛莊為最重，遼陽、海城、承德、岫岩次之，蓋平、復州、熊岳又次之。”陵寢總管聯瑞給軍機處電報中稱：“本年夏間，南路之遼、復、海、蓋，西路之新民、錦縣、廣寧各城，以及省城附近地方，農田多被淹潦，災歉甚廣，數十萬饑餒之民嗷嗷待哺。瞬屆天氣嚴寒，無衣無食，更難免不乘間滋事。兵荒交困，萬分危迫。”時在錦州轉運局任職的知府周冕致電盛宣懷稱：“查自錦至遼，沿途大水為災，類多顆粒無獲，極好者不過一二分收成。”翌年初夏再電：“錦州、廣寧一帶，上年秋災既重，今年春荒尤甚，現在麥秋無望，節逾小滿，尚是赤野千里。拆屋賣人，道饉相望。”戰前從朝鮮秘密潛回清國的袁世凱，被降職協助直隸臬司辦理東征糧秣轉運事宜，為清軍作戰部隊提供後勤支援。他在給上官的奏報函中寫道：“遼瀋自

2.2.05　旅順口日軍兵站倉庫一角。食品物資多採用木桶盛裝，然後用草繩捆紮。圖中兵站長官在檢查物資入倉狀況，士兵在詳細登記物資進出數量。

遭兵禍，四民失業，饑饉流離"；"關外居民本極困苦，近遭災荒，營勇騷擾太甚，哭聲載道，慘不忍聞。"劉坤一之弟劉侃的《從征別記》中，記錄他在唐山的見聞："既至，見飢民數千，疲困道旁，日斃數十人，幼稚十六七；蓋壯者或他適，婦女惜廉恥，忍死不出，風俗良厚。而地方多巨富，無賑濟者。軍中倡義賑款錢三十餘萬貫，施放三十餘州縣，地廣事繁，籌措須日。余彷徨庭戶，慮遲則創，命帳前差官、兵目人等多備餅餌、米粥，日就道旁給之。許隊伍中收養小兒，由是收養以百數。余擬資二千貫，用二百五十串合眾人所施至八百串，而義賑事大集矣，斯民庶幾少蘇。然樂亭、灤州有一村人口僅存十三四者。蓋三年水患，播種無收，官吏貪徵糧稅，隱匿不報，致奇窮無補救也。"

　　清軍在這種情形下作戰，糧食短缺成為最嚴重的問題。徵糧官在餓殍遍野的州縣催徵、籌集兵糧，加重了百姓的負擔，加劇了官民矛盾。遭受自然災害沉重打擊的民眾無力支援戰爭，甚至出現部分清軍勻出有限的軍資軍糧，拯救垂死掙扎中的百姓的事情。清日開戰後，湖南巡撫吳大澂鬥志昂揚，主動請纓參戰，被任命為幫辦東征軍務。而當他在災區籌集軍糧時，所見所聞慘不忍睹。於是，他向朝廷上奏，向李鴻章、王文韶、盛宣懷以及廣東、浙江、湖北等地督撫發電報請求支援，強調奉天各地"水災甚重"、"飢民遍野"、"道饉相望"，"幸存百姓甚或有十餘日不得食者"，"災民之悲慘，目擊傷心，不忍膜視。如若不迅速撫輯飢黎收拾人心，戰爭將很難進行。"面對屍橫遍野的飢民，吳大澂完全喪失了戰爭必勝的信心。

　　清軍糧食供給問題在戰爭初期的朝鮮戰場就已經露出破綻，駐防部隊上奏摺

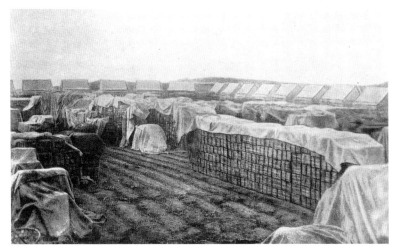

2.2.06　日軍的軍事教材把軍需物品視作比生命還重要的東西。戰爭中，日軍極端重視軍需物資的保護。圖中為金旅作戰的日軍第二軍某營地，軍需品被圍在士兵帳篷中間嚴加守護。

報告：〝朝鮮地瘠民貧，大軍雲集之時，一切米糧及日用所需無從購覓，皆需由奉天省城及鳳凰城轉運而往，餉饋艱難，繁費尤屬不貲。〞赴朝作戰清軍的一切軍需均由東北境內負責供給，增加了奉天衙門的負擔。嚴重的自然災害，使集市上糧少價高，軍糧採購十分困難。盛京將軍裕祿抱怨：〝現在奉天大軍雲集，需糧甚多，雖經各軍設法購運，而去歲本省秋收甚歉，存糧無多，辦運過遠，腳費又復太昂，軍食攸關，亟須預為籌備。〞將軍依克唐阿亦奏：〝糧米價昂，運腳耗費，若在各兵口分內扣留銀兩，預為辦運糧食，竊恐大敵當前，軍心解體，難期得力。〞清軍戰時供給狀況，如翰林院蒯光典所云：〝兵事一興，偶有災歉，採辦艱難，歸之於公，則此項無着；扣之於兵勇，有不嘩潰者哉！〞

　　自然災害直接影響到後方對前線作戰部隊的支援。清軍在倉促出兵上陣的背景下，糧秣輜重大部分隨軍而行，木輪馬車在朝鮮及東北官馬土石道上行進困難重重，降低了部隊的推進速度和機動性。然而，清軍在後勤保障嚴重不足的被動狀況下，沒有全力保護有限的糧秣輜重，在數次重要戰鬥中都輕易丟棄大量糧秣輜重，不戰而逃。潰退清軍的食糧狀況陷入嚴重困難境地，造成部隊士氣低下、戰鬥力喪失，強搶朝鮮百姓糧食家財的事件頻發。

　　日本國立公文書館保存的日清作戰記錄記載，〝成歡〞、〝平壤〞及〝九連城〞戰鬥，清軍都丟棄了大量軍糧和炮械。僅平壤一戰，清軍丟棄的軍糧，糧米 2,900 石、雜穀 2,500 石，其量是 15,000 名清兵一個月的口糧。當時赴朝作戰的山縣第一軍，因海軍尚未取得制海權，海路軍需物資運輸尚沒有開通，前線部隊也出現

2.2.07　日軍兵站僱傭清國驢馬車輛從事搬運工作，支援對清軍作戰。據記載，當地驢馬在馭手長鞭吆喝下停進自如，非常溫順。輜重運輸的大車，一般用四五匹馬拉拽牽引。

軍需補給的困難局面。清軍丟棄的大量軍糧，及時緩解了日軍糧食短缺的困境，確保了第一、二兩方面軍同時向清國入侵的計劃。失去糧食的清軍，在朝鮮境內展開了瘋狂的掠奪，沿途的民眾成為搶掠的犧牲品。日清戰爭結束後，日軍參謀本部統計，戰爭中共繳獲清軍糧秣，精米 7,000 千石、玄米 2,000 石、雜穀 6,000 千石。這些戰利品被分配給戰地部隊、充作馬糧、供給俘虜及僱用的民工，也用於救助當地百姓的糧荒。

　　清國軍事後勤體制的諸多缺陷是導致其在清日戰爭中全面失敗的致命因素。和平時期，後勤部門成為許多官人夢寐的肥缺，他們是執掌部隊生存的衙門，高高在上。可是一旦大規模戰事爆發，就用天不時，地不利，人不和的客觀因素搪塞前方將士的流血犧牲。此等軍事後勤體制，顯然不能戰勝擁有近代兵站理念的日本軍隊。

2　日軍兵站體系

兵站概念的形成

　　明治十八年（1885），日本陸軍聘請德國軍事顧問梅克魯少校擔任陸軍大學教官，當時的陸軍大學是培養陸軍各級參謀的最高軍事院校。梅克魯的教學，推動了日本陸軍的改革——由過去的法式師團建制向德式建制轉變。梅克魯講述近代兵站基礎學，強調日本內地多山、耕種水田、道路橋樑脆弱，不適合像歐洲軍隊那樣搬運野炮。建議日本陸軍以山炮為主，組建馱馬隊輸送輜重及行李。梅克魯教學的成果，改變了日本陸軍近代輜重作戰的方式，為後來日軍在戰爭中的軍事

2.2.08 第一師團旅順作戰，兵站部隊從後肖家堡子出發向歲子方向進軍。延續的丘陵和原野，地質多為紅土小石，雨水沖毀了道路。炮車無法行進，炮身和彈藥只能靠兵站馱隊縱列運輸。

優勢奠定了基礎。

梅克魯的教學引入了"兵站"和"行李"的概念。"兵站"是軍隊後勤補給系統，是負責向前線作戰部隊運送物資的組織體系。"行李"是為前線輸送戰鬥、宿營必要物資材料的部隊，有"大行李"、"小行李"的區別。大行李是對宿營地所需物品和運輸人員的通稱；小行李對戰鬥中必須攜帶的物品和運輸人員的通稱。各師團均配備一個"兵站縱列"，擔任後方倉庫和師團間的糧秣運輸任務。其中配備三個"輜重監視隊"，由將校以下 50 名騎兵編成，負責輜重縱列的統括、管理、護衛。兵站的職能是負責物資的調度、管理、運送、配送，以及協調搬運工具與押運部隊的合理運作。基於梅克魯的理論，日軍在兵站和作戰單位之間的比例關係上進行了多次重要調整。1886 年，一個步兵大隊(相當於清軍營建制)的行李編制是："小行李"衛生馱馬 3 匹、彈藥馱馬 16 匹。"大行李"將校物品馱馬 7 匹、炊具馱馬 8 匹、糧秣馱馬 12 匹。1891 年，陸軍實施《野外要務令適用規則》，步兵大隊大行李編制改成：物品馱馬 9 匹、炊具馱馬 8 匹、糧秣馱馬 13 匹，馱馬編制合計 32 匹。

陸軍兵站體系中擔任向作戰部隊運送糧秣的部門，稱作"陸軍糧秣本廠"。糧秣本廠由"兵站基地"、"積集基地"、"積集主地"、"兵站主地"、"兵站地"、"海運地"等機構負責向戰地運送軍需，形成一個特有的物流系統。"兵站基地"是出征師團在本土轄區的機關，為本師團出征部隊組織、收集、管理必要的軍需物資，同時擔任從前線回歸的兵馬物品管理。"集積基地"是在內地主要口岸設置的送往戰地的軍需品集散地，接收前方回歸人員、物品，並向各地疏散的機構，相當於

2.2.09 金州城內日軍的某炊事現場。炊事兵依照衛生條例，必須穿白衣作業。炊飯須用編制規定的鐵製爐具、大鍋、飯桶、飯鏟等器具進行操作。炊事作業通常由隨軍軍夫幫廚，協助工作。

"兵站基地"和"積集主地"之間的配送中心。"積集主地"是在戰地設置的人員輸送、物資積集的機構。"兵站主地"設置在作戰地域內，是為司令部、補給廠、衛生機構提供臨時駐地的場所。"兵站地"是兵站司令部、出張所(派出所)的人馬，宿營、給養、診療、警備、交通、通信保障的營地。"海運地"是負責鏈接戰地和內地之間，可影響全局作戰的重要機構，下設"海運基地"、"海運主地"、"海運補助地"，歸大本營直轄，由陸軍運輸部統一管理。

　　日清戰爭中，日軍海外後勤補給線的開設，第一次嘗試了兵站運用近代船舶、鐵道、通訊網絡、設備器材的統合指揮系統。兵站除了部隊物資補給、輜重調運外，還承擔部隊的營地建設、戰鬥人員的維持與增補，傷病員和各類物資的收容、診療、運送、宿營、交通、戰場清理、遺棄軍需品收集、戰地諸資材調查、戰地民生等繁雜事項。

鐵路運輸

　　日清戰爭開戰前，日本國內鐵路全長 3,200 公里，鐵道網延伸到全國各主要城市。擁有火車頭 417 輛，客車 1,550 輛、貨車 5,583 輛。本島的日本鐵道、東海鐵道、山陽鐵道線貫通東北青森至廣島的大半個日本，國鐵、私鐵的支線與各道縣連接。日清宣戰後，國鐵東海道線、橫須賀線、北陸線；私鐵日本鐵道、九州鐵道、北海道炭礦鐵道、總武鐵道都投入了軍隊的運輸業務。只有新發田和金澤的鐵道尚未竣工，出征士兵只能徒步行軍至最近的敦賀車站乘車。

　　1894 年 7 月下旬，大本營制定了戰時鐵道運行時刻表，命令鐵道局晝夜通行

2.2.10 日軍注重食品營養的補給,食肉成為戰場食品的重要部分。日軍除了從國內補充牛肉罐頭類肉食品,也重視當地肉類動物的飼養宰殺。圖為金州城附近某聯隊的飼養場,豬、羊、雞、牛混養一舍。

軍用列車,每日車次從最初的 3 列增加到 10 列。7 月 23 日,運輸通信長官根據各師團的出征計劃,向鐵道局和私人鐵道會社發出"運兵注意書"。7 月 30 日,政府作戰方針決定,各地鐵道全線開動,運送各地駐屯部隊和軍需物資前往廣島沿岸的港口集結。戰時出征兵員的調運,每日軍列滿 10 列負荷。停戰凱旋歸國時,因船舶時刻變動及檢疫延遲等原因所致,以每日軍列 6 列,向各地疏散。1894 年 6 月—1896 年 3 月期間,鐵路共發送出征人員 24 萬人,馬 3.6 萬匹;送還回歸人員 15.1 萬人,馬 2.1 萬匹。戰時繁忙的鐵路運輸,軍需輸送幾乎沒有間斷過,即使天氣不佳或出現機械故障,都能按時完成原定的運送計劃,保障了戰時兵員和軍需品的調達。戰爭末期,日本國內鐵路運輸曾發生一起重大事故,1895 年 7 月 25 日夜,絲崎和尾道間的鐵道因海浪沖垮路基,造成一列運送傷病員的軍列脫軌,墜入海中。全車 323 名傷患者和 26 名醫護者,當場死亡 8 人,重輕傷 93 人;列車機組人員當場死亡 3 人,負傷 1 人。

海上運輸

日清戰爭是日本近代大規模越海作戰的第一次嘗試,海上運輸成為渡海戰爭的最大課題。參謀本部和陸軍省決定徵用民間船隻運兵,從日本郵船會社徵得汽船 12 艘,從大阪商船會社徵得汽船 2 艘。其中軍需物資及通信物資用船 4 艘,計 24,487 噸。當時日本擁有日籍汽船 378 艘 191,491 噸;外國造汽船 64 艘 109,817 噸;國產內航船 106 艘 52,817 噸;近海航船 208 艘 28,786 噸。船隊航線,北路到海參崴;南路到夏威夷、南洋諸島;西路到朝鮮、上海、香港、孟買等地。由於

2.2.11　赴威海衛作戰的日軍糧食縱列，在榮成龍睡澳登陸。圖片正面的山是白雪素裹的龍睡島，海岸左側的小西莊，是臨時兵站軍需物資的囤積處。各部隊的馱隊，分別將本支隊的物資運出。

船隻徵用難以適應作戰需要，陸軍大臣決定增購 1,500—3,000 噸位的汽船 10 艘，計 18,099 噸。7 月 12 日至 9 月 17 日，汽船陸續交貨，全部貸與日本郵船會社，投入軍需運輸。

　　8 月下旬，日軍赴朝兵力輸送量激增，陸軍徵用船隻達到 40 艘 73,726 噸，海軍擁有的 6 艘汽船全部配與巡洋艦補給之用。10 月，海軍另外追購 6 艘汽船 29,036 噸，其中 5 艘歸海軍，1 艘歸陸軍，全部貸與民間會社運行。隨着戰爭的全面展開，民間航運業者紛紛求購汽船，業界出現相互競爭的局面。10 月，第二軍花園口登陸作戰，民間提供徵用船 63 艘 113,372 噸；1895 年 7 月，海外部隊回歸及台灣作戰，民間增加提供徵用船 38 艘，民間船隻合計 101 艘 195,197 噸。日清戰爭軍內外徵用汽船總數為，陸軍 112 艘 212,636 噸；海軍 24 艘 45,750 噸；另外徵用帆船 7 艘 4,619 噸，專門用於向國內運送繳獲的兵器、彈藥等戰利品。戰時軍事運輸結果顯示，日軍渡海作戰的船舶噸位數明顯不足。在兵力、物資運輸如此緩慢的情況下，日軍仍然取得花園口、榮成灣登陸作戰的成功，主要應歸結於聯合艦隊取得制海權，確保了海上運輸通道的暢通。

運輸通信支部

　　戰地運輸任務，由兵站開設的運輸通信支部承擔，負責將戰鬥兵力和物資送至指定的作戰地域。1894 年 6 月 8 日，宇品開設運輸通信支部，運送先頭部隊混成第九旅團。6 月 15 日下關的兵站兼停泊場，接受運輸通信支部的任務。第九旅團在朝鮮登陸後，兵站監部開設 "現地臨時運輸通信支部"，運送部隊前往朝鮮京城。

2.2.12 征台的部分日軍部隊在基隆上陸。圖為基隆兵站登岸的情形。由於台灣人民抗擊日軍的緣故，無法徵集到台灣民工，軍需物資只能靠日軍自行搬運。

臨時運輸通信支部的任務，一直持續到第一軍登陸。10月4日，第一軍開設現地運輸通信支部，掌管向大同江方面的運輸業務。27日，南部兵站監部在魚隱洞開設運輸通信支部，負責耳湖浦、大東溝、大孤山方面軍用物資的登陸運輸。11月13日，第二軍兵站監部在花園口柳樹屯設立運輸通信支部，負責人馬、軍需品的登陸及患者的送還任務。1895年，運輸通信支部在旅順口設立出張所(派出所)，擔任旅順半島作戰部隊前往山東的運送任務，並隨軍在登陸地龍睡澳設置出張所。3月1日，運輸通信支部從威海衛返回旅順口，合同柳樹屯運輸通信支部籌備直隸決戰。4月初，旅順口運輸通信支部分別在耳湖浦、大孤山、營口設出張所，為遼河平原作戰提供支援。近衛師團台灣作戰時，在基隆設立運輸通信支部，逐次在淡水、澎湖島、安平、打狗等處設置出張所。1896年3月31日，運輸通信長官部宣佈關閉這一支部，剩餘業務移交台灣臨時陸軍運輸通信部繼續完成。

日清戰爭期間，運輸通信諸機構自1894年6月至1896年3月31日，累計從內地發出的人員約360,100人，馬約35,900匹；向內地送回人員271,500人，馬約20,200匹；以及發送、送回大量軍需用品。

戰時炊事供給

宣戰前夜的1894年7月31日，日軍頒佈第33號敕令，規定戰時人員、馬匹的供給條例──《出征人馬糧秣定量》。其中野戰糧秣規定，戰時供給分"尋常糧秣"和"攜帶糧秣"兩種類型。"尋常糧秣"是戰時糧秣的總稱，包括後方的供給標準"完全定量"和前線供給標準"攜行定量"。"攜帶糧秣"指戰場作戰人員攜帶的口糧。步兵大隊攜行糧食中，各兵員隨身攜帶兩天的定量，主食為精米 6 合或乾麵包(約 900 克)，副食有鹽或鹹梅乾、魚菜乾等。"大行李"攜帶 1 日定量，兵站縱列攜帶 3 日定量，兵員"攜帶糧秣"合計總量為 6 日定量。

各大隊的大行李編制內設有"炊事班"，使用野戰炊具隨隊攜行。主要炊具包括：銅平鍋、鐵竈、擔桶、擔棒、米揚笊、雜器袋、菜刀差、洗米桶、洗米棒、湯桶、七島表、飯運墊、飯運籠棒、飯運雨披、砧板、切魚刀、切菜刀、開罐器、大小勺子、大柄勺、五合柄勺、飯量麵桶、雨披、薪割器、爐搔、焦起、竹筬(竹刷子)、竹網勺子、釣瓶、飯糰用白布、麻繩、爪鈎、斗、升、合、秤、木製碗筷、三升焚鍋、鐵葉鍋、大鍋、鐵中鍋、銅中鍋、二斗焚鍋、銅小鍋、煮揚笊、飯揚笊、飯焚笊、龜甲笊、雜器笊、銅網勺子、金網勺子、藤網勺子、汁勺、角麵桶、篩子、飯骨柳、菜骨柳、飯菜包布、飯包紙、飯包蓙、汁桶、

2.2.13　軍夫的職場圖，介紹了日本軍夫的戰場職能。清日戰爭招募的軍夫是日軍戰鬥序列的重要組成部分，幾乎在所有職種中，都可以看到軍夫的身影。戰後，史評家指出："日清戰爭是軍夫的戰爭"，高度讚揚了軍夫在戰場中的作用。但是歷史上，日本人僅熱衷於對戰爭中的軍人過度評價，對支持戰爭勝利的軍夫，卻極少論述，甚至對軍夫的傷亡也人為的忽視。軍夫的戰場職能，是近代戰爭值得讚譽的準軍事體制。

茶桶、手桶、飯櫃、飯蒸器、茶碗、皿器、菜台、水桝、水漉、漉水布、雜具包布、桐油紙、防寒紙、標旗、標燈、提燈、燭竿、籌台、燈籠、手鐮、釣瓶繩、磨刀石、木槌、四斗樽。馬匹用炊具：手入袋、根櫛、鐵櫛、毛櫛、木櫛、雜巾、馬糧囊、水與器、麥袋。

戰地的飲食由炊事班集中製作，然後再分配到各作戰單位。集團配餐方式便於統一管理，也暴露出戰時難以應對突發事態的缺陷。7 月 29 日，大島旅團進攻牙山成歡時，就遇到了這樣一起不測事件。當時，前線共有 4,000 名戰鬥人員，三餐共計 12,000 份。送糧隊運送 8,000 份的鹹菜飯糰時，途中遇到險惡湍流，道路阻斷無法逾越。炎熱天氣下，飯糰悶在食器內變質，部隊面臨斷炊的危機。情急之下，送糧隊幸運地找到一口水井，在戰地趕製餅米蒸飯糰 4,000 份配送各部隊，才暫時解決了大部隊伙食供應的緊急情況。

民間對戰爭的支援

戰爭後援包括來自後方民眾的支援。戰爭爆發初始，日本政府收到民間團體和個人自願捐獻的大量金錢和財物。1894 年 7 月 14 日，陸軍大臣設置陸軍恤兵部，專門處理捐獻金和寄贈物品的事務。恤兵部發佈接受捐獻金和寄贈物品的告示，對捐贈形式進行了具體指導。例如，捐獻金不滿 1 日圓者不予受理，對多人聯合捐贈不足 1 圓者例外。同時規定寄贈品的種類和體積，確保不會妨礙運輸機構和兵站勤務，要求民眾按指導規則有的放矢的捐納。各地接到的金錢類捐獻立即交納中央金庫，物品類由官衙統一發送至指定的地點。全國範圍的捐贈活動，從戰爭開始一直持續到日清和談為止。1895 年 5 月 31 日，陸軍大臣發佈了停止對清國作戰捐贈活動的公告。《馬關條約》簽訂後，日軍大舉向台灣增兵，8 月 19 日陸軍大臣發出向台灣戰場捐贈活動的佈告。11 月中旬台灣平定，陸軍恤兵部發佈通告，於 12 月 10 日關閉恤兵部，停止受理一切捐贈。

捐獻金和寄贈物作為明治二十七八年度臨時歲入交納國庫，恤兵部接受的獻金總額為 2,209,770 圓 70 錢 5 厘，獻納人數 2,164,686 人，寄贈物品估價為 708,634 圓 33 錢 6 厘，寄贈人數 949,128 人。另有外國人 34 人捐贈，金額 879 圓 62 錢 5 厘。日本動員全體國民的力量支持了戰爭，作為一個尚不富裕的國度，國民的國家意識卻驚人的進步。國民對戰爭的態度雖曾各執己見，但是在國家戰爭意識統領下，民眾毫不猶豫地支持了戰爭。日清戰爭中，大和民族內在的凝聚力震驚了西方社會，歐美人在讚美聲中開始警覺這一崛起的民族。

情報戰爭

1 清國的情報工作

　　成書於春秋戰國時代的軍事著作《孫子兵法》，在《用間篇》裏最早提出了"間諜"的概念。並將間諜分"鄉間"、"內間"、"反間"、"死間"、"生間"五種類型，強調間諜活動須任用極為睿智的親信；採用極端秘密手段；執行最機密任務的原則。間諜在歷史上曾經留下許多驚心動魄的故事，他們的成就推動了國家的組合、分裂、再生的過程。清朝時，間諜活動更加有過之而無不及，但是間諜的手段主要應用在官場中你爭我奪、爾虞我詐的內鬥中。

　　清國的國家機構及軍事體系中均沒有設置專門的情報機構。長期堅持鎖國政策的清朝政府，唯我獨尊，對外部世界的變化少有積極的興趣。官方政治、經濟、軍事的對外窗口，僅限於派遣公使一途，而外交使節除了施外交禮遇外，在間諜活動上無甚大的作為。尤其在國家戰爭危難之時，非但沒有準確提供有價值的情報，甚至嚴重洩漏各級軍政機密，影響了國家中樞對戰爭的決策。這其中的代表人物當屬駐日公使汪鳳藻，他在任十八年而碌碌無為，最終因戰爭前的諸多失職被朝廷免官。

　　清國忽略情報收集對戰爭的指導作用，導致戰爭始終處於被動的局面。戰爭前和戰爭中，在清國國內的日本間諜活動猖獗，而清政府幾乎沒有任何實質而有效對策。相較而言，清國情報工作反應遲鈍，作戰中樞多次出現人為造成的情報事故，甚至連媒體也胡亂報道不確實的戰爭信息，使戰爭的決策和民眾對戰爭的認識產生錯誤判斷。受西方文明熏染的最高指揮官李鴻章，也極度欠乏情報觀念，常憑主觀經驗臆測或偏聽偏信來指揮作戰。西方國家外交官在戰前曾多次向清國提示戰爭的危機，發出同情和善意的勸告。可是這位固執的清國老人不相信日本決心與清國開戰，一心寄望通過列強周旋來化解清日兩國危機，以至於使清國錯過了前期備戰的最佳時機。

　　清國國內長期存在大量的日本間諜和清國奸細，他們以各種身份搜集清國的政治、經濟、軍事情報。日本刺探情報的意圖最初沒有引起清國政府重視，相反清國為炫耀本國軍事實力，向日本公開展示本國的軍事秘密。1893 年 4 月，清日戰爭前一年，日軍參謀本部川上操六次長親自前往朝鮮和清國實地考察，從朝鮮

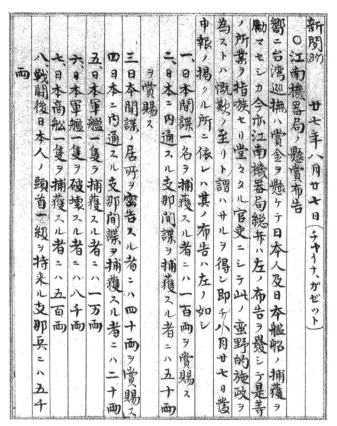

2.3.01　日軍間諜收集到清國發佈的各種懸賞佈告。佈告中取首級的懸賞條項，極大刺激了日軍對清國的恐懼感和仇恨心態，成為日本兵自決拒降的主要原因之一。此圖是江南機器局的懸賞佈告抄文。各地取日兵首級的懸賞額各有不同，最高者六十兩。取首級刑罰乃古來砍頭文化使然，日本同樣有類似的砍頭文化。平壤戰役後的清軍俘虜，因越獄失敗，五十餘名肇事者被處以砍頭刑。

釜山、仁川、漢城，再到清國煙台、天津，用一個月時間對朝鮮和清國的軍事現狀進行了評估。李鴻章視川上操六為座上賓，採用炫耀自家實力打壓對方的一貫做法，向潛在的敵人敞開了秘密，給川上的來訪提供了各種方便。川上一行在天津參觀天津機器局；走訪武備學堂；觀摩步兵戰術操練；登上北塘炮台觀看炮兵操演；還利用郊遊的名義，對天津周邊地形進行了觀察。日本間諜明目張膽的情報活動，引起清國地方政府的注意，抓獲了一些日本奸細。但是在處理日本間諜的問題上，李鴻章唯恐引起外交糾紛，態度曖昧，處置寬容，甚至以禮相待，而將嫌疑者釋放。

　　清日戰爭爆發後，打擊日本間諜的呼聲四起，憂國之士紛紛上書，向政府提出反間諜建議。清政府為此制定了反間諜活動的相關辦法，(1)照會各國公使館，反對西方國家在租界內隱匿日本間諜。(2)各地官府實行保甲制，捉拿日本和清國奸細，並嚴懲不殆。(3)各地官府發佈緝拿告示，用高額懸賞的辦法展開揭發日本間諜的群眾活動。(4)禁止清國國內的日本人戴假髮穿清服,冒充清國人者一律按間諜治罪。清國政府大張旗鼓的反間諜行動,雖然破獲了幾起間諜案,斬殺了一些嫌疑人,可是清國政府吏治腐敗,人脈關係錯綜複雜且賄賂成風,敵特間諜活動仍然猖獗,反間諜戰外緊內鬆,實際收效並不顯著。

清國情報戰曾經有過四次嚴重的過失。第一次,"豐島海戰"時,在出兵增援朝鮮和外交周旋問題上,李鴻章的情報源混亂,堅信駐日公使館汪鳳藻的說詞,錯誤判斷日本國對清作戰的決心。在日軍完成戰鬥部署的情況下,清國才開始增兵,致使海戰慘敗,運兵船被擊沉。各路增援朝鮮的部隊趕到平壤時,成歡戰鬥已經結束多日。第二次,"成歡之戰"時,敗將葉志超向朝廷呈報虛假戰報,謊稱殲滅日軍 1,700 餘人,後再誇大至 2,000 餘人,騙得朝廷嘉獎賞銀二萬兩,晉升葉志超為提督,成為平壤各路清軍統領。葉提督公然編造虛假情報的行徑和戰場上的怯懦表現,導致平壤戰役清軍再次大敗。第三次,9 月 17 日的黃海海戰中,日本聯合艦隊擊沉清國軍艦 5 艘,日方傷艦多艘,但無沉艦。可是來自北洋水師的最初奏報卻稱:"擊沉包括吉野號在內的數艘日艦,日本聯合艦隊已經失去海外作戰能力",朝廷對此特授與丁汝昌獎賞以資鼓勵。9 月 23 日,英國遠東艦隊司令官在天津拜訪李鴻章,當告知日本艦隊包括受到重創的"松島"旗艦一艘未沉,全部受傷戰艦已經修復,再次駛入清國近海巡航求戰時。李鴻章震驚不已,絕不相信這個事實。於慌忙中開始備戰,催促受到重創的北洋水師帶傷出海巡邏。第四次,"密電泄露事件"。事情發生在清國駐日公使館,開戰前公使館與本國總理衙門間收發的全部密電被日本電信課截獲破譯。破譯清國密電的事實一直是日本國家的最高機密,僅局限於伊藤和陸奧及相關人員知道。這個最高級絕密直到伊藤博文被暗殺的三十年後,才在有限範圍內公開。日本情報部門解讀清國公使館的電報密碼,清國方面一直蒙在鼓裏,沒有引起政府的警覺,當李鴻章率和談使團來日和談時,竟然繼續沿用這部密碼本。清國人的大意和愚蠢使日本政府準確掌握清國對朝鮮國的政策、作戰意圖、行動部署以及和談中清國割地賠款的底線。日本因此在出兵朝鮮的時間上比清國更加迅速,派兵數量壓倒性超過清軍兵力,甚至 8 月 1 日兩國發佈宣戰佈告的時間都驚人的吻合。和談中,日本密切關注李鴻章與總理衙門間的密電,成功突破清國割地賠款的容忍底線,最終釀成清國歷史上最重大的損失。

2.3.02　日本駐天津公使館諜報中心收集了間諜提供的大量軍事情報，掌握了清國軍隊的佈防和武器裝備狀況。圖示內容是清軍派赴朝鮮牙山的作戰部隊、兵員數量、前往地點、裝備狀況的詳細情報。

2　日本開展的情報戰爭

　　在清日戰爭的情報戰場上，日本發動了一場具有近代特徵的情報戰爭。由於日本重視情報戰的價值，全面動員海內外諜報資源搜集清國的情報，為贏得戰爭的勝利奠定了基礎。日本早期的情報系統並不完善，卻自成體系，情報工作主要致力於以下幾個方面：

建立情報網

　　政府和軍隊聯合行動，在駐外公使館設立諜報課，配置間諜武官、情報員、偵察員，通過旅居清國的浪人、商人、僧人、醫生、學生等合法身份的居民，以及收買的清國人，構建收集清國情報的諜報網。

情報搜集

　　為綜合判斷清國的戰爭情勢，情報搜集對象涉及軍事、政治、經濟在內的所有信息。一般通過收集整理媒體報道、地圖、照片、書信、電報、會話、文件，

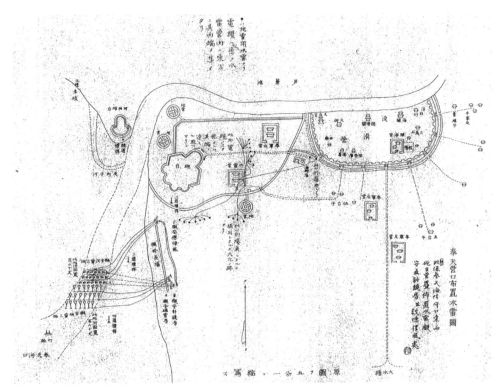

2.3.03　日本間諜獲取到營口清軍海防佈防圖。圖中
詳細記載了清軍炮台位置、軍營所在地、通往海中的
有線地雷和水雷數量分佈。清軍如此清晰明瞭的佈防
圖落入敵手，足見日本情報部門的效率和清軍的痲痹。

以及實地偵查、繳獲戰利品信息分析等途徑解讀、提取情報。

情報應用

　　情報分析部門解讀間諜網送來的情報資料，區分有價值的實效情報和戰略情報，及時提供給政府和軍事部門。日軍海外作戰部隊配備隨軍翻譯官，實時解讀處理匯集來的外文戰地情報。需要技術支持的高級情報轉交大本營分析，遇到有時效價值的情報則迅速反饋前線，或作出相應的作戰對策。戰爭中，日本情報部門還為前線部隊提供了大量精確作戰地圖，地圖註釋的標高、地名、方向、距離、淺灘、潮汛等資料準確詳細，遠遠超過清國人對自己國土的了解。失效或長期有效的情報資料，遵循嚴格的管理制度，進行整理、歸納、存檔、加密以備後用。

情報評估

　　通過對情報的評估為作戰制定決策，是作戰決策部門的重要工作。日清戰爭中著名的情報評估案例有四起，其中既有成功引以為榮者，也有失敗引以為戒者。(1)外務省電信課成功破譯清國密電，為日本取得朝鮮初期作戰優勢，及後期和談優勢提供了決定性情報。(2)解讀清國艦隊最高長官丁汝昌個性，利用勸降信和軍事壓力瓦解北洋水師軍心，成功招降、覆滅清國艦隊。(3)掌握列強干涉戰爭的容忍底線，迴避過早進行直隸作戰。直取威海衛和澎湖列島，徹底擊垮清國續戰決心，為和談取得籌碼。(4)日清和談期間，為向清國施加軍事壓力，日軍傾巢出動征清，不但造成國內防禦空虛，還招致列強的干涉，迫使日本無奈歸還清國遼東半島。此案被評價為日本在清日戰爭中最愚蠢、最無謀的情報失誤和決策失敗例。

戰前，日本在駐天津、上海公使館，安插了直屬政府的間諜領事和隸屬參謀本部的陸海軍間諜武官，匯集各路間諜密探送來的軍事情報發往本國，為政府決心開戰提供了大量有價值的信息。代表軍方的著名諜報人員有：參謀本部派遣的陸軍情報官神尾光臣少佐，海軍派遣的井上敏夫、瀧川具和等人。戰後公開的相關文獻資料記載，為了推動日清戰爭，情報官神尾光臣按照參謀本部的意思，在提供給政府的有關清國朝廷內部的情報中，摻雜了許多煽動政府對清國開戰的成分，刻意誇大清國內部好戰勢力執意與日本開戰的意向，為政府下定決心開戰起到了推波助瀾的作用。戰爭中，神尾作為第二軍情報主任參謀屢見功績，1916年晉升為陸軍大將。公使館海軍武官井上敏夫按照參謀本部指示，親臨渤海灣航道、大連灣、旅順要塞、威海衛要塞、天津、塘沽等地，對地理水文數據和設防情況進行了詳細偵查。1905年，井上敏夫晉升特務艦隊司令官，香港丸巡洋艦艦長。駐天津的海軍武官瀧川具和曾經向本國傳遞了與神尾光臣不同意見的情報，他較為客觀地報告了清國正在全力準備西太后的萬壽慶典，並無戰爭意向的情況。戰前，他乘帆船沿渤海岸線航行了一個月，詳細調查了沿岸各海口的水深、沙灘、海泥、岩石、民船、運輸情報，為日軍選擇登陸地點提供了有力依據。瀧川具和後任朝日艦艦長，1906年任旅順口鎮守府參謀長。

著名間諜情報案是日軍的三名翻譯官山崎羔三郎、鐘崎三郎、藤崎秀，在提前登陸執行偵察清軍佈防任務時，被清軍捕獲處以死刑的案件。日軍後來取三人名字中的"崎"字，簡稱"三崎事件"。三崎事件在日軍中引起強烈震動，成為日軍在金州旅順對清兵大開殺戒的誘因之一。事件中唯一僥倖脫逃的翻譯官向野堅一郎，在他的"追憶錄"裏記載了那段驚心動魄的經歷。1894年10月，大山巖第

2.3.04 山崎羔三郎、鐘崎三郎、藤崎秀，是日本諜報部門特訓精通漢語的間諜翻譯官，配屬在第二軍各部。三人在第二軍登陸前潛入清軍後方刺探軍情落入敵手，被處決於金州西門外刑場。圖為金州城北門外山坡上三名間諜的基碑。

二軍在花園口登陸前，派出數支偵察小隊化裝成清國貧民潛入貔子窩、普蘭店、復州城一帶窺探清軍佈防情報。配合偵察小隊行動的山崎羔三郎、鐘崎三郎、藤崎秀、向野堅一郎等軍部翻譯官，乘魚雷艇接近沿岸換乘舢舨登岸，分別向預定地點出發。這些翻譯官是經過特別訓練的間諜，在國內連續兩年蓄髮，剃留清式髮辮，學習清國語言，且具有收集情報及繪製軍用地圖等特殊技能。24 日，清軍捷勝營馬隊營官榮安的巡邏兵，在東橙附近抓獲鐘崎三郎。25 日，山崎羔三郎渡過碧流河到達王家屯，被村人抓住綁送貔子窩兵營。其他小隊的藤崎秀、向野堅一郎等人也分別被清軍擒獲。這十名被抓獲的日軍偵察員一並被押送金州城，途中向野堅一郎趁看守疏忽，僥倖脫逃，躲入山中。金州城防副都統連順對這些日軍間諜施重刑拷問，起初，"三崎"均裝作不懂清國語言，沉默頑抗。經過通宵逼供，才知日本大軍已經開始登陸花園口，意圖進攻金州和大連。情報立即轉呈趙懷業、徐邦道二將並通告李鴻章。10 月 31 日夜，"三崎"等日軍偵察兵被押往金州西門外刑場，按照清國刑典問斬。斬首官命"三崎"面向北京清國皇帝方向跪拜，"三崎"拒拜怒罵，轉而面向東方，大呼效忠天皇，終被處決。

11 月 6 日，日軍佔領金州城，收繳到清軍逃跑時遺棄的文書，才知曉多日失去聯繫的偵察小隊被處死的事實。2 月初，在清國當地一王姓居民的引導下，日軍找到"三崎"的埋葬之所，挖開身首異處的三尺凍土，其遺骸慘不忍睹。山地元治師團長為三人下葬，並題寫碑文，對在清軍嚴刑拷打下已然招供，卻仍然被處以斬刑的非人道行為發誓復仇。"三崎"的遺體埋葬在金州城北門前的山上，碑文刻

"大日本志士捨生取義之碑"，山壁上用紅色朱桐油書寫"三崎山"大字。遼東半島歸還清國後，"三崎"的遺骨被帶回本國，葬於東京高輪泉岳寺。僥倖脫逃的向野堅一郎則繼續在清軍周邊單獨偵察測繪，最後把收集到的清軍佈防情報交給了第一師團的乃木將軍。

日本軍方還善於僱傭民間人士刺探清國軍事情報，其中代表人物是為海軍服務的宗方小太郎。一段歷史資料記述了宗方執行任務時的情形："日清戰爭爆發前，宗方小太郎帶着海軍囑託的任務，離開漢口經上海前往山東芝罘。7月6日秘密潛入威海衛軍港，為防身份暴露遭遇不測，他決意放棄原來同行的清國人，自己脫文服改野裝，扮成清人模樣，獨自一人勇闖龍穴。8日他帶病從領事館徒步出發，10日到達威海衛，立即對港灣進行秘密觀察。11日偵查到多數軍艦停泊在灣內，便立即返回芝罘報告。19日領事館接到別路偵查員關於鎮遠艦以下14艘清艦即將前往朝鮮的報告，22日宗方再度隻身前往威海衛偵查，繪製了港內軍艦和炮台佈防圖。28日趕回天津，向領事館神尾少佐彙報偵查結果，31日再度潛回芝罘。日清戰爭爆發後，宗方是最後一個離開芝罘的日本人，繼續收集清艦在威海衛和旅順間的活動情報。由於傳遞的情報被清軍截獲，大本營命令身陷險境的宗方立即前往上海乘船逃出清國。8月29日，宗方冒充清國人在芝罘搭乘去上海的客船，航行途中竟然遇見六個熟面孔，其中一人是南京長江水師把總蔡氏。宗方冒死來到蔡氏的房間，懇求不要向他人揭穿自己日本人的身份，其餘五個熟人都給他巧妙地躲避了過去。客船進入上海吳淞口，被清國水師軍艦截住臨檢，所有清國官吏和西洋人都登上甲板，查問其中是否藏有日本人，船長回答此船沒有載乘日本人，宗方再次躲過被捕危機。9月7日，宗方到達上海，換洋服改乘英國船離開了上海，11日無事抵達長崎。16日收到大本營的"天皇賜予特別破格召見的內命"。因宗方小太郎為日軍刺探情報成績卓著，10月4日在廣島大本營受到天皇陛下的召見，謁見歷時兩個小時。

日軍為了應對日後的戰爭，在東三省、山東、台灣各地測繪製作了大量軍事地圖，日軍稱之為"測量事業"。這些軍事地圖在十年後的日俄戰爭中發揮了重大作用，是日軍自甲午之後二度登陸東北，打敗強敵俄國的嚮導。1894年8月，日清宣戰，大本營為了作戰的需要，在第一軍、第二軍都增設了測量班。9月1日，第一軍測量班在陸軍測量部地形科編成，班長步兵大尉依田正忠分屬第一軍司令部。14日該班到達朝鮮京城，分成兩個小組，一組進入成歡、一組進入平壤，開

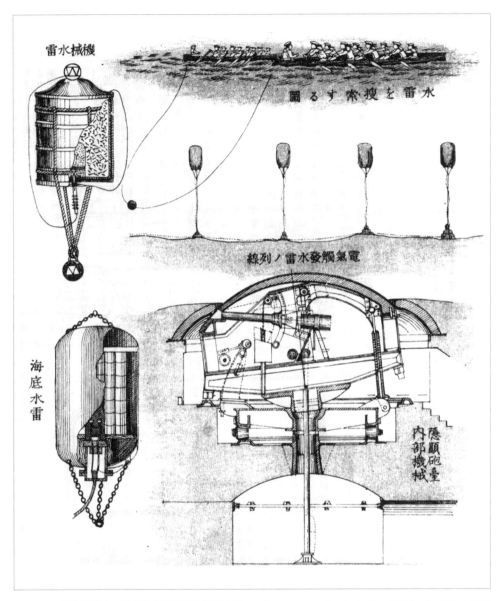

2.3.05　左圖為間諜向日軍提供的清軍海防漂浮水雷和海底水雷情報圖。地雷改造的水雷能漂浮於水面，水雷罐由鎖鏈固定，用電線連接至岸上通電引爆。海底水雷由重物沉於水下，用電線引爆。戰爭中清軍投放大量水雷，起到了阻嚇日艦的作用，卻沒有任何戰績記載。上圖為日軍艦在入港前，水雷打撈隊實施排除水雷的方法。下圖是日本間諜收集的威海衛港灣內，日島半隱藏式炮台內部機械構造的精確剖面圖。

始測繪作業。之後兩組匯合北進，在與清國的作戰地域從事測繪作業。1895 年 5 月 23 日，軍部所要地圖全部製作完成，完成測繪總面積 102.72 方里（1 方里約等於 15.423 平方公里）。1894 年 10 月 11 日，第二軍測量班在陸軍測量部地形科編成，班長步兵大尉服部直彥分屬第二軍司令部。24日花園口登陸後，立即着手附近地形的測繪作業。1895年3月3日完成遼東半島及山東半島作戰地域的全部製圖作業，完成測繪總面積166.42方里。

1894年11月21日，日軍參謀總長下達命令，編成臨時測圖部，要求對作戰地域進行全面測繪製圖。臨時測圖部長工兵中佐關定暉從陸地測量部選拔幹部，募集臨時測圖僱員，施以專業職能的培訓。12月15日臨時測圖部編成，翌年2月13日於旅順口登岸，17日到達金州，設立測圖本部。臨時測圖部以鳳凰城、金州、海城、大孤山、復州附近地域為對象分成五個班，20日各班投入測繪作業。5月下旬，各班擔任的測繪任務全部完成。6月上旬測圖部派四名測量手，編入赴澎湖列島作戰的混成支隊，從事測圖作業。歸國後的臨時測圖部又接到大本營前往台灣、朝鮮測圖的命令，由步兵少佐服部直彥擔任部長，一班至四班前往朝鮮；第五班編成獨立班，前往台灣。

獨立五班於7月26日抵達台灣，隨從近衛師團漸次南進，從事測圖作業。臨時測圖部9月16日到達朝鮮京城，以元山、京城、平壤、大邱附近地域分成四個班，分別在該地域從事測圖作業。朝鮮測圖任務完成後，臨時測圖部再前往台灣支援第五班的測圖業務，直至1896年8月6日測圖作業全部完成歸國。

軍方投入人力財力收集清國的地理地貌情報，總面積達7835.42方里，為未來戰爭做好了前期準備。

附《情報戰例文獻摘錄》

日本國立公文書館、外務省外交史料館、防衛省防衛研究所，館藏清日戰爭留下的大量情報文獻，其中涉及許多日本諜報員收集的情報資料，以下摘錄部分。

1894.6.13　神尾光臣少佐，大本營宛，天津報告《清軍之動向》。11日李鴻章下達公文，派遣葉軍門及太原鎮守聶士成集結蘆台、山海關兵，乘汽船赴朝鮮牙山，上陸後見機圍剿匪賊。李責朝鮮督辦袁世凱派役員為之向導，助辦遠征軍軍需物資轉運事宜。李令各營將領嚴明軍紀，不得擾民，擅入民家市店。與他國百姓商民和睦相處，購買食物、僱傭馬夫須支付現銀公平交易。剿匪中禁止濫殺無辜、掠奪財物、騷擾婦幼，違者軍法懲處絕不寬容。

1894.6.15　福島中佐、上原少佐，參謀總長宛，朝鮮京城報告《清國送兵器與韓》。李鴻章贈送韓廷步槍一千挺、彈藥十萬發。昨夜支那兵三百攜槍支彈藥從京城西門進入。另我京城將兵健康良好、軍紀蕭嚴、警戒萬全。

1894.6.22　神尾光臣少佐，大本營宛，天津報告《北京政府狀況》。清國政府已決意出兵朝鮮，風聞外國人對李鴻章的反映多有非難之語，一曰：「袁世凱公使唆使朝鮮國王請求清國出兵，李鴻章應請遂行，然北京政府內心並不贊同。」二曰：「此番出兵主謀者乃李、袁及李的德國顧問德璀琳之主意，反對派總理衙門和英人總稅務司羅伯特攻擊論盛上。駐韓俄國公使訪問李鴻章，非難出兵之舉，李氏承諾待賊勢剿滅即速退兵。」現清軍狀況：(1)衛汝貴、吳育仁出師準備，北洋海軍所在一帶發佈戒嚴令。(2)衛、吳兩將官派兵朝鮮奏請朝廷批覆。(3)出兵事宜致電朝鮮國王。又蘆台及山海關兵三百、馬七十匹，20日塘沽港乘「海定號」，待夜間滿潮時出帆牙山，同行攜帶地雷、水雷。小站及北塘兵赴朝準備，李已上奏等待敕諭。

1894.6.27　井上敏夫海軍少佐，中牟田海軍軍令部長宛，芝罘報告《清兵出兵報告》。近聞清國出兵沸沸揚揚，傳李鴻章主戰遭總理衙門責之，令李氏受夾板之氣，近來喜怒無常。北京政府傾向平和主義之呼聲盛上，今後清國戰爭之決心仍有待觀察。

1894.7.2　天津荒川領事，外務大臣宛，天津領事報告《清國政府採納開戰策》。清國政府決定採納李鴻章開戰的建議，今後陸軍登陸地可能選擇大同江口，目前整裝集結完畢，等待出發命令。

1894.7.2　上海宗方，嶋崎宛，《李氏焦急》。傳說李鴻章千方百計設法避免與我國衝突，又曰派遣總稅務司羅伯特赴朝鮮調停，又曰委託英德兩國公使仲裁調停。本日報紙云，清廷決定派遣劉銘傳赴朝鮮云云。

1894.7.7　天津派員連日報告：六月廿三四日進京上奏，勝軍未動。七月一日李氏命各營加緊操練，李氏不希望開戰，今委託俄公使調停。七月六日大沽派員報告，鎮東、鎮北兩艦修繕完畢，船渠注水明日出渠，牙山清兵三四十人搭乘「康濟號」返回大沽。七月七日鎮東、鎮北兩艦本日大沽解纜。七月九日，廣東水師「廣甲」艦大沽海軍公所入港，傳說每年廣東艦此季節上訪獻技。七月十日「定遠」、「鎮遠」以下十一艦停泊威海衛港內，揚威艦直航朝鮮。

1894.7.24　北京小村代理公使，外務大臣宛，《清國公債募集》。李鴻章募集多額公債，在香港上海銀行及其他銀行借入千萬之銀兩用於戰爭。

1894.7.29　支那滬報《清帝委李鴻章重任》。昨日正午接天津電報云，皇太后、皇帝七月廿二日降密旨，委任北洋大臣直隸總督李鴻章伯，全局統籌朝鮮軍事，總制南北兩洋及沿海港灣防務。

1894.8.25　支那北京通信《李鴻章勳標剝奪》。八月十二日，李伯處理戰事緩慢，且麾下敗軍偽造奏功之因由，被朝廷剝奪其名譽功勳標章。

1894.8.26　芝罘派員報告《李伯政略》。清國政府從歐洲又募集戰費兩千萬磅，稱"日本乃一貧國，財源短缺，如若拖延戰爭，倭兵必敗，何不以為之。"欲與日本展開長期持久之戰。

1894.8.29　派遣員報告《白河口防衛》。白河口防柵每日根據朝夕潮況開啟閘門，放行過往船舶。閘口現已配置攔障，阻敵艦通過。水道內佈設水雷，兩岸配置大炮，炮台內有水雷引爆器。夜間或薄暮時，兩三支探照燈搜索海面，聚焦活動之船舶，照準發炮。

1894.8.29　派遣員報告《清國募新兵》。吳淞炮台及江南船務局，每日從揚子江一帶經運河匯集大批兵隊，兵數約兩萬五千人。多數是湖南、湖北、山東、河南新招募無紀律訓練之烏合之眾、山野匹夫。將前往山東芝罘威海衛一帶作戰，每日到達芝罘人數約九百人。

1894.9　支那滬報刊載題《支那官吏軍事義捐金》。皇帝裁可諸省總督的奏議，為補助軍費開支，現役文官義捐相當武官官俸十分之三的義捐金。

1894.9.4　截獲清國職員信件《袁玲稟告》。謹稟，十四日進呈一書已高覽。李中堂為防止日本軍艦侵襲旅順口、大連灣，傳令水雷營迅速敷設水雷防禦敵艦。本營領命水兵二十名晝夜敷設，昨日從山海關又調遣二十五名，仍感人力不足。水雷兵須將電纜送至水雷間連接。五百聽雙線海底水雷三個、中流一千聽雙線水雷三個、一千五百聽三線海底水雷三個已經連接完畢。日艦來襲，足可發揮效力……。

1894.9.5　支那政府佈告《上海來電》。支那政府佈告，凡居住支那的日本臣民，戰爭中必須服從支那法律。

1894.9.24　《繳獲李鴻章電報》。丁汝昌、龔照璵宛，智利國購入之巡洋快艦，因該國遵守中立原則，或受日本壓力拒絕付貨。

1894.10.3　支那政府佈告《駐日汪公使處罰》。前駐東京清國公使在天津桎梏，因由乃汪氏在日本駐在時之舉動，未與本國政府意向同步，亦未詳細報告本海陸軍兵力狀況，致使清軍受制於日軍，失去制敵良機。

1894.10.9　《繳獲李鴻章電報》。丁汝昌、趙懷業、龔照璵各位，倭軍大連灣上陸，對旅順呈海陸夾擊之勢，狀況與英法兩艦隊對我通報相符，汝等嚴加防備不得鬆懈。懷字軍新營防禦薄弱，令人堪憂，利用現在之兵在旅順大連兩地配置成互援之勢，水師六艦預定旅順大連間往來巡航，牽制敵艦。

1894.10.12　支那滙報報道《清帝授與德國軍艦乘員勳章》。英國籍汽船高陞號被日艦擊沉之際，德國軍艦"易魯奇斯"號將校兵十三人，救起孤島落難清兵一百五十餘名，送還芝罘。李鴻章北洋大臣奏請清帝，特頒發德國軍艦有功乘員勳章。

1894.11.17　天津派員報告《李鴻章大攻擊準備中》。李氏僱入外國人準備展開大規模對日攻擊。德國人漢納根赴山海關，瑪庫利阿(按即馬格祿，Mclure John，英國人，幫辦北洋海軍提督)月俸兩千銀，出任支那艦隊副提督。

1894.11.27　《清帝除奸上諭》。有上奏倭艦旅順攻擊之際，對我軍佈設之水雷瞭如指掌，敵艦避繞而過毫髮無損。又前日陸軍作戰正酣之時，後背突然起火擾亂軍心，定有奸細引導敵軍襲擊我軍。命李鴻章、張之洞及沿海各省總督、巡撫知照地方文武諸官，嚴厲稽查搜捕間諜隱患。命裕祿、宋慶各軍嚴查不得疏忽。

上海黑井大尉情報通告《清國沿岸防禦》。7 月 28 日，揚子江北口及崇明島北方有水雷沉浮。8 月 1 日，上海海關道通知各國領事，即日起吳淞口禁止夜間通航，晝間西洋人乘船亦須接受檢查。8 月 2 日，威海衛劉公島南端陸地炮台增設12 厘米速射炮兩門。8 月 4 日，寧波鎮海(甬江口)入口佈設有水雷。航標、浮標、燈塔均已撤除，夜間不得接近鎮海炮台。為增強南方防禦力量，清國頻繁向南運送兵器。8 月 12 日，清國商船"普濟"裝載兵器溫州出帆，切望途中捕獲。8 月12 日寧波、溫州、福州、台灣各地港灣開始大規模敷設水雷。

1895.4.19　西海艦隊司令長官男爵井上良馨《營口河口佈設水雷調查報告》，海軍參謀官子爵樺山資紀殿。(1)清國水雷圖示參考；(2)水雷罐使用地雷改裝，起爆電纜連接水雷至陸上；(3)地雷型水雷分佈：炮台南部七個、東南地營附近四個、市街炮台附近十個、水雷營內十八個；(4)安裝起爆器海底水雷二十一個，順海潮流漂浮運動。各種水雷在遠淺灘大乾潮時會擱淺望見。另據美國"佩茲拉"號艦長介紹，清軍的水雷佈設後，在冬季河口結冰之前需撈回陸上，狀況與我軍偵察類似……

野戰通信

1 清國電報通信

　　鴉片戰爭後，清國引入了電報技術。1879年，北洋大臣管轄的防區首先試辦軍用電報線，從大沽經北塘達天津，中途連接各海口、炮台、兵營，線路距離近百里。電報通信的實用性很快得到朝廷的認可，翌年批准了李鴻章架設南北電報線路的奏請。線路從天津沿運河至江北，越長江達上海，全線總長3,000餘里。此後，清國又架設蘇浙閩粵線，將政治中心北京、北洋中樞天津、對外經貿中心上海、南粵經濟重地廣州之間鏈接了起來。經過八年的努力，清國興建了濟寧、煙台、威海、天津、通州、北京、北塘、山海關、營口、旅順、奉天的電報線路。北洋海防統帥中心的天津，威海衛、旅順口海軍基地，遼東半島諸重鎮間的通信網形成，加快了北洋海防軍情傳遞的速度。全國電報業保有電線15,000里，專屬北洋防務的津、沽、北塘、蘆台、樂亭、昌黎、山海關、營口、旅順等軍事要地的軍事通信網絡電報線達6,500里。

　　1882年12月，日本完全無視朝鮮的主權，以方便旅居朝鮮的日籍僑民為由，在日本長崎至朝鮮釜山間海域敷設了一條海底電纜，電纜產經權歸日本和丹麥兩國所有。日本對朝鮮明目張膽的滲入，令朝鮮的宗主國清國深感不安。1885年，清國通商局與朝鮮先後簽署了《義州電線合同》、《中國代辦朝鮮陸路電線續款合同》、《中國允讓朝鮮自設釜山至漢城陸路電線議定合同》等協議，開通兩國間的電信事業。

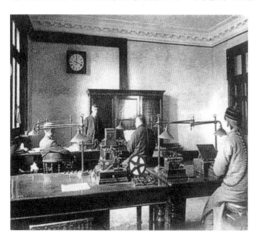

2.4.01　清日戰爭前，清國的有線電報應用已經比較普及，國家商用和軍用電報電線形成網絡。照片是清國的外國洋行使用高性能電報機作業的情景。

　　《義州電線合同》要旨，第一條，中國督辦電報商局現奉北洋大臣李中堂奏明，以朝鮮國王諮商，自仁川港起由漢城至義州達鳳凰城，請設陸路電線一千三百里，並請籌借經費，趕速設置。所有經費應由朝鮮限年歸款，特此飭由華電局代籌借款，派員辦理。第二條，朝鮮創辦陸路電線，係朝鮮國王商請中國借款設造，特由華電局代借公款關平銀十萬兩。五年之後由朝鮮政府分作二十年，每年歸還五千兩，不取利息。並派熟悉電線之董事、學生、工匠人等妥為承辦，以備緩急之需。第三條，朝鮮政府因中國電局墊款創設電線有裨朝鮮政務不淺，訂準水陸電線工竣後，自通報之日起二十五年之內，不准他國政府及各國公司代設電線，致侵本國之事權及損華電局之利益。如朝鮮政府有欲廓充添設之處，必須仍由華電局承辦以免紛歧。

1886 年，在清國政府的幫助下，開設了通往朝鮮的電報線。電報從奉天經鳳凰城、安樂、朝鮮義州、平壤、漢城到達仁川。清國境內段線路 600 里，朝鮮境內段線路 1,300 里，全長 1,900 里。電報線與清國電報網連接後，直通北洋大本營天津，成為清國

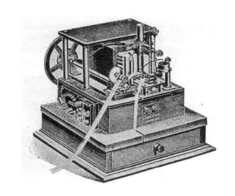

2.4.02　早期電報機是一種最簡單的電信機械，分別由按鍵、印碼設備和紙條盤組成。發報利用手壓按鍵，按出點劃信號，傳遞信息。收報方可人工抄收，或用紙條記錄器記錄對方的點劃信號，即可判讀信息內容。圖為十九世紀末，國際有線電報業流行的克魯賓高性能電報機，是清日兩國的主要通信器材。

第一條陸路國際通訊線路。清國、日本、朝鮮之間的電信接駁後，有了穩定的電報通信業務。清日戰爭開戰，這條國際線路為入朝清軍與北洋大本營間的聯絡發揮了重要作用。

清國海外電報事業一直受國家對外政策的嚴格限制，外國電信資本很難涉足清國的電信事業，但敷設海底電纜線路與清國的電報網接駁工程卻屬例外。1871年，丹麥大北電信公司從海參崴經日本長崎到上海敷設了一條海底電報電纜，產經權歸屬丹麥大北電信公司所有。當時的技術尚處於單芯電纜時代，在電信專利壟斷下，各國電報線路使用收益的三分之一都須支付丹麥大北電信公司。1884年，英商大東電報公司先後從上海到福州，從福州到香港敷設了海底電報電纜。1880 年，清國力主自辦電報，成立了電報總局，下設官電局和商電局，獨立經營電信業。清國政府鼓勵民間商辦電信，由電報商局統籌集資建設商線，主幹線京

2.4.03　李鴻章的洋務政策，推進了清國電信事業的迅速發展。1871 年長崎至上海海底電纜開通。1881 年上海民用電話登場。1888 年清國自主成功架設海底電纜。圖為清國電話局電話接線生作業的場景。

滬、長江、京通各地線路，通往沿海沿江等通商口岸，給商業繁榮帶來了生機。軍事線路稱為＂官線＂，由官電局經營，官線電報諸線主要分佈在東北境內。1885 年台灣建省後，清國還在 1887 年自主敷設了直通台灣的海底電纜，線路全長 177 海里。

電報作為新事物在清國有許多愚昧的傳說，以致電線會驚擾墓地內的先祖、影響風水等觀念長期橫行，導致割斷電線、砍斷線杆的事情時有發生。此外，東北地區漫長的軍用電報線路跨越荒涼的曠野，朝廷無財力投入管理，只能由地方官府兼顧，線路維護保養狀況不佳。從 1880 年開始大興電信事業到 1894 年戰爭爆發的十幾年間，線路常年暴露在野外，受到風吹雨淋的侵蝕，電線老朽化狀況日益嚴重。清日戰爭中，清國電報線路經常出現不暢通狀況，給北洋作戰中樞的指揮造成嚴重阻礙。

電報總局管轄的關內電報業務繁忙，各地設分局，局設董事、司事、管報生、工匠，分局之下有訊房、機房，沿途線路由綠營兵巡視，管理狀況優於軍用線路。電報線路是清國國家戰略的重要資產，又是無法輕易移動的不動產。戰爭中由於清軍表現脆弱，戰場上連戰連敗，放棄了大多數電線要地，使清國經營十數年的電報線路資產相繼落入日軍手中。被繳獲的清國電報線路，總長達數千里，轉而成為日軍對清軍作戰利用的通信工具。

戰爭通訊事業的另一組成部分是軍事郵政。1870 年的普法戰爭中，德軍首先創立了軍事郵政制度。德國士兵在戰鬥空閒能經常與家人互通書信，而法國出征兵在戰爭期間卻收不到一封家信，巨大的差別直接影響到兩軍士兵的戰鬥意志。此後，軍事郵政制度便在歐美軍隊中廣泛普及，戰爭時還增設臨時郵政系統，用於傳遞官文和軍人私信。戰時郵政不僅是野戰通信的重要一環，也體現近代軍隊對軍人人權尊重的文明表現。清日戰爭前，清國只有商營的民信局、僑批局、外資客郵。信息傳遞的方式還是倚重驛站通信，驛遞通過設置間隔驛站，運用快馬交替送遞公文。近代雖然導入了電報通訊，但是投遞重要公文或電報出現故障時，驛遞仍然是軍隊傳遞信息的重要手段。尤其在戰場沒有電線的地方，快馬送信是傳遞軍事情報唯一的途徑。

在清國洋務風潮下，朝廷官吏鍾情的只是西方國家的精巧武器，對西方軍隊建立軍人通信體系毫無興趣。朝廷沒有設立普通軍郵業務，作戰官兵的家書通信無法經過專門渠道進行傳遞。兵勇將士與親情間聯繫處於長期中斷狀態，成為影響戰場鬥志的重要原因。而對面的日軍從開戰到戰爭結束，都卓有成效地運用了軍郵系統，把戰場與家人的親情緊密聯繫在一起。戰場家書不但沒有動搖軍心，相反給前線將士為國而戰，為天皇而死，注入了精神上的動力。

2　日本電報通信

電線通信

1851 年，英法之間的海峽敷設了世界第一條海底電纜；1866 年，海底電纜橫貫大西洋。1871 年，丹麥大北電信公司（Great Northern Telecom）完成俄國海參崴、日本長崎、清國上海間的海底電纜敷設。日本和歐洲之間經由印度洋和西伯利亞，實現了兩條國際通信線路。1872 年，日本在本州與九州之間的關門海峽（馬關海峽）獨自成功鋪設了第一條海底電纜，並與國內電信網成功對接。

1882 年 12 月，日本在九州長崎肥前國呼子橫穿對馬海峽，敷設了一條通往朝鮮釜山的海底電纜，電報線專屬權歸丹麥大北電信公司所有。電報線路開通後利用率很低，經常處於停業狀態。原因之一是線路經常出現故障；之二是擁有線路產權的大北電信公司的大股東是俄國人。由於日本和俄國在朝鮮問題上的微妙立場，日本不希望往來電報被俄國人獲取。1894 年 6 月，為應對異常繁忙的日清外交，日本恢復了這條海底電線的通信業務，信息從朝鮮京城經義州進入東北與清國電信網連通。日清戰爭爆發後，兩國關閉了東京、上海間的海底電報通信。日朝海底電纜成為戰時唯一可以溝通日本、朝鮮、清國的最繁忙的

2.4.04　明治十一年（1878），日本最初的仿製電話機完成，作為高檔奢侈品在民間流行。圖為明治時期的電信台場景，電話交換室設在東京有樂町，採用比利時製造的單線式單式交換機。

線路。

　日清戰爭中，日軍海外作戰的電信方式，採取了新設、修復、利用作戰國原有電報線路的策略。日軍攻入朝鮮和遼東半島後，兩國的電信不動產資源便落入日軍手中。成為戰利品的主要線路包括：(1)朝鮮京城至仁川、元山、義州三條幹線，義州線直通清國鳳凰城線。(2)清國旅順口、金州、復州、蓋平、營口、牛莊、海城、田莊台線；山東省成山角至榮成、鮑家村、威海衛、芝罘線。同時日軍還架設了大量軍用線路支援戰場上的臨時通信。

　1894 年 6 月 26 日，日軍大本營命令第五師團工兵第五大隊，增設京城通往釜山的軍用線路，實現戰地雙線通信。6 月 28 日，混成第九旅團編成臨時軍用電信隊，架通龍山駐地與京城公使館的線路。線路同時擴展到成歡戰場，繼而向平壤方面推進。日軍戰場電信戰術採用了先進後續的接力方式，首先各師團野戰電信隊派出先遣隊，先行前沿架設線路開設通信所。大部隊抵達後，先遣隊向後續野戰電信隊移交通信所，先遣隊繼續前往新的作戰預定地架設線路。野戰電信隊向前方進軍時，又將電信線路移交軍特設電信部統籌管理。

　9 月 14 日，日本陸軍第一軍仁川登陸，設立特設臨時電信部。10 月 1 日，第三野戰電信隊、第六野戰電信隊完成平壤、黃州、浦間、旗津浦、梅谷隅、耳湖浦的電線架設任務，在安州、義州、湯山城開設通信所。電信先遣隊進入清國東北後，架設九連城、安東、鳳凰城線路，開設通信所。11 月 7 日，第一軍兵站電信部在耳湖浦登陸，接手各地開設的通信所，解散軍特設臨時電信部。軍兵站電信部同時着手九連城、大東溝、鳳凰城、安東縣、大孤山間的線路架設。12 月 9 日，第三野戰電信隊架通溝連河、岫岩間的線路。27 日海城通信所開設，逐次向兵站電信部移交。

　11 月 2 日，第二軍所屬第一、第二野戰電信隊在貔子窩登陸。16 日，第二野戰電信隊完成貔子窩至三十里鋪間的線路架設。17 日，電信隊前往旅順口，截斷清軍外圍線路，接入日軍線路網。12 月 11 日，電信先遣隊開設張

2.4.05　日本電信史上首次採用的女子電話接線員，最初九名接線員是 15—25 歲的獨身女性，來自"遞信省"官員的子女，日給薪水 25 錢，是當時女性最具魅力的摩登職業。

家屯通信所。第一野戰電信隊，7 日開設北三十里鋪通信所、金州張家屯通信所，逐次移交軍電信部。期間金州至貔子窩線路屢次遭到清軍破壞，電信隊進行多次維修。12 月 28 日，莊河通信所開通，延長線路到達大孤山，至此花園口登陸作戰的第二軍和朝鮮登陸作戰的第一軍之間，建立了直通電報線。翌年 1 月上旬，第二野戰電信隊開設蓋平、復州通信所，移交軍兵站電信部後，與第一野戰電信隊會合，前往山東戰區。20 日，野戰電信隊在龍睡澳登陸展開電信作業，戰地通信服務至 2 月下旬。3 月 6 日，野戰電信隊撤離威海衛返回金州，投入遼河平原會戰。

　　1895 年 2 月下旬，遼河平原作戰開始，第一軍第三野戰電信隊架設海城通往缸瓦寨、大高刊的電線，3 月 6 日大高刊通信所開設。此間第六野戰電信

2.4.06　至 1886 年為止，日本建成了通往海參崴、上海、釜山三條海底電纜。海底電纜通信擴展了日本的視野，加速了明治維新對外開放的步伐。與日清戰爭關連的長崎至釜山間海底電纜，完成於 1882 年 12 月，產經權歸日本和丹麥兩國所有，朝鮮國沒有得到任何主權。日本對朝鮮明目張膽的滲透，令清國深感不安。

隊，架設海城、牛莊線路，途中受敵阻擊，通信所臨時改設白旗堡。第二軍協同第一軍作戰，所屬第二野戰電信隊於 3 月 7 日在營口、藍旗廠開設通信所，與第一軍第六野戰電信隊的線路接通，保障了田莊台作戰。3 月中下旬，第六野戰電信隊白旗堡通信所移至牛莊城，架設海城、甘泉鋪、姚千戶屯間線路，開設鞍山通信所。為第二期直隸決戰準備，南部兵站電信部接管了各地架設的通信所。4 月中旬，日清簽署《馬關條約》，作戰軍用線路架設全面停止。

　　1895 年 5 月 18 日，近衛師團新編獨立野戰電信隊進入台灣參加作戰，6 月初在基隆登陸，開設台北通信所，架設通往新竹方向的線路。電信隊在掃蕩部隊保護下，迎着抗日軍的炮火冒死架設線路。6 月 18 日野戰電信隊開設中壢、淡水通信所，與通往福建的海底電纜接通，實現和本土大本營的通信聯絡。台灣作戰期間，獨立野戰電信隊及新設陸軍電信部，先後架設多處線路，開設通信所。主要

2.4.07 朝鮮戰事風聲鶴唳，日軍未經朝鮮政府許可，在京城和釜山間強行架設軍用電線，電線全長 385 公里。圖為外國記者筆下的日軍在架設電線。在記者筆下，身材高大，帶有洋人面孔的是日本兵，頭戴高帽觀看的是朝鮮人，與當時實際的衣冠相貌完全不符。

線路有台北中壢線、中壢淡水線、中壢新竹線、新竹後壠線、後壠大甲線、大甲彰化線、彰化鹿港線、修復鹿港社斗街線、員林街北斗線、北斗他里霧線。南進軍司令部所屬野戰電信隊在布袋口登陸後，架設布袋口、鹽水港汎、安溪寮莊、看西莊線。10 月 13 日，第二師團設立兵站電信部，第二野戰電信隊東港登陸後，開設大湖街通信所，架設大湖打狗線、打狗鳳山線。11 月上旬，日軍佔領台灣，獨立野戰電信隊歸屬台灣總督府直轄，全部線路移交台灣兵站電信部。

在整個日本侵台過程中，台灣抗日軍民與日軍展開了殊死的抗爭，不但將各地原有的電線悉數破壞，還搗毀日軍架設的電信線路，給日軍向縱深推進製造了嚴重困難，電信隊遇到日清戰爭開戰以來最艱難的架線任務。

日清戰爭中，日軍新架設和修復的電信工程線路距離為：朝鮮 807.3 公里、清國本土 1,379.7 公里、台灣 360.9 公里，合計 2,547.9 公里。其中新架設線路：朝鮮 614.8 公里、清國本土 1,087.9 公里、台灣 286.4 公里。改修線路：朝鮮 192.5 公里、清國本土 291.8 公里、台灣 74.4 公里。

郵政通信

1894 年 6 月 14 日，明治天皇發佈"戰時郵政敕令"，啟動戰時郵政機制。此後，陸軍大臣發佈軍事郵政規則、遞信大臣發佈郵政實施規則及野戰郵政實施規則，為戰場郵政設立相關法則。依照《萬國郵政條約》規定，海外派遣的軍隊、軍艦、軍衙、軍屬的郵件，軍隊官兵和國內家屬間的私人文件，均按照軍事郵件處理，一律免稅投遞。軍中個人發出的私信不設上限，傳送配達採用由軍夫負責，士兵輔助的方式，同時僱傭朝鮮和清國民夫運送。

　　6月16日，混成第九旅團在朝鮮仁川登陸，旅團郵政部開設了日軍出征海外的第一個軍事郵局。8月12日，第五師團在釜山登陸，次日在兵站內開始郵政業務。9月12日，第一軍郵政部在仁川登陸，15日郵政業務開始。郵路隨即向平壤延長，與先頭部隊郵政部接續。11月5日鳳凰城郵局、12月13日大孤山郵局開局，朝鮮和鴨綠江一線郵路開通。10月19日，前往大連灣登陸作戰的第二軍郵政部和軍司令部到達漁隱洞，同日在船內開始郵政業務。10月26日，花園口野戰郵政局開設，12月金州、旅順口、貔子窩間的定期郵政船開始運行。1895年1月11日，第一軍和第二軍間的郵路開通，此後朝鮮以北的郵件全部投送到大連灣發出。山東作戰軍於1月24日在龍睡澳登陸，第二軍郵政部立即開始郵件服務。戰爭中期的遼河平原會戰，第一軍和第二軍郵政部在蓋平、海城、牛莊、營口、田莊台之間連成郵政服務網。4月18日，征清大總督府偕行的野戰高等郵政部到達旅順口，統一管理第一軍和第二軍郵政部的業務，一直持續到日清簽訂《馬關條約》全軍撤回本土為止。近衛師團赴台灣作戰，師團所屬郵政部於6月10日在基隆開始郵件業務。7月2日，台灣總督府郵政部在基隆登陸，統管台灣的全部郵政業務。1896年3月，日軍侵台戰爭落幕，運輸通信長官部、野戰高等郵政部相繼關閉，郵政業務全部移交台灣總督府郵政部。

　　日清戰爭期間，日軍從實施新諭令日起至1896年3月侵台戰爭結束為止，日軍郵政部門共集信5,226,481件，配達6,823,144件，合計12,049,625件（包括反覆配達次數）。其中私信總計4,647,897件，佔全軍郵件的88.9%。各戰地平均每日

2.4.08　清日戰爭依照《萬國郵政條約》規定，日本海外派遣的軍隊、軍艦、軍衙、軍屬的郵件，均按照軍事郵件處理，一律免稅投遞。傳送配達由軍夫、士兵、僱傭朝鮮和清國民夫負責。圖為遼南戰場，日本郵政軍夫和清國民夫在郵政袋前的合影。

2.4.09 清日戰爭中，日軍模仿近代歐洲軍隊的戰爭經典"軍事郵政"取得了成功。戰場上士兵的郵件活躍了氣氛，成為新聞報道最具人氣的素材。軍事郵件使戰場實態明朗化，煥起了日本國民聲援戰爭的熱情。

發出的信件數，朝鮮為 6,738 件、清國本土為 14,851 件、台灣為 12,332 件。

戰地郵政儲金

1894 年 12 月 7 日，日本《野戰郵政為替》敕令頒佈，戰時海外參戰人員的薪水支給可以依法得到妥善管理。因為戰爭期間，日本戰爭軍費的一大部分，是用於支付從軍軍人和僱傭者的薪水。日本兵役制度雖然有別於清國的傭兵制，但是軍隊也有嚴格等級的給予制度。"野戰郵政為替"也稱作"野戰郵政儲金"，利用者在戰地流動郵政局開設野戰儲金賬本，通過兌換野戰郵政為替印，個人儲金就能方便地送給國內留守的家人，每次存取交易都會在賬本上留下郵局職員的法定章印。軍人、軍夫、軍屬的薪水得到合理解決，減少了戰地人員因無送金手段而任意浪費和賭博的違紀現象。

敕令頒佈當時，郵政儲金的利息四分二厘，翌年 4 月利息上升到四分六厘，全日本加入"郵政儲金"的客戶上升到數百萬戶。政府支付給國民的薪水，國民存入郵政儲金，政府再運作郵政儲金的資金，成功周轉了戰爭急需的巨額資金。郵政儲金為戰爭的持續、延長、勝利，提供了重要的財政來源和保障。正如戰後學者所評論的那樣——"日本的戰爭是國民自費的戰爭。"

軍事郵政制度是近代戰爭理念的一大進步，日本不但吸收了歐洲軍事郵政的經驗，而且成功地把軍事郵政與軍事儲金結合了起來，使戰爭的財源得到充實，起到了全民支援戰爭的實質效果。郵政和儲金制度成為日本五十年戰爭的重要支柱，形成了國家經營的最大官方銀行。郵政儲金制度產生於清日戰爭，成功於清

2.4.10 清日戰爭中，日本首次發行兩枚紀念郵票，慶祝天皇25週年銀婚。從此開創了日本紀念郵票的發端。下四枚是有棲熾宮仁親王和北川宮能久親王的紀念郵票。兩親王將領都在戰爭中死去。

日戰爭，這一體制一直延續至百年後的現代，發展成郵政、儲蓄、保險三位一體的，最關係到國民民生金融利益的國家機構。

戰場醫療

1 清軍戰場醫療

清日戰爭中的清國軍隊，沒有明確的衛生醫療編制，戰場醫療處於一種渙散的無組織狀態。外國觀察家記載："清軍忽略維持戰鬥力生存的衛生編制，軍中沒有固定的醫師、衛生兵、擔架員以及後方的戰地醫院。合格的軍醫和士兵比例相差懸殊，在醫生嚴重不足的情況下，傷患者不能得到及時救助治療，成為戰鬥減員的重要原因。中醫療法的緩慢療效，無法適應近代熱武器造成的創傷。清軍沒有免費提供醫療的制度，治療傷病的費用和營養費須個人承擔。戰地醫療無法得到保障，直接動搖了兵卒戰鬥的士氣。騎兵部隊的獸醫也非常缺少，作戰馬匹出現疾病時，經常不能得到及時救治。"

戰爭中，清軍意外得到了來自民間的醫療幫助。1894 年 12 月，由外國團體組成的國際紅十字會醫院，對清國的傷兵和難民展開了無償救助。紅十字會醫院是在清國的西方傳教士組織創辦的慈善機構，以國際紅十字會憲章為宗旨，實行救死扶傷的人道主義。當時的紅十字會醫院主要設置在營口、芝罘、天津等地的西洋人居住區。

營口紅十字會醫院主要由外國傳教士和航運業人員組成，主事者為戴利醫生和契雷斯特醫生。隨着戰爭的延續，紅十字會醫院規模逐漸擴大，許多外國醫生加入到醫院中來。從 1894 年 12 月創辦到翌年 4 月戰事基本結束，營口紅十字會醫院發展到 4 所，醫治清國傷兵近千人。

芝罘紅十字會醫院成立於 1895 年 1 月，部分傷兵從遼東半島戰場轉來接受治療。戰爭初期，當地外國人就開始籌劃救療傷兵和難民的計劃，一位名叫塔斯瓦特的教會醫生拜見芝罘官員，建議設立紅十字會醫院為戰時傷兵提供治療。在道台資金的援助下，醫院很快建設起來。芝罘紅十字會醫院的地理位置遠離遼東半島主戰場，傷病員數量不多。日軍拓展山東戰場後，這裏接收了大量從威海衛戰場敗退下來的傷兵和難民。

天津是李鴻章指揮對日作戰的大本營，紅十字會醫院成立時，曾經暗中求得李鴻章的支持，因此存在濃厚的官方背景。天津紅十字會醫院的規模超過營口和芝罘，當地西洋人組建了"紅十字聯合會"，設立紅十字會醫院 5 所，並派遣紅十字會醫療隊支援營口紅十字會，治療傷兵總數約 1,400 人。天津紅十字會在山海關設立了傷兵轉運機構，安置前線撤退的傷兵。旅順陷落時，天津紅十字醫院派遣船隻前往旅順收療清國傷病者，由於日軍擔心暴露旅順屠城的虐殺現場，拒絕了停泊在港外的紅十字會輪船靠岸。

紅十字會的戰場救助，拯救了大量清國傷兵和難民的生命，可是紅十字會的醫療活動一度陷入經費和藥品不足的困境。醫院負責人請求在上海的英國教士姆威廉出面募捐籌款，當時頗有影響的《申報》館獲知此事後，立即用報館代理"協賑所"的名義向社會籌集捐款，為紅十字會醫院募捐到 4,500 英鎊、白銀 1,000 兩。繼《申報》館募捐之後，上海仁濟善堂董事施善昌也以"絲業會館籌賑公所"的名義，在報上發佈"勸募北洋醫院經費"的啟示。經過半月餘的募捐，集得白銀13,000 兩，由上海英國領事館轉交紅十字會醫院。瑞士國際紅十字會也向清國政府捐助藥品和錢物，該會聞知清日開戰，寄贈藥料三十箱，值銀約三千餘兩。旅居上海的外國人成立了一個紅十字會募捐籌款的辦事機構，由上海各外國領事、傳教士、駐滬外國銀行董事自發組成，協調各地紅十字會醫院的資金周轉。

西方人紅十字會在戰中治病救人的無私奉獻，對醫療條件極差的清國軍隊來說是意外的恩惠，西方文明啟蒙了清國人的視覺和思維。戰後，清國政府認識到戰爭醫療的重要性，開始組建隨軍醫院、前敵行營醫院以及活用紅十字會醫院的慈善機能。遺憾的是這些啟蒙的認識，一直延遲到清日戰爭十年以後才開始付諸實施。1905 年 7 月，兩廣總督岑春煊在廣州設立隨營醫院，為軍內傷病員的醫療提供場所。隨營軍醫學堂聘請日本醫學士一人，擔任總教習及隨營醫院診察長，僱傭醫療助手、藥劑師，開展軍內醫療活動。這是清國軍隊在東西洋醫學背景下，最初登場的具有

扁鵲　　　　　　張仲景

華佗　　　　　　李時珍

2.5.01　清代延續了漢文化的醫學經典，宮廷醫療頗有長進，但民間醫療普及卻有所退步，戰傷醫療表現更為匱乏。清日戰爭中，清國軍隊沒有完善的醫療編制，僅得到西洋紅十字會的慈善援助。而有史以來，華夏醫學大師，扁鵲、張仲景、華佗、李時珍等醫學家，在日本被尊為醫聖，其醫術在民間廣為應用。清日戰爭中，日軍採取中西醫結合的醫療手段，發揮了重要作用。

2.5.02 平壤會戰後，被俘虜的清國傷兵在接受日軍醫療救護的情形。圖中顯示，十九世紀末，日本醫療已經開始應用歐美的吊瓶輸液技術。而清國醫療仍然停留在湯藥的階段。

近代意義的軍隊醫院。

　　戰爭中，西方紅十字會支援清國的活動受到日軍的關注和監督，曾派遣代表和醫師前往紅十字會醫院進行視察。紅十字會是民間的中立組織，醫療只限於人道意義上的救助，醫療規模和條件難以適應大批戰傷救助的需要。明治天皇早年曾宣佈加入國際紅十字會，因此戰爭中的日軍對西方人協助清國救死扶傷的行動表現出相當的寬容。遼河平原作戰期間，大本營派遣了一支特殊使命的醫療小組，前往西方人在營口設立的紅十字會醫院進行戰傷學研究。日軍陸軍的研究目的，是為了解村田步槍的實戰性能。軍醫小組在紅十字醫院詳盡調查了負傷清兵的傷口狀況。結果發現，大部分清兵的槍彈傷口在身體背部或臀部，身體前部中彈者非常稀少。這一調查結果和前線作戰兵士的報告研究表明，負傷清兵是在逃跑的狀態下，被敵軍槍彈命中的。按照村田步槍的設計性能，彈頭在 500 米至 600 米之間具有最佳穿透效果，而清兵的軟組織傷口內大多數留有彈頭，可見一些清兵是在逃至 1,000 米以上時，被無力的彈頭追傷所致。

　　清軍醫療制度上的缺陷，導致清國對日作戰中處於極端被動的境地。西方紅十字會奇蹟般的出現，對清軍而言，無異於雪中送炭。他們向清國人伸出援手而無所求，成為外來文明對封建王朝的一次道義上精神感化。然而，清國人卻沒有在他們的史書上，給為大清國作出貢獻的外國紅十字會留下感激的紀念篇章。

2 日軍戰場醫療

清日戰爭的戰場衛生，是日本近代第一次海外作戰遇到的最大課題。日本陸軍野戰衛生長官軍醫總監石黑忠悳，負責戰爭中野戰部隊的衛生事務，統理傷病者治療、送還後方、疾病防疫等職責。包括了衛生部人員調遣、醫療物資補充、恤兵團體的指揮監督、戰地各軍醫部編制下衛生部隊的指揮監督、內地部隊的衛生勤務和陸軍省醫務局間的統轄。

日軍軍醫指揮機構主要分類：軍軍醫部(第一、二軍司令部各一)；佔領地總督部軍醫部；台灣總督府陸軍局軍醫部；南進軍軍醫部；師團軍醫部；兵站軍醫部；威海衛佔領軍及混成第七旅團軍醫部。部門編制有：隊屬衛生員；衛生隊；野戰醫院(近衛、第一、第二、第三、第四、第六師團各設二所，第五師團設三所)；衛生預備員；衛生預備廠(每師團各設一廠，歸兵站部調遣)；患者輸送部(每師團各設一，歸兵站部調遣)；兵站部附屬衛生部員(分兵站監督附屬、兵站司令部附屬兩種)。

從1894年6月入侵朝鮮至1895年12月從遼東半島撤軍，在朝鮮、清國本土、台灣、日本內地的日軍部隊，共死亡20,159人，佔總兵員數285,853人的7%。海外戰役中，日軍共死亡13,488人，其中病死11,894人，佔死亡人數的88%。出戰部隊患者為171,164人(朝鮮22,061人、清國本土83,299人、台灣65,804人)。戰地入院患者為115,419人，其中送回日本本土治療的患者，朝鮮和清國本土共40,300人、台灣為27,300人。日軍在戰場上的非戰鬥減員比例之高，遠遠超出了日方的預想。

作戰部隊大量傷病死亡的原因，除了戰鬥中直接死傷外，大部分是因戰地氣候環境惡劣、居住狀況簡陋、清潔飲用水缺乏等因素引起的疾病造成的。尤其在朝鮮、遼東半島東南部、台灣及澎湖列島作戰中，部隊遭遇疫病襲擊的慘狀叢生，痢疾、霍亂、傷寒、瘧疾、腳氣等疾病給部隊造成大量的非戰鬥減員。陸軍在戰中發生意想不到的腳氣大流行，使戰爭中樞的軍醫總監，為明治軍隊創建軍醫制度的醫學博士石黑忠悳受到各方的批評指責。1897年石黑辭去醫務局長職務，但他創建的軍醫制度對軍隊的戰傷救治仍然發生舉足輕重的作用。

清日戰爭期間，日軍衛生系統的運作機制主要表現在以下方面。

戰地救護

戰地救護作業是戰爭中日軍最重視的戰場行為之一，救護行動不但可以挽救

2.5.03 旅順外圍土城子附近戰鬥，日軍先遣部隊遭到清軍的襲擊。激戰中日軍敗退，衛生隊用擔架搭載戰傷者倉皇撤出戰鬥。

生命，也能最大程度保護作戰部隊的有生力量，形成第二次投入戰場的後備軍。清日戰爭的戰地救護，是對日軍海外作戰機制的初次考驗。在陌生的作戰環境下，日軍龐大的救護、救助、救援機能，令歐美軍隊震驚不已。

（1）隊屬衛生員。隊屬衛生員在戰地開設臨時繃帶所，從事戰傷者初期的收治作業。臨時繃帶所的開設次數為：第一軍戰區 26 次、第二軍戰區 33 次、台灣戰區 36 次。戰鬥負傷者的運送，由輔助擔架卒和衛生隊擔架卒擔任，有時也有兵卒或軍夫協助運送。台灣戰場的小規模戰鬥比較頻繁，隊屬衛生員多隨作戰部隊轉戰，即時搬運傷員撤離。隊屬衛生員除了前線救助外，也負責傷者向後方轉移，在臨時開設的休養所內收治傷者，協助各醫院患者集中場所的檢疫等工作。戰爭中，日軍相繼在朝鮮發生痢疾；在清國本土發生霍亂、凍傷，在台灣發生霍亂、瘧疾、腳氣等疾病，隊屬衛生員日夜辛勞，救護出大量瀕臨死亡的病患。

（2）衛生隊。開設繃帶所救護從第一線轉來的傷病員，繃帶所規模較戰地臨時繃帶所大。日軍在朝鮮及清國本土作戰期間共開設 45 次，在台灣作戰期間共開設 25 次。朝鮮作戰時，因為缺少合適的房屋，繃帶所主要使用帳篷。在清國本土和台灣島，大多利用民居或寺院廟宇設所。繃帶所收容傷者最多的幾次分別是：平壤戰鬥，混成第九旅團收容 200 人以上，元山支隊百人以上；缸瓦寨戰鬥，收容數 200 人以上；蓋平戰鬥，收容百人以上。1894 年 12 月至翌年 3 月，遼東半島的氣溫降至零度以下，戰鬥創傷和凍傷引發傷口感染惡化，給戰地救護增加了預想不到的困難。衛生隊除救護傷病者外，還開設患者集合所，收集行軍途中的患者轉往後方，協助駐屯地野戰醫院、舍營醫院的勤務。衛生隊在清國東北的海城、貔子窩、普蘭店，台灣的基隆、台北、新竹、嘉義等地的野戰醫院、舍營醫院，有效發揮了戰場作業機能。

（3）野戰醫院。野戰醫院是大型戰地臨時醫療機構，在朝鮮和清本土作戰期間共開設 32 次，收容患者 5,011 人；侵台戰爭期間開設 5 次，收容患者 1,298 人。朝鮮作戰時，野戰醫院的設施條件以軍用帳篷為主，在清國本土和台灣大多利用民居或寺院廟宇作為醫院設施。第一軍鳳凰城、海城作戰時，戰傷者和凍傷者充滿野戰醫院，醫院同時分擔轉移患者的業務。為了解決患者收容困難的局面，野戰醫院增設了舍營醫院、避醫院、預治療所，協助收治重傷病患者。這種戰地臨時院所，在朝鮮和清國本土共設置 66 所，收容患者 23,049 人，收容規模最大的為鳳凰城、海城、蓋平的舍營醫院。台灣戰場的野戰醫院，在台北、基隆、新竹、鹿港、台南設置舍營醫院 15 所，收容患者 16,078 人，使傷患、病患收治的混亂局面得到緩解。

（4）衛生預備員。戰地道路交通不暢，受野戰醫院的委託，以兵站衛生編制的衛生預備員為基幹，開設了戰地定立醫院、兵站醫院、患者集合所，以支援前線、兵站、後方間的醫療衛生銜接業務。兵站內收容的患者，多數是戰地送來的因傷病失去戰鬥能力的患者，經前期救治處置後，再向後方轉移。定立醫院、兵

2.5.04 金州城北門內的日軍兵站醫院，集中了從前線送來的傷病員。兵站收容的傷兵，多數是失去戰鬥能力的患者，經前期救治處置後再向後方轉運。圖為日軍僱傭當地百姓的驢馬車，搭乘重傷員向後方轉移的情形。

2.5.05 金州第二軍野戰醫院收容了清軍俘虜中的大部分傷員。圖為野戰醫院內，正在接受救治的清軍傷員的合影。其中的少數病患是凍傷的日軍軍夫。

站醫院、患者集合所在安全轉移傷員的工作中發揮了重要作用。朝鮮戰役設立的定立醫院、兵站醫院、患者集合所合計 12 家，清國本土戰役共 9 家、台灣戰役設 3 家，總計收容、轉移患者 18,485 人。最高峰時，一家醫院收容、轉移患者達到 600 人以上。

(5)兵站部附衛生部員。由於兵站衛生勤務繁重，野戰衛生長官為兵站監部、兵站司令部的衛生預備員配屬了臨時兵站部附衛生部員。衛生部員主要是陸軍衛生部員、赤十字救護員、陸軍省僱傭的醫師及藥劑師，其總數達到 2,475 人。兵站醫院、患者休療所(患者集合所、患者宿泊所、患者修養所)的衛生部員，主要輔助衛生預備員完成收治部隊中的患者和向後方轉移的任務。

(6)患者輸送部。兵站休療所收容的患者經陸路向後方轉移的工作，由患者輸送部擔任。此類患者休療所在朝鮮和清國本土共設立 47 所，輸送患者 36,620 人。在台灣設立 8 所，輸送患者 10,305 人。患者輸送部同時擔任繃帶所、野戰醫院患者的轉移工作。

(7)看護婦(護士)。清日戰爭是日本婦女初次作為準戰鬥人員參加的戰爭。日本從軍看護制度創建於 1890 年 4 月，日本赤十字社看護婦養成所第一期錄取了 10 名女性學員入校。根據養成所規定，看護婦學習期 3 年，畢業後履行 20 年的應召義務，在此期間，國家有事時須響應赤十字社召集。後來，日本赤十字社女性應召義務年限短縮至 15 年，又再後縮短為 12 年。看護婦應召規則的效力，一直持續到日軍解體後的 1955 年 1 月 16 日(昭和三十年)為止。日本赤十字社看護婦養成所畢業生規定，平時可以在日赤醫院勤務或從事其他職業，戰時一旦收到召集狀，必須立即響應應召命令。實際上，戰時一些分娩不久，處於哺乳期間的看護婦，依然是在安置好嬰兒後應召出征的。清日戰爭中，日本赤十字社看護婦初次被陸海軍醫院召集，媒體為此大肆宣傳報道，讚譽為"日本婦女從軍"之壯舉，激奮的日本國民開始認知和接受看護婦這一新生事物。

日清戰爭期間，從軍看護婦應召647人，僅限定在日本本土陸海軍醫院供職，不赴戰場參加戰鬥。戰爭結束論功行賞時，由於從軍看護婦的優秀表現，也成為政府授勳的對象，看護婦作為一種新興職業人氣上升。1904年日俄戰爭，《日本赤十字社條例》修訂了日清戰爭第223號敕令，進一步明確了從軍看護婦的職責：(1)戰時幫助陸海軍衛生勤務；(2)陸海軍衛生勤務中有監督日本赤十字社的義務；(3)救護員嚴格遵守和服從陸海軍紀律和命令；(4)看護婦長為下士官待遇，看護婦為士兵待遇。從此日本婦女開始逐漸走向前線，成為支持戰爭的重要力量。

患者的後方輸送

戰爭中，向後方輸送日軍傷病員，是一項繁重的工作。由於戰場複雜的環境及交通設施的不健全，運輸部門面臨諸多的困難。清國本土缺乏優良的道路，部分地區可通過馬車，但道路顛簸、行進緩慢。朝鮮山多路險，患者運送主要靠人力擔架完成。台灣從基隆至新竹間通有火車97里，每日輸送能力十分有限，僅有50至100人，大多數地區仍要靠擔架或利用本地轎子運送。日清戰爭中，日本動員了所有的運輸手段、傾注全部力量，就是要將戰場的傷病員一兵一卒都運回國內治療調養，絕不把他們棄留海外。

1894年7月，朝鮮成歡戰鬥前後產生的傷病者，先在龍山集合，後送往仁川經海路送回日本國內。平壤戰鬥的傷病者，經由大同江送往旗津浦或萬景台，再轉海路送回。第一軍在義州、安州、鴨綠江、安東、鳳凰城的傷病者，集結義州，前往耳湖浦轉海路送回。第三師團的傷病者，送往停泊在大孤山附近海面的艦船上送回國內。12月中旬，遼東半島沿岸海面結冰，負責海路運輸的艦船被迫停航。戰場下來的傷病員和急劇增加的凍傷患者一時無法送歸日本本土，到1895年1月滯留在兵站區內諸醫院的傷病員增加到4,600餘人。為減輕救護壓力，病症較輕者被送往大連灣、貔子窩，與第二軍病患者會合，一同經海路送歸。這一狀況持續到三四月份，黃海北岸冰凍融化後，耳湖浦及大孤山的海路再開。隨着遼河平原會戰的進展，4月份營口港水陸運輸開始，各地傷病員在海城附近集合，前往該港乘船

2.5.06 日清戰爭中，日本實施了女性從軍看護婦制度。日本赤十字社看護婦初次被陸海軍醫院召集，媒體宣傳報道是"日本婦女從軍"的壯舉，激勵日本國民開始認知和接受看護婦這一新生事物。圖中是居住在朝鮮的日本僑民，志願組織的"篤志婦人"救護隊，在釜山兵站醫院從事醫療活動的照片。

返回日本。營口港原有的諸多設施，為傷病員周轉提供了便利條件。傷病員經該港返回日本的工作，一直持續到戰爭結束，日軍完全撤出遼東半島為止。

第二軍的兵站據點擁有良好的不凍港，大部分病患在第二軍金州作戰的登陸地點花園口、貔子窩、柳樹屯集合，乘船返回國內。1894 年 11 月下旬，旅順口陷落，日軍開通旅順港向國內運送旅順戰鬥傷病員的工作。12 月中旬，日軍籌備開闢山東戰場，從國內到來的諸多作戰部隊在金州登陸集結。由於霍亂猖獗肆虐，日軍在金州的登陸地變成了向國內運送病患的中轉站。山東威海衛作戰的傷病員，集中在崗山後和劉家台救治待命，南岸作戰取得主導權後，傷病員在陰山口乘船返回本土。隨着北洋水師投降，威海衛港成為轉運病患者的基地。侵台作戰期間，日軍澎湖島派遣部隊在途中發生霍亂等疫病，多人死亡；登陸後疫情愈加嚴重，死亡激增。一部分患者乘海軍醫院船從馬公港送回內地宇品港；一部分轉送台灣基隆兵站醫院。台灣戰場產生的傷病員，相繼在台南、安平、打狗集中，經海路返回內地。

日清戰爭期間，日軍自海外向國內運送病患者主要有以下港口。朝鮮：仁川、釜山、元山、旗津浦、南浦、漁隱洞、耳湖浦。清國本土：大東溝、大孤山、花園口、貔子窩、大連灣、旅順口、營口、威海衛、陰山口、龍睡澳。台灣：基隆、布袋口、安平、打狗、東港、枋寮及澎湖島馬公港。運送船隻包括以下幾類："普通運送船"，搭載輕症患者，配屬臨時救護員。"特設輸送船"，配屬常設護送員和衛生器材，可搭載重症患者。特設輸送船開戰當年僅一艘，後又增加一艘。"醫院船"，是在普通運送船內裝備醫療設備，可以實施複雜醫療手術的運輸船，從開戰至 1895 年 3 月，醫院船陸續增至 7 艘。

內地衛生

從戰地送回國內的傷病患者，收容在各部隊駐屯地治療。各留守師團司令部所在地和其他衛戍地，合計開設了 18 所預備醫院。為了解決預備醫院衛生人員的不足，特別從地方僱傭醫師、藥劑師、看護者，補充醫療醫護的人力。要塞部隊收容的患者，在橫須賀、下關、對馬設立的要塞醫院內治療。從戰地送回到國內的病患者，從宇品、門司、廣島、小倉上陸，臨時收容在預備醫院，後換乘火車或汽船，分送到各部隊所管轄的預備醫院。戰時，廣島的預備醫院收容規模最大，各院收容患者合計達 102,727 人。大部分預備醫院及要塞醫院的工作，一直持續到 1896 年才逐漸停止，廣島預備醫院的工作則延續到 1899 年。

衛生檢疫

清日戰爭戰地發生的傳染性疾病，造成日軍作戰能力急劇下降，部分病毒甚至被傷病員帶回國內，在民間廣泛流行，造成巨大的災難。開戰初期，日本國內開始流行霍亂，患病 56,000 人，死亡 39,000 人。戰爭中期，國內痢疾病爆發，全國患者 155,000 餘人，死亡 38,094 人。1895 年，開赴台灣澎湖列島的軍隊發生霍亂疫情，傳回國內的感染性病毒迅速擴大，造成病死 40,150 人。甚至日本在兩年前宣告消滅的天花病也再度復燃，患病 12,400 人，死亡 3,300 人。

面對嚴重傳染病侵襲的勢頭，日本政府動員全國衛生機構以及軍隊衛生機構，全面加強檢疫、預防、撲滅行動。軍方首先在海外關口設立檢疫所，對霍亂、痢疾、瘧疾、傷寒等傳染病進行檢疫隔離。戰地檢疫特設兩種類型的檢疫所，海港檢疫所和陸上檢疫所。日軍在清國開設海港檢疫所 4 所、朝鮮 5 所，主要負責對進出人員檢疫和對船舶的檢疫消毒，其中規模最大的是旅順口及大連灣檢疫所。陸上檢疫所，在清國開設 7 所、朝鮮 4 所。軍方同時在國內的下關、宇品、神戶三地施行檢疫工作。1895 年 6 月以降，似道、彥島、櫻島三地開設陸軍檢疫所，對凱旋部隊實施檢疫消毒，沿途所有火車站均設立檢疫所，屬行檢疫。凱旋部隊歸國實施嚴格檢疫制度的結果，使傳染病的患病率得到了有效控制。

民間救護事業

日清戰爭中"日本赤十字社"是活躍在戰場上的醫療衛生民間組織，在陸軍衛生部的指揮下，從事醫療救護工作。戰爭爆發時，該組織向陸軍省請願，獲得軍方

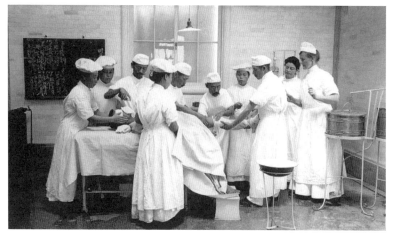

2.5.07 明治維新時代的日本醫療在西洋醫療技術的影響下有了迅速進步，各種歐美式教學給日本提供了大量優秀的醫師、看護婦。大量醫護人才的出現，滿足了戰爭醫療的需求。

許可，社內救護員分派本土陸軍預備醫院或隨陸軍前往戰地醫院服務。救護員在野戰衛生長官的指揮下，依照戰時衛生勤務令的條例從事本職工作。最初，負責國內勤務的救護員被派往廣島預備醫院，後隨着各地預備醫院的設立，相繼配屬各醫院協助工作。赤十字社救護員同時負責給清國俘虜中的患者治療。負責海外勤務的救護員分海上和陸上兩種，海上救護員配屬在患者輸送船上，協助陸軍省僱員負責運輸船上的船員、搭乘者的醫療工作。陸上救護員配屬第一軍仁川兵站醫院、清國各地兵站醫院履行職責。戰爭期間，日本赤十字社派遣的衛生勤務救護人員總計1,373 人。旅居朝鮮釜山、元山、仁川的日本僑民各醫院，院長及職員共計 22 人為軍方患者提供收容、醫療、護理等服務，也有一定數量的日本居民，組成志願人員參與傷病者的護理工作。1895 年 4 月，日清兩國簽訂《馬關條約》，6 月起赤十字社派遣勤務漸次取消，7 月至 12 月全部救護員從清國撤回。

馬匹衛生

日軍在戰爭時期的馬匹衛生沿襲和平時期的管理條例。1894 年 8 月，朝鮮釜山附近發生牛瘟疫，陸軍省立即派遣課員和數名獸醫加強對牛馬的衛生管理，防止用於軍需運輸的牛馬發生死傷減員。陸軍省課員對軍馬衛生、軍馬醫療、鐵蹄材料等進行詳細調查，同年制定實施冬季軍用馬匹防寒用毛毯的供應。各師團司令部、兵站監部、獸醫部，對馬匹衛生直接進行指導監督，各乘馬部隊附屬的獸醫負責馬匹日常診療管理。野戰部隊的馬匹傷病最多的是鞍傷，朝鮮戰役中，鞍傷佔患馬的 4.18%；清國本土作戰中佔 20.34%；台灣作戰中佔 12.6%；諸種消化不良及呼吸疾病的發病率次之。台灣戰場馬匹發病率較高的還有皮膚病，佔患馬的 2.5%。其他病患如咬傷、踢傷、頭絡傷等外傷，佔全患馬的 9.0%。馬匹腺疫主要流行馬匹特有的細菌性傳染病，如鼻黏膜、喉頭黏膜等的炎症引起發熱或淋巴結腫脹化膿。國內馬匹患病率佔全部患馬的 6.83%；清國則佔 3.99%。日軍對馬匹疾病主因的研究表明，朝鮮及台灣作戰是夏季，馬匹過度疲勞、體力減弱，易引起感染和並發症。而在遼東半島及山東戰場作戰時，處於冬季，馬匹的健康狀況就較好。清日戰爭全戰役期間，日軍患馬累計 54,532 匹，其中發病後殺死 8,994 匹，戰鬥死傷 207 匹，其中死 97 匹、傷 110 匹。

戰地屍體處置

清日戰爭雙方的傷亡數都超過萬人以上。清軍死亡推計 25,000 人；日軍死亡 13,488 人；軍夫陣亡約 7,000—8,000 人。戰地屍體處理是維護戰場衛生、防止疾病擴散的重要一環。日軍對戰地戰死者和病死者的處理，採取在各戰場附近和宿營地附近，開闢臨時墓地埋葬的方式。根據戰場條件，分別有土葬、火葬、水葬，對應不同的官階，設立不同等級的墓標。清日戰爭之初，安葬陣亡者時舉行軍隊會葬儀式；戰爭中期，政府批准本國的僧侶、神官從軍，協助葬儀。陣亡者的葬儀採用符合日本人信仰的宗教，由各派僧侶以誦經法式舉行。

對敵國戰死者的屍體處理，日軍沒有採用規定的對死者階級、姓名、年齡進行識別和登記造冊的做法，通常在戰場附近合葬，並建設墓標。金州和旅順戰鬥中，戰死清軍以及被虐殺的平民數量極多，而在冬季進行土葬需要耗費很多勞力，故日軍改而採用大規模火葬的方式處理屍體。處理屍體時，衛生方面的處置尤為縝密，必須在屍體表面施撒石灰後掩埋，以抑制瘟疫擴散。

日清兩軍凡有過戰鬥的地方都有日軍臨時墓地安葬陣亡將士，從朝鮮到清國到處可以看見日軍墓地的標記。《馬關條約》簽訂後，如何對陣亡者墓地進行保護的議論沸起，日本政府決定將安葬在海外的日軍遺骨全部運回國內改葬。對此，遼東半島佔領地總督部、山東威海衛佔領軍司令部、朝鮮南部兵站監部，全面收集土葬者的屍體進行火葬，將遺骨送回國內，在政府規劃的陸軍墓地改葬。依照遺族家屬的請願，在陸軍墓地可以建設自己家族的墓標。1896 年，日本政府在台灣為作戰死亡者的遺骨，統一建立了永久安葬墓地。

戰爭俘虜

十九世紀末期的清日戰爭，發生在近代文明啟蒙的時代，清日作為東亞兩個政治經濟大國，都是西方世界關注的國家。清國承襲了華夏文明的歷史，日本脫亞入歐習得了歐洲的文明，兩國都自我標榜代表了東方的文明。然而不期而來的戰爭，赤裸裸暴露出兩國非文明的一面，最終都受到世人的指責。

1　清國俘虜觀

在華夏數千年的歷史中，俘虜的地位極其卑賤，俘虜身份等同於"死亡"和"奴隸"，是可以被任意處置的對象。"俘"乃軍之所獲，"虜"為奴僕也；"虜"後來用於貶稱北方外族，稱其為"韃虜"，一度成為中原漢民族驅逐的目標。清代的俘虜文化史可謂惡貫滿盈，滿洲人為征服中原，肆意濫殺了成千上萬的華夏子民。野蠻的屠俘文化同樣影響到後來清軍中的漢人綠營兵，屠俘、屠城在清兵的屠刀下順理成章，沒有了罪惡感。

清日戰爭的時代，清國朝廷沒有加入國際紅十字會，也不懂近代國際上對待俘虜的公約。戰爭中，清國各地公佈懸賞佈告，鼓勵清兵殺敵，取敵頭顱邀賞。朝鮮平壤會戰，日軍繳獲清軍葉志超軍和左寶貴軍丟棄的懸賞狀，文中稱："奪獲洋槍一桿者，賞銀 12 兩；槍斃倭賊一名割取首級者，賞銀 30 兩；生擒倭賊者，賞銀 60 兩。"江南機器局懸賞佈告："捕獲日本間諜者 100 兩，捕獲通敵清人間諜者 50 兩，密告日本間諜居所者 40 兩，密告通敵清人間諜居所者 20 兩；捕獲日本軍艦一艘者 10,000 兩，破壞日本軍艦一艘者 8,000 兩，捕獲日本商船一艘者 5,000 兩，取敵兵首級一枚者 50 兩。"上海知縣照會南洋水師懸賞告示："奪取軍艦一艘 50,000 法郎；擊毀軍艦一艘 30,000 法郎，奪毀運送船一艘 10,000 法郎，奪毀小艇一艘 500 法郎，殺死將校一名 200 法郎，殺死日兵一名 100 法郎。"

懸賞佈告一度激發起士兵殺敵的熱情，但沒有從根本上解決軍隊的戰鬥意志。在戰場上屢戰屢敗的狀況下，士兵萌發出扭曲的復仇意識，開始用變態殺戮的方式向敵軍傳遞復仇的訊息。朝鮮戰場繳獲清軍文書中記載："上月初十日，左軍偵察兵與倭探兵遭遇於中和，位置距平壤四十清里。我兵成功伏擊倭兵，敵受傷者十數名，殺斃七名，活捉一名。審訊該倭兵俘虜，其手書姓名西北平，然日

2.6.01 平壤會戰中清國俘虜被關押的情形。俘虜雙手被捆綁，着裝已經不是軍服，日軍看守混在其中。關押期間，俘虜營內發生了殺傷日軍守衛的越獄事件，被日軍鎮壓。

軍進攻牙山之部署事未肯寡吐，是日下午遂梟。”

　　日本陸海軍內部戰報記載：“旅順附近土城子戰鬥中，我偵察小隊 11 名士兵與敵遭遇，為不做俘虜，皆自決陣亡，清兵對我兵施以無人道之屠屍。搜索中發現中萬中尉的認識牌，頭顱和身體被分離，兩腕被切斷。其餘士卒戎裝物品亦被盡數掠去。屍體多處屠刀毀壞，割首裸足。屍體棄於路邊，其慘狀令人悚然……”“我軍攻入旅順口後，襲擊了毅軍左營，舍內一片狼藉，一隅發現數具日本兵屍體，背囊和槍劍丟棄於側，血流凝固，腹背多處留下被刀劍反覆刀刻痕跡，屍體丟棄於柴禾堆內。”日本 2 月 13 日新聞報道：“清軍在距芝罘南六十清里處，俘獲日本前哨騎兵 23 名，有電報請示如何處理，巡撫李秉衡下令一律就地梟首。”

　　隨同第二軍旅順作戰的從軍攝影家龜井茲明，1899 年 7 月 10 日出版了一部《從軍日乘》，書中記述了一段日兵陣亡的現場：“我十數名戰死者的首級，悉數被敵兵奪走。大多數砍斷左手，割去陰莖；中有削掉鼻子，剜出眼球者，剖開的腹內充有碎石。一騎兵喇叭卒，四肢和頭顱被砍斷，腹內填入石塊，陰莖割斷，睾丸亦被取出。徐家窰一民家院內的玉米秸下，一名身着我兵服布片的兵士，被斬斷右臂，腹部橫斷，睾丸剜除，陰莖的龜頭割掉……其殘忍酷薄之狀，令人皆裂扼腕、悲憤填膺。我兵見者、聞者無不義憤激昂，對清兵復仇氣焰盛上。”

　　清國懸賞佈告公開鼓勵兵勇割敵兵首級請賞，刺激了日兵對清兵的恐懼、仇恨和強烈復仇心態。山縣有朋司令長官向遠征兵動員時表示：“清兵之殘忍，寧可

2.6.02　平壤會戰的被俘清兵，因殺死看守圖謀越獄，激怒了日軍，對參加越獄的 60 名俘虜集體砍頭處死。此殘暴的虐殺事件，在日本近代史上被刻意遮掩，日清戰爭最權威的統計資料也表述含蓄。這幅收藏在美國波士頓美術館的"暴行清兵斬首圖"，曾經在美國大學的網頁上貼載，並未作圖示解說，被認為是宣揚帝國主義和民族差別的行為，遭到中國留學生的強烈批判。

玉碎不做俘虜。"這使得戰爭中日本兵被生擒者數量很少。清軍沿用古代俘虜處刑的極端方式，亦成為引發日軍對旅順口軍民屠城報復的重要原因。1895 年 8、9 月間，清日兩國履行《馬關條約》規定，在清國新城和乾線堡交換戰俘。但未加盟國際紅十字會條約的清國軍隊，早已在戰爭中按照懸賞條例，將多數所捕日軍俘虜就地處決。

　　清日戰爭中的清國軍隊也曾有過戰爭文明的稱頌。1895 年 2 月 5 日夜，威海衛戰鬥進入白熱化階段。日本聯合艦隊魚雷艇潛入劉公島灣內襲擊北洋艦隊，被清國軍艦和岸炮發現，立即遭到猛烈炮火的轟擊。日艦 9 號、8 號、14 號魚雷艇被清軍炮火擊傷，或沉沒或擱淺，敵兵逃跑時遺棄數具戰友的屍體。此時，清國旗艦"定遠"不幸被敵魚雷艇發射的魚雷命中，艦體損傷，大量進水。翌日，丁汝昌接到繳獲敵兵屍體和破損艇的報告。面對"定遠"艦被日軍炸毀，義憤填膺的水兵要求處分敵屍。丁汝昌表示："此雖敵國士兵之屍，亦係忠勇之士，理應以禮相葬。"丁提督說服部下，按照清國典式特制棺槨，鄭重其事地將他們埋葬在劉公島。日本人後來有評："丁汝昌實乃文明忠義之士。"

2　日本俘虜觀

　　近代國際法確立以前，史稱"旅順大屠殺"、"旅順慘案"。1894 年 11 月 21 日，日本第二軍攻陷旅順口後，第一師團長山地元治為給遭到清兵殺害的日兵復仇，下達了對清兵格殺勿論的命令。復仇行動在城市內瘋狂展開，全城百姓都受到株連。日軍對旅順持續了 4 天 3 夜的搶劫、屠殺和強姦，估計死難者約 2 萬人。日軍濫殺無辜的暴行受到國際輿論的譴責，野蠻行為給自譽文明的軍隊留下了歷史汙點。

1894 年 8 月 1 日，日清兩國宣戰；8 月 4 日，明治天皇頒佈第 137 號敕令《帝國內居住的清國居民保護令》，規定"凡有固定住所，居住在日本的清國國民，只要遵守法律，服從裁判所管轄，從事和平職業，其身體和財產將受到法律的保護。"日本和清國雖然變成敵對國家，但是社會和政府繼續允許旅日清國人擁有正常生活和工作的自由，允許居住日本的清國人往來於日清兩國之間，甚至允許日本人與清國人通婚，允許關押在日本的清國俘虜與國內親屬書信往來。明治政府在國家文明準則規範下，給予敵國人民應有的人權尊重。

在清日戰爭中被日軍押回日本的清國俘虜登記簿上，有近千人的記錄。這些俘虜主要來自：豐島海戰"操江"艦降兵、朝鮮戰場俘虜、金州旅順戰場俘虜、威海衛戰場俘虜。將大量外國俘虜押往本國，是日本歷史上第一次嘗試，企圖充為人質或用於談判桌上的籌碼。但對當時的清國朝廷而言，在每戰必敗的混亂戰局下，根本無暇顧及戰俘的命運，清國戰俘猶如被遺棄的孤兒飄落異邦。

1894 年 8 月 23 日，陸軍大臣公佈戰爭俘虜處理規則。俘虜收容分成"內地收

2.6.03　朝鮮大院君親日政權全面協助日軍對清國軍作戰。圖為由朝鮮兵協助看押的清軍俘虜。一向膽小懦弱的朝鮮兵，在日軍庇護下，變成了仗勢欺人的幫兇。

2.6.04 外國隨軍記者的手繪圖。平壤會戰的清兵俘虜正在被日兵押解前往日本本土。俘虜面容憔悴,充滿了不安、恐懼的神情,不知道等待他們的將會是怎樣的處置。

容"和"戰地收容"兩種方式。內地收容所設在各地的寺院,每個寺院安置俘虜百人以下。安置待遇依照日軍軍階的標準,按等級區分清軍將校、下士、兵卒的居室飲食。俘虜分成班組,選定組長協助管理俘虜的日常生活。俘虜中的傷病者由各地陸軍預備醫院、日本赤十字社救護員負責治療,痊癒者出院後仍回到指定的收容所。死亡者按照軍人待遇安葬在陸軍指定的區域,墓碑的建造,以日本陸軍將校下士卒的規定為基準。俘虜的被服寢具配給,從軍需倉庫的庫存中調撥。飲食營養供給,適用《陸軍給予令》第九章規定的標準,將官 24 錢,上長官、士官、準士官 18 錢,下士以下 16 錢;其他生活必要的消耗用品,採用現物支給的方法。各所配備若干衛兵,負責收容所的警戒、保安等管理事務。配置醫務員負責收容所的日常衛生和健康管理。允許俘虜與國內家人通信,提供信件接收發送的方便,但信件內容需要經過檢查,確定對日本安全無害方可放行。

戰地俘虜收容所的建立是在清日馬關會談期間,李鴻章遇刺負傷後,兩國簽署休戰條約之時。日本決定暫時停止將清國俘虜送往日本的計劃,改在遼東半島日軍佔領地內設置臨時收容所。如果兩國不能簽下和約、恢復和平,臨時收容所的俘虜再轉送日本。日本佔領地設置的俘虜臨時收容所,稱"海城停留所",所有關押的俘虜由佔領地總督部監管。1895 年 5 月起,海城停留所的俘虜待遇,一律按照本國在押俘虜的標準給予。

清日戰爭期間,清國海陸軍被俘總計 1,790 人、戰傷及患病者 326 人、重症治愈者 231 人、不治死亡者 55 人。依據《馬關條約》第九條,兩國交換戰俘。1895

2.6.05 日本對清國俘虜施以人道義務，在收容設施、醫療救助、公共衛生、膳食營養、書信往來、宣教普度等方面，給予寬容待遇。圖為清軍俘虜前往寺廟觀賞櫻花的場面。

年 8 月 18 日，日本派遣運輸船 "豐橋丸" 前往清國直隸省新城，送還收容在日本本土的清軍俘虜 976 人（在此之前，清國在天津的日本領事館先行移交日本俘虜若干人）。9 月 1 日，兩國在清國盛京省的乾線堡第二次交換戰俘，日本交付海城俘虜收容所收容的清軍俘虜 598 人，清國移交日本戰俘 11 人（士兵 1 人、軍夫 10 人）。

日軍在戰爭中按照國際紅十字會公約，對清國俘虜施以人道義務，在收容設施、醫療救助、公共衛生、膳食營養、書信往來、宣教普度等方面給予寬容待遇。這對不甚了解國際紅十字會公約的清國軍人來説，顯然感到震驚。在得到人道救護時，驚異之下落淚者有之，合掌作揖施謝者亦有之。俘虜收容所裏的清軍官兵，紛紛讚歎日本給予的寬大待遇。戰爭中跟隨日本軍隊的諸外國觀戰武官和採訪記者，也向國際媒體報道了日本軍隊的文明表現。

日本在履行國際公約義務文明施善的同時，軍隊也暴露出殘忍的一面。事實上，從戰爭初期開始，國際社會就對標榜文明國家的日本之所為抱有諸多疑問。最引人注目的是豐島海戰、朝鮮戰役俘虜集體處刑、旅順口虐殺事件。

豐島海戰是標誌清日戰爭開始的第一戰。1894 年 7 月 25 日，日本聯合艦隊擊沉了一艘滿載清軍士兵的英籍運輸船 "高陞號"。當船體中彈下沉時，清軍水兵紛紛落水逃難，日艦非但不營救落水者，還向已經失去戰鬥力的清兵射擊，公然違背國際紅十字會憲章，喪失了文明軍隊的基本道德。一千餘名清軍官兵葬身海底，船內供職的四名馬來西亞人也遭到相同命運。濫殺事件的責任者 "浪速" 號艦長東鄉平八郎，卻以此為榮，毫無憐憫之心，日俄戰爭後居然無限榮光地成為日

訓令乙第六號

明治二十九年十一月十五日勅令赤十字條陽ノ儀ハ

軍人軍屬ニ在テ最敖要ノモノニ付解釋ヲ容易ナ

ラシメ為メ注釋ヲ加ヘ別冊頒布候條過ク熟讀

格守ス可シ

但豫備役後備軍現員兵員ニ在テモ本文同樣熟

讀恪守セシムル儀ト心得可シ

明治二十年四月二十三日

陸軍大臣伯爵大山

巖

2.6.06 陸軍大臣大山巖發佈訓令。要求軍人軍屬、後備役人員熟讀"赤十字條約",恪守條約宗旨。訓令附文中尤其提到,對俘虜的仁慈人道義務。

2.6.07 為躲避日軍,清兵隨身的行囊內大都事先預備普通百姓的衣服,在逃跑時換裝混入百姓之中。圖為金州戰中被俘的穿百姓服裝的清軍士兵。

本海軍的軍神。

朝鮮平壤戰役,清軍被俘513人,朝鮮兵被俘14人。部分被關押的俘虜殺死看守,圖謀越獄,但行動很快被日軍鎮壓。越獄事件激怒了日軍,對參與越獄的俘虜嚴加追究,60名俘虜被日軍集體砍頭處死。

旅順口虐殺事件,史稱"旅順大屠殺"、"旅順慘案"。1894年11月21日,日本第二軍攻陷旅順口後,第一師團長山地元治為給遭到清兵殺害的日兵復仇,下達了對清兵格殺勿論的命令。復仇行動在城市內瘋狂展開,全城百姓都受到株連。日軍對旅順持續了4天3夜的搶劫、屠殺和強姦,估計死難者約2萬人。日本軍濫殺無辜的暴行受到國際輿論的譴責,野蠻行為給自譽文明的軍隊留下了歷史污點。

明治維新的軍隊被史學家評價為,具備文明素質的國家軍隊,日本自主強調效仿西方軍隊的文明善待俘虜。雖然在擊沉高陞號事件、平壤會戰處死越獄俘虜、旅順虐殺等問題上,受到歐美諸國的譴責。但是在戰場上救護俘虜、俘虜營中對清兵優遇、戰後俘虜全員返還、陣亡俘虜埋葬立碑等,履行國際紅十字會憲章的精神,得到了歐美諸國的稱讚。時光荏苒、百年長夢,至今在日本的土地

2.6.08 日本旗艦“松島”押解北洋艦隊的軍艦，從威海衛駛抵日本宇品港。清艦編入日本艦隊。照片自右的軍艦分別是：平遠、濟遠、松島、嚴島。

上，仍然保留着許多在清日戰爭中死亡的清軍俘虜的墓地。

隨着日本人在亞洲的崛起和戰爭的日益擴大，日本的勝利徹底改變了日本人的“他國觀”，自認大和民族是優於亞洲其他民族之上的優等民族，而他國人都是劣等的野蠻人，因而在對待戰俘問題的立場上發生了極端轉化。日本的昭和軍隊，徹底褪去了明治軍隊倡導的文明精神，在對待各國戰爭俘虜問題上，骨子裏透出了野蠻的民族劣根性。

3 日軍俘虜收容狀況

赤十字社俘虜宣傳單

我國古來與外國交戰，善待敵國俘虜和負傷者，久有世論記載。天皇陛下佈告本邦加盟赤十字條約，其主旨即教育我軍人遵守、善待、愛撫敵傷兵及放下武器之敵。戰是國與國之戰，非個人間的相互仇恨。敵傷兵、病兵、降兵的救護和仁愛心，此乃必遵文明之公法。即便對敵將之屍，也須以官禮相待。天皇陛下的軍人，剛勇和仁愛之行為須受到表彰。

俘虜配佈

國內俘虜收容所指定：東京、佐倉、高崎、豐橋、名古屋、大津、大阪、姬路、廣島、松山、丸龜等所。收容所須按規定修繕營舍、提供被服、日常用品。負傷俘虜由最近的陸軍醫院收容治療，或赤十字醫院醫護。醫院內死亡之俘虜，可埋葬在最近的陸軍墓地內，各地俘虜收容所相同候也。

2.6.9 修復後的鎮遠號被編入日本艦隊，仍然保留鎮遠號的艦名。十年後，鎮遠艦參加了日俄戰爭。照片是鎮遠艦抵達日本軍港的情形。

赤十字醫院俘虜救護員任命

理事員1人、醫長1人、醫員1人、助手醫員2人、藥劑員1人、會計1人、看護婦10人、看護夫6人、使丁2人。

俘虜收容所管理報告回覆

(1)俘虜使用之被服，從軍需庫的古品中支給。(2)雨具外套中古品支給，不足分支給傘或桐油布。(3)清國人的辮髮斷剃，可以各自隨意。(4)暖爐或火鉢按軍隊配置支給。(5)飲食炊事、室內外、浴室、廁所的掃除，衣物洗滌，俘虜內自行管理。(6)死亡者墓標記載文字，可在名字後添加俘虜，或俘虜二字消去。(7)俘虜從本國穿來的污穢被服，清潔後可永久保管，或根據本人意願破棄賣卻。

陸軍省俘虜物品贈與答覆

日本居住外國居民時有向俘虜贈送文房用具、手絹、拖鞋、內衣褲等類日用物品的情況，根據吾國軍紀規範，在允許的範圍內許可。

真言宗俘虜撫恤使派遣願

叡聖至仁的大日本皇帝陛下，1864年大日本國加盟日內瓦赤十字條約，對無加盟清國一視同仁，數百名清國俘虜配置全國各地救護，聖恩感激涕零。茲我佛教最慈悲普及怨親平等，清人俘虜亦屬人類之同胞，願向他們的病苦幽鬱慰問撫恤。陛下博愛，本宗懇諭宗教慈悲，派遣俘虜撫恤使，向全國各地俘虜演說佈教愈愈感化，並惠與若干物品，奉請願候也。

淺草本願寺俘虜收容

12月28日清國俘虜179名（內將校3名），淺草本願寺到達收容。俘虜患者的治療由本願寺近旁的部隊軍醫往診，或囑託市井醫師治療，月囑託金10圓以內，藥劑費實費支付，特此申請候也。

淺草本願寺俘虜收容所參觀願

眾議院議員提出俘虜實見申請願，許可資格及入場券發給候也。復申請之趣意，留守第一師團司令部發出參觀證二百張，請查收。俘虜收容所之參觀須知事項：(1)俘虜收容所之參觀需向留守第一師團司令部申請批准。(2)參觀者須向收容所衛兵出示參觀認可證，聽從管理者的指揮。(3)依照管理者的安排參觀，因故也會有謝絕或中止參觀的情況。(4)不得有無禮的行為。(5)參觀中必須肅靜。(6)沒有管理者的許可，不能隨意講話或贈送物品。(7)收容所內不能攜帶手杖或雨傘等物件。(8)參觀結束後認可證須交還大門哨兵。

俘虜體格檢查

俘虜體格檢查在衛生面，是必不可少的要件。遵照軍醫官的

2.6.10 清國軍艦上的神龕和官印。神龕是清國人用來供奉神像或牌位的小閣。北洋水師每條戰艦上都設有神龕。圖為日本元寇史料館陳列的鎮遠艦上的神龕和官印。

2.6.11 日軍繳獲的清軍炮械等戰利品被運回日本國。圖中的十五厘克式加農炮集中放在修理所庫房，準備起運日本。

2.6.12 清日戰爭中，日軍繳獲大批清國武器，包括德國造克鲁伯山炮、野炮、加農炮、加特林等各類炮械的炮彈。

2.6.13 清日戰爭永眠在日本異鄉的清軍俘虜墓碑。圖為大津陸軍墓地，與日本軍人並列的清國俘虜墓碑。"清國"二字下面，原為"俘虜"二字。太平洋戰爭日本戰敗後，被用水泥填蓋。

提案，通達各俘虜收容所實施檢查。檢查實施時通知上方，醫務局也派遣員參加。

俘虜將校死亡埋葬的件

目下清國俘虜一名，將校相當官職位者，病危至急，上官指令安葬的標準和費用。

回覆：申請之趣意，可按陸軍準士官埋葬標準，金 20 圓實費支付。

俘虜實況攝影願

目下在東京及松山、佐倉、高崎、豐橋、名古屋、大津、大阪等清人俘虜收容所，受到我仁義仁慈之報道多見於新聞報道。然文字報道無充分之信用，浮說者云云甚為憾事。近來歐美各國及清國運用新式寫真版登載報刊，新聞效果甚為優佳。故懇請陸軍大臣許可攝影，奉懇願候也。

回覆：申請之趣意，關於俘虜攝影的件，攝影計劃實施須事前向俘虜所在醫院、收容所提出申請，得到許可通知後，由該當部門提供實況攝影方便，特通牒候也。

戰場軍紀

1 清軍戰場軍紀

　　清日戰爭，清國軍隊和日本軍隊最初的陸地戰鬥，發生在朝鮮的成歡鎮。激戰中，清軍聶士成部不敵日軍攻勢，隨即出現大面積潰退。日軍在成歡戰地收繳到聶士成部隊遺棄在兵營內的若干文件，其中一件是總兵聶士成頒佈的"入朝軍紀綱"，軍紀綱題頭：統領蘆台淮練防軍記名提督山西太原鎮總兵聶示，全文如下：

　　大兵入境，諭示尚民，各安其業，毋得恐驚，兵勇購物，照給錢文，秋毫無犯，體恤下情，如有騷擾，喊稟來營，從重究治，決不稍輕，高抬市價，示違重懲，特以曉諭，各宜凜遵。奉憲檄飭，防營遠征，保護藩屬，守衛商民，自行軍旅，紀律嚴明，今入朝鮮，軍令重申，購買物件，照給錢文，如有騷擾，或犯別情，軍法從事，決不稍輕，諭示兵勇，各宜凜遵。

　　從入朝軍紀綱可見，清將聶士成嚴令治軍，約束部下將士收斂惡習，在他國領土上做文明仁義之師。但是長久以來，清軍在和平環境中已經養成諸多不良秉習，臨時嚴肅軍紀，很難在短期內改變軍人的積習。據記載，從山西大同鎮調往東北的部隊，從長官到士兵多有鴉片煙土之癖。軍服腰帶間經常斜插煙槍一枝，俗稱"雙槍軍"，見者無不噓之有聲。在平壤城南門外，開設了四間臨時鴉片煙館供清軍將士享用。煙館的經營者楊得山來自鳳凰城，據他統計，每館平均一日消費煙膏 30 兩以上，接軍客 600 餘人。

　　7 月 28 日，清軍成歡首戰潰敗，丟棄輜重糧草向北潰逃，軍紀已經無法約束急於奔命的部隊。29 日，逃至新昌的葉、聶兩軍，因糧草短缺，開始搶劫當地百姓的糧食和財物。期盼清軍驅逐倭寇的朝鮮百姓，現今卻苦於清兵的掠奪，被迫四處逃難，躲避災禍。平壤戰鬥中，清軍各路人馬堅守城池抗擊日軍，都統葉志超卻臨陣怯敵，主張放棄城池向國內退軍，趁夜色倉皇離城，丟棄大量軍糧輜重。一萬多兵馬的大軍於次日即發生糧草短缺事件，各路部隊在潰逃途中反覆搶掠百姓米糧錢財，民眾悲涼無靠、哀歎備至。

　　日本公文書館的館藏資料中經常出現清將葉志超之名，因為葉志超是清軍在朝鮮與日軍初次交戰的將軍。日軍以敗將相稱，曰其"作戰怯懦，無軍人之驍勇"。亦云："成歡戰中，葉將坐視聶軍於不利，避敵遁逃；又謊報斃敵兩千，騙

239

2. 7.01 李鴻章要求入朝清軍部隊嚴肅軍紀，對當地民眾施以仁義。圖為日軍攻破成歡，總兵聶士成部敗走時，丟棄在營中的入朝軍紀綱。此為日軍抄錄版本，註有譯文假名。

取朝廷賞銀和榮昇平壤軍都統之職。葉將平壤戰役瀆職戰敗，力主退兵。夜中棄城逃跑，被我軍埋伏襲擊，遭受重創。該將無視屬下兵勇在逃往義州的沿途，擾民強搶劣跡斑斑……。"類似記錄在各種資料中不斷出現。日軍繳獲的清軍文書中曾發現李鴻章通報葉志超的文件。李鴻章怒斥葉志超："從義州至平壤之間，清兵沿路燒民房、搶掠財物，亂暴之極。朝鮮百姓被迫逃難各方，清軍連僱用當地民夫也成了難事。"李鴻章命令葉志超及各將統領，嚴厲禁止擾民事件的發生。10 月，日軍佔領鴨綠江九連城及安東縣，在清軍棄營中發現了被清軍官方收繳的，清兵在朝鮮搶掠的各類錢幣，韓錢 4,787 貫 392 文；銀塊 32 貫 200 目；日本紙幣 5,995 圓。其中還有李鴻章的信箋，文中稱："根據日前視察委員的稟報，在平壤至義州的數十里間，朝鮮商民驚恐清軍，四處逃避，竟然連地方官吏也匿藏起來。前回大軍通過時，清兵或掠奪財物或搶佔婦女，或放火燒屋或打碎鍋碗瓢盆，其行徑簡直令人髮指。"文件中也有朝鮮人的投訴狀："清軍把軍馬放養在耕種的田地裏，肆意踐踏蹂躪莊稼穀物，使我農家無法向朝廷交納供米。清兵還闖入民家破壞門窗，拔劍橫刀威脅百姓，掠奪什器，抓走耕畜家禽，苦不堪言。"

在繳獲的清軍文書中，有一封葉志超給左寶貴的信箋，信中謊稱成歡戰鬥大捷，"7月28日夜，倭兵來襲，雙方激戰兩三小時，迫使敵兵敗退。聶士成等眾將追敵於兩山之間，斬殺倭兵一千餘人。次日天明，突然一萬六千敵兵從四面圍攻而來，我方開炮猛轟，再次出擊追敵。然敵軍熟知地形，攻擊我兵，造成眾多死傷。我兵兩營埋伏天安一帶，敷設地雷欲誘敵一戰，卻因韓人奸細甚多，作戰行動被敵探知未得成功。來自釜山增援之敵對我夾擊，斷我退路，我軍數千將士孤懸海外，呼天不應。無奈我軍且戰且退，向忠清方向撤退，翻過險峻山道到達平壤。本戰鬥我軍傷亡200餘名。"鴨綠江九連城戰後日軍收繳的文書中，有葉志超誇大成歡戰績的上

2.7.02　聶士成行伍出身，清日戰爭前任山西太原鎮總兵。清日戰爭初授命赴朝圍剿朝鮮東學黨農民軍，後轉化成對日作戰。因受制於統帥葉志超，成歡之戰無援潰敗，遁退平壤時所部沿途騷擾百姓，令李鴻章震怒。

奏文："我軍佔據有利地形，各營兵勇奮勇鏖戰，放發地雷與敵血戰六小時，倭敵死者約一千七百人，我軍將士傷亡亦達數百之多。"葉志超成歡戰的上奏得到朝廷嘉獎，李鴻章傳達上諭，獎賞葉志超軍白銀兩萬兩，任命葉提督為平壤各路清軍兵馬之統帥。

　　清兵在鄰國不文明的行為，成為朝鮮百姓仇視清軍，轉而歡迎日軍的重要原因。此事驚動了清國朝廷，百餘官吏大員聯名彈劾李鴻章，追討朝鮮戰敗的責任。彈劾上疏書中羅列清軍在朝鮮會戰潰敗時，提督葉志超、總兵衛汝貴所轄部隊沿途騷擾百姓姦淫掠奪，給朝鮮民眾帶來苦難之罪名。一支請來剿賊之師卻是一群虎狼大盜，損害了大清國形象和皇帝的尊嚴。朝廷震怒之下，嚴令查辦首犯葉志超、衛汝貴等人，械送回京。葉志超被刑部定罪，判"斬監候"。衛汝貴在平壤軍紀惡劣，於中軍帳狎妓宴樂，營哨官亦相互效仿。戰鬥中衛汝貴臨陣怯敵，平壤敗逃時又縱容兵卒強佔民房、搶掠財物，留下惡名。1895年1月15日，清廷發佈上諭："衛汝貴平日待兵刻薄寡恩，毫無約束。此次統帶盛軍，臨敵節節退縮，貽誤大局。並有剋扣軍餉，縱兵搶掠情事。罪狀甚重，若不從嚴懲辦，何以肅軍律而儆效尤？衛汝貴着倚律論斬，即行處決。"16日，衛汝貴被斬決於北京菜市口。

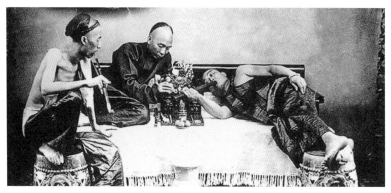

2.7.03 平壤作戰的清軍，在城南門外開設臨時鴉片煙館數所，供駐屯將士日常享用。每館平均一日消費煙膏30兩以上，接待軍客600餘人。

2　日軍戰場軍紀

　　近代日本明治維新下的軍隊，致力模仿吸收西方文明的治軍思想和建制體系。改革後的日軍成為既有西洋軍隊風格，又有江戶武士精神，軍紀森嚴、訓練有素的軍隊。日清戰爭中，日軍開明接受國內外記者、武官隨軍觀戰，在全世界媒體監督下展開有文明色彩的戰爭，給西方世界留下了深刻印象。

　　日本近代史對軍隊的評價存在很大區別，強調區分"明治軍隊"和"昭和軍隊"，明治軍隊得到了比較正面且積極的評價。日清戰爭時期的明治軍隊，正處在政治維新和軍事維新的啟蒙階段，新式軍隊致力成為一支文明軍隊。明治軍隊全面接受了西方軍隊的軍事文明、作戰方法、森嚴軍紀的治軍體系。支持明治軍隊改革的重要一環，是成功引入西方治軍的軍法會議體制。1882年，日本軍方在東京設立軍法會議，組成由軍人裁判軍人的刑事裁判所。軍隊作為武裝集團，戰時執行超越常規倫理道德的任務，施以破壞建築物和殺傷人命的行為，存在職務上的特殊性，不能按照固有的價值觀和法律來約束戰場上的軍人。軍法會議被賦予監督軍隊紀律的權力，依照軍法強制約束軍人的行為。1883年日本制定了《大日本帝國陸軍治罪法》，1884年制定了《大日本帝國海軍治罪法》，兩部法律的誕生，正式啟動軍法會議的職能。戰爭實踐證明，明治軍隊引入西方式的軍法會議，在維護軍隊指揮權；保證軍令系統正常運行；厲行戰場軍紀；展示文明軍隊形象等方面起到了決定性作用。

　　軍法會議長官由軍內師團長級別的指揮官兼任，或由天皇親任的官僚——"親任官"擔任。履行職責的依據不是天皇統帥大權規則，而是遵循天皇司法大權規則，施以"辯護人選任"、"會議公開"、"上訴制度"三原則，保障軍法會議行使權力的正確性。軍法會議的對象，適用於現役軍人、軍屬、徵用軍人、俘虜以及相當者。戰時隨軍者的身份雖然是民間人士，但也在軍法會議管轄權之內。日軍常設軍法會議種類有：陸軍高等軍法會議(長官：陸軍大臣)、軍軍法會議(長官：軍司令官)、師團軍法會議(長官：師團長)、海軍高等軍法會議(長官：海軍大臣)、東京軍法會議(長官：海軍大臣)、鎮守府軍法會議(長官：鎮守府司令長官)、警備府軍法會議(長官：警備府長官)、艦隊軍法會議(長官：艦隊司令長官)，此外在戰時和事變發生時，在特定的部隊和地域增設臨時軍法會議。清日戰爭中，各獨立的軍事部門均在戰地設置軍法會議，計有：第一軍、第二軍兵站監部軍法會議；野戰近衛師團第一師團至第六師團軍法會議；臨時第七師團軍法會議；混成第四、第九旅團軍法會議；佔領地總督部臨時軍法會議；台灣兵站臨時陸軍軍法會議；台灣總督府臨時軍法會議等十六個軍法會議。

　　高等軍法會議的審判工作，由兵科將校任命判士3人，及有法曹資格的法務官2人擔任。少將以上被告，歸高等軍法會議所裁判定罪。其他常設軍法會議，由判士4人，法務官1人組成。特設軍法會議由將校3人擔任，行使最前線簡易

2.7.04　朝鮮牙山之役日軍繳獲的清軍戰利品中，混有娼妓服裝等物品，在日本國內大肆報道，傳為市井笑料，評曰：此等軍隊豈能不敗乎。圖為當時《風俗畫報》刊載的"清兵逸樂，營中擁妓"圖，解説在平壤備戰禦敵的清軍，接受朝鮮地方官贈送的官妓，娛樂遊興的場面。將軍遊妓，下卒仿之，在日本人的清國觀中定格。

2. 7.05 牛莊之戰日軍迫近，逃跑的清軍在城內大肆強搶掠奪百姓財物。日本人清國觀的形成，是從清國有一支腐敗軍隊發端的，這支缺少軍紀、專欺百姓的烏合之眾，成為日本蔑視清國的根源。

處罰職權，處罰對象包括敵前臨陣脫逃、違抗命令等罪，對重罪者有判處槍決的權力。特設軍法會議在前線有即時判決、即時處刑的權力，但是這一權力本身違背了"辯護"、"公開"、"上訴"的三原則。這種特殊情況下行使的職權，容易涉嫌恣意利用軍法實行"正當化殺人"的不公正"黑裁判"。對此，規定要求特設軍法會議臨時開會，最低需要召集 3 人以上少尉軍官，在相互作證的前提下才有權宣判處刑。

早期的軍法會議中，大多是兵科將校擔任判士，法律知識比較欠缺，案件審理過程缺少合適正確的法律程序。判士利用手中的權力，有機會壓制不同意見者，因此受到輿論的批評指責。此後，軍法會議開始追加有法曹資格的法務官擔任檢察官，被審理者可以根據辯護人制度的原則選擇辯護士(律師)。由於戰時軍法會議的專業人員明顯不足，1895 年 2 月 9 日，天皇發佈敕令，增加有實務經驗或通過考核的官員充實軍法會議，緩解戰時軍法會議法務專業人員的急需。明治軍隊在軍法會議的執法框架下，依照陸軍刑法、刑法及其他多種法律來檢查、監督軍紀。這些法律不但約束軍人，也適用編入作戰部隊的軍夫、軍屬、傭人等非軍人僱員。

清日戰爭期間，軍法會議判處適合"陸軍刑法"的受刑者 370 人，其中重罪 3 人、輕罪的重禁錮者 327 人、輕罪禁錮者 40 人。適合"刑法及其他法令"的受刑者 1,481 人，其中重罪者 38 人、輕罪者 928 人、輕罪罰金者 115 人、輕罪其他處置者 30 人，違警罪 370 人。以犯罪地點區分，日本國內 106 人；朝鮮 154 人；清國本土 772 人；台灣 449 人。

適應陸軍軍法最多的罪行是逃亡罪 318 人(無故離隊超 3 日者)，主要犯罪群體為軍夫和備員，達 306 人。戰場上對民間人士的犯罪，包括對佔領地民眾的犯罪，適應刑法及其他法令。其中重罪的財產強取罪，犯罪過程中施行暴力強奪或致傷致死者 20 人。輕罪的風俗傷害罪者 453 人(財物賭博佔多數)；毆傷、毆死、兇器威脅傷人的身體傷害罪者 106 人；強姦、強姦未遂的貞操侵害罪 11 人。

上述犯罪行為主要發生在隨軍的軍夫中，軍夫犯罪率高的問題始終令軍部當局十分頭疼棘手。軍隊雖然制定了森嚴的軍法，但是在混亂的戰場環境中，隱蔽犯罪現象仍然存在。如，攜帶武器以收繳戰利品名義，暴行脅迫、搶奪百姓財物；私闖民宅調戲和強姦婦女等罪，因發現率和舉報率低，證據證言不足，無法確認和定罪。軍法會議按照軍法條款公正判決違規人員，對已經判刑或未判刑者的處置，由軍內的憲兵隊、緊閉室、後方監獄行使拘留關押權。定罪和未定罪者謂之囚徒，拘禁在部隊所在地建築物內，日常課以勞役或送往內地服刑。清日戰爭中，送回國內的判決及未判決的囚徒累計達 411 人。

日軍戰場紀檢最為引人關注的執法，是陸軍紀檢機構內專設的"陸軍檢查"部門對軍官的監督。根據"陸軍治罪法"第 31 條和 32 條的規定，"陸軍檢查"部門擁有犯罪搜查、證據收集、處分治罪的特權；對憲兵將校、師團副官、旅團副官、警備隊司令官、各所管長官、團隊將校、大隊區司令官、監獄長、衛兵司令官、下士等各品階的軍官實行紀檢。處罰條例依據：(1) 陸軍檢查部門特別規定的法規；(2) 陸軍刑

2.7.06 日清戰爭中的日軍逃兵受到軍法的制裁。圖中漫畫記錄了被抓回逃兵的模樣。日軍逃兵主要理由是：不能忍受軍律生活、貪生怕死、擔心窮困家庭的生活等等。日軍戰場逃兵以軍夫居多。

法；(3)刑法；(4)其他法令。顯然軍隊內部對軍官實施的紀檢監督，要超過對普通士兵的程度。清日戰爭中，陸軍檢查部門依法處罰的軍官達 4,780 人。日本國內媒體報道，軍法會議之嚴厲非同一般，甚至對搶奪朝鮮人煙袋，偷竊居民食物的案例，也作為違紀犯罪行為，予以嚴格處罰。

憲兵是軍內執行軍法的武裝。戰爭中，憲兵編入作戰部隊，並以軍事警察、民政官署協助執法。隨着佔領地不斷擴大，佔領地司法憲兵不足狀況日漸嚴重，大本營不斷收到請求增補憲兵的報告。但是憲兵並非通過簡單的行政手段就能增募，因為憲兵必須具備相當的執法知識。為此，大本營下令在預備役步兵科和後備役中選拔下士和上等兵，進入東京憲兵隊進行為期兩個月的憲兵職務集訓。第一期增募人員包括將校 10 人、下士 100 人、上等兵 700 人；第二期增募下士 30 人、上等兵 300 人。這些憲兵在經過短期集訓後，分別派往海外作戰地域執行任務。其中派往清國本土的憲兵，將校以下者 689 人，派往台灣者 293 人。《馬關條約》簽訂後，各路作戰部隊返回本國，海外憲兵即刻召回，輔助國內憲兵勤務。1895 年 12 月，日軍從遼東半島撤離，原在此擔負任務的將校以下憲兵 290 人整編後派往朝鮮，隸屬朝鮮佔領軍臨時電信部管轄，擔負軍用電線的保衛任務。日軍侵台作戰遭遇台灣民眾的頑強抵抗，日軍不斷擴大軍隊的投入規模，憲兵編制也相應擴大，增募將校 50 人，準士官以下 1,800 人，經過集訓教育後，於 1895 年 9 月派往台灣協助軍事行政及司法警察的執法。

明治軍隊的森嚴軍紀，得到國內和西方新聞媒體的高度評價，讚譽日軍是亞洲擁有近代文明理念的獨特軍事集團。在森嚴軍紀的努力和國際輿論監督中，日本自認實現了維新國家打造文明軍隊的預想。然而，日軍的所有行為並非都那樣文明，在戰場生死相搏的戰鬥環境中，諸多士兵在執行上官命令中失去理智，發生衝動型犯罪，戮殺已經放下武器的敵國軍人和無辜百姓。明治軍隊在旅順虐殺事件留下的歷史污點，受到世界各國及本國人民超越百年的批評。

戰 爭 媒 體

1 清國戰爭媒體

　　清日戰爭作為近代戰爭的一大特徵，是重視媒體對戰爭的作用。通過媒體向國際社會陳述自國的戰爭立場，求得列強的支持或中立。媒體成為作戰國主張戰爭合法性和為戰爭行為狡辯的重要工具。清日戰爭是在國際社會注目和監督的大背景下展開，帶有濃厚新聞色彩，透明度較高的戰爭。戰爭雙方以嚴格的宣戰形式和降服形式，通過媒體向世界宣告了戰爭的開始和終結。媒體的近代化，推進了戰爭的明朗化，引導國際社會知曉和理解戰爭。

　　十九世紀末，清國的主流報刊均係民間創辦，不是代表政府的喉舌，朝廷一般不通過報刊向國際社會發佈官方信息。清國向國際社會發言的唯一途徑，是總理衙門和各國公使館間的對話。數百年來，清朝實行嚴厲的愚民政策，普通國人被禁止過問政治，報刊媒體更在嚴控之列。鴉片戰爭後，遠離北京政治中心的上海，西洋人申請辦報受到相對寬鬆的待遇，在很長一段時間裏，清國的報刊媒體幾乎被西洋人壟斷。

　　清國代表性的媒體主要有以下幾家：《萬國公報》，原名《教會新報》（CHURCH NEWS），創辦於上海，主辦人是美國監理會傳教士林樂知（Young John Allen），1894年10月，該報發表過青年孫中山的《上李鴻章書》。《字林滬報》，初名《滬報》，上海早期著名報紙，由英國人 F. H. 巴爾福擔任主筆。《北華捷報》英國僑民奚安門（Henry Shearman）創辦於上海，主刊英國快訊、上海英僑動態、中外商務情報、廣告及船期公告。《申江新報》亦稱《申報》，外僑資本創辦於上海，英國商人安納斯脫‧美查（Ernest Major）經營，是有廣泛影響的商業性報紙。《鏡海叢報》，1893年7月創刊於澳門，由葡萄牙人連斯科‧飛南第（Francisco H. Fernandes）主辦，有葡文、中文兩種版本。清日戰爭中，清國各種報刊都不同程度刊載過與戰爭相關的內容，但受清國政府的限制，報社不能派遣記者隨軍採訪戰爭的過程，只能轉載外國報紙的報道，外國公使館的小道消息，或道聽途說捕風捉影的故事。因此報道的信息量、新聞的時效性、內容的真實性大打折扣。

　　清日兩國的第一戰"豐島海戰"，拉開了戰爭的序幕。朝廷最初接到清國戰艦擊沉日本戰艦的錯誤情報，朝廷上下一度亢奮不已，群臣間大談倭奴小國不堪一擊的快事，報刊媒體也爭相報道大捷新聞。《上海新聞畫報》刊載的"倭艦摧沉圖"，更有聲有色渲染了豐島海戰大捷的戰事，一時誤導了民眾對戰爭真實狀況的認知。清國報刊發佈的新聞，是日本情報部門獲得信息的途徑之一，清國報刊許多錯誤報道在日本的報刊上被當作笑料加以更正。

清日戰後的 1896 年，李鴻章訪問美國，接受《紐約時報》記者的採訪，記者問："閣下，您贊成將美國或歐洲的報紙介紹到貴國嗎？"李鴻章回答說："清國辦有報紙，但遺憾的是清國編輯們不願將真實情況告訴讀者，他們不像你們的報紙講真話，只講真話。清國的編輯們在講真話的時候十分吝嗇，他們只講部分的真實，而且他們的報紙也沒有你們報紙這麼大的發行量。由於不能誠實地說明真相，我們的報紙就失去了新聞本身的高貴價值，也就未能成為廣泛傳播文明的方式了。"李鴻章雖然有勇氣承認本國報社存在的問題，卻一字不敢批評政府實行的新聞管制政策。

清國政府在新聞報道上一貫採取極端保守的態度，戰爭中拒絕外國記者隨軍採訪，拒絕外國武官隨軍觀戰。清國排斥媒體的做法，增加了自國戰爭立場的不透明性，使西方社會只能聽到日本一面之詞，誘導國際輿論朝有利於日本方向傾斜。西方社會輿論認為，清國出兵朝鮮的目的僅僅是為了鞏固其宗主國的地位，繼續維護朝鮮野蠻的獨裁政治。日本出兵則是致力於朝鮮的國家獨立，擺脫附屬國的被壓迫狀態，是爭取自由解放的正義一方，日本的國際公關取得了成功。

在國際輿論被動的狀況下，對豐島海戰的國際審判，判決卻是受害方清國一敗再

2.8.01　十九世紀，清國有影響的報刊數量很少。上圖為清國《申報》，中圖為英文《北華捷報》報社大樓，下圖為《萬國公報》。

2.8.02　清國媒體《上海新聞畫報》報道豐島海戰新聞，圖繪"倭艦摧沉圖"，聲稱中國濟遠、廣乙等艦在小阜島與日艦激戰，轟沉倭艦，大敗日艦隊。不實報道受到日本媒體嘲諷。

敗，甚至被指責成挑起戰端的禍首。這種一邊倒的傾向，一直持續到 1894 年 11 月，日軍在旅順口濫殺無辜事件被西方記者曝光，國際社會才開始對清國的同情心表現出有限的轉變。可是當清國俘虜和民眾遭到屠殺時，國際社會卻聽不到清國政府的呼籲伸冤。媒體的沉默和政府的懦弱無力，讓西方世界感覺到清國對日本行為的認同。清國朝廷對旅順虐殺事件的態度，秉承了清國既往內戰中屠城文化的觀念，戰勝國對戰敗國屠城，似乎並無可譴責的理由。面對日軍的所作所為，是西方諸國的報刊挺身而出，站在人道的立場上，向全世界揭露日軍的野蠻行徑。一個泱泱大國遭到如此深重的外來侵略和傷害，政府卻視而不見、默默無聲，以至於國際社會無法應和被害國的立場，去追究加害國的責任。而日本作為加害國，卻及時通過媒體歪曲事實、自我辯解，繼豐島海戰非文明之舉後，再次從政治困境中逃避了罪行的譴責。

2　日本國戰爭媒體

　　清日戰爭是亞洲地緣政治中，兩個文化近似、膚色相同、政治異類國家間的較量。當事國在全力投入這場戰爭時，全世界的目光都匯集到這塊東方大陸的戰場。脫亞入歐的日本決意擠入西方強國的行列，因此戰爭中必須遵循國際文明的規則行事。政府啟動了國家所有的宣傳機器，通過媒體機能的運作，宣傳本國的開戰立場，主張戰爭的正當性，向國際社會作出開放戰爭的姿態，試圖贏得歐美列強的理解和支持。伊藤博文相信，利用媒體攻勢取得國際輿論的支持，就等於

2.8.03 日清戰爭時期，日本國內的主要媒體、各新聞刊物的社長和主編的畫像。最著名的是《時事新報》主編福澤諭吉，他的評論成為日本維新政治潮流的先導。明治時期，寬鬆的新聞報道政策，支持了明治維新脫亞入歐的步伐。

拿下了戰爭一半的勝利。日本在戰爭媒體的思考上積極主動，讓全世界看到日本是為了解放處在水深火熱中的朝鮮人民。日本的輿論戰達到了預期目的，國際社會認同了明治軍隊的文明和維新政府的言論。

日本的戰爭公關主要採用了以下做法：(1) 允許外國武官隨軍觀戰；(2) 允許外國新聞記者隨軍採訪；(3) 允許國內的報刊記者、從軍畫師、照相師、僧侶、神官等人隨軍採訪和工作。雖然在執行過程中軍方設定了許多限制，但做法本身增加了戰爭透明性，給國際社會留下文明戰爭的印象。

戰爭期間，日軍為了作戰和媒體採訪報道的需要，在部隊中增加了翻譯官編制。最初出兵朝鮮時，從居住朝鮮的日僑中募集翻譯人員 214 人。對清國本土作戰時，由於日本和清國早年往來人員較多，習得漢文的人才充實，開戰之初應募翻譯官者相當踴躍。戰爭之初，在大本營設立了翻譯官調配統轄部門，由步兵大尉小澤負責翻譯官調配工作。第一軍出征朝鮮時，翻譯官編制可以得到充分保證。第二軍編成和金州旅順作戰展開後，翻譯官開始出現不足，缺編嚴重。戰爭後期，近衛師團、第四師團等部隊配給的翻譯官，是臨時從熊本的九州學院募集的 40 餘名學生，以及在國內的貿易研究會、外語學校、興亞會、買賣商人中募集的翻譯 120 人，以支援遼東半島會戰和對台作戰。全戰役中，各部隊配屬的漢語翻譯(內含少數英語翻譯)總計 276 人。其中大本營配置 31 人，其他分屬各作戰師團，每個師團約 20 人左右。從事翻譯的人員，均屬於陸軍省僱員，授與判任官待遇，學識淵博的知名者授與高等官待遇。翻譯官的職責涉及筆譯、口譯、俘虜溝通、民政事務、間諜任務等諸多領域。戰爭中，日軍翻譯官戰死 12 人、病死 9 人，成為日軍中死亡率較高的特殊兵種之一。

混成第九旅團到達朝鮮京城附近駐屯地之初，駐京城日本公使館武官即按照大本營指示，派遣數名報社通信員，隨從旅團司令部及團以下部隊從事戰地採訪活動。隨着戰爭的擴大，海外出征軍陸續增加，國內各報社通信員的派遣數也逐漸增多。8 月中旬，大本營公佈新聞記者從軍規則，規定記者從軍須辦理從軍願手續；交付從軍許可證；在出航和歸朝時須向有關部門報告等條例。隨軍記者在戰地高等司令部監督將校的管理下，從事戰地採訪報道活動。

1894 年至 1895 年的戰爭期間，日本國內 66 家新聞報社，總計派遣記者 114 人。政府和軍方還批准畫師 11 人，照相師 4 人，僧侶 55 人、神官 6 人隨軍。最早獲得特別許可的隨軍僧侶是日本佛教真宗大谷派宗管，編入作戰部隊前往朝鮮宣教。此後天台宗、真言宗、淨土宗、臨濟宗、日蓮宗、曹洞宗等教派宗管，陸續向大本營提出願書，先後被派往戰地，分配在各部隊從事宣教、傷病員慰藉、陣亡者追弔、法要、葬祭活動。日本神教教派的金光教、神宮教於 1896 年 1 月開始前往戰地從事慰靈招魂等葬祭活動。

日清開戰後的 9 月 6

2.8.04 從軍記者戰場上的採訪報道，對日本國民的勝戰意識，以及朝鮮、清國觀的形成起到了決定性影響。圖為編入第一軍，來自各報社的從軍記者，在朝鮮戰地的合影。

2.8.05 第一師團的隨軍新聞社記者在軍艦甲板上的合影。按照第二軍規定，隨軍記者須統一服裝，不攜帶武器。持長槍棍、攜皮包、水壺、望遠鏡、左臂係白色袖標，由軍兵站部統一調遣。

2.8.06　活躍在戰場上的新聞記者，經常冒生命危險進入最前線採訪報道戰況。記者謳歌軍隊勇戰的同時，也取得了日軍非文明戰爭的素材，在後來新聞管制鬆懈的時期，陸續向日本社會公佈出來。

日，根據歐美諸國的請求，大本營發佈外國人隨軍規則，限定隨軍的外國軍人必須來自中立國家，規定隨軍人員保證在履行申請手續、人員限制、嚴守軍事機密等義務的條件下，由外務省受理審查批准。戰爭期間，大本營批准的外國新聞媒體的隨軍記者共 17 人，其中有歐美著名的《紐約世界》、《倫敦時報》、《黑白畫報》等大報的新聞記者。此外，還批准歐美諸國陸海軍武官 7 人隨軍觀察戰事，並允許英、德、俄、法、美各國的海軍軍艦，在事前通告日本海軍的情況下，可以接近日清兩國交戰的海域，觀察海上作戰實況。

日本採取戰爭透明化的做法，受到西方國家的好評，開創了明治維新以來，國家對外戰爭的新聞先例。國際社會從戰地採訪報道中了解真實的戰況新聞，促進了日軍在國際輿論監督下的戰爭文明。戰地媒體報道中最令國際社會震撼的事情是，美國記者關於日軍在旅順口屠殺清國俘虜和平民的事件，報道揭露了日軍所謂文明軍隊的假面具，在世界各國引起廣泛譴責。這些戰地報道的文獻資料，後來成為各國學者研究這段歷史的重要依據。

開戰之初，日軍大本營出於情報資料保存的目的，在陸地測量部編制中增設了寫真班，由步兵中尉外谷鉦次郎和兩名測量手組成。第二軍出征時，該班跟隨軍司令部在旅順口、威海衛戰鬥中從事戰場攝影取材。8月台灣南進軍編成時，晉升步兵大尉的外谷鉦次郎等一行四人編成台灣寫真班，前往台北隨第二師團從事戰地攝影取材任務。除了軍方攝影以外，民間人士在戰場上的攝影活動也非常活躍，著名攝影家龜井茲明伯爵自費組成攝影小隊，隨第二軍拍攝了大量戰地實況照片。1896 年，由小川一真寫真製版所應用從美國引進的寫真銅版印刷技術，為博文館出版社成功印刷發行了數部反映日清戰爭題材的影集和畫冊，其中秘籍大

型本《日清戰爭寫真帖》全三冊精裝
本呈獻皇家圖書館館藏。1992 年，龜
井茲明的後代出版了龜井茲明的日記
《日清戰爭從軍寫真貼》，收錄了大量
記錄日清戰爭珍貴場面的照片。

　　列強派遣的隨軍武官和記者，紛
紛發表對戰爭的感想，評價兩個東方
大國在戰爭中的對抗情形。以下是隨
軍武官和新聞記者發表的若干評論片
段，從中可以窺見當時中立列強對戰
爭的感受。

2.8.07　聯合艦隊返回日本港灣，接受國民上艦參觀。日本百姓紛紛登上創傷纍纍的赤城艦，赤誠艦長為戰爭付出了生命代價，讓國民親眼目睹體驗到黃海海戰的慘烈。國內媒體大肆報道黃海海戰的新聞，讚頌日本聯合艦隊的勇猛，歡呼日本取得海戰的決定性勝利。

　　英國卿爵查爾斯（日清交戰錄 22 號）
　　余所見，黃海海戰兩艦隊都缺少
巡洋艦。如果日本有足夠的巡洋艦，
就能比較容易發現清國運兵船的跡
象，阻止大東溝清軍在鴨綠江口登
陸。護送運兵船的清國艦隊主力，就
會顧此失彼，無法全力投入作戰。日
本艦隊結束黃海海戰的次日，似乎感
覺到清艦主力出航動機，再次返回該
海域時，清軍長達一日一夜艱難的登
陸作業已經結束。清國艦隊也缺少足
夠的巡洋艦，使清國缺乏遠海作戰的
勇氣，海水的深淺左右巨型戰艦的機
動性，近海作戰"定遠"、"鎮遠"兩
艦難以發揮自身的優勢，如果清軍擁
有足夠的巡洋艦就會增加遠海勝算的
機會。

2.8.08　日本媒體全面報道戰場新聞，激勵國民支持戰爭的熱情。平壤大捷、攻佔旅順、奪取威海衛，一系列的勝利徹底改變了日本國民對大清國的認識。日清戰爭的報道採取圖文並茂的印刷技術，受到民眾的歡迎。

　　外國記者手記（日清交戰錄 16 號）
　　兩周前隨軍參加了平壤戰鬥。日

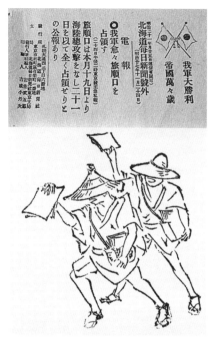

軍從漢城向平壤進軍，一路跋涉之艱難，文筆無法描述。沿途郡邑的村鎮已經被清軍盡數掠奪，居民四散逃離，部隊向當地居民求食求水，竟然找不到一個人影。朝鮮山多，道路崎嶇，部隊所到之處常常是人跡罕見的未開墾之地。武器、彈藥、輜重由隨軍的軍夫搬運，過山開路、渡河架橋，憑藉馬背和人力把重武器運往前線，士卒們克服疲勞和艱難，生氣勃勃到達平壤。這是一支英武的軍隊，服裝端正、紀律嚴明、武器精銳。經過辛酸跋涉之苦，沒有挫傷他們戰鬥的勇氣，在平壤激戰中表現出無畏的武士精神。

某外國將校評旅順戰（日清交戰錄 28 號）

此間聽聞旅順口戰鬥中，許多關於清軍怯懦表現的報告，實令余難以置信。清軍最終沒有堅守自己的陣地與日軍戰鬥到底，從清軍在陣地上留下極少的屍體數量可以證明

2.8.09 旅順要塞陷落，令日本全國沸騰。新聞媒體當日發出號外，滿街的報童呼喊日軍佔領旅順的消息。旅順一日便崩潰失陷，使清國朝廷失去了對抗日本小國的信心。

這個事實。清軍構築的互成犄角狀的東西炮壘，交叉對射可置敵於死地。可實戰射擊中效果極差，對日軍沒有形成威脅。反而清軍在敵攻擊下士氣先行崩潰，許多清兵在日軍到達之前就退出了守備地點，只有西面一個堡壘少數兵勇死守陣地。余觀察到，清軍陣地的位置明顯高於日軍的位置，而且有良好的掩體，如果清兵炮手的射擊精度高些的話，就會將日軍炮兵消滅。然而，清軍只有來自西面炮火的猛烈攻擊，東面和旅順口附近陣地的炮勢微弱。在東西方向一小時的相互轟擊下，清軍炮火只有炸傷日軍軍馬一匹的戰果。清軍防禦陣地設計上存在缺陷，相互間分離，無法統一指揮支援，結果被敵分割孤立。日本炮兵選擇的陣地在戰術上也非常不理想，但能巧妙運用射擊距離和角度技法，以準確的彈着點有效壓制住清軍的火力，使得清軍各個堡壘被完全孤立。

清軍失敗的重要原因之一是怯懦，戰局常常並非敗勢，兵士就會先行丟棄陣地和武器逃跑。旅順口作戰前的金州防禦亦見清軍怯懦之像。攻防當日，清軍金州防禦兵力 8,000 人，日軍兵力 1,300 人，結果清軍防線不堪一擊，尚無多少傷亡

便大舉遁退，還遭到日軍長距離的追擊驅散。余在大連灣戰地，觀察到日軍攻城炮廠的作業，輜重縱列晝夜兼行，炮車在只有兩三匹馬牽引下，需要通過最差的崎嶇山路，於 21 日拂曉總攻前趕到作戰位置。18 日日軍出發前，余斷言炮兵絕對無法按時抵達預定位置，結果炮兵比司令部還早到達，天明時分進入射擊作戰，實令余歎服。日本步兵的勇氣無法準確而論，因為清軍太弱，弱軍前顯不出兵將之勇。但是日軍戰術規範、井然有序，在敵陣面前攻擊態勢嚴謹不亂，可見是一支訓練有素的軍隊。

英國海軍大校尹庫魯評黃海海戰

黃海海戰是特拉法加大海戰(註：指 1805 年英國艦隊與西班牙和法國聯合艦隊在西班牙西南部的特拉法爾加角附近的海戰，英軍完勝。)以來最大的海戰。這場海戰對於海軍學生而言，顯然可以獲得諸多教益。清國海軍不出外洋，沿着近海遊弋是敗戰的主要原因。觀察報道稱，清軍巨艦"鎮遠"號在戰鬥之初兩門巨炮就失去作戰能力，如果情況屬實，此問題將令人注目。余觀察同類軍艦，巨炮都安裝在防護炮塔之內，是機械故障還是受到攻擊破損，讓余費解。結果對敵艦作戰只能依靠兩門六英寸炮和其他小炮，這種火力只相當小巡洋艦的戰鬥威力。本海戰給人留下深刻印象的是，最新登場的龜艦(裝甲艦)，擁有能抗擊普通穿甲炮彈攻擊的屏障。"定遠"、"鎮遠"兩艦的裝甲防護在戰鬥中表現優異，經受住日艦炮彈的猛烈攻擊。此番海戰使用的近代戰艦在海上角鬥，雙方戰艦都表現出優秀的性能，但是日本海軍的果敢和軍事技能贏得了戰鬥的勝利。

2.8.10　江戶末期，歐洲的照相機在日本成為時髦物。明治時代，照相機開始流行。日清戰爭中，日軍增設寫真班，為研究戰爭留下大量攝影素材。圖為第二軍佔領金州後，寫真班在金州城頭攝影的情形。

《美國時報》新聞（日清交戰錄 29 號）

黃海海戰日本艦隊戰勝清國艦隊的事實，證明合眾國的海軍必須進行改良。本戰鬥中，日艦運用巧妙的機動航行軌跡，破壞了敵艦的隊形。假如本次作戰換清國為美國，不知道會有怎樣的結果。因為在清國的軍艦上，有英國和德國的軍事顧問，而且本國指揮官也是政府選拔的優秀人才。他們在歐洲軍校經過嚴格訓練畢業，在航海、戰法中應用歐洲國家的作戰教條，都是成績優秀、出類拔萃的軍官。而日本艦隊中沒有一名參戰的外國指揮官，卻把譽冠亞洲的清國艦隊擊敗。我國太平洋一線雖然擁有可以與日本海軍匹敵的艦隊，但是事實證明日本艦隊顯然是一支令人擔憂的海上力量。

美國《紐約世界》隨軍記者克里曼觀察報道

日本軍隊擁有超出想像的諸多優秀之處，令余感慨備至。其一、他們是一支沉默的軍隊，部隊在行進中始終保持肅然寂靜，沒有奏樂、沒有旌旗招展、沒有喧嘩，組織井然、軍勢威嚴、沉默有序、疾進向前。上至大將下至士卒，充滿了愛國的精神，一見即知是一支精強雄烈的軍隊。其二、日軍不但擁有與歐洲諸國比肩的武器、器械、兵法、組織和統轄部隊的軍官，而且擁有完整的野戰醫院配置體系。無論在戰時或平時，當有負傷士兵出現時可以立即得到救助治療。每個士兵都備有防腐藥和繃帶，一旦受傷馬上塗敷防腐藥纏上繃帶，就能自行實施前

2.8.11　日清戰爭中，日軍接受中立國派出的觀戰武官和記者，通過他們向世界報道日本的文明軍隊。圖為金州城內，日軍將校和隨軍外國武官的合影，二列右三是第二軍司令官大山巖大將。

2.8.12 戰場從軍僧侶的宣教活動，是新聞媒體報道的重要話題。日本佛教和武士道洗腦式教育，是支撐日軍勇戰的精神基礎。圖為威海衛戰鬥間隙，某部隊士兵在馮家窩村傾聽僧侶佈教的場景。

期治療。輕傷者送到最近的本營，重傷者可以躺倒於地，等待衛生隊前來救援。從這一點上看，諸國的衛生體系遠遠不及日本。其三、日本軍夫的膽量令人感歎，余在陣前觀察戰況時，常能看到軍夫活躍在戰場的身影。槍林彈雨下，軍夫奮勇輸送支援前方的彈藥，救助傷員下火線，履行自己的職責。余曾遇到一個沒有攜帶任何武器的軍夫，始終是面帶笑容，充滿樂觀情趣。他説當敵軍湧來時，沒有一點的怯懦，手裏拿着一塊石頭隨時準備應戰。戰場上幾乎所有的日本人都表現出勇敢的武士精神。其四、日軍縝密的作戰規範值得讚譽。日軍作戰勇猛卻不輕敵驕傲，即使對不堪一擊的清軍也慎重處理每一個細微的戰術行動。假如和訓練有素的德國軍隊作戰對壘，想必也會是棋逢對手的勁旅。

法國記者卡雷斯考和拉露兩氏的觀察報道

我們隨軍詳細觀察了日軍的作戰行動，得出日軍是世界上值得誇譽的強大軍隊的結論。榮成登陸作戰時，萬餘兵卒和數千軍夫井然有序，完成龐大的登陸行動。我等上陸後，日軍已經展開了安民行動，佈告清國居民不要驚慌，日軍絕不騷擾民眾。近村的一民家大門上竟貼有"此家有產婦，不得入內驚擾"的日語大字條，着實令人歎服。軍夫鬥志激昂、吃苦耐勞，戰地食物僅是一個飯糰兩個梅菜乾，卻在風雪嚴寒中艱苦奮鬥，為保證戰鬥進程絕不遲滯。有一件印象深刻的戰地觀察，日本兵對勇猛抵抗的清國俘虜表現出仁厚的優待，對病人、負傷者給予人道的治療和安置。日本民族的仁愛心在這場戰爭中向世界給出了答案。而清國軍隊之殘酷刑法令人悚然，對日本俘虜斬首、斷肢、切睪，實乃野蠻人之行徑。

2.8.13 日本媒體渲染日軍的仁義之舉，哀悼敵國戰死的將士。圖為日軍的從軍僧侶，在金州山東會館為戰死的清兵舉行弔唁法會，誦經、默哀、磕首、立碑，同樣的法會也在旅順口舉行。

英國著名女性旅行家、遊記作家伊絲貝拉手記

清日戰爭爆發時我正在清國東北旅行，宣戰後的形勢日趨險惡，清國各地人心惶惶。失去制海權的清國，赴朝軍隊不敢繼續在海上運送，只能從東北與朝鮮接壤的國境地帶通過。各路大軍經過奉天附近時，紀律渙散，每日有百十人竄入奉天城內，強搶民家財物，甚至升級到小夥掠奪。常聞清軍散兵半夜闖入小旅店無錢住宿，強搶掠奪，令店內狼藉才棄之而去。清軍敗退後，日軍進入東北，軍隊紀律森嚴，工作秩序井然，毫無居傲不遜之行為，旁觀者一目了然、肅然起敬。

日清戰爭，日本成功的運用了近代宣傳媒體作為輔助戰爭的武器，在歐美國家之間巧妙進行政治公關，讓全世界相信日本對清國的戰爭，是拯救朝鮮於水火，是為朝鮮爭取獨立解放的文明戰爭。日本的媒體公關混淆了視聽，使日軍成為發動正義戰爭的一方。而清國孤陋寡聞、忍氣吞聲，全然不知應該運用媒體的作用揭露日本的謊言。當清國的臣民遭受到旅順虐殺事件這樣的厄運後，清國民間媒體微弱的呼聲沒有與西方各國的譴責形成共鳴，使慘案不了了之。國土踐踏、生靈塗炭，清國的報刊媒體似乎超脫於戰爭之外，繼續熱衷於對西洋舶來之壯陽大力丸的廣告。

戰爭科技

1 清國戰爭科技

鴉片戰爭以來，清國的洋務運動經歷了長期而緩慢地認知和理解西方科技的過程。在半個世紀排斥西方文明和崇洋媚外的兩種茫然模糊認識中，孤傲寡聞的清國人最終輸給了在相同起跑線上的日本小國。

清國和日本在接受西方軍事技術的觀點上，採取了不同的立場和態度。清國的國家財力雄厚但觀念愚昧，在朝廷官吏的眼裏，只要擁有了和西方同樣的軍事器械，就自然有了強大的國家。為此，清國堅持走購買與仿造之路，幾十年下來沒有獨自創新的技術成果。日本的國家財力單薄，明治維新的軍隊意在徹底擺脫陳腐的軍事觀念，在購買歐美各國的近代化軍事技術過程中，走吸收消化的創新之路。十九世紀末，日本在許多科技領域內，已經成為能與西方列強比肩的後起之秀。清日兩國在這一問題上的不同態度，在戰爭中得到了不同結果，清國人為頑固迂腐的觀念付出了沉痛的代價。

十九世紀中葉以來，清國從抗擊外來侵略的失敗中看到了東西方戰爭文化的差距。以李鴻章為首的洋務派認識到，蒸汽動力和火藥在軍事領域的廣泛應用，正在推動近代戰爭方式的變化。戰爭已經從兵卒面對面的冷兵器格鬥，轉化成遠距離熱武器的對抗。清國人對洋槍、洋炮、洋艦船的熱情急劇上升，國家投入大量銀兩購買先進的武器裝備。在進口武器的同時，政府也在各地興建兵器製造廠，計劃通過全面仿造外國槍炮軍械，實現增強清軍戰鬥力的目的。清日戰爭爆發前，清國已經擁有江南機器製造總局、天津機器製造局、金陵機器製造局、湖北槍炮廠、四川機器局、山東機器局、吉林機器局、廣東製造槍彈廠以及福州船政局、黃浦船塢、大沽船塢、旅順船塢等軍工企業。

在洋務運動風潮中，清國政府無統籌、無計劃地盲目引進，浪費了大量的資源。各地總督管轄的陸軍，通過多種渠道從歐美各國購買西式武器，由於缺少章法、各自為政，以致購入槍炮的國別、種類、規格繁多且新舊混雜，造成清軍中普遍存在槍械種類繁多、彈藥各異、操作複雜的狀況，給戰鬥作業、彈藥補給、槍械維修帶來極大困難。各兵工廠仿造生產的槍炮器械更是五花八門且工藝不達標，許多槍炮無法安全射擊，自製的彈丸即使可以發射卻又缺少精度。工廠生產

2.9.01　1890年江南製造總局成功仿製英國阿姆斯特朗式12英寸後裝填彈式加農炮，並批量生產。圖為清國科技人員在調試仿製德國造七厘米口徑的山野炮，以及自製的各型號的炮彈。

效率低下、進度緩慢，仿造的槍支尚未能定型裝備部隊，國際上已出現性能更好、價格適宜的新槍械。汽船仿造的情形也大體類似，自製的數艘艦船成本高昂、速度緩慢、燃料消耗過大。

清國人走單純仿造抄襲之路沒有達到預期的效果，軍方拒絕購買品質低劣、價格昂貴的國產武器，以致各軍工企業濫製的槍炮彈藥大量積壓滯銷。失望的政府和軍方開始轉向另一個極端，採取緊隨國際武器發展潮流，實時購入外國最新式武器的策略，清國因而成為當時國際軍火市場上的大買家。但是，在清國引進武器的歷史記錄裏，只留下李鴻章的身影，整個大清國似乎只有李鴻章才是武器行家。西洋人看破了大清國的愚昧，各國武器商抓住這一漏洞，紛紛鑽營李鴻章的衙府，競相推薦自國的新式武器。因為洋商知道，只有李大人才能授權清軍購置他們國家的武器。

在當時歐洲著名的兵器製造廠內，經常可以看到清國武器採購大員的足跡和他們討價還價的風采，清國成為歐洲最重要的軍火客戶。清國軍事科技發展的戰略思考缺少消化、吸收、創新的觀念，只想通過購買和仿造的捷徑，一舉增強自國的軍力。結果清國人沒有真正掌握到歐洲人的槍炮技術，本國的基礎科技工業也與日本拉開了差距。清日兩國軍事科技的差距，不僅體現在槍炮武器領域，在後勤支援、衛生醫療、食品供給、物資投送等與戰爭密切相關的領域，差距也日益加大。當日本明治維新向西方科技看齊，國內擁有數千公里的近代化鐵路時，自恃而傲慢的清國，卻在鐵軌上奔馳着獨創的"鐵路馬車"。

2　日本戰爭科技

十九世紀的歐洲是當時世界上最繁榮的軍火市場，在一批批拖着長辮子的清國官吏採購團附近，混雜着許多相同膚色的亞洲人面孔。他們身着洋服，頭戴洋禮帽，頗具紳士氣度，是在武器工學方面具備很強專業知識，對最新武器技術充滿興趣的日本學者。前者貌似錢囊充裕，大有買回歐洲所有新式武器的豪氣；

後者顯得謙遜好學，試圖將歐洲的技術帶回自己的國家。在對近代軍事科技獲取的態度上，日本人採取了與清國完全不同的考慮。明治政府在完成了軍事體制構造的轉變後，接着下大氣力在新世代戰爭技術領域刻苦鑽研，發展本國的武器工業，企圖打造一支擁有先進科技支持的近代化軍隊。

槍炮研究

明治十三年（1880），東京兵工廠的村田經芳大佐，參考法國庫拉 M1874 和荷蘭堡蒙 M1871 步槍的綜合性能，製造出日本式步兵槍，取名"村田式"步槍。13 式口徑 11 毫米、全長 1,294 毫米、重量 4,150g、初速 436 米／秒、射距 2,400 米。改良版 18 式減少了重量和長度，全長 1,275 毫米、重量 4,098g。1880 年代，世界的槍械技術從單發射擊向連發射擊躍進，日本追隨世界潮流，在村田單發步槍的基礎上着手研制連發步槍。1894 年完成連發步槍的研製，量產後首先裝備近衛師團和第四師團，在入侵台灣作戰中投入使用。日本最早研製出品的連發步槍稱作 22 式村田槍，口徑 8 毫米、全長 1,210 毫米、重量 4,000 克、初速 594 米／秒、射距 3,112 米、裝彈數 8 發。經過實戰驗證，連發步槍的口碑不如單發式步槍優秀。村田 13 式和 18 式單發步槍是日軍對清國作戰的主戰槍械，其性能在實戰中得到好評。村田大佐的功績使他晉升為少將，後來成為貴族院議員。

明治初期，日本各藩閥的陸軍主要裝備從歐洲進口的炮械。法國在與德國的戰爭中慘敗，徹底改變了日本陸軍的建軍方向。軍事編制由法式轉向德式，陸軍炮械開始從德國克魯伯兵工廠進貨。1880 年，日本軍方從發展軍國的長遠考慮出發，掀起兵器獨立論的熱潮，主張應用本國現有資源和材料製造國產炮械。當時擔任陸軍大學講師的法國人布留內指出："武器獨立是發展軍國的必須條件，日本若採用鋼製火炮，現有的資材和工業基礎很難起步。按照日本現有條件，應該借鑒意大利青銅式火炮技術，使用

2.9.02　日本仿造的意大利炮用"測遠器"，有"垂直基線式"、"地上基線式"兩種。通過光學望遠鏡瞄準目標，實施攻擊。當時的測遠器十分笨重，無法在野戰中使用，主要裝備在本土海防的遠程炮觀測所內。

2.9.03　1872 年，日本完成本國海底電纜電報的研究實驗，在關門海峽成功架設擁有自主權的海底電報電纜。

資源豐富的銅材製造七厘米山野炮，是走出眼前困境的捷徑。"布留內的勸告說服了軍部。翌年，軍部立即着手意大利火炮技術的引進和製造。從 1883 年第一號七厘米國產青銅鑄造山炮誕生至 1886 年，日本用兩年半時間完成了全國野戰炮兵部隊的裝備更新。日本火炮發展迅速，大阪炮兵工廠先後生產出九厘米臼炮、九厘米加農炮、十二厘米加農炮、十五厘米臼炮等炮械。

在意大利技師古利勞少校的指導下，又相繼研發生產出鑄鐵製十九厘米加農炮、二十四厘米加農炮、二十八厘米榴彈炮，並且裝備了意大利式的炮用測遠機。

火藥研究

1771 年德國人發明了用於黃色顏料的物質"苦味酸"，100 年後，人們在偶然的爆炸事故中，發現苦味酸具有強烈的爆炸特性。1885 年法國人製造出用苦味酸為主要原料的炮彈，並取得了相關專利。但苦味酸容易與炮彈金屬殼發生化學反應，產生敏感度很高的苦味酸鹽，極易發生意外爆炸事故，苦味酸炮彈的實用性受到了質疑。1893 年，日本火藥技師下瀨雅允在炮彈內壁塗佈漆料，又在內壁與苦味酸之間注入石蠟，使金屬彈體與苦味酸隔絕，成功研製出具有實用價值的苦味酸炮彈。同年，日本海軍擬採用苦味酸炮彈裝備艦炮用於實戰，命名該炮彈為"下瀨爆藥"。下瀨爆藥是一種爆速達 7800m/s 的烈性炸藥，雖然其鋼板穿甲性不強，但是猛烈的化學反應能產生 3,000 度以上高溫衝擊波和瞬間分解 3,000 片以上彈片的威力，對敵艦表面構造破壞性極大。爆炸的炮彈會像酒精一樣引起難以撲滅的火災，還會產生對人體有害的化學物質。1895 年，由於清國北洋水師早早覆滅，"下瀨爆藥"沒有趕上對清國艦隊的作戰。在黃海海戰中，如果日本海軍裝備了下瀨爆藥炮彈，按照日艦命中清艦 754 發炮彈的戰果推計，清國北洋艦隊的損失將無法估量。1904 年日俄戰爭時，下瀨爆藥投入實戰，為毀滅俄國波羅的海艦隊立下卓越功績。下瀨爆藥作為日軍的殺手鐧，在很長一段時間內實行了嚴格的保密措施。下瀨雅允的功績受到日本帝國的高度讚譽，1899 年被授與工學博士學位，擔任海軍下瀨火藥製造所所長，1908 年成為日本帝國學士院會員。

下瀨爆藥雖然是一種優秀的炸藥，但其化學物質的不穩定性仍然是危險的隱患，曾經給日本艦隊帶來了難以名狀的慘痛災難。1905 年，日本聯合艦隊旗艦"三笠"號，在結束日俄大海戰返回基地佐世保港時，艦內彈藥庫裏存放的下瀨爆藥炮彈發生自爆，導致三笠艦沉沒，死亡 699 人的慘劇。第二次世界大戰期間，下瀨爆藥因為自身的安全缺陷被穩定性良好的 TNT 炸藥取代。

食品研究

1877 年，在日本近代史上規模最大的內戰"西南戰爭"中，出現了一種稱作"缶詰"的新食品(罐頭)。當時，戰場食品中的副食補給一直是軍方棘手的問題，仙台人氏中澤彥吉、馬桃太郎等人為此開發出由牛肉、胡蘿蔔、土豆、醬油等調味料組成的肉菜混合型罐頭。西南戰爭期間，共向政府軍提供了近 3,000 盒罐頭食品，創下戰場近代化食品應用的最早記錄。日本在清日戰爭前沒有間斷對罐頭的研究，因為牛肉罐頭作為攜帶口糧中的副食，動物蛋白和鹽分的補給效果優良，且符合日本人的口味。但日本國內設備落後，國產罐頭無法滿足軍隊的需求。1893 年，日本從美國進口 25 萬日圓的罐頭補給部隊，可是歐美罐頭不符合日本人的口味，不受日軍歡迎。為了適應戰時的需要，日本研究出適合日本人味覺習慣的新型牛肉罐頭，委託美國食品公司生產。日式牛肉罐頭的製作流程規定，連醬油等調味料也必須使用"日本製造"，由日本運往美國罐頭工廠。委託美國生產罐頭的同時，日本國內開發出鯨魚肉"勇魚大和煮"罐頭，運往前線 2,800 盒。戰爭中，陸軍消費的牛肉、魚肉等罐頭食品，達 2,515,738 日圓。

日本海軍罐頭食品的使用量遠超過陸軍。海軍罐頭種類和陸軍有所不同，應對長期孤立海上，遠離陸地的特徵，更注重罐頭品種的搭配。《海軍糧食條例》規定的"副食"罐頭品種有：肉類罐頭"煮牛肉"、"燒牛肉"、"乾牛肉"；魚類罐頭"煮鮭魚"、"煮鱒魚"；蔬菜罐頭"菠菜"、"胡蘿蔔"、"蘑菇"、"雲豆"、"蘿蔔葉"、"牛蒡"、"筍"、"鮮生薑"等。但日本國產罐頭存在密封欠佳，長期儲存易腐

2.9.04　1877 年，日本吸收歐美軍用食品經驗，研究出具有本國特色的新食品"缶詰"。這種能保存食品的罐頭，在"西南戰爭"中表現卓著。圖為清日戰爭中，日軍曾經使用的罐頭商標。戰爭中最受戰場士兵歡迎的罐頭，是符合日本人飲食習慣的牛肉、魚肉罐頭和蔬菜罐頭。

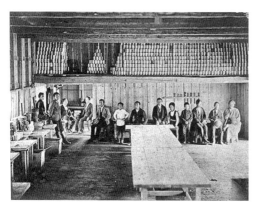

2.9.05　日清戰爭時期，北海道罐頭工廠的車間一角，這裏向朝鮮、清國戰場提供了大量的罐頭食品。由於日本人對食品口感的挑剔以及本國罐頭密封技術設備落後，國產罐頭遠遠滿足不了戰場罐頭食品的需求。

敗的問題。戰爭期間，海軍從歐美等國進口大量罐頭，同時制定國產軍需罐頭的生產標準，加速國產罐頭的開發和生產。清日戰爭中，最受陸海軍士兵歡迎的是國產 "牛肉大和煮"、"佃煮" 等和式罐頭，其味覺以適合日本人固有的飲食口味著稱。1893 年，海軍實施《海軍糧食條例》、《海軍糧食經理規定》，規定 "甲食"、"乙食"、"丙食" 三種飲食標準。甲食為艦船海軍兵食品供給標準；乙食為海軍陸上兵食品供給標準；丙食為海軍 "監獄糧食" 供應標準。丙食在重量上與乙食相同，只是乙食中的肉類由大豆替換，調味料 "大醬"、"醬油" 用鹹鹽取代。

兵食的營養素供給是日本陸軍飲食改革的課題。1891 年，陸軍實施《野外要務令適用》規則，規定編制中的 13 匹糧秣駄馬，細分為主食駄馬 8 匹、副食駄馬 3 匹、馬糧駄馬 2 匹。還採用攜帶活牛、活豬等家畜隨軍的方法，在適宜的時期宰殺，以補允肉類食品，增加士兵營養的攝取量。1889 年 6 月，第三師團軍醫部根據歐美各國軍隊糧食配製標準，開發出日式肉麵包，並進行了實用評估。在名古屋陸軍醫院，19 名看護學學員分成兩組進行試驗。試驗使用摻有牛肉的硬麵包，每片 100 克，一日供應 6 片，用湯茶輔助進食。結果每餐食用硬麵包所需時間為 30—40 分鐘，每人每日湯茶飲用量 1,707 毫升。試驗報告《行軍演習和戰時攜帶口糧適否考案》，得出了支持牛肉麵包的結論。從營養學角度出發，摻肉麵包比傳統 "白米飯" 擁有更多的營養素。雖然麵包質地過硬，味覺和日本人飲食習慣相差很大，每日三餐都似乎在挑戰士兵的忍耐性。但是牛肉麵包的營養、運輸、保鮮、即食等特性，在戰場上顯示出獨到的實用性。清日戰爭中，牛肉麵包正式 "登場"，成為日軍配備的主食之一。乾麵包和牛肉的應用，改變了日軍戰場的飲食結構。軍方動員國內著名的糕點會社和食品工廠，為軍隊生產乾麵包、餅乾等食品。麵包、餅乾等食品經過不斷研究、開發、推陳出新，新食品源源不斷運往前線，在戰場實用性方面獲得好評。

如何保障戰場上潔淨水的供應，是日軍前線作戰部隊面臨的重要課題。明治十八年（1885），陸軍大臣大山巖組成的考察團從德國歸國，帶回當時德軍裝備的軍用水壺樣品。水壺用玻璃製成，在外部裝上可斜挎在肩上的皮革套。1886年，日本陸軍裝備了10萬套稱作"吸筒"的水壺。清日戰爭中，這種"玻璃水壺"在戰場廣泛使用，但是壺內衛生狀況和壺體破損現象嚴重，戰場上頻繁傳來需要增補的報告。朝鮮戰場的戰鬥發生在夏季，炎熱條件下作戰，水壺用水遠遠滿足不了日常需求。兵站部門從民間徵集木桶盛裝煮沸消毒後的水，由軍夫送往前線。遼東半島作戰，日軍一直存在飲用水嚴重不足的問題，不潔淨的飲用水，導致疾病流行，成為日軍非戰鬥減員的主要原因之一。

腳氣病研究

1882年，日本海軍在從智利瓦爾帕萊索港至美國夏威夷的一次遠航途中，發生了嚴重的腳氣病。定員280人的"龍驤"號艦，有125人受到腳氣病的襲擾。按照規定，當時的戰艦主要靠風帆動力行走，有限的蒸氣動力僅提供進港和進攻敵艦時使用。由於近半數的非戰鬥減員，使戰艦無法正常航行，只能啟用蒸汽動力急速趕往錨地，艦上的軍官也下到艦底，幫助火夫燃燒蒸汽鍋爐。"龍驤艦"靠岸夏威夷後，在水兵飲食中增補了大量蔬菜，經過連續兩個月的修整，水兵的腳氣病全部治癒。

航海引發腳氣病降低戰鬥力的事實，引起海軍軍部的重視。海軍主船局、醫務局、會計局三局組成特別調查組，詳細調查了腳氣病發生的原因，得出以下結論：

（1）明治初年以來，海軍實施的改善水兵飲食為目的的海上津貼制度，大部分水兵沒有合理使用，而是儲蓄下來寄給家人，使本人飲食狀況不佳。

（2）腳氣病群體與日本人"精白米"飲食文化有着內在關聯。人體所需三大營養素，蛋白質、脂肪、碳水合化物的攝入比例失調，碳水化合物的攝取量明顯高於蛋白質的正常比例，艦上生活存在蔬菜嚴重不足的問題。

（3）遠洋航海諸艦中的腳氣患者，除日常飲食外沒有攝取其他必要的營養品。一些額外攝取滋養品的水兵幾乎沒有腳氣患者，或是因為他們的家境良好，或是因為他們享受士官以上待遇。

（4）明治十五年，日本軍艦在朝鮮海域執行任務時，出現大量腳氣病患者；而在同一海域執行任務的英國海軍卻沒有發生腳氣病，英日兩國水兵的食品結構存在差異。

(5)腳氣病容易發生在高溫、潮濕、群居、重勞動、精神壓抑的環境。

根據以上結論，海軍在"海軍兵學校"進行了分組飲食試驗，在菜單中加入"乾麵包"、"煉乳"、"醃牛肉"、"醃豬肉"等高蛋白質食品和蔬菜。根據試驗結果，海軍制定出《標準食糧表》，採用英國海軍艦上的"洋食"取代"和食"，標準食糧規範在日本海軍諸艦上實施。1884 年，海軍"築波艦"沿着"龍驤艦"相同的航線行駛，嚴格按照《標準食糧表》配餐，在 287 天的遠洋航海中，280 名船員僅有 16 人患腳氣。同年，海軍公佈《艦船營下士以下食料給予概則》，廢除了以往的《金給制度》，規定下士以下官兵的食品，由艦船專職官從市場上統一購買。"食料給予概則"提出的食品材料有：米、蒸餅、乾蒸餅、牛肉、醃豬肉、醃牛肉、魚肉、雞肉、蛋類、大醬、醋、蔬菜、豆類、麥類、茶、豬牛油、牛酪、植物油、砂糖、牛乳、香料、酒類、鹽、鹹菜等等。

1886 年，為了徹底消滅腳氣病，日本海軍兵食全部效仿歐洲海軍標準，強制實行一日三餐"麵包食"。麵包種類包括"生麵包"、"乾麵包"，白米僅作為一種副食，每星期供應五次。每日營養比例規定，熱量 4,000—4,500 卡、蛋白質 200 克、氮碳比 15—17、維生素量控制在腳氣預防量的 2.5 倍以上。清日戰爭爆發前五年的統計顯示，日軍艦上兵食的營養標準已經和英國海軍持平。

明治二十二年(1889)，海軍士兵日均糧食營養狀況為，蛋白質 191 克、脂肪 45 克、糖質 716 克，熱量 4,155 卡，腳氣患病率 0.33%。明治二十年代中後期，為了確保兵食中有新鮮牛奶和牛肉供應，軍艦上也曾飼養一定數量的奶牛。1894 年清日戰爭爆發，為適應戰時物價高騰對食品供應的影響，海軍追加制定了《戰時給與規則》，以確保海軍作戰士兵的糧食供應，維持營養攝入水準。通過對海軍 1890年至 1895 年的糧食供給及營養素攝入統計比較可見，1894 年士兵營養素的攝取量達到最高水準。

軍馬改良

江戶幕末，各地藩閥勢力在歐洲軍事思想影響下，試圖建立西洋式的騎兵部隊。1867 年，法國皇帝拿破崙三世贈送給日本 26 匹純種阿拉伯馬，日本想用作種源改良馬。彪悍的阿拉伯馬是伊斯蘭戰士最珍愛之物，戰馬在沙漠和草原上能展現優秀的機動性和突擊性。當時的歐洲，炮兵在作戰部隊中的地位舉足輕重，軍馬除裝備騎兵軍團之外，還肩負着牽引重型大炮的使命。

1868 年，日本新政府意識到，要想建立一支歐洲式的近代化軍隊，必須改良日本馬的血統。日本原產馬最早是蒙古馬血統，經由朝鮮東渡日本，在日本地理環境下長期生存繁衍，演變成日本馬。日本馬相比歐洲馬體格小、氣力弱，很難勝任艱苦的重負荷勞作。國家全面引入馬種改良計劃後，急於大量快速繁殖洋馬，結果稠密的近親交配，嚴重稀釋了洋馬血統的遺傳比例，日本馬的品種改良計劃沒有達到預期目的。1887 年，日本陸軍保有的馬匹數為 5,376 匹，其中 3,330 匹騎乘馬、1,070 匹馱馬、976 匹炮兵用車駕馬。馬匹的平均體高只有 135—138 厘米，與平均體高 150 厘米的歐洲軍馬相差十多厘米。這一改良計劃的失敗，證明生物的品種改良，非一朝一夕可以解決，需要經過數代科學遺傳的長期努力才能實現。

2.9.06　日本的原產馬稱作 "在來馬"，最早是從蒙古經由朝鮮傳入的，在島國地理環境下，逐漸繁衍成八個分支品種。日本馬較歐洲馬體格小、氣力弱，難以勝任戰爭負荷的勞作。圖為長野木曾馬和沖繩宮古馬。

　　1894 年，清日戰爭爆發，軍部下達徵集赴海外作戰軍馬的命令，規定馬匹身高必須超過 142 厘米。當年日本全國飼育了大約 150 萬匹馬，軍部從中嚴選出 35,000 匹作為候補軍馬，可是選拔的軍馬很少能達到軍部條令規定的標準。第二方面軍在清國遼東半島登陸時，軍馬屢屢騷動，互相撕咬、蹶踢、嘶鳴，嚴重影響預定的登陸作戰計劃。第六師團炮兵連隊在管制這些性情暴躁的軍馬時，發生 270 名士兵被馬咬傷和踢傷的事故。以往看似溫順的日本馬，在戰場上竟然不守紀律、脾氣暴躁，兵士不得不經常冒生命危險安撫馬匹的情緒。從幾項規定數據對比來看，日本軍馬與歐洲軍馬存在明顯的差距，標準體高：日本軍馬規定 143 厘米、法國軍馬 156.7 厘米、德國軍馬 161.2 厘米；體重：日本軍馬規定 328.9 公斤、德法軍馬 478.9 公斤；標準牽引能力：日本軍馬規定 414 公斤，德國軍馬僅 373.9 公斤、法國軍馬 399 公斤。相比之下，德、法的軍馬體格健壯負擔卻較輕。按照日本軍馬的標準，實際徵用的軍馬

離規定值相差很遠，難以負擔重負荷的勞作。清日戰爭後，日本軍馬部對軍馬展開諸多研究，改善軍馬性情成為當務之急。參照歐美的經驗，研究人員發現"去勢"能明顯改善馬匹的性情，而且去勢的軍馬比普通軍馬體魄強健、較少嘶鳴，尤其適合偵查部隊使用。然而給軍馬去勢的計劃在日軍中遭到長期抵制，因為日本軍人普遍認為脾氣粗獷之馬是好馬，無法接受割掉戰馬睾丸的理念。

1900 年，北清事變（義和團運動）爆發，日本加入八國聯軍侵略北京。在對清作戰中，日本軍馬的表現受到聯軍的譏諷嘲笑，日本軍馬和聯軍軍馬體高相差 22 厘米，體重相差 70 公斤，歐美軍馬奔跑時速 27.8 公里、日本軍馬時速只有 17.8 公里。歐美軍馬溫良順從，60 餘匹編制的馬隊只需 30 人照料，日

2.9.07　軍馬改良成為日本對外戰爭最重要的研究課題之一，經歷了失敗和成功的長期過程。圖為日本引進的阿拉伯和歐洲種馬，分別為適合騎兵作戰的"輕種馬"和體形粗壯力大，適合炮械牽引的歐洲改良型"重種馬"。

本軍馬則必須每匹配備一人監管。每節火車廂內，聯軍可載 15—18 匹軍馬，只用一人監管即可。日本軍馬在車廂內暴躁喧嘩，踢壞車輛的行為頻發。更有甚者，那些沒有去勢的日本牡馬，在戰鬥中撒野追逐雌馬，擾亂陣型隊列，被聯軍批評為"一群不聽話的野獸"。此後，日本開始厲行"軍馬去勢法律"，除種馬留用外，所有牡馬都必須去勢。凡抗拒牡馬去勢者一旦發現，懲罰馬匹所有者 100 日圓。

1904 年，日俄戰爭爆發，日本馬經過十年的改良，6% 的育成馬得到外來種馬的血統，育成馬平均體高達到 147.6 厘米。但是日本馬總體水平仍然不佳，無論體質和數量與俄國馬比較都呈明顯劣勢。日軍用繳獲的俄國軍馬和日本馬作了對比試驗，同樣噸位的大炮，俄國馬只需六匹就可以輕鬆牽引，而日本馬八匹都十分吃力。戰爭中，日本軍部再次覺悟到，改良日本馬是軍隊近代化最急待解決的問題之一。

1906 年，日本實施第一期"馬政18 年計劃"，將國內馬匹數的70% 用西洋優良牡馬進行品種改良，改良計劃獲得了空前的成功。1924 年，實施第二期"馬政12 年計劃"，計劃的主旨並非隨意採用西洋馬種，而是挑選能適應日本國氣候風土，有耐久力體格的馬種進行混血改良。1932 年，全國的育成馬調查結果顯示，全國的日本馬中阿拉伯馬血統佔8.7%、英國純種血統佔7.2%、法國盎格魯—諾曼馬血統佔24.2%（適用於炮車牽引）、法國佩爾什血統佔21.6%（適用於駕轅）。育成馬體格健壯高大，即便是民用馬也達到了145.4—157.6 厘米的體高。明治維新六十年以來，日本發奮圖強，以科學手段改良落後的日本馬，終於使日本軍馬體格達到了與歐美馬同樣的水平，被讚譽為"東洋大馬"。昭和十四年

2.9.08　明治維新六十年以來，日本用科學的手段改良了落後的日本馬，軍馬體格達到了與歐美馬同樣的水準，被譽為"東洋大馬"。圖為有歐洲和阿拉伯馬血統的日本改良馬。

(1939)，日本強化"種馬統制法"，進一步確保了日本馬的質量源。日本侵華戰爭期間，軍部發佈徵集軍馬的選定條件，規定入選軍馬體高必須達到160 厘米以上，在中國戰場投入的軍馬總數達到24 萬匹之多。

軍人體格

1894 年12 月，野戰衛生長官黑石忠悳向全軍通報了一項《日清兵體格比較》的研究報告。報告注重研究作戰對手清軍士兵的體格狀況，客觀評價清軍的戰鬥力。報告指出，以往我軍士兵普遍認為清國兵體格高大、力量強健，身體素質優於我兵。開戰以來，野戰衛生部門對清軍俘虜的體格狀況進行了研究。野戰衛生部曾經向各戰區的師團軍醫部長下達了對戰場上俘虜的敵兵實施體格狀況調查的命令。體格檢查統計對照顯示，以往日兵對清兵體格狀況的評價缺少依據。這些模糊的猜想，來源於清國徵兵公示的身體標準規範，因此得出清兵體格高大、

力量強健的結論。事實上，日清兩國選兵採用的身體檢查衛生學標準存在較大差異，日軍採用歐美軍隊提出的衛生學標準。野戰衛生部按照衛生學標準的體檢方法，對各場戰鬥中俘虜的清軍戰俘，實施了體格狀況的精密檢查。77 名戰俘與14,218 名日本兵體格的檢查結果比較，發現以往的觀念是片面的。清軍士兵年齡高於日本兵，平均值差高達 8 歲 5 個月，甚至有 16 歲未成年軍人參與作戰的記錄。清兵的平均身高超過日本兵 1.8 厘米，胸圍超過日本兵 4.6 厘米。清兵骨架雖然超過日兵，但是平均體重指標低於日本兵 6.5 公斤。日本兵注重體能訓練和營養供給，身體肌肉量高於清兵，平均握力超過清兵 10 公斤，佔有優勢。兩國士兵的力量比較結果是，日本兵在戰場上手臂動作能力優於清兵。肺機能是評估軍人戰鬥力最重要的指標，通過呼吸機能測試發現，日本兵超過清兵 0.33 厘米，肺活量超過清兵 502 毫升。日本士兵的戰場運動機能及情緒穩定能力也優於清國士兵。《日清兵體格比較》研究結論認為，以往對清兵的認識是片面的，日本兵擁有體格上的綜合優勢。

戰地民政

　　清朝立國後，將自己祖居的關外東北地區稱為滿洲，並設立邊卡，禁止關內百姓移民開墾。到了十九世紀中末葉，大清朝陸續開放自己的"龍興之地"，鼓勵關內百姓移民，以期增加滿洲人口，抵禦俄國人對清國領土的蠶食。以山東一帶漢族人為主的移民，越過渤海灣大舉遷居滿洲，在這片未開墾的處女地上建立起自己的家園。1882年清政府在滿洲設立招墾總局；1883年滿洲第一家近代機器工業製造廠吉林機器局建成；1885年吉林電報局成立。朝廷派遣官員在滿洲各地設立衙門，管理那裏的百姓。至甲午戰爭爆發前，滿洲的開發已經頗具規模，成為擁有上百萬人口的繁華之地。

　　自滿洲人入主中原以來，無數漢人被血刃於屠刀之下，漢人群體被劃歸為低等身份的民族，被奴役愚化。面對近代發生的數次外來侵略，漢族民眾精神上處於極端矛盾的煎熬中。在他們的國家觀裏，滿洲人、英國人、法國人、日本人，同屬外來異族人對中原的侵略，無論哪個異族人來統治這塊土地都是一個樣，百姓只求安定平穩的生活。逆來順受的民眾，終於在清日戰爭中表現出驚人的麻木，沒有誓死捍衛滿清江山的熱情。

　　戰爭中，日本在佔領地推行了一系列安民政策，日本人的行政比清國官吏公正清廉，迎合了百姓的心理。戰爭沒有破壞戰地的經濟環境，日軍推行的民政措施穩定了當地的社會局面，促進了經濟的恢復。1894年10月下旬，第一軍越過鴨綠江佔領了安東縣。10月31日，軍司令官制定了民政廳機構編制及權限，於11月1日在安東縣設立第一個民政廳，辦理民政事務，日本駐清公使小村壽太郎擔任第一任行政廳長官。12月9日小村長官歸朝後，行政長官

2.10.01　日本佔領朝鮮後，設在仁川的日軍公署。市內秩序恢復，商業繁榮。1895年4月18日公署外張貼佈告，朝鮮人才知道清日兩國戰爭結束，清國戰敗簽署《馬關條約》的消息。

由步兵中佐福島安正接任。混成第十旅團佔領鳳凰城後，軍司令官任命工兵大尉倉辻明俊主理民政。11月4日，鳳凰城開設善後總局，開放商品交易市場，安撫民眾。第三師團佔領岫岩後，兵站司令官炮兵少佐押上森藏設立公議所，向當地紳民發出告示，安撫民眾，宣佈即日起開始民政工作，受理民間訴訟。12月中旬，第三師團佔領海城設立善後公署，炮兵中佐村木雅美任署長，20日善後公署改稱民政事務所。隨着佔領地的逐漸擴大，民政事務日漸繁多。1895年2月8日，第一軍司令官設立安東縣縣政本廳，制定臨時民政廳組織機構，確定職權範圍。軍司令部及獨立師團司令部任命民政廳長官擔任高級主事，統轄各地設立的支廳或民政事務所。3月6日，第一師團佔領營口(營口是清國對外開放的通商口岸)，第一軍司令官派遣福島、村木兩中佐前往營口，知會各國領事營口被佔領之事。步兵第十八聯隊第一大隊擔任營口守備，大隊長石田正彥少佐兼理民政，負責當地港口及外交事務。大本營隨後派遣式部次長三宮義胤出任營口理事官，管理當地的外國人及關稅事務，歸第一軍司令官直轄。三宮理事官於4月4日抵達營口

2.10.02　第一軍越過鴨綠江佔領安東縣，設立了第一個民政機構，負責佔領地民政事務，駐清國公使小村壽太郎任第一任行政廳長官。圖為安東縣開城，居民進出城接受日軍檢查，商業秩序恢復。

上任，12日理事廳開始辦公。4月10日大孤山民政事務所開設，步兵少佐熊澤安定出任所長。

1894年11月7日，第二軍第一師團攻陷金州，隨即開設臨時行政部，恢復當地秩序，一等領事荒川巳次出任金州知事。旅順口陷落後的12月3日，開設臨時行政廳，歸屬軍兵站監管轄，外務書記官鄭永邦出任書記官。1895年1月16日，大本營任命陸軍少將茨木惟昭出任金州行政廳長官，掌管金州民政事務，統轄第二軍管轄下的各民政事務所。3月23日，旅順行政廳統歸金州行政廳管轄，改稱行政署，由步兵少佐渡邊勝重代理署長。自3月14日以降，日軍佔領區域擴大，蓋平、復州、貔子窩相繼設置行政署。20日，

步兵中佐栗屋干任蓋平民政署長；27
日，憲兵少佐小笠原尚弼出任復州民政
署長；28 日，步兵少佐太田貞固出任
貔子窩民政署長，各地陸續開始管理當
地的民政事務。

　　日軍佔領地的治安維持，目的之一
是為了安定民心，贏得敵國民眾的好
感。目的之二是為了將來佔領地領土化
的長遠戰略意圖。當時國際上對佔領地
轉化成領地有不成文的規定，(1)佔領
地需達到一定的佔領日時；(2)佔領和
統治需得到其他國家的承認；(3)佔領
地居民對佔領者民政機構的服從。日軍
在進入清國境內時，重視設立民政廳

2.10.03　1894 年 12 月 31 日第二軍金州行政廳前，
按照日本習俗裝點元旦飾樹。行政廳發佈告示："今
日除夕午後至明日元旦，一般事務不受理。"

並溫和對待當地民眾，就是為了達到永久佔有清國土地的目的。清日戰爭期間，
日軍在清國本土的佔領地先後設立民政廳 11 處。第一軍 11 月 1 日在安東縣設立
民政廳、4 日鳳凰城設立善後局、12 月 14 日岫岩設立善後公署、24 日海城設立善
後公署、4 月 14 日營口設立理事官廳、4 月 10 日大孤山設立民政事務所。第二軍
11 月 7 日金州設立行政部、12 月 3 日旅順口設立行政廳、3 月 27 日復州設立民政
署、3 月 20 日蓋平設立民政署、3 月 28 日貔子窩設立民政署。山東省威海衛戰區，
由於當地百姓絕大多數逃往芝罘和內地，民政事務所工作主要轉向維持兵站線秩
序，設立的民政事務所僅月餘便撤銷。

　　在佔領地的行政工作是實行文官民政還是武官軍政問題上，山縣代表的軍方
和伊藤代表的文官之間出現對立，結果握有戰地統帥權的軍方佔了上峰，佔領地
臨時民政管理採取了武主文從的軍政方式。1895 年 11 月，遼東半島歸還清國的工
作開始，各地民政支部從 11 月下旬至 12 月下旬逐次關閉，返回日本。

　　日本佔領軍實施民政的重要策略之一，是向漢族人宣傳"恢復中華"的攻心
戰。宗方小太郎一篇〈開誠忠告十八省之豪傑〉的安民告示文，用揭漢人歷史傷
疤的手段，動搖他們的清國意識。全文曰："先哲有言曰：'有德受命，有功受
賞。'又曰：'唯命不於常'。善者則得之，不善者則先哲有言曰失之。滿清氏元

2.10.04　日軍第二軍在金州的行政機構發佈若干安民告示，恢復了地方秩序。圖為金州城原副都統府前，行政機構開設的粥棚，向無糧貧民施粥救濟的場景。

塞外之一蠻族，既非受命之德，又無功於中國，乘朱明之衰運，暴力劫奪，偽定一時，機變百出，巧操天下。當時豪傑武力不敵，吞恨抱憤以至今日，蓋所謂人眾勝天者矣。今也，天定勝人之時且至焉。熟察滿清氏之近狀，人主暗弱，乘簾弄權，官吏鬻職，軍國瀆貨，治道衰頹，綱紀不振。其接外國也，不本公道而循私論；不憑信義而事詭騙，為內外遠邇所疾惡。曩者，朝鮮數無禮於我，我往懲之，清氏拒以朝鮮為我之屬邦，不容他邦干預。我國特以重鄰好而敬大國，是以不敢強爭焉，而質清氏，以其應代朝鮮納我之要求，則又左右其辭曰：'朝鮮自一國，內治外交，吾不敢聞。' 彼之推辭如此也。而彼又陰唆嗾朝鮮君臣，索所以苦我日本者施之。昨東學黨之事，滿清氏實陰煽之而陽名鎮撫。破天津之約，派兵朝鮮，以遂其陰謀也。善鄰之道果安在耶？是白癡我也，是牛馬我也。是可忍也，孰不可忍也？是我國之所以捨樽俎而執旗鼓，與貴國相周旋也。抑貴國自古稱禮儀國，聖主明王世之繼出，一尊信義，重禮讓。今蔑視他邦，而徒自尊大，其悖德背義莫甚矣。是以上天厭其德，下民倦其治，將卒離心，不肯致心，故出外之師，敗於牙山，殲於豐島，潰於平壤，溺於海洋。每戰敗衄，取笑萬國。是蓋滿清氏之命運已盡，而天下與棄之因也。我日本應天從人，大兵長驅。以問罪於北京朝廷，將迫清主面縛乞降，盡納我要求，誓永不抗我而後休矣。雖然，我國之所懲伐在滿清朝廷，不在貴國人民也；所願愛新覺羅氏，不及脅從士卒也。

若謂不然，就貴國兵士來降者證之。夫貴國民族之與我日本民族同種、同文、同倫理，有偕榮之誼，不有與仇之情也。切望爾等諒我徒之誠，絕猜疑之念，察天人之向背，而循天下之大勢，唱義中原，糾合壯徒、革命軍，以逐滿清氏於境外，起真豪傑於草莽而以託大業，然後革稗政，除民害，去虛文而從孔孟政教之旨，務覈實而復三代帝王之治。我徒望之久矣。幸得卿等之一唱，我徒應乞於宮而聚義。故船載糧食、兵器，約期赴肋。時不可失，機不復來。古人不言耶：天與不取，而受其咎。卿等速起，勿為明祖所笑。"

　　淪陷地的清國百姓很快接受了日本軍的宣傳，適應了日軍在佔領區的施政。佔領地許多鄉紳、市民、貧民，自願向日軍請求保護，百姓代表懇請日軍寬大施恩，垂憐拯救百姓於流離之苦，謂日軍為拯救我等的大明國大元帥。《日清戰爭實記》記載："佔領後的九連城，當地居民簞食壺漿迎我王師，攜雞豬肉獻與我軍。"從軍記者寫下感言："三皇治世，五帝為君，推賢讓能，皆揖讓而有天下；柔遠親邇，以仁義而待閭閻。誠謂其民為邦本，本固邦寧也。我兵將西征，始為天下來耳。""東西旦夕相望，庶民子來，古人之言，不欺我也。"第一軍山縣司令長官發佈安民告示，免除當地百姓本年度賦稅，招撫逃避戰亂的居民回家。安民告示促使清國人自願為日本軍隊效力，許多百姓家大門貼出"順民"、"良民"字樣的條幅，類似情形幾乎在各個戰區都可見到。在清國上下複雜的民族主義感情中，日本成功利用了漢清間的民族矛盾，引導部分清廷官吏和民眾甘願為日本奉獻。佔領地親日局面形成的主要根源，來自漢族人對清朝侵佔中原以來，實行殘

2.10.05　金州城繁榮的北大街，街道盡頭可望見金州城樓。金州臨時行政部規定，要求保護居民的財產及營業權。圖為日本兵混雜市民之中，居民生活已恢復平靜，商販同樣可與日兵討價還價。

2.10.06　日軍佔領下的金州城內，閒散、無業、無所事事的居民，常三五成群集聚在聖帝廟內，傳播每日道聽途說的新聞消息。

酷統治結下的宿怨，華夏子孫在精神、肉體上經歷了近三個世紀的磨難。

日軍的民政機關根據佔領地本地實情，展開了各具特色的工作。主要施政內容包括：對強取豪奪危害地方的奸商施以處分；對貧民及飢餓群體的救助；嚴控物價穩定經濟；城市農村居民戶口人口調查；招撫逃跑的地方官員或新選吏員參與當地行政；制定城門出入取締規則、道路取締規則、船舶進出取締規則、市場取締規則、城市清潔法、家畜飼養場清潔法、傳染病預防規則、稅務徵收規則、兵器取締規則等法規，在軍憲兵隊的監督下實行。司法警察依照刑事訴訟法的法規開展公務；為救護地方飢民，向百姓施與繳獲的米、鹽等物；用相當的代價收買富豪的儲蓄再施與百姓；衛生方面為地方百姓施療種痘。日軍民政機關按照清國律令及與其他各國間締結的條約、規則、慣例，對出入營口的船舶實施課稅管理；實施耕地稅，對佔領地耕地租稅徵收狀況進行調查。

日軍民政機關不僅管理清國人的社會秩序，同時也對佔領地內的日本軍人和僑民施以同等的法治約束，嚴格管理從國內前來清國經商的日本人。佔領地設立的警察，擔任非常龐雜的監管任務。職責涉及對違反者的諭說（教育開導）、檢視、檢證、救護、告發受理、喚問、拘留、逮捕等業務，其中對日本人違反者的處理件數佔相當高的比例。佔領軍在清國實行頗具成效的民政政策，成為當時國際社會讚賞明治軍隊的話題之一。

金州是日本佔領遼東半島的大本營；也是日清戰爭中，日本在清國最主要的行政中樞。在中國歷史上，明太祖洪武五年（1372）置金州，屬山東布政使司。洪

2.10.07 金州城內沒有溝渠排水系統，雨後泥濘不堪，市政作出規劃，整頓街巷的生活環境。圖為行政廳僱傭的民工，在街道中間挖掘修造排水溝。

武八年(1375)置金州衛，屬遼東都指揮使司。洪武二十八年(1395)廢除州制，專行衛制。此後金州成了明王朝在遼東半島的軍政中心。明成祖永樂十七年(1419)倭寇來犯，遼東總兵劉江率金州衛軍民大破倭寇於望海堝，使倭人不敢再犯遼東。《馬關條約》簽訂後，日本取得了遼東半島，因為金州是連接半島南北的戰略要地，故擬在此處建立轄都。當面對歐洲列強咄咄逼人的干涉時，陸奧外相甚至仍然堅持保留金州的要求，遭到三國的拒絕。

日軍佔領金州後，第二軍多數部隊集中城內。為了保證金州安定的政治經濟環境，日軍在金州的行政管理上投入很大。日軍巧妙利用漢人仇視大清的歷史情結，在短期內取得了治理金州的成效。日軍金州行政廳設在清國原副都統連順的衙門內，面積十分充裕。行政廳開廳後，先後發佈了《金州城行政規則》、《金州通商規則》、《大日本帝國軍本營示》等用以撫民、興商、治軍的臨時律令條例以安民心。

《金州城行政規則》

第一條　金州城設立行政廳，管轄城內、城外及附近各村落。

第二條　金州城行政廳職權歸屬有交戰權的第二軍司令官，管轄範圍包括金州城及附近的佔領地。

第三條　金州城行政廳設知事1名、屬員若干，知事及官員由軍司令部任命。

第四條　行政廳守衛及巡邏，配置憲兵若干名。

第五條　知事行政需考慮日本駐軍的利益，對於重大行政事務的實施，須在

2.10.08 金州城下的馬市，每日聚集眾多招攬生意的清國人馬車，人畜喧嘩，熱鬧非凡。清日戰爭，帶旺了這裏的生意，車老闆們每日都會在這裏等待日軍兵站的貨運差事。

軍司令官指揮下與兵站交涉，在兵站監督下協議實施。

第六條　知事行政需考慮日本駐軍的利益，管轄內的清國人民和外國人民適用萬事公法，當出現符合公法的死刑者時，須得到軍司令官的許可方能執行。

第七條　知事對佔領地域內的日本國民的不法行為擁有管理權，依據陸軍刑法、治罪法、懲罰令實施處罰。對於大型案件需移交師團或兵站部處理，猶豫不決的案件需請示軍司令部定奪，依照軍律處分。

第八條　知事對管內的人民財產及營業施以監查，其實況需向軍司令部報告。軍的師團、旅團、司令部及兵站部，向行政廳管內的清國臣民發佈命令及處分意見。

第九條　知事為了行使職權，若需要聘請清國臣民協助行政及司法事務時，有權以支付薪水和獎金的方式僱用。

第十條　金州行政廳的辦公經費，從軍監督部支辦。

《金州通商規則》

第一條　此規則在日本軍隊佔領金州期間，為圖彼我雙方人民的利益，在金州行政廳職權下執行。

第二條　此規則在金州佔領地，日本商人若與清國人民通商，需向大本營申請，取得特許商人資格後方可進行交易活動，此類商人僅限認定的少數。

2.10.09 金州城居民的商品買賣受到保護。駐屯部隊的軍需無法承受市場物價的暴漲。為穩定物價，行政廳發佈公定物價標準，派遣憲兵監督市場，使市場秩序得以安定。

　　第三條　特許商人在金州行政廳知事指定的地段，與持有金州行政廳發給特許的清國商人進行買賣交易。超出規定地段和與規定以外的清國或日本商人交易，將被吊銷特許商人資格。

　　第四條　金州通商所需貨物的運輸，由陸軍提供專用運輸船兩艘，在宇品港和大連灣之間開設定期航班。

　　第五條　通商交易地的日本商人和清國商人之間的買賣授受，均需在金州行政廳履行規定的手續，在廳職員監督和保護下交易。出現違反的情況將被罰款或吊銷營業資格。

　　第六條　物品的價格在雙方商人合意基礎上成交，遇到爭議價格需要認定的情況，由金州行政廳知事確認原貨價格，指定和限制相關收益。

　　第七條　日本商人和清國商人之間的交易發生糾紛時，最終由金州行政廳裁定。

　　第八條　作為日清兩國通商的保護費，雙方買賣成交金額的百分之一，須納付金州行政廳。

　　第九條　取得買賣許可的清國臣民，可以在日本軍營及設施內設立賣店，進行物品買賣。

　　第十條　日清貿易商會的人員，限定在金州城內規定的場所，許可開設雜品賤賣所，其規則另行制定。

2.10.10　金州城北門，清國人給牛換掌的情景，引來日本兵好奇觀看。

2.10.11　金州城陷落後，申請進入佔領地經商的日本商人逐漸增多，市場上出現了另樣的繁華。圖為日本人經營的雜貨店。

　　金州行政廳開廳施政，參考和延續了戰前清國金州衙門的部分施政慣例。其中包括，納稅、物產調劑、清日錢幣兌換、物價制定等方面。

一、納稅（延續清國慣例）

　　地租和耕地分四類：(1)紅冊地（漢人耕作）；(2)民冊餘租地（漢人耕作）；(3)旗冊地（旗人耕作）；(4)旗餘租地（旗人土地，漢人代之耕作）。地租分納物和納銀兩種，旗人僅納物，漢人物銀皆納。金州紅冊地 141,970 畝，年納稅銀 2,086 兩，徵米 3,466 石 8 斗（平均每畝納銀 1 分 2 厘 5，徵米 2 升 4 合）。旗冊地、旗餘租地42 萬畝，年徵米 2,000 石。丁銀（漢人戶稅），每戶年額 1 錢 8 分。丁錢（旗人兵役稅），若免兵役，五年期間每年納銀 1 錢 1 分。畜類稅，牛馬每頭課稅 105 吊，政

2.10.12 柳樹屯兵站門前民工市場一景。戰爭中，清國百姓為了生計，爭先恐後應募日軍的招工。圖為清國百姓聚集在兵站門前，盼望能分得一份差事。

2.10.13 得到搬運差事的清國百姓，在為日軍勞作。圖為往來大棧橋的民夫，給日軍兵站扛運軍需物資，岸邊的物資堆積如山。

府收入僅二三百兩。船稅，10 萬斤貨物大貨船課稅銀 34 兩，10 萬斤以下貨船課稅各異。小船課稅 20 吊至 40 吊不等。

　　地方勞動力市場現狀，常顧耕作勞力年薪 150 吊；春播臨時日僱 780 文；夏忙臨時日僱 1 吊 120 文；秋收開鐮臨時日僱 1 吊 120 文；冬季農閒臨時日僱 500—600 文。

二、地方物產流通（延續清國慣例）

　　穀類：高粱、苞米、穀子、小麥、黑豆、黃豆、蕎麥、紅豆、綠豆

　　樹木：松木、榆木、柳木、柞木、槐木、莉木、桃木、杏木、棗木、葡萄

　　蔬菜：白菜、黃瓜、茄子、芸豆、大葱、蘿蔔、大蒜、西瓜、地瓜、甜瓜、

2.10.14　柳樹屯天后宮的臨時市場，日本商人在這裏販賣雜貨和食品。柳樹屯是日本運輸船停泊的要地，第一、二軍的軍需都在這裏中轉。戰地市場擁擠了大量軍人、軍夫，物品不足價格昂貴，超過國內數倍之多。

紅蘿蔔、芹菜、山菜、菠菜、香菜、方瓜、韭菜、菜豆、梅豆

魚類：刀魚、沙魚、扒皮魚、加吉魚、大口魚、梭魚、白票魚、民子魚、魯子魚、細鱗魚、黑魚、吹庫鮰魚、火龍魚、勞板魚

海菜：海葛子、海蒿子、鹿角菜、龍鬚、下鍋亂、牛毛菜、海紫菜

禽類：鴿子、雞、鴨、野鴨、海貓子、雁、鷹、鴉

獸類：狐狸、兔、犬、貓、山羊、牛、馬、豬、驢、騾

礦物：金沙

三、清日錢幣兌換（日本行政條例）

大日本帝國一等領事官金州行政廳知事荒川示

懋遷（貿易）所以裕民生而貨幣所以便懋遷也，茲以大日本帝國通寶價位比照清國銅錢，開列於後以示行情。但是冀以大日本國銀貨或銅貨換銀兩，若銅錢者隨時來稟，請行政廳照市交給不錯。

為書示嚴切曉諭事，照得我軍自抵金以來，在以愛護人民為心，毫無擾斯。以勵諭商民，設局供給我軍需用各物，價值只應從公決，不宜漁利薰心，高抬時價。茲查得所賣貨物價值太昂，當此貨物短少之傾，自不能不價稍高。然我軍為此保護，爾當雖無天良，為此書亦教切曉諭爾商民人等，認期冬發天良，從公論值，取量定價，毋使我軍退有後言，屬允當自示之後，如尚前誤，抬高定價，且我國法律最辨，決不姑宥爾商民人等。其為凜遵，勿謂言之不顧也。切切特示。

大日本國通寶價位：1 圓銀貨一換清國銅錢（日本 1 文錢相同）1,140 個；50 錢

銀貨→以兩個換 1 圓；20 錢銀貨→以五個換 1 圓；10 錢銀貨→以十個換 1 圓；5
錢銀貨→以二十個換 1 圓；5 錢白銅貨→以二十個換 1 圓；2 錢銅貨→以五十個換
1 圓；1 錢銅貨→以百個換 1 圓

四、市場物價（日本行政條例）

金州城內外商人等知悉：

大日本帝國軍人來金保護商民，仁義安靜、諸凡公平。本城商民人等所在市
賣糧草、菜蔬、果品、魚肉、零星皰物等等，但應按公買賣，不准誤招高價。設
有要價高昂，不但軍人不甘，本局亦專派人各街查實，送行政廳究辦，決不寬貸。

自此城鄉商民人等均知，再若價太高，本局查實，送廳究辦。為此將糧價值
開列於左，各宜遵照，勿得玩視，是要切切。

今同行政廳公議擬定價值開列與左。

青豆每斗：東戔三吊五百；苞米每斗：東戔三吊三百；高粱每斗：東戔三
吊；黑豆每斗：東戔五百；綠豆每斗：東戔四吊五百；十米每斗：東戔六吊；
小麥本每斗：東戔五吊八百；小麥南每斗：東戔五吊二百；木材百斤：二吊
五百；黍草百斤：二吊五百；林楷百斤：二吊；木炭百斤：十吊；白菜百斤：二
吊五百；豬肉百斤：五百；白麵百斤：二百四；雞每隻：一吊八百；大口魚每斤：
一百五；苞米餅子每斤：一百五；雞蛋每個：大戔十六個；豆腐每斤：大戔十二個

（備註：東戔 = 清國錢；一吊 = 164 文；一百 = 16 文）

2.10.15　位於遼河
入海口的營口，是遼
東半島的海關，開放
為通商口岸後，成為
這一地區最繁華的商
業都市。圖為日軍佔
領下的營口市街，聳
立的大商行牌匾上書
這家店舖銷售綾羅綢
緞紗絹、洋廣雜貨、
山海乾菜等貨品。

《金州行政廳知事告示》

為出示曉諭事，照得經營事務原有一定時刻，茲擬定每日十二點鐘時放炮一聲，俾軍民人等均知其時，以期集事。為此先行出示，凡城內外軍民人等皆知炮聲有因，勿須聞而驚慌，是所切要。特示。

大日本帝國一等領事官金州行政廳知事荒川

明治二十七年十二月八日示

《大日本帝國軍本營示》

所謂國家用兵以問罪，本軍施政以衛民，法之至善也。本軍陷金州城，以鎮撫為先，漫不加殺戮，是以兵勇愛惜不拮抗者。現施治體養全、好生之道，就中不干軍事商賈老幼，打仗之日不幸受傷，恐懼忍苦者，殊屬可憐，本軍救恤者迄槀，請寓金州廳內專員及早治療，宜浴再生之恩。又聞死者無葬，隱蔽曠日，錯慮迷生，亦請該府設法措置。以慰遊魂，死者瞑目，生者甘心，是一舉兩得者矣。

明治二十七年十一月十二日特示

現開政廳金州廳衙門厚施仁政，公平聽訟，務法舊制，一從習俗，以便爾等有眾。廳務一切事宜，飭大日本帝國領事官荒川已次辦理，爾等有眾，速來瞻依，不狎不恐，須浴德澤。

欽命大日本帝國陸軍大將伯爵大山

明治二十七年十一月十二日特示

清國觀形成

1 日本的清國觀

千百年來漢唐文化的傳入，對島國日本的文化產生過重要影響，使日本民族成為敬仰華夏文明的異邦。日本文化人豪言：“真正傳承了漢唐文化的是日本民族，因為在中華歷史上，北方韃靼人（元朝、清朝）兩次對中原的洗劫和統治，間斷了漢族人對漢唐文化的傳承。數百年的浩劫，漢唐文化被迫滲入韃靼人的文化雜質，失去了原有的本來面目。韃靼人劣質的沉澱，導致曾經在世界上輝煌的大漢衰退，而日本民族卻無間斷虔誠地傳承了漢唐文化的精粹。大陸傳入的漢字、儒教、忠義、勤勉的精髓，成為今日日本文化的根幹。當滿清奪取漢人天下的時候，大和民族和大漢民族一樣對滿清懷有憎惡感，因為滿清對中原的豪奪、佔領，改變了華夏民族的文化。”日本人對漢文化的忠實情結，延續到十九世紀末葉。終於在一場不期而來的戰爭中，徹底破滅了日本人的夢境。

近世數百年來，大清國對日本國堅持傲慢的國家戰略，兩國之間心存芥蒂由來已久。軍事上，清國兵多將廣，日本無搖撼之力；文化上，數千年華夏文明博大精深，日本自歎不如，大和人內心深處隱藏着複雜的民族劣等感。在島國人的朦朧臆想中，海那邊就是富饒的土地和豐衣足食的“東方天堂”，一睹大陸的金碧輝煌和肥沃土地，成為他們長久以來的夢想。豐臣秀吉晚年兩度出征高麗，欲打開通往中國大陸之門，但明軍的豪勇給他留下恥辱的怨憾。清日戰爭把日本人帶到夢寐的“天堂”，當遠征兵進入清國時，目睹的卻是貧困的社會和無秩而髒亂的國度，強烈的反差改變了日本人心中對東方大陸的憧憬。對大中華文化固有的“讚賞”、“崇敬”心理開始崩潰，隱藏在內心的劣等感，迅速向“差別”、“輕蔑”的意識逆轉。一種新型的近代清國觀開始形成，大和民族自身的優越感迅速轉變成時代思潮的主流。

1860 年，日本赴美使節左太夫在《航美日錄》中記載了香港的見聞，“我徘徊在香港的大街上，看到數十名支那人被英國兵用鐵棍驅逐，就像追趕犬馬一樣酷苛。見此情形，作為同樣的黃種人，內心感到由衷的刺痛。”1862 年，日本作家高山晉所作《遊清五錄》記載，“上海的港灣內歐洲諸國的商船、軍艦雲集如林，陸上諸國的商館壁壁相連如廣大的城廓。這塊土地被英夷所奪，變成自己的家園，

2.11.01　1860 年的第二次鴉片戰爭，英法以武力打開了清國的大門，清國不堪一擊，暴露出東方大國的頹勢，"東亞病夫"的清國觀開始形成。圖為陷落後的天津大沽炮台。

2.11.02　1890 年的清國政治中心北京，有二百餘年歷史的王朝，面臨國內外深重的矛盾，根基正在發生動搖。

清國人成為他們的奴隸。清國人的居所窮巷陋室，貧者們擁擠在極端不潔的環境中生活。大街上清國人會自覺地避開英國人、法國人，把道路優先讓給洋人通過。上海雖然還是清國的屬地，此時此刻已經成為蠻夷遍地的樂園。華夏古國這個日本文化的恩師、東洋文化的據點，如今被清朝權貴敗落在西洋列強的手裏。那些昔日朗朗吟誦華麗漢詩的人們，眼下在洋人面前變得懦弱無力。"

近代的清國，仍然堅持奉行以古中華文化為基礎的華夷思想，對周邊國家實行宗主與藩屬國之間的朝貢體制秩序。數百年來，清朝排斥西方文化，對抗西歐列強武力打開其國門的企圖。鴉片戰爭、清法戰爭，清國人表現出敢於與外來勢力一搏的大國形象。清國朝廷對日本近代維新巨變同樣存在偏執的嘲諷和蔑視，認為明治政府是非法的篡權，實行的是獨裁新政。批評明治維新是"朝令夕改、視如兒戲"；"改變風俗、荒唐無稽"；"穿西服、說洋話、焚書變法"的政治變革。大清國在日本國面前屢試大國鋒芒，現出大國沙文主義的孤傲，"征日論"在朝廷廟堂時有浮現。

1876 年 1 月，日本駐清國特命全權公使森有禮(30 歲)，赴任途經天津時，與時任直隸總督兼北洋通商大臣李鴻章(53 歲)有過一次談話。通過談話紀要可見，當時代表大清國執掌洋務的重臣李鴻章，都在意識形態上對西方文明和明治維新存在巨大偏見，至於那些深居宮苑的皇家權貴、井中之蛙的大臣、善良的草民，就更不懂那些近代文明的新鮮事了。

李鴻章："近來貴國的變化實在令人刮目相看值得讚譽，然有一點卻不敢苟同，就是貴國盲目模仿歐國風習改變自國古來的服制。"

森有禮：“改變服制其實道理非常簡單。如閣下所見，我國古來的舊服，寬大爽快非常適合那些無所事事悠閒的人，可是對大多數勤耕勞作的人卻完全不適。也許這種服飾適合於古舊的時代，但面對今日時勢的進步，則感傳承服制多有不便，故改變舊式服裝，用新式洋服代之。我國人民自願改變服制的意向顯然利大於弊，對國家而言更是益處良多。”

李鴻章：“一般而言，衣服之式樣，乃是人們追憶先祖遺願的一種取向，作為子孫之輩應該對此尊重，萬世傳承才對。”

森有禮：“毫不懷疑如果我國的先祖能活到今日，想必也會採取我等子孫相同的做法。一千年以來，日本人的祖先敬仰貴國服式的優雅，傳承了古唐這一文化。歷史上我國人民無論何事，均以善於模仿改造之能事，光大民族文化成為倭人的一大美風。”

2.11.03 十九世紀末的上海，充斥着外國資本的滲透，在西洋技術文明衝擊下，傳統手工業受到嚴重挑戰。圖為上海燈紅酒綠的歡樂場，這裏的清國人自私而不懂政治，關心的只是鴉片、妓女。

2.11.04 大清國對反國家體制的人，採取了嚴厲的鎮壓手段。圖為關押在木籠中示眾的犯人。

李鴻章：“貴國的祖先採用我國的服制是最賢明的做法，我國的衣服紡織非常方便，貴國可以應用自己出產的絲物紡織。可是模仿現今的洋服，想必須要花費莫大的財物和不必要的勞作。”

森有禮：“雖然如此，但從我等的角度審視，貴國的衣服和洋服比較，其精緻性與便利性不及半分。也許粗雜的大褂比較適合長垂的清式髮辮，卻不適合我國人民的自然體貌，除此之外，貴國的其他物品也都不一定適合我國。對於洋服不了解之人，看似經濟上費工費時，實際上卻並非如此。世間之事如閣下所知，勤勞是富貴之本，怠慢乃貧窮之源的道理。舊來的衣服寬大爽快卻不輕快，不輕快之服必導致對勤勞的怠慢，怠慢就一定招致貧困。現在採用新服或許有些費事，

2.11.05　二百年來，漢民族受到滿清的奴役和欺壓。野蠻殘酷的刑罰無情蹂躪着華夏的子民。

2.11.06　清國史上最殘酷的刑罰"凌遲"，將人體上的肉一刀刀一片片割去，讓受刑人在痛苦中慢慢死去。凌遲被西方文明斥為最原始的野蠻。圖為西洋人拍攝的北京刑場上女人被凌遲處刑的場面。

但人類的進步必須推陳出新，將來才一定會得到無限的回報。"

李鴻章："是嗎？閣下讚賞模仿歐風，廢棄舊來服制，有如將自國的獨立委身於歐洲的制度，豈不是遭人唾棄，羞恥之事嗎？"

森有禮："其實對外來事物的取捨並無他人強迫，完全是我國人民自己喜好的事情，故沒有絲毫羞恥之處。鑒於此種思維方式，我國古來極力吸收和採用亞洲、歐美以及其他各國的長處為己所用。"

李鴻章："不過我國決然不會進行如此變革，只是不得不在武器、鐵道、電信等機械方面，積極吸收西洋的東西，因為這些東西正是那些國家最優秀之處。"

森有禮："大凡將來的事情好否，誰都難以預料。清朝開國最初推行的服裝式樣，喜歡的人也許並不多。"

李鴻章："此乃我國的變革，但決不摻入西洋的風俗。"

森有禮："雖謂之變革，然而貴國的變革卻是強迫的變革，貴國人民不是經過一段苦痛的忌嫌期嗎？"

李鴻章："此乃我等為勤皇篤志的結果……。請問閣下對亞洲和歐洲的交際，將來的發展有何高見。"（作為漢人的李鴻章，在聽到森有禮最後的一言，內心受到隱隱刺痛。自清朝以來，漢人被強迫剃髮留辮，穿着滿族式樣的服裝，漢人的確遭到不情願變革的悲劇。故李氏急轉話題，將亞洲文化引向亞洲經濟的討論。）

森有禮："這是一個大問題。各國人民、各種宗教為着各自的權威爭鬥。世界兩大洲的人民運用着自己的智慧，進行着卓絕的相互競爭。在此競爭中，最拙劣者當屬亞洲人。亞洲與歐洲若能互角比肩，恐怕還需要幾百年遙遠的日時。也就是說，今日的亞洲人仍屬於下賤、野卑、禽獸的檔次。"

李鴻章："為甚麼會這樣？"

森有禮："古來對婦人之貴重乃天定之理，亦即婦人是人間之母，是一個家庭、一個國家之母。然而在亞洲，婦人被視為卑賤，受到非道德的待遇，甚或與獸類通論。拙劣的亞洲人在論及婦人下賤之時漫天謬誤，非我多言想必閣下也深有感觸吧。"

李鴻章："實乃奇談怪論，請問閣下是基督教徒嗎？"

森有禮："拙者即不是基督教徒也不是佛教、伊斯蘭教徒，甚麼教也不

2.11.07 清國女人纏足，穿着三角小鞋，她們行動艱難，即使在炕上也不脱去鞋子。醜陋的纏足是玩弄和摧殘女性的典型野蠻文化，是華夏文明中歧視婦女和男性性變態的極端表現。滿清入主中原，意圖廢除纏足未能成功，頑固陋俗束縛了華夏的女性。

信奉，是地地道道的俗人，只是平素信奉不傷害，嚴守正道為天理的人，讓我做一個自欺欺人的人卻是非常難的事。"

李鴻章："閣下的大才着實讓人驚訝，能説出孔子般的話來令人敬佩。以閣下的大才博學，為甚麼貴國還會有'征韓論'這等淺薄之輕舉呢，大概不會是貴國不堪忍受歐洲負債的緣故吧？"

森有禮："如果只是一味考慮他人的計劃而不去做自己的事，那麼自己終將一事無成。"

李鴻章："那是當然，可是現在貴國繼續不斷向外國借貸莫大的資金，那麼將來也許會成為招致亡國的根源。"

森有禮："如果連負債的事都不敢去做，那麼就不會有我國通過歐洲負債取得的實益。"

李鴻章："何以見得？負債絕然不是一件好事。"

森有禮："我國以前沒有外債之時，人民不懂經濟的方法，也不知國家的事情。自國家小負外債以來，民間引發過贊否論，但人民從中習得了經濟的方法。

2.11.08　歷史批評西方人向清國輸入鴉片，清國人自身的醜陋和嗜好的劣根性同樣受到指責。

2.11.09　旅順的清國人大多是來自山東的移民，他們辛苦開墾這裏的土地，成了新家園的主人。圖為旅順口東新街商店的鄉紳，代表小康生活的階層。從身着的服飾、手杖、水煙袋、鳥籠、婦人的小腳，可以感受到遼東半島清國人文化生活的側面。

明治維新國家發展百業待興，通過借貸獲得的利潤，還能頗有盈餘償還借貸，以呈現大大的實效。如此運作看似風險的借貸，結果我國的負債改善了國家的財政。”

李鴻章：“貴國的負債和服制的改革使貴國人民得到幸福，確實是讓人喜悅之事。可是負債如果日益增加，貴國的獨立亦將日益受到束縛。為了貴國的將來，建議貴國對歐洲的負債不應超過現在的規模。”

森有禮：“閣下之懇情感謝之至。希望閣下有機會訪問日本，如果訪問可以實現，閣下的日本知友及我國人民都會欣然歡迎。”

李鴻章：“謝謝，若有機會定會前往。”

明治維新初期，日本人對華夏大陸有着謙和的心態，敬仰和畏懼這個名列世界第一的經濟大國。在謙遜自強的信念下，明治國家發生了日新月異的變化，西方文明引導日本文明崛起，進而影響亞洲文明領導地位的轉移。清國人開始向進步的日本學習，前往櫻邦求學的熱潮不息。

清日戰爭的爆發，終於打破長久以來兩國人彼此觀念的平衡。當日本人踏上憧憬已久的國度時，心中的美好開始崩潰，清國大陸不再是他們夢寐的天堂。戰爭讓清國人不再妄自尊大，日本人不再自愧謙卑。這種本質上的逆向轉化，在兩國人對彼此文明的急速認知下產生。

1894 年，為了應和戰爭新聞的需要，日本《東北新聞》社向出征日軍發出佈

2.11.10　清國人性格溫和，言行和緩。對男女關係有嚴格約束，男人可以妻妾成群，女子不能與丈夫以外的男人相會。圖為金州有妻妾兩人和滿堂兒女的一家。

告，公開募集遠征軍人、軍夫和家屬間往來的私信、手記、日記。刊載的書信可以匿名或真名發表，發表的報紙由報社負擔郵資，寄至投稿人指定的地址。募集戰場書信，成為獲得戰地新聞最有效的辦法，中央報紙《國民新聞》以及東京、大阪的諸多報社紛紛效仿。戰地書信可以在報紙上登載，激發了軍人、軍夫、家屬投稿和寫作熱情。充滿真實感和親民性，反映戰場士兵心聲的新聞，符合讀者的心理需求，報刊發行量在島國激增。

　　清日戰爭對大多數日軍將士來說，是第一次有機會到海外接觸鄰國的事物，親身體驗海外生活。二十萬出征海外的部隊形如龐大的戰地採訪團，可以直接將自己的親身經歷告知國內的同胞。戰爭期間大量的私信、日記、手記在新聞報刊上發表，對日本人近代清國觀的形成產生了極大影響力。

　　近世江戶時代，日本的文化繁榮發達，民間識字率超過歐洲水平。明治維新時代，文化教育更融入歐洲文明，維新軍隊堪稱是一支有文化的集團。士兵軍營生活中有寫信、寫日記和做筆記的習慣。在戰爭環境裏，常用自身的價值觀和文化教養觀察外國的事物，字裏行間流露出大量對清國人輕蔑歧視的文句。士兵的日記在國內報刊上登載，使清國的文化成為被日本民眾侮蔑譏笑的對象，惡化了日本民眾對清國大陸的印象。

　　十九世紀，清國朝廷為了抵禦來自北方俄國的蠶食，廢除了東北土地的封禁

2.11.11 清國音樂的旋律，讓第一次接觸大陸文化的日本兵倍感好奇。圖中金州街頭賣藝的清國人，身着棉袍、手持古琴，特有的唱腔音調，吸引前來欣賞的市民和孩童。

令，滿族以外的其他民族可以合法移居東北，當時，大多數移居東北者是來自山東的漢族人。他們新家園的經營剛剛起步，就遭遇戰爭的侵擾，遼東半島成為清日戰爭的主戰場。日本人看到、聽到的，都是一個新開墾處女地上的事物，便主觀地把擁有數千年中原文化積澱的內地與之相提並論。通過大肆渲染"弱清"的形象，振興大和民族的優越感，消除自古以來日本人心中劣等感的陰影。

日本的新聞報刊在戰爭期間，登載了大量從軍官兵的手記，閱讀這些歷史記載可以了解日本人清國觀形成的過程。以下摘錄部分代表性的手記片段。

一軍醫手記。清國擁有博大精深的儒教、佛教、道教的漢民族文化，平仄壓韻的詩文充滿了誘人的魅力。自從外來滿人統治了唐文化以來，優秀漢文化的正常發展受到了阻礙。清國男人蓄髮結辮、女人纏足自殘，吸食鴉片、廁所不潔。清國政治迂腐，偌大國家統治在一個老太婆手中。清軍士兵作戰怯懦，與東方大國形象背馳。清國的臣民生活在貧困飢餓、骯髒不潔的帶有野蠻土族文化的國度。

一士兵家信。父母大人（中略），初見朝鮮的平壤，這裏的官吏穿着袍裝，全員隨身攜帶一桿 75 厘米長的煙管，腰間懸掛裝有打火石和煙草的煙袋。韓民皆穿白衣，恰似我國護士的衣着；頭上佩戴黑帽子，有如我國神社里職人的烏帽。人民貧困潦倒，茅屋破爛、街道骯髒，泥濘中混雜着惡臭的糞便。據聞，朝鮮政府幕僚朴泳孝向國王提議衛生改革案中有一段描述，"自王宮後庭通往街巷道川，兩側垃圾如山、屎糞遍地，外人觀之而畏，誹者笑者多也。不啻所見，極其不美，其蒸發之氣，必釀疫癘也。" 王宮聖地竟然如此大傷雅致，民窟中之糞便遍野更

2.11.12　日軍佔領下的金州城孔廟，庭院已經充作騎兵馬廄。圍牆之外，清國百姓透過磚孔，窺視這些來自異邦的軍人。

望而生畏。可是在野外的大同江邊，無數丹頂鶴棲息岸畔，在薄霧中猶如來到仙境一般。平壤戰後，在通往義州的路旁，清軍丟棄很多同胞的屍體，被野狗和烏鴉啄食，清國人如此對待自己的兵士嗎？義州市街的房屋被逃走的清軍焚燒，百姓四散逃離，我軍幾乎找不到可以宿泊的房屋。

　　一士官報告。9月16日平壤陷落，我軍戰場掃除隊在路邊發現一位身着錦袍的重傷老者，其他傷兵忍痛照料此人。觀其威嚴定非一般人等，遂逐級上報師團司令部。野津師團長得知後即令擔架隊將此人迎來，可是老者已經絕命。其隨身攜帶的文書上繳司令部，野津長官疑此人為清將葉志超。遺物文書之一是朝廷賞狀，"直隸提督葉志超一軍，朝鮮牙山、成歡一帶地方與倭軍作戰，奮勇之至，斃敵兩千餘人，特獎賞該軍將士白銀兩萬以資鼓勵。"遺物文書之二是葉志超妻子和女兒家書數封。遺物文書之三是成歡作戰清軍佈防略圖。我軍將此人細心安葬，同時為清軍猛將左寶貴在陣亡之處立碑以示敬仰。日後，葉志超再度出現在東北境內，被厚葬之老者何許人也身份終究未明，據猜測乃葉志超為順利逃亡所安排之替身。

　　一士兵日記。越過鴨綠江到達僅一江之隔的東北境內，這裏的房屋寬大、食糧充裕，與對面的朝鮮如天上地下一般。清國民居的暖房設備"炕"非常舒適，便所卻骯髒不潔。自家的便溺流入街道與冰雪交融令人窒息，所到之處惟恐如廁。清國男人的辮子形如黑蛇纏首，女子則以纏足為美事，腳足甚小，步行艱難，男女吸食鴉片者形如枯槁。

2.11.13 清朝末期，火車進入東方大陸。清國朝廷和保守派官員一度把修建鐵路、應用蒸汽機車視為"奇技淫巧、失我險阻、害我田廬、妨礙我風水"的舉措，大力制止。致使鐵路建設緩慢。清日戰爭時，清國僅有的鐵路在運送兵員上發揮了重要作用，圖為清國早期的火車頭。

2.11.14 十九世紀，文明世界已經步入蒸汽機應用的時代。讓西洋人驚異的是，清國人發明了一種"進化"的馬抬轎子，作為新型載客的交通工具。

一士官手記。大雪和刺骨的寒風中，我隊進入山東榮成。登陸的龍睡澳灣通往榮成，沿路積雪一尺有餘，人馬步履艱難。榮成的民宅周圍沒有石壘，上等的房頂鋪有煉瓦，下等房屋鋪草頂，還有各種各樣的房頂。當地食物非常簡陋，軍隊用井不甚完備，尤其廁所不潔讓人困惑。榮成登陸後，僱傭當地的民夫協助搬運軍用物資。發放工資時，民夫常因工作強度和約定錢數因由向上官投訴。清國人慾望未達到時，會直白的表露出來，愛國心對他們來說並不重要。

一戰地記者手記。在台灣戰地，軍隊的必需品"賣春業"盛行，妓女的梅毒傷害了許多該地的軍夫。軍夫的行動比較自由，每日工薪 50 錢之多，是青樓的常客。性病的蔓延降低了軍夫的工作能力。某支隊在編軍夫 90 人，感染梅毒者達 20 人之多。衛生長官向大本營報告危機，建議開設有檢疫制度的戰地公娼所。根據佔領威海衛時的經驗，日軍接受清國地方官的建議，對私娼實施嚴格檢疫，結果士兵和軍夫幾乎沒有感染梅毒的案例。大本營解除限制日本民眾渡航台灣的規定後，來自廣島、東京的賣春婦開始大批湧入台灣。在基隆、台北、新竹等地旅行的日本婦人，身纏紅毛巾赤足步行，下雨天衣裳提至大股如似半裸，暑日暴露肌膚在大街上性感行走，毫無羞顏之醜態。被台灣人謂之：此乃從倭國渡來的"女軍夫"是也。

一新兵家信。小生隨山縣大將軍攻入東北九連城，清兵從平壤慌亂逃跑時，燒家屋，斃牛馬，丟棄在路旁的清兵屍體慘不忍睹。我軍佔領九連城，清兵不戰而退，丟棄大量軍需物品，精米 2,000 石、牛馬、大醬、酒、醬油、器物、衣類

2.11.15 清日戰爭的失敗，令旅居日本的清國僑民臉面全無。雖然日本國發佈了在日清國人保護令，但他們在精神上苦衷備至。圖為走在大街上的清國人，受到日本孩童的嘲諷譏笑。

堆積如山。各隊分得各種戰利品，解救了軍需供應不足的困境。清國境內非常寒冷，為禦寒我兵拆民房，砍山林充作薪木，殺豬宰牛補以輾腸。清軍作戰怯懦，我軍未至聞風便逃，實乃"弱清四百餘州之豚兒漢"。年中我軍可取直隸平原，實在可喜可賀。

一士兵手記。登陸不久親睹許多清國人的生活習俗。穿黃衣者多為乞食者，曰之"乞丐"。男人多穿黑衣，前頭剃頂，後頭梳留長辮。女人兩足甚小，呈三角狀，行走困難極不穩定。男女體魄皆不強壯。清國人情淡薄，對我軍之仁惠呆然滯木。一日蓋平城外，目睹野犬數匹刨開淺土，搶食清兵屍體之肉，烏鴉盤旋於側待其殘食，目擊慘狀令人憫然。我軍僱傭清人之牛車，運載軍需貨物往來此間，從車輪下露出屍骨，慘象不可名狀。然清人並無顧忌，大膽剝去死者衣物己用，實乃非人情之所為。近日氣溫轉暖、冰雪交融，道路泥濘、步行艱難，所到之處都可看到土民家中飼養豬狗數隻，人畜糞便臭氣瀰漫，骯髒之狀紙筆難以描述。軍醫部發出通告，要求兵卒軍夫注意衛生，謹防傳染疾病。

一將校手記。3月3日我軍3個師團包圍牛莊，4日拂曉發動進攻時，清軍大部已經開始向後方遁逃，部分清兵藏入民家與我軍展開巷戰。下午3時，城內第一富豪家三層大院內500清兵從槍眼向外射擊，負隅頑抗。我工兵趕到，在大院外面安放炸藥準備炸毀院牆，就在導火索即將點燃的瞬間，院內清兵掛出白旗，打開了大門，500清兵成為俘虜。3月8日，田莊台戰鬥在遼河東岸展開，我軍偵查部隊越過西岸，對敵陣地實施火力偵察後隨即撤回。晚上11時，聽到彼岸清軍

2.11.16 《怯懦清軍諷刺畫》。上圖描繪偌大的清國外強中乾，甚或不敵倭女之力。下圖是嘲諷清軍戰場上膽小怕死，倒騎毛驢意欲逃跑的指揮官，命令足蹬輪滑鞋欲逃的士兵衝鋒。

陣營內鑼鼓震天，據說在為擊退日軍祝捷慶功。我陣士兵初次聽到如此大聲響的清國音樂，留下頗為深刻的印象。田莊台清軍的防禦線很長，戰術上弊端諸多，戰略上亦無作為。清軍將校顯然未受過近代戰法教育，士兵戰技訓練也相當粗糙。我軍攻入遼河對岸，騎兵縱火點燃房屋，迫清軍大隊潰退，許多士兵脫下兵服換上民服匿入街巷之中。

一位曾經做過老師的日軍士兵，在《日清戰爭從軍秘錄》中記載了營口周邊地方的見聞。我軍初入營口城，見到許多紳商門口均掛有用英文字書寫的店號，讓我軍認為此店是英國人的財產。後來打聽才知道，這些商店都是清國人的店，因為害怕我軍搶掠，故花錢請人用英國字招搖店號，借英國館的名義掩人耳目。這些商紳受到我軍的教育，親眼看到戰後我軍給貧民分發米穀，紛紛為我軍擊掌稱讚。商紳們安心地摘下英字招牌，反而開始咒罵清國官吏對百姓橫加盤剝，稱自己是"大日本帝國良民"、"順民"云云。

營口素來夜中盜賊出沒，當地商家在家屋上修有崗樓，家丁持武器值夜輪守。田莊台陷落後，盜賊收藏許多清軍丟棄的槍支，公然越過遼河橫行搶劫。商家無奈向日軍請求保護，我軍組織巡查隊，每夜巡邏抓捕盜賊。有夜賊襲擾商家時，市民立即知會我軍巡察隊抓捕。捕獲的盜賊全部將其髮辮割斷，逐出城外不許再度入城。各城門口有我崗哨兵晝夜把守，檢查過往清國人有無造假辮子者。五月的一日在南門外抓獲七、八個造假辮子的賊人，被商家衛隊處刑斬首。臨刑前賊人們被牽引着在城內遊街，他們似乎並不怕死，邁着堅實的步子，環顧四周、怒目而視。臨近斷頭台時，面向人群狂喊亂叫"兄弟，吾先行一步"、"早點隨我來也"、"好好幹，為兄弟報仇"、"不必悲傷，吾即去也"狂言撕裂震撼。觀看

2.11.17　劉公島清兵的春夢。繪中芝山道人詩曰："守營海港幾連旬，苦戰何思賭一身，抱膝宵宵眠不潔，夢遊北里擄佳人。"圖藉清兵的一宵春夢，諷刺清國軍隊的素質。

熱鬧的清人如蟻集鼎沸，平氣會話者有之、嬉笑者亦有之。見此情景實在令人不可理喻，那些罪人面對死亡沒有一點恐懼心態嗎？難道清人對自己同胞之死沒有一點同情心嗎？甚或喜歡聚眾觀看此種斬殺的殘酷場面嗎？此乃與我等大先輩為國家從容而死，取靜寂的態度完全不同，真乃天地有別。他們的祖先有過"人之將死其言也善；鳥之將死其鳴也哀"的名言，而今他們的子孫面對同胞間的殺戮，耳伏於地聞哀，目眺天際歎悲，想於慟哭之中吧……。

　　街市到處充滿了"醜業婦"，不分晝夜公然行業。她們成群來到我兵營叫賣，我兵卒故意放聲高喊清國語"不好"、"不要"斥責驅趕，可是她們並不在意，仍然平氣顏笑。此乃附近村莊集聚而來的村婦，據聞營口街市的娼妓竟有三千之多。營舍地每日來一姓張的少年乞食，可是身上穿的衣服並不寒酸，每次給五錢銅錢後，少年就會非常努力地幹活。一日，少年的腳被開水燙傷，兵卒立即送到軍醫處治療，後又護送少年回家。兵卒回來說姓張的少年不是乞食者，而是有錢人家的子弟。意外的報告讓眾人不解，有錢人的兒子怎會來兵隊乞討殘食呢，實在有違日本的常識。兵卒發誓不是謊話，讓眾人前去看看便知。眾人三三兩兩來到少年家查看，確實是一個金滿家的富戶，看到少年乞來的殘飯放在籮筐內乾燥，大概是少年父母的囑咐所為，令眾人困惑不解。

　　一攝影士官手記。花園口登陸後，金州沿岸諸炮台守軍聞我軍將至，便聞風

2.11.18 清國戰敗後，兒童間輕蔑清軍的遊戲大流行。兩夥孩童裝扮日軍和清軍交戰，結局都會以清軍敗戰而告終。圖中敗陣的清兵遁逃，日軍乘勝追擊，清兵的長辮子被拖住，頂子上的孔雀翎被拔下。

而逃，炮台被我軍輕易佔領。進入擁有當今世界最新銳大炮的炮台，着實讓人驚訝不已。兵員室內食具、食器散亂，揮發掩鼻惡臭，到處佈滿塵埃垃圾，不潔之狀難於言表。所到沿岸炮台竟無一個便所，只是在一角落排列許多磚石，出恭之人蹲於之上，糞便墜於坑內。堆積之糞便撒蓋生土，謂之發酵製肥。各炮台惡臭滿盈，方圓一公里四方之外亦聞強烈異臭。清軍最新銳炮台內部甚至還運營糞便生意，聽聞"乾大糞百斤，東錢五百文，銀貨二十四錢"，買賣興隆。

2　清國軍隊觀

　　日本人清國觀的形成，與日本人清國近代軍隊觀的形成有着直接關聯。兩百多年前，東北外夷侵入中原建立了大清王朝，清國雖然擁有龐大的軍事力量，臨君東亞，但是在朝廷愚民政策的干預下，兵勇沒有"國家"的理念。這支沒有精神支柱的武裝集團，尚武精神已黯然無色，早年稱雄東方大陸的鐵騎也不復存在。十九世紀中葉，隨着英國人的鴉片在東方大陸泛濫，清國人的肉體和精神意志被摧殘，偌大的清國軍隊敗在數量劣勢的英軍槍炮之下。1885 年清法戰爭，清軍再戰不勝；1894 年清軍在朝鮮和東北與日軍作戰連戰連敗。清國軍隊在全世界面前徹底暴露出自身的懦弱，鑄成了清國軍隊觀的形成。

　　清法戰爭讓清國意識到近代軍事裝備的重要性；李鴻章的洋務運動使清國人接觸到許多近代戰爭的事物，大量洋槍洋炮開始列裝清國軍隊。清國人雖然注意到引進近代武器裝備的重要性，卻嚴格禁止軍隊士兵接受西方式的精神教育，唯恐外來的維新思想影響軍隊。長期以來，清軍沒有特定的建軍思想，沒有為國而戰、保衛國家民眾的概念。士兵與國家間的契約關係，僅僅停留在吃軍餉，為皇帝打仗的狹隘觀念之上。

十九世紀中期，八旗軍和綠營軍在內戰消耗中迅速衰落，朝廷放鬆了軍事制度上的中央集權制，取而代之由各省督府自辦軍事。各省採用兵餉自籌自支，餉源渠道多樣的方法，組建帶有地方勢力色彩的軍隊。軍隊參與經商籌款，使其從本質上發生變化，腐敗開始動搖本來就脆弱的軍隊戰鬥力。軍隊涉足動產和不動產經營，欺壓民間利益；利用軍隊特權向洋人採辦軍械，走私軍火謀取暴利，軍隊變成了擁有特殊通行證的合法經商集團。清日戰爭前夜，這支經過 200 多年退化的軍隊，作戰能力低下，沒有嚴格軍紀，如同一盤散

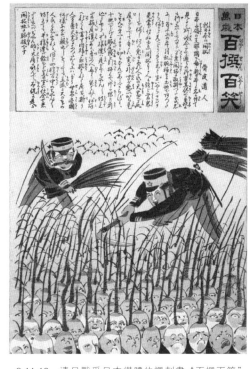

2.11.19　清日戰爭日本媒體的諷刺畫"百撰百笑"圖。日兵在開鐮收割象徵清國人愚昧的長辮。清國觀的形成，加速了日本人對東方大陸人的輕蔑。

沙，成為不堪一擊的烏合之眾，無法與外來的堅船利炮抗衡，從根本上失去了應付對外戰爭的價值。

清日兩軍在朝鮮、鴨綠江、遼河平原一線，以及金州、旅順、威海衛、台灣戰場發生過多次重大戰鬥，兩軍對壘之際，清軍防線幾乎都在一兩日內便被擊垮崩潰。清國經營十數年的"旅順口要塞"，在一日之內便告陷落。鎮守旅順口的道台龔照璵，尚未見到日軍的影子，就率先攜家眷逃往芝罘。守軍三將黃仕林、趙懷業、衛汝成也相繼逃離旅順。屬下的兵士公然打開銀庫掠奪官銀，造船所的官、民、軍相互配合盜取貴重機材從海上逃走，旅順口還未開戰便風聲鶴唳，陷入一片監守自盜的內亂之中。清軍宣稱卓有戰績的海城之戰，組織數倍於敵的大軍，前後發動大小七次攻城戰，本欲奪回海城卻久攻不下，沒有給日軍本質上的打擊。而海城周邊清軍主力被日軍少量守城部隊拖住，確保了日軍第二軍全殲威海衛北洋艦隊的作戰計劃。

戰場上的各路清軍存在一個共同特點，就是從將軍到兵勇普遍膽小怯戰。炮

2.11.20　清日戰爭諷刺畫 "斬首順序圖"。諷刺清國上斬下互推戰爭責任的官場風氣。斬首順序：皇帝、恭親王、李鴻章、丁汝昌、宋慶、葉志超、衛汝貴、馬玉昆、聶士成、方伯謙，罪名"因怯懦失事之罪處斬"。

聲一響，官兵驚慌失措，皆如驚弓之鳥。戰之魂飛魄散、退之蜂擁而去，逃跑速度之快，丟棄武器之多，堪稱近代戰爭史上一大奇觀。清兵身為保護國家百姓的軍人，私下卻早已議好逃跑妙法，換裝民服潛入百姓中間，試圖藉敵國不殺民間百姓之仁義蒙混過關。旅順口戰鬥，到處可以看到丟棄的記有"兵勇"字樣的清兵軍服。這項獨特的把死亡危險轉嫁到自國民眾身上的逃跑術，令西方國家輿論大為驚歎，批評清國軍隊對無辜民眾的非人道行為。

　　清軍缺乏適應近代戰爭的指揮官，官長因循守舊，不懂近代軍事，作戰經驗大多還停留在剿滅太平軍時代的舊式戰爭觀念上。指揮官作戰素來只注重正面攻防，忽視側面迂迴之敵。日軍每次戰鬥中都會採用正面佯攻，兩側迂迴的包抄戰術，當清兵看到退路要被日軍切斷時，恐懼之中只好放棄陣地，奪路而逃。戰爭中的大多數戰例是清軍防禦，佔據有利地形，擁有堅固陣地，步兵具備穩定姿勢的射擊條件。但在實際戰鬥中，清軍沒有實現預期的作戰效果，射擊姿勢不規範，致敵傷亡率極低。日軍戰場調查顯示，清軍單兵平均射出的子彈數量很高，命中率卻極低。原因是清國募集了大量新兵參加戰鬥，多數新兵在入伍前沒有見過洋槍洋炮，也沒有經過正規軍事訓練和實彈射擊體驗。倉促開拔戰場，上陣開槍開炮，驚恐之中只會對天鳴炮或距敵千米之遙亂射。

　　清軍炮兵尤其缺少近代作戰常識，炮兵配置在各步兵營內，火力分散，不能有效集中炮火威力打擊敵軍陣地，炮兵射擊的彈着點經常落在日軍陣地的前方或後方。成歡初戰，清軍炮兵陣地因位置不佳，炮彈夠不着敵軍陣地，無法支援步兵作戰，戰鬥中幾乎沒有作用。相反每次大規模對抗戰中，清軍陣地都會遭到日軍準確的炮擊。清軍的作戰方式仍然沿用冷兵器時代的集團衝鋒式戰術，步騎兵愛用震天殺喊之聲和一擁而上的威懾力來衝垮敵軍。平壤和旅順戰役，清軍都嘗試了步、騎兵集團衝鋒的進攻方式，但是在日軍步槍陣前損傷慘重，起不到任何效果。

　　清日戰爭雙方合計動員參戰人員近百萬，雙方的死亡率遠低於冷兵器模式的作戰，陣亡數字與戰爭規模不成比例。清軍死傷推計 35,000 人（戰鬥死推計 25,000 人，其中台灣 14,000 人）。日軍死亡 13,488 人（戰鬥死 1,132 人，疾病死 12,356 人）。按照近代武器性能，槍炮具有較大的殺傷效果，熱武器能有效殺傷更多的戰鬥員。考察死亡數字不成比例的主要原因，是每場戰鬥清軍都會適時掌握有利逃跑的機會，及時脫離陣地，使雙方都減少了拚死相搏的傷亡。在相關文獻中，很少有清軍彈盡糧絕拼死抗戰的記錄，參戰各路人馬彈糧軍需基本充足，只是在逃跑時將軍需視為沉重負擔被大量丟棄，人為造成了無彈無糧的困難局面。成歡、平壤、鴨綠江作戰，清軍的逃跑給後勤供應出現困境的日軍，留下了大量軍糧及軍需物資。僅平壤一戰，清軍就遺棄軍糧，米糧 2,900 石、雜穀 2,500 石，相當 15,000 名清軍一個月的用量。

　　清國引以自豪的北洋艦隊作戰不利喪失了制海權，日軍海上運輸線暢通無阻。黃海海戰中，北洋水師表現果敢，勇於和日本艦隊拼殺一比高低，創造了近代世界海戰史上著名的戰例。但是清國北洋艦隊終究被日本艦隊降伏，留下了百年恥辱的記錄。日本學者認為，北洋水師提督丁汝昌受儒家和佛學影響，為拯救數千將士生靈免遭塗炭，寧願自己背負歷史罵名而死，此乃彼之大義，可歌可

2.11.21　黃海海戰後西洋人的諷刺畫 "重拳"。出乎全世界的意料，大清帝國被倭人小國重拳擊倒。新的清國觀開始在全世界人們心目中形成。昔日的草原鐵騎不再，高傲的大清國走上了徹底衰敗的不歸路。

泣。也有學者認為，按照黃海海戰後北洋艦隊的實際損傷狀況，李鴻章避敵保船的策略從戰術角度解釋應屬上策，只是陸軍太過無能而招致艦隊覆滅的命運。戰後北洋水師的主力戰艦有 9 艘被編入日本海軍艦隊。清國大連灣、旅順口、威海衛的海防陣地被日軍佔領時，炮台完好率高達 80%，無情的數字鞭撻了近代清國軍隊的素質。

清日戰爭的失敗震撼了大清帝國，清國人的自尊心受到傷害。偌大一個清王朝敗給一個彈丸小國，而且輸得如此慘烈顏面無存。朝廷官員紛紛奏上，辯稱失敗的原因乃清軍武器不如倭寇所致，意圖減輕失敗的責任。事實上近代清國的武器裝備與世界列強軍隊相比，仍呈中上等水平，參戰陸軍有三分之二的作戰部隊，裝備了西洋和仿洋槍炮，進口連發步槍的性能超越日軍村田式單發步槍。清軍配備當時世界上先進的速射炮（重型機關槍），戰鬥火力對日軍構成威脅。海軍從德國、英國進口新型戰艦，組成強大的北洋艦隊，定遠、鎮遠兩戰艦，更是盛氣凌人稱雄亞洲，武器不精良之說難以理服於人。

歷史的真實不能完全認同那些慣用的"身陷絕境"、"彈盡糧絕"、"敵強我弱"、"被迫撤離"等等頗有開脫戰敗責任的詞彙。清日戰爭中，清軍的處境恰恰與慣用語的狀況完全相反。戰爭失敗並不恥辱，應當從反省中站起來，再去贏得戰爭。清國人沒有這樣做，只在恥辱的呻吟中怨天怨地，最終未能從自身的弊端中找到正確答案。

日清戰爭，日本人心目中的清國軍隊觀，直接影響了日本國民清國觀的形成。清國軍隊不再是亞洲強大的武裝力量，這支無法保衛國土、保護國家百姓的烏合之眾，成為日本軍隊、日本國民的笑柄。國家腐朽政治下的清國軍人，從高級軍官到一般兵勇，從軍事教養到精神素質都無法與日本明治軍隊相比。大清國劣等的軍隊，將中華推向歐夷、倭夷的手中，華夏的近代史從此開始了半個世紀大浩劫的悲劇。

戰爭與民眾

1　戰爭與清國民眾

歷史上的漢民族有過遭受外族侵略改朝換代的經歷，清朝是統治漢民族時間最長的外來者之一。清王朝為了防止漢民族在政治上東山再起，對其實行了長達兩個半世紀的愚民政策。近代以來，日趨衰退的泱泱大清國，到處充斥着吸大煙、裹小腳、無所事事、醜陋怪奇的人群，被西方文明視為未開化的野蠻之國。大清國是皇家的私有財產，朝廷只需百姓繳納國稅，無需民眾對“國家”的政治責任感。愚民政策下的民眾，在酷吏壓榨下逆來順受，不懂也不關心國家的命運。當遭受外來侵略時，偌大的國家卻沒有支援戰爭的民眾組織力量。

清日戰爭在清國民眾心中沒有引起濃厚的仇日心理，民間的抗日熱情低於官方。西方媒體評論，清國的漢系階層對日本人的進入抱有某種期待，甚或寄望新的外來勢力推翻滿清的統治。清國在歐美的僑民對國家發生的戰爭也表現出冷漠，當問到他們對戰爭的態度時，許多清國人都會直言表示不願意為清國皇帝打仗，清國人關心的只是自己眼前的生意。代表清國新一代青年的天津水師學堂的學生表示，對抵抗日本既沒有信心，也無興趣。清國朝堂上高談闊論與日本開戰時，看不到民間組織參與、支持國家戰爭的跡象。戰爭似乎與民眾群體毫無干係，人們仍舊繼續他們往日的生計。高傲的清國人歷來蔑視近鄰倭邦小國，自信可以打贏這場戰爭。西方人用驚異的目光鄙視着精神麻木的東方人，那是一群病入膏肓，需要拯救靈魂的癡人。

然而戰爭對清國民眾來說是一種雙重災難，民眾成為兩國軍隊侵擾的受害者。第一主犯是自家的清兵，清軍軍紀渙散史上素有惡名，所到之處燒殺搶掠、肆意姦淫、惡貫滿盈。赴朝清軍總兵衛汝貴在朝鮮犯下擾民事件震怒朝廷，被斬決於北京菜市口就是仰天一例。清國的敗兵善於偽裝成貧民模樣，混藏於百姓之中，將死亡的危險直接轉嫁與民眾，無辜百姓成為敵軍濫殺的對象。日軍是戰爭的第二主犯，戰鬥中對戰地民眾賴以生存的房屋施以破壞、強徵牲畜資源，甚至大量屠殺無辜百姓。遼河田莊台戰鬥，日軍為減少傷亡，令工兵將當地萬餘居民的民房全部燒盡，數百條民船化為烏有，百姓在寒冬中流離失所、無家可歸。

日清戰爭使日本人第一次面對該如何支配異民族的問題，這對佔領軍能否贏

2.12.01　清日交戰時清國中上階層的貴婦。在她們的眼裏，金錢、鴉片比戰爭的勝負更為重要。

2.12.02　與上層貴婦同樣，貧困愚昧的清國百姓不知戰爭是何物。在她們的眼裏；賴以生存的糧食比戰爭的勝負更為重要。

得民心至關重要。1894年10月26日，第一軍鴨綠江渡河戰鬥佔領安東縣九連城。當日，山縣司令官向部隊訓令，"我軍作為文明國軍隊必須嚴格軍紀，盡快恢復民眾的日常生活秩序，將良民和對抗分子予以分割區別。"10月30日，山縣向伊藤首相報告關於佔領地設置民政廳及法制事項，請求任命文官小村壽太郎擔任民政廳長官。11月1日，山縣以佔領軍司令官名義制定"第一軍管民政廳組織及權限條例"，民政廳設長官1人、書記6人，並配備憲兵、警官。臨時軍管治安條例規定，對清國人犯罪的處置，輕罪和違警罪由民政長官裁決；重罪和軍事犯罪稟請第一軍司令官裁決。日軍人對清國軍人、軍屬的犯罪，通報所屬部隊司令官處置。清國人之間發生民事事件由民政長官裁決。軍管區內對清國人給予保護，根據軍隊作戰需要僱傭當地民夫，徵購軍需物品，免除百姓一年租稅。花園口登陸的第二軍司令官大山巖，於10月15日發出訓令，"我軍人平素有與人為善之教示，在敵國領地須嚴禁不義舉止。隨軍之軍夫缺少教養，須特別嚴格管制，防止佔領地民眾反叛，影響我軍國之威嚴。"兩支侵入清國的日軍及時頒佈戰地軍紀條例，對軍內無教養的士兵和軍夫起到了約束和震懾作用。

明治維新體制下的軍隊為了塑造文明軍隊形象，政府向國際社會公開戰爭，批准超過百名的國內記者、外國新聞記者、外國武官隨軍監督戰爭。日軍每佔領一個重要市鎮，都設立戰地行政機構，迅速恢復當地民眾的日常生活，行政部門開設施粥所接濟貧困百姓，開放集市和勞務市場活躍經濟。《報知》（1894.10）報道："時下我軍駐屯金州，清國百姓秩序井然，城內猶如國內一樣平靜。當地支那人皆已歸順，小商販用日文單語在大街上叫賣，砂糖、香煙、饅頭品物豐盛。清人主動與我兵交談，説我軍是朋友，清軍是敵人。清人爭相報名應徵日軍運輸夫謀取生計。每當我軍凱旋歸城，後面會跟隨許多迎送的清人，實感我皇恩威在外域之隆盛，卻不思議支那人此乃一種如何的情感。"旅順虐殺事件發生後，行政廳於 12 月設施米場，連續賑恤窮人 30 天；1 月行政廳發佈安民告示，呼籲百姓回歸；2 月返回家園人口數量上升，街頭商販增加；3 月旅順口舉家回歸人口增至 300 餘戶。

2.12.03　清日戰爭北方打仗，南方歌舞昇平。廣州娼妓業繁盛，珠江沿岸聚船七八里，聚成水上村寨。妓院以船為房，以脂粉為業，地方政府把娼妓當作稅收源。圖為移動式妓院的花船。

東北戰地的百姓為了生計，成為日軍募集民工的主要對象。民工每日的勞作可以領取相應的報酬，按照職業分類，報酬金額存在較大差異。自帶騾馬車輛的勞務是最受歡迎的職種，因為日軍軍需物資在戰區的搬運輸送，一直是困擾作戰部隊的薄弱環節。第二軍佔領

2.12.04　戰時上海繁華街一角的貧民，民眾關心的只是生計。大清朝的統治沒有給他們帶來富裕生活，卻愚化成了甘願逆來順受的政治文盲。

金州城後，軍部兵站向本地居民發佈民工招募告示，很快得到當地民眾的踴躍響應，報名者絡繹不絕。每天在金州城根騾馬市的廣場上都熱鬧非凡，從各地匯集大量應募的清國騾馬大車，等待日軍兵站的軍官前來派發運輸營生。清國人組成的大車隊不但給日軍運輸日常用品類的軍需物資，還運輸武器彈藥、轉運傷員。在金州、貔子窩、柳樹屯沿岸村鎮，以及營口、牛莊、山東榮成龍睡澳等地的民工市場，雲集求職的清國民工形成規模。窮苦的百姓在貧困飢寒之中都想爭得一份報酬優厚的臨時工作。在百姓看來，這些外來入侵者，不像那些盤剝搜刮他們的清國官吏那樣兇惡，所勞所得一切都來得合情合理。戰地在日軍臨時行政廳管

2.12.05 清日戰爭時北京皇城根下，天子腳下的臣民生活疾苦，民生凋敝。百姓為求得一碗稀飯糊口，不得不四處奔波。國家造就了逆來順受的草木愚民。

2.12.06 西洋人描繪的逃亡清軍散兵圖。清兵為逃命混入民間，將危險轉嫁到無辜百姓身上。圖中逃跑士兵在食店充飢，過路百姓拾得清兵丟棄的槍支。

理下，民眾的生計很快恢復平靜。勞工市場、交易集市又出現往日熱鬧叫賣的場面，人群中有商人、小販、平民、乞丐，以及採購軍需的日本軍人和管理市場治安的憲兵。更為驚奇的是，在集市攤位上還有日本民間商販的叫賣，那些東洋玩意頗令清國百姓喜歡駐足。在皇家、朝廷、官吏、文化人眼中的一場暴力戰爭，在這片土地上卻顯得自然祥和，這是清王朝數百年愚民政策統治的結果。歷史沒有理由責備僅僅為了生存的民眾，在那些貧民之中，或許有我們先祖求生留下的足跡。

1895 年 4 月，清日簽訂《馬關條約》割讓台灣，台灣民眾陷入被拋棄的困境。日軍以武力接收台灣，遭到台灣居民的頑強抵抗，一場曠日持久的日軍侵台戰爭爆發。5 月 25 日台灣島民宣佈台灣民主國建國，"總統"唐景崧號召民眾抵抗日軍入侵，呼籲各國承認台灣民主國政府。6 月 7 日，日軍佔領台北，唐景崧逃往大陸，劉永福率領的黑旗軍繼續與日軍抗戰。6 月 10 日，日軍設立台灣總督府，把台灣併入日本的新版圖，實行"皇地皇民化"的殖民政策。總督府配置治民部、財政部、外務部、軍事部等機構，樺山資紀軍令部長任代總督。6 月 17 日，台灣總督府在原清國巡撫衙門正式開廳辦公，向島民發佈新條律令：第一條、斷髮；第二條、禁鴉片；第三條、解纏足；第四條、夜不閉門；第五條、毀竹圍；第六條、施行火葬；第七條、雞豬課稅 (超過一隻一頭以上者課稅)；……。諸項條令嚴重傷及台灣人的利益和風俗習慣，加深了台灣人與日軍抗爭的決心，日軍對拒不執行者施以嚴厲懲罰。7 月中旬，以李春生為代表的地方士紳，向總督府提議設立"保良局"實行上傳下達總督府政令的職能，以期盡快平息日軍的濫殺行為，保護台灣良民。保良局將抗日分子和一般民眾分離處之，不安定的民心很快鎮靜了下來。8 月 5 日，保良局發佈

2.12.07 戰爭的罪過是把無辜的民眾捲入戰爭。民眾成為獨裁集團代表的所謂國家利益的犧牲品。這張珍貴的歷史照片,記錄了旅順虐殺事件中,一家婦孺老幼,逃避日軍屠殺的真實場面。從她們恐懼無助的神情中,透出了民眾永遠是戰爭受害者的無奈。

《保良局章程》,要求總督府處罰濫殺無辜民眾的肇事者,制止日軍士兵的暴行,同時鎮壓清廷殘黨及土匪的襲擊搶奪,保護台灣民眾的正常生活。保良局與總督府間積極協調,使總督府民政得以順利展開。保良局在安定台灣混亂局面和保護台灣民眾中發揮了重要作用,受到台灣人的擁護和佔領軍的好評價。此後,保良局在台灣各地增設分部三十餘所,其職能和影響力直至日軍完全平定台灣實行文官政府為止。

2 戰爭與日本民眾

清日戰爭在日本各階層中表現出不同的態度。戰爭狂熱首先在知識界蔓延,福澤諭吉在《時事新報》著文稱:"日清戰爭是文明和野蠻的戰爭,不單純是人與人、國與國之戰,而是新舊兩種文明的衝突。為了人類文明的進步,無需討論任何糾纏不清的戰爭理由。"宗教界的基督教團體宣稱:"這次戰爭是大日本帝國前進的天職使然,是日本向世界披露自身民族優秀的良機。"大批失寵的江戶末期武士階級,趁戰爭之機露出好戰的面目,在各地組織義勇兵、拔刀隊,瘋狂鼓吹戰爭。《東京日日新聞》(1894.6.26)社評:"維新變遷,階級打破,士族階級成為社會多餘的階層。面對戰爭的契機,武士們不甘心長久以來之寂寞,積極為戰爭

2.12.08 日清戰前夜，日本國內政治經濟矛盾重重，民眾生活貧困不能溫飽，國家需要依靠戰爭轉移日益嚴重的國內矛盾。圖中貧困的百姓，丈夫從軍，女人只能靠打柴維持一家生計。

搖旗吶喊，在民間煽動戰爭。"海外的日本僑民自發組織了愛國聯合會，爭相傳閱戰爭公報，為戰爭募捐。學生自發組織起來軍訓，立志隨時準備回國參戰。日本人的愛國激情和國家責任感，受到西方國民眾和媒體的關注。

戰爭中，日本最底層的民眾並不關心也不清楚政府必須開戰的理由，民眾最關心的仍舊是自己的生計。戰爭的前夜，日本國內處於經濟蕭條的恐慌之中，民眾疾苦的生活正在動搖新興國家的根基。報刊文章中經常使用"最黑暗的東京"，"貧天、地飢、寒窟"的詞彙描述勞動階級的生活實態，指責明治維新新型資本主義國度，正處在深刻的階級矛盾之中。國家支持的商品海外出口戰略，酷刻壓低勞動者賃金，取得低成本產品，而廉價商品的出口，又不斷衝擊鄰國市場，政府實行的政策加速了國內外經濟和政治矛盾。1890年，因自然災害導致米價暴騰，引發"北陸米糧暴動"事件。政府堅持低賃金水準，採取從朝鮮進口廉價米糧的措施滿足國內需求，並鼓勵人口向朝鮮殖民的政策。面對不穩定的國家政治經濟局面，政府需要一場戰爭轉嫁日益嚴重的國內危機，擺脫各在野黨對執政黨的攻擊。

透過戰前民生統計資料，可以窺知支持日本經濟的織物、生絲、棉紡、陶瓷、洋火等產業狀況，以及日本底層民眾的生活境遇。愛知縣是與東京、大阪齊肩的工業基地，聚集了數萬名勞動者。當地紡織工業勞動者待遇在所有行業中最具代表性，紡織業內女子就業者佔勞動者的 60% 以上，勞動條件和勞動強度極端苛刻。織物工廠員工每日勞動時間 12 ～ 16 小時；製絲工廠 11 ～ 17 小時。97%以上的員工在工廠住宿，每日工廠開工時間從早晨四時開始，工人除了勞動就是睡眠，長時間勞動所得賃金卻非常低廉。按照技男、技女、工男、工女的技術能力，製絲工廠日賃金平均 5 ～ 25 錢；織物工廠 5 ～ 15 錢；住宿費每日 5 ～ 7 錢；按此收入支出，見習工幾乎呈無收入狀態。大多數工廠員工契約規定，工作未滿一年者不給賃金，甚至有五年無賃金的惡質企業，紡織業的殘酷剝削現象在當時的日本僅僅是冰山一角。

日本國內充斥大量從事皮肉生意的女性，娼妓遍佈各地。過剩的娼妓大軍湧向南洋、歐美、清國等地，在那裏到處可以看到日本人繁盛的娼街。1893 年 6 月，加拿大溫哥華港的木質貨箱中，發現數名躲藏的日本人賣春婦，企圖偷渡登岸被發現抓獲遣送。1894 年 5 月，橫濱港發往華盛頓的英國商船，在搬運大木箱時不慎翻倒，藏在其內受傷呻吟的女人被發現，箱內開有通氣的孔洞和麵包、飲水等生活用品。登陸新加坡的 450 名日本人中，從事正業的只有 20 人，剩餘的400 餘人都是從事皮肉生意的男女。大量的娼妓被遣送歸國。在南洋各國的繁華街巷，到處可以看到日本娼妓的身影。西伯利亞東部地區的日本娼妓 471 人，幾乎都是九州一帶的女性。日本政府不得不下令阻止婦女渡航海外，並對她們實施保護。

清日戰爭的勝利，激發了日本娼妓業的大繁榮。各地遊廓娼街、貸座敷、酌婦、私娼迅速增加。遊廓大店遊興金 80 錢、中店 30—35 錢、小店 12—25 錢，私

2.12.09　日本是多地震、多暴風雨、多災害的島國。清日戰爭前，國家自產米糧不足，糧商趁機哄抬米價，各地糧米暴動事件頻發。圖為日本貧困人家的餐桌上，只有很少的米飯和鹹菜。

2.12.10 日本最底層的代表是支撐日本紡織、火柴等輕工業的女工大軍。她們在低廉工資、惡劣勞動條件和生活環境中奉獻青春。圖為紡織廠作業的女工。

娼 10 錢。福岡縣的門司港，經常可以看到私娼五六十人，集體乘坐屋形船進入停泊在灣內的外國船賣春。1896 年 4 月至翌年 1 月，赴台灣的日本軍民總計 27,790 人，其中 3,860 名女性中的 70% 是從事賣春職業。戰前東京市藝妓不足 2,000 人，戰後增加到 2,600 人，1899 年上升到 3,120 人。娼妓業的繁榮，也導致了私生子數量的激增，引發了又一新的社會難題。

　　明治政府推行的義務教育，到 1894 年已經經過八年，可是國內日益嚴重的貧富差別，使貧困階層的勞動者為了生計無法接受正常的文化教育。愛知縣的紡織勞動者中，小學畢業程度的男工佔 21.3%、女工佔 3.2%；文盲男工佔 20.7%、女工佔 70.9%。淺井、本多、山源洋火生產廠 470 名工人中，未接受義務教育不滿 10 歲的童工 87 人，83.1% 的男工不滿 15 歲，42.3% 的女工不滿 13 歲，這些工人平均每日賃金 1 錢 5 厘至 3 錢，熟練工 5 錢。日賃金尚不及日軍兵卒的日伙食標準。戰爭時期，日軍兵卒日伙食費 5 錢至 6 錢，合計月伙食費 3 圓 50 錢至 4 圓。社會下層勞動者和市井平民的生活狀況，成為日本難以解決的社會問題。

　　明治政府需要發動一場戰爭來化解深刻的社會矛盾，緩和國家所面臨的政治、經濟、民生的危機。1894 年政府誘導了戰爭，日、朝、清之間的戰爭爆發，政府以傾國之財力支持戰爭。當時國庫可以用於戰爭的全部資金有 2,340 萬圓，戰爭期間政府又四次發售軍事公債，籌得 1 億 2,500 萬圓軍費。政府又從銀行和其他途徑借款，確保軍費達到 2 億 2,500 萬圓。政府在募集公債過程中，用愛國心作掩飾，煽動誘惑國民的戰爭熱情來認購和投資公債。第一次 3,000 萬圓的公債目標

2.12.11 貧困家境的女兒送到青樓為娼。各地婦女相繼出走南洋、歐美、俄國、清國等地，那裏到處可以看到日本人繁盛的娼街。圖為明治時期橫濱港娼街的妓樓。

額，募集到 7,690 萬圓，超過了預計額度一倍以上。巨大的公債募集，引發了市場物價的動盪，金融市場陷入低迷，衝擊民眾的日常生計。新聞報道稱："東京府下大小工廠熟練技工嚴重不足，賃金高騰，尤其製鐵和機器製造等軍需工廠，技工流動現象嚴重。許多民生用品的中小企業瀕臨倒閉局面。商業界呈現不景氣狀況，中流以上階層十有八九開始節制日常購物，造成產品滯銷、勞動市場僱傭過剩。民眾賴以生計的米糧、砂糖、石油、酒、醬油、醋、大醬、藥品等物價高騰，民眾陷入不安的恐慌之中。"日本政府宣佈對清開戰的第二日，大阪 200 餘名貧民前往米穀交易所抗議米價暴漲，險些釀成暴動。8 月下旬，佐渡相川貧民聚眾抗議米價高騰，被警察鎮壓。

日本下層民眾最初對戰爭毫無興趣，甚或不清楚朝鮮國是在東面還是西方。但是純樸民眾在政府愛國主義的鼓噪下，即便生活貧困也還是從口中省出十個八個梅乾錢捐獻給前線的士兵。當血氣方剛的青年士兵戰死沙場時，民眾指責政府把寶貴的金錢視為埃芥；當隆重歡送出征的士兵因傷病返回家鄉時，激昂的村民指責他們是不該回來的膽小鬼；當日軍連戰連勝的報道掀起狂熱時，民眾關心的是戰爭勝利後可以獲得多少敵國的土地和賠償金。這種情形代表了清日戰爭中日本下層民眾的一般心態。

出征日軍的主要集結地是廣島一帶，經附近港口乘運輸船前往朝鮮和清國。日軍大規模集結，給廣島民生帶來沉重壓力，收容兵員的軍事設施不足，只能徵用當地民宅或公共設施充作兵舍。戰時統計，借用民宅 4,308 戶、寺院 112 所、疊

2.12.12　日清開戰，日本百姓集聚在火車站，懷着複雜的情感，歡送出征海外的士兵。日本下層民眾對戰爭沒有興趣，在政府愛國主義鼓噪下，他們送兒上前線，將貧困生活所用的物品捐獻給前線的士兵。

(草蓆、草墊)3,635 塊，平均每戶收容兵員 8.8 人。民宅借用費參考旅店一宿兩餐的標準，下士 30 錢、兵卒 24 錢。由於外來人口激增和民眾收入的突然增加，造成市場物資短缺、人工不足、物價高騰，廣島經濟陷入一片混亂。狹窄的街市人頭湧動、骯髒不堪，百姓對出征士兵態度冷淡。出征士兵的集聚，繁榮了當地妓業，引發性病蔓延。惡德商人甚至在輸往前方的軍用罐頭木箱內混雜石塊，趁機牟取暴利。國民省吃儉用為前線士兵捐獻的慰問品，到達軍人手中時只剩下一兩成，大多數物品或被貪污，或被守備隊、非戰鬥人員、軍夫中飽私囊。靠發戰爭財暴富的政客奸商受到國內輿論的批判，市民中開始出現厭戰嫌軍的情緒。

　　戰爭勝利後，日本民眾向政府施加壓力，希望從大清國攫取更多利益。《馬關條約》的簽署，日本政府向國民遞交了一份滿意的答卷，暫時緩解了國內矛盾。兩億兩白銀的戰爭賠款、三千萬兩的贖遼金及利息，超過了日本四年的國家財政收入。這筆巨款的使用，暴露了日本的野心。其中：臨時軍費 7895 萬日圓；陸軍擴張費 5680 萬日圓；海軍擴張費 13925 萬日圓；八幡製鐵所創辦費 58 萬日圓；明治 30 年度臨時軍事費及一般會計貸記 321 萬日圓；軍艦和水雷艇補充基金 3000 萬日圓；明治 31 年度一般會計貸記 1200 萬日圓；皇室御用費編入 2000 萬日圓；教育基金 1000 萬日圓；災害準備基金 1000 萬日圓；明治 36 年 3 月末餘額 370 萬日圓。此外，部分賠款用於國民的學校教育，使適齡兒童可以免費入學。部分賠款存儲到倫敦銀行，令日本成為擁有國際硬通貨的國家，躋身金本位的歐美列強的行列。台灣成為新的國有殖民地，大清國的開放港和無稅自由通商，加速了日本經濟的增長。日本國民生活水平日益提高，這個明治維新的國家出現了前所未有的繁榮。

3 戰爭與朝鮮民眾

　　圍繞朝鮮利益的爭奪引發了清日兩國武力交惡，朝鮮成為日軍進攻清國的跳板。日軍進入朝鮮之初，朝鮮政府和民眾對非請自來的日軍表現出明顯的厭惡情緒。日軍很難在當地僱用到民夫，徵集糧食也遭到民眾的抵觸，部隊軍需給養出現困難。

　　《日清戰爭從軍秘錄》記錄了日軍初入朝鮮的見聞。朝鮮與日本同屬東洋人種，擁有相同的黃色面孔，但二者卻沒有相同的風俗。街市上往來的朝鮮人穿着白色服裝，寬大的衣袖、褲子、鞋子皆為白色，僅僅在頭頂戴上一頂黑色的帽子，遠遠望去人群就像一幕白色的帷幔。朝鮮人性情溫和但懶惰，沒有進取心，不論貴賤都邁着平穩的步履，嘴上含着三尺長煙管往來於市。婦人短衣長裙，未婚者不能外出，已婚者外出時則須遮住顏面，如若被外人窺視就會看作一大恥辱，因此婦人們大多深居簡出。令人驚訝的是，親眼目睹到傳聞中朝鮮人不潔的風俗，道路四周隨處可見出恭的糞便，臭氣襲鼻令人作嘔，斜目窺睨唯恐踩上骯髒之物。支隊從元山登陸後，余奉上官命令帶領八名兵卒前往當地電信局發報，與京城司令部聯絡，可是電信職員已經聞風逃走，電信機器也已經封存。盛夏炎熱中，隊伍艱難行進在荒野的道路上，晝間氣溫高達四十餘度，夜間溫度又降至二十度。強烈日照下很多兵卒和軍夫患上"日射病"，牛馬不堪重負相繼倒下。余和中尉、衛士、翻譯、軍夫各一人，趕往元山至京城之間的金城縣，執行徵糧任務。其實朝鮮人怠惰性非天生所有，懶散氣質形成的原因是國家惡政所致。這個國家的上等物品被大清國不平等交易榨取，山多地少，貧瘠土地上的民眾非常窮

2.12.13　日清戰爭勝利，日本市民熱烈歡迎出征海外的兵士凱旋，四處飄揚"皇軍奉送"、"天皇萬歲"、"軍人萬歲"的旗幡。狂熱喧嘩的車站，晝夜迎送一批批歸還部隊，夜晚施放祝賀的焰火。

2.12.14　英國報紙刊載的日本繪畫 "陸軍將校妻兒別"，影射戰爭殘酷的親人離別情結。圖中將校、妻子、兒子的各自表情，描繪得栩栩如生、意寓深刻。

困。聽説貪官污吏知道某家有財物可以搜刮時，就會捏造罪名將該家長投入牢獄，然後要求其親屬用金物贖人。朝鮮官吏盤剝百姓的技巧名目繁多，百姓的生存環境雪上加霜。明目張膽剝削下的民眾，變得不思進取，寧可逆來順受一日勞作一日閒，也不願成為被官家盤剝的"富人"，此等光景在金城縣與官家的接觸中留下了深刻的印象。

8月14日午後四時，余一行來到金城縣廳。縣衙門的建築看似一座神社廟殿，屋簷下有圓形的立柱，建築正面一條八間屋幅寬通往市街的道路，中間建有一座樓門，天頂塗佈紅漆，門樓上面吊下一口大鼓，擊打此鼓就意味出現緊急事態，兵丁就會立即前來衙內集合受命。官廳正面迴廊兩側大門，一扇繪有下山虎，一扇畫有盤雲龍。室內大廳約有60平米面積，地面全部用木板鋪裝。懶散模樣的值日官見到我等一行，拿來長條板凳讓坐，自己先去通報本縣知事。不久西北方向忽然響起音樂，奇妙的笛音夾雜大鼓聲，聲調一高一低猶如鬼魂之泣。余問何來此等古怪音樂，翻譯官説是本縣知事知悉我等到來，擺駕威震壯勢。二十餘名官吏順次進入廳舍，在道路兩側地上跪下，躬身垂頭，接着8名身着赤色唐木棉上衣的兵丁，扛着生銹的火繩槍列隊於兩側，再後是身着與兵丁同樣服裝的樂隊，四名銅鑼手、兩名大鼓手和喇叭長笛手在用力吹奏。知事的侍從魚貫而入，搬來虎豹毛皮的坐墊、煙管、手箱、官印、痰器、八折小屏風擺在大廳，異樣的忙碌不亦樂乎。終於，本縣知事開始登場，兩側官吏面向知事數回磕頭作揖，然後知事登上台階，坐入中央虎豹皮的座位上，拿起煙管點火吸煙，似乎沒有注意到我等的存在。余一行向知事致禮，知事只是斜視，稍稍點頭，顯得傲慢無禮。翻譯官説："此番我日軍為了安定貴國的秩序，建立獨立國家，萬里迢迢來到貴國。一路艱辛、人馬勞頓，今帶來銀兩欲徵購一些米穀。"知事曩曩開口道："本縣近兩三年連續災害歉收，百姓飢寒交迫，沒有多餘的米糧。本官實無力相助，對此深表遺憾。"余聽如此薄情之語，頓時火冒三丈、橫眉怒視，情不自禁把手放在劍柄上。中尉向余小聲説不得胡來，必須忍耐才行。翻譯官繼續好言請求，知縣最後表示最多僅能相助兩三俵糧食(每俵合四斗)，並同意我等今夜在官衙過夜。言畢知事一行起身告辭，諸官員亦起立匆匆離去。我等一行被晾在大廳內，目目相視、極為不爽，深感朝鮮人不友好的冷淡。

赴朝作戰的清將聶士成在他的《東遊紀程》一書中，也記錄了清日戰爭前朝鮮社會的百態。清光緒二十年二月(1894)，聶士成率領武備學堂學生經盛京省琿春城越圖們江，抵達朝鮮的慶興府，勘察測繪朝鮮東北海岸地形。親眼看到朝鮮民眾的貧困生活和社會閉塞落後的情形，"所到之處城鎮荒陋至極，一目便知民之困苦。慶興府雖乃重鎮，然府城牆不過八尺亂石堆砌而成，城內無規劃格式的街道，民居僅是草房茅屋，門前污穢不堪。""朝鮮民情太惰，種地只求敷食，不思蓄積，遇事尤泥古法，不敢變通。讀書幾成廢物，平居好遊，文理欠通，筆談數十句，多半費解，談時務輒加菲薄，可憎可憐。"

聶士成一行在明德站曾遇到十多個孩童列隊向他行禮還呈信一封，原來這是些學童，他們沒有學校和書本，僅能讀《千字文》。學童懇求來自"天朝"的將軍施捨些銀兩"俾為學之資"，當下聶士成和同行的學生紛紛解囊贈送一些銀兩給學童。朝鮮是堅持官妓制度的國度，明朝時便有前往朝鮮的特使批評這種制度，但朝鮮依然堅持舊制。聶士成在咸鏡城受到當地官員以歌妓款待，力辭之下，朝鮮

2.12.15 日清戰爭中，由十五萬民眾階層組成的軍夫隊伍有力支援了戰爭。軍夫隨軍轉戰各戰場，發揮了重要作用。圖為外國記者所繪，平壤戰役軍夫擔架隊正在搶救和轉運傷員的場面。

官員解釋此乃朝鮮古制不足為怪，在平壤城內艷麗官妓更是隨處可見。

朝鮮邊防廢弛，地方政治腐敗，富寧府府尹向來訪的聶士成抱怨，自任職四年以來，財政虧空達四千餘貫。雖提出辭表卻不得朝廷批准，請求大國將軍見到國王時求情准與。在會寧府和府尹談話中知道，該鎮的守備兵力原本騎兵和炮兵各 120 名編制，竟然只是紙上談兵。重鎮鏡城府 500 士兵編制由清軍訓練而成，300 駐守府城，其餘 200 分派附近十邑村鎮，以區區 500 士兵防守偌大的地方實乃天方夜譚。朝鮮防軍裝備十分落後，那些接受清軍新式訓練的士兵，所配長槍也是早年清國贈送朝鮮的軍械製造廠製造，槍膛內甚至沒有來復線，如同鳥槍。八百年來以儒教立國的朝鮮和清國一樣，愚昧的沉睡已經把自己變成列強的囊中之物，朝鮮宮廷在不思進取的頹廢中把自己的國家推向崩潰的邊緣。

4　出征兵家屬

日本國家戰爭機器，運用義務徵兵制度向戰場輸送大批廉價的戰爭資源——士兵，但國家對士兵家屬沒有制定相關的扶助政策，貧困家屬的生計成為影響海外士兵情緒的不安定因素。日清開戰後，內務省提出請求，由地方縣、市、町、村自力向貧困士兵家屬提供善意的扶助。扶助採用鄰保制，(1)志願者向貧困者捐贈義援金；(2)地方行政官衙活用現有財政制度扶助貧困者；(3)地方行政官衙扶助貧困者制度化。廣島縣 4,116 戶的從軍者家屬調查顯示，接受市、町、村或志願者扶助的貧困者 737 戶，佔總數的 17.9%；接受親友扶助的 558 戶，佔總數的

2.12.16　牛莊巷戰，是清日戰爭兩國士兵近距離肉搏戰的經典，雙方兵產生較大傷亡。3 月 4 日，日軍為弔唁陣亡士兵，在牛莊城外建造一座日式臨時墓地，基地周圍設置欄柵和神社用鳥居（按：鳥居是神社的象徵，也是神社的入口）。

13.6%，軍人家屬的扶助狀況根據地域的不同存在較大差異。廣島各地民間結成“軍人優待會”，通過對清作戰勝利的事實，藉以提高軍人在社會上的地位，認知天皇制度下軍隊存在的必要性。在政府行政指導下，民間擴大對出征兵的慰問，鼓勵接受扶助的貧困者向從軍者詳細介紹受到扶助的狀況，勉勵他們無後顧之憂，踴躍殺敵。戰爭期間，民間通過戰地郵政，向前方士兵郵寄信件達 1,204 萬封。《愛知縣幡豆郡留守家族扶助狀況》調查資料顯示，當地社會團體對貧困出征兵士的家屬，通過各種支援手段給予扶助。金錢援助方式以鄉里的捐助為主；地方行政官員以慰問形式直接過問困難戶或減免稅金；耕種農忙季節，鄉里為困難戶提供勞力

2.12.17　明治二十八年（1895），皇室獻畫中的名畫《軍人的遺物》。繪畫入木三分地描繪出，戰爭中陣亡將校的妻子和孩子們的悲痛心境。

形式的支援。國家指導和地方政府展開的扶貧措施，鞏固了戰時後方民生基礎，深化了民眾與戰爭的關係，中央和地方的關係進一步得到加強。

對戰爭遺族的支援，各縣、市、町、村的實施狀況均有不同，按照本地的經濟情況給予撫恤救濟。《愛知縣內各郡市戰死者遺族及負傷者撫恤方法》記錄了戰爭前後，該地區對戰死者遺族及負傷者的撫恤方法。撫恤組織形式以民間團體為主，通過分配民間捐助的“義捐金”，對戰爭遺族和負傷本人施行撫恤救助。清日戰爭時期，當國家財力尚無力扶助出征兵留守家屬，也不能撫恤戰爭遺族和負傷者時，民間自發的凝聚力表現出島國的民族個性。維新國家的民眾意識形態逐漸從“人民”的概念走向“國民”的理念，奠定了五十年國家戰爭“軍國國民”的基礎。

5　戰爭與宗教

自漢唐文化傳入日本以來，佛教成為日本人信奉的主要宗教。宗教在清日戰

2.12.18　繪畫《軍人遺族魂祭圖》。描繪戰爭中失去親人的家族，沉溺在悲痛之中。尚未懂事的孩子拿着清兵模型，嘴裏喊着衝殺遊戲。

爭中發揮了重要作用，因為日軍士兵的大多數信奉佛教。清日戰爭中，大本營批准日本宗教界佛門各派親往戰地佈教的申請。軍方期待從軍佈教僧通過對戰場士兵的精神感化，提高士兵勇敢戰鬥的意志。戰爭期間，大本營批准從軍宗教人員為，神官 6 名(神教)、僧侶 55 名(佛教)，其中佛教各門派的從軍僧有淨土真宗 26 人、淨土宗 8 人、真言宗 7 人、禪宗 6 人、日蓮宗 5 人、天台宗 3 人，人數佔宗教人員的 90%。從軍僧主要宣講“真俗二諦”說，在精神上激勵士兵放棄對死亡的恐怖。“真諦”是阿彌陀如來救世的說教，主張人死後身體雖然埋入地下，靈魂卻會到達佛祖極樂世界，得到超度。“俗諦”是為天皇、國家盡忠帶有政治信仰傾向的說教，教導我等生活在世俗凡界之軍人若修得俗諦，就會有不惜生命、奉公盡忠的力量。

　　從軍僧侶的活動涉及廣泛，(1)戰地巡迴佈教慰問官兵、宣講教義、授與名號、惠贈佛書；(2)訪問戰地醫院，對傷病員施以佛道精神安慰，特殊場合下直接參與護理傷病者；(3)宣講安心立命的佛教精神、嚴律軍人風紀、維護個人衛生、向佛教徒開設教筵；(4)奔走各地說教化緣，協助募集戰爭公債，參與恤兵獻金活動；(5)撫恤敵軍俘虜，巡迴各地俘虜營宣講佛教，主張平和的佛家道義；(6)為戰死者亡靈追弔供養、火葬遺骸、土葬奠事(包括為清兵陣亡者作奠事)、護送戰死者遺骨及遺物返鄉；(7)慰問戰後歸國軍人、軍屬、傷病者、與遺族共緬哀思。

　　戰場上的從軍僧盡職盡責，從事繁重的宣教行善活動。《從軍佈教要點》記載，從軍僧侶隨同第一軍巡迴朝鮮、鴨綠江、蓋平、海城、缸瓦寨、營口、牛莊戰地；隨同第二軍巡迴金州、旅順、威海衛戰場，面向基層營旅進行佈教、恤兵獻金、慰勞弔祭等活動，為穩定戰場士兵的心態建立功勞。僧侶的教誨雖然不是衝鋒號令，卻能激昂士兵奮進決鬥的勇氣，猶如蒙受佛陀慈悲的眷愛，踴躍奔向來世往生的彌雨之中。宗教在戰爭中的活動，確立了教團在軍事援助中的地位，從軍僧侶"軍隊佈教使"得到陸海軍將士的廣泛尊敬和愛戴。

真宗大谷派從軍僧在戰爭中的宣教獨具特色，佈教活動早在戰爭開始之前就率先進軍海外。大谷派主張"死乃救也"，為國而死是通向極樂世界之門的說教，這一"死救"論影響深刻，甚至成為戰後軍隊對軍人進行教育的必修課。大谷派曰："佛家有'慚愧'二字，慚對己、愧對人，慚愧乃罪之恥也。世間之翻弄乃為恨而恨，恨乃罪惡之源。"大谷派僧侶在從軍為士卒超脫死亡苦難的同時，也堅持自己的立場，主張兵戈無用論，否定軍隊存在的意義。

清日戰爭的時代，日本國家戰爭救護支援政策體系尚不存在，戰傷、戰死的撫恤安置只能依賴地方縣、市、町、村提供人道扶助。日本各界宗教團體也獨自在國內外，積極展開人道的恤兵獻金扶助行動。佛教界反對戰爭，主張天下和順、兵戈無用，念願祈求和平。佛道五戒之第一戒即不殺生戒，因此從軍僧在軍事支援中，按規定需迴避軍事行為。僧侶不但撫恤自家軍人，對朝鮮、清國的民眾也施以救濟。金州陷落後，真言宗從軍僧五人，前往金州民政廳請求設立"悲田院"，拯濟佔領地的鰥寡百姓，施與當地人藥品數千包治病救人，聊以菩薩大慈大悲之仁。天台宗淺草寺住持對拘留在本寺別院的清軍俘虜施教，引用唐代僧侶傳來的"諸惡莫作，眾善奉行"之語，批評戰爭的無情殺戮，向清兵俘虜分發觀世音

2.12.19 靖國神社創建於明治二年(1869)，舊稱東京招魂社，主祭為國事殉死的日本軍人和軍屬。合祀對象的資格審定有嚴格規定和順序。合祀不以本人和遺族意願與否，完全由神社方判斷決定。日清戰爭新合祀者 13,619 柱。圖為日清戰爭時期的靖國神社。

菩薩的御影數百枚。比叡山慧日院住持巡迴撫恤大津、大阪的俘虜營，其中東本願寺的小栗棲香頂僧通曉清國言語，引領 3 名清軍將校和 179 名士兵參觀佛寺書院，與他們一起懇談，宣講"怨親平等"、"清國乃佛教母國"、"兩國民乃同胞"的觀點，望清兵日後回歸自己國家，開拓傳佈佛道的功德，小栗棲的誠意交流博得清國官兵的尊敬。

1895 年 2 月 24 日，大本營在廣島比治山陸軍墓地舉行戰歿者供養招魂祭，天台宗、日蓮宗、真言宗、曹洞宗、日蓮宗妙滿寺派、通融唸佛等宗管法師，聯合為陸軍戰死者舉行追悼大法會。會場入口兩面交叉國旗，三方幔幕十面幢幡的中央立塔一座，樹立之塔婆上書"為外征陸軍戰死病歿群靈追善供養塔"，靈前擺放供奉果物。上午 11 時 50 分開幕，各宗管法師朗讀追悼文，軍樂隊奏樂，法師燒香誦唸佛經，遺族、政府官員、文武官及夫人、學校學生參列燒香進典，下午 3 時追悼會結束。翌日，吳海軍基地舉行海軍戰死病歿者追悼大法會，各縣、市、町、村均在僧侶的主持下陸續舉辦征清日軍殉難者祭奠會。在讚美、追悼戰爭陣亡士兵的同時，各地民間團體先後建立了紀念清日戰爭的石碑，其中在陸軍墓地也有數座清國陣亡軍人的墓碑。

一個凡人的個體，當因任何理由和原因成為軍人，參與了正義或非正義的戰爭，他的公的行為代表了國家戰爭機器賦予的使命，國家是戰爭罪惡的代表。而他的私的戰鬥行為，表現了個人固有的善惡本性和道德準則。軍人的肉體消滅化作陰魂，又回到一個普通民眾的立場，成為普通人的化身。清日戰爭無論是正義還是非正義戰爭，無論清兵或日兵的戰場行為如何超出倫理道德的規範而受到譴責，作為已經化為魂靈的普通人，仍然應該接受國家的祭奠和家族的緬懷。

軍國與天皇

1 日本軍國之路

1882年7月23日，朝鮮發生壬午事變(大院君李昰應與高宗王后閔妃之間因爭權引發的事件)，清日兩國在朝鮮支配權上的糾紛明朗化。1883年爆發的清法戰爭清國敗戰，法國人廢除了清國和越南間的宗主國關係，給日本伺機廢除清國和朝鮮的宗主國關係帶來啟發。在對清國的政策上，軍閥山縣有朋認為，歐洲列強與日本相距遙遠，憑日益壯大的日本軍力，歐洲尚不構成威脅，日本中長期假定的敵國應該是近鄰清國。山縣強調，日本不充實軍備，國家獨立就不能維持，更沒有富強可言。伊藤博文認為，在軍備充實工作完成之前，應盡量避免對清國推行強硬政策，外交上對清國妥協，軍事上腳踏實地加速擴張，當前主要目標是將朝鮮從清國的宗藩關係中分離出來。

1889年12月，當選第三屆帝國議會內閣總理大臣的山縣有朋，在議會發表了"國家獨立自衛之路"的施政演說。提出日本須奉行兩條基本對外政策，(1)主權線守護策；(2)利益線保護策。主權線的外側即利益線，利益線範疇就是鄰邦的朝鮮。保護日本在朝鮮的利益是維持日本帝國與歐洲列強對話不可欠缺的條件。日軍擔負守護主權線和保護利益線的重大責任，加大陸海軍的軍費，對日本的命運而言是不得已而為之的事情。目前俄國正在興建西伯利亞鐵路，意圖驅逐歐洲人在東亞的勢力。鐵路一旦成為俄國人手中的利器，就會吞併鄰國朝鮮，威脅日本，鐵路每延長一寸，就意味日本的壽命縮短一寸。

1892年8月，俄國開始在遠東的海參崴建設軍港，11月俄國太平洋艦隊訪問日本炫耀武力，給新成立的伊藤內閣極大刺激。面對俄國海軍和清國海軍的日益強大，伊藤贊同了海軍的擴張計劃，追加建造10萬噸規模的軍艦，迅速建立與強國相匹配的海軍艦隊。軍備論的渲染，燃起議員對局勢的危機感，議會支持伊藤軍備計劃，順利通過了年度預算。

1894年清日戰爭爆發前，日軍對陸軍編制進行了改革，旅團作為獨立的戰役戰術單位被列為常備編制。日軍設立常備軍和後備軍，戰時可動員兵力增至常備軍的三倍。海軍設定擊敗清國北洋艦隊主力艦"定遠"、"鎮遠"的目標，國家發行海軍公債1,000萬日圓，建造"松島"、"橋立"、"嚴島"三艘松島級國產戰艦，裝備

2.13.01　明治二十二年(1889)，日本近代君主立憲制的首部憲法──《大日本帝國憲法》公佈。該部憲法也稱"明治憲法"、"帝國憲法"，現在亦稱"舊憲法"。"明治憲法"是亞洲首部真正實行過的近代憲法。在 1947 年制定《日本國憲法》(和平憲法)前的大半個世紀裏，這部憲法沒有經過任何修改或變更。"明治憲法"是在伊藤博文等人主導下編成的，確立了天皇的權力和地位。天皇擁有皇位繼承權、統治大權、官制大權及任免大權、統帥大權、編成大權、外交大權、戒嚴大權等的權力。在軍事和外交上，天皇是日本陸海軍統帥，決定陸海軍編制及常備兵數量，天皇有宣佈戰爭與締結和平等諸條約的權力。圖為《大日本帝國憲法》公佈大典的盛況。

口徑 32 厘米、炮身長 12 米大炮。為適應南下作戰的需要，日本在絕影島建設艦用煤炭基地，開設吳港、佐世保港海軍基地，加強對馬海峽要塞海防工事的建設。

　　日本在俄國和清國兩大強敵的影子下，腳踏實地進行了 10 年擴軍備戰，陸軍整編為七個師團，兵員 12 萬人，全國可動員總兵員數 24 萬人。海軍戰艦 28 艘，水雷艇 24 艘，總噸位 6 萬噸。明治天皇採納福澤諭吉倡導的"脫亞入歐"的維新政治理念，一支強大的由近代武器裝備武裝起來的國家軍隊在東亞形成。帝國憲法支持下的軍事野心，在憲法發佈一週年紀念日上公然露骨宣言。國家頒佈了授與"武功卓越者"金鵄勳章的制度，專門授與戰爭中戰功卓著的軍人。金鵄勳章的制定，標誌日本完成了向軍國演變的前期準備，正式開始對外實施軍事擴張行動。日本鼓噪軍國主義的舉動，引起俄國的高度關注，俄國駐日公使警告日本外相："日本想以俄國作為假想敵，是極端不明智和危險的行為。"

2 武士道軍人

1873 年，日本頒佈"徵兵令"，國家從法律上確立了"國民皆兵主義"的政策。新政府試圖將舊式的"藩閥軍"併入"國家軍隊"，受到各藩閥勢力的抵抗。1877 年日本爆發西南戰爭，國軍打敗了藩閥軍。隨後，日本政府統合國軍、藩閥軍、江戶時期遺留的武士，全力打造真正的國家軍隊。

日本二百六十四年太平盛世的江戶時代，在軍事緩和的社會背景下，武士作為特殊階級受到全社會的尊重。這種從 10 世紀至 19 世紀延續下來的武士階級，是以戰鬥為天職的宗族成員。在漫長的歷史變革中，武士主導了中世社會的發展，完成和構築了近世社會的體制。長期以來，抽象的理想主義精神倫理，在全民意識形態中定格，即"武乃本份，其勇乃武士的價值，武士的價值乃對君主的忠義"，這種支配武士價值觀的理想境界"士道"在江戶時期發揚光大。

江戶的消亡和明治時代的誕生，近代軍隊建設最大的議題就是用甚麼精神來支配軍人的頭腦。為政者利用了舊江戶武士的倫理說教，將其理想化成"武士道"，作為軍人的精神支柱。改頭換面的"武士道"倫理與東方大陸的尚武精神有較大區別，它融入儒家的克己奉公的做人道德準則，宣揚"忠節"、"禮義"、"武勇"、"信義"、"質素"五德宗旨。過度主張"忠義重於山嶽，死輕於鴻毛"的"忠義論"，強調要做俠肝義膽、以死報效君主、誓死不降的俠士。清日戰爭後的"武士道"倫理，演變為"武士道代表國家主義，是與國民道德等同的民族道德"。完全蛻變成一種過激的民族道德準則，助長了日本軍國主義的形成。

2.13.02 明治天皇(睦仁，1852—1912，1867—1912 在位)是近代日本君主立憲制下的第一代天皇，國家維新的明君。在發動清日戰爭的立場上，明治天皇的個人態度較為消極。

2.13.03 一條美子皇后(1849—1914)是聰慧賢淑的女子，明治天皇的賢內助。日本近代史上讚譽她有仁慈、博愛、謙讓、貞節的婦人品德。

2.13.04　明治維新國家主張全民教育，政府在全日本推行初等教育，提高國民的識字率和計算能力。清日戰爭時期的明治軍隊，已經形成了一支擁有基礎文化的武裝力量。圖為明治小學生必須人人掌握的珠算教育。

明治維新的確立，奠定了明治軍隊改造的基礎。根據君主立憲制的原則，首先明確了天皇是日本陸海軍最高統帥的地位，把軍隊統合到天皇君主的旗下。其二、在徵兵制度框架下，重新編制軍隊的組織機構。其三、對軍人實施國家意識的精神教育。一個新興制度下的國家軍隊，運用"武士道精神"的利器，全面展開了對軍人的洗腦。

明治初年，新兵教育導入"為國盡忠"的思想，強調個人必須服從國家大義，為國而死是士兵的職責和榮光。這一時期，全軍沒有統一的教材，在基層連隊廣泛出現了自發型的軍人養成讀物"兵士手冊"。這類讀物通俗易懂，詳細解說了國家、軍隊、個體三者間的關係，誘導士兵理解國家軍隊的政治涵義，在思想上成為符合近代軍隊準則的兵士。直至清日戰前，連隊內廣泛流傳諸如《兵卒教育錄》、《兵卒必攜》、《兵卒口授問答錄》、《兵卒教授書》、《兵卒教科書》、《步兵須知》、《兵卒的乳母》等"兵士手冊"類讀物。讀物開篇所講便是，作為天皇的軍人必須具備"忠節"、"禮義"、"武勇"、"信義"、"質素"五項德行。手冊用通俗問答的解說方式教育士卒，例如《兵卒教科書》問："甚麼是愛國？"答："愛國是愛自己的國家，大日本帝國乃萬世一統的君主所賜，開國以來反對外國侵略，成為世上最生光輝的邦國。此倍受愛戴、誇耀、名譽的邦國是我先祖生息守衛的土地，如今傳給她的後世來保護。"問："軍隊為甚麼必要？"答："國家設立軍隊是為了防止外國的侵略，人民免受欺辱。擁有強大的軍隊，國家就可以安如泰山，對外威望素著，對內高枕無憂。"《軍人讀本》解說軍隊的必要性，"軍隊有如家的壁、院的垣，若家無壁，何以保護財物？若院無垣，夜中豈能抵擋犬狼？男子履行皆兵義務，是我等保護君國的職責所在。"《入營之心得》教育國民兵役之理，"國民為了保護國家，納付他們的血稅，商人不能用金錢買斷服役，富貴者不能以其富有鄙視貧者，貧賤者不能因其貧而卑賤，兵役乃為維護人權平等之所為。"強調為兵役者不能有身份和貧富差別，道義上的平等是日本"軍隊論"中的人性基準。《兵卒教科書》教導，"兵卒對人民不能有驕傲不遜的舉動，驕橫跋扈乃兵卒最易招惹民眾厭惡和誹評的原因，一人的醜行殃及一隊的聲譽。故兵卒以溫順懇信與民接觸，才能受到民眾的愛戴和尊敬。"《兵卒必攜》問："槍為何物？"答："從大而論，槍乃護國之器；從小而語，槍是護身之物。"提示擁有武器與維護個人安全和保護國家安全的關係。《兵卒口授問答錄》問："當你結束了現役，復員回到故里，日夜守護在父母的病榻前時，接到國家召集預備役歸隊的通知，此時你該如何對應？"答："職守軍人的忠節是天皇軍人的本份。即使是兩親有病在身，但是為了國君和祖國，應該立即響應召集。"主張士兵即使完成了現役期，當面對國家大事時，即使捨別親人也不能不響應國家的召喚。《兵卒口授問答錄》問："從窗戶潑水或它物可否？"答："禁止從窗口投棄流動物及其他物品，禁止在窗戶晾曬乾物，禁止在窗台上切物或釘釘子。"問："大小便允許在何

2.13.05 明治維新國家推行女子教育，全國男女平均識字率達73%，其中男子識字率約93%，女子約50%。圖為女子學校上課的場面，學生用後背為依託，懸掛臨摹用字帖練字。以此還可以修正女子正確的體姿。

處施之？"答："廁所以外禁止其行為。"教育軍人必須恪守軍人特有的道德規範，徹底糾正平民式的不檢點習慣。《軍人自誡》強調，"日本軍隊兵士的軍事技能並不亞於歐美，但是我國軍人的'精神'尚不如歐美人卓越，兵士必須意識到這種精神落後的危機感。戰而勝必先精神勝之，消除私利乃忠勇兵士的必備要素。"《兵營小話》忠告新兵，"軍隊是國民的學校，受到軍隊的教育只會提升自身的利益，陶冶對國家的情操。學習軍隊的階級、命令、服從，就會懂得軍隊的體面和森嚴紀律對戰鬥的重要性，軍隊等同於國民道德的大學校。"

兵士手冊中也有煽動戰爭意識的說教。《軍人文鑒》論說："現在歐美諸國，對我國虎視眈眈、垂涎三尺，企圖辱我民族、躪我疆土，迫我成他國之奴。""某國(指清國)傲慢自尊，侮辱和輕蔑鄰國忌憚無禮。今回朝鮮之亂最為甚之，其罪不可赦也。""願磨鋒此日本利刃，朝砍某國(歐美國)、夕斬某國(清國)，殺之殺之、斬之斬之，將五大洲兇殘的種子一掃而光，拯救他們的億萬生靈於水火，乃天地一大快事。"如此言辭厲色，深刻反映出當時的日本人缺少自信、恐懼外國人、民族劣等感的內在心理，故用攻擊性言辭發洩內心的空虛，激發兵士的戰爭意志。"兵士手冊"也記載其他各種類型的範文。如《軍人文典》、《庶事百般祝文五千題》、《兵營實話劍光燈影》、《佛教演說達弁之述》等，記有軍人給家人、友人寫信時，如何用軍人的口吻表現適合社會意識的範文，以及迎接新兵的激勵範

2.13.06　1882年1月4日，天皇向陸海軍人下賜《軍人敕諭》。宣揚"忠節"、"禮義"、"武勇"、"信義"、"質素"的五德宗旨，提出了以傳統武士道精神與維新理念結合的新思想，為日本軍國主義的發展奠定了堅實的思想基礎。敕諭強調，天皇對軍隊擁有絕對率權，明確天皇統帥陸海軍的權威，確立軍人的精神和軍紀的根幹，以及軍隊不干預政治的基本原則。

文、歡送老兵的勉勵範文、戰爭中表忠誓言的範文、凱旋祝詞的範文、對陣亡將士的弔辭文、和尚誦經的範文等等。清日戰爭中，身處異國他鄉的日軍中，每次作戰後都會聽到超度戰死者亡靈的木魚誦經之聲。一名戰地和尚為一名死去的普通兵士誦經辭，曾經作為範文記入兵士手冊。文中誦曰：“惜哉！鴨綠江岸畔，我兵待機陷陣之刻，一陣幽風拂過，勇士莫名突染風寒，終成異域之不歸客，忠魂毅魄回聲無音，遠去歸休也，嗚呼哀哉！”戰場上為國捐軀，謂之“為公而死”，祭辭曰：“人間蓋之天下皆有一死，然因天命而死，非高貴豪傑之人，無令人敬仰之理。我軍人之死非天命也，乃為國家大業之忠死，其死之名譽受四千萬同胞敬仰，亦受外國人之仰慕。為國之名譽而死，死得其所，雖死猶榮。”戰爭之死是公的

2.13.07　天皇的軍人教育，是在嚴格洗腦過程中實現的。全軍沒有統一教材，各部隊自發編印了軍人養成通俗讀物，詳細解說國家、軍隊、個體三者間的關係，誘導士兵理解國家軍隊的政治涵義，在思想上成為符合近代軍隊準則的兵士。圖為館藏的陸軍軍人教材手冊：《兵卒的乳母》、《兵卒教科錄》、《軍人自戒》、《軍人文典》。

“獻身”和己的“滅私”過程，也使個體最大程度上受到敬仰。軍人對死的讚美形成武士道軍人對死特有的價值觀，因此當清日戰爭造成大量士兵死亡時，日本社會表現出了超乎想像的平靜和忍耐。

　　日本軍人的洗腦教育，從根本上改變了軍隊的素質，軍人在武士道精神的驅使下視死如歸，成為有強大戰鬥力的作戰部隊。清日戰爭結束後，兩國根據條約交換戰俘，清國僅向日本交付一名正規士兵俘虜，其餘皆寧死不屈，為帝國天皇盡忠。日本新武士道精神教育的軍隊，紀律森嚴、作戰勇猛，令西方列強感到震撼。列強們開始重新評估日本對世界的威脅，呼籲警惕東方“黃禍”的崛起。

3　天皇的士兵

　　明治維新廢除了士、農、工、商(四民)差別的封建制度，倡導在“四民平等”

原則下"全民皆兵"的建軍方針，提出了男性國民不論貧富貴賤、地位高低，都有為國服兵役的義務。明治國家的兵役制度，徹底改造了舊藩閥的軍隊體制，成為強大國家軍隊的基礎。

在近代戰爭史上，日本皇軍給各國留下了勇戰的印象。日本皇軍的產生是在明治維新框架下，新政府採用國家徵兵法令，立法迫使民眾服從的產物。1873年，國家發佈徵兵令，強制性的兵役制度衝擊了和平生活的民眾。同年五月即爆發了由數萬民眾參與的，包括反對政府徵兵令在內的農民暴動，七月農民暴動被政府軍鎮壓。

明治政府最初的徵兵令附加了可以免服兵役的寬鬆條款，如身高不滿五尺一寸者、殘廢者、官府奉職者、官公立學校學生、海外留學者、醫科學生、一家戶主、嗣子、承祖孫、獨子獨孫、戶主50歲以上的養子（後改為60歲）、徒刑判罪者、代理生病父兄持家者、兄弟服兵役者、捐納270圓兵役免除繳納金者（代人料）等等。免役條款給中等以上富裕家庭的適齡男子逃避兵役敞開了合法門路。此後政府在逐年擴軍背景下，於1879年、1883年、1889年、1895年、1904年、1918年、1927年、1939年、1941年、1942年，陸續修正了徵兵令，民眾服兵役的條件日益嚴格，寬鬆的優待條款幾乎全被廢除。

近代史上的日本兵役徵集採用了抽籤制度，每年從兵役適齡的身體檢查合格者中，抽籤確定正式從軍者，被選定者無論貧富貴賤必須服從本人投籤的結

Conscription. The terror of old and young.

2.13.08　1873年日本國首次發佈徵兵令，兵役制度成為強大國家軍隊的支柱。但是兵役制度衝擊了和平生活的民眾。民眾視兵役為瘟疫，採用多種合法和不合法手段逃避。圖為諷刺徵兵令的漫畫。

2.13.09 清日戰爭爆發，明治天皇駕臨廣島大本營，在這裏生活工作七個多月。在大本營二層木結構小樓內，天皇御所僅 79 平米，生活簡樸、日夜辛勞，時時關心遠征將士。戰勝後，這裏成為全體國民的敬仰之地。

果。日清戰爭前的 1893 年，日本徵兵檢查合格者約 12 萬人，抽籤當服兵役者佔 17%，實際徵召約兩萬人。日俄戰爭前的 1902 年，檢查合格者的中籤率 47%，徵集現役兵 56,000 人。日俄戰爭勝利後的 1910 年，全國檢查合格者約 158,000 人，徵集現役兵 104,000 人，中籤率 66%。國家逐年擴軍，檢查合格者中的現役兵中籤率年年增加，給不願意從軍的民眾心理帶來巨大壓力。

　　日本國民和世界上的其他國家民眾一樣，並非天生勇敢的民族，民眾有着渴望平靜生活，不願戰爭的天性。日本的士兵也非天生就是勇敢的戰士，同樣有着懦弱的性格。這些最初踏入軍隊大門的普通民眾，曾經有過五花八門的逃避兵役的怯懦故事。恐懼戰爭死亡的心理和不願家庭因失去勞力而敗落的顧慮，驅使他們用多種合法和不合法手段逃避兵役。

　　兵役被視為瘟疫，迴避兵役的風潮從明治時代的清日戰爭開始，一直延續了下來。僅大正三年(1914)，全國十八個師團就有 1,678 名逃避兵役者，翌年又有 1,651 人逃避兵役。逃避兵役者使用的手法各式各樣，在文獻中多有記載。第一類，兵役者本人或家屬與管理戶籍的官吏、醫師、產婆共謀，修改戶籍登錄簿的年齡，以逃避兵役。第二類，祈禱求神，保祐自己不中籤。自稱能迴避兵役的神職人員，借機吸引求籤者祈禱，每次收受 5 圓至 200 圓的高額謝禮，牟取暴利。其中涉及欺騙錢財的神官達二百人之多。第三類，賄賂徵兵檢察官。黑社會背景的慈悲團、愛民團，暗地裏專門調查逃避兵役的作弊者和收受賄賂的徵兵檢查官，以向官府揭發為由敲詐高額錢財。第四類，藉口身體疾病蒙騙軍醫體檢官，

2.13.10 明治天皇對日本和清國開戰，抱有消極的態度。但是天皇作為國家的象徵和國軍統帥，又盡心盡力參與了戰爭，歷史對天皇人格的認識留下諸多矛盾的印象。繪畫為天皇在廣島大本營內親裁軍務，深夜聽取參謀次長川上操六報告前方戰況的情形。

如假冒近視眼、體檢前絕食讓身體衰弱、體檢數日前吃下腹瀉藥故意虛脫、體檢當日喝下大量醬油偽裝心臟病、破壞耳膜自殘等，更多的是故意感染梅毒或淋病。在逃避兵役的人中，中等文化程度以上者佔三分之二。在這些手法中，民間流行的迴避兵役的合法行為是求神，兵役者家屬、妻子通過在神社佛壇前祈禱企望求得"不中籤"。祈禱迴避兵役的迷信，在日本國家五十年戰爭歷史中，曾經流行全國各地，從來沒有間斷過。

報刊媒體對迴避兵役的情況做過大量報道，京都、姬路、大阪、東京當局的憲兵隊，對檢舉揭發的迴避兵役不法行為實行了嚴厲查處，使迴避兵役行為更加隱秘。民眾迴避兵役的動機主要有兩方面。一是兵役者本人不願意從軍，在地獄般的軍隊中生活為戰爭送命。二是家庭主要勞力被抽壯丁，政府沒有切實可行的補助支援辦法，家庭生活從此沒有了着落。

1881 年 4 月 13 日的《朝野新聞》，記載了一民家迴避兵役的故事。上總國夷隅郡市野鄉村的鎌田半兵衛，自徵兵令頒佈以來，遇到了未曾想到的難題。因為鎌田一家適齡和即將適齡的子女共有九人,首先是家中長子,徵兵令規定長子有免役優遇,故可不用擔憂。家中次男成了兵役的主要對象,為迴避兵役只好將他送給別人家作養子,因為做養子可免兵役,次男也有了着落。可是家中三男末吉即將滿兵役年齡,父母家老一直為他犯愁,在附近村落尋遍了可做養子的人家。當時徵兵令規定,做養子人家的養父必須年滿五十歲,否則即便做了養子也得服兵役。鎌田尋得的家境較好人家,候補養父都不足五十。無奈之下,只能把末吉給了同郡久我原村一戶無子的貧窮老漢做養子,外加豐厚的彩禮,相約待末吉到了兵役年齡即送來做養子。可是末吉還沒有到兵役年齡,國家徵兵令做了新規定,即使三男做了養子也不能迴避兵役。鎌田一家驚詫無術,不知如何是好。是祈求神佛保祐?還是絕食躲過體檢?或者自殘跛足?欲嘗試種種手段,卻沒有勇氣,末了只好湊借了270圓兵役免除繳納金(代人料),辦成了免役。接着是四男的兵役問題擺在了面前,鎌田思來想去,“代人料”之法乃是家境貧困之途,家中已經再難湊足這筆錢財。鎌田與村長商談,最終得出了只能求神,別無他法的結論。四男長太郎只好專心求神保祐,祈求體檢不合格免除兵役。三月徵兵之時,長太郎參加了體檢,也許是求神虔誠所歸,長太郎竟然因沙眼之疾被免除了兵役。父母大喜過望,堅信定是神佛保祐所致,將積攢下來的“代人料”全部捐獻給了神社,以謝神明保祐恩典。可是好心情沒有持續多久,五男七太郎即將兵役適齡,這回又將如何是好,鎌田的長歎又將繼續……。

　　明治十六年(1883),為平息庶民間關於“代人料”不公平的呼聲,徵兵令廢止了兵役免除繳納金,規定以前實施的免役制度只適用於和平時期,而在戰時將不適用。徵兵令的修改,讓各地百姓如晴天霹靂。《朝野新聞》報道,隨着徵兵令的修改,在閉塞的偏僻山村出現了一些奇怪的不實傳言。鹿兒島縣伊敷村落間流傳,有老婆的適齡者可以免服現役,愚鈍的村民相信了誤傳,一場爭奪新妻的大戰在許多地方轟轟烈烈展開。數百戶村莊的適齡男子爭先恐後尋求嫁女,短期內竟然平均每日有六七對新婚夫妻媳產生,村中無論美顏醜貌的處女全被娶盡。名古屋愛知縣出現入學騷動,家

2.13.11　清日戰爭中,明治天皇主持監修多首軍歌,成為激勵出征軍人作戰的動力,得到日本國民發自內心的崇敬和愛戴。

長用盡伎倆讓男兒進入官公立中學校，以期迴避兵役。由於可免役養父年齡增至60歲以上，一時間窮困潦倒的鰥寡翁嫗的價值突然飆升，選其做養父的行情達到二百圓左右。雙方交易成立後，養父老人前去官場役所申告登記，以確定其養子的名份，許多專以此牟利的個人和公司應運而生。為迴避兵役，還在全國各地掀起了神社參拜的熱潮，祈禱人群絡繹不絕。為了迴避兵役，求神的祈禱變成了詛咒，親兄弟間、鄰居間、友人間，紛紛祈禱自己不合格，詛咒他人中籤，人際關係霎時間變得緊張起來。求籤者風雨不誤，踏破神社殿檻，着實難倒神明。結果那些散盡錢財虔誠祈求卻又中籤從軍的人，內心憤憤不平，忌恨咒罵神明不公。

清日戰爭以前，日本軍人的地位低下，民眾在兵役問題上存在較重的小農意識，因此演繹出許多逃避兵役的愚昧故事。這些純樸的鄉下人，帶着海邊腥風和鄉間塵土踏入軍隊的大門。經過軍隊脫胎換骨的徹底"洗腦"，被塑造成了為天皇而戰的忠實戰爭機器。

4　戰爭與天皇

"日清戰爭非朕的戰爭"是明治天皇睦仁戰前所講的一句名言。天皇在閣僚製造的外交形勢面前，迫於群臣"國家利益"的壓力，最終承諾和宣佈了這場"不本意"的戰爭，流露出日本皇權最高地位者當時苦悶的心境。日清開戰後，明治天

2.13.12　明治天皇最忠實的追隨者一條美子皇后，在戰爭中身先士卒，全力支持天皇的軍政事務。皇后在宮中開設一間包帶製作所，組織皇親國戚的女眷和宮內女官為前線醫院製作包帶。圖為包帶製作所內，身着白衣的女士們的作業場景。

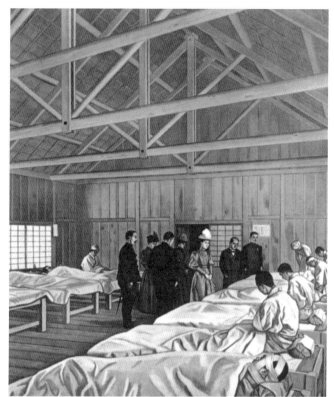

2.13.13 一條美子皇后前往各地醫院，探望戰場負傷入院的傷病員，寄予勉勵慰語。她把御成婚25年進獻的真棉捐獻前線，賜假肢給在東北戰場凍傷失去手足的士兵。日本國民高度讚揚明治皇后，稱其為“國母”。皇后的言行，為明治天皇仁慈博愛的形象奠定了牢固基礎。圖為明治皇后探望廣島醫院的傷病員。

皇作為國家的象徵和國軍統帥積極參與戰爭，又給歷史對天皇人格的認識留下諸多矛盾的印象。

1889年2月日本公佈《大日本帝國憲法》，起草者伊藤博文在憲法綱領中定義了天皇的君權，在法律上賦予天皇最高的權力。《帝國憲法》的出台，實際上縮小了民眾權益的基本範圍，君主立憲制中國家議會權力也被削弱。《帝國憲法》第11條規定，“天皇為日本陸海軍的統帥”。第12條規定，“天皇決定陸海軍的編制及常備兵額數量”。第13條規定，“天皇有宣佈戰爭與締結和平等諸般條約的權力”。伊藤博文在所撰《憲法義解》中，註釋了“統帥權”、“編成權”、“戰爭與和平權”的概念。

（1）統帥權乃至尊之大權，是帷幄大令專屬的權力，由參謀總長、軍令部長輔佐天皇行使權力，統帥權非屬內閣及國務大臣之職責。

（2）編成權乃至尊之大權，是帷幄大令專屬的權力，由責任大臣輔翼天皇行使的權力，議會不能干涉。

2.13.14　日本軍人的最高榮譽金鵄勳章。金鵄勳章制定於明治二十三年(1890)，分"功一級至功七級"七個等級，只授與有戰功的軍人。圖為功一級金鵄勳章。

(3)作為天皇專屬的君權，有宣佈戰爭與締結和平等諸般條約的權力，議會不能干涉。

帝國憲法將國防計劃、作戰計劃、用兵計劃等軍事大權從國務權力中獨立出來，軍部大臣可以直接帷幄上奏、呈請敕裁，內閣會議不能干涉軍政事務。這種人為構造的兩重外交、兩重政府體制，使議會失去了外交機能，助長了內閣少數人的秘密外交，增大了國民在不知情中捲入戰爭的危險性。

清日戰爭是近代日本君主立憲制下的戰爭，戰爭在無視這一憲法的情況下發生和展開。6月15日和7月1日內閣兩次重要會議的決定，在上奏天皇之後均未獲得裁可，加大了天皇和內閣之間的裂痕。8月1日天皇裁可的宣戰詔敕公佈後，內閣決定在宮中三殿(賢所、皇靈殿、神殿)的伊勢神宮、孝明天皇後日輪東山陵(先帝陵)舉行祭典式。土方久元宮內大臣向天皇詢問派遣敕使的人選，天皇答道："其儀式實無必要，今回的戰爭不是朕之本意，諸群臣等將國家導向戰爭，違背朕意迫朕許諾，朕若去神宮在先帝陵前奉告會甚苦內心。"土方勸諫："陛下放棄鎮魂祭儀會招致眾議。"天皇大怒："汝觸朕心頭之痛，朕不想再看見汝！"土方喪膽退出。天皇憤然道出了對伊藤首相和陸奧外相逆自己本意引導戰爭的不滿。翌日，明治天皇雖內心不悅，但仍作出向宣戰奉告式典派遣敕使的人選，由九條道孝掌典長前去伊勢神宮，岩倉具綱掌典前往孝明天皇陵，鍋島直大式部長代拜大典，天皇本人仍然拒絕出席8月11日宣戰奉告的主祭儀式。

天皇與閣臣之間出現嚴重對立的原因，歷史研究者始終沒有定論。一種說法根據《明治天皇》一書認為，長期以來天皇勤學來自大陸的儒學，主張溫、良、恭、儉、讓的儒家思想，忌避武力流血的殺戮。1877年的西南戰爭，日本內部相互殘殺已經使一萬兩千人失去生命，貧瘠復興中的日本沒有戰勝東方大國的能力。戰爭必定導致與清國交惡，使日清兩國的關係破裂，天皇因而反對把維新國家的人民帶入戰爭中去。力圖和平環境、維新政治的明治天皇不贊成戰爭，拒絕出席宣戰奉告祭天典禮，在進退兩難的狀況下只能以公的、代表國家的天皇"明治

2.13.15 "征清軍休戰野營之夢"圖，描繪清日戰爭即將結束，將校在夢中浮現歸鄉的情景。

天皇"和私的、代表自己的天皇"睦仁天皇"來表達君主的兩種立場。作為"明治天皇"，在維護國家利益的立場上，即使不願意參加宣戰祭天儀式也得派特使代替本人祭天。作為"睦仁天皇"，在宮中三殿公開表明不出席宣戰奉告典禮的個人立場，體現與歷代天皇不同的個性。睦仁天皇的成熟，燃起他督導國家維新政治的願望，但是日本天皇立憲制的國憲，決定了天皇被虛擬神化的傀儡地位。

另外一種說法認為，天皇是伊藤博文為首的一代政治家樹立起來的君主，在國家政治中僅僅是象徵，沒有實質的政治軍事權力。為了使國家軍隊擁有精神上的支柱，統合軍人服從命令的意識，日本政府於 1882 年 1 月 4 日頒佈了《軍人敕諭》，提出"忠節"、"禮義"、"武勇"、"信義"、"質素"五德，確立軍人必須具有的精神，強調天皇在軍人心中至高無上的位置。敕諭同時明示，天皇作為大元帥統帥日本的陸海軍，僅代表軍人的精神地位和服從軍紀的根幹，天皇不得干預政治。

睦仁天皇 16 歲繼位，清日戰爭時已經是 43 歲的壯年。睦仁經歷了從青年天皇到壯年天皇的時代，努力想成為一個擁有個人意志，不被他人支配的真正天皇，試圖實現日本"大帝"的夢想。天皇志趣的表露加大了他和伊藤、陸奧之間的距離，使他們有意疏於向天皇報告戰前事態。7 月 19 日，德大寺侍從長向陸奧轉達天皇對政府干涉朝鮮內政以及對大鳥公使的不滿時，陸奧對天皇的不滿保持沉默，甚至在沒有向天皇奏請裁可的情況下，獨自向清國發出 5 日期限的最後通牒。日本對清國的通牒文發出後，21 日遭到英國政府的抗議。由於反駁英國的抗議書必須奏請天皇裁可，戰爭事態因此再也無法對天皇隱瞞下去。22 日夜，伊藤和陸奧不得不向天皇上奏並通知樞密院議長，報告日本向清國發出最後通牒以及大鳥公使斷然包圍朝鮮王宮，對朝開戰的事實。天皇知道國家已經被拖入戰爭的邊緣，對伊藤和陸奧故意違反憲法中天皇擁有外交大權和戰爭大權的條款充滿憤怒。可是現實中，天皇沒有能力公開反對內閣的決定，國家需要安定團結，天皇不希望因此失去家族在國家的地位。面對伊藤和陸奧聯合內閣大臣署名，以逼宮之勢上奏對清宣戰書，天皇陷入沒有迴旋餘地的境地，天皇和伊藤、陸奧之間從此產生了隔閡，埋下不信任的伏筆。

　　1894 年 8 月 1 日，日本政府發佈天皇裁可的對清宣戰詔敕，伊藤和陸奧完成了全部戰爭必須的軍事、外交、法律上的準備，以及天皇對戰爭的認定。明治天皇在清日戰爭問題上與內閣間存在分歧，但是作為一國之君，國家利益永遠高於個人的感情，戰爭伊始，天皇便全身心地投入到戰爭中去。

　　日本近代史上，明治天皇給世論留下"軍人天皇"的印象，理由是清日戰爭期間，天皇親臨廣島大本營，督導了整個戰爭的過程。戰爭初期，"大本營"最高指揮機關設立在參謀本部內，8 月 5 日移至宮中正殿，9 月 15 日移至廣島。從 1894 年 7 月 17 日大本營召集第一次御前會議至 1896 年 3 月 30 日召集最終會議為止，大本營共召開過 90 次御前會議，平均 6.9 日一次。天皇常駐廣島大本營的舉措，給全軍樹立了天皇陣前指揮戰役的國君軍人形象，鼓舞全國軍民一致對外，支持戰爭。

2.13.16 英國畫報刊載從軍畫家的作品 "京都歸來兵得意的氣色圖"。日清戰爭的全面勝利，確立了軍人的社會地位，軍人成為受到尊敬的階級，優越感如日中天。

　　日清開戰之前，在主戰派煽動下，民眾掀起對清開戰的狂熱情緒；宣戰後，沒有底氣的民眾中開始出現厭戰情緒。士兵心情淒涼，懷着赴湯蹈火的悲壯情感出征，大名華族(貴族)也開始表現出不支持的態度，伊藤內閣受到輿論的批評和面臨倒閣的困境。此時，明治天皇主動的出現在大本營，挽回了大名華族和舊藩主對戰爭的支持，也喚起民眾的擁護，反對黨勢力停止了對執政黨的攻擊，舉國上下形成效忠天皇，一致支持戰爭的局面。

　　1894 年 9 月 15 日至 1895 年 4 月 26 日，天皇御駕駐蹕廣島大本營七個月有餘，全國各地匯集而來的數十萬部隊，在天皇的感召下從廣島周邊軍港向朝鮮和清國大陸出征。大本營設在廣島城內原第五師團司令部一棟二層木結構的小樓內，明治天皇生活在二樓的一間 48 疊（約 79 平米）的臨時御所。室內只有天皇辦公用的椅子、桌子、書架、屏風以及為臣下預備的三把椅子，就寢時把桌子合併起來圍上屏風就組成了寢牀。天皇為體驗戰場士兵的生活，每日穿着自己並不喜歡的軍服正裝與臣下共事。侍臣欲為天皇尋找一張舒適的安樂椅，天皇認為前方將士正在艱苦環境下作戰，阻止了侍臣的好意。冬日暖爐前烤着冰冷的雙手時，天皇想到的是身

2.13.17　清日戰爭後，日本皇宮內建造了武勳紀念館，陳列了大量來自清國的藏品。圖為歸國將士向皇室獻上的《戰利品》繪畫。

在東北大陸的將士忍寒受凍的情形。天皇作為日軍統帥，親臨全軍陣前，日夜辛勞，在精神上鼓舞了全國軍民勝戰的士氣。天皇雖然御駕親臨陣前，實際上並不參與作戰計劃的制定和決定戰鬥過程的細節。天皇主動出席大本營御前會議，主要是聽取戰況報告，關注軍隊傷亡情況和共享勝利的捷報。

　　日清戰爭中，明治天皇主持監修了多首軍歌，成為激勵出征軍人的動力。著名軍歌《豐島之戰》、《黃海之戰》、《平壤大捷》、《成歡之役》、《勇敢的水兵》、《婦人從軍歌》，在前線部隊中掀起傳唱的熱潮。天皇最忠實的追隨者是一條美子皇后，戰爭中她身先士卒，全力支持天皇的軍政事務。皇后在宮中開設一間包帶製作所，身着白衣督勵女官們努力為前線醫院製作包帶。皇后把御成婚 25 年進獻的 28 貫目真棉賜予前線；還為在東北戰場因凍傷失去手足的士兵賜予假肢。2 月和 3 月，皇后連續巡迴東京、廣島的軍人醫院，慰問負傷士卒，寄予勉勵慰語。國民高度讚揚皇后的德行，稱其為“國母”，為明治天皇仁慈博愛的形象奠定了牢固基礎，得到日本國民發自內心的謳歌和愛戴。明治天皇作為國君、大元帥指導戰爭，對日本取得戰爭勝利產生了深遠影響。傳統的日本武士道精神和武士對天皇的忠誠，造就了近代明治軍隊強大的戰鬥力。

5 軍國的崛起

近代第一次對外戰爭的全面勝利，標誌日本進入軍國崛起的時代。在清日戰爭中立下汗馬功勞的軍人和政客，日本天皇論功行賞授與他們最高榮譽。1895 年 8 月 5 日上午 11 時，明治天皇在宮中舉行授爵式、爵位奉授式、勳章親授式。

依勳功特升授侯爵者

伯爵 伊藤博文　伯爵 山縣有朋　伯爵 西鄉從道　伯爵 大山巖

依勳功特升授伯爵者

子爵 野津道貫　子爵 樺山資紀

依勳功特授子爵者

川上操六　伊東祐亨

特賜菊花章頸飾 特敍功二級 賜金鵄勳章者

彰仁親王

敍大勳位 賜菊花大授章者

內閣總理大臣 從二位勳一等伯爵　伊藤博文

特敍功二級 賜金鵄勳章 賜旭日桐花大授章者

監軍 陸軍大將 從二位勳一等伯爵　山縣有朋

陸軍大臣 陸軍大將 從二位勳一等伯爵　大山巖

海軍大臣 海軍大將 從二位勳一等伯爵 西鄉從道

特敍功二級 賜金鵄勳章 賜旭日大授章者

陸軍大將 正三位勳一等子爵　野津道貫

海軍大將 從二位勳一等子爵　樺山資紀

特敍功二級 賜金鵄勳章 敍勳一等 賜旭日大授章者

陸軍中將 從三位勳二等　川上操六

海軍中將 正四位勳二等　伊東祐亨

明治廿七八年戰役建功者授賜年金千圓者

彰仁親王　山縣有朋　大山巖　西鄉從道　野津道貫　樺山資紀

川上操六 伊東祐亨

日本著名外交家、政治家、日清戰爭主戰者、日本外交大臣陸奧宗光，授與正二位勳一等伯爵，榮譽授受時，陸奧重病臥榻之中。1897 年 8 月 24 日歿，享年 53 歲。所撰寫的回憶錄《蹇蹇錄》，是一部關於清日戰爭的日本外交史，成為研究清日戰爭的重要文獻之一。

戰爭的反省

1 清國戰爭反省

　　1818 年，流放在大西洋聖赫勒那島的法蘭西前皇帝拿破崙，在會見英國派往清國商談兩國通商遭拒，憤然而歸的外交家阿美士德時說："中國是一個沉睡的巨人，當他醒來時，世界會為之震撼。"（ci repose un géant endormi, laissez le dormir, car quand il s'éveillera, il étonnera le monde quand la chines'éveillera, le monde tremblera.）拿破崙並非讚賞這個守舊的東方古國，卻也一語道破在沉睡巨人的軀體內，隱藏着巨大的能量。

　　拿破崙睡獅之語的二十餘年後，清國便開始屢屢受到西方國家的侵略，卻始終未能喚醒這個過度沉睡的帝國。十九世紀末葉的清日戰爭如同一針強心劑，終於驚醒了沉睡中的巨人，敲響了大清帝國末途的警鐘。在清國版圖的腳下，一個數百年來被輕蔑的彈丸小國，竟把自己打得一敗塗地，清國人在倭人面前服輸了。

　　清日馬關和談，李鴻章與伊藤博文在第一輪會談中有一段告白："在歐洲人眼裏，清國和日本是亞洲中兩個卓越的大國，我等係相同人種有類似的文化，社會的相似之處也很多。作為敵人我等更應該是兄弟，從對立關係轉向相互重視的立場。""的確，日本正在發生着驚異的變化，閣下以往的指導，對我國的進步和發展有深刻的意義，然而余與閣下一樣未能引導我的國家，令老朽深感慚愧之至。""余認為這次的戰爭得到兩個好的結果，第一是歐洲的陸海軍作戰方式，被黃色人種成功應用，得到了驗證。第二是沉睡的中華開始覺醒，日本給予清國的刺激，相信對我國將來的進步會發生最有益的影響。""我國人民對貴國抱怨之聲甚多，然而與抱怨之感懷相比，余個人也許應該感謝貴國喚醒了吾中華國人。"

　　數年後，清國有識之士發起的戊戌變法失敗，變法主導者之一梁啟超在《戊戌政變記》中寫道："喚起吾國四千年之大夢，實自甲午一役始也。"沉睡的巨人、大夢的喚起、感謝日本喚醒吾中華國人，言中了東方古國近代史的進化規律，虛弱的國家總是在外來勢力的刺激下，才對自身的弊端有所思考。

　　清日戰爭大清帝國戰敗的結果，國家對外抗爭的戰略矛頭從西洋人轉向東洋人。代表清國的權貴大夢初醒，但他們對這場戰爭失敗的原因沒有進行深刻反省。政治上繼續頑固維持弊端百出的國家機器，軍事上加強引進歐美兵器創建新

2.14.01　慈禧太后在清日戰爭戰和態度上詭異，戰敗後繼續維持舊有體制，國內矛盾日益尖銳，義和團運動和八國聯軍入侵，加速了大清朝的滅亡。

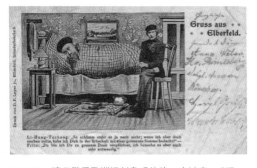

2.14.02　清日戰爭歐洲諷刺畫明信片，李鴻章：“還沒到最壞的時刻，但我還是要死了。我指名由你來繼承我的大錢庫。”弗里茨：“我欠你的恩情，但我需要你給我真實的東西。”（按：弗里茨·克虜伯，德國著名軍火商。）

軍，試圖重新打造國家軍事利器。清國朝廷對戰敗的麻木和挽救國家戰爭創傷的無作為，給列強瓜分大清國土，瘋狂掠奪資源敞開了國門。在國家淪陷邊緣的大背景下，被滿洲韃虜奴役250餘年的漢族人終於開始了他們的革命。

　　以近代清國文化人為代表的改革派，深受日本明治維新思想的影響，在維新理念驅使下逐漸步入歷史舞台。清國敗戰，《馬關條約》的簽訂，改革派代表人物康有為發起“公車上書”，主張維新變法，拯救大清國。提出以強敵為師，變法維新，通過日本明治維新式的改革，實現大清國富國強兵的目標。同黨譚嗣同還提出將內外蒙古、新疆、西藏、青海賣給俄國和英國，其資金充作國家的改革經費和戰爭賠償金，以維持大清國存在的主張。戊戌變法僅僅持續百日即告失敗，光緒皇帝身陷囹圄，譚嗣同等人就義，康有為、梁啟超被迫流亡日本。保守的改革派張之洞向朝廷呈“立國自強疏”，雖主張自強運動，卻懾於朝廷勢力，對維新態度搖擺不定，最終倒向清廷保守派舊勢力。

　　孫文是決意從根本上推翻清王朝體制的堅定革命派，在廣州領導武裝起義，發起民族主義的革命運動。孫文的“三民主義”學說奠定了國民革命的綱領，為中華“新民主主義革命運動”打下基礎。日本黑龍會創始人內田良平曾協助孫文組織革命活動，據其回憶，孫文在革命最困難時期，曾遊說日本援助革命黨，提出與日本結盟共同推翻滿清，亦云：“吾人之目的在於滅滿興漢，革命成功之時，即使以諸如滿、蒙、西伯利亞之地悉與日本當亦無不可。”在特定時代背景下，為推翻大清王朝爭取革命成功，類似這樣的言論透出革命黨人無奈的焦慮。《馬關條約》簽署後，列強加速對清國的瓜分，以農民為主體的義和團，用聚眾排外的延激行動捍衛家園。中原大地純樸農民的願望，最終被清國朝廷利用，又被只會殘殺本國人的清軍和八國聯軍剿滅。

十九世紀，世界進入近代文明開化啟蒙的時代，蒸汽機的廣泛應用改變了戰爭的模式。清日兩國經過軍備競賽，擺脫了傳統冷兵器為主，近距離對壘的古戰經典。全新的戰爭較量在軍事體制、武器裝備、兵站體系、情報網絡、宣傳媒體等多領域全面展開。一位歐洲隨軍觀戰武官在剖析清國人戰敗原因時指出："清軍在軍事上存在三方面失利的要素。一、清國軍隊沒有獨自的後勤體系；二、清國軍隊沒有高效的指揮系統；三、清國軍隊沒有建立左右戰爭的情報網絡。"道出了清國軍隊在軍事體制和戰術上的弊端。

清日戰爭中，清國的戰爭責任制非常含糊。一場近代戰爭就是一次大規模軍事作業，把戰爭的統帥指揮權交與

2.14.03　清日戰爭的失敗，歐洲列強開始對清國明目張膽地大肆瓜分。然而在清國這片野蠻的國度裏，看到的卻是清國人的自相殘殺。圖中的清國巡警，協助洋人捕抓反抗他們的清國臣民。

2.14.04　日本對朝鮮的軍事介入，把清國拖入戰爭的泥潭，朝鮮成為清日角逐的舞台。垣後的俄國密切注視這場戰爭中俄國人的利益。清日戰爭實質上是多國利益的爭奪戰，清國是戰爭最大的輸家。

身為地方政務官、商務官、外交官的直隸總督兼北洋通商大臣李鴻章，有違近代戰爭的軍事思想。清軍沒有軍人獨自組成的指揮系統，文官過於干涉武官的指揮權，武官在戰爭中的指導地位被輕視。

清日兩國在戰爭中存在諸多不平衡要素，國家政治體制的腐敗是導致清國戰敗的主要原因。正如時代世論所云："洋務運動僅撟拾泰西皮毛，汲流忘源，遂乃自足，而對政治社會改良實為彌縫補苴，偷一時之安，輪到今日被人取笑，其心酸自知。"在清國政治體制下運作歐美近代化，學其皮毛不求其本，必然會產生近代化軍事的怪胎。近代國家軍事的進步不僅着眼於新式武器的改良，軍事體制、兵站體系、醫療保障、情報網絡、宣傳媒體等多領域的實力，都對戰爭勝負產生重要影響。

2.14.05 俄國人窺視清日垂釣、鶴蚌相爭的大戲。

2.14.06 三國干涉，列強規劃着各自的利益。

2.14.07 清國戰敗國土淪喪，列強的野心真相畢露。

清代的軍史文獻，除了較多渲染敵軍武器之精良，抱怨清軍武器之落後外，很少有對清軍在政軍體制中的弊端進行反省的記錄。兩支國家軍隊在軍政領域內存在的巨大差異，決定了清國軍隊即使擁有更精良的武器，也難以取得戰爭勝利。

時代背景下的兩個帝國，同樣處在皇帝和天皇的君主政治框架體制中，大清的皇帝和皇太后每日生活在虛假阿諛的萬歲聲中。而明治天皇卻是務實國事的典範，得到日本國民發自肺腑的愛戴。軍人為天皇而戰、為天皇而死雖死猶榮，與為餉銀討吃軍糧的清國傭兵形成天壤之別。戰爭的失敗，讓清國人無奈默認了這樣的歷史事實——日本的政治文明是先進的。

從歷史的表現來看，清國組建的近代軍隊，是為鎮壓國內反清勢力而建立的武裝，不具備抗擊外來勢力的素質。清英戰爭(鴉片戰爭)、清法戰爭、清日戰爭的失敗，都印證了清軍不敵外國軍隊的素質。相反，清軍在剿滅太平天國、義和團等國內戰爭中屢建奇功。當歷史的鏡頭回放袁世凱訓練的北洋精銳新軍時，這支自譽與歐美比肩的皇家軍隊，卻在抗擊外力上躲躲閃閃毫無作為，最終變種成與孫中山革命敵對的軍事力量。

在大清國守舊的集團社會裏，官

吏以效忠皇帝為最高己任，大多數官僚沒有近代國家應有的愛國心。即便是主張學習和引進洋務的李鴻章，也是以自家集團的利益為首要，國家利益置於其二。當清日戰爭決定北洋艦隊命運的關鍵時刻，他首先想到的是如何守住自己多年精心打造的這支"自家軍"，最終選擇了避敵保船的策略，而非為國決一死戰。有了自己的軍事力量，就會擁有權力和地位的穩定，狹隘的軍權觀念在清朝權貴中普遍存在，乃至延伸到近代中華革命的歷史時期。

近代日本的明治維新與清國家風全然不同，國家以神秘天皇作為精神支柱團結了一國民眾，建立起強大的軍國主義集團。他們的人民和軍人在天皇精神的凝聚下，無論戰爭正義與否，意識中只有為國家和天皇而戰的概念。國家的利益就是個人的利益，應該用生命的價值隨行至高無上的使命。戰前二十年，日軍組建近代化師團、旅團，完善了歐洲軍隊風範的指揮系統，導入了歐美文明在軍隊的人權理念。日本軍人與歐美軍人的愛國心相比，又多了對天皇絕對服從的神聖義務。1882 年的軍人敕諭中寫道："下級服從上級就是執行天皇授與的義，作為軍人必須牢記於心。"近代日本軍人嚴明軍紀的核心規範就是服從。在擁有這樣精神特質的軍隊面前，沒有精神武裝的清國軍隊是無法匹敵的。

清日戰爭失敗，《馬關條約》簽訂、國土割讓、巨額戰費賠償，李鴻章淹沒在大清

2.14.08　康有為(1858—1927)著名思想家，清朝體制改良主義者，對近代國家變革頗具見識。1895 年 4 月清日戰爭失敗，他聯合北京會考書生，發動"公車上書"，反對《馬關條約》。請求皇帝"下詔鼓天下之氣，遷都定天下之本，練兵強天下之勢，變法成天下之治。"

2.14.09　孫中山(1866—1925)中國近代革命的先驅，推翻清朝帝制的堅定革命家。1894 年春起草《上李鴻章書》，提出多項改革建議，未獲李鴻章重視。清日戰爭清國軍隊慘敗，更印證了清朝必亡的預見。1895 年 2 月 21 日孫中山的"興中會"正式成立，以"驅除韃虜，恢復中華，創立合眾政府"為綱領，向清朝封建體制宣戰。推翻封建帝制創建共和國，是孫中山對中華歷史最重要的貢獻。

國一片討殺的浪潮中。輿論並不知道，此時的李鴻章正在替皇帝背負歷史上最大的冤屈。老謀深算的李鴻章從一開始就清楚戰爭的歷史責任，他的所有重大決策都是通過總理衙門和軍務處，呈請皇帝作出有案可查的裁可，這個歷史事實使朝廷不能對他行使殺戒。李鴻章是一個高齡勤奮的老人，政務上擔任北洋通商大臣職責，周旋於北洋外交事務；軍務上承擔大至旅順、威海衛防衛的運籌帷幄，小到親自圈定購買何國何種規格的槍炮。清國的洋務被通說成李鴻章的洋務，國家軍事改革的大小事務維係在這個身纏各種要務的老者身上。無怪列強評說，清國和日本的戰爭實際上是李鴻章和日本的戰爭。中外歷史文獻所見的清日戰爭，滿篇是李鴻章背景下的典故。那些在朝堂上讒言作俑的滿洲貴族官僚，希望看到以李鴻章為首的北洋陸海軍一敗塗地者大有人在。

伊藤博文所著《機密日清戰爭》一書中，披露了戰爭前後，破譯清國大量密電的事實，終於洗清了李鴻章的歷史沉冤。百年後再觀清日戰爭，不能不驚異中外歷史對李鴻章的評價。在歐美列強的眼裏，李鴻章失敗的大手筆非但沒有傷及他的仕途，反而展示了他個人的才能和魅力，西洋人認定李鴻章是近代清國，代表文明智慧的偉人。戰爭落下了帷幕，大清帝國到底沒有很好反省自己的失敗。經過清日戰爭後十七年的餘震，古國大地上迎來了歷史的巨變。1912 年，曾經有過十世十二帝，二百六十八年歷史的老帝國宣告終焉。

2　日本戰爭反省

清日戰爭是日本近代史上首次對外戰爭，勝利的結果全面動員起國民對戰爭

2.14.10　清日戰爭實記報道《戰死者名譽》，刊載了日軍對清作戰中陣亡的將士肖像，國民從中感受到了戰爭的殘酷。但是國家和國民沒有反省，日軍的勝戰和戰爭利益，衝昏了民眾的頭腦。軍隊萬歲、軍人是守護神，軍人的地位如日中天。民眾對戰爭的肯定，奠定了國家走向軍國之路的基礎。

2.14.11 英國報道日軍的"戰地火葬場"。出於緬懷和防疫的目的，戰死者遺體被細緻安放在木棺內，軍夫順序抬進火葬場焚燒。日本用犧牲換來勝利，全面動員起國民對戰爭的熱情，軍國主義的形成一發不可收拾。

的熱情，軍國主義的形成一發不可收拾。當時市井間記錄這樣的情形，"日清戰爭、連戰連勝、軍隊萬歲、軍人守護神，軍人的地位如日中天。貴族、富豪、官吏、商人、百姓，凡是家有女兒的父母親，都有收軍人為婿的強烈願望。"民眾對軍人崇拜的原動力，來自與軍人共同作戰的天皇。戰爭的大勝，天皇為地位低下的軍卒贏得了從無有過的榮光。天皇制的社會基礎一舉擴大，天皇不再是隱居深宮內的神秘貴族，而是受全軍愛戴的陸海軍大元帥。日本軍事體制和天皇制根幹的形成，確立了清日戰爭的政治和軍事意義。

日本思想家福澤諭吉在《日清戰爭是文明和野蠻的戰爭》社論中標榜，"日本是以世界文明進步為目的展開的戰爭，戰爭不是人與人、國與國之戰，而是一場信仰的較量。日本在亞洲國家率先理解文明世界的理念，力圖徹底擺脫獨裁國家制度和野蠻文化，日清戰爭因此成為日本邁入文明國行列的起點。1886 年日本加入國際紅十字條約組織，1887 年加入《巴黎宣言》，在日清戰爭中的表現讓歐美國家相信，日本已經成為代表亞洲崛起的文明國。戰爭中日本軍雖然有過野蠻的行為，但是西方社會依然接受維新之國為文明國的一員，而守舊的清國仍屬尚未開化的野蠻國。"

清日戰爭的實踐，標誌近代軍事技術進入變革和飛躍的階段。明治維新下的軍隊，從英國學到了先進的海軍，從德國學到了先進的陸軍，這支新式軍隊戰勝了大清國的軍隊。黃海海戰被公認為是世界海戰史上，近代艦隊作戰的傑出典範。清國重裝甲主力艦定遠號，在日本艦隊包圍攻擊下未被擊沉，證明了大艦、巨炮、重裝甲的劃時代意義。裝備了大量速射炮的日本輕艦隊取得海戰的勝利，同樣證明海戰機動性、攻擊性的重要性。傳統的倚仗艦首利角撞沉敵艦的近接戰鬥概念，已經落後於時代。日本艦隊使用單縱陣在戰鬥中表現出優良的機動性和攻擊性，顯示海戰戰術中單縱陣比常用的橫形陣、梯形陣更利於穿插分割敵艦和運用艦側炮火力的攻擊優勢。單縱陣的變形丁字陣在十年後的日俄大海戰中得到應用，日本艦隊在對馬海峽一舉摧毀了俄國波羅的海艦隊。清日戰爭時任海軍軍務局長的山本權兵衛，後來出任海軍大臣，被譽為日本近代海軍的祖師。他反省了黃海海戰日本艦隊"赤膊上陣式"的作戰缺陷，提出了維持艦隊攻擊力和防禦力平衡的作戰概念，此後創建了日本引以自豪的"六·六艦隊"。

　　明治時期創建的陸軍，後來成為世界上最驍勇善戰的戰鬥體。但在清日戰爭中，陸軍暴露出後方組織不完備的致命弱點，尤其是兵站組織、衛生防疫等的缺陷，削弱了部隊的戰鬥力。各場戰役結果顯示：

2.14.12　清日戰爭記實插繪 "殉國勇士之墓"，祭奠陣亡的英靈。繪中詩曰："老松七八，蕎麥三四畝，英魂朱染亭的邊よ，彷彿として、来りて清酌庶羞の祭を受けん。" 詩意是說，古松下，蕎麥地裏，掩埋烈士之軀，在英雄灑熱血的亭邊，彷彿與好兄弟對飲一般，請接受我的祭奠。

　　一、朝鮮戰役，由於制海權得手的時機滯後，兵站供給不濟、糧食彈藥匱乏，戰鬥幾乎陷入被動的境地。為籌集糧草支援前線作戰，不得不在當地強制徵購軍需糧草，引起當地百姓的不信任，留下戰地民政處理的難題。

　　二、作戰部隊獨斷專權現象滋生。平壤作戰時，急功近利不等待大本營命令，獨自決策先行展開。作戰雖然得手，其勝利結果是建立在大量傷亡和清軍自身缺陷之上的僥倖。日本軍方獨斷專行的特質，自清日戰爭勝利以後日益滋生，乃至一發不可收拾。

　　三、日本陸軍在戰鬥教條中，強調攻擊部隊全力衝進，施以突擊的作戰法。為實現衝鋒陷陣的戰術方式，軍中強調士兵的忍耐精神和為天皇效忠雖死猶榮的教育，用不怕死的精神支持這種拚死的戰術方式。拚死衝殺有時

2.14.13 旅順口戰鬥，日軍戰死40人，負傷241人。第二軍將校和外國從軍武官，為攻克旅順陣亡的將士舉行戰歿祭奠式。圖為山地師團長在陣亡將士靈前宣讀祭文悼詞。

降低了戰術的合理運用。

　　其三，防疫體制的缺陷是日軍最薄弱的環節，40% 出征軍人染患疾病，戰地沒有特效的救治方法，不得不送往後方進行治療。清日戰爭全戰役中，日軍陣亡者 13,488 人，其中病死者 12,365 人，佔死亡總數的 88%，防疫成為戰爭傷亡的最大缺陷。

　　日清兩國間的戰爭，是明治維新以來日本國民面對的一大課題。在戰爭與和平的議論中，日本民眾同樣默認了弱肉強食的戰爭邏輯。勝利的結果，使日本獲得與歐美列強比肩的地位，激發起日本國民的狂熱。社會文化人紛紛發表戰後的感想，福澤諭吉：“去年來的大戰爭使國光騰耀，大日本帝國的成就如恍惚之夢，感人之淚獨自涓流，戰爭提高了‘崛起之國’國民的自信心。”歷史評論家德富蘇峰：“日本人從此進入了世界的生活。”著名文藝評論家高山樗牛：“日清戰爭從根底撼動了國民幼稚的思想，給予國民更加明白覺醒的意識。”歷史評論政治家竹越三叉：“世界的日本乎，亞洲的日本乎，二者擇一也。作為‘亞洲的日本’，日本正在成為世界的對手，站在世界的高所，依照世界‘大運動’的道理，在地方的、地理的、人種的大運動中，發生着‘偉大’脫骨的變貌。作為‘世界的日本’，亞洲的日本正在迎頭趕上，改變世界的容貌。”

　　日本意圖以國際優等生的形象，實現擠入歐美強國的行列。戰爭爆發之初，歐美報紙廣泛報道了戰爭的新聞，當時歐美的普通市民不知道日本是何等的國家。以為那只是東方的一葉孤島，是臣服清國的屬國，好像那裏的民眾爆發了反

2. 14.14　1894 年 12 月 9 日，在東京上野召開清日
戰爭勝利祝捷大會，博物館庭前，皇太子殿下和川上

操六同座觀看。大型演出描述戰爭中，日軍勇鬥清兵
的戰鬥場面。

抗宗主國的戰爭。正當歐美民眾還在疑惑之時，日本毀滅了東方最大的北洋艦
隊，清國陸軍岌岌可危，清國大臣已經踏上了媾和之路。

　　日本媒體向列強體標榜明治的新軍，"我軍努力模仿歐美戰爭的文明規則，得
到西方各國輿論的認同讚賞。第二軍司令長官大山巖在大連灣作戰前通告全軍：
'今日之戰是文明戰爭，我軍乃仁義之師，嚴厲禁止一切暴行和掠奪行為，對佔
領地人民予以保護。'朝鮮戰鬥部隊出現給養困難時，軍中沒有發生掠奪強搶事
件。滿洲的大風雪裏，將士在'雪中進軍'曲的軍歌中忍耐着飢寒。日軍初出茅廬
的傑出表現，向全世界宣告日本是新崛起的東方文明之國。"

　　大英帝國是明治維新的支援國，戰前和戰爭中幾乎都站在日本一方。日本清
楚地認識到，今後若排斥俄國對朝鮮、清國、日本的窺視，就必須實現日英同盟
牽制俄國。戰後，英日兩國間撤消治外法權，締結了各種新條約。然而日英關係
中，日本在許多方面都是一廂情願。因為日本需要國際領袖大英帝國承認大和優
等生在國際上的地位，通過日英同盟關係壯勢。英國在大清國擁有諸多權益，英
國同樣需要日本充當維護英國在清國利益的盾牌，在遠東抑制俄國人的勢力。日
英兩國相互友好，完全建立在相互利益基礎上，表演着互相利用的外交遊戲。

　　日本最初的戰爭目的是解決朝鮮問題，奪取對朝鮮的控制權，把清國、俄國
勢力從家門口趕出去。由於清國軍隊表現軟弱不堪一擊，助長了日本對清國發動

全面戰爭的野心。日本獲得了戰爭勝利，取得割地賠款的重大利益，明目張膽在歐美列強面前橫槍奪愛，引起包括同盟國英國的警覺。列強不希望初出茅廬的"優等生"擠進老牌強國的勢力範圍，分食他們在清國的利益，繼而發生"三國干涉還遼"，日本被變相趕出了清國大陸，失去了對遼東半島的領有權。坐山觀虎鬥的沙皇俄國成為最後的受益者，日俄兩國從此結下宿怨。日本痛心思過、臥薪嘗膽，決心來日再與俄國對決。

十九世紀末，沙皇俄國為實現南下擴張戰略，開始了修建西伯利亞鐵路的宏偉計劃。地理氣候的原因，俄國在遠東沒有不凍港，整個冬季俄國的遠東軍港完全封凍失去作戰能力，一直以來只能租借日本的港灣度過寒冬。俄國南下的霸權計劃如果實現，就勢必取得在朝鮮和清國的不凍港，對日本構成戰略威脅。三國干涉的結果，俄國人如意得到遠東最重要的軍港旅順，為實現南下夢想躍進了重要一步。

清日戰爭的結果，日本軍隊全面確立了在國家體制中的地位。1878 年軍部參謀本部獨立；1889 年軍方的帷幄上奏權確立；1893 年軍令部獨立；1900 年"軍部大臣現役武官制"制定；1907 年獲得軍令制定權。明治國家的軍事在天皇虛擬統帥權根幹下，軍部政治獨大的構造形成，軍人開始超越一切，獲得至上的權力，由此引導日本進入半個世紀的戰爭泥沼。1894 年清日戰爭；1900 年北清戰爭(義和團事變、八國聯軍出兵)；1904 年日俄戰爭；1914 年日德戰爭(第一次世界大戰日英同盟)；1918 年出兵西伯利亞(五國聯軍干涉俄國革命的七年戰爭)；1931 年

2.14.15　日清戰爭勝利，廣島舉行勝戰祝宴會。會上最受歡迎的演出是軍事學校的學生，扮演日清兩國艦隊的陣勢，模仿黃海海戰大勝清國北洋艦隊的節目。

2.14.16　靖國原乃"和平定國"之意，神社內是祭祀明治維新時期，在戰爭中的軍人亡歿者。隨着近代日本軍國主義的崛起，和平定國的初衷演變成激勵戰爭的精神支柱和象徵。保存在聖德紀念繪畫館的一幅繪畫"靖國神社行幸"，描繪了明治二十八年(1895)12月16日至18日，日本國內連續三日在靖國神社舉行的臨時大祭，將清日戰爭中陣亡將士的靈柱(記名小木牌) 1萬3619柱，送入神社合祀，慰勉在天亡靈。

出兵中國東北；1937年中日戰爭；1941年太平洋戰爭。五十年戰爭歷史，給捲入戰爭的各國人民帶來深重災難。

　　日清戰爭中的日本國民，在狂熱的戰爭氣氛中全面支持了戰爭的延續。日本民眾贏得了壓給明治政府的戰爭賭注，民眾和國家獲得了同樣多的勝戰榮譽和戰爭利益。遙望彼岸的清國民眾，卻要用辛勞血汗為清朝政府承擔敗戰的戰爭責任，這樣的夢魘在中華民族身上持續了半個世紀。戰爭是戰爭狂人製造的惡魔，然而狂熱叫囂戰爭、支持戰爭的國民，在自身的受害和受益中，同樣負有重大的歷史責任。

　　早期的明治維新，日本曾經作為亞洲文明的楷模，吸引了來自清國、朝鮮眾多求學的革命家，為本國的變革作出了驚天動地的大事業。日本老師沒有謙虛謹慎，發揚光大明治維新的精神，被一群驕橫跋扈的軍人用殘酷的戰爭，玷污了明治維新的初衷。1945年8月15日，不思反省的日本成為戰敗國，逆人類文明意願而行的日本，終於在全世界面前低下了高昂的頭。

第三章

清日戰爭大事記

長崎事件

　　"長崎事件"是發生在清國海軍北洋水師和日本長崎市民之間的一起衝突事件。事件悄然過去百餘年，已被人遺忘，現代日本人幾乎不知曉這一事件的情節，現代中國人也不很清楚事件的來龍去脈。然而長崎事件在清日關係史上如同一根導火線，對清日間軍備競賽的升級和兩國戰爭的爆發產生重要影響。長崎事件後，日本人的清國觀發生急劇轉變，處理事件的主要當事人李鴻章，沒有從失誤中吸取應有的教訓。

　　1886 年 8 月，清國水師提督丁汝昌率領北洋艦隊，定遠、鎮遠、濟遠、威遠等 7 艘戰艦，結束在朝鮮海域演習任務後取道日本歸國。事前，北洋大臣李鴻章與日本政府商議，希望艦隊歸國途中能在長崎港停泊，以維修保養戰艦，得到了日本政府的許可。8 月 1 日，7 艘戰艦進入長崎港寄岸補給保養。8 月 13 日晚 8 時 30 分，清艦部分水兵登岸購物休閒，數名水兵在丸山遊廓寄合町的"貸座敷"妓樓遊興，因言語不通與店家發生爭執，進而動粗損壞了店內物品。店家即刻通告丸山遊廓內的警署派出所，請求巡警前來維持治安，兩名巡警接到投訴後立即趕到現場。

　　"遊廓"是江戶時代遺留的紅燈街，色情風俗的遊女屋（妓院），充斥大街小巷，且得到官方許可。其中的"貸座敷"，是明治政府為推行娼妓解放令後實施的一項制度。該制度許可娼妓租借妓樓，交納樓主租金即可開門營業的一種賣春業。貸座敷制度的實施不但沒有減少娼妓，反而促使政府將賣春合法化，娼賣生意甚為興隆。位於九州的長崎是日本海上貿易的重要港口，商業貿易十分繁榮，諸外國的泊港船隻和往來闊綽的商人是丸山遊廓賣春坊的主要客源。

　　維持街道治安的巡警，一般不佩帶槍械刀劍只配備警棍。前來的巡警在聽取主客雙方陳述事情經過時，因雙方語言不通而不得要領。清國水兵堅持己見當仁不讓，加上巡警也有所袒護店家，雙方語氣激昂繼而發生肢體碰撞。惱怒的巡警以干擾執行公務之由將兩名清國水兵逮捕，其餘水兵見狀趁亂逃離。兩名水手被帶回派出所問話。稍許，派出所前趕來十數名清國水兵，其中一人是在貸座敷參與動粗而後逃走的水兵。該水兵神情激昂，用手指點劃着巡警，向其他水兵述說着甚麼。此時，該水兵被在場的人認出也是在貸座敷參與動粗者之一，巡警準備將其逮捕。該水兵見狀，突然拔出日本刀向巡警砍去，巡警挺身奪刀時，手和頭部受傷。其他巡警合力而上，將該水兵按倒奪下日本刀，撕打過程中該水兵的頭部也受到打擊傷。逮捕後的幾名水兵被押往濱町警察署，次日送交清國駐長崎領事館。當日清艦水兵登岸時，提督丁汝昌曾下令不得私自攜帶械器上岸，即便是水兵規定隨身佩帶的割繩小刀也不許。但是登岸觀光的水兵中，有人在街町的刀具店購買了日本刀，想帶回收藏。這一事件在清國水兵中引起強烈不滿，終於釀成日後的大騷亂。

8月15日下午5時，大約300名清軍水兵登岸休閒購物，因為前兩日發生磨擦的緣故，當地又從梅香警察署臨時調集2名巡警，使街道常備巡警的警力增至3名，以加強繁華街道的巡邏。水兵們在酒屋、小吃店、貸座敷樓尋樂至夜，許多人仍沒有返回碼頭的意思，這在遊廓歡樂街通宵尋歡也屬正常之事。一名清國水兵見兩名巡警在低語交談，便徑直迎面走了過去，從兩人中間穿過。稍許，該水兵返回，再次從兩人中間穿過。兩巡警為了不讓水兵無禮取鬧，相互靠攏身體阻止水兵通過，該水兵則從後面迂迴繞過。接着，巡警繼續沿街巡邏，剛才的水兵又走上前來，故意與巡警擦碰，把巡警的帽子撞歪，該巡警忍了回去。這時，又過來另外一名水兵，握緊拳頭在巡警的面部比劃説着甚麼，巡警不懂其意，仍然克制忍耐。突然，該水兵冷不防搶奪巡警的警棍，另一名水兵則從後面推擠，其他巡邏中的巡警見狀，立即跑過來制止水兵的動作。雙方發生了肢體碰撞，進而升級到打鬥，頃刻之間20餘名清國水兵圍將過來參與亂鬥。1名巡警見不抵清兵勢眾，踉踉蹌蹌跑回梅香警察署求援。可是當日警察署的巡警為預防霍亂，分別去各街道巡視，一時無法將人員集合起來，只好請求長崎警察署前來增援。長崎警察署緊急調派了1名帶劍巡警、8名帶警棍巡警趕到現場。此時現場已經一片狼藉，清軍水兵200餘人和周邊居民正在亂鬥之中，從

3.1.01　1886年8月，清國北洋艦隊寄港長崎。13日夜，部分水兵在丸山遊廓妓樓遊興，因故與店家發生爭執，並動粗損壞了店內物品而與維持治安的巡警發生衝突，進而引發清日雙方大規模械鬥事件。

3.1.02 1891 年 7 月，清國北洋艦隊應邀訪問日本，丁汝昌率 6 艘戰艦赴日，這是他第二次訪問日本。日本對北洋水師竭盡禮儀，所到之處夾道歡迎，親善禮炮隆隆。7 月 9 日，天皇召見丁汝昌及北洋水師要員，禮儀隆重。圖為停泊在長崎港灣內的北洋艦隊 "定遠" 號旗艦。

思切橋漫延到廣馬場街、舟大工町一帶。

原來，清國水兵的騷動引起附近居民的憤怒，居民中散居的浪人武士拿出刀劍棍棒圍攻街內的水兵，也有居民在樓上向清兵揚潑沸水或投擲瓦片磚石，一時間亂鬥現場雙方人數急增至近千人。亂鬥在當地居民間引起恐慌，許多人攜家財扶老攜幼逃離街町。聞訊趕來的巡警立即參入混戰，用刀劍警棍和清國水兵對戰。打鬥中又陸續趕到外所的巡警，警方人數增加至 30 餘人。不久局面得以控制，數名水兵被逮捕，其餘水兵逃進清國領事館內。當日惡鬥結果，1 名巡警死亡，1 名巡警重傷，居民多人負傷。清國水兵 1 人死亡，16 人負傷。次日，2,000 餘日本人在清國領事館前抗議示威，引起兩國外交糾紛。

長崎事件的最終調查統計，日本巡警死亡 2 人，重輕傷 26 人。清國水兵 5 人死亡，6 人重傷，38 人輕傷。為表彰事件中堅持職守的警員，長崎官府向警部、巡警等 32 名當事人頒賞，讚揚他們在平息清國水兵騷亂中，為保護居民安全盡職盡力。

北洋水師寄岸長崎，李鴻章原本想利用這個機會，在日本民眾面前展示定遠、鎮遠巨艦，以此炫耀清國艦隊的強大。不想卻發生水兵和當地人毆鬥的事件，據提督丁汝昌的電報稱，有數名水兵被殺傷，李鴻章聞知勃然大怒。8 月 20 日召見日本駐天津領事波多野章五郎，質問事件的情況。以下是兩人的談話記錄。

李鴻章："近來有否收到貴國的來信？"

波多野："最近甚麼信函也沒有收到。"

李：“前日我國軍艦在貴國長崎寄港維修，帶兵官來電報告，我國水兵和貴國巡警間發生喧嘩事件，我國水兵死傷多人，此嚴重事態倍受我國政府關注。”

波多野：“這是甚麼時候發生的事情？因為何事引起喧嘩？死傷者有多少人？”

李：“詳細情況和原因尚不甚明了。大概是本月 16 日（清陰曆），少數清艦水兵登岸購物入浴時發生的事情。在騷動中，我水兵死 5 人、傷 41 人，死傷合計 46 人。貴國的巡警亂暴至極、旁若無人，實在令人憎惡，那些巡警應該屬於長崎縣管轄的吧。”

波多野：“是的，應該歸長崎縣管轄。貴國的兵艦有幾艘停泊在長崎？”

李：“有鎮遠、定遠、威遠、濟遠等數艘軍艦。倘若巡警歸長崎縣管轄，那麼長崎縣官府豈不是對我大清國等閒視之嗎？”

波多野：“上陸的水兵是否攜帶武器？水兵一般隨身不離的割繩小刀，騷亂時應該是帶在身上吧？”

李：“據電報所云，水兵上陸時，帶兵官命令不准許帶小刀上岸。如果我水兵攜帶器械，就不會傷亡四十餘人了。貴國的巡警用日本刀砍殺我手無寸鐵的水兵，令我大清國憤怒之極。為甚麼貴國長崎的警察見我清國人就如此憎恨？三、四年前貴國巡警就殺害一名我清國人（明治 16 年 10 月，清國人在日吸食鴉片事件中遭殺害）。日前，艦隊帶兵官來電，請求即刻開戰，已經被本官制止。當然，開戰並非難事，我艦船之巨炮皆處於戰備狀態，隨時開戰都沒有問題。”

波多野：“貴國的艦船是從元山經過海參崴再到長崎的嗎？”

李：“就是上次本官與貴官面會時，請求我艦船途徑貴國，在長崎港稍作停留，對艦船施以保養修繕，請貴國給予幫助的事情。騷亂發生時一艘艦已經修復，第二艘正在修復之中。看來今後我國兵船只能在香港、上海維修，不會再依賴貴國的幫助了。”

波多野：“貴國艦隊提督丁汝昌和英國人副提督琅威理（Lang William M），也在艦上嗎？”

李：“是的，丁汝昌和琅穀均在艦上。一般來說，兵船寄港，水兵上岸購物乃平常之事，而貴國巡警居然無禮阻礙我水兵行路。倘若我等煽動清人妨礙貴國在天津的居民，貴國會作何感想？現在，清日兩國關係乃是最要好的時節，可像這等意外不爽之事卻常有所聞。平心而論，貴國的人民還是友好的，至於警察卻欺人太甚令人憎惡。”

波多野：“其實我國的巡警都是懂得道理的，不做毫無理由傷害人的舉動。我國有非常嚴厲的警察法，即使對制服亂暴者也不能隨意使用暴力手段。」

李：「假如確係我國水兵在貴國做出了暴力之舉，長崎縣衙如果將該水兵交給我帶兵官處置，就不會發生如此喧嘩，相反，多數的巡警圍攻我水兵，造成我水兵傷亡。長期以來，長崎縣衙與我國領事關係良好，此事歸根結底是貴國警察憎恨我清國人挑起的事件。」

波多野：「我國不同於美國，職業上日清兩國沒有競爭，我國人民一點也沒有憎恨貴國人民的理由。」

李：「此乃差矣，這裏發生的事件是人民和人民的事，是官兵和官兵的事。不能用美國來作比較。」

波多野：「閣下說官兵嗎？我國的巡警與士兵有嚴格的區別。從事戰爭行為的稱作兵，在民間管制和逮捕暴亂者稱之為巡警，須注意其中的區別。」

李：「事件發生後，貴國外務省已經派出調查代表，本國公使也派出參贊，故也請貴領事向本國發出電信，妥善處理解決這一事件。」

波多野：「謹遵閣下的委託，相信我國政府能讓貴國得到滿意的結果，本官失禮先行告辭。」

兩日後，李鴻章再次接見日本駐天津領事波多野章五郎，與前日的態度大不相同，顯得和顏悅色語氣溫和。

李鴻章向波多野言道：「最初接到從長崎發來的電報，拙者一時大怒不能抑制，想必北京的醇親王初聞此事也是怒不可遏。然而我等乃擔任國家大事之人，像巡警和水兵這樣的喧嘩，交給該負責此事者處理就行了，只要此人公平無私，就不會令我等如此辛勞。這次警察和水兵的喧嘩，如同小孩間之喧嘩，父母只要兩相無私、相互平撫就可以解決了。為小孩間的喧嘩再波及父母間的爭吵就不好了。貴政府如果公正無私解決此事，我想我大清政府也不會心存怨意。我作為伊藤大臣、榎本大臣的友人，素來主張平和主義，而且也曾和鹽田大臣推心置腹談過心，本官毫不懷疑貴政府可以公平無私的解決此事。其實15日警察和水兵發生喧嘩前，清艦應該禁止水兵上岸才對，結果專門配置了兩艘小船供水兵上岸，不能不說我們這邊也是有不妥當之處的。」

李鴻章態度的轉變是在聽取了詳細報告後，得知事件的全部經過，自知理屈，故使出狡猾的外交手段，有意把巡警對水兵的治安維持行為，比喻成小孩間的喧嘩，試圖將事件大事化小，小事化了。

9 月 28 日，清國駐長崎領事館向北京總理各國事務衙門提交了事件報告，情況與李鴻章知曉的事實存在較大差異。

清國報告

8 月 13 日，水兵和人力車夫因乘車價錢發生爭執，日本巡警前來不問事由，用警棍暴打水兵，水兵奮起還擊後逃走。警察署聽聞報告後，派巡警數名抓獲另外一名乘人力車購物的水兵，帶回警察署吊起來毆打。

15 日，水兵休假上岸購物，傍晚大半水兵歸艦，尚且滯岸者不足百人。日本巡警事先在街內埋伏，蓄意報復我兵。於街中故意與水兵肢體碰撞觸怒對方，水兵憤怒之下與巡警發生對打。

3.1.03 丁汝昌生前兩次到訪過日本，率領的艦隊為大清國贏得驕傲，也令日本輿論膽寒。圖為提督丁汝昌率艦隊訪問日本時留下的紀念照片。

我水兵沒有武器，也不知道街道各處警察設有埋伏，當一個巡警開始動手後，其餘警察均一哄而上與水兵混戰在一起。水兵們防不勝防，只聽夜空警笛四起，無數的警察從四面八方趕來助戰。水兵們欲乘日本人的小船回艦也遭到拒絕，眾毆之下，我水兵死者 8 名，傷者 42 名。

次日，日本兩千餘人手持武器，包圍領事館，罵聲不絕於耳。如果不是領事官發出警告，呼籲遵守國法，就會釀成大事變。

提督丁汝昌命令一概不許購買日本刀，水兵從巡警手裏共奪取刀劍 4 把。

水兵負傷者的傷口均在背部，顯然水兵不是與警察正面對戰，而是被從後面追殺的結果。

水兵所持的武器，只是隨手從路邊拾到的看板、木柱、木柴之類的東西，在場之人均有目可睹。

日本巡警刀劍棍棒出手後，其他日本街民或投磚石瓦塊；或於樓上向水兵潑灑沸水圍攻助殺。

巡警預先召集街民等候號令，一齊向水兵發動攻擊。

清國在日本居住的僑民對日本巡警暴行憤怒已極，強烈要求對事件徹查追究。

日本警察的暴行，雖然不代表日本國家的意思，但卻是地方官不顧兩國邦交之禮儀設計的陰謀。貴國如何公正處置此一事件，我們將拭目以待。

日本駐清國公使館的鹽田公使，根據本國長崎縣官府的報告，對上述清國駐長崎領事館的報告書提出反駁。

日本報告

日本警察以維持治安為份內之職，沒有不問是非就用棍棒打人，故意引起爭鬥的理由。

何為報復？13日維持治安的巡警在已經負傷的情況下，仍然把肇事者送到貴國領事館，何來報復之說？

13日水兵在遊廓店內損壞器物或與車夫爭執，15日數名水兵在警察亭側前故意撒尿等，均是巡警過問的職權範圍。

13日巡警沒收水兵的刀鞘一根，15日該刀鞘的刀卻再次出現在爭鬥現場，即是持械證據。據調查，長崎清人的店鋪有協助水兵匿藏器械之嫌。

15日提督丁汝昌命令上岸者一律不許購買日本刀，是對13日水兵有私自購買日本刀事情的警告，防止因此再引起的事情發生。

長崎居民聽說日本巡警被水兵慘殺而引起公憤，各自拿起武器與水兵對抗，那是於情於理沒有辦法的事情。至於騷亂後，水兵們欲乘日本人的小船回艦遭到拒絕，此時本地居民的感情已經受到傷害，拒絕服從官命也在情理之中。

洞察事件全部經過，13日丸山町貴國水兵弄傷巡警事情發生後，對此暴行不但不反悔，反而15日又在廣馬場街、舟大工街殺傷警察，擾亂了該地方的法規和治安，此罪行按照日本法律是決然不可赦免的。

貴國駐長崎領事館的報告和本大臣聽到的事實齟齬甚遠。此次騷亂事件，我國參與治安維持的巡警全員負傷，其中刀劍傷者2名，其他均為撲打傷。

8月18日井上外務大臣的文書記載，死亡巡警1名，死因為毆打致死。另外1名帶劍監督巡警，負傷入院後於次日死亡。

清日雙方各執己見、互不相讓。而事實的真相是，停泊在長崎港灣中的清艦提督丁汝昌，聽聞13日的喧嘩事情後，立即下達了禁止水兵上岸的命令。15日英國人副提督琅威理向丁汝昌提督提議，艦船既然已經停泊於陸地附近，如此盛夏炎熱之時，禁止水兵上岸對健康不利。如果採取充分的預防措施，上岸也不會有甚麼問題。於是丁汝昌接受了琅威理的建議，命令水兵一律不得攜帶器械上岸，禁止水兵購買日本刀具，結果還是發生了騷動事件。

事件發生後，清日兩國派出調查代表，日本外務省派遣取調局長，清國公使館派遣參贊官，前去長崎參與調查。長崎縣知事日下義男和北洋水師副提督琅威理也商定了會見談判日程，雙方力求事件不擴大化，在兩國較低級別的官階中妥善處理。可是8月25日，清國政府決定聘請在上海的英國律師道拉蒙特出陣談判。對此，日本外務省也決定聘請美國人法律顧問迪尼松出席談判，雙方又各自提出了事件調查成員，組成調查委員會。日方代表：長崎縣知事、取調局長、美國法律顧問迪尼松。清方代表：清國駐長崎縣領事、清國公使館參贊官、英國律師道拉蒙特。9月6日，長崎縣廳第一次調查審理"長崎騷亂事件"。日清雙方各自喚問證人釋明事件當日的經過。雙方互不相讓，無法得出確

3.1.04　曾紀澤(1839—1890)，是曾國藩的長子，清國資深外交家，主張清國與日本結盟乃國之上策。在處理長崎事件中說服清國朝廷大臣，使雙方同意用政治協商方式消除分歧，一時緩解了兩國間在事件中的僵持局面。

切的結論。不久，清國公使徐承祖和井上外務大臣在東京會晤，期待在高級別官員層面解決糾紛。會晤期間，徐公使透露清國聘請的英國律師道拉蒙特，每日的僱用費高達200兩白銀。徐承祖和井上的高層會談沒有取得一致意見。此時，李鴻章接朝廷旨意要求盡快解決騷亂事件。12月6日，清國公使徐承祖和井上外務大臣通知長崎縣，分別解散各自的調查委員會。

此後，清國政府通過德國駐日公使探聽日本政府的意向，英國駐清公使也向日本鹽田公使提出解決方案。井上外務大臣表示，事件中巡警行使職權雖屬份內之責，也不能說沒有過度的地方，畢竟造成水兵多人死傷。而且不希望因為此事件傷害日清兩國的友誼，願意通過政治協商的方式最終解決糾紛。德國駐日公使通知德國駐清公使，向北京總理事務衙門官員曾紀澤轉達了日本政府的意向。

曾紀澤是曾國藩的長子，清國資深外交家。1878年出任英國、法國使節。1880年出任俄國使節，成功修訂了不平等的《里瓦幾亞條約》，並與俄簽署了《伊犁條約》，挽回一定權益。清法戰爭後，作為清國政府談判首席代表與法國談判，為清國爭得不付賠償金的功績。他主張為了清國的將來，清國應與日本結盟乃上

策，曾紀澤因此被認為是解決長崎騷亂事件最合適的人選。曾紀澤説服了清國朝廷的各位大臣，使雙方同意用政治協商的方式消除分歧。採納英國公使向鹽田公使提出的，不以賠償金的方式，而是以兩國慈善基金的形式，向雙方死傷者支付撫恤救濟金的方案。

1887 年 2 月 8 日，日本外務大臣井上馨和清國欽差全權大臣徐承祖代表兩國政府簽訂了條約。條約記載：明治十九年 8 月 13 日及 15 日；光緒十三年七月十四日及十六日。地點長崎，發生了日本巡警和清國水兵之間的爭鬥事件。事件的因由，皆因雙方語言不通產生誤解，故而引發毆鬥，造成彼此均有死傷的結果。事件發生後，兩國政府共同對爭鬥事實進行了調查，以戒今後不再發生此類事件。調查中，雙方委員會採取了眾多當事人的證言，延長了審理日時。本次事件畢竟是彼此長官意料外之事，兩國政府不希望因此事件成為相互友誼的障礙，故以和平為大局。茲兩國大臣議定如下。本事件的審理和懲罰處分，根據兩國各自的司法官廳，參照自國法律斟酌處理，相互不予干涉，兩國政府深信彼此均能秉公處之。今後兩國政府均對各自的文武官吏施以訓令，為兩國永遠交好，務必謹慎從事為重。兩國大臣在協定書上共同畫押，昭以信守之約。協議簽訂後，兩國相互收授了慈善基金會救恤金。清國方面支付日本，清銀合 15,500 日圓；日本方面支付清國 52,500 日圓。事件以兩敗俱傷的形式和解告終。因清國方面的死傷人數多，所以日本方面支付的撫恤金額超過清國。長崎事件的政治解決，暫時平息了清日兩國間的糾紛，卻在日本朝野和國民間滋生反清情緒。民間對博大精深的中華文化、漢字、儒學、禮儀，以及對東方大陸懷有的美好憧憬，被清國水兵的狂妄無禮傷害。

一段時間後，李鴻章奉召陪同清國皇帝和皇太后去山陵地遊興，進京時訪問了各國公使館，其中也拜訪了日本公使館。日本鹽田公使向李鴻章寒暄："長崎事件無事了結，乃我等之大慶。"李鴻章從鼻縫中發出"哼！"的一聲，嗤之以鼻，再未談及此事。本來戰艦寄港長崎，意在日本面前炫耀本國戰艦實力，不想自國水兵在他國惹事遭到殺傷，讓李鴻章憤怒難平。加上派遣處理長崎事件的委員會為大清辯護不力，徐承祖和井上外務大臣談判亦無結果，最後不得不自己親自出馬收拾殘局，想來越發肝火上升，終於抑制不住心中怨恨。他在德國顧問漢納根面前放話："下次倭人若栽到我手裏，吾決不輕饒！"李鴻章此一豪言，後來成為無大國風範之劣評，在外交界流傳。

1887 年 3 月 14 日，明治天皇頒佈敕令："立國之急在我海防，一日不可遲緩。"下令從皇室庫存中，撥款 30 萬日圓作為海防捐款。伊藤博文首相、民間大學者福澤諭吉等名流在全各地國遊說，貴族、富豪、大名競相慷慨解囊為海防捐款，半年內海防捐金額超過兩百萬日圓。同時政府還發行海軍公債 1,700 萬日圓，支持海軍軍備建設。

李鴻章經過長崎事件的教訓，認為大張旗鼓在亞洲鄰國造勢，才能炫耀大清國海軍力量的強大，壓制敵對者的氣焰。1889 年 6 月 29 日，清國海軍艦隊 8 艘軍艦在北洋水師提督丁汝昌、副提督英國人琅威理，南洋水師副提督吳安康的率領下訪問朝鮮，艦隊在仁川停泊。此次航行的北洋水師戰艦 5 艘，定遠、經遠、來遠、致遠、靖遠；南洋水師戰艦 3 艘，寰泰、開濟、鏡清，全體官兵近兩千人。當大清宗主國的艦隊駛入屬國朝鮮人的眼簾時，岸邊已是人山人海。朝鮮人被眼前巨大的戰艦驚呆了，目光中閃爍着不可思議而敬畏的神情。駐在朝鮮京城的日本公使館武官海軍少佐井上良智，委託近藤代理公使向清國轉達參觀戰艦的願望。在袁世凱主持的晚宴上，海軍提督丁汝昌爽快同意了近藤代理公使的請求，包括旗艦"定遠"在內的所有戰艦都可以隨意參觀。7 月 6 日艦隊從仁川港出航，經釜山、元山、俄國的海參崴後返回本國。清國艦隊朝鮮之行成功宣揚了宗主國的強大，挫傷了朝鮮意欲獨立的念頭，對俄國人也起到一定的警示作用。

1891 年 6 月，清國艦隊受日本海軍大臣西鄉從道的邀請再度訪日，北洋水師提督丁汝昌率定遠、鎮遠、經遠、來遠、致遠、靖遠 6 艘戰艦赴日。6 月 29 日抵達長崎，途徑馬關、神戶短暫停留，7 月 5 日到達橫濱港，所到之處受到了當地民眾的友好歡迎。7 月 9 日，明治天皇召見清國北洋艦隊提督丁汝昌，會見在"極為慎密禮儀"下進行，因為就在前不久的 5 月 11 日，發生了訪日的俄國皇太子尼古拉(即後來的尼古拉二世)遭遇暗殺未遂的事件(大津事件)。7 月 10 日，榎本外務大臣舉行遊園會招待丁汝昌和艦隊將校軍官，日本陸海軍將校及各界文官、新聞記者 90 人出席了招待會。作為對等禮儀，清國北洋艦隊提督丁汝昌在定遠艦上舉行了盛大招待宴會，應丁提督和駐日李公使的邀請，眾議院議員和貴族兩百多人登艦參加了宴會。出席招待會眾人中有被譽為"日本海軍之父"的勝海舟，勝伯爵被巨大的戰艦驚呆。定遠與同港停泊的日本主力戰艦高千穗、扶桑比較，艦體之大、鐵甲之厚、大炮之巨，絕非日艦堪能相比，唯一可比之處只是日艦水兵的體各素質超過清艦水兵。深受震撼的勝海舟此後再不相信日本艦隊的戰鬥力，公開寺反對清日戰爭的立場。就在他的得意弟子，聯合艦隊司令長官伊東祐亨殲滅清國北洋艦隊後，勝伯爵還為丁汝昌寫下追悼文，並公開在報紙上發表。他指責日本愚蠢追隨歐美列強的侵略政策，與其說是在和大清國爭鬥，不如說是與歐美列強對抗，暴露自己的野心。隨之發生的三國干涉事件，證明了勝海舟的遠見。

清國公開最新銳戰艦，展示自己的秘密，令日本人耳目一新，有恐懼者、悲觀者、感動者、憤恨者，更多人深感處在清國威脅之中。議員們在返回的火車上，"定遠艦"成為議論的主要話題，甚至忘記了車上用餐。政治大員們一致贊同日本必須增添數艘巨大堅固的軍艦，否則一旦日清間出現戰事，日本艦隊將難敵清國艦隊。持冷靜鎮定立場的是一同登艦觀摩的少壯將校東鄉平八郎，他在參觀定遠時看到大炮上有晾曬的衣物，認定清國水兵一定是紀律混亂、缺乏鬥志的部隊。他放出"清國不足為懼，必為我軍擊敗"的豪言。

定遠、鎮遠姊妹艦來航，日本媒體大肆渲染報道。形容這次北洋艦隊的來航，堪比江戶幕末美國艦隊"黑船來航"的陣勢（指 1853 年佩里率美國艦隊抵達橫濱，迫使日本打開國門的事件）。清國 6 艘大型戰艦浩浩蕩蕩駛過長崎、馬關、神戶、橫濱，橫斷大半日本列島。遠遠望去，巨大的煙囪吐出濃厚的煙雲，遮掩了半邊天際，給人留下震撼的印象。各行各業的日本人，帶着飯糰乾糧從遠處趕來觀賞巨艦風景。報紙讚譽丁汝昌是李鴻章的愛將，大度豁達、風采獨具，四十五六歲的壯年軍人。在對大清艦隊觀瞻興致的背後，日本人心中深深埋下了定遠、鎮遠兩艦令人窒息的陰影。此後，圍繞"定遠"題材的文學作品，《不如歸》、《不沉的定遠》、《野麥峠》、《第二的元寇》、《勇敢的水兵》等小説流行文壇，宣揚勇敢的日本海軍戰士，勇敢擊沉定遠艦的故事。

李鴻章的威懾意圖達到了預期的目的，但也深深刺痛了日本民族的自尊心。在日本政府、軍人、知識界、庶民界的共通情感驅使下，一致要求國家加速擴建日本海軍，支持政府傾國家財力打造一支超過北洋艦隊的日本海軍。1884 年，日本海軍已經着手的海軍建設十年計劃，在北洋艦隊第一次來訪後被要求加速提前實現。艦隊規模已達到 42 艘戰艦，其中新增戰艦 32 艘，包括大艦 6 艘、中艦 12 艘、小艦 12 艘。北洋艦隊第二次來訪後，進一步加速了日本海軍的擴張速度，包括建造裝備 32 厘米口徑巨炮的"三景戰艦"松島、橋立、嚴島；進口英國建造的世界最新銳最快速的戰艦"吉野"號。從北洋艦隊初次來日至清日戰爭爆發，日本每年的軍費支出，佔國家財政總支出的 11.7%。日本僅僅圖強八年，海軍的戰鬥實力就超越了清國的北洋艦隊。

高陞號事件

1 擊沉高陞號

1894 年 7 月 25 日，清日兩國軍艦在豐島海域遭遇，雙方間的海戰拉開了清日戰爭的序幕。交戰中，清艦廣乙號負傷脫離戰場擱淺自爆，操江號不戰而降，濟遠號戰中脫逃，三艘清國軍艦完全放棄了護衛運兵船高陞號的職責。混戰中，懸掛英國國旗的商船高陞號，自視是英國籍船隻，孤傲地通過戰鬥海域。日艦浪速號觀察到船上乘載大量清兵，立即放空炮兩發，命令商船拋錨停船。上午 9 時 15 分，高陞號被迫在肖帕爾島附近拋錨接受日艦臨檢。"浪速"艦派臨檢士官人見善五郎大尉和蒿穀少機關士乘坐舢舨登上高陞號。臨檢證實，船籍係英國印度支那汽船公司所有，屬上海怡和洋行的財產，受僱於清國政府。船上載有 1,200 餘名清兵、3 名菲律賓人、64 名水夫，以及包括船長在內的 8 名西洋人。船內還載有大炮十二門和大量彈藥。商船目的地是朝鮮牙山，可以確定是增援牙山的清國軍隊。

臨檢官返回覆命，浪速號艦長東鄉平八郎認為，高陞號違反了日本政府向清國政府發出的最後通牒期限，下令捕獲高陞號，命該船和乘員降伏隨行。高陞號船長高惠悌(Galsworthy)認為，本船出港於 7 月 25 日之前，不在日本政府通牒期限之內，因此保留返回大沽港的權利。此時甲板上氣氛鼓噪，清軍官兵拒絕投降，紛紛拿起槍械與日艦對恃。兩艦船之間相距 300 米，雙方用旗語對話達四小時之久，交涉未取得任何進展。高陞號與浪速號對恃交涉中，搭乘高陞號隨清軍前往牙山的北洋水師德國軍事顧問漢納根，在清軍、英國船長、日本海軍之間調解未果。

下午 1 時許，浪速號升起攻擊信號旗，要求高陞號乘員即刻離船，並向高陞號發射魚雷一枚，可是魚雷沒有命中高陞號。高陞號艦橋桅桿升起紅色警報旗，气笛嘶鳴通告全員棄船逃命，船上清軍頓時大亂。船長等西洋船員趁混亂跳入海中逃命，會游泳的清兵也爭先恐後跳入海中，甲板上清兵向逃跑者開槍射擊。浪速號 15 厘米速射炮朝高陞號開炮，炮彈命中動力汽罐，蒸汽和煤煙噴出，接着船豐多處着彈發生傾斜，清兵從甲板上滑入海中，落海逃生的清兵同時遭到日艦水兵的射擊，下午 1 時 46 分高陞號沉沒。

日清兩國海軍在豐島海域的遭遇戰，使清軍蒙受巨大損失。濟遠艦重傷，死

3.2.01 操江號是日本海戰史上繳獲的第一艘清國軍艦。7月25日，操江號與高陞號和日艦不期相遇，在日艦鳴炮警告下升白旗受俘。軍艦乘員83人，其中包括丹麥籍電報技師彌倫斯1人。

13人、傷27人；廣乙艦負傷擱淺自爆，死10人、負傷40人、18名水兵被英國軍艦救助；操江艦投降，82名清兵成為俘虜。搭乘高陞號的清兵溺死1,030人、菲律賓人3人、水夫64人。日艦浪速未實行國際紅十字救援義務，只派舢舨小舟營救了船長等4名西洋人船員，同船其他4名英籍船員未能獲救。當高陞號開始下沉時，漢納根跳海逃生，和大約170名乘員隨波飄流至肖帕爾島附近。在漢納根的幫助下，112名清兵被德國軍艦搭救。高陞號事件，使清軍在朝鮮半島的作戰力量大受損失，失去了1,200人的精銳部隊和12門大炮，日本方面確保了在朝鮮戰鬥力的絕對優勢。

　　豐島海戰後，日本大本營內，樺山資紀軍令部長宴請作戰歸來的艦長。處於興奮狀態的東鄉平八郎向出迎的同僚豪言："我成功了！"大家為之一番讚譽祝賀。聽到此話的秋津州艦長上村彥之丞，面帶譏諷的笑意說："東鄉你可真是個暴力的傢伙！"（暗示東鄉擊沉高陞號運兵船之事），眾人哄堂大笑。

2　事件的葛藤

　　日本海軍在公海上悍然擊沉英籍商船的事件發生後，英國國內輿論嘩然，政府照會日本公使，向日本提出嚴重抗議。英國遠東艦隊司令官斐利曼特（Edmund

Robert Fremantle)獲悉高陞號被日艦擊沉的消息，立即派軍艦前往朝鮮近海出事地點搜索證據。"高陞號事件"也震驚了日本朝野，政府唯恐事件招來國際社會的全面譴責，極力為自己的行為掩飾。7月29日，日本政府命令法制局長官末松謙澄前往調查。末松謙澄首先對高陞號船長、乘組員、搭乘清國軍艦操江號的丹麥人詢問事情經過。並且向各位西洋人惠與高額救恤金，安慰無辜受難者。高陞號船長得救恤金2,000圓、一等駕駛手（大副）1,500圓、導航員800圓，8月4日以後，相繼釋放或出院。日本政府的做法試圖讓英國人知道，日本政府對事件的處置是以誠相待、毫不怠慢的。接着陸奧外務大臣指示召見英國駐日本代理公使，會見中報告了調查的結果，指出當發現帝國軍艦的不幸行為造成的傷害時，政府立即對遭難者給予了相當的補償。代理公使表示已經知道了事件詳情，會立即將調查結果電告本國政府。

高陞號事件在國際社會引起廣泛議論。8月1日，英國劍橋大學和牛津大學的國際著名法學學者，先後在《泰晤士報》上發表文章，評論日本行為的正當性。主張"日本向清國發出最後通牒的時限是7月25日，而清國無視警告於25日繼續向紛爭地域增派軍隊，顯然是在挑戰日本的通牒，沒有緩和朝鮮半島緊張局勢的誠意。高陞號商船的性質由此轉變成敵國船舶，擊沉高陞號符合戰時國際慣例。"事件造成的影響雖然因為英國法學者的文章使輿論趨於沉靜，但是8月3日英國外務大臣給日本駐英國公使青木發去書面信函，指出："英國政府認為日本政府應對本事件負主要責任，具體結論須待詳細報告判斷。"英國官方沒有認同學者的意見，堅持認為日本應負主要責任。

8月5日，英國遠東艦隊司令官斐利曼特照會日本聯合艦隊司令長官及海軍大臣："前月25日，日本軍艦浪速號明目張膽擊沉正在從事正當業務的英國船高陞號。7月26日法國炮艦里昂號經過沉沒船時，救下漂浮在高陞號桅杆上的45名清兵，聽取了事件的經過。同時又得到英國副領事的通報，報告了德國原陸軍少尉，見清國陸軍少將漢納根對事件的詳細陳述。今本官用日語詢問貴官，肇事者浪速號的行為，是否是遵奉貴官的命令之所為？貴官是否已經承知該行為的經過？"

聯合艦隊司令長官伊東祐亨接到斐利曼特照會後，回覆道："前月25日，麾下軍艦浪速與清國軍艦交戰中，遇到一懸掛英國商船旗的汽船，然該船搭載清國軍隊，且配有護衛軍艦。浪速要求該船拋錨接受臨檢，臨檢結果知道該船正在運送增援牙山的兵力和武器。雙方經過長達四餘小時的交涉，而清軍卻制服了船

3.2.02　豐島海戰中，廣乙艦與日艦對戰，在"浪速"
和"秋津洲"艦的合擊下，負傷脫離戰場。"廣乙"在
卡勞林灣附近觸礁擱淺後，清兵點燃火藥引爆自沉。
而後，清兵分兩路離開戰艦上陸，一路登上附近荒島。

長佔領該船，拒絕服從浪速要求隨行的命令。此後該船受到浪速艦的攻擊，浪速艦亦派出小艇救助乘員，浪速艦長已經向本官報告了事情經過。至於貴官詢問浪速的處置方法是否是本官的命令。本官認為，按照當時的狀況，兩國已經處於交戰之中，即便意外遇到中立國的商船，如果載有敵國的軍隊，便可視為參戰協助者，成為處置對象。浪速艦長的行為可視為執行拙者的訓令，雖然發生了不幸的結果，但拙者認為浪速艦長的處置是臨機不得以而為之。日清兩國的戰爭衝突，使貴國的商船及船員被意外捲入，拙者甚為悲痛，高陞號上獲得救助的西洋船員已於事件翌日送回日本。以上事件經過，本官已經報告本國政府，今貴官的照會本官亦將報告本國政府。"

　　7月28日，獲救的高陞號船長等西洋人，被送往日本佐世保醫院。在仁川的斐利曼特致函伊東，請求送還高陞號船長等西洋人。8月8日，斐利曼特再致函伊東司令長官："今後無論在何種情況下，日本帝國軍艦若臨檢英國在遠東的商船，都是不能容忍的。因為對於大英帝國女王支配下所屬的商船，本官有保護的義務，請閣下予以承知。"

　　8月12日，伊東回覆英國艦隊司令官斐利曼特："8日所述英國商船臨檢請求，拙者已向麾下各艦通達。但是此事在國際戰爭法上，超出了本職的權力範疇，對此我國駐貴國公使將轉達令貴國政府滿意的照會。"

8月30日，斐利曼特向伊東司令長官通告了救助清艦廣乙號殘兵的情報。豐島海戰後，清艦廣乙自爆，其殘兵70人逃上附近的陸地，英國軍艦在清兵的請求下，准其搭乘英國軍艦返回清國，此乃同情和情誼意願的作為。現在兩艘英國軍艦在距牙山30海里之處待命和搜索，基於單純同情的理由，接收公法上認定的遭難軍人，凡乘艦者均不能攜帶任何兵器。本官之作為純屬同情，懇請諒察。本官將嚴格遵奉英國女王陛下在日清戰爭中完全中立的立場。

　　8月7日，日本駐英國公使館的法律顧問巴倫‧阿里森達‧希伯特，約見英國外務次官巴魯奇，為日本擊沉英船事件的責任問題辯護，兩人對話要旨如下。

　　希伯特："拙者今日拜見貴官，想必閣下有甚麼想要詢問的事情吧。"

　　巴魯奇："拙者關於日本海戰的消息，尚未有最新的確報。"

　　希伯特看到巴魯奇手裏的朝鮮地圖，便詳細介紹起近期戰事的情形，"如今朝鮮牙山的清國軍隊已經敗北潰散，京城王宮的戰鬥實際上也已經結束。"巴魯奇似乎並沒有興趣，隨即將話題轉向英國外務大臣金伯利(Kimberley)就高陞號事件致函青木公使之事。

　　希伯特："拙者聽說了信函的事情，可是眼下英國外務省對信函中發生的事情，也許知道的不夠詳細。拙者作為一個普通人，對遭遇不幸事件的人深感同情。然而在軍事上，特別從國際公法的視角來看，日本外務省與英國外務省持有的意見本同末異。"

　　巴魯奇："這是另外一個議題。問題是日本國的一艘巡洋艦，在日清1885年條約中雙方有出兵權的地方，擊沉了一艘屬於英國的商船。日本人沒有命令英國商船停船以及妨礙清國出兵的權力。"

　　希伯特："完全如閣下所說。可是貴官忘記了一件事，即駐東京的英國代理公使在最終調停日清兩國糾紛時，提議的7月20日為止的期限，該日期意味着最後通牒。此後的日時再宣佈交戰將毫無意義，即便是歐洲諸國的政府也不會如此解釋。"

　　巴魯奇："道理是這樣的，可是日本政府不是對英國公使的提議又延長了5日的猶豫期嗎？最後通牒的有效日期是日本政府作出的。"

　　希伯特："最後通牒是誰作出沒有深究的意義。拙者想說明的是，最後通牒是交戰一方作出的，而且通牒期限經過。既然覺悟到早晚都會發生戰爭，再拖延戰爭日期是沒有意義的。"

　　巴魯奇："可是並沒有發佈開戰宣言。"

3.2.03 日兵登上自爆後面目皆非的廣乙艦。清國水兵死 10 人，負傷 40 人。離艦乘員分兩路脫逃，一路在朝鮮上陸求救，一路 18 人登孤島被英國艦救獲。

　　希伯特："拙者也承認這一點。國際公法學者，特別是英國公法學者認為，不需要正式的宣戰佈告，僅僅軍隊開赴邊境的舉動就足以表明戰爭的意向。貴官一定還記得 1870 年普法戰爭的始因，單純因為一封被政治利用的電報，德國和法國間發生了戰爭。日本政府與此相比履行了謹慎的手續，通過英國政府轉達給清國政府通牒期限。在清國超越期限繼續增兵的情況下，日本政府就有理由視為是主動挑戰最後通牒的交戰意圖。"

　　巴魯奇："然而戰爭實際上還沒有開始。"

　　希伯特："是的，浪速艦命令高陞號停船時尚未開始。可是在數分鐘後，濟遠艦向浪速艦發射了魚雷，拙者認為魚雷發射就意味着交戰。"

　　巴魯奇："目前這件事並沒有得到證實，濟遠艦面對強大的三艘日艦，很難想象會先行發射魚雷攻擊挑戰。"

　　希伯特："拙者相信兩國軍艦相峙時，濟遠艦首先開炮是不容置疑的，而且濟遠艦還掛出了休戰旗，以休戰旗迷惑近敵是有企圖的。"

　　巴魯奇："清國巡洋艦開炮的理由，也許是因為浪速艦叫停了高陞號。"

　　希伯特："高陞號係英國船，亦可視為清國船。如貴官所述那樣，高陞號若是英國船，那麼清國就沒有干涉的權力，船長有履行停船、臨檢、隨行的職責。若是清國船，清國就有干涉艦船行為的權力。現在英國政府之所以無法釋懷，是因為當時屬於英國籍的船已經被清軍控制，轉變成屬於清國的船。日艦理論上雖然不能對其開炮，現實中又沒有不開炮的理由。"

巴魯奇："該船係英國船，既然浪速已經命令其停船，就沒有繼續攻擊的理由。"

希伯特："應該是這樣的，但是事發的順序導致事情的變化。因為日清間的戰端是因為濟遠艦引起的，開炮的當時就等於實行了戰爭法。根據戰爭法，交戰國在戰時有權叫停中立國運送戰爭禁運品船舶的權力。高陞號當時正是在運送士兵和武器，這一點我想貴官是承認的。"

巴魯奇："當然，可是完全沒有必要令船舶沉沒、乘員溺死。"

希伯特："這應屬於另外的問題。戰端既然已經開始，浪速艦長兩次派出小艇登船向高陞號傳達跟隨命令，與清國軍人交涉長達四個小時。然而交涉不但毫無效果，反而該船被清軍控制，船長也成了清兵的俘虜，這是國際公法所不允許的。"

巴魯奇："雖然是這樣，但沒有必要讓其沉沒。"

希伯特："這仍屬於另外的問題。浪速艦長發出高陞號跟隨命令時，船長遵從了命令，但是清國人拒絕降服，阻止了船長的行為。根據漢納根和船長的證言，高陞號船長已經失去對該船的指揮權。清國人威脅船長的生命，妨礙降下小艇離去。從法律的概念上說，高陞號已經被劫持。即使當時桅杆上仍然懸掛英國旗，事實上已經不屬於英國所有，因為代表該船的船長已經失去自由。目前俘虜船長的行為，還不清楚是搭乘該船的清國士兵自發所為，還是清軍將校之命令所為。如果是清兵自發的行為，法律上意味着該船落入海盜之手；如果是清軍將校的命令，意味着清國皇帝陛下的士兵，代表清國政府開始與日本政府的戰爭。在這種情況下，浪速艦長採取軍事上的處置是完全正當的，有必要打擊被敵兵劫持的借以抵抗的船舶。"

巴魯奇："可是沒有必要讓其沉沒。"

希伯特："這一點在個人情感和公法上是不能混淆的。如果浪速艦長不採取粗暴的處置措施，法律上對艦長本人不會有絲毫責備。然而，海戰中的其他同伴軍艦正在追擊逃跑的清艦，極有可能遭到清國艦隊的埋伏，浪速艦有隨時投入作戰的義務。在這種狀況下，浪速若心存仁義留下了被清兵佔領的高陞號，自己卻有可能陷入被清國艦隊擊沉的命運。"

巴魯奇："雖然這樣的推理合乎邏輯，可是對於落水的清兵為甚麼還要開槍射擊呢？"

希伯特：“後來的情報讓我們知道了事情的真相。正如漢納根證言的那樣，日本小艇上穿着軍服的士兵向沉沒中的高陞號開槍，的確存在所述的事實。貴官應該閱讀過高陞號船長陳述事件的報告，當高陞號沉沒時，船上的清兵正在向跳海逃生的船長和其他歐洲人射擊，甚至也向己方落水的清兵開槍。一些跌入海中的清兵，繼續向周圍射擊，以阻止日兵的營救行動。為了救助歐洲人，保護他們的生命，憤怒的日本兵向船上或水中的清兵開槍，阻止他們瘋狂的行為。英國公眾被從上海、天津傳來的不公平電報所誤解和迷惑，實在令人遺憾。漢納根是清國的盟友，他的證言不是公平中立的證言。有害的報道經常是在壓迫下陳述的謊言，因此不能不等待高陞號船長和大副的進一步陳述。英國船的船員被日本國官吏作為囚犯扣留之說，純屬無稽之談。事件後，諸位遭難者被送往佐世保海港療養，數日後送往長崎，而且給予相當額度的撫恤金。正如媒體報道的那樣，英國海軍司令官沒有向日本政府要求引渡的事情。”

巴魯奇：“拙者也沒有聽說有過引渡之說。”

希伯特：“應該是這樣的，然而此事件在日本人中引起強烈震動。拙者希望日本的政治家對於此種突發情況，不會失去平心靜氣的判斷力。”

巴魯奇：“拙者最初不相信事情的此等經過，一直等待詳細的消息。拙者堅持主張浪速號沒有讓英國船停船的權力。閣下還記得美國南北戰爭，因英國船多倫特號引發戰端的歷史吧？”

希伯特：“‘多倫特事件’與本事件有所不同，當時美國軍艦命令英國郵船停船，南方的外交使節數人被捕，美國指責南方外交官派遣代表運輸戰時違禁品，美國人因此就不能再給英國人面子了。”

巴魯奇：“拙者私下告訴閣下實情，這次沉船事件，不僅是非常不當

3.2.04　高陞號在海上航行兩日，搭乘的清兵疲憊不堪焦灼不安，他們不知道等待的將是死亡的厄運。

的事情，而且屬於極端愚昧的事情。」

希伯特：「拙者和閣下抱有同樣遺憾的心情，然而拙者至此的辨明，希望澄清事實。如果僅僅為了一個軍官，英國和日本的友誼關係發生變化，這將會是更嚴重的遺憾。英日兩國修正條約中規劃的大事就會因此廢棄，貴國給予日本的一切將會化為泡影。到目前為止，日本對英國的感謝之意是毫不躊躇的，用稍微帶點誇張修飾的言語來説，英國是將日本從不平等條約束縛壓制下解放出來的救世主，現在正是日本國民對英國充滿感激的時期。拙者雖然使用了略帶裝飾的言辭，相信閣下也會贊同這一點。像李鴻章‘亞洲是亞洲人的亞洲’的主義説，清國人多年來謀劃、誘惑，企圖聯合日本排斥西洋諸國，日本人堅定拒絕了清國的邀請。李鴻章也許只希望歐洲親近他，當看到歐洲同樣親近日本時，內心增加了嫌忌的排他心理吧。」

巴魯奇：「可是，日本為甚麼要採取這樣的方針？」

希伯特：「理由是不相信清國人的信念和主義。日本對於執着反對西洋諸國文明的退步主義，不僅僅採取非協同的政策，而且不相信清國的外交政策，現今的朝鮮事件就可見其本色。故高陞號事件，如果審判過於苛求日本的過失，對英國來説是不可取的下策。因為來自英國的壓力，容易使日本國失去對英國已經建立的好感。日本為了維持與英國的親密交往，凡正當的不論何種事情，行動起來都毫不躊躇，絕不做貶低兩國信用的蠢事。」

巴魯奇：「那麼支付賠償金應該是上策吧？」

希伯特：「關於賠償金的問題，首先需要確定權力。根據拙者的意見，現在在這裏議論這件事是不合適的。作為難以處理的事情，需要經過艱苦的談判和最具誠意的態度，才能得到滿意的結果，此乃上策。」

巴魯奇：「即然閣下不願意討論這個議題，是否可以得到希望得到的東西？」

希伯特：「相信這不是一件容易的事。假如英國海軍軍官處理本事，會採取怎樣的處置方法？拙者期待能有一個深思熟慮的建議，相信拙者會依照同樣的方法處置。」

巴魯奇：「是嗎？如果袒護英國海軍將官，英國人也會不深究事件中的曲直。如閣下所述那樣，即便浪速艦長有不當之處，日本政府也會偏向他一樣。」

希伯特：「拙者想，英國政府也許認為，日本政府對本國官吏有不當行為時，會採取放任自流的態度，其實日本政府不喜歡這樣做。相信許多捕風捉影的證

3.2.05 在日艦"浪速"號的攻擊下,高陞號氣罐爆炸,船體傾斜開始下沉。清兵紛紛落入海中,日艦放下救援舢板向高陞號划夫。除了西洋人,日軍拒絕救助任何清兵。

據,一定會與真實的版本相異。"

巴魯奇:"英國政府對於本事,眼下不會採取任何的處置方法。本官在拿出最終處理意見之前,不能不等待更充足、更詳細的報告。"

日本駐英國公使館的法律顧問巴倫·希伯特與英國外務次官巴魯奇的會談結束。從談話情況可見,巴魯奇對當時的國際法並不甚精通,而且雙方得到的關於事件過程的情報存在較大差異和失真的情況。日本僱傭的談判高手,成功誘導了英國政府的觀點傾向,使強硬的英國在國際法面前退卻。

日本公使館法律顧問希伯特的父親老巴倫博士,因涉及間諜案被迫離開祖國,來到日本擔任幕府對外事務顧問。其子巴倫 · 希伯特從小活躍在翻譯界,明治時代開始被日本外務省錄用,在外交交涉中頗具手腕,得到很高評價。尤其在修訂《日英通商航海條約》的外交活動中,堪稱竭智盡力的有功之人。高陞號事件,希伯特又一次成功地讓日本政府走出困境。

旅順要塞陷落後,日軍從繳獲的大量機密文書中發現,英國海軍曾經多次向清國透露日本聯合艦隊的軍事情報,日本政府據此指責英國違反了戰爭局外中立的原則。機密文書例:一、8月16日劉含芳發、龔照璵收電報。英國領事透露,11日午後2時,英國司令官斐利曼特的軍艦在旅順和芝罘海面監視到日本軍艦的航跡。二、8月16日李鴻章給衛汝貴、左寶貴、馬玉昆的訓令。英國司令官斐利曼特告知,倭軍軍艦準備沿大同江進入參加登陸作戰,我軍需敷設地雷加強防禦截斷敵軍。三、8 月 18 日盛宣懷從英國司令官斐利曼特處獲知，日本艦隊襲擊威海衛後，其半隊返回大同江。四、9 月 25 日劉含芳發、龔照璵收。英國艦隊 7 艘集結仁川港，1 艘艦在大同江偵查探知，日本商船 10 艘，其內滿載士兵，1 商船故障修理中。五、10 月 9 日李鴻章給丁汝昌、趙懷業、龔照璵電。英法兩國艦隊電報報告，日軍計劃在大連灣登陸夾擊旅順，旅順守軍務須加強防備不得懈怠。六、10 月 28 日趙懷業給龔照璵電。英國司令官斐利曼特告知，日聯合艦隊軍艦 11 艘、水雷艇 2 艘在大東溝附近活動。

3 豐島海戰第一炮

清日戰爭第一炮發生在豐島海戰，揭開了清日戰爭的序幕。歷史上關於豐島海戰第一炮，清日兩國各執己見，都強調是對方先開第一炮挑起戰爭。1894 年 8 月 1 日，清國光緒皇帝發佈對日宣戰諭旨中稱："（我艦）詎行至中途，突有倭船多隻，乘我不備，在牙山口外海面開炮，轟擊傷我運船。"同日，日本明治天皇頒佈對清宣戰詔書中稱："清國更派大兵於韓土，要擊我艦於韓海，狂妄已極。"兩國均以國家最高文書，陳述對方首先開火的觀點。此後，兩國的各種歷史資料均依此據記載，延續了各自的歷史認識。

豐島海戰是一場遭遇戰，清國方面的責任者是北洋水師濟遠艦管帶方伯謙，日本方面的責任者是聯合艦隊吉野艦，第一遊擊隊司令官坪井少將。清國方面文書記載當時的戰鬥經過是：7 月 25 日，濟遠、廣乙艦護送增援牙山運兵船返回途中，當日清晨天氣晴朗無雲，能見度良好。7 時 30 分左右，在豐島海面南方發現三艘艦船煤煙，經辨認是日艦吉野、浪速、秋津洲三艘快速巡洋艦。該艦駛至豐島南側海面時，突然掉轉船頭向北，以單縱陣向濟遠、廣乙迎面撲來，欲攔截我艦航路。7 時 52 分，雙方軍艦相距三千米時，日本第一遊擊隊旗艦吉野號，突然用左舷炮向濟遠艦發炮轟擊。接着秋津洲、浪速也用左舷炮向濟遠轟擊，我艦濟遠、廣乙被迫應戰，自衛還擊。

日本海軍記載戰鬥經過是：23 日，聯合艦隊奉命出航朝鮮海域，阻止清國通過海路向朝鮮牙山增派作戰部隊。24 日上午 9 時，艦隊巡航至朝鮮全羅道南岸的齊州海峽，未發現清國運兵船蹤跡。吉野、秋津洲、浪速為前導的第一遊擊隊，進而轉向朝鮮西海岸群山浦外巡航偵查，本隊則留在群山浦附近待機。25 日凌晨 時 30 分，第一遊擊隊駛抵安眠島附近海域，原定在這裏和仁川直航過來的八重

3.2.06 "浪速號"艦救援舢板搭救了高陞號船長等四名西洋人船員，眼看着落水清兵死於非命。

山、武藏艦會合，卻始終沒有發現三艦的蹤影，也沒有收到任何聯絡信息。坪井少將此時判斷或許三艘艦船駛錯了集合地點，也可能已經到達豐島附近的安眠島；亦或戰鬥已經打響，被清艦擊沉。種種不詳之感油然而生，坪井決定立即前往安眠島。6時30分，先頭航行的吉野艦發現豐島方面兩艘南下的汽船煤煙，少許便確定是兩艘軍艦，但屬於哪國的軍艦尚且不知。坪井少將命令各艦進入警戒備戰狀態，同時命艦炮填裝禮炮彈，準備向對方國軍艦鳴炮致禮。鳴炮禮是近代歐美各國海軍在兩艦相遇時慣用的禮節，即使雙方艦船交戰前，也像紳士一樣先相互鳴炮致禮之後再戰。少許，發現前方的軍艦是清國濟遠、廣乙兩艘戰艦，正加快速度向我方駛來，吉野、秋津洲、浪速也迎頭向清艦駛去。在當時的政治背景下，日清兩國將要一戰的局面似乎已經不能避免，但是兩國政府和西方列強仍在做最後努力，外交友誼尚存，普通鳴炮禮節仍需一表。上午7時52分，兩艦隊間距離縮小至3,000米左右，旗艦吉野升起將旗欲鳴禮炮時，突然濟遠艦21厘米大炮向吉野艦射出第一炮，高大的水柱在吉野艦旁炸開。坪井司令官立即下達戰鬥命令，迎擊濟遠艦的進攻。一時間海上兩艦隊之間硝煙瀰漫，炮擊聲震耳欲聾，戰艦的汽笛不斷發出刺耳的嘶鳴，震撼海面。

1930年4月，東京帝國大學法文學部田保橋潔教授發表了《近代日支鮮關係研究》的論文（日本、支那、朝鮮）。1940年3月，應朝鮮總督府委託，又新著《近代日鮮關係研究》兩卷2,100頁。關於豐島海戰的責任問題，田保教授根據多數旁證作出如下推論："濟遠管帶方伯謙，面對數倍於己的敵艦，不可能有先行攻擊的意圖。清艦此航的本務是護送運兵船，任務正在隨行中。況且清艦和日艦相比，艦少速慢，呈明顯劣勢，在遠離基地的公海上作戰，必會以卵擊石、燃火自焚。按照正常理智的情況，當軍力處於不對稱狀況下，弱小的一方一定會儘量避免戰鬥。"論文中還引述了日本艦隊參謀釜穀忠道大尉的一段記述："7 月 24 日，艦隊奉命偵查牙山和牙山灣附近的清國艦隊，命令要求第一遊擊隊，如果遭遇到清國的軍艦是弱小的，就沒有必要發生戰鬥；如果雙方勢均力敵，或強大就有必須實施攻擊。當吉野艦在豐島海面發現濟遠、廣乙艦後，坪井司令官表示敵艦大小強弱或優勢劣勢無法判斷，只有一戰才能見得分曉，無論如何先打了再說。隨後我艦執行了司令長官的命令，7 時 52 分在距敵 3,000 米處向濟遠艦先發射出第一彈。"

豐島海戰後，聯合艦隊司令長官伊東發給大本營的第一封電報，報告了先行攻擊的戰況。田保橋潔教授的論文，批評了海軍省主事山本權兵衛在 1926 年發表的回憶錄《山本權兵衛和海軍》中，篡改了聯合艦隊伊東司令官的電報內容，將日艦先行攻擊改成濟遠先行發炮，篡改歷史。論文提交東京帝國大學申請學位時，因為沒有延續歷史的一貫說法，論文審查委員會擔心影響日軍名譽，追究東京大學的責任，拒絕了田保橋潔教授的學位申請。

田保橋潔教授故去多年後，在大本營副官部收藏的《着電綴》內，發現了被山本權兵衛篡改的電報原文，證實了田保教授論文的正確性。譯電官解讀的伊東聯合艦隊司令官電報記載："7 月 28 日午前 8 時 45 分發，午後 3 時 17 分着。25日 7 時坪井司令官率吉野、秋津洲、浪速艦為了與八重山、武藏艦會合，回航至豐島附近時與清艦濟遠、廣乙艦相遇，我艦未發禮炮便投入戰鬥準備狀態，即刻開戰炮擊。經過 1 小時 20 分猛烈攻擊後，敵一艦逃往牙山方向，一艦向直隸灣遁去……。"時任大本營大佐的山本權兵衛，以電報字句不明確為由，在電報紙括號內加筆篡改了語句："濟遠艦從我艦側面通過，施放魚雷襲擊我艦，我艦隨即開炮應戰。"伊東司令官先行攻擊的電文變成了被迫應戰，原文的趣旨因此發生了本質變化。陸奧宗光外相在《蹇蹇錄》中繼續發揮了山本權兵衛的篡改："7 月25 日豐島海戰是由清國軍艦先行對我艦襲擊引發，本次戰鬥勝敗與否姑且不論，誰是誰非卻是非常明白的，我國在戰時國際法上沒有任何可以擔心招致非難的理由。"對高陞號事件，陸奧抱怨與日本保持良好關係的英國，寫道："朝鮮事件之初，英國的舉動總是同情清國，不免為我國民眾厭惡。英國如此做法是擔心遠東兩大國交戰，會影響本國在遠東的政策及通商利益。一直以來，英國重視與清國的關係超過日本，英國總是抱有清國必勝的惻隱之心，故在日清開戰前後，遠東艦隊司令長官斐利曼特之舉動顯得怪異，今亦不能辨其是否居心所為。當然這不能代表英國對日本抱有惡感或敵意。但在高陞號事件上，英國政府過分責備日本，實乃令人遺憾之至。"

4 高陞號裁判

長崎海事裁判

8月4日，英國政府設在長崎的英國海事裁判所開庭審理高陞號事件，法庭喚問高陞號乘員組當事人。8月7日法庭結審，作出以下判決。

高陞號船係屬可操縱帆形裝鐵船，登錄噸數 1,355 噸，公認番號 7000 號。巴露·凡尼斯公司製造，船籍屬於倫敦港，印度支那汽船公司使用。

本船 7 月 23 日從大沽港出帆，未裝載本船貨物屬性的貨物，滿載清國兵 1,100 餘名，前往朝鮮國牙山。7 月 25 日高陞號行駛順利未有異常，上午 9 時，本船在肖帕爾島附近收到日本軍艦浪速號停船信號，拋錨接受日艦臨檢。停船位置於肖帕爾島北東，四分之一海里處，水深 20 米。浪速艦兩度派小艇前去高陞號交涉，命令船長及役員從該船離去，受到清兵的阻攔。午後 1 時，浪速艦向高陞號發射魚雷 1 枚未命中，接着側炮 5 門、甲板炮塔機械炮連發，攻擊時間約 1 小時，致高陞號沉沒。炮擊開始時，船乘組員以及清兵跳入海中逃生。其中有船長托馬斯·拉依達·伽露思瓦希、大副留思·亨利·塔姆琳、導航員里尼阿思·艾邦塞斯塔、馬尼拉人等四名生存者。

裁判所經過對前記事件詳細案查後，作出以下判決。

Ⅰ．認定高陞號完全適合航海，必要的條件完全滿足要求。

Ⅱ．高陞號沉沒前及沉沒中，船役員及乘組員的行為正確，沒有可指責之處。

Ⅲ．高陞號沉沒之原因，是受到日本國軍艦浪速號炮擊所致。

Ⅳ．高陞號災難發生時，船長和乘組員沒有可以避免災難的手段。

Ⅴ．本裁判所對船役員及乘組員沒有任何可以指責的要項。

Ⅵ．本裁判費，6 英鎊 4 先令視為正當。

1894 年 8 月 7 日 於長崎

裁判長 英國領事 約翰·艾·庫因 署名

克普由魯庫號船長 約翰·米切魯 署名

道露美朗號船長 托馬思·依·卡維盧 署名

上海英國海事裁判

8月17日，上海英國海事裁判所開庭，審理高陞號事件的損害賠償責任案。

裁判最終判決日本政府不負責任，日本軍艦的行為正當，裁判同時對英國政府提出了批評勸告。列席本裁判的英國海軍提督，在裁判後給英國政府發去電報：「基於高陞號被擊沉屬於正當行為的考慮，英國裁判對日本政府沒有提出任何的要求。」由於清國政府與印度支那汽船公司在戰前簽訂有相關僱傭定約，清國事先在天津的香港上海銀行（按：今日匯丰銀行前身）預付英國汽船公司四萬英鎊作為損失賠償預備金。約定萬一因戰事船舶發生事故的情況，清國向汽船公司賠償上述金額，高陞號商船在本次事件中的損失實質上已經得到了保障。

3.2.07　高陞號沉沒事件的審判法庭。高陞號船長獲得日本給予的高額救恤金，經過海軍醫院治療後得以自由。高陞號船長譴責清國軍人佔領運輸船和向落水者槍擊的野蠻行為，宣誓不再為清國服務。

1895 年 9 月 6 日，英國外務省將印度支那汽船公司的索賠清單送交清國，額度約 4.6 萬英鎊，清國對索賠堅決反對，主張應該由肇事者日本賠付。在高陞號事件問題上，日本外交注重國際法的研究和運用，與英國法學者在國際法規的對話中遙相呼應。在高陞號事件的調查和處理上反應迅速、處置有節，遊刃於國際法的模糊邊緣，扭轉了政府的被動局面。清國最終反而成為事件的責任者，被索賠高陞號的全部損失。此後，清英兩國的索賠交涉斷斷續續延續了八年。1902 年，大清帝國在極端衰弱的情況下，光緒帝迫於壓力最終在《為高陞輪案現擬通融商結事奏摺》上簽字「依議 欽此」，賠償金額 33,411 英鎊，折合庫平銀 266,595 兩。（1901 年清英《和約》協定，白銀對英幣的匯價：1 兩海關銀兌 30.078 便士，1 英鎊相當 7.98 兩海關銀）。

英國主持的兩次裁判，事實上並未主持公道，行為上明顯偏袒日本。裁判結果認定了 7 月 19 日日本向清國發出戰爭通牒的有效性，以及擊沉高陞號的正當性，從論理上確立了戰爭的合法性。日本因此以「1894 年 7 月 25 日」為日清戰爭的實際開戰日。

旅順虐殺事件

1　旅順事件輿論戰

　　1894 年 11 月 24 日，一艘從大連開出的日軍通信船 "高砂丸" 號，在朝鮮大同江魚隱洞的日軍兵站補給基地靠岸。第二軍兵站特使，步兵大尉木村政養，給南部兵站監部帶來了大山巖司令長官的電報，要求即刻發往廣島大本營。電文報告："第二軍以第一師團為右翼，混成第十二旅團為左翼，攻城炮廠正面主攻，於 21 日拂曉向旅順要塞清軍諸炮台展開攻擊。第一師團上午 8 時 30 分佔領毅字軍操練場西方炮台群，午後 2 時進入旅順口，4 時佔領黃金山炮台。混成第十二旅團上午 11 時 30 分佔領八里莊東南炮台，22 日佔領旅順海岸諸炮台。第二軍死傷將校以下 102 人，敵軍死傷及俘虜數詳情尚且不明。繳獲清軍大量火炮和彈藥等戰利品，殲敵兵力二萬。署名 大山巖大將 11 月 22 日上午 8 時。" 電報從魚隱洞立即發往平壤，又經開城、京城、大邱、釜山中轉，再通過海底電纜傳往本土廣島。大本營於當日下午 4 時收到急電，隨即轉發伊藤內閣。外務大臣陸奧宗光下午 5 時 40 分收到這份 "軍受第 683 號" 電報，6 時 12 分向天皇發出 "祝旅順大捷御上奏願" 賀電，並通告日本駐各國公使日軍佔領旅順的消息。

　　11 月 24 日，"旅順大捷" 號外快報在東京市街散發；25 日，國內各大報社一齊大版頭條報道旅順大捷的新聞。文中不乏狂歡喜悅之詞："急待的旅順陷落之快報，如頭上霹靂萬雷貫耳"、"渤海的咽喉、東洋的要害，世界之大軍港被我軍魂攻破。" 日本到處掛滿了國旗，街頭洋溢節日氣氛，官民祝會慶賀勝戰，學生持炬上街遊行。連日來被市民冷淡的政府軍事公債，25 日在東京股票交易所急騰暴漲，報界形容 "其勢宛如巨鼎突然湧出之水"，日本國民沉浸在狂熱、沸騰的喜悅之中。

　　11 月 29 日上午，英國倫敦《泰晤士報》的特派記者托馬斯·克溫乘坐的 "長門丸" 號輪，從旅順返回廣島宇品港。30 日，克溫約見外交大臣陸奧宗光。是夜，陸奧驚聞克溫對旅順戰況的陳述和質問，感到重大事件即將來臨的恐懼。會見結束後，陸奧立即給在東京留守的外務次官林董發電，指示通過日本駐俄國公使通知日駐德、英、法、美、意、奧公使，密切注視國際輿論對我軍在旅順口佔領地暴行的動向。目前事件真相尚未公開發表，要求諸位公使盡快收集歐美各國媒體的反應，詳細報告至急送到外務省。電文簡要介紹了與英國記者的談話內容，英國記者克溫："日軍戰鬥大捷後，在佔領地肆意殺害俘虜，其中包括當地平民，尤其是婦女和孩童。此事實已經被歐美各國新聞記者目擊，各國艦隊的士官，特別是英國海軍中將親眼目睹了暴行現場。此事件很快在各地披露，日本政府將採取怎樣的善後對策？"陸奧回答："如果事情真像閣下所述那樣，本官實感痛歉，但是政府尚未收到大山將軍的任何報告，現時日本政府不能發表任何意見。日本軍隊素來軍紀森嚴，若真發生此類事件必定有其因由，也許因此造成了不幸的事件。本政府如何處理此事尚不得而知，待井上書記官歸京上御聽取。"

12月1日，克溫的新聞記事電報從廣島發出。12月3日，電報在倫敦《泰晤士報》發表，披露了他與陸奧間的談話內容，"清軍抵抗日軍攻勢，直至最後敗退。清兵丟棄武器換上民服，混藏於市井之中，在百姓家裏繼續開槍抵抗。旅順攻勢前，由於清兵虐殺日本兵俘虜，引發日軍為戰友報仇，要求上官採取根絕行動。此後，日軍開始在市內掠奪屠城，對放下武器的清軍俘虜和平民百姓一律慘殺。事件後，大量的軍民屍體被焚燒……。"

12月11日，美國《紐約世界》記者克里曼在橫濱給美國總部發去短文電報。12日，克里曼的電報內容發表在報紙最醒目的位置。"日軍11月21日進入旅順，對包括老少婦孺在內的非武裝居民肆意濫殺，屠殺場面和屍體慘狀不堪言表。持續三日的大屠殺，市內居民所剩無幾。日軍令人顫慄的與文明社會背道而馳的行為，玷污了日本自譽的文明，重新回到了野蠻的時代。外國隨軍記者在恐怖虐殺中不堪目睹，集體憤然離開日軍的殺人現場。"

12月13日，《紐約世界》繼續以"日軍的殘虐行為"為題，社評日本人偽裝的文明。正在美國參議院審查中的《日美條約改訂協議》，開始出現反對批准的議論，日本長久以來期待的日美改訂條約面臨擱置的危機。15日，日本國內《時事新報》、《日本》發表"旅順殺戮和道德"的社論，辯解"殺戮行為非軍務職守，是對敵人罪惡的'打掃'。漠視敵人對我兵卒的肆意虐殺，就是我軍自身違背了人性道德。"

陸奧向駐各國公使傳達日本政府應對緊急事態的口徑，指示媒體不能操之過急，強硬與歐美輿論對抗。須採用歪曲事件真相、混淆視聽、封鎖進出日本的消息、收買歐美媒體的策略來平息世論對日本的譴責。16日，陸奧指示駐美公使栗野，利用美國人情報員豪斯，給《紐約世界》送去日本官方的聲明，其中八條概括了日本政府為旅順虐殺事件辯解的要旨。(1)清國兵脫去軍裝穿上民服潛逃。(2)日軍殺死穿民服的人，大部分是偽裝平民的清兵。(3)當地居民在兩軍交戰前已經

IES CREELMAN, THE WORLD'S CORRESPONDENT, AND THE ONLY AMERICAN CORRESPONDENT AT THE FRON
(From a photograph taken in Corea, showing his Japanese interpreter and his Corean servant also.)

3.3.01　美國隨軍記者克里曼在清日戰爭中，撰寫了大量讚揚日本文明軍隊的報道，成為受日本人尊敬的好朋友。可是旅順報道的真言吐露激怒了日本人，徹底變成了日本人的惡敵。圖為克里曼的自畫像。

離開戰地。(4)少數殘留的清軍向日軍開槍繼續頑抗。(5)清兵虐殺日本兵俘虜，激發日兵復仇的憤怒。(6)日本軍人一貫嚴格遵守軍規紀律，非肆意濫殺。(7)各國從軍記者斥責美國記者克里曼歪曲的報道，一時避寒離開的記者已經返回前線，再度履行職務。(8)旅順陷落時俘獲的 355 名清兵俘虜受到良好待遇，兩三日後將送往東京。

《紐約世界》編輯部收到豪斯帶來的日本政府聲明，在 17 日早晨頭版新聞欄目刊登。同版面與"旅順虐殺事件"相關的數篇評論文章，如〈日本政府在《紐約世界》發表公開聲明〉、〈日本的告白〉、〈國家的自我反省〉、〈克里曼旅順虐殺報道的證據〉、〈述說實事求是的真實〉、〈責任追求與國家名譽的謀求〉、〈令華盛頓驚愕的新聞〉、〈日本政府關於戰爭最初的通信〉等也十分引人注目。美國政府非常關注《紐約世界》12 日刊登的克里曼電報，除了新聞的爆炸性外，一直以來該報社長普里查都是克利夫蘭總統的有力支持者。這次日本政府巧妙在《紐約世界》發表聲明澄清事件原委，受到美國政府的歡迎。17 日，其他報紙也相繼轉載了日本政府的聲明，克里曼的獨家新聞由於缺少其他情報源的支持，而且當事國清國的駐美國公使、外交官、武官皆無反應，新聞的真實性開始動搖，受到各方質疑。被日本政府買通的《華盛頓郵報》、《舊金山紀事》、《紐約時報》紛紛發表文章，批評克里曼無根據的虛報。18 日，美國參議院在日美新條約公開審議中，沒有一位議員對日軍在旅順的虐殺事件提出異議，日本政府終於成功從困境中擺脫。

《紐約世界》記者克里曼在日清開戰後，跟隨第二軍戰地採訪，寫下許多讚美日軍的報道。在親身經歷旅順屠殺事件後，徹底改變了他對日軍的認識，回到橫濱立即向本國報社發出簡短的記事電報。外交大臣陸奧封鎖進出日本的消息指示下達後，日本國內諸口岸對外國記者的報道郵送渠道採取了嚴格管制。克里曼擔心在旅順寫下的大屠殺紀實原稿有被沒收的危險，甚或危及自身安全，故採取兩路分送的辦法把原稿寄出。兩份原稿一路經由舊金山，一路經由溫哥華，於12月19日到達《紐約世界》編輯部。

12月20日《紐約世界》的報紙版面，按照社長普里查的指示，在第一版插入四幅、第三版插入三幅插繪，大標題為“旅順大虐殺”，中小標題分別為“日本兵虐殺兩千非武裝人”、“三日恐怖殺戮”、“大山大將及下官未制止虐殺行為”、“城市各地遭到掠奪”、“日本兵在殺死的男女老幼屍體旁狂笑”、“店主被軍刀砍殺”等。克里曼寫道：“日本為了朝鮮的解放，採取突然的介入，進而發展成野蠻的戰爭。事情的性質已經不是文明與野蠻間的糾葛，日本終於揭開自身的假面具，在最後的四日裏，征服軍的足下徹底蹂躪了文明。”報道中詳盡描述了旅順事件的經過，包括：清軍如何與日軍戰鬥；居民如何出迎卻遭濫殺；婦女孩童被殺死慘狀；逃跑者如何被槍彈追殺；居民如何被掠奪；三日殺戮如何持續；第二軍司令部、參謀部的法律顧問説了哪些讓外國記者震驚的話等等。《紐約世界》對事件的詳細報道，成為全美最受關注的大新聞。倫敦的所有晚報全部轉載克里曼的紀實，其他各國的報紙也相繼轉載。虐殺事件的幽靈在世界上空遊蕩，美國人原本對日本人文明的好感在一瞬間崩潰。

《紐約世界》20日的報紙被迅速送回日本外務省，陸奧及政府閣僚沒有想到事件竟會如此

A JAPANESE MASSACRE.

The World's War Correspondent Reports a Butchery at Port Arthur.

A THREE DAYS' REIGN OF MURDER.

The Defenseless and Unarmed Inhabitants Slaughtered in Their Houses.

THE BODIES UNSPEAKABLY MUTILATED.

All the Foreign Correspondents, Horrified by the Awful Atrocity, Left the Army in a Body.

(Copyright, 1894, by the Press Publishing Company, New York World.)

(Special Cable Despatch to The World.)

YOKOHAMA, Japan, Dec. 11.—The Japanese troops entered Port Arthur on Nov. 21 and massacred practically the entire population in cold blood.

The defenceless and unarmed inhabitants were butchered in their houses and their bodies were unspeakably mutilated. There was an unrestrained reign of murder which continued for three days. The whole town was plundered with appalling atrocities.

It was the first stain upon Japanese civilization. The Japanese in this instance relapsed into barbarism.

All pretenses that circumstances justified the atrocities are false. The civilized world will be horrified by the details.

The foreign correspondents, horrified by the spectacle, left the army in a body. CREELMAN.

3.3.02　美國《紐約世界》記者克里曼虐殺報道的原版版面：“A JAPANESE MASSACRE” The world's war correspondent reports a butchery at port arthur. 英國牛津大學著名國際法學教授艾倫特，發表論文譴責日本是“披着文明外衣有着野蠻筋骨的怪獸”，旅順虐殺行徑暴露了日本人野蠻本性的真面目。

3.3.03 大戰在即，旅順居民一片恐慌，紛紛逃離家園躲避戰爭。來不及避難的居民被捲入悲慘的虐殺事件中。能夠及時逃難的居民，大多是富甲一方的有錢人，一般貧民幾乎沒有可以逃難棲身的地方。

嚴重。事件發生至今已過去一個月，日本國民尚不清楚事情的真相，必須對外國從軍記者"多餘的話"實行取締。22 日，日本國內報紙《日本》、《二六新報》分別發出社論，要求嚴厲取締外國記者，公開點名非難美國記者克里曼的"誇大"報道，國內輿論連續出現對外國記者圍攻的局面。大本營關於從軍記者的問題被再次提到桌面上來，大本營最終決定從 1895 年 1 月 8 日開始，不再增批內外記者隨軍的申請，請外務省陸奧和林董通知各國公使。面對日本軍罪行的暴露和世界各國的譴責，日本政府被迫於 12 月 25 日發表聲明，為自身的野蠻行為做最後辯解。聲明與《紐約世界》16 日公佈的聲明文內容基本相同，聲明如下：

"旅順之戰比其他戰場付出了更多鮮血的代價，是不容置疑的事實。外國隨軍新聞記者發出的報道，尤其是美國《紐約世界》的報告過分誇張了事情真相，在國際社會起到了不良的煽動效果。旅順陷落之際，多數清兵脫去軍服，穿着非戰鬥人員的服裝，潛入旅順街市繼續開槍抵抗。清兵害怕被俘後處刑，素來有變裝保命的習慣，期以平民的身份免遭殺禍。變裝清兵攜帶武器藏身於空屋中頑抗至終。戰鬥中，我兵報告敵兵變裝抵抗事態，上官也確係發出過如果遭遇平民模樣居民抵抗，允許開槍格殺的命令，士兵執行了此項命令。當地和平的居民，在日軍進攻旅順數日前已經逃往外地，旅順戰鬥結束，秩序恢復後，居民們再度返回了住地。戰後查驗死傷者的身份，判明許多外面罩有民服的人，裏面服裝卻是清兵軍服。旅順死傷者大多數是刀傷，比槍傷呈現更淒慘的狀況，因此造成外國記者誇張的結果。日本兵被清國軍俘虜，遭到虐殺和用火燒死，甚至對屍體進行殘酷的屠屍，激發出日本兵的憤怒。日本兵素來嚴格遵守軍規，沒有虐待和殺害非抵抗的降服清兵。旅順陷落後，355 名清軍俘虜均受到良好待遇，戰後兩三日內已經押往東京。克里曼的紀實確實在世界範圍引起轟動，可是最近《華盛頓郵報》、《舊金山紀事》、《紐約時報》、《時事新報》、《大阪每日新聞》都發表文章譴責他在捏造，日本不希望克里曼的言論代表政府的政治傾向⋯⋯。"

12 月 28 日，上述內容的聲明作為公函，分別發給各國駐日本公使轉呈諸國政府。公函題頭："關於旅順口佔領誤聞誤報及通知日本駐各國公使的要件"。題頭強調文："關於旅順口發生的事件，出現各種詆毀我軍隊名譽的誤報，致使歐美外國人產生不快的感情，造成對日本不利的結果。本國政府起草上述辯明書，通知各駐外公使以正視聽。"

克里曼等外國記者的報道公佈後，在歐美各國掀起軒然大波，各界名流紛紛譴責日本的野蠻行為，日本政府終於不能忍耐來自國際輿論的批評。1895 年新年過後，在政府的籌謀下，國內輿論開始對外國記者的報道進行全面反擊。各報刊媒體斷章取義地公佈克里曼的紀實，當作其對日本惡意誹謗的活靶子共討。《日本》報發表題為〈外國記者的不敬〉的文章，指責他們肆意捏造虐殺情形，用想像來謾罵誹謗，"實乃令人憎惡的混蛋"。其他還有諸如《自由新聞》的〈虐殺事件的虛報者〉、《萬朝報》的〈看外國新聞記者如何誹謗我軍〉、《大阪每日新聞》的〈克里曼何許人也〉、《中央新聞》的〈新聞記者的心事〉、《時事新報》的〈旅順口虐殺事件的辯駁〉、《都新聞》的〈法國記者的歡賞〉、《國民新聞》的〈我軍的真實〉〈仁為慈行〉、《讀賣新聞》的〈奧西氏對克里曼的批駁〉、《東京日日新聞》的〈旅順口虐殺事件〉、《報知新聞》的〈虐殺事件的通信者〉、《二六新報》的〈日本軍絕無虐殺之事〉等等，批判一直持續到 3 月清日開始馬關和談，日清休戰為止。逗留橫濱的克里曼受到來自各方的壓力，原來關係良好的新聞媒體都公開迴避遠之，不再採訪這位曾經頗受歡迎的美國記者，克里曼同時感覺到危險的存在。1 月 2 日《報知新聞》稱："克里曼為參加戰地採訪來到橫濱，是受到尊敬的美國人。可是他在《紐約世界》虛偽的報道傷害了日本人，他的惡意激起日本人的憤怒。畏懼的克里曼只能在橫濱的一隅孤獨徘徊，可憐兮兮、戰戰兢兢地迴避着一切。"《報知新聞》的報道很快被《二六新報》、《都新聞》、《萬朝報》、《自由新聞》轉載，並借題發揮，對其進行嘲笑諷刺。1 月 8 日，身陷險境的克里曼登上"貝魯"號輪，離

3.3.04 旅順戰中，沿海邊逃跑的清兵遭到日軍軍艦的炮擊堵截。圖為外國從軍特派員發表的繪畫，旅順灣邊，清兵橫屍纍纍，場面淒慘。

開了橫濱前往舊金山。

　　1895年1月4日，《旗幟》的記者威利阿斯，在橫濱乘加拿大郵船恩普雷斯號離開日本，15日抵達溫哥華。威利阿斯此前發表的〈旅順的真相〉報道曾在北美引起極大關注，下船後立即接受了《每日世界》報的採訪。在三日逗留期間，舉行了日清戰爭演講，眾多聽眾前來傾聽他親身經歷的旅順虐殺事件。27日威利阿斯前往美國舊金山與克里曼匯合，在基督教青年會館舉辦幻燈講演會。威利阿斯在各地講演，用當時最新技術"幻燈"公開了用新式輕便相機在旅順拍攝到的虐殺場面。講演分三部：第一部日本旅行、第二部平壤戰鬥、第三部旅順。入場人數最多時達500人以上。講演中述說旅順虐殺最後只剩下36名倖存者，被日軍徵用抬屍。威利阿斯的活動激怒了日本，其演講活動遭到在美日本人的騷擾。一名在紐約居住的署名"日本留學生"的人，在《紐約時報》上投稿，非難美國人報道的旅順虐殺事件，文章前文批判《紐約世界》克里曼，後文指責《旗幟》的威利阿斯，譏諷威利阿斯因對日本武士和刀劍概念認識不足，作出諸多捕風捉影不正確的記述。威利阿斯奮起投稿反擊："如果你真想知道事件的真相，我可以用親眼見到的流血場面與你對話，作為目擊者我可以作為事件的證人，你個日本學生沒有資格問這問那。"接着，《紐約時報》又刊登一位女士的文章，糾纏武士的話題，威利阿斯再度反駁，前後進行過三次針鋒相對的論戰。《紐約時報》是美國報業巨頭，陸奧曾指示駐美公使館收買該報，作為日本對外輿論的喉舌。《紐約時報》在報道旅順事件的過程中，公佈的新聞價值遠遠低於《紐約世界》，以至有國會議員説：
"你想知道世界最大的新聞嗎，那就去看《紐約世界》。"

2 旅順事件目擊者

日本陸軍

進攻旅順的大山巖第二軍是虐殺事件的罪魁禍首，但事件不是整個第二軍所為。花園口登陸作戰的第二軍下轄兩個師團、一個混成旅團及其他附屬作戰編制。第一師團是進攻旅順的主力，候補梯隊第二師團因旅順清軍防線一日之內便告崩潰，未投入作戰。第一師團師團長，中將山地元治下轄兩個旅團，第一步兵旅團旅團長是少將乃木希典、第二步兵旅團旅團長是少將西寬二郎。旅順作戰的日軍第一師團作為事件的製造者，在事後三緘其口、保持沉默，嚴格執行司令部"嚴禁擴散"的命令。戰爭結束後，日軍陸續返回本國，國內對旅順事件的議論已經轉向歡迎遠征軍的凱旋。歸國的從軍士兵在閒暇中，開始執筆整理戰時寫下的隨筆手記，部分真實的記事後來作為出版物遺存了下來。《征清奇談從軍見聞錄》、《西征行軍記》、《日清戰役從軍手記》、《從軍實記》、《遠征日誌》、《從軍日記》、《日清戰爭凱旋みやげ》等私藏本，成為重要的歷史文獻。

日本海軍

日本陸軍遼東半島登陸作戰展開後，海軍聯合艦隊在沿海呼應陸軍作戰。由於陸海軍通信聯絡不暢的緣故，海軍對清軍陣地的炮火攻擊沒有獲得明顯效果。11月23日，海軍接到旅順口陷落的戰報。25日和27日，聯合艦隊各艦許可數十名海軍將士上岸，在第二軍士官的引導下，進入旅順諸炮台和市區。海軍水兵巡視了旅順市街，親眼目睹了虐殺現場留下的悲慘創痍。乘坐"千代田"、"浪速"艦的《國民新聞》、《中央新聞》隨軍記者也被允許登岸，記錄下了令人顫慄的現場筆記。

外國武官

清日戰爭之初，凡宣佈中立的國家，該國武官可用"觀戰"名義申請隨軍觀察日清兩軍的戰鬥。1894年9月5日，大本營制定《外國武官從軍心得》規則，要求希望觀戰的各國武官，必須提交隨軍申請書，經由本國駐日公使館、領事館向外務省申請。由外務省大臣陸奧宗光與遠征軍司令長官協調後，請示大本營批准，最後由司令長官根據各部隊具體情況發出隨軍許可。清日戰爭中，大本營批准的隨軍外籍武官合計7人，獲准進入第二軍隨軍觀戰的外籍武官有：法國武官子爵拉布雷、英國武官炮兵大尉丟布勒、旅團醫官特依拉、美國武官陸軍中尉奧布拉恩、俄國武官陸軍大校瓦伽庫奧庫。在旅順戰鬥中，這些隨軍武官目睹了事件的經過。當外國記者的報道在歐美各國掀起軒然大波時，在旅順的隨軍武官幾乎都保持了沉默。陸奧接到駐外公使館的報告："目前各國的隨軍武官還沒有向本國政府報告此事件的跡象，如果有報告的舉動，定會產生侮辱我軍的後果。我政府必須作出必要的處置，讓大山大將加以防範，以免今後外交上的被動局面。"

事件發生的當時，旅順港灣內外有各國軍艦停泊和遊弋，密切注視日清兩國間的戰鬥。英國遠東艦隊司令官斐利曼特率領聖丘利奧、馬求利、艾道卡、庫利森特、阿卡、堡帕斯等艦在旅順灣集結。美國軍艦、俄國軍艦、法國軍艦也在旅順灣附近遊弋瞭望戰況。各國海軍都想知道，譽冠全球的三大要塞之一旅順要塞，是怎樣與東洋小國戰鬥的。戰鬥結束後，灣內各國軍艦的水兵士官紛紛上岸實地觀察。11月25日，英國艦隊斐利曼特司令官也進入旅順市街，旅順口尚未清理的纍纍慘狀被各國水兵目擊。

外國民間人士

清日戰爭中，日本政府和大本營批准隨軍外國記者17人，其中英國8人、美國5人、法國4人。審查批准程序參照武官隨軍申請方法實施，其中也有未獲批准的申請者。9月14日，大本營制定《外國新聞記者從軍心得》條例，對取材活動作出各種限制。國內外記者的戰地取材手記，必須接受監督將校的檢閱後才能向外發出。當司令部認定某隨軍記者屬於有害人物時，會立即吊銷其隨軍資格，並通報在日公使館、領事館給予處罰。從軍條例要求申請者必須遵守條例規定，決不容忍違背軍部意向的事情發生。

旅順事件發生時，跟隨第二軍採訪的外國新聞記者進入了虐殺現場。美國《紐約世界》記者克里曼、美國《紐約先驅》報記者伽衛盧、兼任英國《旗幟》、《黑與白》兩報記者威利阿斯、法國《喉舌》報記者拉哥利、英國《泰晤士報》記者克溫等5名外籍記者親眼目睹了旅順虐殺的悲慘場面。五人中的三人，克溫、克里曼、威利阿斯分別發出了震驚世界的報道，伽衛盧、拉哥利兩人則按照日本政府的意向保持沉默，伽衛盧甚至公開否定克里曼的報道。21日，日軍掃蕩旅順街市時，第二聯隊偶然捕獲兩名在清國採訪的西洋人，一人是在芝罘的《路透社電信》記者，英國人哈特；一人是他的翻譯，丹麥人奧貝魯庫。兩人專程從芝罘趕來旅順採訪，11月18日入住旅順"美麗飯店"。哈特是英國士官出身，清日戰爭前來到

3.3.05 1895年2月2日，歐美各國轉載《畫報》雜誌報道的照片。這幅"日本軍人和他們的攝影藝術家"照片，震撼了西方世界。標題"*The fall of port arthur: the entry of the victorious army*"。

清國，在芝罘做通信記者，是英國《泰晤士報》記者克溫的舊友。奧貝魯庫在清法戰爭中因向清國走私武器，被法國宣判死刑，逃往清國居住，因精通漢語成了哈特的翻譯。兩人見證了旅順虐殺事件的震撼場面，也做了日軍的俘虜。在等待身份證明的保釋期間，兩人一度協助英國記者威利阿斯的採訪活動。

　　一個未被日軍捕獲，曾經目擊事件的意外人物在戰後出現，據稱是一位屢遭厄運，自稱詹姆斯‧艾倫的冒險家。艾倫出身英格蘭富裕棉商之家，是一位紈絝子弟。在敗盡家產後，開始了窮困潦倒的生活。他當過船員，合夥向清國走私過武器，兩次做過日本海軍的俘虜，在軍艦內監禁一個月後，又鬼使神差地被帶往旅順。日艦在接近旅順港時，他跳海躲過向他射擊的槍彈成功上岸，卻又被清兵當作密探抓獲。審訊後的艾倫被釋放，又染上瘧疾住進旅順的旅館療養。艾倫的命運就這樣莫名其妙與日軍侵攻旅順的時間吻合，成了虐殺事件的知情者。1898年，英國倫敦威廉海涅曼公司出版了艾倫所著《Under the Dragon Flag》一書，後譯成日文版和中文版，中文版本題為《在龍旗下》，副題《甲午戰爭親歷記》。這部書詳細描寫了旅順虐殺事件的過程，作為以旅順事件為背景的文學首屆之作，博得了廣泛的喝彩。但作品近似小說文體，作為史料應用缺乏嚴謹的考證，作者本人的真實性在學術界也存在異議。

　　日本民間人士

　　清日戰爭中，日本隨軍記者 114 人、畫師 11 人、照相師 4 人、神官 6 人、僧

3.3.06 《日清戰鬥畫報》報道，突入旅順市街的日本兵，對清國百姓實施了慘無人道的屠殺。

侶 55 人，合計 190 人。跟隨第二軍參加金州、旅順作戰的日本民間人士，目睹了戰鬥的全過程。日本民間人士儘管不贊成本國軍人在旅順濫殺無辜的舉動，但仍然嚴格遵守了軍部三緘其口的規定。戰爭結束後，新聞記者、畫家、攝影師、僧侶、軍夫，關於旅順事件的相關記事、繪畫、照片得以部分公開。

乘坐"千代田"艦的《國民新聞》記者國木田，12 月 8 日發表了旅順記事，文中婉轉迴避虐殺事件，用書信手法暗示對戰爭的憎惡。"愛弟，兄在戰場親眼目睹了眾多的死者，那是用刀劍、槍彈殺死的清兵。兄在海岸附近看到一個倒在荒野的清國人，鼻下蓄有鬍鬚，年齡三十四五，鼻高濃眉、軀體高大，一眼看去就是強健之人。他仰天橫臥、兩足直伸，一臂直角彎曲，一臂置於體側，腹部露出，半眼張開。兄頓足正視之，熟視之，憫然中環顧四周。凍雲漠漠，荒野茫茫，天地陸海，俯仰凝望其中。'戰'之文字，怪之字、恐之字、臭之字、咀嚼人間的魔物之字，千歲萬國的歷史如大蛇橫斷之字，此乃不思議之字也。今兄僅聞到、言到、讀到'死'一字耳。見此死軀忽然生出意味深長之字，卻感出口難言。兄熟讀軍事、歷史、小說、詩歌，其美好境界今隨橫臥荒野之軀逐流。望着戰死者的軀體，似乎給兄一個想像、傳遞一個信息、解開一個千年之謎。讀詩詠繪，浮想源氏平氏的戰爭，也無感這種人間之殘酷，吾仰天長歎，百思費解也。"

日本政客及學者

清日戰爭日本的隨軍人士中，有數名謂之"從軍代議士"的帝國眾議院議員。長穀場純孝、蒲生仙、柏田盛文、折田兼至、肥塚龍五議員，跟隨第二軍轉戰各戰場，經歷了旅順口陷落的過程，目睹到血淋淋的地獄場面。從軍代議士亢奮狂語："旅順一億五千萬圓大金打造出的萬丈舞台，在彈指一揮之間被我軍潰破，實乃壯大之快舉。"從軍代議士在司令部將校的監視保護下行動，以遊山玩水的心態觀摩戰場的豪壯場面。《讀賣新聞》採訪蒲生議員，以題為〈蒲生代議士戰地實況談〉的文章，記載了他當時的行動，"21日夜，日軍攻入旅順口市街，我四名議員身先士卒，手持松明火炬，也參與了搜索清兵的行動。在一民家院前忽然發現戶內有人異動的身影，隨即前後搜索包抄圍堵。戶內之男欲奪路逃出，被柏田、折田的日本刀斬殺。"堂堂議員不判別對方是清兵或百姓，揮刀便殺，置人於死地，國家的政治形象被踐踏。《讀賣新聞》辯解道："當暴風寒雨、黑夜昏暗之中，自然會有誤殺情況發生。"

有賀長雄是第二軍司令部參謀部的法律顧問，有德國、奧地利國留學經歷，在元老院做過書記官，1891年擔任陸軍大學國際法講師。1894年清日開戰，他所著《萬國戰時公法》成為日本的國際法權威之作，總理大臣伊藤博文經常向他諮詢國際法方面的問題。有賀接受從軍命令後，就任第二軍司令部法律顧問，親身經歷了旅順虐殺事件。在日本與歐美的輿論戰中，他堅持日清戰爭和旅順虐殺事件的正當性，為日本違反國際紅十字會憲章的戰爭責任雄辯。戰後，有賀赴歐洲從事研究活動，1896年3月用法語完成《日清戰役國際法論》的著作。後該書譯成日語出版，由於書中涉及到旅順虐殺事件中淒慘的場面，一般人不能自由閱覽。1913年，有賀長雄受聘為袁世凱的法律顧問，1915年因反對日本向中國提出的"二十一條"，受到日本國內"非國民"的責難。

明治時代的貴族龜井茲明伯爵，是見證旅順虐殺事件的重要人物之一。龜井早年留學英國和德國，習得西洋美術學，對英德兩國最新攝影技術興趣濃厚。1894年清日戰爭爆發，34歲的龜井自費組成20餘人的隨軍攝影班，隨第二軍轉戰遼南各地，拍攝了日清兩軍的戰鬥場面，其中包括旅順虐殺事件的場面。總計拍攝照片600餘幅，後精選出300餘幅，作成精裝影集《明治二十七八年戰役寫真貼》獻給皇室惠存。珍貴的歷史鏡頭真實記錄了戰爭的一幕，成為百年來研究清日戰爭最有說服力的歷史文獻。1896年，36歲的龜井茲明去世，留下從軍日記原稿。1899年，龜井的《從軍日乘》出版，1992年《日清戰爭從軍寫真帖》，副題《伯爵龜井茲明日記》公開發表。

清國軍人

參與旅順戰鬥的清國兵作為受害者、目擊者、見證者，是最有發言權的證人，可是那些經歷虐殺現場的清兵，在逃亡中幾乎全部被日軍殺戮。能目擊事件過程，又從日軍手中成功脫逃保全性命，還可以報告日軍暴行的清兵幾乎不存在。11 月 21 日，日軍攻入旅順的當夜，天氣驟變，也有趁夜從海上或陸上逃出旅順，躲過殺戮的清兵，但對三日間旅順市內的狀況均不知情。旅順金州附近的戰鬥，日軍俘虜了 355 名清兵，這些俘虜也沒有留下對事件的證言。

報刊媒體

12 月日本報紙報道了旅順市街的新聞。《郵便報知新聞》報道："21 日，旅順市街的戰鬥仍在進行，炮聲槍響如雷貫耳，屍身遍地，慘如地獄一般。可是從新街的集仙茶樓劇場，卻悠然傳出戲劇演出的腔唱和鑼鼓聲，劇場內沒有一名觀眾。'此乃何等無神經之人竟如此大膽？'荷槍實彈的士兵被驚得目瞪口呆，他們面對的似乎是無生命的木偶。"《國民新聞》報道："劇場內 10 歲至 15 歲的少年演員約有百十餘人，包括這裏的大人在內，劇團總計 200 人，都是旅順道台從北京、天津請來的戲班子，也有說是北洋水師提督丁汝昌帶來的。街市戰中，劇團的 17 名大人中槍彈斃命，其餘劇團人員在接受第二軍司令部審查後，被命令從 25 日開始，每日晝夜各開場演出一回，為日軍官兵慶祝大捷，迎送新年助興。""旅順劇場 180 名演員生存了下來，他們不知道劇場外發生的大事件，只有那些大膽走出劇場，想窺探事件的人遭到殺害。"

《讀賣新聞》記載，"22 日血雨腥風的深夜，佔領軍憲兵在街頭抓到一名二十四五歲的清人美婦和一個十三四歲的女孩，兩人驚魂落魄、戰戰兢兢地在街上徘徊。婦人捕後述說自己的遭遇：'妾身乃天津妓女，被一清軍高官贖身，一個月前來到此地。忽昨日發生戰事，妾等心驚肉跳、恐怖顫慄，潛入一民家待死他鄉。豈知一清兵遁入民宅，脫去兵衣換上民服，見妾等在此避難孤單無助，便非禮辱之，飲泣哀怨之中流落街頭。'憲兵見婦人容姿服飾非平庸人家，慰喻二女此處係危險境地，帶二人至清國人夫處照料。"

11 月 9 日金州失陷，清軍旅順外圍作戰失利。消息傳到旅順，市內陷入一片混亂。17 日，道台龔照璵恐慌中攜家眷乘汽船逃往芝罘，留守旅順的黃仕林、趙懷業、衛汝成三將見大勢不妙也相繼逃離旅順，大批百姓紛紛從陸上、海上出逃避難。造船廠的一些官吏趁亂爭奪和盜走貴重機材，裝上民船從海上逃走。更有

3.3.07 旅順陷落，市內軍民遭到血洗。位於旅順中新街的集仙茶樓劇場內，依然傳出鑼鼓之音的喧嘩。衝進劇場的日兵，驚愕在血流成河的城市角落，竟然存在這樣一群精神麻痹之人。圖中舞台上穿戲裝的演員群立，劇場內沒有一名觀眾。

膽大妄為之清兵，公然打開銀庫掠奪官銀。滯留市內不知內情的窮困百姓，在日軍攻入旅順時才開始向四面八方避難，混亂中遭到日軍的殺戮。

11 月 24 日，第二軍司令部下令清點殘留清國人數，決定採取發給良民"免殺護身符"的緊急措施。凡被認定安全的良民，均發給一張白布或紙片，上書墨字、蓋有檢印。各隊根據實際情況發給清國人，字樣內容各異，有"順民證明 第二軍司令部"、"商人者無害 軍司令部"、"順民者 勿殺"、"某大隊本部役夫"、"此者不可殺"、"良民"、"此者不可殺 某聯隊"、"順民不可殺 某隊"等式樣，也有門框上貼紙標記"此家人不可殺"、"此家男子六人不可殺"等。得到字符的清國人將字符貼在胸前、掛在頸部、綁在臂上提示免殺證明。

11 月 26 日，佔領旅順後第六日，軍司令部發出命令，處理被殺戮的清人屍體。外國記者報道，旅順口僅存 36 名清國人被日軍指定為民夫，與日本軍夫組成"掃除隊"。《萬朝報》報道存活者有六七十貧民。清國人稱"掃除隊"為"抬屍隊"，指定從事清理街市的屍體，運往野外掩埋的工作。抬屍隊成員在最近距離目睹了旅順虐殺事件，成為證明事件的重要目擊者。然而清國朝廷沒有從這些僥倖存活者那裏獲取證言，為國家的恥辱留下歷史的記錄。日本人龜井茲明在埋屍現場，拍攝到一幀清國民夫在日軍監督下掩埋死難者屍體的照片，證實了抬屍隊的存在和旅順虐殺事件的真實。

3.3.08　侵入旅順的日兵屠殺了市內大量清兵和無辜居民，其狀慘不忍睹。因怕招致國際輿論的譴責，日軍徵用軍夫和清國人組成抬屍隊，埋葬、火化屍體。照片是龜井茲明11月24日在旅順口北方郊外拍攝的埋屍現場。

3　野蠻對決的證言

　　1894年11月21日傍晚，日本兵侵入旅順市內，震驚世界的旅順虐殺事件在這裏發生。事態從兩軍作戰中的相互復仇，發展成對無辜民眾的肆意濫殺，製造了震驚世界的慘案。第二軍司令官大山巖，在旅順虐殺事件發生時沒有及時制止山地師團的殺戮行為，以致虐殺持續到24日才傳出有限制止的命令。事實上，屠殺行為延續到26日，此時旅順已經無人可殺，暴行自然終止。

清軍的暴行

　　11月18日旅順口外圍土城子附近戰鬥，日軍遭到自花園口登陸以來，清軍第一次頑強抵抗，戰鬥中有日本兵成為清軍的俘虜。日軍《陸海軍戰報》記載："旅順附近土城子戰鬥，我偵察小隊11名士兵與敵遭遇，為不做俘虜自決身亡，清兵對我兵施以無人道之屠屍。搜索中發現中萬中尉的認識牌，頭顱和身體分離，兩腕被切斷。其餘士卒戎裝物品也被盡數掠去，屍體多處被屠刀毀壞，割首裸足的屍體棄於路邊，其慘狀令人悚然……。""11月21日前鋒第二聯隊攻入旅順市街，在街口看到四顆日本兵頭顱懸掛在梟首台上，掉落在台下的頭顱正被兩條餓犬撕咬。士兵見狀揮劍斬殺了餓犬，含淚將頭顱帶回……。""我軍攻入旅順口後，襲擊了毅軍左營，舍內一片狼藉，一隅柴禾堆內發現數具日本兵屍體，背囊和槍劍丟棄於側，血流凝固，腹背多處留下被刀劍反覆刃刻的痕跡。"

《二六新報》記載：“攻入旅順的聯隊，看到我軍士兵三人的頭顱懸掛在路旁柳樹上，示眾之首被割去鼻子、耳朵。接着又在民家門楣上發現兩顆用鐵絲吊着的日本兵頭顱，死者屍體丟棄在路旁。身首分離，被切開的腹部填入石塊，右臂切斷，睾丸割除。”龜井茲明《從軍日乘》記載：“我十數名戰死者的首級悉數被敵兵奪走，大多數被砍斷左臂，陰莖被割去，其中有削掉鼻子剜出眼球者，剖開的腹內充有碎石。一騎兵喇叭卒，四肢和頭顱被砍斷，腹內填入石塊，陰莖割斷，睾丸亦被剜除。徐家窰一民家院內的玉米秸下，一名身着我兵服的兵士，被斬斷右臂，腹部橫斷，睾丸剜除，陰莖割掉……。其殘忍酷薄之狀，令人眥裂扼腕，悲憤填膺。”

《支那通信》記載：“驅使清兵野蠻行為的原因之一是清國發出懸賞金，鼓勵清兵取日本兵首級換取白銀獎勵。首級一顆 50 兩，抓捕日本間諜 100 兩，報告間諜居所 40 兩，繳獲軍艦 1 萬兩，破壞軍艦 8 千兩。各地獎賞額略有差異，金州附近佈告：取日兵首級者 60 兩。”

日軍的暴行

日軍旅順口虐殺事件緣於兩個起因。其一、自日清開戰以來，日本國內報道日清戰事一直是連戰連勝、各戰大捷、清軍不堪一擊，誇耀日軍所向披靡的戰果。可是 11 月 18 日旅順外圍土城子戰鬥，日軍遭遇到了預想不到的挫折，重創了第一師團長山地將軍的自尊心，山地將軍因此老羞成怒。其二，19 日雙台溝附近，山地師團張接到報告：“我騎兵偵察兵約 20 人在土城子被清兵俘虜，偵查隊長中萬德次中尉和隨同士兵，首級被清軍砍下並斷肢割除睾丸。”他還親眼看到衛生兵擔架上，被虐殺後肢體殘缺不全的士兵屍體。清軍的野蠻之舉再次激起山地復仇的怒火，在日軍攻入旅順時，下達了“除婦女老幼之外，一律格殺勿論”的命令。強烈復仇心的驅使下，日軍開始瘋狂的報復行動。街市內搜索發現，逃亡的清兵換裝改扮成當地居民混雜在百姓中間難以辨認，躲藏在民家的清兵繼續開槍負隅頑抗。司令部接到報告後，隨即下達第二道命令，“凡穿着平民服裝，疑為清兵的青壯年者一律誅殺。”之後，旅順的大街小巷到處是殺人的現場，不論清兵與否皆視為清兵，百姓中老幼婦女也成為虐殺的對象。

日兵的證言

第二聯隊某二等兵日記：“余等進入旅順町，看到道旁木台上的日本兵頭顱，即刻怒髮衝冠，見人就殺。潰散的敵兵扔下武器四處逃散，我兵追逐那些毫無目標奔跑的人群，用槍彈和刀劍殺死他們。道路上死屍纍纍，阻礙了正常行進。清兵躲入民家，余等不問是兵是民皆屠戮，各民家內大抵都有兩三人或五六人的死者，血腥氣味甚惡，復仇的感覺愉快之極。"

第二聯隊某上等兵日記："19 日，步兵第三聯隊在土城子與清軍苦戰死傷者甚多，進入旅順時山地將軍下達了誅殺命令，增加了我兵破竹之勢的鏖殺勇氣。街市內凡遇到青壯年悉數誅殺，各路兵士殺氣騰騰、勇氣勃勃。"

第二聯隊上等兵伊東連之助給友人的信在報紙上轉載："余等 22 日薄暮進入旅順市街，街市內外死屍纍纍、腥風襲鼻，碧血染靴滑步難行，只能踏上清兵的屍體向前邁進。""我十餘名兵士在雙台溝追擊五六十清兵，將其中過半斬殺。余有生以來初次嘗到殺人的感覺，最初雖感噁心難當，經過兩三次就自然不畏不懼。第二次砍殺清兵之首令余永生難忘，那一刀砍去似如秋水，身首分離，頭顱朝前方三尺餘處拋出，一柱鮮血向天迸騰穿出……。如此動魄體驗余不再膽怯，其實斬首只需膽力，有了膽力斬殺功夫自在其中。"

第二聯隊士兵加部東常七《日清戰役從軍手記》："本聯隊佔領黃金山炮台之後，闖入市街在各家各戶搜索，昏暗中遇見清人就毫不留情砍殺。小隊在街區搜索前進，忽然在民家暗處發現一敵兵，我大喝一聲，此人一瞬驚呆，刺刀就深深捅進對方的胸膛，他痛苦的緊緊握住槍劍，我用力拔出刺刀，那雙緊握槍劍的四指被刀刃割斷，身體向一側傾斜，再補一刺便魂飛魄散。"

12 月 28 日午後，第二聯隊二大隊六中隊的"忘年會"上，中隊長大尉莊司平三郎面戴天狗面罩起舞，為在旅順及黃金山炮台殺敵立功者慶功。第一名一等兵殺敵 28 人；第二名上等兵殺敵 21 人；第三名一等兵殺敵 17 人，全中隊 11 名兵士殺死敵兵包括清國平民 166 人。第二聯隊的第八中隊 233 名士兵中，殺死清國人 15 人以上者 18 人，殺死 30 人以上者 2 人。第三聯隊在宿地附近殺死清國人700 餘人。

第二軍司令部法律顧問有賀長雄《日清戰役國際法論》記載，"11 月 22 日上午 10 時，第二軍司令部開進旅順，目擊到屍身遍地的悲慘情景驚愕不已。市街北入口不遠處有一座'天后宮'（媽祖廟），道路兩側民屋相連，戶內戶外到處是屍體橫積在路中央，通行無法落足，必須踩在屍體上面才可以通過。船塢廣場向東西方向輻射的東街、中街、西街，每條街道皆屍體滿地，死體總數少說有兩千具之多。沿海灣向西逃亡者沿途遭到射擊，海中漂浮許多被射殺者的屍體。22 日至 24 日三

3.3.09 旅順陷落後，日本聯合艦隊進入旅順港內，這座天然優良港灣在東洋實屬少見。圖為山地師團長巡視被佔領的港灣，背景灣內，停泊着聯合艦隊的軍艦。

日間，街市內經常可以看到三三兩兩用繩索連環捆綁着的清兵，被趕往市外處決的場所。旅順戰鬥開始前，市民大部分已經逃離，市街遭到清兵的掠奪，我軍進入旅順時，市內已呈空虛狀態。一些來不及逃離的小商販和貧民混雜在潰逃的清兵隊伍中，被當作戰鬥人員消滅，屍體至少兩千餘具，其中五百餘人是非軍人。"

旅順戰鬥時，清將宋慶軍對佔領金州的日軍展開進攻，第一師團第一旅團長乃木希典少將奉命回師增援金州。21日，率部隊經土城子、三十里堡，途中圍殲從旅順退往金州方向的數股殘敵，560名已無戰意的清軍均被殺戮。22日上午11時，乃木軍包圍大毛家塋附近旅順口敗退的八九百名清軍，射殺360餘人，其餘500餘人被乃木士兵趕下海岸絕壁，逼溺海中。

日本記者的證言

《大阪每日新聞》隨軍記者相島勘次郎："22日早起寒風凜冽，街市內被殺死的敵兵不計其數，大街小巷到處是堆積的死屍。有死在大街正中者、屋內被槍劍刺死者、雙手緊握槍劍姿態倒在石階上者、兩眼直視不瞑目者……，腥風慘烈的畫面襲人心冰骨寒。"

《國民新聞》隨軍記者筆名枕戈生："旅順市內已成屍山血河，野地裏、山丘中、海面上，到處是死屍纍纍的慘象，旅順口被殺死的人數遠超過報紙上報道的數字。入城兩日來，被殺死的敵兵屍體阻礙了街區道路，我士兵只能踏屍而行。"

《時事新報》隨軍記者掘井卯之助："旅順各街遍佈死屍，身首分離者、腦門莳開者、腦漿溢出者、腸子流出者、眼球冒出者、手足切斷者，屍身上佈滿渾濁的血液，令人毛髮聳立。倘若此景讓翠帳紅閨中的貴婦人和女子所見，必會當即驚死於地。"

《東京日日新聞》隨軍記者甲秀輔："街巷死屍遍地狼藉，五六人或十數人倒在一起，發出襲人的血腥惡臭。此時此景泛起對愛新覺羅末世憐憫的念頭，面對如此慘烈的修羅道場，余無法想像此乃我文明軍隊之所為。"

《中央新聞》社隨軍記者水田榮雄，乘坐聯合艦隊軍艦"浪速"號停泊在旅順灣，是最後一位登陸的新聞記者。25 日，水田被允許登岸巡視採訪，毫無心理準備的水田，突然面對旅順市內的淒慘景象，驚恐得啞口無言、張口結舌，他感歎："即便是才筆縱橫之士，也難以在紙上再現旅順的慘狀。"水田數日觀察每日操筆，寫下親歷人間地獄恐怖的手稿。手稿寄出時，被軍方檢查官刪去許多內容。其中寫道："旅順大約有四五百住家，矮小的家屋並列在狹窄道路的兩側，清人自譽旅順是富甲繁盛之市街。如今此繁華街道，家家門窗洞開，戶戶散亂清人的鞋帽和陶瓦碎片，房屋外的柵欄被全部搗毀。街上除了往來的日本兵和掃除的民夫，幾乎看不到清國人的蹤跡。街道和家屋周圍遊動幾十條瀕於發瘋的惡狗，是主人逃跑時留在家的愛犬，數日不食已經瘦弱不堪、踉蹌若跌，變成了野犬。幾條惡狗在爭搶着一個清國人的頭顱，被撕咬得面目皆非。""前面是一個修繕水雷艇的小型船塢，船塢前面的池中漂浮清國人的屍體、帶肉骨的大腿、長長的內臟、沉入水中的頭顱，抬屍隊民夫正在受命打撈處置這些遺體。""市街中心向南延伸三條街道，東新街、中新街、西新街，走進中新街兩側民家窺視，屋內器物和炕蓆上沾有斑斑血跡，陰冷的屋內似有冤魂惡鬼啾啾之聲，久久執着地抓住動悸不安的心肉。""環顧道路左右，五個我軍兵卒在院中燃燒篝火取暖閒談，臨時馬廄的五六匹軍馬一列排開，門口一兵卒正用斧頭劈砍屋門取木作薪，旁邊放着一顆砍下的驢頭。道旁小土台邊，幾個蠢蠢蠕動灰頭土臉的支那人，戰戰兢兢像地獄的幽靈，他們胸前掛有日本兵發給的紙片，上記'第二軍司令部順民證明'附有軍官檢印。這些人是被充作"掃除隊"的民夫，正在搬運戰場上清國人屍體，他們有幸留下一條免殺的性命。"

外國記者的證言

日軍步兵第二聯隊侵入旅順市街時，外國隨軍記者聚集在白玉山上觀望，日本兵瘋狂的虐殺行動映入各國記者的眼簾。美國《紐約世界》記者克里曼在 12 月 20 日發表的記事中寫道："日軍衝入旅順，看到了用繩子吊掛在正街門上，被削去鼻子耳朵，沾滿凝固血液令人戰慄的日本兵頭顱，激起士兵殺戮的怒吼。戰前，大山巖司令長官訓令：'我軍要以仁義文明之儀作戰'。此時此刻，面對懸掛的戰友頭顱，士兵們完全喪失了仁義的理智，只有瘋狂復仇的發洩。我似乎感覺到野蠻對野蠻的復仇即將到來，可憐的旅順人將如何承受瘋狂殺戮的災難……""我看到一個清兵跪在地上祈求饒命，可是日兵的槍劍仍然刺穿了他的胸膛，軍刀砍下了頭顱。""角落裏，一個跪着的老人幾乎被攔腰斬斷。""屋頂上男人被擊中跌落了下來。""一個倒在路邊的男人，被槍劍從後背突刺數十回。""不遠處，從懸掛赤十字旗醫院大門跑出的非武裝平民被槍彈殺死。""頭戴毛皮帽子的商人，跪在地上作揖乞求留下性命，士兵依然槍殺了他。翌日我再次看到這個商人的屍體時，已經分辨不清他的模樣。""驅趕仔馬、驢、騾、駱駝的驚慌人群，攜帶小孩的女人冒着刺骨寒風向旅順西面逃亡。當奮力穿過海邊的淺灘時，被趕來的步兵中隊擋在前方，列隊排開的槍彈射向了人群。""兩個男人拚命渡過冰冷海水的淺灘，其中一人帶着兩個小孩。疾馳而來的騎兵中隊砍殺了一男，帶小孩的男人被逼向海中，像落水狗一樣遭到槍彈的射殺。""海面上許多滿載男女老少擁擠的小船緩緩向海中逃離，岸邊的日軍向遠離的小船射擊，海上日軍的水雷艇也向小船開炮，十幾艘小船和乘員被擊沉，落水的人發出聲嘶力竭的呼叫。""整個旅順籠罩在血雨腥風的恐怖之中，無氣力的人們遭到冷血動物的無情慘殺。""日軍上演了史上最黑暗的一幕，我曾讚賞過東洋崛起的文明，今日這些所謂的東洋文明卻在異邦的土地上自掘墳墓。"

英國《旗幟》記者威利阿斯 1 月 7 日報道："21 日下午 1 時半，炮兵三中隊和步兵向能俯視旅順港灣的山丘上移動，4 時 15 分第二聯隊向旅順進軍。清國黃金炮台向日軍發射兩三發炮彈企圖阻止日軍，彈着點偏離，沒有任何效果。接着炮台突然停止炮擊，清軍放棄陣地，丟棄炮台開始潰退。日軍通過市內的一座小鐵橋，一幅悲慘畫面映入眼簾，18 日戰鬥落入敵手的戰友頭顱，被掛在兩根木桿之上。再往前，又看見屋簷下掛着用繩子串起來的兩個日兵頭顱。在被虐殺的戰友面前，日本兵爆發出怒吼，狂喊着衝入市內，開始發洩燃燒的仇恨。日本兵完全喪失了理智，見人便殺，甚至連街上遊走的騾馬、貓狗也不放過。我等四個英國人在市街看到商人、店主、居民恐懼地向敵人下跪磕頭，悲哀的白髮老人、青年、壯年被斬殺在家屋的門口……。""殺人者為他們的行徑詭辯，聲稱當面對血肉模糊的被慘殺戰友的頭顱，即便是最有人情味的歐洲軍隊，也會作出復仇的野蠻行為。"

英國《時報》記者克溫 1 月 8 日報道："21 日下午 2 時，日軍進入旅順時，清軍正在向市外退卻，憑藉房屋的遮掩拚死抵抗，大批的人群由東向西潰逃。驚恐萬狀的清兵似乎意識到，眼前最好的辦法也許就是脫掉軍服變裝躲藏起來。衝入市街的日軍從各個家屋進進出出，尋找一切可以殺戮的對象。許多人跪在地上，身軀彎向地面哀願乞求，征服軍毫無憐憫地將他們殺害。""以往我對溫和的日軍頗有好感，此時此刻卻發現被他們的假面欺騙。英國和美國隨行的陸軍武官在日兵的瘋狂面前驚愕顫慄，譴責這簡直是野蠻行為，偽善面具後露出的猙獰。""我小心地向北面海邊走去，到處是混亂逃命的人群，一條條逃難的小船搭載超過乘員兩倍的難民向西面移動。趕來的日軍騎兵部隊從海岸開槍射擊，射程內的人被盡數殺死。一個年老者帶着十歲十二歲男孩跳入海中，被騎兵的刀劍砍殺。""一個被槍彈追逐的農夫一度被擊中倒下，看到他艱難爬起來拼命繼續逃向遠處，傷勢也許會讓他永遠倒下。""搜索中，一個男子從家屋跑出，立即遭到多方向交匯的槍彈射擊，倒下的男子努力抬起垂下的頭，15 分鐘的痙攣中不斷發出痛苦的哀鳴。相距十幾步遠處，狂笑的日本兵又射出致命的槍彈殺死了他。""眼看如此淒慘的死，我無法制止這些殺人魔手，每當腦海中浮現那時的場景，心中的悲哀都會讓我啞然無語。"

11 月 22 日清晨，槍聲密集掃蕩再開，驚醒了倦眠中的克溫和克里曼，兩人尋着槍聲方向環視旅順市街的景象。"一夜之間，市街面目皆非，大街小巷遍佈清國人的屍體，許多屍體就像被野獸利齒咬過一樣。死者眼中的淚水凍成了冰，傷口流出的血液結成冰柱。一個被砍頭的死者，頭顱滾向兩三米遠處，一條惡狗正在瘋狂地啃食，旁邊的日本哨兵在無情地獰笑。店主的屍體壓在人堆中，一個已經沒有牙齒的白髮老人慘死在商店入口，腹部被切開，腸流滿地。克溫大膽挪開幾個男子的屍體，看到下面壓着一個面部苦痛的女子和小孩的屍體。在街角的一個大約二十五人堆積的屍堆旁，日本兵在燃燒篝火取暖，火苗燒着了死者的衣服。屍堆不遠處，一個兩鬢斑白、滿臉皺紋的老人被切斷喉嚨，眼睛和舌頭向外凸出，旁邊還有一個被攔腰砍斷的屍身……。"

威利阿斯和哈特在市擬巡視，在昨日看到懸掛日本兵頭顱的橋頭附近，躺着數名剛被殺死的清國人，傷口仍然流着鮮血。不遠的槍響處，日本兵拽着三個清國人的髮辮，拖出家屋就地槍斃，氣息尚存的傷者艱難向前跑了一段終於倒下，

3.3.10　旅順虐殺事件的罪魁禍首，第2軍第1師團長山地站在渤海灣岸凍結的冰塊上豪語抒懷："若無此雪地冰封，吾將山海關一氣攻下。"旁邊是被日軍奴役的旅順貧民。

地上留下一行奪命的血跡。兩人來到哈特吃過飯的餐館，曾談笑風生的廚師死在炕上，跑堂的三個年輕人也剛剛被殺害，三人相擁在一起，鮮血慢慢從炕簷垂下。輕微的血滴音就像砸在心上一樣難過，哈特痛苦地喃喃自語："如果我們早些從旅館來到這裏，也許他們不會這樣死去。"

4　虐殺事件的隱匿

　　旅順虐殺事件發生後，伊藤首相和陸奧外相緊急展開"沉靜化"外交工作，避免事件在歐美諸國進一步擴大。面對國內外媒體的報道，虐殺事實已經無法再掩蓋下去。政府嚴厲要求國內的新聞媒體，在報道中迴避血淋淋的虐殺情節。第二軍大山司令官及部下擔心殺戮行為引起國際輿論譴責，玷污"文明義軍"的名譽，特別制定了對事件的統一辯答要領。一、當被問及"日軍進入旅順，為甚麼不區分兵士和百姓皆混同殺戮"時，答："造成軍民混同殺戮的原因，(1)旅順口是敵人的軍港，市內百姓大多是服務於軍隊的職工同屬敵類。(2)我軍受到敵兵從民屋內的射擊抵抗，事實證明大多民家都有遺棄兵器彈藥的現場。(3)旅順戰鬥展開前，大多數居民早已離開，掃蕩時市內時是薄暮黃昏，能見度不佳，無法判斷是敵是民。"二、問及"21日以降，戰鬥已經結束，為甚麼仍然對沒有戰鬥力的敵兵繼續殺戮。"答："俘虜中的被殺戮者皆是頑固不化之人，或抵抗逃跑之徒，為防止意外故對敵施以懲戒。"

　　11月26日，第二軍司令部下達"盡快打掃戰場，迅速處理清國人屍體"的命令，同時各處張貼告諭文，告誡掃蕩中的將兵"要安撫市民各行其業，對放下武器自首的清兵不得殺戮"。軍副官部有賀長雄參考法國和意大利等國《戰場埋葬規則》條例，擬定《屍體掃除手續》條例規範。屍體處理應先確定死者身份、登記攜帶品，葬坑深度兩米。可是面對如此大量的屍體，若按照規範處理，在人力物力上根本不可能實現。旅順正值寒冬季節，凍土堅硬無法挖掘深坑，即使火葬也沒有設施和燃料，而且沒有清兵兵籍簿和旅順居民戶籍簿，死者的對照登記無法進行。為了盡快執行打掃戰場的命令，憲兵隊僱傭日本軍夫和招集倖免遇難的清國人，組成戰場"掃除隊"清理市街道路上的屍體。屍體從市內運到郊外的窪地用沙土掩埋。由於人手嚴重不足，凍僵硬直的屍體像枯木一樣橫豎堆積在一起，屍體處理陷入困境。

11月28日，一艘懸掛清國龍旗、紅十字旗、白旗的清國船進入旅順灣請求入港，乘船者是天津私立紅十字會的人員，同船成員還有英國陸軍軍醫。商船負責人隨身攜帶各種規格的官方證明文件與日軍交涉，入港的目的是救護旅順戰中負傷的清國傷兵返回天津治療。第二軍司令官大山知道旅順虐殺現場死屍遍野遠沒有清理完畢，況且也沒有存活的清兵傷員。此種血淋淋現場若被來人所見，必會成為歐美新聞的佐證，遂斷然拒絕了紅十字會的請求。日軍拒絕紅十字會船入港實施人道義務的行為，在歐美媒體曝光後，受到輿論的強烈譴責。

1895年1月14日，第二軍下達《屍體掃除手續》條例，由混成第十二旅團指揮處置旅順一帶敵軍的屍體。按照清國人不興火葬的習俗，《手續》備註："敵屍以埋葬為主，但無法埋葬時可以火葬處置。"其中第四條埋葬場所和方法，要求戰鬥當局的軍醫部和衛生員，依照下列條款謹慎實施。(1)應用埋葬法處置時，須避免日後因風雨造成屍體暴露。(2)埋葬地點須選擇與村落道路隔離的隱蔽之場所。(3)防止因屍體腐敗對水源、大氣污染引發傳染疾病。(4)屍體集體會葬時，由隨軍僧侶實施祈禱亡靈的儀式。

3月份，大本營派遣特派員視察旅順行政廳，詳細聽取了戰後民政恢復報告，行政長官鄭永昌詳盡介紹了屍體處置作業的情況。1月份由於正值寒冬，屍體採用埋葬法處置遇到了極大困難。根據《屍體掃除手續》條例，只能改用火葬法才能迅速處理屍體。在實際作業過程中，僅1,500餘具屍體的火葬就頗費苦心。"燒卻隊"在旅順市郊外找到一個磚瓦廠，利用磚瓦廠釜爐替代屍體燒卻爐，燃料使用清軍遺留在港內的大量煤炭。政廳請海軍搜取破船上的引火木材和煤炭，每爐一次可燒五六十具屍體。金州方面處理清兵屍體，在西郊外設立了臨時火葬場。火葬場用土石圍成，高十一尺（約 3.3 米），正面五間（約 9 米），橫面四間（約 7.2 米），屋頂鋪設鋅皮板材，煙囪用白鐵皮做成，全面積約 66 平方米。火葬屍體總數 1,200 具，所需人工費、石油燃料費、搬運費，合計 1,302 日圓。1 月下旬，氣溫逐漸轉暖，陽光普照，凍土溫度上升，各處傳來有半枯骨骸露出的報告。屍體腐敗與雪水交融。會污染地下飲水源，帶來公共衛生的問題。21 日，政廳決定實施屍體挖掘作業，對所有屍體採取火葬法處理。

火葬處理的骨灰裝進大口清式棺材，埋入白玉山東北麓山腳下。1 月 18 日，行政廳從金州喚來 6 名清國僧侶及隨軍日本僧侶 8 名，在掩埋清國人死難者處建立了一座"清國兵戰歿者"墓碑。兩國僧侶按照各自的佛家禮儀，共同為亡靈誦經祈禱。日本僧侶出資建造一座石碑，周圍用木柵欄圈圍，並銘有梵文碑文。

表面一行豎字（梵文）：寶塔者為清人亡魂離苦得樂也

右面兩行並排豎字（梵文）：偈曰："劍樹刀山飛鳥蹤炮彈兩打空鐘 個中何別親兼冤 旭日長輝鐵峯（左行）"下接"露"字

左面一行豎字（梵文）："經曰：一切有為法如夢幻泡影如露亦如電應作如是觀"

背面落款（梵文）："大日本帝國真言、臨濟、天台、真宗特派僧建焉 維時明治二十八年一月十八日"

隨軍僧侶目睹了旅順戰場的悲凄場面，以佛家禮儀為軍人虐殺行為向死者表以哀悼。隨軍各派僧侶戰場集資為死難者建立石碑超度亡靈，展現佛家以慈悲為懷的善舉。日本媒體報道："嗚呼！我國人一視同仁博愛義俠，此乃心誠善慈之舉也。"

日軍佔領旅順後，隨即開設了旅順佔領地行政署，12 月 13 日發佈《旅順口行政署行政管理規則》，宣佈從 12 月 16 日開始工作。國內任命的行政署文武官員 250 人，從佐世保港啟程直航旅順。16 日實施《旅順口施米細則》，在市內開設施米站，面向當地居民施米 30 日，每人每日給米四合（1 合米約 150g），呼喚當地居民返回家鄉，開始生計。12 月中下旬，旅順口本地的殘存居民接到日軍命令，重新開始賴以生計的澡堂、豬肉舖、製粉所等行業店舖的營業。

光緒二十一年（1895）的正月，旅順口仍處在血雨腥風的陰影壓抑之中，外逃的市民返回家園者極少。旅順市中心的集仙茶樓大戲院每日擠滿了日軍觀眾，觀看日本藝人的慰問表演。1 月 26 日，旅順行政署在各處張貼安民告示，要求市民各歸其業，對放下武器自首投降的清兵不糾其命。27 日日本憲兵開始調查旅順口居民的人口狀況，繼續向沒有糧食的百姓施米救濟。2 月份，旅順回歸人口逐漸上升，街頭販賣饅頭、包子、菜類的商販增加。日本本土前來做買賣的民間商人，獲得進入旅順經商的許可。3 月份，在外避難的旅順原住民舉家回歸，人口上升至三百餘戶。

5　野蠻文化的悲劇

旅順虐殺事件中的喪生人數，在歐美報刊和日本報刊中均有報道，由於虐殺現場被有組織地隱密處理和缺少權威性統計，真實的數字不得而知。《東京朝日新聞》（12.1）報道：“據山本記者所見，第三聯隊宿營地附近埋葬有 700 餘名清兵遺體。乃木少將追擊逃亡金州的清軍途中殺死 362 名清兵，埋葬在老鐵山附近，軍參謀官報告總計埋葬者約 3,000 餘人。22 日早晨，清點旅順市街的死者，其數 300 人許，又增斬殺抵抗者數十人。”《萬朝報》（12.4）報道：“此役敵的死傷者遠超過平壤和九連城之戰，旅順市街死屍纍纍無插足之地，26 日清點死者超過 3,000 餘人。”《讀賣新聞》（12.10）報道：“此戰斃敵總數 5,000 人以上，市內死者 1,200 餘人。21 至 22 日之戰，敵死者約 1,000 人，俘虜 63 人，8 人送往野戰醫院治療。”“21 日，金州戰即死將校 7 人，下士官 32 人，兵卒 464 人。22 至 24 日，旅順敗兵在金州附近死者 280 人，金州周圍死者 1,056 人，海中溺死和槍殺者不在其內，俘虜約 300 人，41 名傷者送往金州野戰醫院救治。這次旅順之戰，殺敵數合計約 6,000 餘。”12 月 9 日，第二軍參謀長向大本營報告旅順戰鬥結果：“旅順口清軍守敵死者約 2,500 人；金州方面及金州和旅順之間敵軍死者約 2,000 人，概算合計約 4,500 人。現在我軍醫院接受治療的敵傷員約 40 餘人，355 名清兵俘虜準備解送本國。”

旅順虐殺事件以日本三緘其口、迅速處理虐殺現場、安撫救濟居民、公開否定國際社會輿論，以及清國朝廷的沉默而告終。事件沒有留下多少人證和物證，致使百年以來旅順虐殺事件猶如雲霧籠罩撲朔迷離，成為難以徹底清辨的歷史事件。

旅順屠城事件不能不痛感清國自身的表現，無辜的清國百姓當遭到外來侵略者屠殺時，他們賴以依靠的皇帝、太后、朝廷大臣無動於衷，大清國沒有人站出來為民眾喊屈叫冤、聲張屈辱。卻是那些被視為紅毛綠鬼的西洋人，在相隔半個地球的遙遠彼岸，向無助的東方民眾發出正義憐憫的呼救聲。皇家軍隊貪生怕死，大量軍人假扮百姓私換民服自顧逃命，將危險轉嫁到無辜民眾身上。這種自家人轉嫁生死危機的惡劣行為和殺人者的野蠻行為，同樣受到歷史公論的鄙視。

旅順虐殺事件，如果説日本軍隊對清軍大開殺戒是事出有因，出於對清兵殘虐行為的復仇，那麼大量殺害無辜的清國百姓，就無法自圓其説，而是徹頭徹尾的野蠻劣根性的大暴露。在血淋淋的事實面前，日本軍人第一想到和做到的就是毀滅罪行、混淆是非，讓這個負有歷史罪責的事件消聲滅跡。在清國政府軟弱外交的背景下，日本一系列善後工作取得了成效，西方世界的譴責戰沒有持續下去，國際社會似乎很快淡忘了這個血淋淋的歷史事件。1895 年 2 月 6 日，美國國務卿致函日本駐美國公使栗野，日美條約最終修訂案獲得參議院表決通過。2 月 17 日，天皇御批了美國批准的日美改正條約案，3 月 21 日兩國在華盛頓交換批准文書，3 月 24 日日美新條約公佈。在旅順虐殺事件背景下，日美兩國的改正條約仍得以通過，標誌着代表西方文明的美國人，繼英國人之後也承認了日本是文明國家的一員。旅順事件問題上，儘管國際輿論抨擊日本人的野蠻行為，批評日本的文明大倒退，但是國際社會仍然接受了日本。

旅順虐殺事件是東方人復仇文化的產物，殺人倫理和殺人手段，直接引導了復仇升級的惡循環。這場國家性質的屠殺，災難性的降落在華夏後裔頭上。在大清國的歷史觀裏，日軍屠城旅順符合清朝有史以來的戰爭文化，戰勝者斬盡殺絕戰敗者，是戰爭認定的邏輯。正是這個屠夫邏輯，滿洲蠻夷曾經狂屠天下，將無數中原人變成刀下之鬼。滿清統治者的戰爭倫理默認了旅順事件的合理性，從而對事件自肅沉默、放任自流。事實上，紫禁城內的大清朝廷，骨子裏透着戰爭復仇的渴望。一旦他們勝利了，同樣會按照自己的野蠻邏輯，作出與日軍相同的事情。清國人和日本人虐殺行為的本質，赤裸裸表現出了同類蠻夷文化的野蠻屬性。

英國牛津大學著名國際法學教授艾倫特，發表論文〈日清戰爭中的國際法〉，譴責日本是"披着文明外衣有着野蠻筋骨的怪獸，旅順虐殺行徑暴露了日本人野蠻本性的真面目。如此自譽'文明國'的日本人，仍需要一個世紀以上的文明進化。"歷史終究是歷史，事件的經過無法遮掩清兵對日本兵虐殺的事實，也不能毀滅日本兵肆意屠殺清國人的罪行。作為近代史的一部分，旅順虐殺事件是清日兩國各自固有的野蠻文化所釀成的歷史悲劇。

北洋水師降服始末

1894 年 1 月，陸軍第二軍司令官大山巖在出兵威海衛前，與聯合艦隊伊東司令官商議，聯名給清國北洋水師提督丁汝昌寫了一封勸降信。大山認為伊東司令官和丁汝昌有多年友情，對丁汝昌的性情比較了解，期待勸降能動搖丁汝昌抵抗的決心。勸降信由第二軍司令部隨軍顧問有賀長雄按照大山司令官提出的要點用英文起草，寫好後卻不知如何送交給丁汝昌。1 月 22 日，恰巧英國遠東艦隊旗艦和三艘戰艦出現在榮成灣。英艦司令官斐利曼特中將請求在灣內停泊三日，觀察日軍登陸作戰，請求得到伊東司令官的許可。23 日，大山司令官抵達榮成灣，伊東和大山商議，勸降信可以委託斐利曼特轉交給丁汝昌。

勸降信《致大清國北洋水師提督丁汝昌》，信函原文用英文書寫，後譯成日文上報大本營備案，現館藏於防衛省防衛研究所圖書館，全文如下。

僅呈一書致丁汝昌提督閣下：

時局變遷，吾等不幸成為敵國。然今日之戰乃國與國之戰，非吾等個人間之反目，吾與閣下之情誼依然如昔日之良友。今此一書非催促閣下歸降，吾深知閣下之苦衷及敗局之嚴重。從國家與個人利益衡量，取中庸之道從長計議乃為上策，故誠以言表。

凡天下大事，當事者迷，旁觀者清也，吾等焉能沉默不與友言乎？熟慮之下瀆告閣下深思。開戰以來，貴國陸海軍連戰連敗，其原因乃平心靜氣、審時度勢為難事，憑閣下之英明，定知其中之奧理。貴國敗至今日，非君臣一兩人之罪過，實為從來墨守成規之制度所累。有史以來，貴國奉行學而優則仕之吏治，千年歷史證明此制度並非完美。貴國如此一來孤立獨往於世界，自然會永遠失去完美之物。今日變化中之大千世界，夜郎自大、孤陋寡聞之國，焉能不敗乎？

如同閣下所知那樣，三十年前日本帝國亦曾歷經過辛酸的過去，國家幾乎到了洋夷入侵的危難邊緣。此後，帝國廢棄舊制推行維新治國之方略，闢得國家富強之路。今貴國若也能圖維新、思改革，乃將國家之幸，否則早晚不能逃脫滅亡之命運。此理數必致氣數，這一奧理在本次戰爭中得以窺見，否定其理必至其厄運也。臣子虛偽之卑謙，乃為博得主子歡心所致，久而久之壯志便會頹而廢之，當國家委以重任之時，即不堪大任亦無所作為。貴國擁有廣大之疆域和最古的文

3.4.01　第二軍司令官大山和聯合艦隊司令官伊東，聯名寫給清國北洋水師提督丁汝昌的勸降信。原文用　英文書寫，圖示英文直譯的日文版，是聯合艦隊報大本營之翻譯備案版，1895 年 2 月 25 日譯成。

化，如果舊帝國能改革一新，其基礎則會永遠穩固於不敗之地。論理不易，其事在理，時間可明鑒矣。

閣下若全軍降服，艦船獻與，這與君主荒廢國家社稷比較而言，實乃區區之小節。請閣下傾聽真誠友人肺腑之言，吾以屹立世界的日本武士之名譽向閣下發誓，閣下或暫時雲遊吾國，待它日貴國振興之時，必有大展宏圖之機會。有史以來，棄小節而忍辱負重成大事者比比皆是。如法國元帥麥克馬洪，曾是阿爾及利亞總督，後降於法國，法國人無羞辱與他，他的政績和名望使他成為法國第二任總統。又如土耳其奧斯曼帝國的帕夏，在普雷烏納戰役中一敗塗地，降服後成了敵軍俘虜。忍辱負重的他歸國後並無影響仕途，後榮任陸軍大臣，立下改革軍政建立偉業的功勞。閣下如若歸順吾國，天皇陛下定會大度賦予閣下與吾等相同之待遇。天皇陛下曾經對舉反叛旗幟歸順的藩閥，如榎本海軍中將、大鳥樞密顧問官等，不但予以容赦而且賦與顯赫要職，發揮他們之才幹為國效勞。如今擺在閣下面前只有兩條路，一條乃固守舊規，冒大厄為己任玉碎使然；一條積蓄餘力，從長計議，請閣下務必深思熟慮謹慎擇之。

貴國武將之書翰，大多以豪言壯語運酬，表面忠勇無敵，實則弱不可擊。吾等相信閣下之賢明，必然有別於他人之上。今日致書閣下，實發自內心之真誠友情，絕非輕率之舉，閣下若能理解書中之意，願意採納鄙見，實行方法容吾等再向閣下具陳。

明治二十八年一月二十日　伯爵 大山巖頓首　伊東祐亨頓首

1 月 25 日，丁汝昌收到勸降信，未給日方任何答覆，把勸降信轉寄給李鴻章，表示絕不降敵，率領艦隊誓死抗戰到底。然而，回味勸降信內容寓意深博，字裏行間對敵國並無貶毀謾罵之詞，卻一針見血道出清國制度之弊端和振興之

405

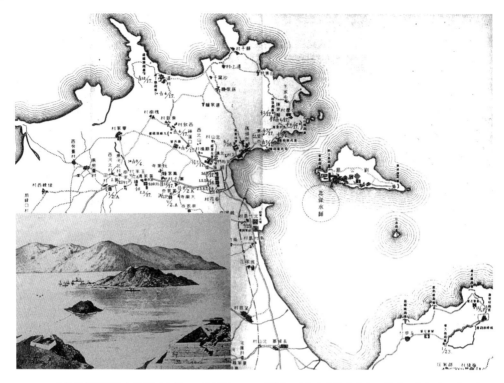

3.4.02　威海衛是遠東著名的不凍良港，三面環山，劉公島扼守灣口。日島、黃島、牙石等島位於劉公島兩側，以強力的炮台火力，構成了防禦的天然屏障。劉公島要塞是清國海軍北洋水師的大本營。

路，細細品來令丁汝昌感慨有加。

　　威海衛防衛戰，丁汝昌按照李鴻章避敵保船之命，躲在港灣內拒不出港，各艦的艦炮奮力支援陸軍與敵作戰。2月5日，定遠艦被敵魚雷命中嚴重進水，丁汝昌命定遠駛入劉公島南端擱淺，旗艦帥旗移至鎮遠艦。7日，敵軍猛烈攻擊沿岸各炮台，日島炮台被摧毀，軍心大亂。北洋魚雷艇隊獨自從東口突圍逃走，港灣防禦對敵艦完全失去威脅。清軍內部從上官到士兵相繼出現降敵騷動，以致公開向丁汝昌提出降敵請呈。清軍僱用的外國軍官也向丁汝昌進言，勸其降服日軍，安撫人心。丁汝昌堅持向諸將官表示，援軍即將到來，吾等決不降敵。9日，靖遠號中彈沉沒，艦隊和劉公島面臨縱深打擊，陸軍鼓噪嘩變，要求降敵求生。面對數千軍兵的性命，此時的丁汝昌為手握他們的生死大權而百感交集，終於被逼至降服的選擇之中。

　　2月12日上午10時20分，清國水師廣丙號艦長程璧光，以軍使身份乘鎮北號炮艦，懸掛白旗前往停泊在威海衛東面陰山口海面的日軍旗艦松島號，向伊東司令官遞交了丁汝昌書寫的請降書。請降書原文如下（括號內係本書註釋）：

革職留任北洋海軍提督軍門統領丁為咨會事：

照得本軍門前接佐世保提督（丁汝昌率領北洋艦隊訪問日本時，伊東祐亨任佐世保鎮守府司令長官，信中使用伊東舊職）來函（勸降信），只因兩國交爭未便具復。本軍門始意決戰至船沒人盡而後已，今因欲保全眾生靈，願停戰，將在島內現有之船艦及劉公島並炮台、軍械獻與貴國。只求勿傷害水陸之中西官員、兵勇、民人等命，並許其出島歸鄉，是所切望。如彼此允許可行，則請英國水師提督作證，為此具文，咨會貴軍門。請煩查照，即日見復，施行須至咨者。

右咨：伊東海軍提督軍門　光緒二十一年正月十八日

伊東司令長官與丁汝昌早年有過交往，頗知丁之性情，判斷此請降書不會是詐降，決定同意清國降服將校及其他官員、僱用外國人、兵卒在履行不再與日軍作戰的誓約後予以釋放。伊東立即派通信兵將請降書和他本人意見轉送山東作戰軍大山司令官。大山司令官接到書信，對丁汝昌要求釋放陸海軍人及希望請英國水師提督做保證人的提議表示拒絕，遂派軍副參謀長，炮兵中佐伊地知幸介和法律顧問有賀長雄前往松島旗艦協商。下午 1 時，一行從虎山出發，因道路受阻，直到下午 4 時才到達陸海軍聯絡點皂阜村附近的松島艦上。可是轉達大山司令官意見的時機已經太遲，伊東司令官已經根據當時情況作出了自己的決定。

伊東司令官在接到請降書之後，已向威海衛的日軍黑瀨炮兵部長下達停止對清艦炮擊的命令。伊東認為，除了丁汝昌請英國艦隊司令官做保證人的條件外，

8.4.03　威海衛城池
三面環山，在北棉花
山、南佛頂山、西古
山的環抱之下，氣勢
宏大，在城左門西北
隅環翠樓側立有倭寇
碑，右下門是西門。

407

3.4.04　日軍龍睡澳登陸。士卒從運輸船換乘小船陸續上陸。此時的山東境內，已經白雪皚皚，氣溫降至零下。雪地上映出登陸兵士的身影。

3.4.05　日本聯合艦隊封鎖劉公島出海口，防止清艦脱逃。用艦炮火力轟擊清軍炮台，配合陸軍進攻清軍陣地。

3.4.06　威海衛港東岸謝家所炮台陣地及探照燈台，裝備德國造 15 厘米、12 厘米加農炮。大炮瞄準具採用準星式，尚不具備光學瞄準系統。

3.4.07　西岸祭祀炮台中央陣地，炮台能遙望劉公島山丘上的諸炮台。圖為陷落後的炮台內部，留下完好的巨炮和兵舍內清軍生活的散亂痕跡。

3.4.08　暴風雨後，威海衛灣外氣溫驟降，增加了日艦作戰的難度。圖為凍結掛冰的魚雷艇，一時失去了作戰機能。

3.4.09　聯合艦隊實施魚雷艇夜襲作戰，定遠艦遭到日艦魚雷攻擊，損毀嚴重，被迫擱淺。圖為日軍登上破損擱淺的定遠艦，甲板上一片狼藉。

3.4.10 聯合艦隊夜襲劉公島北洋艦隊。數艘魚雷艇趁夜幕潛入劉公島灣內，尋找清國軍艦。清軍陸基探照燈引導大炮攻擊敵魚雷艇。

3.4.11 下圖日軍突破清軍防線，派小艇潛入港口，水兵砍斷清國設置的防護鐵柵欄，成功引導魚雷艇通過清軍封鎖線進入劉公島灣內。上圖奇襲北洋艦隊的二十二號魚雷艇，遭到清軍炮火攻擊重傷。沉沒中，艇長等七人拒絕離開，願與戰艦共存亡。翌日，清軍在艇內俘獲數具傷亡和自決的日兵屍體。

其餘條件都可以允諾。此時若繼續炮擊清艦，會動搖丁汝昌降服的信心，導致清軍加速破壞現有兵器和軍艦，對我軍取得港口不利。下午2時27分，伊東司令長官用英文給丁汝昌寫了回函，讓程璧光轉交丁提督。臨行前伊東聞聽丁汝昌病臥寢榻，託贈柿餅、香檳酒、葡萄酒等慰問物品。

伊東司令長官回函："貴書拜讀瞻仰，降服條件委細諒承仕候，小官擬於明日此時接收閣下所有艦船炮台及其他一切軍用物品。移交完畢後，小官派一艦船將閣下所定人員護送至雙方指定的地方。然小官仍有所見存念，如前函(伊東與大山司令官聯名的勸降信)之陳述，為了閣下一身的安全，在戰爭結束前閣下可來我國，日本保證給予厚遇，待戰爭終結閣下再大展宏圖。如果閣下希望回歸鄉里，小官亦滿足閣下的願望。至於英國艦隊司令官做保證人的條件，小官認為沒有必要，小官以軍人名譽和信用承諾受降的保證。擱筆之際，望閣下於明朝10時確答我方。 明治二十八年二月十二日 聯合艦隊司令長官 海軍中將 伊東祐亨"。

2月12日，鎮遠艦上的丁汝昌，盼李鴻章之援軍不至終於絕望，命令炸毀鎮遠號，欲與戰艦同歸於盡，艦上官兵和外籍軍官均反對做無謂犧牲。丁汝昌受到窒息般壓抑，卻又無法挽救敗局。堂堂大清帝國北洋水師毀於自己手中，一個被革職留用的敗將還有何顏面留存於世。悲淒之中，丁汝昌退回艙內，喚來候補道台，威海衛水陸營務處提調牛昶昞，命其將提督印毀壞。自己草草給李鴻章留下一紙電文："吾雖決意與艦同歸於盡，然人心潰亂，大勢已去矣。"隨即服毒身亡。丁汝昌死後，牛昶昞持提督印和丁提督給伊東留下的回函，代表清軍與伊東司令官談判降服事宜。

13 日上午 9 時，程璧光乘炮艦鎮中號到訪松島號，帶來丁汝昌的回函，面交伊東司令長官。函曰："伊東軍門大人閣下，傾接復函，深為承諾生靈免

3.4.12　凌晨四時，伊東司令官發出實施第二次奇襲劉公島內北洋艦隊作戰命令，清艦威遠遭日艦魚雷艇攻擊，在威海衛劉公島棧橋附近沉沒。

遭塗炭感激，承賜禮物，際茲兩國有爭不敢私受，謹以璧還並道謝忱。來函約於明日交軍械、炮台、船艦，為時過促，因兵勇卸繳軍裝，收拾行李，稍需時候，恐有不及。請展限於華曆正月二十二日起，由閣下進港，分日交收劉公島炮台軍械，並現在所餘船艦，決不食言。耑此具復。肅請台安。諸希乘察。不宣　丁汝昌頓首　正月十八日　外，繳呈惠禮三件。"

伊東司令官見程璧光身着喪服，詢之。程悲痛歎道："昨日丁提督書完此函，又給李中堂留下一封電文後，將遺留後事託與英國人馬格祿副提督（Mclure John，蘇格蘭人，原在英國商船奉職，1894 年接替漢納根，受聘出任北洋水師副提督）。丁提督感泣閣下之好意，已經沒有餘恨遺念，面向北京方向叩拜，昂首飲毒自盡了。其部下定遠艦長劉步蟾、劉公島陸兵指揮官張文宣亦隨後自殺。"伊東聞之感歎惜至，讓程璧光回去轉達日方要求，在清國人中選任談判代表，繼續談判降服事宜，並且書下一封英文回函交與程璧光帶回。

伊東司令長官回函："余茲清曆正月十八日接丁提督書函，從軍使程璧光口中知悉昨夜丁提督去世，余深感悲歎之至。來函承知軍艦炮台及其他軍械受領之

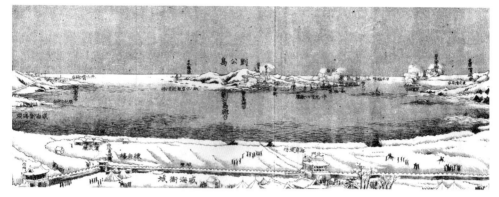

3.4.13　威海衛炮台相繼失陷，劉公島成為一座孤島，完全暴露在日軍炮火攻擊之下，北洋戰艦在灣內四處躲避，被動捱打，全無還手之力。清軍九艘魚雷艇突然從港灣西口魚貫而出企圖逃跑，其中八艘被日艦圍堵俘虜。

事，附加延期至清曆正月二十二日之條件，本官在清方保證以下條件前提下給予承諾。條件是能代表清國陸海官兵的責任者，在公曆 2 月 13 日下午 6 時來我松島艦，就軍艦、炮台及其他軍械交付事宜，並實施護送清國士官及外國人員離開威海衛事宜的詳細步驟進行談判。丁提督給本官最後的信函中約定，交付時刻及其他細節，當於明日與本官協議。然丁提督現已去世，立即委任可以代表丁提督履行協議的官員甚為重要。為此目的，來我旗艦的官員必須是清國官員，外國官員固辭，本官用名譽保證接待此官員。 公曆千八百九十五年二月十三日　明治二十八年二月十三日 於松島 伊東祐亨"。

程璧光返回錨地後，伊東司令官為丁汝昌提督獨自承擔降服之責，保護艦隊兵勇生命而死感慨備至。上午 11 時，伊東集合全艦官兵，通告了清艦最高司令長官丁汝昌的死訊，命令全艦停止奏樂表示弔意。

2 月 13 日下午 6 時，牛昶昞作為威海衛清國陸海軍代表來到松島艦，伊東司令官拿出事先準備好的降服手續書，根據其中的要旨開始談判。同席官有聯合艦隊參謀長出羽大佐、參謀島村少佐、軍參謀副長伊地知幸介、法律顧問有賀長雄、炮兵大尉石井忠利，會談至 10 時結束。談判中，牛昶昞要求允許歸鄉的清國陸海軍人，可以自由通過日軍佔領區，該請求立即遭到軍參謀副長伊地的拒絕。降服士兵被要求 14 日下午 5 時在竹島村上陸，翌日由日軍護送出日軍佔領地後解散。由於伊東司令官曾書函承諾丁提督，繳械交付可以延至 16 日上午 9 時，故 16 日最後離開劉公島的降服士兵上陸地點定於養馬島附近。對此議案，牛昶昞堅持上陸地點為芝罘，雙方沒有達成協議，決定移至翌日下午 2 時再議。14 日午後，

3.4.14　聯合艦隊炮械技師修復了趙北嘴、謝家所炮台重炮，從陸上和海上同時向清國艦隊發動總攻擊。日兵押解清兵俘虜，強迫炮手向日島和劉公島炮台開炮。島上清軍大炮陣地的炮聲嘎然而止，日島彈藥庫中彈起火。

談判再開，牛昶昞提出原定陸路護送釋放的清國兵勇非常恐慌發生騷亂，希望增加海路護送，此議被伊東司令官拒絕。對於昨日未達成協議的上陸地點一案，出自伊東司令長官的厚意，決定免於繳獲軍艦康濟號，用以搭載丁汝昌等人的靈柩前往芝罘。但是康濟號免繳的條件是必須解除武裝(其實該艦並非正規軍艦，兵器裝備只有步槍 10 支，古水雷 3 枚)。降服的清國官兵搭乘康濟號的一切權利，交付牛昶昞全權處理。

　　15 日暴風雨，聯合艦隊諸艦多數開進榮成灣避難，陰山口只留下松島旗艦、浪速、高千穗和水雷艇兩艘，繼續監視劉公島出口，臨檢從劉公島西口出港，前往芝罘逃難的當地百姓船隻。16 日上午，清國軍使再度來到松島艦，遞交了清國海陸軍士官宣誓書、兵員表。僱傭外國人的宣誓書中記載，為清國作戰之署名者，宣誓釋放後絕不再戰。降服清國陸軍將校 40 人、下士以下 2,000 人(護軍正營、副營、前營、後營)。海軍將校 183 人、學生 30 人、下士以下 2,871 人，海軍僱傭外國人 10 人。道台牛昶昞訴說，前日暴風雨的原因，劉公島上陸兵員甚為混雜，為了保證秩序不出枝節，希望我艦隊 17 日入港。伊東司令官決定，築紫、赤城二艦和數艘水雷艇先行進入劉公島港內擔任警備，其餘諸艦 17 日入港。下午 3 時，二艦從劉公島東口進入，水雷艇前往西口拆除航道內防材，確保翌日我大船通過。

　　2 月 17 日，伊東司令長官和清國威海衛道台牛昶昞在《降服規約書》上最終簽字調印，此後聯合艦隊浩浩蕩蕩進入劉公島港灣。日清雙方簽署的《降服規約書》共計十一條。

　　第一條　依照本規約，清方須提出希望獲得安全護送的，清國及外國士官的

3.4.15　丁汝昌留下寫給聯合艦隊司令官伊東的降信，委託程璧光代辦降事，自己決意引咎自殺。信中日：伊東閣下，傾接復函，深為生靈感激，承賜禮物，際茲兩國有爭不敢私受，謹以璧還之。

名簿。名簿需註明人數、官職、位階、姓名，僱傭外國人須註明其國籍。

　　第二條　中西水陸文武官員，保證不再參與現在日本和清國間的戰爭，以書面形式宣誓。

　　第三條　在劉公島上的陸軍武器彈藥存放於一定的地點，其地點通知日軍。劉公島兵員於 2 月 14 日下午 5 時始，至同月 15 日正午止，在竹島上陸。同日正午開始，日本護衛兵護送登岸繳械的清兵，通過威海衛日軍佔領區後釋放。

3.4.16　北洋水師提督丁汝昌肖像。1891 年丁汝昌率六艘軍艦訪問日本，在東京上野彥馬照相館的留影。

　　第四條　威海衛清方負責者，代表清國艦隊士官，提出數名交付各軍艦及炮台的委員，此等委員於 2 月 15 日正午前移交其所擔任的艦船、炮台內炮械、槍支彈藥以及兵器目錄。

　　第五條　清國海陸軍士官、兵員及外國人，依照第十條規定，搭乘康濟號艦退出威海衛海域。

　　第六條　出威海衛的清國海陸軍士官及外國人，允許攜帶只限私有動產的物品（武器除外），且日軍認為必要時可以實行臨檢。

　　第七條　勸告劉公島本地居民不必畏懼，繼續居住安分營生。

　　第八條　2 月 16 日上午 9 時，日軍開始登陸劉

3.4.17 威海衛諸炮台失陷，靖遠艦中彈沉沒，艦隊和劉公島面臨縱深打擊，陸軍鼓噪嘩變要求降敵求生。丁汝昌被逼至降敵自殺的選擇，悲泣中給李鴻章留下一紙電文，遙望北京飲毒自盡。

公島，着手接收炮台、軍用品及收容各軍艦。但是在本談判終了後，伊東司令長官認為有必要時，有權派遣數艘軍艦先行進入劉公島港內。清國海軍士官及外國人，2月16日上午9時前仍可留居船內。到時一律遷出，願由威海衛遵陸而歸，可聽其便。當2月15日正午，清軍陸兵擺渡上陸完畢後，即可開始。

第九條　欲離開威海衛的老幼婦女及其他非戰鬥人員，2月15日早晨開始在東西口，可以乘民船離開。屆時日本海軍派遣水雷艇或小汽船實施臨檢，檢查範圍僅限人員及行李。

第十條　伊東司令長官為盡本國之義務，慰藉丁提督亡靈，免繳汽船"康濟號"，搭載丁提督等官之靈柩返鄉。康濟號的使用權由威海衛清國海陸軍代表牛道台自由處分。丁提督等官之靈柩，須於2月16日正午至2月23日為止的期間，搭載康濟號送出港外。康濟號兵船上的武器裝備保證全部卸裝，2月15日午前，日本海軍士官登船驗查。

第十一條　本規約既定，戰事即屬已畢。在威海衛的清國海陸軍若向日本海陸軍抵抗，此規約將全部無效，日本陸海軍立即重新開始戰鬥。

2月14日正午，軍參謀副長伊地知返回大山司

3.4.18 程璧光為清國艦隊廣丙艦管帶，受提督丁汝昌委託，擔任遞交降信使者。晚年，程璧光任民國海軍總長等職，1918年被暗殺身亡。

415

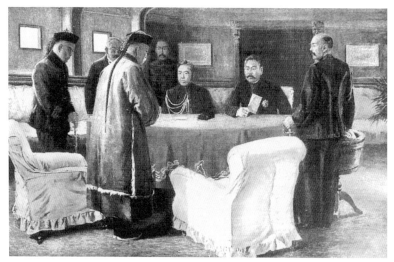

3.4.19 劉公島道台牛昶晒,作為丁汝昌的後繼者,代表威海衛清國陸海軍,前往日軍松島艦與伊東司令官談判,雙方達成了投降協議。

3.4.20 北洋水師降服,聯合艦隊浩浩蕩蕩開進威海衛港灣。照片中間沉沒艦是靖遠號,右側沉沒艦是威遠號,市街下方建築是丁汝昌提督的官衙。

令部覆命,有賀學士 16 日返回,石井大尉 17 日返回,報告清軍降服始末。大山司令官依照日清雙方簽訂的降服規約書下達命令。第二師團步兵兩個中隊前往北竹島村警備。第二、第六師團各派遣兩個步兵中隊,負責 15 日上陸的降服兵受降。兩師團各派遣一個步兵大隊,擔任護送降服兵通過佔領區的任務。

2 月 15 日上述各部隊到達指定位置。16 日劉公島清兵登陸開始,可是從劉公島開來的渡船突然改變航向,朝北岸水雷營棧橋方向駛去,並未按照原定位置在北竹島村停靠。原來軍參謀步兵中佐神尾光臣,上午 10 時乘坐搭載降服清兵的炮艦,引導清軍登岸受降。途中知道在北竹島村登陸多有不便,故臨時改變預定航線駛向北山嘴水雷營棧橋。降服清兵陸續經棧橋上陸,至日落時分,約有 3,800 名

3.4.21　北洋海軍提督大門懸掛李鴻章題"海軍公所"匾額，兩側邊門繪有秦瓊、尉遲敬德神像。大門外東西兩側各有樂亭一座，為慶典迎賓鳴金奏樂之所。

3.4.22　北洋海軍公所內，建有古典式樣的牌樓、東轅門和西轅門。西轅門外建有瞭望樓一座，登樓舉目遠眺，灣內壯觀景致盡收眼底。

清國的陸兵、水兵及非戰鬥員登陸。神尾中佐是最後的上陸者，圓滿完成了劉公島陸兵的登陸任務。登陸期間，北竹島村警備諸隊，陸續趕到北山嘴水雷營棧橋上陸地點執行警備任務。上陸的清兵立即由各路護送隊按照預定路線護送，作業一直持續到 17 日凌晨 3 時結束。清軍護衛前營、後營、水兵 2,025 人，在初村前哨線外釋放。972 名護軍正營、副營士兵，在道頭村、小北山村、草廟集釋放。

　　按照清日雙方簽訂的《降服規約》，2 月 17 日聯合艦隊開進威海衛港。日方接收佔領了劉公島諸炮台、水雷營、官衙、諸倉庫、艦船等清軍資產，並且派工兵炸毀威海衛諸炮台軍事設施，稱雄亞洲的清國北洋水師覆滅。威海衛作戰結果，清國艦隊沉沒艦船、定遠、來遠、威遠、靖遠、寶筏，附屬 2 號魚雷艇、二檣帆

3.4.23　按照清日兩軍的降服協議，劉公島清兵乘船擺渡至威海衛港集合遣散。圖為下船登岸的清軍將士秩序井然。

船 7 艘。降服主戰艦，鎮遠、濟遠、平遠、廣丙、鎮北、鎮中、鎮南、鎮東、鎮西、鎮邊等 10 艘；從港灣西口突圍逃走的 9 艘魚雷艇，除左隊 1 號成功逃走外，其餘 8 艘魚雷艇均觸礁被俘。教練船康濟號被日軍解除武裝後交還清軍，用於遣散降服清兵返回芝罘。

2 月 17 日，清日雙方戰艦和港口交接完畢。傍晚，劉公島所剩一千餘名清國海軍將校士卒等，在道台牛昶昞帶領下登上康濟號。濛濛細雨中，一聲淒厲長鳴的汽笛，划破劉公島尚存硝煙的長空。劉公島港內日本聯合艦隊各艦降半旗，鳴放弔炮致禮，丁汝昌等人的靈柩在丁汝昌之子的守護下登船。康濟號拉起沉重的錨鏈，緩緩離開曾經留下無數記憶的劉公島駛向芝罘。

日本聯合艦隊伊東司令長官，背負其他長官批評他"對敵過於仁慈"的指責，採取了對敵國降軍施以大義之懷的做法，受到日本國內和海外輿論的感佩，西方列強國稱讚日本人的文明之舉，在近代戰爭史上留下美談佳話。

威海衛之戰，日本艦隊三艘魚雷艇損傷沉沒、主戰艦無沉沒記錄。戰艦乘員戰死 23 人、負傷 26 人，艦隊陸戰隊員死 2 人、事故死 2 人、病死 1 人。另有 1 名自殺死者崎辰次郎，2 月 4 日在威海衛港灣內偷襲清艦，實施魚雷攻擊時，因魚雷發射管凍結不能及時發射，錯失良機而自責，於後日剖腹自殺。

大本營利用遼東半島封凍季節發動山東作戰，殲滅清國北洋水師，奪取威海衛要塞，折斷了清國旅順、威海衛兩隻守衛渤海灣門戶的銳利犄角，達到了保障直隸決戰使用渤海灣通路的戰略目的。第二軍司令官大山向大本營請求，第二軍

3.4.24　威海衛上岸的劉公島降服清兵，在日軍監視下，沿協定的路線通過佔領區。約有 3,800 名清兵和非軍人被遣散釋放。

作戰目的達成後，期望早期返回遼東半島，大本營須及時調撥運兵船回送部隊。大本營考慮，輸送大部隊回歸遼東半島，可能會影響直隸平原大決戰的時期。目前山東作戰已經吸引了清國大批軍力，威海衛作戰結束後，如果狀況可能的話，第二軍從山東內地在陸上向直隸平原合圍。1 月 31 日，大本營根據威海衛實際作戰進度狀況，考慮實施合圍作戰，後勤支援上會出現很大困難，同意大山司令官的早期見解。2 月 4 日，大本營發出威海衛作戰目的達成後，迅速從海上撤回遼東半島的訓令。2 月 12 日，北洋水師的降服大勢已定，前進中的清軍增援部隊也放慢了進軍速度。2 月 17 日，清日兩軍完成全部受降交接，大山司令官命令部隊以不與清國援軍接戰為度，從威海衛撤軍。2 月 22 日至 3 月 1 日，諸部隊返回旅順口，按預定計劃完成撤軍。

　　清國北洋水師全軍覆沒，丁汝昌在戰爭中的表現引起諸多非議，許多細節成為歷史懸案。戰後日本史學分析，丁汝昌是農民出身的陸戰將領，本無海上作戰經驗，卻被任命北洋水師最高長官，指揮亞洲最大艦隊作戰，在世界海戰史上實屬罕見。李鴻章與丁汝昌乃同鄉，丁靠裙帶關係被重用，在朝廷早有異議。李鴻章對性情溫和的丁汝昌斥責不加顧忌，作戰指揮亦橫加干涉，導致丁汝昌在決策上縮手縮腳，難以實現其外海作戰之主見。作為清國艦隊的最高長官，實質上已經喪失了獨立指揮作戰的權力。丁汝昌上下關係人緣極好，當黃海敗戰受朝廷責難之時，便有上下級官員挺身為之辯護喊冤。12 月 26 日，英國《泰晤士報》報道："丁汝昌提督因作戰不利被清廷革職處罰，清國艦隊任職的外國軍官聯合公開

3.4.25 降服後的鎮遠艦回航至旅順口大船塢修理。艦體上畫有白線方框的部位，是被日艦炮火破壞，指示需要修繕的部分。

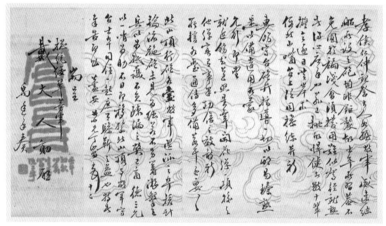

3.4.26 丁汝昌為北洋防衛不辭辛勞。圖中手跡是丁提督關於威海衛防禦事宜，寫給戴大人的信函。丁汝昌書法濃纖折中、行走若雲、飽含才氣奔騰之氣相。

聲明，對丁汝昌的定罪和處罰不當，如若實施處罰，我等立即辭職。清廷聞知此況，立即發佈敕令繼續留用丁汝昌指揮北洋艦隊"。

丁汝昌最終選擇了死，或許那是最明智的選擇。他一人的死，換來了數千人生存的希望。百年來歷史對丁汝昌的評價各有褒貶，論作戰能力丁汝昌非稱職的艦隊最高長官。但工作兢兢業業、品性溫良恭儉讓，對上忠於朝廷，對部下及受僱外國軍官以禮相待，受到將士的擁戴和尊敬，符合一個忠良軍人的形象。丁汝昌作為一個封建時代的代表人物，充其量只是一個愛大清國的愛國者，這是歷史無法選擇的政治立場。歷史沉重的一頁翻了過去，無論降將或愛國者之說多麼是非矛盾，丁汝昌畢竟用死的代價換來數千人的生命，這些生命又衍生了今日新生命的價值。人性的邏輯，讓歷史再現出丁汝昌受人仰慕的一面。

清日戰俘交換記

1895 年 4 月 17 日，清日兩國簽訂《馬關條約》，戰爭宣告結束。馬關條約第九條規定，本條約批准交換後，兩國立即交換俘虜。條約要求清國保證：

1、對待日本俘虜不得虐待和處刑。

2、釋放在軍事上犯有間諜罪被捕的日本國民。

3、對在交戰中曾經為日本軍提供過情報，以及與日本有過種種關係的清國臣民不予處刑。

戰爭結束後的數月內，日本政府頻繁向清國政府照會查證本國戰俘的下落，遲遲才得到清國政府關於“俘虜數字尚且不明，待準確數字查明後即時答覆”的電文。主管北洋外交事務的李鴻章，在簽署《馬關條約》後討聲四起、險象環生，實際已無法正常履行職能。如何處理日本戰俘，對不熟悉國際紅十字會組織公約的清國軍隊而言尚無先例。加上戰後遼東半島電信往來還未恢復，駐留各地清軍部隊的俘虜報告無法通告，日本戰俘的調查統計實際上處於擱置狀態。

1895 年 8 月，日本政府與清國政府約定，於 8 月 17 日和 9 月 1 日在清國本土分兩次交換戰俘。第一次在天津新城，引渡關押在日本各地戰俘營的清軍俘虜 976 名。第二次在清國盛京乾線堡(甘泉鋪)，引渡關押在海城戰俘營的俘虜 598 名，兩次引渡清國俘虜合計 1,545 名。清國在天津引渡日本國俘虜若干名(文獻實數不詳)，盛京省乾線堡引渡日本國俘虜 11 名(步兵第十一聯隊一等卒鄉田愛吉及 10 名軍夫)。清國境內兩次俘虜引渡交換作業均圓滿順利，引渡完畢後，雙方簽署移交領收書。以下是日本國立公文書館館藏，由日方俘虜還送委員長(首席代表)村山邦彥所作的清國俘虜引渡報告。

報告 1《俘虜還送覆命書》
天津新城俘虜送還實況

陸軍大臣侯爵大山巖殿

外務大臣子爵陸奧宗光殿

我等還送代表，遵奉陸軍大臣、外務大臣訓令，前往清國移交戰爭中俘獲的青軍俘虜。1895 年 8 月 10 日，拘留在東京、佐倉、高崎俘虜營的清軍俘虜匯集橫

3.5.01　豐島海戰，清艦操江號不戰便降，82 名清軍水兵作為清日戰爭最初的戰俘，被遣送日本國。圖為西洋記者的素描，"操江降艦的清兵"。

濱港，轉乘"豐橋丸"運輸船，從橫濱港出發前往神戶港。原定 8 月 10 日午後豐橋丸在橫濱拔錨，12 日晨時到達神戶，搭載從各地俘虜營匯集在神戶港的俘虜。由於豐橋丸在橫濱出港的時間推遲，直到翌日凌晨 4 時開船，12 日中午才進入神戶港。到達神戶港的俘虜，暫時在湊川神社內休息，下午 7 時移至大黑坐劇場住宿。隨同的還送代表入住大黑坐附近的宿舍。12 日午後，豐橋、名古屋、大津及廣島各所的俘虜陸續到達神戶港。13 日上午 6 時，集中在神戶港的俘虜陸續通過棧橋登上豐橋丸。大阪俘虜營的俘虜原定 12 日下午到達神戶，出發前因發生霍亂病疫情，為隔離感染者推遲了出發時間。在鐵道局協助下，大阪俘虜乘火車直達神戶港棧橋，立即轉乘豐橋丸。13 日上午 10 時，豐橋丸拔錨離開神戶港，向三津浜方向航進，14 日凌晨 2 時到達三津浜港。上午 6 時半，松山俘虜營的俘虜開始上船，8 時半登船結束。9 時整，豐橋丸滿載清軍俘虜離開三津浜港，一路平穩航行，下午 5 時 10 分通過馬關海峽。15 至 17 日航行順利，無特別記述的事件。

18 日凌晨 1 時 30 分，在距清國大沽東面七海里處停船，待天明後繼續向白河河口方向航行，上午 6 時距大沽五海里處投錨。幾位大沽棧橋會社的美國職員登上本船通告船長，昨日兩名日本紳士投宿大沽通知本社，搭載清國官吏及千人清國人的專用船明日到來，請在滿潮時立即引領該船入港。還送代表長決定暫時停止前進，等待上陸時機。上午 11 時 10 分，兩艘小蒸氣船靠近本船，兩名日本人登上豐橋丸，來者是梶川步兵大尉和天津公使館神尾中佐、荒川領事派來的大杉書記生，協助還送代表移交清國戰俘的外交官員。大杉書記生告知，荒川領事收到天津海關道盛宣懷的書狀，故派遣梶川大尉前來聽取還送代表安排移交清國俘虜事宜。隨船的還有兩名清國人，鎮海副將汪恩孝、日文翻譯張文成，一同登上了豐橋丸。梶川步兵大尉、大杉書記生帶領代表遞交名片，引導清國官員進入本船食堂入座，雙方開始以下對話。

汪恩孝："此番貴船送還清國戰俘，我等二人奉命前來辦理接收事宜。"

村山邦彥："我等還送代表和本船，是受日本國政府還送俘虜之命前來貴地的，請問貴官是否持有接收俘虜的資格委任狀。"

汪："我等並未帶來。"

張文成："如須交換委任狀，貴代表應先交付與我等，我二人才能向貴委員交付委任證明。"

村山："交付我方授權證書前，我等必須先確認貴官接收俘虜的資格，否則難以履行交接公務。請問貴國委任俘虜接收公務的責任者是哪位官員。"

張："現在新城的天津鎮總兵羅榮光。"

村山："既然如此，本代表應該向天津鎮總兵羅榮光移交俘虜。"

汪："為何不能在此地引渡移交？"

村山："貴官前來本船接收俘虜，但並不知曉引渡受領之儀。"

汪："天津鎮總兵羅榮光命令本官受領俘虜，然後回航新城。如果貴方可以直接送往新城，就請自便。"

村山："送往新城當然可以，本船沿白河向前行進，在轉彎之處如果貴方船隻準備好了，可以改乘貴船送往新城。然後本官等共往新城，面會天津鎮總兵辦理引渡手續。"

汪："那就按照貴官提出的方法去辦，請貴官一同乘我方小蒸汽船前往新城。"

3.5.02 清日戰爭，法國畫報刊登的被俘清國士兵圖，押送中的俘虜佩戴清國特色的木枷和鎖鏈。

3.5.03 金州戰鬥的清兵俘虜。照片註釋該俘虜是在逃跑時，扮成農民模樣被抓捕的，民服內是軍服。俘虜受到數回審訊，均不願交待任何口供。

雙方結束以上談判，我還送代表命令將兩舷堆放的俘虜行李，移至四艘清國船上，還送代表分乘小蒸汽船前往新城。下午 1 時 30 分，豐橋丸開船沿白河逆流而上，5 時到達新城。新城位於白河右岸南方五百米，一行人等到達城北門。日文翻譯張文成向日方代表表示，先行進城向總兵羅將軍通告，請各位暫時等候。

日落時分，還送代表開始指揮俘虜下船上陸。清國新城知縣蔣文霖趕來，熱情引導代表們進入一屋休息。稍許，天津鎮總兵羅榮光乘轎來到休息處，向各位還送代表寒暄致意。

羅："今日各位千里迢迢渡清，來到大沽送還我俘虜，本官深表謝意。然本官近日患病在身，未能親自前往接收俘虜，實乃有失職責，甚為失禮。故本官委託蔣文霖知事等負責交涉，處置相關交接事宜。"

村山："貴官病中還親自出城來訪，我等表示感謝。關於俘虜還付程序，可按照貴官指示，由我方代表與貴方代表諸君共同協商辦理，移交準備在何處進行？"

羅："請在新城內受渡。"

村山："承知。"

以上羅榮光總兵的寒暄在雙方的問答中結束。按照羅總兵的指示，上陸俘虜在引兵帶領下整列進城，由雙方代表按照名簿清點人數。人數核對完畢，我方向清國方面遞交了俘虜名簿、死亡診斷書、病歷等文件。清國向我方交付了由天津鎮總兵羅榮光簽署的俘虜移交受領書，還付手續結束已經是晚 8 時 10 分。引渡的俘虜中，患病者被送往城廓內，健康者安排在外廓營舍，清國代表向他們分配晚餐飲食。

當日到達新城後，清國代表及羅榮光將軍，對我代表的態度甚為誠懇，尤其在我代表入城和離開新城之際，鳴放三響禮炮致意。在我等一行離城去河岸乘船時，清國官員一路送行，我代表受到鄭重的禮遇。

我還送代表一行乘清國小蒸氣船"快順"號到達天津，來到日本駐天津領事館與荒川領事、神尾中佐會面。翌日向本國發送"移交俘虜完畢"電報，結果電報通信不通。19日午後，在天津面會清國引渡的日本俘虜，向他們詢問引渡前後的情況。日兵下士俘虜報告，我們在天津遵照命令居住於城內，有食物保證，每日還支給十五錢的生活費。此地有親戚或故友的人，還許可進城探望，對此我等深表謝意。

20日上午9時，接到荒川領事的通知，清國官員陶大均送來請帖，約定上午10時在李鴻章宅邸，接受李大臣會見。參加會見人員有神尾中佐、大久保少佐、土居軍醫及村山邦彥，此外還有領事館書記生一名。一行進入李宅邸客室，李大臣與各位一一握手，並引至別室請客入座，客座前的桌子上放有待客的食品。雙方開始了以下要旨的談話。

李鴻章面向村山道："今回俘虜送還，承蒙關照，大清國對此表示謝意。"李大臣特別談到，日本當局對俘虜的待遇，以及還送過程的精細安排，表示敬意和感謝。

村山："本官遵奉當局大臣訓令，已將清軍將校以下976人，於昨日在新城引渡給天津鎮總兵羅榮光。在還送途中及船室狹窄的條件下，我方代表給予各位將

3.5.04　清日《馬關條約》簽署後，日本政府頻繁照會清國政府，詢問本國戰俘的下落，遲遲沒有得到明確答覆。李鴻章承認，清國武官即便是總督者亦不通公法為何物，其部下對公法原則所述之旨的明瞭者更是稀少，戰鬥中逆待日本俘虜的事完全可以想象。圖為日方戰俘查登涉交之公文。

校俘虜以適當優惠的待遇。"

李："船中之事貴方真情相待，深表謝意。"接着李大臣詢問了，村山、大久保少佐、土居軍醫的職務出身及俘虜運送船的名稱、噸位等話題。

李鴻章面向村山道："歸朝後請向當局大臣和日本國民轉達我國對貴國關照我俘虜表示的感謝之意。"村山當即表示敬承轉達。

神尾："貴國在戰時俘獲的日本兵數，至今尚未全部判明。我國政府和國民期待貴國，能夠早日將真實數字釋明。"

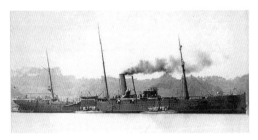

3.5.05　豐橋丸是英國造運輸船，日清戰爭中被徵用運兵及物資。戰後擔任運送清國俘虜返回清國本土的任務。該船定員 206 名，改裝後一次運送戰俘 976 名。

李："此事實在是一件令人遺憾之事，之前貴國政府已經多次來電催促詢問實數，本官亦命部下盡快核查，目前實數尚不得而知，調查結果得出後，我國將盡快告知。貴國武官對萬國紅十字公法頗有研究，遵循公法原則辦事。本國武官，即便是總督者亦不通公法為何物，其部下對公法原則所述之旨的明了者更是稀少。況且總督之兵分散各戰鬥區域，難以確定士兵之所為，戰鬥中逆待日本俘虜的事完全可以想像。眼下俘虜實數尚且不知，本官如前所述繼續催促查明，報告得出後立即通知貴國。"

3.5.06　1895 年 8 月 18 日，日清兩國政府在天津新城完成第一次俘虜送還作業。圖為俘虜送還委員長，陸軍步兵中佐村山邦彥的"俘虜還送復命書"報告。

談話中觸及台灣之事，問答一二，雙方各有不快之感。此時，侍從告知已經準備好客餐，雙方談話終止，入席就餐。李大臣舉杯向在場各位致謝，餐後李鴻章和神尾中佐致謝辭，送至門口順次握手告別。翌日下午 6 時，應邀在醫學堂會談，清國方面出席者盛宣懷、羅豐錄、伍廷芳、陶大均、林聯輝、張文成。日本方面神尾中佐、井上大佐、細穀少佐、荒川領事、梶川大尉及我還送代表一行。會談數刻後，引入食堂宴會廳，共進晚餐至夜晚 10 時。宴會後，我等告辭離開醫學堂。

8 月 21 日，我等代表前往碼頭乘兩艘小蒸汽船返回大沽，返還借用的小蒸汽船。因為戰後清國國內外電信尚未恢復正常，故與本國電信一直未正常溝通，代表一行等待本國的回歸命令。清國官吏同意在未決定歸國日之前，提供小蒸汽船一艘給予方便。

凌晨 5 時在棧橋乘船時，遇見返還的清國俘虜將校數人，詢問他們今後會怎樣安排。答曰："前日移交結束後，根據諭旨，將校多半恢復舊官職

3.5.07　永眠在異國他鄉的清軍戰俘，按照日軍相關規定，被安葬在陸軍墓地。此碑是呂姓、劉姓者之墓，碑名上故清國下面文字，原為 "俘虜" 字，二次世界大戰後俘虜二字被用水泥填蓋。

繼續奉公。待命期間，發給旅費返回鄉里探親。實乃皇恩浩蕩，令人感懷。聽說貴官一行就要離開清國，我等特前來送行告別。" 言謝之間便淚流滿面，我代表向各位將校慰撫，一一告別。小蒸氣船到達大沽港時已是下午 3 時半，下午 4 時自大沽收錨。小蒸汽船 "快順" 出港後，領事館神尾中佐、梶川大尉接到海關道轉來的國內電信命令，滯留在天津的還送代表集合出發歸國。

22 日，我等乘小蒸汽船前往旅順口，上午 8 時 30 分到達旅順港。大久保少佐上陸與通信部協商與國內電報聯繫，電信官告知已經收到大本營立即歸國的電報命令。同時知道在大連灣和日本之間定期往返的 "東京丸" 號，將於明日拂曉出發，返回宇品港。村山一行決定立即前往大連灣，趕乘回國的東京丸。

23 日凌晨 5 時，船從大連灣出港，24 日午後風起浪高，入夜風雨至，船體搖晃甚劇，25 日上午在對馬神崎港避風。晚 7 時拔錨前往馬關，26 日夜裏登陸檢交，翌日到達宇品港。27 日在廣島，各地派遣來執行還送任務的代表即日返回任也。同日午後，本職前往神戶處理殘留公務，30 日午後返回東京復命。

此番俘虜還送過程中的衛生報告及還送中使用的經費，別件詳細記載。

以上報告候也。　明治二十八年十月　俘虜送還委員長　陸軍步兵中佐　村山邦彦

附　《清國俘虜還送途中衛生概況》

1895 年 8 月 10 日，東京俘虜還送代表一行，攜行東京、佐倉、高崎所在俘虜 317 名，從東京新橋停車場，分批發送至橫濱港集合。當日 12 時 50 分俘虜登上豐橋丸，11 日凌晨 3 時登船工作完畢後出航。12 日下午 6 時 50 分到達神戶港，13 日早 7 時 40 分豐橋、名古屋、大津、廣島、大阪各收容所的俘虜陸續到達，568 名俘虜陸續登船，同日上午 9 時 5 分拔錨出航。14 日凌晨 2 時到達伊豫三津浜，7 時 30 分松山收容所 91 名俘虜乘船完畢，9 時出港離開日本前往清國。乘船俘虜總數 976 人，內含病者 47 人，傷者 9 人。乘船前已經患病者，東京 1 人、佐倉 1 人、豐橋 2 人、大津 7 人、大阪 37 人、廣島 5 人、松山 3 人，其病症大多為輕症，大津所重症患者 2 人，起臥動作困難。航海中得天氣良順、風平波靜之惠，八天航行中沒有產生新患。俘虜輸送船航行記載主要日誌內容如下。

時值夏日乘船者人數多，船艙內氣溫高，極易發生腐敗不潔空氣，故下層船艙俘虜允許自由到上層甲板換氣。為防止船室內空氣污染，每夜看護長手經常注意巡視檢查各室衛生狀況。

大津、大阪、廣島、松山護送俘虜隨船的醫官、看護長手，作為公差出使清國，途中看護有病俘虜，將病狀詳細記入病歷，日後交付清國政府。

運輸船豐橋丸係英國製造，海軍所屬運輸艦，排水量 4,080 噸、全長 104.9 米、寬 12.2 米、吃水 5.1 米、動力 650 馬力、時速 10 海里、定員 206 名、通風管道設備 12 套、儲水槽 5

3.5.08　位於大阪的陸軍基地，安葬清日戰爭中日本軍人陣亡者 13,249 名，也有他國軍人的基碑，記名清國人碑 5 座，圖為清軍戰俘楊永寬之墓。

座。執行俘虜還送任務時，豐橋丸在橫濱、神戶兩港地注入淡水 380 噸。艦用淡水蒸餾設備，平均日蒸餾淡水 1,800 加侖。船內衛生狀況屬於一般清潔等級，只是在 17 日前，船員中曾發生霍亂病，經嚴格消毒，兩周以來未再發生新患。本次運輸人數眾多，高度警惕潛伏病毒，防範疾病再發。

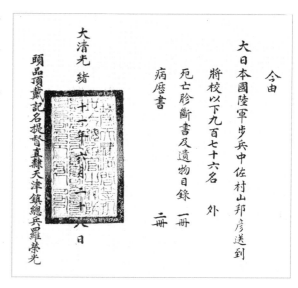

3.5.09　清國頭品頂戴記名提督直隸天津鎮總兵羅榮光，接受日本送還的戰俘後，代表大清國向日本還送代表，開出俘虜驗收收據文書，蓋有官印一枚。

　　船中食物提供採取適量標準，主食每人每日精米六合、副食提供豬肉罐頭、雜魚茄子、牛蒡大醬湯、醃製南瓜、生薑、蘿蔔、鹹菜等。給水狀況，船上嚴禁飲用生水，除每餐有水供應外，每日供茶水兩次。

　　氣象狀況，航海九日中八日晴天、一日雨天。寒暖狀況，華氏 71 度至 87 度（21.7-30.6 攝氏度），平均八十四度四分（29.1 攝氏度）。水溫華氏 71 度至 82 度（21.7-27.8 攝氏度），平均七十九度四分（26.1 攝氏度）。風向多東北風，風力約一級。

　　續航九日期間共實施三次入浴，兩次冷水浴、一次溫水浴。

　　患者病類表及藥物消費表，如下表所記。

　　以上報告候也。　明治二十八年八月十九日（1895 年 8 月 19 日）

　　俘虜還送代表陸軍一等軍醫　土居宗明

　　俘虜還送代表陸軍一等軍醫　本多倉二

清國政府俘虜收受濟證明

　　今由大日本國陸軍步兵中佐村山邦彥送到將校以下九百七十六名。

　　另、死亡診斷書及遺物目錄一冊、病例二冊。

　　附 1《俘虜患者病類表》

附2《藥物及消耗品消費表》

附3《俘虜還送費用細目》

附4《清國俘虜接受濟證明書》

大清光緒二十一年六月二十八日

頭品頂戴記名提督直隸天津鎮總兵羅榮光

注：日方提交之俘虜還送費用細目，其全部費用由清國政府負擔。

報告2 《俘虜交換報告書拔萃》
盛京省乾線堡俘虜交換實況

1895 年 9 月 1 日，日清兩國在清國盛京乾線堡(甘泉鋪)交換戰俘。清國俘虜是在遼東半島作戰中被俘，關押在海城俘虜營的俘虜，合計 598 人。交換日本俘虜 11 人。

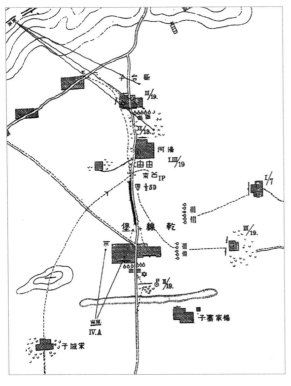

9 月 1 日正午至午後 2 時，俘虜交換作業順利完成。俘虜交換的前日，我軍給俘虜惠贈衣物、開設酒宴，對將校俘虜惠與洋傘和軍靴。當日早晨，我代表前往乾線堡，午前 11 時到達附近村莊。護送俘虜的衛隊，騎兵兩小隊、步兵一中隊。俘虜隊伍隨同衛隊到達乾線堡南面村莊，在路邊停止待命。我代表來到清國在乾線堡村莊準備的村屋"會合所"，此時清方代表鄒立桂(鞍山駐軍營官)、沈思瀛(下金腐駐軍營官，曾駐法國公使館武官)，已經先行到達。

清方代表詢問，我方作業代表正在北面村莊休息等待，是否可以請他們過來。我代表答道，

3.5.10　1895 年 9 月 1 日，日清兩國政府在盛京省乾線堡，完成第二次俘虜交換作業。清國俘虜是在遼東半島作戰中被俘，關押在海城俘虜營的俘虜。圖為乾線堡的地形圖。

立即請他們過來。兩位清方代表，言語舉止溫良謙遜，看上去就知道有經常與西洋人交往的經驗。稍許，清國俘虜交換代表八人來到會合所，雙方會談開始。

首先，日本代表提出，俘虜交換請先渡讓我軍俘虜，之後再還付貴軍俘虜，清國代表當即允諾。我代表告知，前日惠與俘虜諸品和設宴款待，但是為了防止俘虜逃跑，我方用繩索連環綁縛前來，請貴軍給予理解（海城戰俘營的俘虜曾經頻發逃跑事件）。清國代表回覆曰，前日我方賞與日軍俘虜每人銀四兩及衣物，並準備與日方以相同形態捆綁貴軍俘虜再行移交。又曰，清國人看到貴國人之髮型甚為恐怖，不得不將俘虜剃髮，並附以清式假辮髮，故請貴軍給予體諒。鄒營官言道，我方統領壽山（袁佳壽山，漢軍正白旗，係袁崇煥之後裔）已到此地，如無障礙是否許可面會，我代表許諾。稍許，壽山到來，此人想必是為監督八位代表執行公務受命而來。

當日道路泥濘，車輛行進極為困難，我軍俘虜大部分已經到達。清軍俘虜在我軍護送下乘大車也到達會合所門前，雙方的交換作業開始着手進行。乾線堡南面俘虜集合所，清國代表開始清點俘虜，壽山帶領八位代表的作業場面混亂，紛擾吵雜不可名狀。我代表立即制止清國代表的作業方式，要求按照我代表制定的順序，由指定的點檢官清點俘虜，紛亂的場面開始恢復平靜。交付作業順利結束後，我護送衛隊在路上整列，齊步通過雙方代表面前。稍後，雙方代表回到會合所，互換俘虜引渡領收書。此時，清國委員告知，遼陽徐知州（徐慶璋）前日來到鞍山站，現在已經備好酒宴，準備招待貴國代表。我代表再三推辭，最後只能順其厚意，代表們帶上隨身的各種洋酒及糕點，一列排放在餐桌上。小宴會開始，徐知州致酒詞，對日清雙方合力完成俘虜引渡作業表示謝意，壽山統領及各位委員頻頻點頭，稱讚雙方之誠實厚意。此日俘虜引渡會合中，清國代表始終歡容以待，赴宴前我代表為兩國和平解去了隨身武器以表誠意。散席前，清國方面向我代表贈送白銀四十兩，被我委員謝絕，清方又讓我代表的侍者代以授之，被我代表斷然拒絕。午後三時，清國官員向我代表告辭離去，當日的俘虜交換至此平安結束。事後，我代表聽當地居民說，在村落南端埋伏有身着“兵”字軍服的清兵，監視我代表交換俘虜的過程。又據其他居民說，在乾線堡附近村落隱藏約一萬人清兵，警戒不慮事態。

李鴻章馬關行

1 清日和談

  1894 年 11 月，清國朝廷開始試探與日本和談的可能性，請求英、法、德、俄等國公使出面調停。11 月 5 日，美國表明願意調解兩國間戰爭糾紛。11 月 21 日，旅順口陷落，在美國公使田貝(Charles Harvey Denby)的斡旋下，日本政府同意雙方在日本舉行會談。事實上這僅是日本在歐美列強面前作出的表面姿態，日本需要更多的談判籌碼。政府、軍隊、民眾在連戰連勝的狂熱情緒驅使下，一致主張擴大當前的戰果。

  1895 年 1 月 31 日，光緒帝派遣的議和使臣抵達馬關。日本政府代表藉口授權委任狀不符規格，拒絕了清國談判代表的談判資格。要求清國派遣恭親王或李鴻章那樣有名望，有簽署重大決議權限的人作全權代表。日本蓄意拖延和談時期，就是為了抓緊時間擴大遼東半島和山東半島的軍事戰果。山縣大將向大本營提議，待沿岸解冰期到來，即發動對北京的進攻。海軍參謀長山本權兵衛主張，大本營不能坐等列強的干涉。伊藤首相反對山縣過於急進的意見，傾向山本的思慮，最後採取了向兩種意見的折中方案。先取山東威海衛殲滅清國北洋艦隊，之後以旅順要塞為基地實施直隸作戰計劃。但是伊藤首相同意直隸作戰的先決條件是，之前必須先實施日清兩國間和平談判程序後再做決定。

  2 月 12 日北洋艦隊覆沒，清國派遣日本的媾和使無功而返。光緒帝召集軍機大臣緊急議事，"戰事至此危機，傷及宗廟社稷，如今戰和彷徨，諸愛卿有何見地……。" 話未畢便長息悲歎聲淚哽咽。主戰派翁同龢不知所措，李鴻藻則勸皇上罷免李鴻章糾其責任。幕後的西太后慈禧亦悲哀涕零，此時無論眾臣怎樣擠兌李鴻章，她相信也只有他才能幫助大清國渡過危機。2 月 16 日，日本政府通過美國駐日本公使，向清國開示了和談條件。(1)賠償戰爭軍費；(2)承認朝鮮獨立；(3)割讓土地；(4)重新締結兩國未來交際的相關條約。如果不具備以上和談誠意，或派遣不具備全權談判資格的使節都將毫無意義。

  軍機大臣堂議的結果，決定派遣李鴻章交涉和平。22 日李鴻章被召入京參加朝會，議論的中心是日本要求割讓領土的問題。李鴻章堅決反對割地，翁同龢主張倘若可以迴避割地，即便巨額戰費賠償，清國也可以忍辱負重。大臣孫毓文、

3.6.01 清國特使李鴻章乘德國商船"公義號"汽船抵達日本馬關。圖為停泊在灣內準備登岸的李鴻章特使船。

徐用儀認為當前形勢急迫，若迴避日本割地條件，談判將無法繼續。朝堂上亦有主張效仿早年俄國沙皇遷都，最後打敗拿破崙的古典。遷都案遭到激烈反對，斥責為放棄國家宗廟社稷的逃跑主義。最終只剩下割讓領土一案，李鴻章堅持不可割地，若議割地，立即歸國。同時奏請皇上此行和談讓翁同龢一同前往，翁同龢堅稱本人非洋務派，固辭赴日參與和談。下朝後，李鴻章連日奔走英、法、德、俄國公使館，請求各國列強進行外交斡旋，但遊說沒有得到預期的結果。德國公使忠告："如果清國不打算遷都的話，勢必面臨割地的災難。"英國公使遺憾地表示："清國不付出巨大犧牲，就無法抵禦日本對北京的佔領。"國家危難中的李鴻章，注視到歐美列強漁翁得利的新動向。3月2日李鴻章上奏皇帝："倭人窺我領土由來已久，如今乘連勝之勢迫大清割地，看來若不應和日本之要求，恐怕局面將更加嚴峻。今日之屈辱乃為將來之伸張，若奮發圖強，中興大清非難事也。"翌日，軍機處給李鴻章下達了全權赴日和談的承認諭旨。

2月19日，陸奧外相收到美國駐清公使的電報，清國政府擬任命內閣大學士李鴻章為和談全權代表，要求通告和談地點。日本外務省立即回電，建議為防止前次不符規格的全權委任狀重蹈覆轍，最好先將全權委任狀內容電告日本。清國依照日本要求，先發去漢文本委任狀。日方提出部分內容不明確，要求附加英文本。由於英文本與漢文本的文意有諸多不合之處，日方要求以英文本作為會談基準，雙方對漢文和英文本的內容又做了若干修改。3月4日，日本政府正式接受清國政府的和談請求，會談地點定為日本馬關。清國政府通過美國公使向日本轉

433

達，按照國際公法慣例，全權代表有權使用密碼電報與本國通訊，希望日本政府許可。密碼通訊的要求很快得到日本政府的批准。

李鴻章出發前向朝廷提議，為減輕和迴避戰敗國在和談中的不利地位，以及日本的漫天要價，清國需要聯合美、英、法、德、俄、意等列強國干涉和談，做出對日本施加壓力的努力。此舉雖然係引狼入室之舉，但面對清國當前的最大利益，已經沒有其他可以選擇的良策。

3月14日，李鴻章這位身繫國家命運的72歲老人，帶着皇帝"承認朝鮮獨立、割讓領土、賠償軍費"的授權，踏上赴日和談的苦澀旅途。李鴻章的隨行官員33人，僕從90人，乘中立國德國的商船"公義號"、"禮裕號"從天津大沽港出發，19日到達日本福岡縣北部的小城門司港。兩國代表在山口縣赤間關市（1902年改稱下關市）的旅館"春帆樓"舉行會談，從3月20日開始至4月17日結束，前後經過七輪會談，最終簽訂了日清媾和條約，清稱《馬關條約》、日稱《下關條約》。

清日兩國第一輪和談於3月20日下午3時05分至4時15分在春帆樓舉行。李鴻章一行下午3時到達會場樓下小憩，在超過約定時間5分鐘後步入會議室。李鴻章精神抖擻，但看上去已經是有相當年紀的老人。伊藤博文和李鴻章握手致禮，請各位來賓入坐。兩國參與和談的官爵姓名如下：

日方：全權弁理大臣伯爵伊藤博文、全權弁理大臣子爵陸奧宗光、內閣書記官長伊藤已代治、外務書記官井上勝之助、外務大臣秘書官中田敬義、外務省翻譯官陸奧廣吉、外務省翻譯官楢原陳政。

清方：頭等全權大臣一等肅毅伯李鴻章、參議官李經方（李鴻章養子）、參贊官羅豐祿、參贊官伍廷芳、參贊官馬建忠、翻譯官盧永銘、翻譯官羅庚齡。

伊藤博文和李鴻章之間做了寒暄性的談話，雙方語言通過翻譯，以英語互譯，日方翻譯為外務書記官井上勝之助，清國翻譯為羅豐祿參贊官。

伊藤："閣下數日海上顛簸，飲食起居可好否？"

李鴻章："幸運自己仍老健。回想和閣下天津會晤已經十年有餘，在此期間閣下不辭勞苦為國建功立業，而我等尚未為國盡力徒然老矣，想來余深感慚愧。"

伊藤："閣下之讚語，實在過譽了。"

李："幾日的航海好在天氣舒適，僅一日遭遇風暴，使我船在榮成灣停泊2小時，不然會提前一日到達日本。"

伊藤："閣下從哪裏乘船的？是天津港嗎？"

李：“是的，在天津碼頭乘船。剛剛到達，就聽說閣下為我等做了細緻周到的安排，對此深表謝意。”

伊藤：“當初也選擇了其他地點，但是考慮雙方會合之便利，故確定了這個偏僻所在，如有不便的地方請多多包涵。”

李：“閣下選擇如此山清水秀的好地方，余等欣賞之情，溢於言表。”

伊藤：“他事請稍後再慢慢敘談，我希望雙方先查照彼此的全權委任狀。”

李鴻章解開一個黃絹包裹的小包，從畫有龍騰圖案的圓筒中取出英文版大清國委任狀遞給伊藤首相。伊藤也恭敬地從一錦袋內取出英文版大日本國委任

3.6.02 “引接寺”本尊阿彌陀如來之古刹。江戶時代朝鮮通信使住宿之所，清日戰爭媾和使李鴻章下榻處。引接寺和春帆樓之間相距 300 米，在所辟之道上李鴻章遭暗殺狙擊，故成百年名所“李鴻章道”。

狀遞給李鴻章。伊藤把清國委任狀遞給陸奧宗光傳閱，李鴻章將日本委任狀遞給李經方傳閱。

清國委任狀：“大清國大皇帝敕諭，現欲與大日本國重敦睦誼，特授文華殿大學士直隸總督北洋通商大臣一等肅毅伯李鴻章為頭等全權大臣，與日本所派全權大臣會同商議便宜行事，定立合約條款，予與署名畫押之全權。該大臣公忠體國、夙著勳勞，定能詳慎將事，締結邦交，不負朕之委任。所定之條款朕親加查閱，果為妥善便行批准。特敕。”

日本國委任狀：“保全天祐踐萬世一系之帝祚大日本帝國皇帝，此書昭示萬民。朕為恢復與大清國之和平，維護永久之友誼，茲授與內閣總理大臣從二位勳一等伯爵伊藤博文、外務大臣從二位勳一等子爵陸奧宗光特命全權弁理大臣，授以記名簽字之全權。該大臣奉公誠信、敏捷、謹慎，定能與清國特派全權大臣，共議締結兩國媾和條約，所議定之各條項，朕親閱認定其妥善後批准生效。”

委任狀互換後，李鴻章請求宣讀一備忘錄，伊藤首肯。清國代表羅豐祿朗讀英文備忘錄：“清國皇帝陛下特命全權大臣提議，本和平談判伊始，兩國應首先承認休戰日，在規定的時間內立即停止水陸交戰。此番本大臣授與商議簽署恢復永

久和平之全權，有達成此目標之誠意。在有效之和談前，首先立約休戰是極其必要的。"

伊藤："閣下的備忘錄容明日答覆，閣下查閱過余等的委任狀認為可以嗎？"

李："格式非常正規，沒有不足之處。"

伊藤："如無疑議，請閣下接受余等的委任狀，余等也接受閣下的委任狀。"

李："可以，閣下對余的委任狀滿意嗎？"

伊藤（微笑）："當然。只是余的委任狀有我天皇御筆署名，而閣下的委任狀只有國璽，沒有貴國皇帝陛下的親署。"

李："按押國璽乃我大清國之慣例，與他國親署有相同效力。我國向他國派遣使臣，委任狀一律用國璽而非親署，此乃恆例。如若他日像貴國一樣進步了，說不定皇上也會親自署名。然，余想這種變更還需幾多歲月。"

伊藤："余並無以此為難閣下之意，說來清國何故不認同他國的例規呢？"

李："在我國的禮儀中，臣下對君主是不能有違禮儀的。"

伊藤："清國皇帝陛下乃聰明之君，此種禮儀一定會改變的。貴國上次的使節空手而歸，着實令余等深感遺憾。然而當時貴國所交付的委任狀不但不完整，反讓余等認為貴國沒有真實求和之誠意。因此這回閣下履行使命前，余等為貴政府實現求和之願望盡到了最大努力。閣下是貴國政府德高望重的人物，定會洞察到這些事實。余等首先希望確認，貴國是真誠的為求和而來的嗎？"

李："我國政府對於求和充滿誠意，如果沒有誠意，余也不會被任命全權使臣遠道而來，區區微衷，請閣下諒察。余是閣下的舊知，於公於私都應該開誠佈公，切望閣下有相同感懷。"

伊藤："余深感責任之重大，雖明了閣下談判之誠意，只是還期望閣下憑藉多年的外交經驗和肚量，做出妥協的氣量。"

李："在歐洲人眼裏，清國和日本是亞洲兩個卓越的大國。我等係相同人種（黃色人種），有類似的文字，社會的相似之處也很多。作為敵人我等更應該是兄弟，從對立關係轉向相互重視的立場。兩國之間為一些不同認識爭鬥不休，對友好關係是不益的。閣下比任何人都深知我等東洋人在西洋人眼裏的位置，西洋人座山觀虎，現在正是黃色人種應該提防白色人種的時期，余慶幸此番的戰爭消除了我等間結成聯盟的障礙。"

伊藤："余在天津時，曾為貴國提出許多改革的進言，可是多年來完全沒有

3.6.03 日本明治神宮藏畫 "下關講和會談場景"。正面者伊藤博文、陸奧宗光，背面者李鴻章、李經方，旁側分別為雙方的書記官。李鴻章身旁放有從清國帶來的清式痰盂。會談初日，李鴻章發表了感慨的演講，認為本次戰爭讓永眠的中華開始覺醒。

何變化，余感到非常遺憾。"

李："的確，日本正在發生着驚異的變化，閣下的指導對我國的進步和發展有深遠的意義，余與閣下一樣未能引導我的國家，令老朽深感慚愧之至。余相信我朝今後也會改革。然我國地廣人多，有 21 省大行政區，改革比日本要花費更長的年月。余意中的改革願望並未破滅，余曾經在閣下面前預言過未來的改革，閣下還記得嗎？余認為這次的戰爭得到兩個好的結果，第一是歐洲的陸海軍作戰方式，被黃色人種成功應用得到了驗證。第二是永眠的中華開始覺醒，日本給予清國的刺激，相信對我國將來的進步會發生最有益的影響。我國人民對貴國抱怨之聲甚多，然與抱怨之感懷相比，余個人也許應該感謝貴國喚醒了中華國人。如前所述，清日兩國乃東洋之大國，科學的知識日本與歐洲均勢，清國又有莫大的天然資源，所以兩國聯合起來對抗歐洲不是不可能的事情。"

伊藤："余相信天為全人種而公平，如果清國從內心希望改良政治，閣下的願望最終實現是不容置疑的。"

李："余念願踏遍貴國，尋找我國進步之源。然余已高齡古稀，縱然學習閣下偉業之經驗，卻憾餘年不多矣。"

伊藤："我國的進步乃我皇陛下威德的結果，絕非余等之力所及。"

李："貴國皇帝陛下聰明睿智，御身心全傾於國事令人敬仰。然若沒有輔佐陛下的賢相，沒有陛下對閣下的信任，總理一國亦難當大任。余毫不懷疑明君賢相國運昌隆之理。"

伊藤（話題轉移）："閣下希望繼續留在船上嗎？"

李："否，余聞聽貴方已經鄭重準備了下榻之所，希望盡快上陸入宿，不辜友人之厚誼。"

伊藤："閣下準備何日上陸？"

李："余明日上午 10 時上陸。"

伊藤："下一次會談何日進行？"

李："全憑貴方便利，余何日皆無異議。"

伊藤："明日下午 2 時會合如何？"

李："上午 10 時上陸，下午 2 時 30 分可以參會。余有幸與閣下舊知再會，希望閣下沒有隔閡，充分開示其所備。此番余老體肩負重任，望閣下不棄多年之舊誼，體察余之苦衷，完成使命。"

伊藤（微笑）："完全理解閣下之貴意。中堂老健卻有上等豐肉，余相信閣下有充足的精力重責大任。"

李（回笑）："閣下之體較余雖小卻精氣滿身，其力量勝余數倍，經營國家政治，建功立業足矣。余雖念願為國盡微薄之力，但餘齡無多，想來也是遺憾之事。敢問閣下貴庚幾何？"

伊藤："余的年齡 55 歲，比閣下小 18 歲。"

李："即便精力尚在，但余知天壽，今後無從所知。"

伊藤："相信閣下健康長久，繼續為國堪當重任。"

李："感謝厚意，閣下與陸奧子爵同宿一處嗎？"

伊藤："不，宿處分別。"

李："貴國皇帝陛下現在廣島嗎？"

伊藤："去年 9 月 13 日來到廣島，親裁陸海軍和內外一切政務。"

李："經常聽到貴國皇帝陛下親操國事的逸聞，閣下近來也非常繁忙吧？"

伊藤："是的，非常繁忙。余經常往返於東京廣島之間，不得不主理內外一切政務。"

李："余已到達貴國，今日會談之要旨希望和本國政府通電，可以否？"

伊藤："當然，閣下之要求特別許諾，只是上次張邵二氏來日時沒有允許。"

李："多謝厚意，張邵二氏招致不完美之情況，余亦感羞愧，乃因彼二人疏於外國事務之故。"

伊藤："長久以來，張氏擔任美國公使，怎能疏於外國事務？"

李經方(插話)："張氏只是一般的公使，從未擔任此類大任。"

3.6.04 清日媾和會談的下關，同樣給日本人留下歷史記憶。1864年，江戶幕末時代，因日本鎖國攘夷，引發與英、荷、法、美等列強的武力衝突，史稱馬關戰爭。慘痛的失敗引導日本走上接受西方文明的開國之路。圖為被列強佔領的馬關炮台。

伊藤(轉眼望見伍廷芳)："張邵二氏的失敗，恐是此人的過失吧？"

聽罷，伍廷芳頓生怒顏，李鴻章大聲笑起，李經方立即解圍。

李經方："伍氏僅僅是奉命陪同張邵二氏，委任事項並不知情。"

伊藤："無論是否知情，既然陪同，那伍氏也就免不了責任。"

李："當時閣下並未主張專門人選，所以余之老體就未前來。"

伊藤(微笑)："在外交上專門之事相互重疊並非僅僅清國才有，常因當時情況複雜才出現此種傾向。外交上不遵循各國的規例，就會出現尷尬的窘境。"

李："貴國賢臣輔弼皇帝陛下國運隆隆，而在我國卻不適用。舊弊難破，成為改革的最大障礙。"

伊藤："然而在我國，要做成一件事獲得國會通過，也不是一件容易的事。"

李："在我國有比國會更難辦的御史(監察官)，閣下知道嗎？"

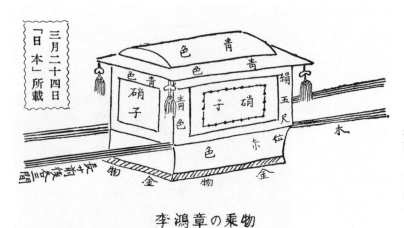

李鴻章の乗物

3.6.05　清日媾和會談期間，李鴻章從清國帶來的專用座轎，用青色織物和玻璃裝飾，由四人轎夫合抬，屬於清國高官待遇。刺殺事件發生後，李鴻章座轎被媒體廣泛報道。

伊藤：“余在天津和閣下會談時説過，御史是自漢朝以來的古代舊制，可以説有害無利，應該斷然廢除，閣下還記得嗎？”

李：“當然。可是在我國誰要提出廢除御史，必會招致殺身之禍。雖然有文明思想之人士進言，有時偶生效果，但在暗愚時期卻會授人以把柄。”

伊藤：“貴國應該通曉西洋事情，余認為對貴國是有益無害的好事。我國外交有人稱是‘陸奧外交’，像這樣精通外務的人才一人足矣。”

陸奧(面向李鴻章)：“現在貴國的總理衙門是哪位親王主事？”

李：“是恭親王。大鳥氏現今為何官職？”

陸奧：“大鳥氏現任樞密院顧問官。袁世凱近況如何？”

李經方：“他現今在河南。”

陸奧：“甚麼職務？”

李：“有官名，非實職。”

李：“剛才宣讀之備忘錄，想請閣下明日給予口頭答覆。”

伊藤：“承知，熟讀後口頭或書面答覆。”

下午4時15分，日清兩國第一輪會談結束。

3月21日第二輪和談。伊藤答覆李鴻章休戰備忘錄的四項條件：(1)日軍佔領太沽、天津、山海關；(2)解除佔領地清軍的武裝；(3)日本控制天津至山海關間的鐵路；(4)清國承擔休戰期間的日軍軍費。李鴻章沒有想到日方會提出如此苛刻的條件，即時抗議日方的無理要求。雙方僵持己見沒有結果，李鴻章要求三日猶豫時間，當日會談結束。

3 月 24 日第三輪和談。李鴻章決定暫時迴避休戰議題，要求直接進入媾和交涉，請日方開示和平條約案。伊藤表示倘若中止休戰條件案，以後將不再協商。雙方決定翌日轉入媾和談判議程。

可是就在當日發生了一件震驚各國的大事，李鴻章在返回驛館的途中，遭到自由黨系的青年小山豐太郎的暗殺襲擊，手槍子彈擊中李鴻章左眼下面頰。會談期間，由於日本警察正在鎮壓國內的反政府運動，放鬆了對使節團的安全保障，使得小山刺殺行動得手。小山作案動機代表了部分日本激進分子的立場，主張日本在戰爭戰果尚不足夠的狀況下，過早與清國講和對日本極為不利。如果現在就將和平拱手讓與清國，就會養虎為患，大清帝國早

3.6.06　小山豐太郎係自由黨浪人，為阻止清日和談，暗殺李鴻章未遂，被捕入獄判無期徒刑。1907 年 2 月 11 日，根據《皇室典範增補條例》，恩赦釋放出獄。被日本激進派譽為“壯士”。

晚會捲土重來，故用暗殺李鴻章的手段阻止兩國的和談。小山的動機雖然屬於個人行為，卻符合相當多日本人的“恐清心態”。高齡的李鴻章作為大國特使，身赴敵地和談，不但沒有受到足夠的保護，反而遭到勝利國一方的殺害，這嚴重違反了萬國公法。深受震驚的日本天皇和政府內閣，唯恐被國際社會指責成卑怯狹隘、喪失文明的野蠻國家。

暗殺事件在國際社會引起軒然大波，協調和談的美國公使表示：“歐美各國對事件的感覺壞到了極點，向日本政府提出忠告，應該立即同意李鴻章提出的休戰請求。”俄國公使揚言：“本事件的發生，清國完全有理由請求列強干涉和幫助。”連日來，日本全國民眾對日本人的國權主義恐怖行為表示憤慨和憂慮，和談使團收到大量來自日本國各地的慰問信、電報、慰問品，引接寺門前集聚眾多的慰問群眾。3 月 27 日，天皇要求伊藤立即允諾休戰，並簽署了無條件休戰敕令，28 日，李經方代表在春帆樓與日方簽署了日清休戰條約。但是日本堅持把台灣和澎湖列島排除於停戰地域之外，確保媾和談判的籌碼。

4 月 1 日第四輪和談。陸奧外相向清國代表開示媾和條約，翌日，病榻上的李鴻章對日方和平條約中割地賠款案提出詳細反對文書，採用拖延戰術，以給北京政府更多的商討時間。朝廷上光緒皇帝和各大臣間意見不能統一，三國公使的調

停也無法進行。伊藤約見李經方，強調若出現談判破裂的局面，征清大總督將率大軍出兵清國，要求盡快答覆日方提出的要求。

4月10日第五輪和談。會談在伊藤和李鴻章兩人之間進行（陸奧患流感缺席），病榻上的李鴻章強硬反對日本關於割讓台灣、遼東半島、2億5千萬兩戰費賠償金的要求。伊藤提示在廣島的60艘運兵船正在整裝待發，昨夜至今晨已經有20艘通過下關海峽。脅迫李鴻章13日前給予答覆，李回答14日下午4時答覆。此間，李鴻章每日給總理衙門發回大量電文報告會談進展情況，往來電報均被日方截獲破譯。伊藤完全掌握了清國決意避免談判破裂的底線，進而採取了更加強硬的立場。

4月15日第六輪和談。11日、12日、13日間，李鴻章和伊藤在會議外頻繁傳遞文書繼續交涉。15日的第六輪會議持續進行了5個小時，李鴻章堅持要求放寬賠償條件，請求伊藤給老朋友留面子，伊藤仍然沒有做出讓步。李鴻章連發密電奏請朝廷，光緒皇帝同意簽約，下達"即遵前旨與之定約"的命令。無可奈何的李鴻章只能屈負清國天下之罵名，答應伊藤翌日簽署條約。退出會談室時，李鴻章面對伊藤扔下一句："沒有想到閣下是這樣嚴酷執拗之人"，忿然離去。

4月16日內閣書記官長伊東、外務大臣秘書官中田敬義和清國參贊官羅豐祿、伍廷芳，共同起草、核對媾和條約的日文、中文、英文文案。4月17日上午10時，召開第七輪和談。雙方在講和條約書、條約誤解防止議定書、威海衛擔保佔領及日軍駐在數量、佔領費用負擔別約、休戰延期至5月8日兩國皇帝條約批准期限等文書上簽字，日清媾和條約即日成立。預定兩國皇帝批准書的交換時間為5月8日，李鴻章請求休戰期限從17日延至21日，休戰同時適用於台灣和澎湖列島。上午11時40分，簽字調印式結束，國際法上清日戰爭終結。條約簽訂的當日午後，李鴻章的清國使節團速速離開馬關歸國。

5月7日，伊東內閣書記官長授命全權為日清雙方交換兩國皇帝批准的《馬關條約》書抵達芝罘，在德國人經營的酒店"廣仁堂"與清國全權代表伍廷芳、聯芳會合。會合前數日，因三國干涉的契機，清國朝廷出現了要求延期交換批准書、改訂條約的動向。當日，伍廷芳、聯芳向伊東轉達了總理衙門延期交換批准書的訓令，會議交涉直至深夜沒有結果。8日伊東全權通知清國代表，同意延期3日交換批准書，表示3日後下午1時出港離開清國，態度堅決強硬，沒有商量餘地。"廣仁堂"大酒店裏，伍廷芳、聯芳焦燥不安地等待朝廷的訓令，下午4時仍然沒有北京的電報。這一日朝廷內騷動非凡，戰和議論兩立，光緒皇帝左右彷徨舉棋不定。三國干涉的德國、俄國公使先後造訪總理衙門，警告應該按最初的約定交換批准書，拖延術只會給敵方再開戰火製造藉口，清國外交上的失誤必會失去國際上的信任，把國際輿論對清國的同情推向對日本的支持。總理衙門綜合判斷利弊，奏請光緒皇帝得到了最終允可。5月8日晚9時30分，芝罘廣仁堂大酒店，兩國會議再開，舉行了正式交換批准書的手續，交換手續作業進行到同日深夜11時30分全部結束。此時此刻，清日媾和條約《馬關條約》成立生效，兩國戰爭結束。

3.6.07　清日媾和談判，李鴻章承受日本苛酷的壓力和清廷內的無端誹謗，還遭遇暴漢襲擊身負重傷，病榻上仍表示願意以死換回大清國的利益。照片留下了李鴻章負傷後衰弱無奈的神情。

2　日本媒體報道

　　馬關和談是世界近代史上的重大事情，亞洲兩強經過武力較量後，在談判桌上寄外交努力解決了爭端。清日兩國的和平會談在日本掀起騰沸，大清帝國終於屈尊，飄洋過海來到謂之彈丸的小國乞求和平。內外交困的大清朝廷，昨日還在廟堂上眾議，要對李鴻章施斬罪配流刑，今日又不得不請他出山拯救大清國。一直以來主導清國洋務聞名的李鴻章已經成為世界矚目的人物，在敵國日本也是格外受到尊敬的開明人物。和談期間，李鴻章作為大清國重臣、政治家、軍事統帥，自然成為日本各類新聞媒體追蹤報道的焦點，給史上這一大事件的過程留下許多珍貴的記錄。本書摘錄若干媒體報道，以期洞窺百年前彼岸一隅曾經發生的逸聞逸事。

　　《清國媾和使顧問科士達其人》（報知1.22）　昨21日上午7時，清國媾和使顧問美國人科士達(John W. Foster)前期抵達橫濱。世上對福斯達其人有種種傳聞，此人在任華府國務卿時與陸奧氏的公私交情頗深。美國南北戰爭期間，乃北軍一功勳勇將，曾擔任駐墨西哥、俄羅斯、西班牙公使，後任美國國務卿，是著名的大外交家。據聞該氏與李鴻章交情甚密，此番清國戰敗所處危難情急之中，李鴻章泣求該氏出任媾和顧問，該氏無法薄情推辭，故同意前往云云。

《清國乞和公使美國顧問判明》(東京日日 1.23)　清國聘請前任美國國務卿科士達擔任清國乞和公使顧問，然美國諸新聞報道云，美國國務卿格禮山(Walter Quintin Gresham)公開表示，正在前往日本的清國乞和使顧問科士達氏履行的使命，完全係該本人之私人行為，與合眾國政府沒有絲毫關係。

《李鴻章督師轉任》(時事 2.14)　昨日北京來電，支那官報登載上諭，李鴻章被罷免直隸總督一職，由南洋大臣兩江總督劉坤一接替後任。此乃張之洞向朝廷密奏之結果，李鴻章轉任湖廣總督，統領湖廣軍務並負責對日軍事事務。另聞近日清國朝廷授與丁汝昌之勳章因敗降之罪被剝奪。

《敵艦降服始末和外人處分》(東京日日 2.20)　日軍 15 日佔領劉公島，允許該島守備清軍及外國人等整理行李離開。然而對豪威氏(曾在法國郵船"悉內"號被逮捕並宣誓不為清國效力後釋放)施以再逮捕令，根據海軍軍法會議進行審判。其他外國人均換乘英國軍艦"塞邦"號前往上海。鎮遠及六艘炮艦領受完畢，期待定遠艦可以打撈浮上。

《李中堂聞敗報飲泣》(報知 2.21)　2 月 9 日上海《申報》轉天津電報，威海衛軍艦與倭奴鏖戰，定遠艦被擊沉，丁帥以死盡忠。一魚雷艇逃入煙台，其餘艇艦皆滅，李鴻章聞此惡報頓時痛哭流涕。如果李氏知道了丁汝昌降服始末，又會做何感想乎？

《清國艦隊降服往復文書》(東京日日 2.22)　聯合艦隊伊東中將向大本營遞交清國艦隊降服始末來往書信三件。

丁提督降書一。"伊東司令官閣下，本督所意決心與貴國一戰到底，不惜艦毀人亡，然今為保全千百將士生靈免遭塗炭請求休戰。劉公島灣內之艦船以及炮台兵器全部獻與貴國，但是必須保證威海衛內海陸軍及外國人、官員、兵勇、民眾之生命安全不受傷害，請讓他們離島回歸家鄉。若可以承諾上述事項，請英國艦隊司令長官作仲裁證人。本函特向貴司令長官照會，查照後請於即日答覆為盼。此旨照會 光緒二十一年正月十八日 革職留任北洋海軍提督丁汝昌"。

伊東司令官回覆書。"貴函面授，所陳要項之旨趣均保證承諾。小官明日受取貴軍所有軍艦、炮台及一切其他軍器，時刻及其他細節，小官明日書面向貴官確答與協議。前類軍器一切引渡完畢後，小官派軍艦一艘，將貴官書面記載之諸將士配以警衛，送往雙方認為方便之場所。小官真誠為了貴官之安全及貴國將來之利益，請貴官來我國等待戰爭終結為宜。貴官若來我國，保證上賓禮待。至於請英國艦隊司令長官作仲裁證人，小官認為全無必要，小官之信用以日本武士之名譽擔保。對此書函，請於明日午前十時前回覆，特待貴答。 明治二十八年二月十二日 於日本帝國軍艦松島內"。

丁提督降書二。"謹啟，此間接啟貴答書，為閣下承諾生靈免遭塗炭感激之至，所贈惠禮深表謝意，但在兩國交戰之中恕不能私受，謹此奉還。依照閣下明日交付和受取軍器之要望，恐時間短促不及，兵勇武裝解除、旅裝整理等諸事甚多，交接手續望延至清曆正月二十二日(2月16日)，屆時請貴軍進入劉公島接受軍艦、炮台、軍器等，吾絕不食言。草草敬具 丁汝昌 追申：伊東司令長官閣下，贈送惠禮物品三種謹此奉還，致候。"

《李鴻章銅像》(讀賣 2.25) 清國豫省向德國訂做李鴻章銅像一座，近日趨於完工。該銅像高一丈有餘，原計劃安放在威海衛或旅順口清國北洋水師大本營內。可日前兩軍港均被我軍佔領，銅像安置地失去着落。有追隨者欲置北京，然李鴻章在京城官場根基不固，何時被毀難以預料。又議應安置天津，然清國昨今國家沉浮，豈能容與區區李鴻章一偶。現今李氏自身安危難保，比選址安置銅像更重要之事，乃先保住自身安危和地位。目前銅像尚存德國。

《丁汝昌生命保險三萬英鎊》(每日 3.1) 丁汝昌提督十年前在香港英國生命保險公司加入三萬英鎊的生命保險，由於丁在威海衛戰中死去，保險公司立即派遣職員前去調查。生命保險契約中規定，自殺的情況下不支付保險金。如果丁提督的死因確係自殺，此保險金受領將會遇到困難。

《〈降服勸告書〉有賀長雄起草》(東京日日 3.9) 據知情者云，1月13日前後，大山大將請來隨軍法律顧問有賀長雄言道："此度威海衛總攻擊，敵軍如拼死一戰、破釜沉舟，無法捕獲敵艦時，我軍將不得不徹底粉碎敵軍戰鬥力，轟沉敵艦，以至於生靈塗炭，此乃無益無謀非明智之舉。若將此利害關係說與丁提督知曉，勸其降服豈不事半功倍？伊東海軍中將是丁提督的舊友，以伊東的名義勸降或許會取得良效。丁是受過歐洲軍事教育，具有識時務能力之人物，應該嘗試勸降之可能。然而用漢文貫徹降服之意頗有難度，採用英文乃為善策。書寫思路先論述當前清國類我幕末，缺乏憂國憂民之士，如眾心團結必能解救四分五裂之醜狀。現清國形勢既然如此，雖擁有堅船兵甲又有何用？今丁提督暫時降服，他日機會成熟必能大展宏圖。引述史上法國大將麥克馬洪，我國榎本海軍中將等降將為例開導與他。"大山司令官請有賀長雄以伊東海軍司令長官名義，沿此思路起草一封給清國北洋水師丁汝昌提督的勸降書。此稿審時度勢、議論古今，循序漸進、以理服人，經過數稿修改切磋於 1 月 16 日完成。

《媾和使節李鴻章抵達馬關》（東京日日 3.20）　清國媾和使李鴻章乘兩艘汽船懸掛黃龍國旗，在水警太湖丸的引導下，於上午 8 時半進入當地港內。

《春帆樓清使節滿意》（東京日日 3.21）　李鴻章於船中身着緋色錦服，坐於虎皮太師椅上悠閒讀書之模樣。隨同前來的廚師侍從四十餘人，今有侍者登岸購買魚類蔬菜等物，為李全權一行作餐飲準備。同行官員伍廷芳到達會談場所視察，兩層建物春帆樓的主人藤野已經離開，室內陳設金色屏風，擺置各種盆景，顯得幽靜高雅，春帆樓周圍配備警官憲兵嚴密警衛。伍廷芳對日方之安排表示滿意，提出使團為購買日常用度方便，希望貸用一艘小汽船，得到我方即刻應允。

《媾和使節李鴻章馬關登岸》（時事 3.22）　李鴻章略感風寒，仍決定下午 3 時與我全權會見。2 時半許，在縣警察官護衛下，李鴻章一行乘小野田丸蒸汽船到達阿彌陀寺町鎮守神社前。從船到棧橋之間需經過一段石階，兩名侍從謹慎攙扶李全權越之，實乃清國大員之風采。據聞李鴻章小病後面色健潤，佩戴一副金緣白玉眼鏡，上身着黑色官衣、下身茶緞褲子、足蹬薄靴，身高五尺六寸，高大過人。一行官員 9 名、護衛 6 名登上東棧橋。李經方先上陸，和前來迎接的日本官吏寒暄，山側聚集甚多遙望清國大人物的本地百姓。李鴻章乘坐專門預備的座轎，李經方以下官員乘人力車，通過夾道整列的憲兵警衛直接前去談判所春帆樓。

《清日兩國全權第一回會見》（時事 3.22）　兩國全權會見一個小時餘，李鴻章 4 時 25 分從會談所門口出來，乘轎前面帶笑容，乘轎後撫摸鬍鬚若有所思之模樣。其後的李經方、羅豐祿、伍廷芳等隨行乘人力車，途中通過警戒憲兵隊和觀看的群眾，經鎮守前棧橋換乘汽艇歸船。

《李鴻章上陸入住引接寺》（時事 3.22）　李鴻章媾和使節團一行，14 日乘兩艘德國船從天津出發直航日本。抵達日本的李氏父子一行使節團官吏，預定本日上午 10 時從"公義"號改乘小汽船上陸。上午 9 時，同船攜帶之物品先由浮舟移岸，轉運下榻賓館"引接寺"。同行上岸者有廚夫七八名、侍從十五名。李鴻章坐前日之轎，其餘官等乘人力車在海陸憲兵嚴密警戒下前往引接寺，沿路觀看清國新奇之群眾雜沓紛亂。

《李鴻章奇聞》（報知 4.2）　李鴻章有一莫名之癖，每當會見陌生人物時都會詢問對方有無子女、財產多寡等私家事，本人卻不感唐突。一日新任上海領事艾美盧丹初訪李鴻章，李氏問過官職後就開始詢問領事的子女和私家財產。當領事介紹過自己清貧情況後，李氏回道，如此重要官職卻不富裕甚感奇怪。

《李鴻章二夫人》（報知 4.2）　按照清國人風俗，娶數名妻室不以為怪。妻室又稱大夫人、二夫人、妾等，據聞李鴻章之第二夫人乃丁汝昌之妹。

《李鴻章的電報費》（報知 4.9）　李鴻章一行在日期間所用電報費高達 15,000日圓，曾兩次向馬關郵電局預先支付電信費用，第一次九千、第二次六千圓之多。

《李鴻章旅館一面向海》（報知 4.10）　李鴻章下榻旅館一側面向大海，前五日馬關市西部漁業組織贈送李氏大魚槽一座，其內放入活魚七十餘類，李氏愉快至極。李氏負傷後，經常下牀瞭望大海，欣賞槽內游魚，面帶喜色。有時與李經方等高官商討要事時，愛用一柄細桿挑逗章魚、海鼠。一日，水槽一片玻璃破碎，槽水驟然湧出，室內一片汪洋。七十餘類活魚躍出槽外，其中一條章魚飛入庭院，以奇怪八腳附着在敷石上行走，眾魚仰天跳躍。在場人者皆拍手歡笑，稱奇不止。是夜，狼藉七十魚類再度裝入新槽之中。

《暴漢襲擊李鴻章》（東京日日 3.25）　3 月 24 日下午 4 時半，李鴻章會談後歸途中在引接寺拐角，遭遇暴漢小山六之助襲擊。小山阻擋李鴻章轎夫，於兩米距離向李氏開槍，立即被憲兵阿部、新條警部當場押捕。彈丸擊碎李氏眼鏡片，穿入左眼窩緣中央下方一厘米，到達頜骨前壁處，鮮血涌出。聞知李鴻章負傷消息，伊藤首相、陸奧外相、伊東書記官長即刻趕往現場探望。此時李氏臥與長椅之上，醫師正為其搶救包紮，市街場面彼我混雜。其實我警衛對來使保護頗為盡力，清方亦表示滿意，今遇不測實乃令人百感遺憾之至。

《兇徒小山的本性》（東京日日 3.26）　狙擊犯人小山六之助當日穿着縞棉股引、紺色襪子、草履、上衣污穢、頭頂未冠、乃異形書生容貌。父務農業頗有家財，曾當選縣議會議員，六之助係長男，數年前上京在慶應私塾修學。由於品行頗為放蕩，父母親戚禁其歸宅，甚至廢棄長嫡，改次男義八郎為嫡子。小山入壯士講談師伊藤太郎門下做弟子，多與浪人狂漢交往，藝名謂之"痴狂"。

《御慰問李鴻章》（東京日日 3.26）　刺殺事件發生後，天皇陛下甚憂，為國家發生不名譽行為深感遺憾愧疚，兩陛下遣特使中村侍從武官赴馬關慰問。24 日，伊藤、陸奧、伊東再次前往李氏下榻探望。李氏向伊藤語道，此等事情吾早有心理準備，又言已與屬下交代，雖然負傷但不能影響兩國談判的進行，治療日程由醫者安排。事件發生後，警方下令除談判相關者及專業服務者外，無關人等一律禁止接近使團。

《遭難後的李鴻章》（國民 3.26）　山口縣知事、後藤縣警部長因警衛不力，發生刺殺兇案已經提出辭職申請。李氏負傷後，李經方立即急電國內，泊在灣內"公義"、"禮裕"兩船上的數十名侍從於下午 6 時陸續上岸服侍主人。隨行官員義憤填膺，主張李氏搬回"公義"號船上休養，美國和談顧問特使福斯達及洋醫反對回船，應當留在旅館靜養。

《李鴻章自殺未遂》（藝備日日新聞）　此題目報道剛剛印出，政府立即命令縣警阻止發行。此別有用心之人企圖歪曲李鴻章遭到日本人暗殺事實，實乃缺乏待客道義的狹隘民族敗類。

《李鴻章遭難事件和歐美新聞論評》（日本 4.2）　李伯遇刺之報道傳至歐美諸國，各國輿論為此不平，又將俄國皇太子遇刺事件搬出，再駁日本文明之假面。又云日本雖取得武力戰爭的勝利，卻敗在道德戰爭之下。德國、英國的輿論雖平穩，但日本因此事件形象大損，此風氣若不杜絕，將來日本人也會遭遇同類傷害。

《小山痴漢的妄動使帝國處於不利談判立場》（官報 3.30）政府無可奈何同意與清國締結休戰條約。大日本國皇帝陛下深慮，此次暗殺事件有礙和平談判正常進行，茲命承諾一時休戰，責伊藤內閣總理大臣全權辦理條約簽署。條約的休戰期為三個星期，有效期至 4 月 20 日正午滿期，倘若期間談判破裂，休戰即刻無效。小山痴漢之妄動，實乃無謀之舉。

《重要休戰附加條件成了水泡》（東京日日 4.2）　媾和會談開始李鴻章提出，和談條約議定之前先簽訂休戰條約。對此日本方面提出了簽訂休戰條約的四項苛刻條件，伊藤答覆李鴻章的休戰請求，遭到李鴻章的拒絕。由於發生了暗殺事件，天皇陛下命令我全權代表無條件簽訂為期三周的休戰條約，結果日方先前提出的重要休戰附加條件成了水泡。

《無條件休戰獲美國好評》（東京日日 4.3）　無條件簽訂休戰條約的決定得到美國和歐洲各國的好評，美國總統和國務卿發來電報讚揚日本的寬仁。而日本人卻感到對清國過份恩惠，內心矛盾苦澀難言。

《李鴻章負傷後最初的會議》（東京日日 4.12） 本日下午 4 時，伊藤首相、伊東書記官長(陸奧外相患流感缺席)，清國李鴻章及代表，召開傷後第一次會談。當日李氏身穿白色服裝，胸前懸掛眼鏡，傷處貼一小藥膏，乘轎沿山路進入春帆樓。談判為時兩小時餘至六時結束，會談似乎進入重大難關之階段。雙方知道此休戰期間若不能達成和平條約，戰爭就會推進到北京城下盟約的險惡窮地，延長休戰期間不再有望。

《日清媾和條約調印》（國民 4.17） 本日上午 10 時，日清兩國正式簽署和平條約。下午 3 時 30 分，李鴻章一行在嚴密安全警備下，換乘"公義"、"禮裕"兩船，拔錨啟航離開馬關。

《伊藤首相發表演說》（東京日日 4.18） 昨日午後，伊藤首相在春帆樓召集大浦知事、有田警部長、市會議員，對清國使節停留期間給予的諸般協力表示謝意，同時為和平條約的成功簽訂表示祝賀。伊藤首相發表了短暫演說："今天具有歷史意義的下關條約，在諸多外國勢力的關注下，我陸海軍仰賴天皇陛下的威稜，取得了古今未曾有過的殊榮。它在世界上壯大了日本的名譽和國威，此乃國家之喜、民眾之幸，請諸君永遠記住今日在馬關誕生的歷史榮譽。"

3 名詞釋義

【馬關】歷史上，日本官方正式定義的地名沒有"馬關"。"馬關"的由來，出自古地名"赤間關"的傳承逸說。"赤間關"中的"間"字，日本語漢字發音是"馬"音，故有"赤馬關"之稱，簡稱"馬關"。江戶幕末期(1864)，赤間關要塞炮台發生過與西歐四國列強艦隊的炮擊對戰事件，通稱"馬關戰爭"。明治二十二年(1889)，日本國實施市町村制，"赤間關"改稱"赤間關市"。按照地名傳承和歷史事件延伸的認識，日清戰爭和談的官方文書中，清國稱"赤間關市"為"馬關"；日本稱"赤間關市"為"下關"。故和談條約存在日稱《下關條約》、清稱《馬關條約》之別。日本民間愛用"馬關"一詞，有赤馬鎮守關隘之吉利說，當時的報刊也通用"馬關"，官方文書記載中亦常見馬關的使用。1901 年，山陽本線從神戶開通至赤間關市，取該地站名為"馬關站"。1902 年，"赤間關市"更名"下關市"，"馬關站"亦改名"下關站"。然而長期以來，當地人仍保留"馬關"的記憶，至今下關市仍然舉行每年一度熱鬧非凡的"馬關祭日"。

【引接寺】山口縣赤間關市"引接寺"建於 1560 年，本尊"阿彌陀如來"之古刹。清日戰爭第二次和談期間，引接寺是清國全權特使李鴻章的下榻館所，也曾是朝鮮通信使往來日本的下榻之所。引接寺和春帆樓會談議所之間相距約 300 米，為安保起見，日方專辟一條安全小道，讓李鴻章每逢會議時乘轎往來於榻所和會所春帆樓之間，著名的李鴻章遇刺事件也發生在這條小道上。小道見證了《馬關條約》的歷史故事，日本人特別命名為"李鴻章道"。現在下關市政府特別指定其為文化財保護遺跡。

【春帆樓】日清和談會場最初預選了長崎、廣島等候補地。經多方考慮，伊藤博文作出了馬關"春帆樓"為會談場所的決定。"春帆樓"之名是伊藤博文題名而成，因簽下著名的《馬關條約》而聞名於世。明治二十八年(1895) 3 月 20 日至4 月 17 日之間，日清兩國代表在春帆樓舉行過七次會談。春帆樓早期的主人是藤野玄洋，用來開設診所。藤野歿後，藤野夫人改業經營日本料理旅館，以擅長毒河豚魚名菜而聞名日本。伊藤、陸奧等知名人士曾數次光顧春帆樓，留下深刻印象。借用該地作為會談場所，除便利清國特使上陸之外，距離天皇所在廣島大本營也不很遠。至今春帆樓的會議室仍然保留當年會談佈置的場景，是日本國指定的文化財保護遺跡。

金玉均之死

1 暗殺金玉均

朝鮮維新改革家金玉均在上海遭到暗殺，加速了清日戰爭的爆發。暗殺事件觸動了日本國民的感情，"征韓論"、"征清論"的社會輿論急劇膨脹。日本軍方利用事件在國內引起的強烈反響積極備戰，兩個月後，乘朝鮮東學黨農民起義的契機，實施了對朝鮮、清國的軍事行動，從小規模軍事對峙發展為大規模戰爭。

金玉均 (1851-1894)，出生於朝鮮忠清南道沒落貴族家庭，朝鮮李氏王朝後期的政治家。1872 年科舉及第進入政界，從玉堂承旨升至戶曹參判。1875 年江華島事件，金玉均有感日本明治維新的進步，希望借用日本維新經驗推進本國富強之路。1882 年赴日本考察，籌集改革資金，後與洪英植等人結成開化黨，力圖推動朝鮮的政治改革。1884 年，開化黨在日本勢力支持下發動"甲申政變"，發佈了新政綱領和組成內閣。開化黨的政變宗旨，意在廢除朝鮮舊制，排斥清國宗主國干涉，確立明治維新模式的獨立國家地位。但是新政權僅三日天下，就在清國袁世凱駐軍的直接干預下失敗，金玉均等人被迫逃亡日本。

1884 年 12 月 4 日，朝鮮京城新設郵政局慶典，開化黨利用慶賀晚宴，在政府官員和外國使節與會之機發動了政變，史稱"甲申政變"。當日美、英、清公使到會，日本竹添公使抱病缺席，開化黨洪英植、金玉均、朴泳孝等人出席。會場周圍埋伏着身着清國人服裝的日本士官學校的學生和公使館警備軍人，以待預設炸彈爆炸為號在混亂中殺死政府大員。晚十點，日本人福島春樹事先準備的甘油炸藥沒有按預定時間爆炸，便臨時決定放火點燃會場北鄰的草屋，大火致使會場大亂。來賓紛紛向外出逃，混亂中，宮廷重臣閔泳翊被當場刺成重傷。但其他要員沒有按照日本人預先埋伏的路線逃跑，暗殺行動失敗。金玉均隨即跑到日本公使館，帶領在那裏待命的日本兵向宮廷方向衝去。福島攜帶未爆之炸彈，安放在國王近所"昌德宮"引爆，大呼清國叛亂軍正向王宮發起進攻，讓國王趕快請日本公使館警備隊前來保護。

5 日未明，日本士官生和一個警備中隊控制了"景祐宮"大門，守舊派政府要人被相繼拉出處死。5 日清晨開化黨發佈新內閣成員名單，6 日上午發表朝鮮改革新政綱領。此時被困在昌德宮的閔妃密令右議政臥彰砦，速請清國駐朝鮮的軍隊

3.7.01 金玉均是朝鮮開化派首領，力圖仿效明治維新改革朝政。甲申政變失敗後逃亡日本政治避難。1894年3月被朝鮮王妃閔氏派遣的殺手洪鐘宇暗殺於清國上海，因屍體被凌遲，引發日、清、朝三國關係惡化。圖為金玉均遇刺場景繪畫。

救援，並向市井散佈日本人殺死大臣，將國王和王妃監禁的消息。市井間民眾反日感情和對開化黨的敵意迅速擴大，京城街道出現騷亂，事態開始出現對政變新政府不利的局面。6日下午3時，吳兆有率500清兵攻入"宣仁門"，袁世凱率800清兵攻進"敦化門"，在市民遙相呼應下奪回了"昌德宮"。洪英植等7名士官學生在劫持國王過程中被清兵悉數斬殺，日本人見大勢已去，被迫退兵逃走。金玉均、朴泳孝等9人與日本公使館官員一同乘千歲丸號輪從仁川逃向日本，徐光範等3人在日本又改赴美國避難。

政變前後，開化黨得到日本人在武器、密謀、實施上的鼎力相助。然而日本政府拒絕承認參與了政變，強硬要求朝鮮政府承擔政變中公使館被毀，日本人被殺的責任。強迫朝鮮簽訂了《京城條約》，賠賞日本在事件中的損失。當時日本還不具備與清國正面對抗的軍事能力，兩國派重臣李鴻章和伊藤博文，通過外交談判在天津簽訂了《天津條約》。天津條約日本爭取到在朝鮮的派兵權，動搖了清國在朝鮮的宗主國地位。兩國在朝鮮問題上鋒芒畢露，加速了雙方的軍備競賽。

甲申政變失敗後，開化黨勢力被清洗，朝鮮宮廷保守派重掌大權。閔妃對金玉均等人恨之入骨，派出殺手潛入日本，企圖暗殺金玉均等流亡政客。日本政府出於保護目的，將金氏等人軟禁在小笠原諸島、北海道、東京等地，躲避朝鮮刺客的追殺。十年海外流亡生活的金玉均身心俱疲，有意與清國合作，借大清之力推進朝鮮的改革。1894 年 3 月，閔妃的刺客洪鐘宇，誘使金氏去上海與清國高官李經方會晤，以 5,000 圓資金做誘餌，在美國租界的日本旅館"東和洋行"內將金氏殺害。

暗殺現場很快被租界警察控制，清國上海衙門黃縣令前往會同調查。金氏身中三彈倒在廊下，左頰骨下至腦部貫穿彈一發，腹部彈一發，左肩至後背貫穿彈一發。警察署英籍署長向趕來的日本駐上海總領事大越成德詢問："現場調查已經結束，金氏屍體是否由貴國收取？"大越："金玉均係流亡日本的朝鮮人，沒有加入日本國籍，本國沒有領取屍體的理由。因為案件發生在租界日本人旅館，故我領事官前來判明犯罪現場和犯罪人。既然犯罪人同是朝鮮人，本案應交予清國政府司法處理。貴警察署立會裁判所或與清國上海縣令進一步調查後，將屍體交付前來接受的朝鮮人或引渡給北京。"傍晚，嫌疑人洪鐘宇在吳淞附近民家被抓獲，警察署長再次詢問大越總領事，嫌疑人是否引渡給日方？大越答覆："嫌疑人沒有日本國籍，對於和日本毫無關係的被告人沒有裁判權。洪鐘宇是朝鮮人，按照條約應當引渡給清國政府。"警察署長領會了大越領事所言之意，表示今夜將嫌疑人引渡給清國衙門會審。

警察署立會裁判所與清國上海縣令對嫌疑人會審，上海黃縣令："汝為何殺害金玉均？"洪鐘宇："我承認殺害了金氏，因為金氏在朝鮮犯下大罪，殺害過許多無罪之人，挾持國王禍亂朝政，使國王陷入多年苦悶，此賊不殺，朝鮮、日本、大清各國都會受其禍害。我是奉國王命令殺此大逆不道之人，追殺對象共有 4 人，還有 1 人在大阪，2 人在美國，在美國者已經加入美國籍無法執行命令。"縣令："既然如此你有追殺令嗎？"洪："有，該令現放在大阪的一人那裏。"縣令對大越領事說："洪氏自稱奉本國國王之命殺死金氏，如確係屬實此乃該國英雄，須照會朝鮮政府和我國上司澄明裁定，現在此人不能判罪。"縣令："按照大清國例，屍體必須有人領取，既然金氏同行者北原延次願意領取，那麼屍體可交與東和洋行店主吉島，再由北原領取。"吉島和北原聯名在受領書上簽字後領取了屍體，預定後日乘本國西京丸輪歸國。但是縣令不同意出航日期，要求一周後才能出發，需待其向本國道台稟請後，3 月 30 日上午 10 時前給予與答覆。

30 日上午 10 時，北原把金氏遺體放入棺內，辦理完通關手續，可是黃縣令沒有出現。大越總領事勸告北原，朝鮮政府認定金玉均是逆賊，若將其遺體運回日本公然舉行葬禮，設置永久墓所是不妥當的。北原則堅持黃縣令已經裁定金氏遺

3.7.02 十九世紀末，政治腐敗、經濟貧弱的朝鮮，貪官橫行、民不聊生，國家陷入崩潰的邊緣。圖為朝鮮國王高宗李熙及其垂垂老矣的兩班大臣。

體可以運回，不接受大越領事的建議。30 日下午 6 時，黃縣令會見大越總領事，表示原來承諾屍體可帶回日本之事恐有變故，需要等待袁世凱的答覆，請領事大人命令北原留下金氏遺體。大越反駁道："北原已經辦完通關手續，帶回遺體是他的自由。如果説清國官吏為了進一步取證調查，需要留下遺體的話，本官可以用職權命令北原。如果説要等待袁世凱的答覆或貴縣令想用職權阻止遺體發運是沒有道理的。"是夜 10 時左右，北原將屍體運上棧橋準備上船，遭到縣令屬下的阻攔。當地警察署的巡警也趕來碼頭，將金玉均遺體和有關文件書信全部沒收，存入虹口捕房。原來，黃縣令將此案稟報江海關道觀察使聶仲芳，聶即電告南北洋通商大臣及總理各國事務衙門，轉告清國駐朝鮮代表袁世凱。當夜江海關道署接到朝鮮漢城回電："金玉均係朝鮮叛臣，脱逃已久，洪鐘宇係朝廷官員，此案理應解歸朝鮮定奪。"北原延次無奈於 31 日獨自乘西京丸返回日本。

朝鮮宮廷閔妃派得知金玉均被暗殺的報告，立即電報令朝鮮駐天津督辦徐相喬會見李鴻章，請求清國政府將洪鐘宇和金氏屍體一並交給朝鮮國處理。李鴻章同意了朝鮮的請求，要求租界警署將金氏遺體和嫌疑犯洪鐘宇引渡給清國政府。英國當局為了朝鮮半島的安定，防止俄國人借此事件介入朝鮮內政，決定將金氏遺體和嫌疑犯引渡給清國。4 月 6 日，徐相喬抵達上海，清國衙門又將金氏遺體和洪鐘宇移交給徐相喬。由於當時沒有去朝鮮的便船，衙門稟請兩江總督兼南洋大臣劉坤一批准，派軍艦"威靖"號專程將洪鐘宇和金氏靈柩送回朝鮮。

金玉均在上海被朝鮮刺客暗殺的消息傳到日本，社會輿論激憤，朝野上下紛紛譴責政府的軟弱政策。4 月 10 日，民間玄洋社派遣齋藤新一郎、岡本柳之助急赴上海，面會大越領事，欲取回金玉均遺體。當兩人抵達上海時，金的遺體已經引渡給朝鮮政府。金玉均的遺體運回朝鮮後，朝鮮宮廷對金氏遺體處以凌遲刑。5月20日，日本友人會為金玉均在東京淺草寺舉行約兩千人參加的葬儀，眾議員犬養毅等社會名流指責政府將金氏遺體解回朝鮮，是對日本帝國的極大侮辱，要求對清國採取報復措施。金玉均葬禮的翌日，玄洋社成員約見外務大臣陸奧宗光，請求政府對清國宣戰，以雪朝鮮和清國強加日本之恥辱。日本國內反清、反朝鮮的感情高漲，"征韓論"、"征清論"在新聞媒體連日大肆渲染報道，政府與社會輿論保持了默契的步調。金玉均被暗殺事件演變成日本挑戰大清國的導火索，加速了朝鮮半島的緊張局勢。

2 李鴻章談話報告

外務大臣陸奧宗光 殿

明治二十七年(1894)，松方正義外交官補前往北京赴任，途經天津，由領事荒川巳次引見李鴻章。4月4日午後，松方拜訪李鴻章，談話中涉及金玉均被暗殺事件的話題。內容包括李鴻章所述對犯人洪鐘宇及金玉均遺體處置的清國立場，以及朝鮮國王的態度。是我國對外政策有參考價值的文件，特向外務大臣報告。

會見當日，清方為李鴻章和翻譯官候補道羅豐祿兩人，我方松方正義外交官補、荒川巳次領事兩人在座，相互寒暄問安後，開始了以下談話。

李鴻章："松方外交官補是經由哪條航路經過天津的？"

松方正義："經由上海過來的。"

李："那麼想必已經知道金玉均的事情了吧？"

松方："不，從上海出發後才聽說此事。"

荒川："從3月29日上海發行的報紙記事中知道，一個名叫金玉均的朝鮮人被同國人洪鐘宇殺害。大概閣下也是從上海報道那裏知道的消息吧？後來嫌疑犯怎樣處置了呢？"

李："應該是已經送還朝鮮國了。"

荒川："送還給朝鮮國，閣下是否想過洪鐘宇會被怎樣處分。"

李："正如我們知道那樣，金玉

3.7.03　數世紀以來，朝鮮成為明清兩朝的屬國，政治、經濟受到長期支配，朝鮮必須臣服宗主國的管轄。照片是清國使節訪朝時，朝方儀仗迎接的情形。

3.7.04 朝鮮地方官吏出行前呼後擁,百姓觀望如瞻怪物一般新奇,地方官勒令百姓家門緊閉不得喧嘩。圖為十九世紀末朝鮮的官民。

3.7.05 圖為朝鮮京城昭義門。昭義門別名西小門,創建 1396 年,初名昭德門,1744 年改建並改名昭義門。昭義門是城內居民向城外搬運死屍的城門,門外有楊花津刑場。金玉均的屍體解運朝鮮後,就是在這裏凌遲示眾的。日據時期,昭義門於 1914 年被拆除。

均早年欺騙國王,陰謀政變殺害過許多人。朝鮮國王對除掉這種極惡之人的人,相信會給予重賞。金氏在日本滯留 9 年多,日本官民中憐憫金氏者甚多,作為朝鮮政府的一員,出逃後在沒有本國人任何援助下,在他國卻不愁衣食住行,受到優厚待遇,是誰在給予他經濟上的援助?實乃令人不可思議。特別是金氏本次上海之行,聽說帶有 5,000 圓的資金,如此巨額錢財即便一般的資產家也難以擁有,金氏一流亡者卻隨身所持,着實讓人費解疑慮。"

荒川:"金玉均在日本滯留期間,得到上等的衣食住行之事,小官完全不知。從上海新聞的報道中知道,金氏不住在帝都東京,而是漂流北海道及小笠原島等地。如果像閣下所云,受到官民金錢上的厚遇,就沒有理由居住在那個偏遠荒涼之所,顯然金氏在日本居住中的費用並無值得懷疑的地方。但是在這個世上,無論何人當陷入困境之時,應當有人憐憫和同情,即便是外國人也不會見死不救,此乃人間之天性。至於 5,000 圓金額的資金,小官也抱有疑念,相信日本人絕對不會提供如此巨額金錢與他。"

李:"洪鐘宇數度試探刺殺金玉均,據說皆因日本政府的通力保護而不得機會,像金玉均這樣的反逆之人,有何保護之道理?"

荒川:"日本政府對金玉均並非給予了特殊保護,凡居住在我國的任何外國人,政府都有保護他們安寧生活的義務。"

李:"到現在為止,朝鮮曾經屢次請貴國政府將金玉均送還朝鮮國,每次都拒絕。同樣也向榎本公使請求過，亦被拒絕。無法明白是何理由。"

荒川："還是第一次聽說有這樣的事。其拒絕理由小官完全不知，這應該屬於國際公法方面的事情。在日本和朝鮮之間，尚沒有締結罪人引渡條約，在歐美各國也有國事犯流亡的特例，但一般多以不干涉為主。也許根據這樣的理由日本政府才拒絕的。至於把金玉均送還朝鮮的事情，應該屬於日本駐朝鮮公使處理的公務吧。"

李："聽說金玉均在貴國官場的交際甚廣，連朝鮮公使都遠不及此人的魅力。"

荒川："在洪鐘宇的供述中，朝鮮國王視金玉均為玷污國法的惡徒，發誓斬草戮之。"

李："是這樣嗎？國王被金玉均欺騙，圖謀脫離清國的保護，建立獨立國家。國王已經醒悟，對金玉均恨之入骨。"

荒川：無語……。

李："聞說，與金玉均交際的貴國人士都憎恨洪鐘宇，想圖謀為金氏報仇雪恨？"

荒川："如此擔心之事，應該完全不必要才對。"

李："(笑……)，竹添氏現在怎樣？"

荒川："竹添氏是以文學為樂的人，不用掛念。"

會見中關於金玉均話題的談話結束。李鴻章又轉移話題，詢問天皇兩陛下銀婚慶典日的情形，再其他雜談越一小時結束。以上特別報告僅供參考。

明治 27 年 4 月 6 日 天津一等領事荒川巳次

3 凌遲金玉均之屍

1894 年 4 月 7 日，清國軍艦威靖號搭載金玉均遺體和嫌疑犯洪鐘宇從上海出航，9 日抵達朝鮮南陽灣。此時，甲申政變中遇害大臣的遺子們，陸續前往京城準備替父報仇。朝鮮政府派遣朝鮮國利運社汽船蒼龍號出迎清艦，11 日早晨仍未見青艦船影。政府官吏焦慮不安，再遣小蒸汽船漢陽號載乘士兵前往搜索。原來 9 日威靖號進入南陽灣港後，因修理船舵耽擱了時間。12 日中午，清國威靖號進入二川港灣。下午 4 時，漢陽號和威靖號在月尾島附近接舷，清吏將金玉均的遺體和嫌疑犯洪鐘宇移交給朝鮮官吏。移交中沒有舉行歡迎式，威靖號離開時兩次吹叭喇叭奏響樂器，在致意中緩緩遠去。

3.7.06 金玉均遺體被分解,頭顱吊掛在用木桿做成的三腳架下面。旁側立一木牌"謀反大逆不道罪人玉均當日楊花津頭不待時凌遲處斬"、"曝屍三日"。三腳架上掛幅旗上書"大逆不道玉均"。

　　漢陽號逆漢江而行停靠楊花津,岸邊 20 餘名兵士威武站立,書寫"大逆不道玉均"字樣的沙布旗插立在旁。約 40 名民夫從船上卸下用麻繩致密捆紮的清國式大棺,棺上有臨時釘上的"大逆不道玉均"木牌。漢陽號靠岸後,清國官吏登船檢驗,數隻日本人乘坐的小舟欲接近汽船,漢陽號上守衛靈柩的士兵端槍拔劍,呵叱驅趕靠近的日本人。連日來,居住在朝鮮的日本僑民,風聞金玉均遺體在上海被引渡給清國政府,清國又派兵船專程護送朝鮮,朝鮮宮廷已經做好凌遲金氏遺體的準備。來自本國的報紙也記載了種種過激的報道,引起僑民群起激憤。日本仁川領事館探知,日本僑民中的一些年輕人蠢蠢欲動,計劃妨礙法場行事,故在遺體到來的數日前便向僑民發出不得蠻動的警告。港岸邊佈置了數名便服警察,對企圖騷動的日本人隨時採取逮捕行動。領事請求附近的日本軍艦艦長命令水兵們自制,不得出現任何差錯。日本人的克制,使清國和朝鮮政府移交金氏遺體的過程中,沒有發生任何不虞事件。

　　漢陽號卸下金玉均靈柩後,繼續向上游的龍山航行。當初洪鐘宇成功刺殺金玉均,在朝鮮宮廷掀起一陣鼎沸喝彩,原想歸國後定會有百官出迎的式典。可是實際上僅有數名官員在龍山相迎,沒有出現大型歡迎場面,甚至洪鐘宇前往龍山的轎子也得自己僱備。4 名兵士嚴陣護衛洪氏進入京城王宮,洪鐘宇心中不免增添了幾分意外的失落感。

　　宮廷內大臣雲集議事堂,議論該如何處刑金玉均的議題,對金玉均懷有刻骨仇恨的大臣，紛紛雜談自己的見解。"逆賊金玉均在何處行刑？""大概在京城公開處刑吧。""可能是西小門外的刑場。""不會在那裏吧，屍體在運途中會驚動西洋各國公使前來觀望，應該是楊花津刑場。""有道理，還是盡快在楊花津處刑以免後患。""金玉均的家族也應該三族同刑。""金玉均的養父已經病死，生父還關在牢中殘喘餘命。""那就給其父行絞首刑，金氏的妻女呢？""聽說妻女已經貶為奴婢，現在行蹤不明。""是嗎？那就把洪英植的遺骸也刨出一同處刑。""可是已經埋葬9年，都變成骸骨了。""那就挖出來對其再度行刑。"按照朝鮮的舊習，犯有大罪之人的處刑時，不允許任何人為其求情，否則求情人與犯人同罪同刑。在政府對金玉均施刑評議決定前，金弘集有過下問："既然是已經死亡的屍體，是否應該就這樣埋葬較為妥當……？既然陛下聖慮，也只能按照裁許的方式執行。"實際上戮屍刑的提議者並非國王本意，而是閔妃冒用國王名義的一言堂。

4月14日，京城楊花津刑場，行刑執行吏已經準備好各種戮屍刑具。晚8時處刑開始，由壯衛使、義禁府都事現場督刑。金玉均靈柩被打開，棺內充滿大量石灰，裸屍取出後置於一側，背部有三處驗屍留下的刀痕，面部有槍擊後的痕跡。棺內放置金氏遇害時穿着的日本式絹質和服一件，上面染有血跡。行刑吏將金氏遺體的首、手、足切斷，兩手兩足分別捆紮起來，頭顱吊掛在用木桿做成的三腳架下面。旁側立一木牌告示，上書"謀反大逆不道罪人玉均當日楊花津頭不待時凌遲處斬"，公示"曝屍三日"，三腳架上靠一桿"大逆不道玉均"的幡旗。15日，朝鮮官報登載了金玉均處刑的報道："議政府草記，即見京畿監司狀啟，逆賊玉均屍身載來京江，云矣屍身檢事體即然。莫令京兆欣曹按當日舉行使之報首。以為稟處之地如何？傳曰：允。"16日夜，刑場官吏來到行刑現場，將身體軀幹投入河內，一側手足送慶尚道曝屍，一側手足送咸鏡道曝屍，頭顱置於京畿道竹山暴曬示眾。京城在留的日本人潛入楊花津刑場，拍下暴屍現場的照片，收集散亂的毛髮和衣類，秘密送交敬慕金氏的田延次郎從上海帶回日本國內。

朝鮮宮廷在凌遲金玉均遺體後，又發佈滅金氏家族三代的通告，對1884年政變以來活在世間的金氏親屬、同黨一律處斬。並且掘開甲申政變已經被凌遲的開化黨主謀洪英植的墳墓，取出屍骨曝屍泄憤。20日，金玉均的生父被處以絞刑，金氏的妻子和女兒在逃亡中去向不明。1894年12月，日本軍鎮壓束學黨農民起義軍時，在忠清道沃川附近偶然發現金氏的妻女立即保護了下來。兩人飢寒交迫，

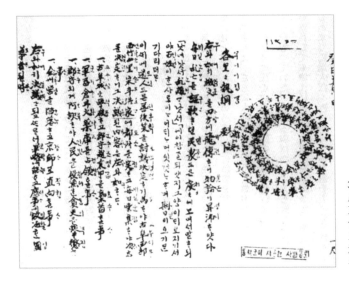

3.7.07　十九世紀末，朝鮮東學黨農民軍舉兵反抗朝廷的殘酷統治。東學黨發佈檄文，一、弗殺人、弗傷物；二、忠孝雙全，濟世安民；三、遂滅夷倭，澄清聖道；四、盡滅權貴，復國安邦。圖為東學黨聯名的檄文綱領。

處於極端淒慘可憐的困境，她們甚至不知道金玉均已經被殺害的事情。

洪鐘宇是朝鮮赴法國的首屆歸國留學生，當時政府派出的留學生主要面向美國和日本。洪鐘宇的父親是義禁府都事洪在源，自費送兒子赴法國留學。洪鐘宇畢業後，從法國經東京回國，在東京結識了政府派遣的刺客李逸植，為了日後能有高官厚祿的仕途，接受了閔族暗殺金玉均的計劃。洪鐘宇暗殺金玉均成功，不想卻引起朝鮮、日本、清國間的外交糾紛。在朝鮮宮廷的努力下，洪鐘宇被引渡回朝鮮。

朝鮮宮廷視洪鐘宇為大功者，準備封以官位。日本政府則勸告朝鮮政府不要對洪鐘宇封官加爵，以免引起兩國間出現麻煩。甲申政變中身負重傷長期在香港療養的宮廷重臣，閔族巨頭閔泳翊向宮廷發來電報稱：“洪鐘宇乃忠臣，為雪君父之仇挺身而出，應予敘任賞勳之典。”國王在閔妃催促下接見洪氏本人問話，但朝廷在日本的勸告下，需要謹慎考慮封官之事。此外，當時朝鮮的形勢並不安定，全羅道民亂蜂起，宮廷擔心封官舉動引起負面效果。

5月7日，臨時代理公使杉村濬派遣大分書記官與大院君內談，大院君表示：“聞說洪鐘宇在上海暗殺金玉均，閔氏一族讚賞有加亢奮不止，曾準備在洪氏歸國時舉行歡迎式，授予其高官之位。然而，按照我國吏法慣例，授予高位高官必須先通過科舉，所以洪氏也必須經過科舉後才能授予高官之位。近日由於日本方面的請求，封官評議改變了說法，準備授以洪氏中等官職。另外，洪鐘宇原本和金

460

玉均是親密友人，洪卻突然變臉行殺害之舉，此乃毫無仁義可言。僅僅為了世利就作出如此妄動，並非閔族所說的真誠忠臣之人，我對閔族的輕舉表示歉憾。如今日本政府出面，冷卻了閔族發熱的頭腦，我認為是一件值得慶賀的好事。”

洪鐘宇封官受到國內外反對勢力的抵制，但是閔妃一族在宮廷的勢力壓制了外來勢力的要求。6 月宮廷授予洪氏官職，此後他先後擔任過地方裁判所長官和濟州島長官。清日戰爭後，朝鮮國宣佈獨立時，洪鐘宇向內閣進言，取國名“大韓帝國”被政府採納。洪鐘宇暗殺金玉均的事件留下了許多歷史疑點，閔妃派的閔泳駿後來透露，洪鐘宇曾經和他說過：“以前接受過李經方的許多幫助，李大人對我等的恩情絕對不能讓日本人知道。李大人告誡說，如果這些事洩露了出去，會造成嚴重的後果。”可是這些如此極端秘密的事情，最終還是讓日本人得知。

4　金玉均之墓

金玉均之墓在東京都青山靈園的外國人墓地，靈園內安葬着許多為爭取自由民權運動的日本人和外國人。金玉均死後百年的 2005 年，持有青山靈園墓地管理權的東京都政府，在靈園設置告示板：“截至 2005 年 10 月止，墓地使用者如果沒有提出再申請，將視作無親緣關係被移除。”都政府告文是針對 193 座墓的所有者，長期滯納管理費而作出的。靈園內的金氏墓地已經 5 年以上沒有納付每月 590 日圓的管理費。金氏因為沒有直系子孫，養子後裔又已在別處設立了專門墓地，青山墓地管理費的納付就被擱置了下來。金氏墓地靈園管理費的納付，超過了告示規定的期限，朝鮮一代開化黨領袖的墓地面臨被移除的危機。在朝鮮的近代歷史上，對金玉均力圖改革有比較積極的評價，也有指責金屬於親日派的批評，長期以來金玉均成為有歷史爭議的人物。此番墓地之風波，在國內外相繼報道，引起韓國政府的高度重視。韓國政府向日本政府提出，此墓地因具有重要歷史意義，希望在該地繼續維持原貌存留，日韓政府達成了相互諒解的意向。12 月韓國駐日本大使館向東京都交付了全部滯納的管理費，金氏得以繼續安息永眠。

金玉均墓在日本有兩處，一處在東京都港區青山靈園的外人區；一處在東京都文京區向ケ丘的真淨寺。金玉均在朝鮮的出生地有本家墓地一處，並有“古筠金玉均先生追慕碑”一座。位於東京都港區青山靈園的金玉均墓，是金氏死後由“故金玉均氏友人會”倡議，東京新聞社等 17 社聯名設立“金氏追悼義金”，組織社會義捐金修建的。1894 年 5 月 20 日，金玉均的葬禮在淺草東本願寺舉行，參加者兩

3.7.08　金玉均墓位於東京都青山靈園外國人墓地，墓碑係天然巨石，高３米、寬１米，厚15厘米，正面刻篆字"金公玉均之碑"，碑文銘記其生平。

千餘人，許多社會名流參列，將金氏遺髮和衣服納入墓內。墓地幅15尺，2尺角木質墓標，上有板茸屋頂。金玉均死後十年，金氏養子金英鎮觀荒涼之墓歎曰："木碑荒涼、風雨將顛、墳土頹圮、稿草交加"，心中淒涼備至。明治三十七年（1904），犬養毅（後當選第29任總理大臣）等名流，改用石碑重建了現在的墓碑。墓碑為天然巨石，碑高３米、寬１米，厚15厘米，正面刻"金公玉均之碑"大字及碑文，背面為金玉均名號、生年月日及簡歷。碑文係甲申政變同盟者朴泳孝（李氏朝鮮哲宗的駙馬）撰文，興宣大院君之孫李埈鎔書寫。

碑銘用漢文慟泣悲曰："嗚呼！抱非常之才；遇非常之時；無非常之功；有非常之死，天之生金公若是己耶。磊落雋爽、不泥小節、見善如己、豪俠容眾，公之性也。魁傑軒昂、特立獨行、百折不屈、千萬且往，公之氣也。扶神檀之國家；奠盤泰之安；翼聖李之宗社；基天壤之麻者，公之自任之志也。公仕於朝，未始不顯矣；得於君，未始不專矣。然頑壬奸戚，締比盈廷；偷狃恬嬉，壅遏恣弄；愷切之言，適招眾怒；深遠之慮，反致眾疑。內而政令多岐，生民愁苦；外而鄰交失道，噴説紛至。國畿不能自立而有朝夕之憂，慨然奮決，謀欲以清君側。至開國四百九十三年甲申冬，糾同志奉乘輿於慶祐宮，處置朝廷大事。越三日，扈上歸昌德之闕。餘孽族清將犯順，眾寡相懸，空拳張鬥而勢莫能支，謹以身投日本使館。因而渡海，間關為命。眾奸畏公，甚而且仇公，必欲甘心於公，前後遺刺客項背相望。公防之密而且得庇護之力甚至，終不得售然。公亦一日未安於漂游之中，南移不毛，北遷窮髮，其困苦逼阨多人所不堪。處之晏如，未嘗介於懷。論東方事，每謂三國不為從，不可以角紫鬚之傑鶩。忽以甲午之春，飄然振衣於春申之浦，而為兒人洪鐘宇所掩擊，屍還故國遭肢解之辱。日本之志士且憤且怒，悲哀之如親戚。以遺衣招魂而葬之青山之阿，於今已十有一年矣。議者或謂，公躬逢聖明，位亞公孤，從容規諫，敷陳心膂，言必聽計必用，事無不可成者。乃舉措乖激，跡涉太暴，至於敗不旋踵。且既橐載求全，則固宜靜處俟之，韜光鍊精，視可而動。乃不審勢量時，經就危地，終以取禍，其自輕亦甚矣。此非知公之言也。方權奸跋扈，國勢綴旒，不可徒以口舌爭，則不忍沽自潔，坐視君國之危而不救。故寧一借奮雷之擊，以掃清亂本而及其事去，不屑為溝瀆之諒。苟吾身在焉，吾君可安，吾國可保，所以萍蓬異域，益堅益壯。而若其西行之事，意甚微，人莫有窺之者，不幸中途摧折，使千古寂寂。蓋公之事，不可以成敗論，當視其志焉已耳。忠而見讒，信而被疑，從古何限，未有如公之遇之酷。而公之志始終一貫，至或詩歌飲博，風流如乎而不蕩；禪門靜悟，枯僧如乎而不捨。一片尤愛之丹，鬱勃磅礡，金石可透。而今也則亡，斯人也有斯命，其天歟！公卒之年，日清戰役起，人謂公之死有以激之。國人始稍知公志，咸思奮興而繼之，公雖死為功於國大矣。公嗣子英鎮，將建碑以伸孝思。謂吾與公有生死誼，請為文，不能以文辭。淚筆無言，告後之人，使知之公為非常人。"

大朝鮮開國五百十三年 甲辰二月十八日

正一品錦陵尉 朴泳孝撰從二品 李埈鎔書

金玉均墓碑背面銘字

金玉均 字伯溫 號古愚 別號古筠　開國四百六十年辛亥正月二十三日生　壬申文科及第 歷任至戶曹參判 甲午被害 享年四十四

大韓光武八年三月二十八日

清國密電破譯集

1909 年 10 月 26 日，指導日清戰爭的日本前首相伊藤博文，在清國哈爾濱火車站被朝鮮人安重根刺殺身亡。伊藤伯爵死去三十年後，他的生前遺著《機密日清戰爭》在度過了漫長的密效期後，悄然在內部印刷發行。這部滿載大量國家機密的著作，使人們終於明白日本人是如何運籌帷幄贏得日清戰爭的。著作揭示了一件隱藏很深的歷史秘密，就是日本從開戰前就已經秘密破解了清國駐日公使館與清國總理衙門之間的往來密電。日本人一直準確掌握清國出兵朝鮮和戰爭賠償談判中的機密情報。清國的戰爭決策中樞大量的最高機密電報被破解，注定了清國必然輸掉這場戰爭。

1886 年 8 月，清國北洋艦隊寄港日本長崎，期間發生了一件清國水兵與當地日本人衝突的事件。事件中，一個名叫吳大五郎的日本人偶然拾到了一本清國人的小字典。小字典內的漢文字縱橫兩側，標註了一、二、三、四、五、六、七、八、九的小數字。電信專家立刻判定這是清國人電報用漢字譯電本，從譯電本中數字的組合方法，明白了清國人編製密碼的方法。

1894 年 6 月，日清兩國圍繞朝鮮問題關係日益惡化，如何準確掌握清國對朝鮮的外交政略和軍事動態，成為政府亟待解決的課題。6 月 22 日，陸奧外相設圈套，故意給清國駐日公使汪鳳藻遞交了一份用漢語書寫的政府文書。次日，電信課就順利截獲了清國公使館向總理衙門報告該政府文書的電報。從電信密碼技術角度來說，破譯一封內容完全知曉的電報，能為解開密碼構成規律提供幫助。時任電信課長的佐藤愛麿憑以往的破譯經驗，結合早年清國人編製密電碼的方法，仔細對照研究清國密電的內容構造，成功解讀了清國公使館的電信密碼。

當時被破解的清國密電碼，作為國家最高機密僅限定幾個當事人知道，絕大多數高級官員並不知情。尤其讓日本政府慶幸的是，清國人在媾和談判期間

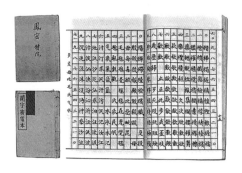

3.8.01　清國電報譯電碼基礎排列式樣，橫豎邊側數字是查找漢字的坐標。最早的漢字譯電碼，是 1873 年法國人威基傑（S‧A‧Viguer）參照《康熙字典》部首排列方法，挑選的 6800 個常用漢字編輯而成，取名《電報新書》。

沒有更換新密碼，居然繼續使用公使館已經失密的電碼本。清國的失誤和大意，使日本輕易掌握清國出兵朝鮮的戰略意圖，以及清國割地賠款決策的國家最高機密。

日清戰爭結束後，日本政府對戰爭中有功人員論功行賞時，向為戰爭作出重大貢獻的電信課長佐藤愛麿秘密授予三等勳章和養老年金的特別獎賞。佐藤的功績使他仕途輝煌，後來成為著名的外交家，連續七年擔任日本駐美國大使。其養子佐藤尚武在以後的日本政壇也是平步輕雲，成為日本有名的外交家和政治家。本書引用的文獻是伊藤博文所著《機密日清戰爭》中記載的全部破譯電文。《機密日清戰爭》的前身，是 1933 年日本政府內部的刊印物《秘書類纂》，因書中涉及大量國家機密被禁止發行。現代版《機密日清戰爭》，是 1967 年原書房出版社整理伊藤博文所藏文件之後，經過匯編的發行物，作者冠名伊藤博文。《機密日清戰爭》，對研究清日戰爭史具有重要意義。本書忠實抄錄原著記載的電報內容，從中可以窺視清日戰爭的歷史內幕。

電報原文閱讀說明

破譯密電文，按電文日時順序排列，分類以下四部分。

1. 日本破解清國密電的誘餌文。

2. 宣戰前清國公使館與總理衙門間密電。

3. 馬關和談期間李鴻章與總署衙門間密電。

4. 李鴻章與總理衙門間其他密電。

密電原文中存在諸多錯字、猜字、未解讀文字○，屬於破譯中出現的技術問題所致，本文按照原文錯誤字樣忠實抄錄。

原著中所載電報原文，有註標點符號和未註標點符號的文法現象。1894 年清日戰爭時期，清國漢文中尚未推行標點註記法，未加標點的電報屬於漢文原型。1910 年，日本頒佈《句讀法案》，才開始推行國定教科書標點符號基準。日清戰爭時期，日文原型也不加註標點符號。《機密日清戰爭》出版編輯時，部分電文被編者加入標點，但考慮其標點有可商榷之處，故本文抄錄時將標點去除。

本書抄錄之電文，採用中國語國標 GBK 碼字體統合日語漢字。文字輸入中，個別中文漢字與原文的日文漢字筆畫和字形存在差異，讀者若需獲取準確的破譯原文字，請鑒原著。

十九世紀末的清朝總理衙門府規定，凡因緊急公事，皇帝下達諭旨或督撫上奏，都可使用電報。由於電報價格昂貴，清政府明令，電報必須簡捷精練，公務電報不得繁瑣囉嗦，非緊急公務不許隨意發電，各級官員必須嚴格遵守。中法戰爭期間，李鴻章給總理衙門發電報一封，全文記："密羅豐祿本日戌正電報基隆失陷鴻巧亥正"。此十八字電報範文準確表述了六項所規範的內容，但電報正文只有"基隆失陷"四字。其中"密"是公文密級，發報人是"羅豐祿"，時間今日八點(本日戌正)，內容"基隆失陷"，落款"鴻"乃李鴻章，"巧亥正"十八日晚十點整。

馬關和談期間，李鴻章龐大的使節團內有多位電報專業人士，如日文英文翻譯、電報擬稿、電報加密、電報發送等人員。馬關和談乃國家重大政務，李鴻章不敢怠慢，每日晝夜與總理衙門密切電報往來，日本電報局全面提供服務，所花費巨額銀兩在日本報界披露，傳為市井新聞。本書電報字數統計約兩萬字，國際電報按照每字 0.3 兩白銀計算，合計清銀六千兩白銀。

1　日本破解清國密電的誘餌文

■ 1894 年 6 月 22 日，陸奧外相設圈套，遞交清國公使汪鳳藻一份漢語外交公文，如下文示。

　　為照會事頃准

貴曆光緒二十年五月十八日來文稱

貴大臣接奉

貴政府訓令不容我政府所擬剿定朝鮮變亂以及辦理善後事宜等語至於朝鮮國現在情形我政府不能與貴政府同見甚以為憾惟徵之既往事蹟朝鮮一邦洵為朋黨相爭內訌踵起之場其慘狀可見而究其事變所以屢起必乎於全其自主之責之道有所關如又就疆土相接與貿易相通而言之我國之於朝鮮其利害甚切關繫尤重我政府終不能將該國如此慘狀附之拱視傍觀且情形既如是我政府尚措而不顧則不啻有乖於與朝鮮交隣之素誼亦未免有背我國自衛之道之誚我政府所以百方措畫以求朝鮮國安之要業經陳明在前我政府不能附之默視今而遲疑無所施為以曠時日則該國變亂踵久彌大是故若非設法辦理以期能保該國將來邦安而圖政得其宜我政府竟不能撤兵即我政府之不肯輕容撤兵之議者非止

遵照天津約款之旨而然亦係善後預防之計也本大臣即經披瀝意衷如是設若有與貴政府所見相違我政府斷不能飭撤現駐朝鮮我國之兵也為此照會須至照會者

■ 6 月 23 日日本外務省電信科，順利截獲清國公使館轉發總理衙門的電文，經過解析破譯後的內容如下文示。

六月廿三日後三時廿五分　東京發　號
李氏宛　汪公使電

頃外務文稱貴政府不容我剿定朝鮮變亂及辦理善後我政府不能同見甚以為憾惟朝鮮朋黨相爭內訌踵起究其事變必於全其自主之道有所關如我國於朝鮮利害關繫尤重終不能將該國慘狀付之扶視如措而不顧不啻有乖干隣之誼亦背我國自衛之道所以百方措畫以求朝鮮國安今而遲疑無所施為以曠時日則該國變亂踵久彌大故非設法辦理期保將來邦安而政得宜竟不能撤兵我之不輕撤兵非止遵照天津約旨示善後防之計本大臣即經披瀝意衷如是設與貴政府所見相違我斷不能撤現駐朝鮮之兵等因謹電文祈轉署俄使謂倭派兵本旨○苟可收場彼而自撤俄京尚無電至

2　宣戰前清公使館與總理衙門間密電

■六月六日前六時五十分　天津發　江

汪公使宛　李氏電

查光緒十一年中日議定專條內云將來朝鮮若有變亂事件中國要派兵應先行文知照事定仍卽撤防等語本大臣今接朝鮮政府文開全羅道所轄民習兇悍附串東學教匪聚眾攻陷縣邑又北竄陷前遣練軍往剿失利倘滋蔓日久貽憂於上國者尤甲申敝邦兩次內亂咸賴中朝兵士代為戡定茲援案懇請酌遣數隊速來代剿俟匪挫殄卽請撤回不敢續請留防致天兵久勞於外等語本大臣覽其情詞迫切派兵援助乃我朝保護屬邦舊例是奏春諭旨派令直隸提督葉選帶勁旅星馳往朝鮮全羅忠清一帶相機堵剿剋期撲滅務使屬境八安各國在韓境通商者皆得各安生業一俟事竣仍卽撤回不再留防合函照約行文知照以上各節速卽備文知照日本外務衙門查照

■六月七日後二時五十分　東京發　支

李氏宛　汪公使電

奉電遵已行文頃晤外務云派兵護商事非得已業電令彼使知照總署竝切誡大鳥及統將嚴束兵士毋生事端請中國人嚴切申誡云惟困文內屬邦二字大費辯諭彼欲使舘商請酌改已正詞拒之意猶未解祈裁示

■六月八日前十時十五分　天津發　歌

汪公使宛　李氏電

文內我朝保護屬邦舊例前事歷歷可證天下各國皆知日本卽不認朝鮮為中屬而我行我法未便自亂其例固不問日之認否礙難酌改

■六月八日前十時十分　天津發

汪公使宛　李氏電

駐津倭領事持外署電來謁謂韓事多警日本已派往保護使署領事及官民鴻（鴻章）告以漢城仁各口現俱守靜中國派兵專剿內地土匪竝不至漢通商各口汝國但不必派兵致人騷疑該領謂兵已末言多少鴻謂如已保護官商斷不可多且非韓請斷不可入內地致華倭兵相遇生釁該領允卽轉電署與伊藤

■六月九日前十時廿五分　東京發　魚

李氏宛　汪公使電

外務僅以伊政府未視朝鮮為中屬照覆收科不復請改聞倭派三千餘兵已陸續發確數難探

■六月十二日後六時三十分　天津發　青

汪公使宛　李氏電

袁道臨電時大鳥已帶兵四百赴漢城頃據仁川電接倭領事函稱倭馬步兵十二日到仁抵港後卽赴漢又閱稅司接祥領事信其政府已僱商船十四隻運兵來仁到港時請勿廷礙查漢城無事全州已復已屬外署詰問竝請各國員查詰倭調兵過多自非意國護舘究屬何意望向外務試阻

■六月十三日後八時三十分　東京發　蒸

李氏宛　汪公使電

遵電面詢伊藤據稱恐韓亂丞道遠接應難故派兵稍多然連軍需止十艘云言外有留兵代議善後意經力阻始允俟亂定彼此撤兵隨後當與均處妥商辦法屬致意據韓使云接現電初八賊盡滅確否

■六月十四日前一時三十分　天津發　眞

汪公使宛　李氏電

韓政府出告亦云賊盡散韓軍自辦善後欲我撤兵現令表與大鳥商奪望轉告伊藤

■六月十四日前十一時七分　東京發　眞

李氏宛　汪公使電

韓使以賊平告外務彼云大鳥無電不足信各報謂韓迷此說冀謝外兵應請飭袁確查果實再與倭商撤兵姑戒韓靜持勿怠

■六月十六日發　諫

汪公使宛　李氏電

袁與大鳥議明中倭各留兵四分之一俟賊盡平全撤其續來兵不止岸原船回以為可須候倭延覆乃日來五千兵全冀仁川登岸又商令勿八漢城鳥雖自定漢已大譁韓商民多逃避望切商外署伊藤重兵宜早飭調回國否則華亦必遣重兵恐誤大局

■六月十六日前十一時三十分發　元

467

汪公使宛　李氏電

韓政府出告賊聞我兵上岸卽退散現飭韓兵分找提捕餘孽可平我軍往探屬實全羅道已八競州守撫韓師洪派兵追捕無須籍客軍之力自應與倭互商照乙酉條約事定仍卽撤兵不再留防以免韓人疑懼各國生心現袁道與大鳥始商鳥雖允撤尚遲疑望晤外署及伊藤切實言之如彼留兵在韓則我亦當酌留轉非了局

■六月十六日後六時五分　東京發　元

李氏宛　汪公使電

聞倭派兵增至五千餘意叵測正擬電聞適外務晤稱韓亂未平擬併力共剿賊速滅而帽有光往與力辦妃請電商謂鈞處如實有辭和可允作罷論至所言善後意在更華韓政另函陳祈轉署

■六月十七日後三時五十五分　東京發　鹽

李氏宛　汪公使電

倭志在留兵脅議善後経與力爭伊藤始允約無大抗員恐是外務至斥為徐私意罔翻議復経承辦乃定仍謂必確賊盡平為度奉元（十六日付）電卽往告以偵其情則謂大鳥竝無電至察倭頗以我急頓撤兵為怯狼謀惻逞其布置若備大整似宜厚集兵力○伐其謀俟餘孽盡平再與商撤可期就節祈轉署

■六月十七日後六時十三分　天津發　寒

汪公使宛　李氏電

頃倭領事轉送陸奧電報大畫三條與元電畫同韓賊已革草我軍不必進剿倭軍東無會剿之理乙酉伊藤與我訂約事定撤回又倭韓條約認韓自主尤無干預內政之權均難於約外另商辦法請直接回復

■六月十八日後二時十分　東京發　咸

李氏宛　汪公使電

管見俟撤兵後再持我干預之説載應奉寒電令直接回復極是正辦惟倭兵甫集難保不脅韓構釁必我執持嚴備有進有退而後可如均意決候示卽赴外務回復嗣電可否用總署新法

■六月廿日前七時五十五分　東京發　銑

李氏宛　汪公使電

遵電切商陸奧謂商民慌避容電查情形再議辦法往復申辦終無撤兵意轉云善後三案已電彼使知會總署屬催覆信擬俟接添兵抵韓信卽往復絕又餘匪萬一復煽客否合剿再請均示統祈轉署

■六月廿日後四時五十分　東京發　霞

李氏宛　汪公使電

倭要我三端細覆奉論微示其意献就管見擬三四案一倭認韓為中屬二華允倭會剿三亂定照約撤兵四中日皆不干預韓政惟勸韓自行請釐此以認屬易會剿隨與相持彼肯收場固好否亦講之有辭如均意可祈轉署裁示仍俟添兵抵韓後再興開談

■六月廿一日後八時廿五分　東京發　嘯

總理衙門門宛　汪公使電

倭派兵後辯論大要節徑電津轉陳想蒙鑒察頃奉北洋大臣轉電敬悉倭高三端彼利連覆管見俟添兵抵韓後再覆庶更有備曾電津請示并請轉達大署著現知均處已覆使故卽日遵北洋電示覆諭倭庶客致三端知倭使己先知照故像於銑電述意仍由津轉謹覆

■六月廿一日　天津發　巧

汪公使宛　李氏電

總署覆嘯二電俱悉汪擬策前二案皆不妥韓為中屬各國無異詞倭卽不認亦不能損我權利何必興辦會剿從此生事萬不可免尊處覆電同是云

■六月廿三日後三時廿五分　東京發　駅

李氏宛　汪公使電

頃外務文稱貴政府不容我剿定朝鮮變亂及辯理善後我政府不能同見甚以為憾惟朝鮮朋黨相爭內訌踵起究其事變必於全其自主之道有所關如我國於朝鮮利害關擊尤重終不能將該國慘狀付之拱視袖措而不顧不啻有乘干隣之誼亦背我國自衛之道以百方措畫以求朝鮮國安寧而遲延則該國變亂日久彌大故非設法辦理期保將來邦安而政得宜意能撤兵我之不輕撤兵非止遵照天津約旨亦善後防之計本大臣披瀝意衷如是設與貴政府所見相我斷不能撤現朝鮮之兵等因謹電聞祈轉署俄云謂倭派兵本字○苟可收場彼必自撤俄京尚無電至

■六月廿五日後三時三十五分　東京發　奮

李氏宛　汪公使電

倭之干預以韓不能自治為詞查汰貪污尤所注意

由我切勤朝鮮立將内政清釐則○○○○庶占先手
不獨倭衅可弭實以為韓至計敢請鈞裁
■六月廿六日後十一時廿分　東京發　禡
李氏宛　汪公使電
探悉倭添兵末足事亟但衆彼無精勇多不足患
■六月廿六日前六時二十分　天津發
汪公使宛　李氏電
俄皇已諭駐倭使函勸倭與華商同時撤兵再妥議善
後望密探所言何加
■六月廿八日前六時十分　東京發　敬
江氏宛　汪公使電
探悉俄使昨晤外務勸撤兵後再商善後本日倭會議
從○○○尚未定韓使逢榎本密告若由韓廷自懇撤
兵並連請内政當有濟云
■六月廿九日前六時十二分　天津發　宥
汪公使宛　李氏電
袁急電倭續來兵三千餘下辰加千兵來漢鳥請韓偽
華保護屬邦限日内覆如認屬即失和云俄議若何望
速覆
■六月廿九日後五時　韓京發
汪公使宛　袁氏電
新法日兵近范據韓京内外韓依託不忍華屬日京何
動止俄使何調處乞速示華電阻
■六月廿九日後十一時三十五分　東京
發　宥
李氏宛　汪公使電
頃訪俄使適佗往來出訂明晨往談倭邁我至此恐乏
轉圜如失和諒吾撤使各口商民共五千餘身家財產
怠否由署商託與國保護抑由滬雇船載回祈商署示
蓍
■六月三十日後三時十五分　東京發　沁
袁氏宛韓京　汪公使電
尋電已轉津倭舉動讙甚俄使兩赴外務商撤未允現
妄俄京續電命再力勸云
■六月三十日後三時三十五分　東京發
李氏宛　汪公使電

俄使述兩赴外務商勸皆託詞推定不允撤惟得其我
兵決不先犯中國一語昨晚接俄京續電命再力勸今
尚往商有實信再來告云袁宥申電倭兵近范據韓京
内外韓依託不認不認華屬華電阻斷等語頃外務次
官來稱大鳥昨電華兵現入内地想餘匪未請問使舘
知否答云無華統祈轉署
■七月一日前十時五十分　韓京發　勘
汪公使宛　袁氏電
沁電感悉倭如有衅意乞隨時速電便餉此華兵備
■七月一日後五時五十分　天津發
汪公使宛　李氏電
宥沁電轉署俄使力勸倭有實信否袁續電韓覆倭只
按條約自為不答保屬語雖首齬倘倭出力可了擬在
漢切勸云華軍現入内地剿匪署電請少待如有失和
確據再令撤回
■七月二日　東京發　豔
李氏宛　汪公使電
俄使忌○議戒勿往約得實即告迄尚無信密探愈○
能由喀使電詢否商民籌護迫切須豫定辦法以慰其
望乞再商署示悉
■七月四日後二時五十五分　東京發　肅
袁氏宛韓京　汪公使電
俄使力勸後倭覆稱須善後籌定始可撤兵已電俄京
請示察倭非略佔便宜終難歇手云倭邊備日嚴絕無
轉急恃俄勸語如尊慮
■七月四日後二時五十五分　東京發　筆
李氏宛　汪公使電
頃俄使遺員來告向倭力勸後昨據覆稱須善後籌定
始可撤兵已電俄京請示察倭非略佔便宜終難歇手
云密探可報略同畫倭海陸設備日嚴終無轉意僅伏
俄勸恐尚不得力祈轉署
■七月五日後四時三十分　東京發　肴
李氏宛　汪公使電
昨奧使以和意來勸謂中日失和適資俄利俄出調停
殆難得力就大局論方當聯倭防俄○稍○就不宜開
釁以致兩傷干預弱小西國事所恆有等語查俄使本
勸撤兵後妥協善後似亦不以干預為非惟倭務成騎

虎必令先行撤兵雖俄両次出勸卒未能允若中國比時○與○辦善後亦不得○管見我誠允○辦擬親赴外部開議與議令將漢城兵○駐各口再商善後商妥彼此撤兵中國為大局計不惜辦就以示變通彼則寡猶可弭於俄意亦不背不允則是有意尋寡便可決計進兵候鈞意以為可採再請轉署否則速各○出場公議調處亦是一法統乞迅賜裁覆

■七月十二日後四時三十分　天津發

汪公使宛　李氏電

總署現與小村議商據稱候政府案復英俄法美德均電飭駐倭使力勸撤兵何如

■七月十四日午前七時三分　天津發　文

汪公使宛　李氏電

倭日逼韓革內政似無撤兵意如何定議祈確示

■七月十五日前一時五分　東京發　震

李氏宛　汪公使電

密探覆稱前日大鳥電以勒辦案欵韓已悉遵應否撤兵為請伊藤川上謂我願既遂可即收戈前探撤兵之説本此昨晨俄使又奉國電往商午後復會議陸奧并上輩據自由黨議堅謂韓僅面從撤兵非計伊藤不能固爭前議遂寢云祈轉署

■七月十六日　東京發

李氏宛　汪公使電

密探稱倭以我遲逞意益肆現又脅韓不認屬非速進兵韓雖了局云現我辦法祈示悉

■七月二十日後二時五十分　東京發　嘯

李氏宛　汪公使電

倭閲我進兵氣已內沮護商事遵電向美使託定祈轉

署聞袁已回確否

■七月廿五日前十時五十五分發

上海道臺黃宛　汪公使電

密報廿一日倭兵突入韓宮韓拒而敗水原亦因韓兵欄阻致寡曾否興葉軍遇釜電阻斷無確耗頃聞倭添兵五千卽赴仁川祈轉中堂簡援事急華報如阻京津要信可電駐美使転東請代達此問華商倭官加捕保護我居○宜致法報之

■七月廿六日後三時三十三分　天津發

注公使宛　李氏電

廿三倭兵船在牙山口遇兵船彼先開砲接仗由陸赴壤之軍甫入韓境英俄與法德美又合力令倭退兵未知何如

■七月發

李氏宛　汪公使電

倭既先犯我惟祈全力與持若不痛摧之倭和後患何甚

■七月廿七日　東京發

李氏宛　汪公使電

聞倭又備兵五千待○計共二萬○○志可知必我集雄師簡後應○制勝祈轉署

■七月三十日　東京發

天津行

總署沁午電日本擊我兵輪業已絕好開釁出使日本大臣江鳳藻應卽撤令同國遵旨電○轉電江使云

■八月六日後七時五十分　橫濱發

頃倭延下令居留華人詞訟歸地方官審判倭人在華我宜照辦請電稟總署通飭遵行

3　馬關和談李鴻章與總理衙門間密電

■明治二十八年三月廿日午後九時十分發

總署宛　馬關　李鴻章電

廿二辰抵馬關派全權伊藤陸奧亦至約期會晤廿四申齊集公所互閱敕書妥協伊陸言住館不便諄請移寓公館預備整潔允明日移以便就近議事函請先停戰意以遊移約廿五再會議並開所索條款容續電聞

伊藤言別來十年中國毫未改變成法以至於此同為抱歉探知前六月七日有運兵舩多隻出馬關約五千人云往澎湖臺灣確否遼瀋揄關（山海關）軍情若何乞示請代奏鴻敬

■明治二十八年三月廿一日發

總署宛　馬關　李鴻章電

頃會議伊藤等交到停戰要款云日本兵應占守大沽
天津山海關所有池堡壘我軍駐各處者應將一切軍
需交與日本軍隊暫管天津至山海關鐵路由日本軍
務官管理停戰限期內軍事費用應由中國支補如允
以上各節則停戰限期及兩國兵駐守劃界及其餘細
并商等語要挾過甚礙難允行伊以限三日即覆又詢
所索條款伊謂已預備俟此議覆到再給閱商看來昨
添出出口之兵恐仍諭北將分攻揄關津沽請密飭各
軍嚴備堵剿為要乞代奏候旨電覆鴻章有日

李氏宛　北京總署電

奉旨李鴻章兩電均悉第二電中未載辯論之詞不知
日內又有續議否閱所開停戰各要挾過甚前三條
萬難允許必不得已或姑允停戰期內認給軍費但恐
只此一事仍難就範昨令奕劻等與各公使面商均以
先索和議條款為要可告以中朝既允議和無不推誠
相與可允必允無須質當其停戰期內認給軍費一節
可以允許若彼仍執前說則以難允各條姑置勿論而
先索和議中之條款勿將朝廷誠心議和之意切實講
解婉與磋磨總以前得議款為要倘有辯論續電提要
以聞各國公使中俄德英三處均已致電本國矣再此
時約款尚未交到李經方熟悉彼中情形諒能得其底
蘊宜如得密籌釜底抽薪辦法使和議不至中阻應飭
談員盡力為之此數日內各海口再無警信談大臣電
末數語大意已諭劉坤一王文韶等知之矣欽此泌

總署宛　馬關　李鴻章電

此電奉旨謹悉廿五會議當告以前三條地未失先占
此情理設限滿和議未成京畿門戶險要何恃囑其
引議辦法伊堅不允故略停頓今已辦定駁覆文約申
刀面交將停戰姑置勿論索取議和條款至認給軍費
一節系停戰常例所有似不足動之俟議款接到再電
據倭新報兵船廿隻在大沽北塘海面游弋查察商
令來往貨物廈門電廿五午倭兵已在澎湖西島登岸
委主派小松親王赴旅順現師其志不小慾甚奢觀停
議略如此要挾已見其端恐難就範請代奏鴻勘未

總署宛　馬關　李經方電

中堂今申刻會議已將停戰擱起向索議和條款允於
明干面交歸途忽有倭人持手鎗將狙擊中左頰骨血
流不止子未出登時暈絕伊藤陸奧來慰問姑令洋
醫調治此事恐不能終局矣再伊面稱現要攻取臺灣
茲聞經方請代奏勘酉

李氏宛　北京總署電

奉旨李鴻章廿八未刻電及李經方酉戌兩電均悉覽
奏殊深駭愕事機不順竟至於此李鴻章以過七之年
脩使異城受此重傷醫藥能如應乎甦醒之後精神脈
氣如何槍子能否取出輆忱之懷刻不能釋著李經方
即時電覆和議條款勒於今午面交茲談大臣不克親
到看其將條款先行送交即日電達此節彼已經面勒
即封送前來亦與面交無異彼正在飲曲之時李鴻章
據理與爭或不至終祇不與狙擊一事是否出自○人
抑別有指使設法權探以聞欽此豔

總署宛　馬關　李鴻章電

昨夕面傷稍甦即致伊藤等以遇未可悼之事翌午不
能會議面談約款擬令李經芳屆時代往晤索頃陸
奧來唁晤經芳問病交到覆函稱因此兇虐狂悖之事
萬分憂愁舉國上下皆抱此情懷該大臣等應先奏明
日皇難免稍有擔延俟○可以知會李參議當迅速並
辦等因並據密稱伊藤今早俟日皇派來御○詢傷渡
已乘輪親赴廣島稟商明渡日可回原擬條款或冀少
滅稍遲亦必送到鴻受傷時昏暈轎中血滿褂袍元氣
大傷幸步位恰當類骨若上下半寸必即致命實仰託
聖主洪福諸醫詢視再四子嵌骨縫礙難取出皮肉醫
瘂約須月餘現惟靜養俟和歁送到再力疾交議隨時
電聞兇手已得俟其訊有端倪令伍廷芳前往看審促
令重辦再頃陸奧送日后電旨因李中堂受傷特派看
護婦兩名帶親制之繃帶前往云請代奏豔酉

471

■明治廿八年三月廿七日發

總署宛　馬關　李鴻章電

日外部送到日皇明降諭旨中國現在雖與我國兵爭未息而按照儀節格式欽派頭等全權大臣前來締結和局經朕遣派全權大臣等前赴馬關會議我國應有責成確遵萬國通例優待中國欽使方與國家體面相符並應優豫護衛以資保安朕業已疊降特旨飭令文武官員懍遵辦理去後見查遂有不法兇徒下賤已極竟敢傷及中國頭等全權大臣之身朕心深為憂惶惓惜其兇犯自應飭吏按照國律內最嚴之例辦理茲特明降諭旨通飭官民欽遵旨意保我國家榮耀聲名庸不致再有此等狂悖不法情事而損我國之光譽也云鴻東

■明治二十八年三月廿八日發

李氏宛　北京總署電

日廷既以護衛不周宣示兇犯可聽其自辦不必觀審以示大方且舊約已廢非比和好之國亦礙難于預也江

■明治廿八年三月廿八日發午後六時五分發

總署宛　馬關　李鴻章電

欽奉東冬雨電諭旨感激涕零槍子難出據醫云無大妨礙只好暫顧目前幸精神飲食漸複堪以仰慰聖廑今午陸奧來臥室密談並呈節略云倭皇電諭將前所不許不索要欵之停戰一節現行應允惟須限以期限以界彼已將停戰節目預備今晚可令經方往取以期覈定早辦等語佐節目取到再酌辦電聞似無庸先電各路將師又外署抄送兇犯小山豐太郎供稱東京群馬縣人因鴻主戰不能保持和局屢欲前往中國行刺今聞來馬關欲殺害廿八到擬狙擊胸部誤中左眼下云並未供另有指使俟其定案後電陳請代奏鴻江申

■明治二十八年三月二十九日發

總署宛　馬關　李鴻章電

敬勘電言倭將攻取台灣頃陸奧所擬停戰草約首欵聲明除業經派往臺灣澎湖兩處攻戰外其餘均行停戰鴻力爭一律停戰彼執不可謂舫與兵已早往電報不通勢難禁止因令改為奉天直隸山東地方停戰暫

為保護京師瀋陽之計約稿業經電呈窺倭志必奪據臺灣廿八伊藤言及鴻謂與香港為鄰英不甘心伊謂無損英之權利如肯將臺灣送與別國亦必笑納等語不知前議押與英商何如祈飭台撫竭力固守為要陸奧謂倭主見好於鴻故令東北暫行停戰而將前索要欵及認給軍費一概不提伊藤不日由廣島回議和條款即開送恐其奢念仍未稍減屆時再電聞請代奏鴻支亥

■明治二十八年三月三十日發

李氏宛　北京總署電

今午接支亥電約稿現尚未到不知因何遲滯澎湖廿九失守歌酉

■明治二十八年總來三月三十一日午後五時五十

分發

李氏宛　北京總署電

奉旨李鴻章初四初五電均悉停戰六條已於五畫押不提前索各款而仍攻臺灣其注意可測惟議和條款到時李鴻章務當詳審斟酌設法盡力磋磨總期必成而後已不可畏難避謗廢棄於半途致誤大局是為至要澎湖於九日失守已送經飭台灣統帥竭力備禦押與英商一議本系○文○說因既經開戰料事萬不能辯已作罷論停戰約飭總署即日分電各路將師並申諭唐景崧加緊嚴防矣欽此魚

■明治二十八年四月一日午後發

總署宛　馬關　李鴻章電

本日未正日本交到締和條約訂明第四日內未正回覆或將約內各欵全行承允或將某欵更行商酌等因第一欵清國認明朝鮮確為完全無關之獨立自主凡有虧損獨立自主體制即如該國向對清國所修貢獻典禮等嗣後全行廢絕第二欵清國將管理下開地方之權併將該地方所有保壘軍器工廠及一切屬公物件永遠讓與日本第一下開劃界以內盛京省南部地方從鴨綠江口起溯該江流以抵三叉子從此向過北畫一直線抵榆樹底下從此向正西畫一直線以抵遼河從該線與遼河交會之限起順該河流而下抵北緯四十一度之線再從遼河上劃線起順此緯度以抵東經一百二十二度之線再從北緯四十一度東經

一百二十二度兩線交會之限順此經度以至遼東灣
北岸在遼東灣東岸及黃海北岸屬盛京省諸島嶼第
二臺灣全島及所屬諸島嶼第三澎湖列島散在東經
一百十九度起至一百二十度北緯二十三度起至
二十四度之間諸島嶼第三款本約所載及粘附本約
之地圖所劃疆界俟本約批准交換之後兩國應各選
派官員二名以上為公同劃定疆界委員就地踏勘確
定劃界若遇本約所定疆界於地形或治理所關有礙
難不便等情各該委員等妥為參酌更定從速辦理界
務以期奉委之後限一年竣事但遇各該委員等有所
更定劃界兩國政府未經認准以前應據本約所定劃
界為正第四欵清國約將庫平三萬兩交日本國作
為賠償軍費該賠款分為五次交完第一次交一萬萬
兩嗣後每次交五千萬兩第一次應在本約批准交換
後六個月之內交清所余四次應與前次交付之朝相
同或於期前交付又第一次賠欵交後未經交完之
欵應按年加每百抽五之息第五欵本約批准交換後
限二年之內日本國准清國讓與地方人民願遷居讓
與地方之外者任便變賣所有田地退去界外但限滿
之後尚未遷徙者宜視為日本國臣民第七欵日本軍
隊現駐清國境內者應於本約批准交換之後三箇月
內撤回但須照欵所定辦理第八欵清國為保明認
真實行約內所訂各款聽允日本軍隊暫行占守下開
各處盛京省奉天省山東省威海衛日本查收本約所
定應賠軍費第一第二兩次之後撤回佔守奉天府軍
隊末次賠欵交完之後撤回佔守威海衛軍隊但通商
行船約章未經批准交換以前日本仍不撤回軍隊所
有日本軍隊暫行占守一切需費應由清國替辯第十
款本約批准交換日起應按兵息戰云科士達擬清總
署密告英俄法三公使現日本已將和局條款出示其
最要者一朝鮮自主二奉天南邊各地臺灣澎湖各島
盡讓與日本三賠兵費庫平銀叄百兆兩查日本所索
兵費過奢無論中國萬不能從使一時勉行應允必至
公私交困所有擬辯善後事宜勢必無力辯且奉天為
滿洲腹地中國萬不能讓日本如不將擬索兵費大加
刪減並將擬索奉天南邊各地一律刪去和局必不能
成兩國惟有苦戰到底以上情節並祈詳密告知三國
公使至日本所擬通商新約詳細節目一時務乞勿庸
告各國恐見其有利可覬彼等將協而謀我云云鴻

按第六欵雖訂通商條約節目甚多並添開口岸六處
北京沙市湘潭重慶梧州蘇州杭州七處皆各國多年
願望不可得者容即繼電請先核明代奏詳示鴻陽酉
■明治二十八年四月一日午後發
總署宛　馬關　李鴻章電
日本和約第六款日清兩國所有約章因此次失和自
屬廢絕清國約俟本約批准交換後速派全權大臣與
日本全權大臣會同訂立通商行船章程及陸路通商
章程其兩國新訂約章應以清國與泰西各國現行約
章為本又本約批准交換之日起新訂約章未經實行
之前所有日本政府官吏臣民及商業工藝行船船隻
陸路通商等與清國最為優待之國禮遇護視一律無
異清國約為下開讓與各款從兩國全權大臣畫押蓋
印日起六個月後照辦第一現清國已開通商口岸之
外應准添設下開各處立為通商口岸以便日本臣民
往來僑寓從事商業工業製作等所有添設口岸均照
向開通商口岸或向開內地鎮市章程一體辦理應得
優例及利益等亦當一律享受一直隸省順天府二湖
北省荊州府沙市三湖南省長沙府湘潭縣四四川省
重慶府五廣西西省梧州府六江蘇省蘇州府七浙江
省杭州府日本政府得派領事官於前開各口駐紮第
二日本國得駛入下開各口附搭客裝運貨物一從
湖北宜昌溯長江以至四川省重慶府二從長江駛進
洞庭湖溯入湘江以至湘潭縣三從廣東省溯西江以
至梧州府四從上海駛進吳淞江及運河以至蘇州府
杭州府日清兩國未經商定行船章程以上開各口行
船務依外國外船隻駛入清國內地水路現行章程照
行第三日本臣民運送清國各口一切貨物隨辦理運
貨之人若貨主之便於進口之時若運進之後按照貨
物原價輸納每百抽二抵代稅所到地地方勿論政府
官員公舉委員私民公司及有何項設立之名目為何
項利益有所課徵抽稅鈔課雜派一切諸費勿論其根
由名目若何均當豁除日本臣民在清國所購之經工
貨件若自生之物一經聲明系出口以至由口岸運出
之時除勿庸輸納抵代稅外亦照前開所有抽稅鈔課
雜派一切諸費均當豁除又日本船隻裝載清國內地
所需經工貨件若自生之物運販清國通商口岸一經
輸納口岸通商稅鈔除勿庸輸納進出口稅外亦照前
開所有抽稅鈔課雜派一切諸費均當豁除但逐時所

訂洋藥進口章程與此欵所定毫不相涉第四日本臣民在清國內地購買經工貨件若自生之物或將進口商貨運往內地之時欲暫行存棧除無庸輸納稅鈔派徵一切諸費外得暫借棧房存貨清國官員勿得從中干預第五日本臣民在清國輸納稅鈔及規費可用庫平銀核算外亦得以日本國官鑄銀元照公定之價輸納第六日本臣民得在清國任便從事各項工藝製造又得將各項機器任便裝運進口止交所訂進口稅日本臣民在清國製造一切貨物其於內地運送稅內地稅鈔調雜派以及在清國內地沽及寄存棧房之益即照日本國臣民運進清國之貨物一體辦理至應享優例豁除亦莫不相同第七清國約博采專門熟練者之說務速疏黃埔口吳淞沙灘雖在落潮時亦須足二十幅深永勿任其阻塞若遇上開讓與各節內有更須訂定章程者應於本款所定通商行船約章內備細載明云請飭總署迅速酌核應准應駁之處或擬要密商赫德速覆但令不得告各使又第二款本約批准交換後兩國應將是時所有俘虜盡數交還清國約將申日本所還俘虜並不加以虐待或置於罪戾清國約將認為軍事間諜或被嫌逮繫之日本臣民即行釋放併於此次交仗之間所有關涉日本國軍隊之清國臣民悉豫寬貸宜飭有司不得擅為逮繫云此條似介酌准請代奏鴻陽成

■明治二十八年四月二日正午發　總來

李氏宛　北京總署電

德使初七日來問候中堂是否全愈次言近接外部電已電駐日德使會同英俄從事勸解德使已先於初二日向日本外部言令將條欵即行交出並勸令不要1194 ○索條欵令中國為難日本已領會未便電告中堂云當向稱謝並告以即日電知可覆電謝之庚午

■明治二十八年四月三日午後發

總署宛　馬關　李鴻章電

魚庚電敬悉連日與科士達商擬複伊陸說帖以賠費太多讓地太廣通商新章與西國訂約不符委婉開導駁斥累數千言應於十一四天限內令經方赴公所面交閱校頃據科士達面稱日外務狀師德理生來晤與論大略向勸伊陸相護德密稱前伊見鴻傷重馳往廣島求倭主暫行停戰而左右武員不允伊與力爭始准至約內賠費讓地各節皆由武力力持伊陸不能強

阻空言開導亦屬無益等語看來此事竟難結局請代奏鴻庚未

■明治二十八年四月四日發

李氏宛　北京總署電

奉旨李鴻章連日密電議欵十條均已閱悉日本要挾過甚索費奇重索地太廣萬難遷就允許此次伊藤陸奧同任全權待該大臣情誼不薄該大臣想當與之盡心聯絡竭力磋磨此事諒匪一二次辦論所能了來電稱擬辦駁數千言俟交閱後見其如何答復再為酌商早美使田貝致總署信云接駐倭使臣電日本擬請添派李經方為全權大臣隨同李鴻章與日本商議和約此節於是否有益伊藤陸奧有無論及該大臣體察應否如此辦理即日電覆候旨定奪欽此蒸

■明治二十八年四月四日午後發

總署宛　馬關　李鴻章電

項日外務送來海城野津大將電稱初八專華人特函知照鞍山站華軍已定約停戰並altogether照公法持白旗吹喇叭為華軍所阻函不能達初二又派青木參謀乘馬帶葉人持白旗吹喇叭前往知照近鞍山站北一里遇華軍步兵七名騎三名開槍迎擊中傷所帶華人一名甚重青木折回是停戰之諭中朝並未送到請催欽差轉電速辦等情鴻查田莊臺潰退後其時電報只能到錦州以東石山站計石山站赴鞍山站專馬繞送須三四日交到望速電催袁世凱專馬速遞免滋口舌為要鴻蒸申

■明治二十八年四月五日午前發

總署宛　馬關　李鴻章電

蒸電諭旨敬悉伊藤陸奧日前合議時曾論及交情與公事無涉本係各國通例自鴻受傷後該國上下禮誼周至不過敷衍外面暫行停戰已算人情至議約大事必不肯相讓雖與之盡心聯絡恐無甚益昨請示各欵如何應准駁尚未經分條明晰詳示鴻實無邊從在今日所交說帖不過總統辯駁仍祈將賠款割地二端必不能允之數斷酌密示以使相機彌縫其通商欵內第一第二兩條添開口岸現交說帖聲明暫緩作覆彼必再四追求可否以沙市重慶杭州姑亦乞酌示至經方陸辯一節伊藤初六來電提及意以傷痛未愈不能至公所會議而伊陸自負職任之大亦不敢帶來敝寓商

474

議僅令往來傳宜亦非敵體但於事亦未有實益轉貽象謗鴻故婉卻之茲既申田貝轉致自應敬候諭旨請代奏鴻真已

總署宛 馬關 李鴻章電

午前接皓馬電並號電旨敬悉即約伊藤在公所會商賠歉讓地二端無可商改遵旨即與定約大致照三月練冶兩電改定各歉而於第六歉通商小節目酌刪易僅有四條威海衛駐軍一節試其人數曰一萬餉數曰歲二百萬再四磋磨允兩國各認一半鴻僅允五十萬伊謂此約批准在煙臺互換限廿日留軍費始可照允蓋因原約第十歉批准交換日起始按兵息戰端兵久屯各處恐生事端故急催互換應否廿二繕清約稿廿三已正畫押require難久待鴻於畫押後即登輪回津再將和約原本專員送京敬候批准請代奏鴻馬亥

4 李鴻章與總理衙門間其他密電

汪公使宛 李鴻章

總署現與小村議商據稱候政府複英俄法（露佛）美（米）德（獨）均電飭駐倭使力勸撤兵何如鴻

李氏宛 汪公使

頃密探報稱倭以各國出勸已定議撤兵和商雲枬轉署

汪公使宛 李氏

倭日逼韓革內政似無撤兵意如何定議祈確示

李氏宛 汪公使

密探複稱刻日大島電以勉辦案款韓已悉道應否撤兵為請伊藤川上謂我願既遂可即收戈刻探撤兵之本此昨晨俄使又奉國電往商午後複會議陸奧井上輩據自由黨議堅謂韓僅靡從撤兵非計伊藤不敢與爭刻議遂寢云祈轉署

李氏宛 北京總署電

廿二午後始接廿一亥電不及進呈須俟明早請旨發電計巳刻斷不能到前旨既令定約畫押原係一事應由尊處酌辦貴體是否已愈並電複養酉

李氏宛 北京總署電

奉旨李鴻章兩電均悉留軍之費減至五十萬互換之期訂限二十日均照所請辦理該大臣今日巳刻畫押即登論回津所定草約條歉有必應妥籌辦法之一事則交接臺灣最為棘手因未交以前中國只能善諭斷難威脅伊藤謂交接後責在日官必不怨華而一切為難處正在交接之前此節最關擊要李鴻章應先期詳審籌畫如何辯理或諄切與言畫抽以後地即屬彼再有變故與我無涉彼能體認此屬方後患今日登程之先能否與談或到津複再與電商著李鴻章自行幹酌妥辯欽此漾

上海發 翌五日馬關着

李鴻章總督 友滬

訪得譚參將有勝前在湘果營以祝由術取槍彈極神效擬請其來伊甘出結包醫不痛友滬會請其為友人治瘡吸取血塊應手而愈似非妄談求速複

奉旨李鴻章連日密○議歉十條均已閱悉日本要挾過甚索費苛重索地太廣萬難遷就允許此次伊藤陸奧同任全權待該大臣情愛不薄該大臣想當與之盡心聯絡竭力磋磨此事諒匪一二次辦論所能○來電稱擬辦駁數千言俟交閱後見其如何答覆再為酌商○早美使田貝致總署愈云○駐倭使臣電日本擬請添派李經方為全權大臣隨同李鴻章與日本商議和約此節於事是否有益伊藤陸奧有無論及該大臣體○應○如此辦理即日電覆候旨定奪

奉旨現在李鴻章傷痛未癒著添派二品頂戴前出使大臣李經方為全權大臣隨同李鴻章與日本派出全

權大臣商議和約欽此文（十二日）

■一千八百九十五年四月六日午後二時臺北發

下關李鴻章總督宛

○○澎戰三日勢孤援阻遂至不守臺防加密敵未來犯軍民心固以可無虞昨忽傳敵力索臺將允其請之說或係謠言而臺民駭慟誓不兩立謹呈近狀以備鈞酌議款如何祈示幸甚○○想已複元○○○○○○

■四月六日午後　李發

昨將駁覆說帖送交伊藤等今午接覆答稱所交說帖並匪和約底稿逐條覆答之詞亦未將中國所欲允之意說明用兵以後所索之款匪尋常議事同比望即將款能否全數應允或某款不能應允實在說明勿再延緩等語鴻查說帖大意於讓地一節奉天南邊割地太廣日後萬相安賠費一節言中國財力短絀萬辦不到匪大加刪減不可通商權利一節言子口半稅減為值百抽二並將一切稅鈔豁除與各國定章不符又機器電改造土貨運入內地免稅亦難准行以上已擬要回覆而彼嫌未說明所欲允之意注意仍在讓地賠費兩條實在著落答欲和議速成賠費恐須過一萬○讓地恐不止臺灣但鴻斷不敢擅允想求集思廣益指示遵行停戰期祇賸十餘日事機急迫求代奏請旨示覆為幸鴻文中（十二日午後四時）

■四月七日發

臺北巡撫衙門

密新彼力細台未允惟無確報正在焦慮接電知軍民心固可保無慮慰甚盼甚仍將近情隨時電知議款尚無頭緒傷疤漸痊鴻文戊（十二日）

■秘電　七日夜到

奉旨李鴻章十一日電奏悉據稱現交說帖不過總統辯論請將賠割地必不能允之數斷酌密示等語兩端均關重要即如割地一端奉省乃陪都要地密須讓京師根本所關匪宜取讓臺灣則兵爭所未及之地人心所繫又何忍取棄資敵雖不能悉行拒絕亦應權其利害輕重就該大臣之意決定取捨迅即電覆至於賠費一節萬萬以外已屬拮据彼若不肯多讓力難措辦可將實情告之該國既欲議和諒不致始終固執必該大臣相機操縱何如至通商一條緩商最妥已由總署

密飭（赫德）籌酌各國皆未告知至口岸七處重慶沙市梧州可允京師湘潭大有妨礙蘇杭兩處均系內河亦多不便駁則俱駁稅則應仍照各國通例若有減少則各國均霑進項愈虧賠款更難措手此層須先與申說李鴻章日來第祝眠食如何起居能照常否再議覆及欽此元申（十二日午後四時）

奉旨昨據李鴻章十一日電奏已將讓地一條由該大臣決定取捨電覆需費通商各節應行磋磨之處亦大概論知矣複據十二日申刻電奏所交說帖但云奉天南邊割地太廣而於台澎如何置辦並未敘及電後又稱讓地恐不止台澎竟說帖數千言中及面晤伊藤等時曾否辯論及此電語過於簡略要之南北兩地朝廷視為並重非至不得已極盡駁論而不能得不忍輕論割棄資敵願太奢不能盡拒該大臣務須將何處可允何處萬難照允直將已見詳功敷陳不得退避不言以割地一節歸之此旨該大臣接奉此旨一面將籌定辦法及意中所欲言者切實奏覆一面遣李經方前往先將讓地應以一處為斷賠費應以萬萬為斷與之竭力申說彼信中有某某款不允之語不嫌反復辨駁至停戰期限該大臣傷瘀未痊似與之商議展期在我亦屬有辭著李鴻章測量辦理欽此元申（十二日）

奉旨據依克唐阿電稱初七早倭兵三千餘至鞍山站交戰竟日別隊至吉峒峯前接來電云倭於初八兩人函告停戰為華軍所阻彼時華軍尚未得戰之信倭軍應先得信何以初七日尚複進兵又據劉坤一電奏內時有倭船遊變錦州海口天樹廠釣魚臺等處近岸放槍磣並帶小船等語停戰期內不應如是著李鴻章詰問伊藤等飭禁為要欽此元申（十三日午後六時）

■八日總來

第六款通商稅則但云輸納值百抽二抵代稅一切諸費均當豁除等語似盡廢正稅半稅之通例來電僅云子口半稅減為值百抽二恐有誤會昨飭總稅司校計去年各關二千余萬若統按值百抽二計算須短征一千萬歲入少此鉅款非特國用頓虧且現籌償款匪指關稅訂借更難指辦彼雖云以西約為本可執此力爭萬不可允至讓地一節如讓奉南則宜多留北地如海城亦不肯讓則西界應至海城為止將牛莊營口及遼之全河統歸中國可保徵稅之利如讓臺澎前澎西各小島坐落必須詳細查考畫分清楚如彼所指經緯

476

度恐有吞若按緯度則南澳汎頭均可混入澎界總以英圖經線一百十九度以東為止便可不至矇混至裝造機房等項尚不關要可酌允元酉正（十三日午後六時）

■四月八日午後　李發

前電甫發伊藤專人請經方到寓密談謂此次停戰由伊力持乃允客武員預兩兵馬軍械斷足必欲分路直攻北京再行議而現期已迫斷難再展經方即將現擬各款大略告知想讓地賠費兩項須俟面議再定伊謂此二款最為緊要尊意欲將奉境全行收回萬辦不到南北兩處拘要割讓僅讓一處亦斷不行該國已用兵費實系太巨所索三萬萬即欲減小能減無幾此我國上下文武熟商而定特據實告經方與反覆辨駁毫不口嚮將此兩款如何還併切實聲明方可再行會議倘中朝嫌我國開併太大不欲商允則我國當別有辦法時日甚迫限於明日一回信勿再遲延誤事等語經方只得將原擬約款節略帶回別辨鴻再四籌思時迫事急姑據鄙見將奉天之鳳凰廳安東寬甸岫巖四處邊境割讓海城俟後再說較之伊所劃經緯線界已小大半澎湖既被佔據亦暫允見賠費即遵電諭一萬應之明日再將約稿送交看其能否轉圖會議後再詳晰電奏讓北地以海城為止賠費以一萬萬外為止倘彼真不足意始終堅執屈時能否久添乞預密示否則只有罷議而歸停戰展期已絕望請飭各將師及時整備為要請代奏鴻寒酉正（十四日午後六時）

■八日總來

納內暫留兵隊費由華給恐亦不少如能說定償款若干一總在內較客再赫德言江沙控深二丈若不費無數之銀即不能控如此之深若不控深將引為違約之咎疆我所難未可輕許須與商酌為要元交（十三日午後八時）

■四月八日正午　李發

元申（十三日午後四時）兩電奉旨敬悉據伊藤等專員來稱須先將某款應准駁應逐條切實聲明送交閱校方能約期會議現已據鄙見將原約各款斟酌而將讓地賠費兩款提出別函請訂期會商並將擬駁原約各節詳細回復別備節略一併於今晚送交俟其回信如何方能面議澎湖已失昨接唐撫電敵未來犯軍

民心固似可堅守鴻斷不敢輕先割棄已於具備節略中駁論及此但窺倭意仍逐日由廣島運兵出口恐添赴臺將有南北並吞之志旨飭讓地以一處為斷極是正論自應如此立言不知將來能否辦到倭原圖所畫奉天經緯線度竟連遼陽田莊臺營口均包在內遼陽未失尚易辨耶此外倭兵已據之地彼已設官安民極力爭論未易退讓只可俟會議時察酌妥議似難由我預為決定總之我所已據處爭回一分是一分其所未據處絲毫斷不放手也賠費一節前說帖今節略內均將力難多措實情告之而伊等十二函覆竟稱中國自家為難之處並不在此次應議之列狡強可知通商一節前後節略均令將稅則照各國一律添口僅先允重慶一處余俟會議時再酌停戰期迫廿日後相機商展若彼不願議和恐難多展姑為嘗試傷痛情形傷口已瘇生肉第祝尚可勉支想眠食俱減未能照常若訂期會議當密授機宜令經方代往元酉電道告知伊藤等但原約未能禁倭船游變海面請代奏鴻寒午（十四日）

■十日夜　總來

奉旨李鴻章十四日午刻電十五午辰刻三電均悉所稱敵所已據處爭回一分是一分所未據處絲毫斷不放鬆李鴻章於此事通籌熟計全局駁論允許皆有實驗與朝廷規畫之處度能深相體會閱之稍慰系懷至請豫示允添之處底難即時懸定仍恐使李鴻章相機應變規其措詞緩急以為迎拒之方彼既垂涎金州臺灣之礦此利尤鉅該大臣現與力爭兩處土地不允固善必不得已或許倭以礦利而土地人民仍歸我有此姑備一說無非為保全境土起見伊藤口稱雖緊為武員所迫觀其避人密語似似尚可與言總應以中東和齋大局收關母令西國收漁人之利所索條款往返磋磨正為將來不肯爽約永保和局地步令李經芳將此意向伊反復開陳勿為無益費詞遂商之止停戰展期仍當以傷痛未瘇據情與商陸奧和照鞍山站一事已電謝長順等通飭各營勿得違約生事矣欽此諫（十六日）

■十日夜　李發

伊藤約同會議言停戰期迫即時約款酌減改空ㄅ勿再有改易內開一讓地劃界須鴨綠江口起溯至安平河口又從該處通涉鳳凰城及營口畫成折線以南地

方所有名城市邑皆包括在界線內並遼東灣東岸及黃海北岸盛京省所屬各島嶼又臺灣全島及所屬諸島嶼又澎湖列島照英圖東經一百十九度起以至東經一百廿度及北緯廿三度起以至百廿四度之間諸島嶼鴻查此劃界寬甸已不在內營口至金州均在界線之內一中國將庫平二萬萬兩賠償日本軍費分八次交清第一第二次各交五千萬在本約批准交換後起第六月交清一次其剩款約六年內分交仍按十二個月交一次從交款第一次起未經交完之款按年加每抽五之息但中國無論何時可將應賠之款全數幾分交清照算免想一保明認真實行約內所訂條款允日本軍隊暫估守威海衛又於所訂第一第二次賠款交清通商行航約章批准交換後清國政府商定辦法將通商口岸關稅作為剩款本息之抵押日本充撤回軍隊倘不確定抵押辦法未經交清未次賠款之前日本應不允撤回但通商行船約章未經批准交換以前雖交清賠款仍不撤回日軍隊所有日本軍隊佔守一切需費應由中國支辦以上三條伊藤聲明此系文武熟商再三校減盡頭辦法請三日內回信兩言而決能准與不能准而鴻與反復辯論兩點鐘伊毫不相讓看其口氣過強鴻複申論營口為通商口萬不能讓伊云兵力所得舉國炊爭我亦不能讓鴻云臺灣日兵所未及亦不能讓云彼水陸雲集無慮不能得應請早讓賠款二萬萬勸其再減五千萬亦堅不允此乘勝貪求患　不願實非情理所能論伊云三日回信倘不准定即添兵廣島現泊運船六十餘隻各載兵數萬小覷專候此信即日啟行鴻力竭計窮懇速清人日定奪再東文約條約尚未細看大致於通商添口重慶沙市蘇州杭州四處已減三處原約第三條稅則亦自刪去余俟查明縱電望速校酌電複為幸清代奏鴻諫亥

■十一日午時　李發

頃細閱伊藤昨改訂第六款通商除刪去順天湘潭梧州添口外餘四處照舊蘇杭生意久已歸仍無甚礙又將原約通商第三條所稱進口出口值百抽二抵代稅概行刪除係因連日辯論通例正半稅不容減改故自行刪去而將第四第五第六原條向前移置其第七條疏浚吳淞江亦刪現約通商共只五條可無甚駁改又原約第八款留軍占守奉天府亦經駁刪僅暫占威海衛一處其留軍需費議在償款內總算伊仍不允應俟

事定試明人數再議再諫電奉旨敬悉金州已據固難爭回彼壓測臺灣甚久似非允以礦利所能了事伊等驕狂太甚屢屢以西人攬利開導毫不為動經方亦無能解說英已坐視未知俄廷意見如何請代奏鴻洽午（十六日午時）

■十一日午後夜發

頃接伊東函稱昨呈所改約款實係既尾盡頭辦法務祥四月內切實回復前交節略所稱中國為難情形我已細看細想故至無可再減之處賠款減三分之一交款期較長留軍占守減去奉天一處賠償剩款抵押不指地而指關稅不提內地釐稅不提控吳淞此皆貴國易於籌款便於償費又滿洲奉天前索地界設戰事日進一日將來無所底止到時再行議和斷不能奴此便宜等語鴻思所索各款想臺灣倭兵未到即款相讓無理已極斷難輕允伊昨面談語已決絕今又來此函似是美更應如何應交之處伏候速示道辦諸代奏鴻洽

■四月十二日午前　李發

頃伊藤送閱野津大將十七海城電云遵照戰法備文與華將派青木參謀往商華將終不承認不得已飭該參謀即回海城但留函與華將聲明我軍絮守境界最外線為蘇甸城高爐溝長嶺子雪裏站把會寨鞍山站馬家店田莊臺營口等外倘來紀擾即是中國違約請轉告李欽差等語伊謂停戰期迫倘華將再此如悖謬只得布告各國廢停戰約云鴻嘯（十八日）

■一千八百九十五年四月十二日　午前十一時五十分　北京發

下關　李總督宛

嘯電悉東宮不諳西例故不就商停戰之事前已電令前敵各軍在原絮處所專兵不動現又加電諭囑諒不至有違停戰之約希轉告伊藤為要巧（三月十八日）

■一千八百九十五年四月十二日午後五時　馬關發

上海　沈子梅宛

昨電承忱傷已收口轉邁電悉如仍在滬乞妥為照料調○○即回揚和議棘手成否難知儀嘯（三月十八日）

■一千八百九十五年四月十二日　午後十一時二十分　上海發

下關　李中堂宛

諫電由○轉來男十三發熱頗重未赴○頃稍痊已令張士達往接俟到再稟現議棘手可冀成否忱切邁虎代嘯（三月十八日）

■四月十二日午後　總來

奉旨李鴻章十六七兩日電奏三件均悉日本繼若改定酌減條款難通商各條所爭回者甚為有益想兩大款關係最重賠費已減三分之一若能再與磋磨減少若干更有稍紓財力讓地一節台澎外欲全占奉省減退無幾殊覺過貪前電姑許利該大臣慮其不充為今之計或允某割臺之半以近澎臺南之地與之臺北與廈門相對仍畱中國奉天以遼河為三省貿易之路牛莊營口在所必爭著該大臣將以上兩節再與調力辦論冀可稍益大局伊藤連日詞氣極迫儻事至無可商應由該大臣一面電聞一面即與定約該大臣接奉此旨更可放心爭論無虞決裂矣欽此嘯

■四月十三日午前　李發

頃接嘯電奉旨敬悉伊藤十七晚送到哀的美敦書詞已決絕無可再商昨雖復函駁論亦置不理即使會晤再行磋磨割臺之半奉省劃界至營口而止牛莊已不在內營口稅利所在各節自當力與辦論皆恐難望轉圜且停戰第六款內稱如期內和議決裂此約亦即中止云若議不合必立決裂察看日倭人舉動已遣運兵船廿餘艘由馬關出口赴大連灣並令法美觀戰探事人隨隊往前敵其意可知事必至於無可再商恐非一面即與定約不可不得不先奏明鴻效未（十九日午前十一時）

■四月十三日午後　李發

頃派伍廷芳往伊藤外告知總署已電飭前敵將帥勿再違約據伊面稱華軍不諳公法動輒妄為恐不俟停戰期滿已先開伏並催允定和約復信謂廣島已派運兵船三十餘艘出口赴大連灣小松親王等明日督隊繼進若再商改約款故意遲延即照停戰款內和議決裂此約中止辦法等語是其愈逼愈緊無可再商應否即照伊藤前所訂條約定約免誤大局乞速請旨電飭遵辦鴻效酉（十九日午後六時）

頃陸奧專員來稱接海城兵官電准遼陽統文稱已接到總署停戰信想鞍山站被日兵佔據系在停戰畫押之後應請退出該統陽現有練三十萬散佈各處一時知照不到恐其生事尋請速退往海城等語陸奧以日兵據鞍山站系未得停戰信前之事斷難退出設再生事關係甚重停戰亦成虛文眙累他處鴻謂由砂山站送信至遼陽約在四日不知趕得及否望速電致依將軍為要再答署元酉變兩電咸豐十年英法留兵未別給費擬援此例駁之吳淞控沙亦難酌許擬商改正半稅通例斷不容減為值百抽二奉南讓至海城為止恐彼猶不足其窺覦者營口關稅之利金州礦產之多不獨海口險要也至澎湖附近各小島倭圖甚明經緯度亦有界畫不至混入南澳汎頭鴻刪辰

■四月十四日午後　李發

劼三電尚未奉覆未初伊藤專員來催以前限定四日回復限期已到立等覆信不得已令經方往伊寓密陳一切先許以臺灣礦利餌之伊以民人不歸節理礦亦無用又遵電割之半以近澎臺南之地與之伊謂一島兩國分治後患甫大且我國兵力正厚原冀開拓疆土半臺亦萬不能允又商讓營口稅關磋磨再四伊亦堅拒謂前兩函已說定無可商改此等費辭何益廣島運兵船六十餘艘現裝十萬人已陸續開駛由小松親王等帶往大連灣旅順准兩進攻若不照我前改約款我之權力實系無法禁止務即日會商定訂經方謂鴻傷痛甫愈第祝委頓今日不及往略晤伊謂本不能改因爾請託姑候至明日四點鐘面晤定議過期即作罷論事關重大答照允則京師可保否則不堪設想不敢不候電複即行定約電諭想已在途明日午前當到鴻不至失信庶無決裂請代奏鴻哿酉

■四月二十日　午後　總來電

臺灣為兵爭所未及無理強索大拂民心今既無可挽回將來交涉殊多費手希於定約後先申聲說中國退讓以後祇能將日本未認准百姓內遷及變賣田產兩節曉諭明白倘庶民不服因而生變即與中國無涉此層必須辯論在前免亦他日再生枝節皓（十九日）

■四月十四日　夜到總來電

奉旨李鴻章十九日三電均悉十八日諭各節原冀爭得一分有一分之益如竟無可商改即遵前旨與之定

479

約欽此號（二十日）

■四月十六日　午前　李發

馬兩電悉此與伊藤商定讓地劃界一節未添營口之遼河以河心為界則東岸屬彼西岸仍歸我賠款一節未添如從條約批准互換日起三年內能全數清還除將已付兩年半利息於應付本銀和還外餘仍全數免息云計尚可省息銀一千數百萬想外洋款不易借貸伊藤亦知中國支絀謂外國借債可三四十年分還期長利輕力亦稍紓可備參酌又第五款讓地遷民一節未添臺灣省應於本約批准互換後兩國立即各派大員到臺限於本約互換後兩個月內交接清楚云磋磨再四始心照辦鄙見似宜派唐巡撫就近與日員妥議至臺民願遷否曉諭不服恐生事變與華官無涉伊謂交接後責在日官必不怪華唐撫前電有臺民誓不兩立之說務祈密諭未交接以前妥為撫循開導又第六款通商內地租棧一節刪去官員事得干預又納稅用庫平與關平不合日本銀圓難強收此條全刪又日商僅准在通商口岸用機器製造合置聲明至日本連兵船多隻由馬關出口赴灣旅屬實原約雖定於批准互換後停戰未互換前彼此均應按兵不動明日畫押當再商辦經迪請假省親自係未知已定約畫押請飭勿來乞代奏鴻養辰（二十二日午前八時）

■四月十五日　午前到着總理衙門來

二十日酉戌來電悉昨旨十九日三電均悉十八日所諭各節原希爭得一分有一分之益如竟無可商改仍遵前旨與之定約欽此以二十日午刻電發想此間必可接也希仍遵旨辦理以免貽誤馬（二十一日）

■四月十五日　總來

停戰廿六日期滿如已定約畫押此後前敵各軍如何佈置貴大臣應與日使商定辦法本即電複以便知照各營遼守馬

■四月十七日　李發

本日已正齊集公所議定約後彼此前敵各軍如何辦法伊藤等訂明再展停戰廿一日以俟批准互換並於約後別立專款一併畫押蓋印如不批准立行廢止又展至廿一日互換即四月十四日半夜初彼此會同畫押鴻意請如定可批准互換必無他虞前敵各軍新募之營似可逐漸抽撤以省餉需而免沿途擠生事伊

等諄請何日批准何日派員互換俟鴻到津探明先給電報不必再由田貝轉電並候酌辦擬未刻到輪即行開駛和約原本到大沽口先專員馳呈軍機處核辦再正發電間奉養酉電敬悉事已定押已畫不及候旨頑軀傷已收口想槍子未出筋終牽制有華醫奇術來獻擬帶至津試辦到津後即奏請假廿日調界請先代奏鴻漾未（廿三日午後二時）

■十九日午時　李發

頃又據伊藤函稱十七晚送去一信原欲貴大臣知現在確實情形盡頭地步但問允不允而已無可再商事開來函似誤會尚有可商之處率再重言申明十六面遞改定條款實係無可商無可改此打仗後約款與尋常議約不同前照送來節略減改數處因為和局起見若再誤會仍可商改致有決裂其責成非日本之咎更有言者來函所稱各節日本不以為然無庸再行商議等語事至無可再商似只有遵旨即與定約請代奏鴻效午

■四月廿日夜　李發

午前接皓馬電並號電旨敬悉即約伊藤在公所會商賠款讓地二端無可商改遵旨即與定約大致照三月諫洽兩電改定各款而拾第六款通商小節目酌加刪易僅有四條威海衛駐軍一節試其人數日一萬餉數日歲二百萬再磋磨允兩國各認一半鴻僅允給五十萬伊謂此約批准在煙臺互換限廿日留軍費始可照允蓋因原約第十款批准互換日起始安兵息戰兵端屬久各處恐生事端故急催互換應否准行乞速電示遵辦現議廿二繕清約稿廿三已正畫押萬難久持鴻於畫押後即登輪回津再將和約原本專員送京敬候批准請代奏鴻馬（廿日）亥

第四章

清日戰爭圖記

清國北洋水師戰艦

【定遠】 裝甲炮塔艦(北洋水師旗艦)

[長度]89.5 米 [寬度]19.2 米 [吃水]5.88 米 [排水]7,220 噸 [航速]14.5
節 [定員]329 名 [動力]6,200 馬力 [武器]炮 30.5cm×2、15.2cm×4、
7.5cm×4、機關炮 ×10、魚雷管 ×3
[簡歷]德國製造，1881 年動工，1881.12 下水，1884 年竣工，1885.10 交付清
國北洋水師，擔任艦隊旗艦。1894.9.17 黃海海戰參戰，1895.2 威海衛劉公島之
役遭受日軍魚雷艇奇襲擱淺。照片是清法戰爭期間，竣工後的"定遠"艦被中立國
德國政府暫留製造廠船塢時所拍攝。

清國海軍軍艦旗

【鎮遠】裝甲炮塔艦

[長度]91.0 米
[寬度]18.3 米
[吃水]6.3 米
[排水]7,314 噸
[航速]14.5 節
[動力]7,200 馬力
[武器]炮 30.5cm×2、15.2cm×
機關炮 ×10、魚雷管 ×3
[定員]363 名
[簡歷]德國製造，1881 年動工
1882.11 下水，1885.11 竣工
清國北洋水師。1894.9.17 黃海
戰參戰，1895.2.17 被俘編入E
艦隊。1904 日俄戰爭參戰，1
除籍、擔任靶艦，1912 出售解[

【來遠】 裝甲巡洋艦

[長度]82.4 米
[寬度]12.0 米
[吃水]5.1 米
[排水]2,900 噸
[航速]15.5 節
[動力]4,400 馬力
[武器] 炮 21.0cm×1、15cm×2、
機關炮 ×8、魚雷管 ×4
[定員]270 名
[簡歷] 德國製造，1885.9 動工，
1887.3 下水，1887.12 竣工交付
清國北洋水師。1894.9.17 黃海海
戰參戰，1895.2 威海衛之役被日
軍魚雷艇擊沉。

【濟遠】 裝甲巡洋艦

[長度]72.9 米
[寬度]10.4 米
[吃水]5.18 米
[排水]2,300 噸
[航速]15 節
[動力]2,800 馬力
[武器] 炮 21.0cm×1、15cm×1、
機關炮 ×11、魚雷管 ×4
[定員]202 名
[簡歷] 德國製造，1883.12.1 下
水，1885.11.2 交付清國北洋水
師。1894.9.17 黃海海戰參戰，
1895.2.17 威海衛之役被俘，編入
日本艦隊。1904 日俄戰爭參戰，
1905.5.21 除籍。

【平遠】 裝甲炮艦

[長度]60.0 米
[寬度]12.2 米
[吃水]4.2 米
[排水]2,150 噸
[航速]10.5 節
[動力]2,400 馬力
[武器] 炮 26cm×1、15cm×2、
機關炮 ×8、魚雷管 ×4
[定員]202 名
[簡歷] 清國福州馬尾船政局製造，
1866 年動工，1888.1 下水，1890.5.28
交付北洋水師。1894.9.17 黃海海
戰參戰，1895.2.17 威海衛之役被
俘，編入日本艦隊。1904 日俄戰爭
參戰，9.18 觸雷沉沒，1905.5.21 除
籍。

【致遠】 裝甲巡洋艦

[長度]76.2 米
[寬度]11.6 米
[吃水]4.6 米
[排水]2,300 噸
[航速]18.5 節
[動力]5,500 馬力
[武器]炮 21cm×3、15cm×2
機關炮 ×20、魚雷管 ×4
[定員]202 名
[簡歷]英國製造，1886.9.29
水，1887.7.23 竣工，1887.11
付北洋水師。1894.9.17 黃海海
參戰，中彈沉沒。

【操江】 炮艦

[長度]47.8 米
[寬度]8.6 米
[吃水]3.3 米
[排水]640 噸
[航速]9 節
[動力]400 馬力
[武器]炮 16cm×4
[定員]91 名
[簡歷]清國江南製造總局製造
1869.2 動工，1869.7 竣工交付
洋水師。1894.7.25 豐島海戰
俘，編入日本艦隊擔任朝鮮水
哨戒。1903.10.26 除籍，編入
庫縣港務局檢疫船，1965 年解體

【廣丙】 炮艦

[長度]71.6 米
[寬度]8.2 米
[吃水]4.0 米
[排水]1,000 噸
[航速]16.5 節
[動力]2,400 馬力
[武器]炮 12cm×3、8cm×
機關炮 ×8，魚雷管 ×4
[定員]110 名
[簡歷]清國福州馬尾船政局
造，1887.7.28 動工，1891.4
下水，12.18 竣工交付廣東
師。1894.9.17 黃海海戰參戰
1895.2.17 威海衛之役被俘，綜
日本艦隊。1895.12.21 在澎湖
峽遇風暴沉沒。

【鎮北】 炮艦

［長度］38.1 米
［寬度］8.8 米
［吃水］2.9 米
［排水］430 噸
［航速］10 節
［動力］450 馬力
［武器］炮 8cm×1、12 磅炮 ×2、機關炮 ×4
［定員］54 名
［簡歷］英國製造，1879 下水，1881.8.22 竣工交付北洋水師。1895.2.17 威海衛之役被俘，編入日本艦隊，負責國內水域警備雜役。1906.6.8 報廢，1909.11.20 出售。

【鎮東】 炮艦

［長度］38.1 米
［寬度］8.8 米
［吃水］2.9 米
［排水］430 噸
［航速］10 節
［動力］450 馬力
［武器］炮 8cm×1、12 磅炮 ×2、機關炮 ×4
［定員］54 名
［簡歷］英國製造，1879 年下水，1881.8.22 竣工交付北洋水師。1895.2.17 威海衛之役被俘，編入日本艦隊，負責國內警備雜役。1906.6.8 報廢，1907.1.17 出售。

【鎮西】 炮艦

［長度］38.1 米
［寬度］8.8 米
［吃水］2.9 米
［排水］430 噸
［航速］10 節
［動力］450 馬力
［武器］炮 8cm×1、12 磅炮 ×2、機關炮 ×4
［定員］54 名
［簡歷］英國製造，1879 年下水，1881.8.22 竣工交付北洋水師。1895.2.17 威海衛之役被俘，編入日本艦隊，負責國內警備雜役。1908.5.23 移交文部省，成為商船學校教練船。

【鎮中】 炮艦

[長度]36.6 米
[寬度]8.8 米
[吃水]3.0 米
[排水]440 噸
[航速]10 節
[動力]450 馬力
[武器]炮 8cm×1、12 磅炮 ×2
機關炮 ×4
[定員]55 名
[簡歷]英國製造，1881 年下水
1881.8.22 竣工交付北洋水師
1895.2.17 威海衛之役被俘，編
日本艦隊。參與 1900 年八國聯
出兵，雜役船。1909.11.20 出售

【鎮邊】 炮艦

[長度]38.1 米
[寬度]8.8 米
[吃水]2.9 米
[排水]430 噸
[航速]10 節
[動力]450 馬力
[武器]炮 8cm×1、12 磅炮 ×
機關炮 ×4
[定員]54 名
[簡歷]英國製造，1881 年下水
1881.8.22 竣工交付北洋水
1895.2.17 威海衛之役被俘，
日本艦隊。參與 1900 年八國
出兵，雜役船。1906.6.30 報
移交司法省監獄局，用作汽船

【福龍】 魚雷艇

[長度]42.8 米
[寬度]5 米
[吃水]2.3 米
[排水]120 噸
[航速]24.2 節
[動力]1,597 馬力
[武器]機關炮 ×2，魚雷管
[定員]20 名
[簡歷]德國製造，1886.9.
付南洋水師。1894.9.17 黃
戰參戰，攻擊日艦西京丸未
1895.2.17 威海衛之役被俘
入日本艦隊。1904 年日俄
戰，1908.4.1 除籍。

日本聯合艦隊戰艦

松島】 巡洋艦(聯合艦隊旗艦)

[長度]89.9 米 [寬度]15.6 米 [吃水]6.4 米 [排水]4,278 噸 [航速]16 節
[定員]360 名 [動力]5,400 馬力 [武器]炮 32cm×1、12cm×12、機關炮
8、魚雷管 ×4
[履歷]法國製造，1888.2.17 動工，1890.1.22 下水，1892.4.5 竣工交付海軍。
1894.9.17 黃海海戰參戰，擔任聯合艦隊旗艦，被清艦鎮遠擊中重傷。修復後參
戰大連、旅順、威海衛、澎湖島作戰。參與了 1900 年八國聯軍出兵和 1904 年
日俄戰爭。1908.4.30 遠洋航海歸途中，在澎湖島馬公錨地發生彈藥庫爆炸事故
沉沒，現地除籍解體。

日本海軍軍艦旗

【橋立】 巡洋艦

[長度]89.9 米
[寬度]15.6 米
[吃水]6.4 米
[排水]4,278 噸
[航速]16 節
[動力]5,400 馬力
[武器]炮 32cm×1、12cm×11、
機關炮 ×6
[定員]360 名
[履歷]日本橫須賀造船部製造，
1888.8.6 動工，1891.3.24 下水，
1894.6.26 竣工交付海軍。參加清
日戰爭、日俄戰爭。1922.4.1 編
入海軍陸戰隊雜役船、練習船。
1925.12.25 報廢、出售、解體。

【嚴島】 巡洋艦

[長度]89.9 米
[寬度]15.6 米
[吃水]6.4 米
[排水]4,217 噸
[航速]16 節
[動力]5,400 馬力
[武器]炮 32cm×1、12cm×11
機關炮 ×5
[定員]360 名
[簡歷]法國製造，1888.1.7 動工
1889.7.18 下水，1891.9.3 竣 工
1892.5.21 交付日本海軍。參與
清戰爭、八國聯軍出兵、日俄
爭。1919 年編為雜役艦、潛水
艦、潛水學校校舍。1925 年報廢
除籍、出售、解體。

【吉野】 巡洋艦

[長度]109.7 米
[寬度]14.2 米
[吃水]5.18 米
[排水]4,216 噸
[航速]23 節
[動力]15,900 馬力
[武器]炮 15.0cm×4、12cm×
機關炮 ×22、魚雷管 ×5
[定員]360 名
[簡歷]英國製造，1892.3.1 動
1892.12.20 下水，1893.9.30 竣
1894.3.6 交付日本海軍。參加
清戰爭、八國聯軍出兵、日
爭。1904.5.15 在山東海域霧
友艦相撞沉沒，1905.5.21 除籍

【築紫】 巡洋艦

[長度]64.0 米
[寬度]9.7 米
[吃水]4.1 米
[排水]1,350 噸
[航速]16.4 節
[動力]2,887 馬力
[武器]炮 25.4cm×2、12cm
機關炮 ×1、魚雷管 ×2
[定員]177 名
[簡歷]英國製造，通過智利
手購入。1879 年動工，1880
下水，1882.8 竣工，1883.6.
入，9.19 交付海軍。參加了
戰爭、八國聯軍出兵、日俄戰
1906.5.25 除籍，編入雜役
1908.11.24 報廢、出售。

【浪速】　巡洋艦

［長度］91.4 米
［寬度］14.1 米
［吃水］5.6 米
［排水］3,709 噸
［航速］18 節
［動力］7,604 馬力
［武器］炮 26cm×2、15cm×6、機關炮 ×6、魚雷管 ×4
［定員］325 名
［簡歷］英國製造 1884.3.22 動工，1885.3.18 下水，1886.2.15 竣工，1886.6.26 交付日本海軍。參加了日清戰爭、美西戰爭、八國聯軍出兵、日俄戰爭。1912.6.26 在北千島物資運輸途中觸礁，7.18 沉沒，8.5 除籍。

【高千穗】　巡洋艦

［長度］91.4 米
［寬度］14.1 米
［吃水］5.6 米
［排水］3,709 噸
［航速］18 節
［動力］7,604 馬力
［武器］炮 26cm×4、15cm×6、機關炮 ×6、魚雷管 ×4
［定員］325 名
［簡歷］英國製造，1884.3.22 動工，1885.5.16 下水，1886.4 竣工，1886.7.3 交付日本海軍。參加了日清戰爭、美西戰爭、八國聯軍出兵、日俄戰爭、青島作戰。1915.10.17 膠州灣遭德軍魚雷艇魚雷攻擊沉沒，10.29 除籍。

【秋津洲】　巡洋艦

［長度］91.8 米
［寬度］13.1 米
［吃水］5.3 米
［排水］3,150 噸
［航速］19 節
［動力］8,400 馬力
［武器］炮 15.2cm×4、12cm×6、機關炮 ×8、魚雷管 ×4
［定員］330 名
［簡歷］日本橫須賀造船部製造，1890.3.15 動工，1892.7.7 下水，1894.3.31 竣工交付日本海軍。參加了日清戰爭、美西戰爭、八國聯軍出兵、日俄戰爭、青島作戰。1921.4.30 編入潛水母艦、特務艇，1927.1.10 除籍、7.29 出售、解體。

【千代田】 巡洋艦

[長度]92.0 米
[寬度]13.0 米
[吃水]4.2 米
[排水]2,439 噸
[航速]19 節
[動力]5,678 馬力
[武器]炮 12cm×10、機關炮 ×14、
魚雷管 ×3
[定員]350 名
[簡歷] 英國製造，1888 年動工，
1890.6.3 下 水，1891.1.1 竣 工，
1891.4.11 交付海軍。參加了日
戰爭、米西戰爭、八國聯軍出兵、
日俄戰爭、青島作戰。1924.12
編入雜役船、練習船。1927.2.
報廢、除籍。

【高雄】 巡洋艦

[長度]69.9 米
[寬度]10.4 米
[吃水]3.9 米
[排水]1,774 噸
[航速]15 節
[動力]2,300 馬力
[武器]炮 15cm×4、12cm×
機關炮 ×1，魚雷管 ×2
[定員]226 名
[簡歷] 日本橫須賀造船部製造
1886 年動工，1888.10.15 下水
1889.11.16 竣 工，1890.8.2
付海軍。參加了日清戰爭、
聯軍出兵、日俄戰爭。1911
除籍，1912.3.27 出售。

【扶桑】 裝甲海防艦

[長度]67.0 米
[寬度]14.6 米
[吃水]5.4 米
[排水]3,777 噸
[航速]13.0 節
[動力]3,500 馬力
[武器]炮 24cm×4、17cm×
魚雷管 ×2
[定員]204 名
[簡歷] 英國製造，1875.9.
工，1877.4.17 下水，1878.1.
工，1878.6.11 交付海軍。參
日清戰爭、日俄戰爭。1908.
籍，1909 年出售，1910 年解

【愛宕】 炮艦

[長度]47.0 米
[寬度]8.2 米
[吃水]2.95 米
[排水]614 噸
[航速]11 節
[動力]950 馬力
[武器]炮 21cm×1、12cm×1、
機關炮 ×1
[定員]103 名
[簡歷]日本橫須賀造船所製造，
1886.7.17 動工，1887.6.18 下水，
1889.3.2 竣工，1890.8.23 交付海
軍。參加了日清戰爭、八國聯軍
出兵、日俄戰爭。1904.11.6 在日
俄戰爭旅順灣作戰中觸礁沉沒，
1905.6.15 除籍。

【赤城】 炮艦

[長度]47.0 米
[寬度]8.2 米
[吃水]2.95 米
[排水]614 噸
[航速]10 節
[動力]950 馬力
[武器]炮 12cm×4、機關炮 ×6
[定員]126 名
[簡歷]日本吳造船部小野浜工廠
製造，1886.7.20 動工，1888.8.7
下水，1890.8.20 竣工，1890.8.23
交付海軍。參加了日清戰爭、八
國聯軍出兵、日俄戰爭。1911.4.1
除籍、出售。1921 年用於貨物運
輸，1953 年在大阪解體。

【八重山】 通報艦

[長度]96.0 米
[寬度]10.2 米
[吃水]4.0 米
[排水]1,609 噸
[航速]20 節
[動力]5,400 馬力
[武器]炮 12cm×3、機關炮 ×8、
魚雷管 ×2
[定員]126 名
[簡歷]日本橫須賀造船廠製造，
1887.6.7 動工，1889.3.12 下水，
1890.3.15 竣工，1890.8.23 交付
海軍。參加了日清戰爭、八國聯軍
出兵、日俄戰爭。1911.4.1 除籍，
1912.3.23 出售。

【比叡】 護衛艦

[長度]70.4 米
[寬度]112.5 米
[吃水]5.3 米
[排水]2,250 噸
[航速]13.0 節
[動力]2,270 馬力
[武器]炮 17cm×3、15cm×6
機關炮 ×2、魚雷管 ×1
[定員]300 名
[簡歷] 英國製造，1875.9.24
工，1877.6.11 下 水，1878.2.
竣工，1878.5.22 交付日本海軍
參加了朝鮮京城事變、日清
爭、日俄戰爭，負責海圖測量
1909.7.20 除籍、出售、解體。

【大和】 單帆炮艦

[長度]62.7 米
[寬度]10.6 米
[吃水]4.6 米
[排水]1,480 噸
[航速]13.0 節
[動力]1,600 馬力
[武器]炮 17cm×2、12cm×
機關炮 ×1
[定員]229 名
[簡歷]日本小野浜造船所製
1883.11.23 動工，1885.5.1 下
1887.11.16 竣工交付海軍。參
清戰爭、日俄戰爭，主役特務
測量艦。1935.4.1 除籍，移交
省少年刑務所，作為練習船。
年解體。

【天城】 單帆炮艦

[長度]64.3 米
[寬度]9.1 米
[吃水]4.0 米
[排水]936 噸
[航速]11.5 節
[動力]720 馬力
[武器]炮 17cm×1、12cm
12cm×1、8cm×3
[定員]148 名
[簡歷]日本橫須賀造船所製
1875.9.9 動 工，1877.3.13 下
1878.4.4 竣工交付海軍。參
戰爭、日俄戰爭。1905.6.14
編入雜役船、練習船。1908.11
廢、出售。

【武藏】 單帆炮艦

[長度]62.7 米
[寬度]10.6 米
[吃水]4.6 米
[排水]1,480 噸
[航速]13.0 節
[動力]1,600 馬力
[武器]炮 17cm×2、12cm×5、
機關炮 ×1
[定員]230 名
[簡歷]日本橫須賀造船所製造，
1884.10.1 動工，1886.3.30 下水，
1888.2.9 竣工交付海軍。參加日清
戰爭、日俄戰爭。主役特務艦、測
量艦。1928.4.1 除籍，7.6 報廢，
10.3 移交司法省少年刑務所。

【西京丸】 郵船巡洋艦

[長度]97.7 米
[寬度]12.5 米
[吃水]8.9 米
[排水]2,913 噸
[航速]12.0 節
[動力]397 馬力
[武器]炮 12cm×1、機關炮 ×3
[定員]208 名
[簡歷]英國製造，1888 年下水，
日本郵船會社所屬客船，日清戰爭
爆發被海軍徵用，改裝成巡洋艦參
戰。船體系商船構造，裝甲、武
裝、速度貧弱。黃海海戰中負傷，
遭清國魚雷艇攻擊，幸免脱逃。
1921.5.7 出售，1927 年解體。

【魚雷艇】 Creusot 型

[長度]33.7 米
[寬度]3.35 米
[吃水]0.87 米
[排水]54 噸
[航速]20 節
[動力]525 馬力
[武器]機關炮 ×1、魚雷管 ×2
[定員]20 名
[簡歷]日本小野浜造船所自行組
裝法國 Creusot 公司製造的魚雷
艇。日清戰爭期間，艦隊擁有同類
型艇 19 艘。威海衛劉公島奇襲戰
中，第 5 號、6 號、9 號艇魚雷攻
擊 "定遠" 艦成功。6 號艇長鈴木
貫太郎，1924 年升任聯合艦隊司
令長官，1945 年日本第 42 任內閣
總理大臣。

黃海海戰圖記

4.3.01　黃海海戰的歷史鏡頭，照片左側是清國艦隊煤煙航跡，中右側是日本聯合艦隊戰艦。

聯合艦隊海戰報告（1）

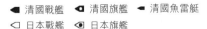

| ◀ 清國戰艦 | ◁ 清國旗艦 | ◂ 清國魚雷艇 |
| ◁ 日本戰艦 | ◉ 日本旗艦 | |

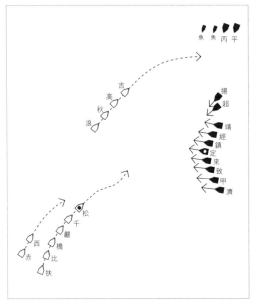

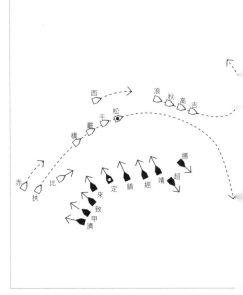

1－1　中午十二時五十分，敵艦隊鱗次橫陣隊形迎面接近我艦，定遠艦先行開炮。吉野率第一遊擊隊向揚威右翼迂迴，松島距敵三千米時向敵艦開炮，其他諸艦隨即迎戰。

1－2　午後一時八分敵超勇艦中彈。一時十五分，揚威、超勇中彈起火，脫離隊形。我第一遊擊隊及各艦中彈，不同程度負傷。午後一時二十五分，赤元艦長戰死。

494

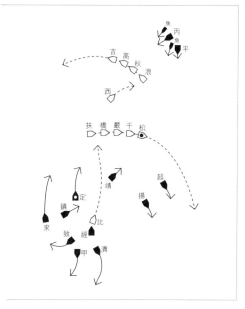

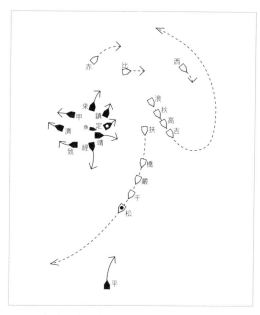

1－3　午後一時三十分敵艦超勇沉沒。我艦比叡在敵重
□苦戰，此時敵平遠、廣丙、魚雷艇壓向我第一遊擊
敵艦揚威負傷脫離戰場，獨自朝北方遁去。

1－4　午後一時四十分，比叡奮力逃出敵艦包圍，向赤
城靠攏。第一遊擊隊觀察到孤單無援的西京丸發出的求
救信號，立即左滿舵大弧形向西京丸方向繞去。

□　午後二時三十五分，比叡、赤城擺脫敵艦追擊。
艦隊夾擊下，數艘敵艦中彈起火。西京丸遠離艦隊
□遭敵艦平遠、廣丙、魚雷艇合圍攻擊，樺山資紀
□運。

1－6　午後三時三十分，敵艦致遠受重創沉沒，清艦隊
陣形大亂，濟遠先行逃跑，其他敵艦也遁走，吉野率第
一遊擊隊窮追不捨。此時松島旗艦距定遠艦約兩千米。

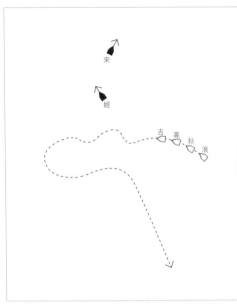

1－7　午後四時七分，松島艦中彈，艦體大破，緊急升起"不管旗"，通知本隊諸艦各自為戰，全力攻擊敵主力艦定遠、鎮遠。橋立艦從隊形中脫離，欲替補負傷的旗艦。

1－8　午後五時二十九分，第一遊擊隊擊沉敵艦經遠吉野繼續追擊逃敵。敵艦定遠與本隊逐漸拉開距離駛出戰場。松島發出命令旗，召回遠離艦隊的第一遊擊隊

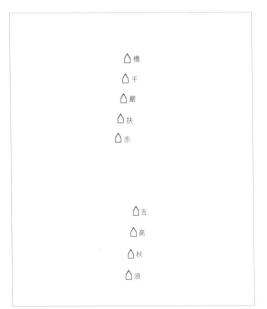

1－9　晚八時，聯合艦隊旗艦由松島艦移交橋立艦，艦隊序列恢復，返航本國吳軍港方向。戰鬥尚未完全結束時，負傷的西京丸在比叡艦護送下向大同江方向遁去。

4.3.02　日本聖德紀念畫館大型壁畫"日清役黃海海戰"下方艦船是懸掛北洋水師黃龍旗的清艦，正在向日艦開炮。日艦比叡盲目闖入清國艦隊包圍之中，遭到清艦圍攻

聯合艦隊海戰報告(2)

.03 北洋水師旗艦定遠為日艦的主攻目標。午後三
〇 定遠艦首無裝甲部中彈，艦艙起火，海水涌入。危
〇，致遠艦趕來救援，護衛定遠與敵艦對抗，直至中
〇沒。

2－1 中午十二時五十分，敵艦隊橫陣隊形接近我艦，
我艦採用單縱陣隊形向敵艦左側橫切過去。旗艦定遠相
距約六千米先行向我開炮，其他諸艦亦相繼開炮。

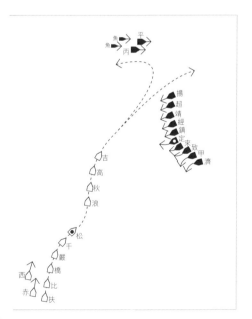

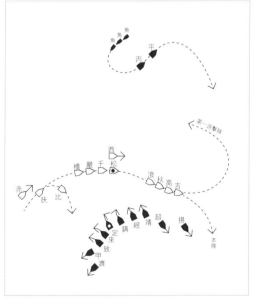

〇2 我艦高速突擊靜默忍受敵彈密集攻擊，吉野在接
〇艦靖遠三千米最佳射擊位置時開炮應戰，諸艦一勢
〇艦發起炮擊。此時松島的針路(按：即羅盤所指示的
〇在北東二分一位置。

2－3 吉野和超勇相距一千六百米距離，超勇艦要害機
關部中彈起火。來遠向比叡和橋立之間突進，比叡轉向
迎敵。松島的針路位於東方，橋立和定遠相距三千米。

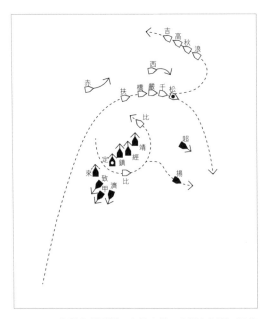

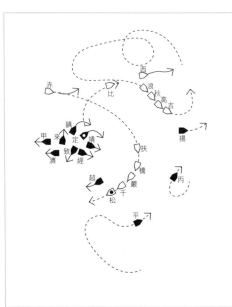

2－4　比叡闖入敵艦隊，左舷中敵三十厘米炮彈，死傷慘重、艦體起火。比叡的穿插支離了敵艦隊形，清艦隊形混亂。負傷超勇運行不暢，揚威帶傷脫離戰場，奮力遁逃。

2－5　平遠、廣丙從大鹿島附近衝出攻擊我本隊，國造平遠小艦炮彈擊中松島船艙爆炸。平遠中彈發生火災，與廣丙遁逃。赤城艦陷入敵艦圍攻，西京丸處於孤立境地。

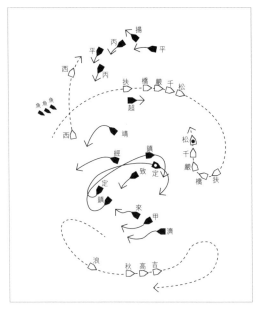

2－6　午後三時二十五分，鎮遠艦三十厘米炮彈命中松島主炮，損毀嚴重。松島針路指向正南。西京丸受敵魚雷攻擊未遂，又遭兩艘敵艦炮擊，十餘水兵戰死。

2－7　午後三時四十七分，致遠艦中彈傾斜沉沒，敵艦帶傷逃走，定遠、鎮遠陷入孤立困境。吉野艦追趕遁逃敵艦。四時五分，重傷的松島艦下令各自為

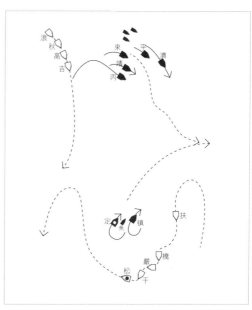

8　吉野在距敵兩千五百米距離擊中經遠,午後四時
分經遠艦沉沒。吉野艦繼續追擊至天色漸暗,接到
回歸旗命令,於午後五時三十分放棄追擊返航。

2－9　午後四時二十五分,松島中彈,大炮故障,再次
發出隨意作戰命令。本隊各艦仍然緊隨旗艦航跡。定遠、
鎮遠且戰且退,退出戰場。我本隊無意戀戰,亦從戰場退
出。

4　北洋水師受到重創,奉朝廷命令加緊修復傷艦,
船塢內修復工作夜以繼日。外國記者素描畫所見,
蓋被彈纍纍,大吊車正在為受損部位更換零件。

4.3.05　聯合艦隊松島旗艦受到重創,圖片是停泊在國內
港灣內的松島號,艦體前部左舷黑色部分,是被鎮遠艦
30厘米巨炮炮彈命中的貫穿性彈孔。

聯合艦隊海戰報告（3）

4.3.06　清日海軍戰艦都裝備有 37 毫米 5 管手搖速射炮，近距離對抗時，具有密集猛烈的火力。主炮手瞄準射擊，右側炮手搖動射擊驅動柄，左炮手為主炮手矯正射擊精度。

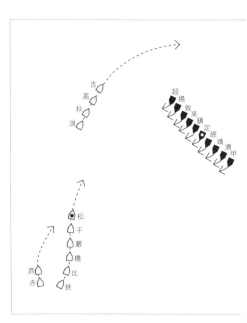

3－1　中午十二時五十分，第一遊擊隊距敵約六千米，敵艦定遠先行炮擊，其他諸艦亦先後開炮。第一遊擊隊加大速度，以單縱陣形向敵艦側翼橫切撲去。

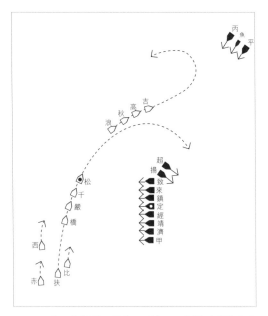

3－2　第一遊擊隊距敵約三千米，用側舷速射炮向敵艦攻擊，超勇中彈起火，脫離艦隊陣列逃走。比叡、赤城、扶桑速度緩慢滯後於本隊，成為清國艦隊攻擊目標。

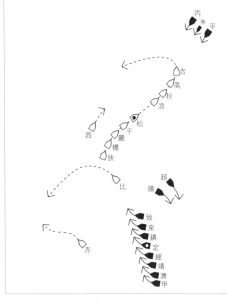

3－3　清國艦隊初期攻勢兇猛，一發榴霰彈在比叡爆炸，十九名水手死傷。嚴島艦的後部水線附近輪被炸，橋立艦主炮塔被摧毀。

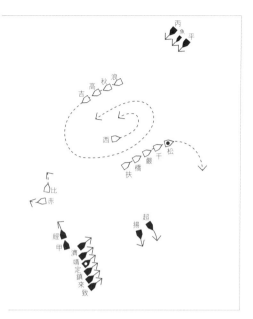

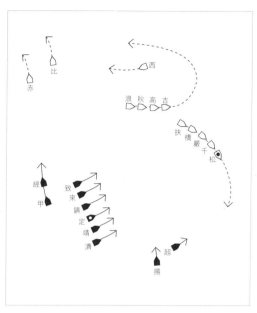

－4　敵艦隊依靠艦首炮火猛烈轟擊我艦，清國北洋水戰艦火力一時佔居上風。此時經遠、廣甲脫離艦隊作軍形，企圖攔截滯後的比叡、赤城。

3－5　第一遊擊隊接到松島旗艦掛出的信號旗，命令吉野攻擊企圖攔截比叡、赤城的經遠、廣甲艦。遠處的超勇艦傷勢嚴重，完全失去了作戰能力，正在沉沒。

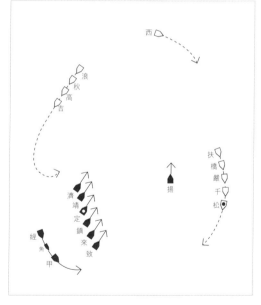

6　午後二時二十分，第一遊擊隊看到西京丸掛出比赤城危險的信號旗，左轉十六點變換方向，高速向駛去，發現一艘魚雷艇隱藏在經遠、廣甲艦之間。

3－7　敵艦廣甲、經遠以單縱隊形尾追比叡、赤城，兩艦逐漸遠離本隊。主戰場上，第一遊擊隊和本隊形成夾擊態勢攻擊敵艦隊主力，揚威重傷，奮力駛向小鹿島方向。

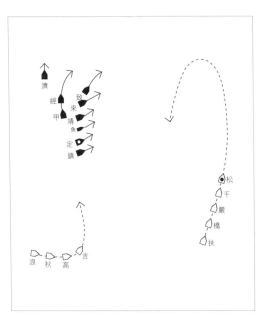

3－8　高千穗右舷後部中彈起火、秋津洲右舷速射炮被炸毀、浪速艦首水線帶破損進水。第一遊擊隊和本隊形成合圍敵主力之勢，敵濟遠艦遁逃，來遠、致遠火災。

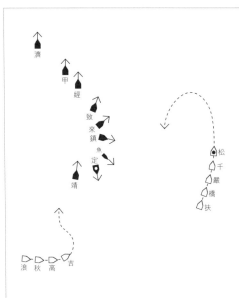

3－9　第一遊擊隊右八點變換方向，以十二海里速度本隊呈直角前進，我速射炮有效壓制了敵方右翼火力午後三時十分，定遠前部中彈起火，致遠右舷傾斜沉沒

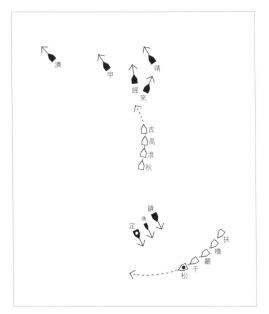

3－10　第一遊擊隊追擊逃往大連方向的敵艦，戰場僅剩下定遠、鎮遠和魚雷艇與本隊激戰。此時平遠、廣丙在大鹿島附近攻擊遠離戰場的西京丸、比叡、赤城艦。

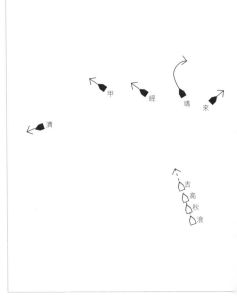

3－11　第一遊擊隊加速追擊遁逃敵艦，集中炮遠。靖遠、來遠回轉艦首，加速向大鹿島方向逃去隊戰場激戰膠着，定遠、鎮遠不負盛名，堅甲頑壘擊沉。

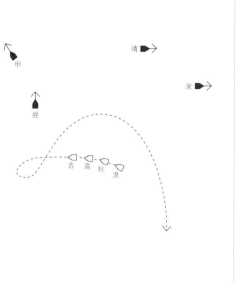

4.3.07　聯合艦隊的戰艦在側舷列裝多門速射炮,大膽嘗試海戰史上少見的單縱陣形,運用側舷速射炮密集火力攻擊清艦。單縱陣形的弱點是會大面積暴露艦體,增大敵艦的攻擊目標。吉野艦在三小時海戰中,發射炮彈1200發,接近北洋水師主力戰艦平均發射密度的五倍。圖繪可見聯合艦隊戰艦側舷速射炮開啟的窗口。

·12　午後五時三十分,敵艦經遠左舷傾倒沉沒,第遊擊隊繼續追擊來遠、靖遠。五時四十五分,松島掛帥隊信號旗,吉野放棄追擊回航,六時三十分與本隊□。

□8　黃海海戰受重創的戰艦赤城號,9月21日返回港修理。赤城艦的主帆桅被敵彈炸斷,大煙囪留下痕跡,戰鬥中艦長阪元戰死。

4.3.09　清艦一發 21 厘米炮彈命中"浪速"艦煤庫爆炸。戰後,日軍水兵將炮彈爆炸碎片收集黏合,再現了清艦炮彈模樣。人彈比例推測,係長約 1 米,彈徑 21 厘米的破甲彈。

日清戰爭隨軍申請願

法國新聞社記者隨軍申請願

美國新聞社記者隨軍申請願

英國新聞社記者隨軍申請願

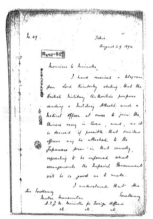

英國武官隨軍觀戰申請願

法國公使館武官隨軍觀戰申請願

美國武官隨軍觀戰申請願

意大利國軍隨軍視察員申請願

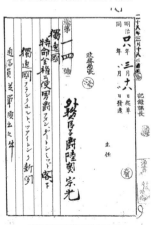

德國新聞記者隨軍申請願

英國軍醫隨軍觀戰申請願

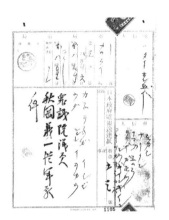

眾議院議員隨軍觀戰申請願

縣知事隨軍觀戰申請願

僧侶隨軍施善申請願

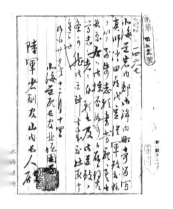

照相師隨軍取材申請願

藥劑師隨軍行醫申請願

台灣作戰記者隨軍申請願

舊制武士隨軍支援申請願

美國新聞記者申請願不許可

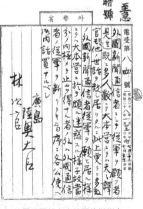

外國隨軍記者申請願停辦訓令

日軍作戰地圖

4.5.01　1894.7.29 朝鮮成歡作戰地圖

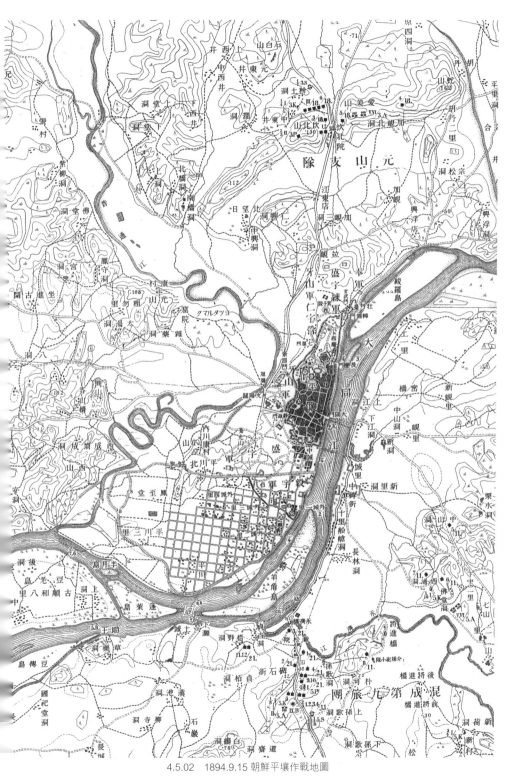

4.5.02　1894.9.15 朝鮮平壤作戰地圖

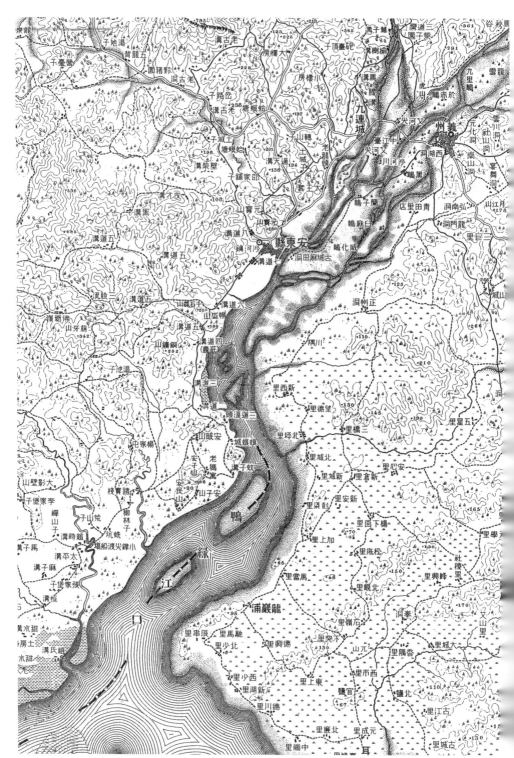

4.5.03　1894.10.24 鴨綠江作戰地圖

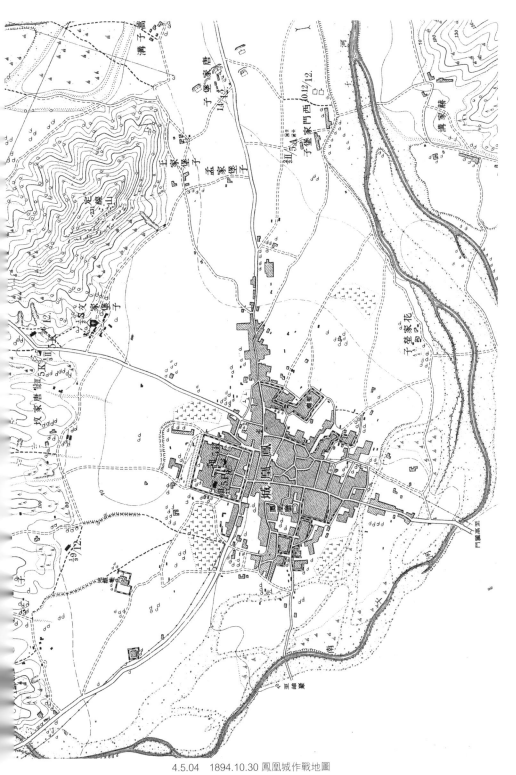

4.5.04　1894.10.30 鳳凰城作戰地圖

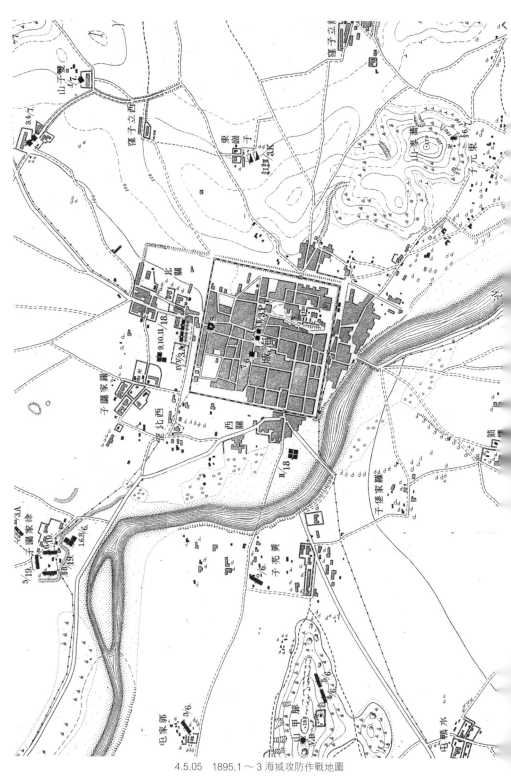

4.5.05　1895.1〜3 海城攻防作戰地圖

4.5.06　1894.10.24 花園口登陸作戰地圖

4.5.07　1894.11.5 金州大連灣作戰地圖

4.5.08 1894.11.20 旅順口作戰地圖

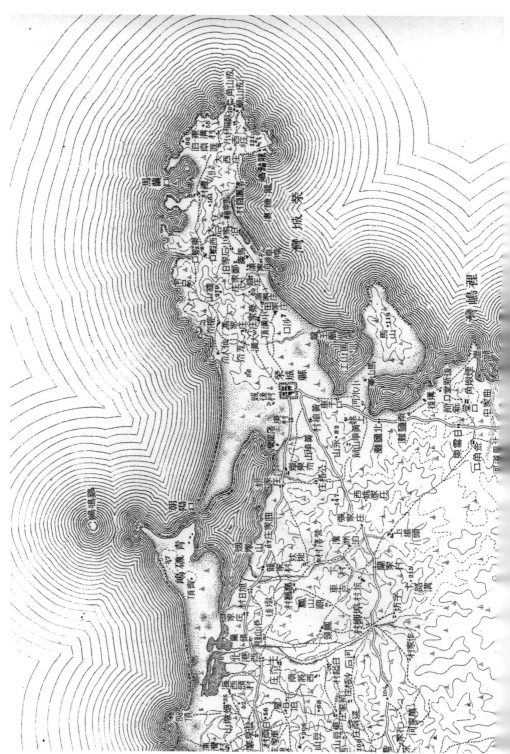

4.5.09　1895.1.24 榮成灣登陸作戰地圖

4.5.10　1895.1.30 威海衛劉公島作戰地圖

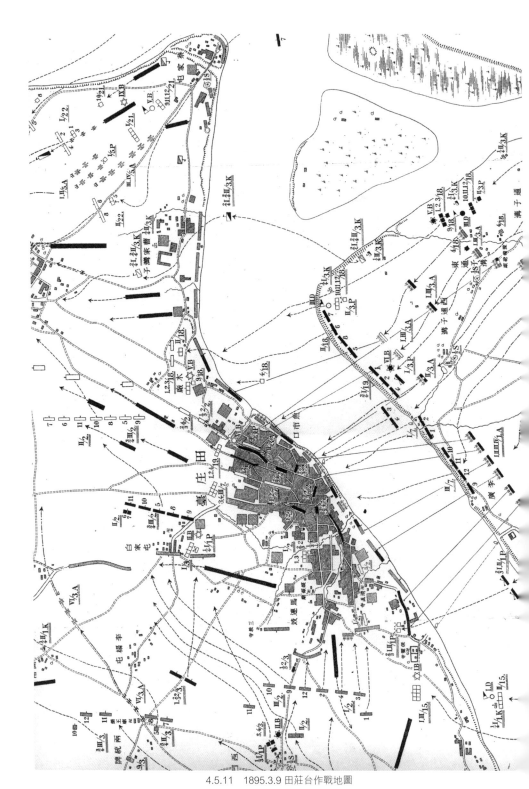

4.5.11　1895.3.9 田莊台作戰地圖

4.5.12　1895.6.3 台北登陸作戰地圖

清國陸軍主要炮械

4.6.01　德國製克式 7.5 厘米重野炮，清國陸軍主戰火炮，射程五千米，炮架可載炮彈車，備彈 24 發，能發射四種炮彈。根據作戰環境，炮體牽引可採用馬拉式和人力式。

4.6.02　德國製克式 12 厘米加農炮，海防炮台對艦火炮，炮架下配置四隻鐵輪，可在內軌道和外軌道上依環形移動，射擊角度任意調整 360 度。

4.6.03　德國製克式 15 厘米加農炮，清軍海軍主力炮種。分艦炮型和海防炮型，口徑 14.9 厘米、炮管長 522 厘米、炮重 9.93 噸，發彈初速 530 米 / 秒、射速每分鐘 1 彈、射距 11,000 米、炮彈重 51 公斤、藥包重 17 公斤。

4.6.04　德國製 8 厘米穹窖炮，穹窖乃弓形藏穴之意能依靠堅固的岸壁工事隱蔽炮身，打擊敵海上目標清日戰爭中，清軍在大連、旅順、劉公島、芝罘等塞，建有堅固的海防洞窟工事，其內配備數種類型穹窖炮。

4.6.05　英國製 15 厘米阿姆斯特朗海防加農炮，清國海防炮台主裝備之一，江南製造局也曾成功仿製同類炮械。

4.6.06　德國製 15 厘米克式臼炮，炮彈體積大，彈軌跡類似迫擊炮，呈高拋曲線，能越過障礙物攻擊軍目標。

4.6.07　英製30厘米阿姆斯特朗加農炮(實為30.5厘米，炮管長是口徑40倍)，是清軍擁有最大級別的海防巨炮，主要裝備在要塞炮台堅固工事內。最大裝藥時射程達10公里，炮彈端末速度360米/秒，有很強的破甲能力。台灣作戰時，日軍在清軍澎湖島要塞東炮台繳獲同類型加農巨炮6門。大炮作為戰利品運回日本，安裝在東京灣要塞的各炮台。照片所示是安裝在日本笹山炮台、猿島第二炮台、觀音崎第一炮台的清國30厘米阿姆斯特朗加農炮。

6.08　1862年美國人Gatling發明的加特林機關[炮]，通過搖動手柄驅動槍管軸心旋轉發炮。1881年[清]國金陵機器局成功仿造，產品主要裝備陸軍和水師[兵]船。

4.6.09　三腳架式加特林機關炮與車載式機關炮相似，也是通過搖轉手柄發炮。清國仿造的加特林機關炮，在平壤戰役中實用，給日軍造成較大制壓。

日本陸軍主要炮械

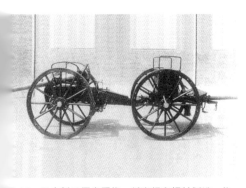

6.10　日本製7厘米野炮，係青銅和鋼材製造，炮[身]長1.78米，重272公斤。炮車重690公斤。炮管[高]低射界仰角-7—19度，炮彈初速422米/秒，最[大]射程5,000米，發射速度每分6—7發，是日軍火[力]最強的機動炮械。

4.6.11　日本製7厘米山炮，炮身材料採用青銅材質。炮管高低射界仰角-10—21度，炮彈初速255米/秒，最大射程3,000米，炮車重256公斤。7厘米山炮是日軍的主戰炮，具有優良的分解重組功能，尤其適應山地機動作戰。

4.6.12 1883年日本研製生產的12厘米加農炮，最大射程7,000米。1887年裝備國內各要塞炮台。

4.6.13 1884年日本研製的19厘米海防型加農炮，最大射程7,000米，主要裝備國內各要塞炮台。

4.6.14 1886年2月，日本研製的24厘米海防型加農炮，最大射程9,000米，裝備在國內各要塞炮台。大炮前雙輪為微調軸心，後雙輪可作360度外圓運動，調整攻擊方向。大炮裝備了吊臂填彈裝置，可將巨型炮彈裝入炮膛。此海防型加農炮是十九世紀末日本國產型傑作之一，但是歷史上沒有實戰的記錄。

4.6.15 1884年大阪炮兵工廠仿造的意大利28厘米榴彈炮，1887年正式量產化。該炮主要部署在海岸對敵攻擊，清日戰爭沒有參戰。日俄戰爭期間，日軍攻擊旅順要塞受阻，專門從國內調來18門此種榴彈炮，作為攻擊203高地的武器，共發射炮彈16,940發，為奪取俄軍陣地，摧毀旅順港內俄國太平洋艦隊建立功勳。

清國陸軍主要槍械

4.6.16 德國製毛（Mauser）單連發騎槍，口徑7.9mm，槍1.1m，重量3.9kg

4.6.17 英國製恩費（Enfield）單發步槍，口14.7mm，槍長1.3m，量3.9kg

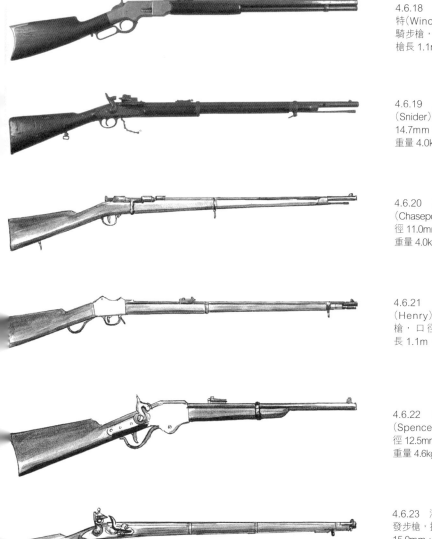

4.6.18 美國製溫徹斯特(Winchester)單連發騎步槍，口徑 11.0mm，槍長 1.1m，重量 4.3Kg

4.6.19 英國製士乃德(Snider)單發步槍，口徑 14.7mm，槍長 1.4m，重量 4.0kg

4.6.20 法國製卡斯堡(Chasepot)連發步槍，口徑 11.0mm，槍長 1.3m，重量 4.0kg

4.6.21 美國製亨利(Henry)單連發騎步槍，口徑 11.0mm，槍長 1.1m，重量 4.8kg

4.6.22 美國製斯賓塞(Spencer)單發騎槍，口徑 12.5mm，槍長 1.2m，重量 4.6kg

4.6.23 清國製打火石單發步槍，抬槍系列，口徑 15.9mm，槍長 2.5m，重量 13.2kg

4.6.24 美國製連發轉輪手槍，清軍將校配備。

4.6.25 法國製連發轉輪手槍，清軍將校配備。

日本陸軍主要槍械

4.6.26 日本製村田 13 年式單發步槍，口徑 11.0mm，槍長 1.3m，重量 4.6kg，射程 1,800m，初速 437m/s，彈重 27.2g。

4.6.27 日本製村田 18 年式單發步槍，口徑 11.0mm，槍長 1.3m，重量 4.6kg，射程 1,800m，初速 437m/s，彈重 27.2g。

4.6.28 日本製村田 22 年式連發步槍，口徑 8.0mm，槍長 1.2m，重量 4.0kg，射程 2,000m，初速 612m/s，彈重 15.5g，裝彈 8 發。

4.6.29 日本製村田 22 年式連發騎槍，口徑 8.0mm，槍長 0.96m，重量 3.7kg，彈重 15.5g，裝彈 5 發。

4.6.30 日本製 1893 年式轉輪手槍，東京炮兵工廠參法國 MAS1873 式手槍設計製造，中折填彈，裝彈 6 發，口徑 9.0mm，槍長 230mm，重量 0.927g，初速 150m/s，有效射程 100m。清日戰爭主要配給軍官、騎兵、察兵等戰鬥員。明治後期，1893 年式的轉輪手槍曾經市場上自由買賣。交易價格 22 圓，相當現今幣值 44,0圓，子彈 100 發 3 圓，相當現今 6,000 圓，史上生產數 59,200 支。

清日戰爭批准條約

.01　明治二十七年八月一日（1894.8.1），日本天皇發佈對清國宣戰詔書。（略文）

02　明治二十八年三月三十日（1895.3.30），李鴻章遇刺，迫於國際輿論壓力，日本簽訂對清國休戰條約。（略文）

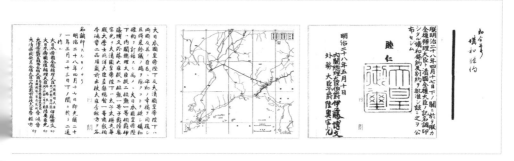

3　明治二十八年五月十日（1895.5.10），日本天皇批准《馬關條約》，地圖中直線是清國割讓領土域。（略文）

4.7.04 明治二十八年五月十日（1895.5.10），迫於俄法德三國干涉的壓力，日本天皇批准歸還清國遼東半島詔書。（略文）

4.7.05 明治二十八年十一月八日（1895.11.8），清日兩國於北京簽署遼東半島還付條約。（略文）

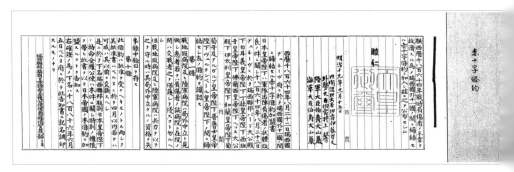

4.7.06 明治十九年十一月十五日（1886.11.15），日本宣佈加入國際紅十字會公約組織。（略文）

4.7.08　1871年，清日兩國簽訂《修好條規》，正式建立了國家間近代邦交關係。這是近代史上清日兩國簽訂的第一個對等條約。

.07　《馬關條約》原本。1895年4月17日，李□章代表清國與日本簽訂了清日《馬關條約》。一紙□書，結下了兩國理不清的恩怨，大清國自此徹底□潰。《馬關條約》的歷史政治意義，超過了戰爭□國家的屈辱。

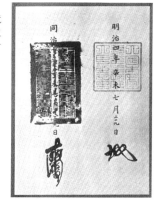

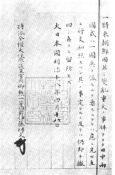

4.7.09　1885年4月18日，李鴻章與伊藤博文簽署的《天津條約》文書。條約中第三款規定，將來朝鮮國若有變亂等重大事件，清日兩國或一國若要派兵，應先相互行文知照。此約定為十年後的清日戰爭，日本出兵朝鮮埋下伏筆。

0　《馬關條約》簽訂後，清廷指派李鴻章之□經方為全權大臣，於1895年6月2日在基隆□的日本軍艦"西京丸"上，代表清國政府與日□表樺山資紀，簽署了割台受渡文書。圖為台□渡調印書文本。文中稱："依據光緒二十一年□二十三日，清日兩國在下關締結的媾和條約第□，清國將台灣全島及附屬諸島並澎湖列島，即□格林尼次東經百十九度起至百二十度及北緯□三度起以至二十四度之間諸島嶼之管理主權，□地方所有堡壘、軍器製造所及官有物，受渡完□

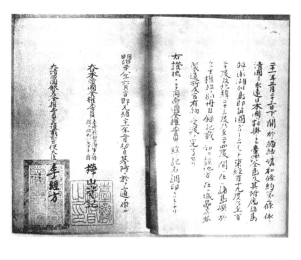

525

大清國光緒皇帝對日宣戰諭旨

光緒二十年七月初一

朝鮮為我大清藩屬二百餘年，歲修職貢，為中外所共知。近十數年，該國時多內亂，朝廷字小為懷，疊次派兵前往戡定，並派員駐紮該國都城，隨時保護。

本年四月間，朝鮮又有土匪變亂，該國王請兵援剿，情詞迫切。當即諭令李鴻章撥兵赴援。甫抵牙山，匪徒星散。乃倭人無故派兵，突入漢城，嗣又增兵萬餘。迫令朝鮮更改國政，種種要挾，難以理喻。

我朝撫綏藩服，其國內政事，向令自理。日本與朝鮮立約，係屬與國，更無以重兵欺壓，強令革政之理。各國公論皆以日本師出無名，不合情理，勸令撤兵，和平商辦。乃竟悍然不顧，迄無成說，反更陸續添兵。

朝鮮百姓及中國商民，日加驚擾，是以添兵前往保護。詎行至中途，突有倭船多隻，乘我不備，在牙山口外海面，開炮轟擊，傷我運船。變詐情形，殊非意料所及。

該國不遵條約，不守公法，任意鴟張，專行詭計，釁開自彼，公論昭然。用特佈告天下，俾曉然於朝廷辦理此事，實以仁至義盡，而倭人渝盟肇釁，無理已極，勢難再予姑容。着李鴻章嚴飭派出各軍迅速進剿，厚集雄師陸續進發，以拯韓民於塗炭。並着沿江沿海各將軍、督撫及統兵大臣整飭戎行，遇有倭人輪船駛入各口，即行迎頭痛擊，悉數殲除，毋得稍有退縮，致干罪戾。

將此通諭知之，欽此。

日本國明治天皇對清宣戰佈告

明治二十七年八月一日

保全天祐踐萬世一係之帝祚大日本帝國皇帝示汝忠實勇武之有眾。

朕茲對清國宣戰，百僚有司，宜體朕意，海陸對清交戰，努力以達國家之目的。苟不違反國際公法，即宜各本權能，盡一切之手段，必期萬無遺漏。

惟朕即位以來，於茲二十有餘年，求文明之化於平和之治，知交鄰失和之不可，努力使各有司常篤友邦之誼。幸列國之交際，逐年益加親善。詎料清國之於朝鮮事件，對我出於殊違鄰交，有失信義之舉。

朝鮮乃帝國首先啟發，使就與列國為伍之獨立國，而清國每稱朝鮮為屬邦，干涉其內政。於其內亂，藉口於拯救屬邦而出兵於朝鮮。朕依明治十五年條約，出兵備變，更使朝鮮永免禍亂，得保將來治安，欲以維持東洋全局之平和。先告清國，以協同從事，清國反設辭拒絕。

帝國於是勸朝鮮以厘革其秕政，內堅治安之基，外全獨立國之權義。朝鮮雖已允諾，清國始終暗中百計妨礙，種種託辭，緩其時機，以整飭其水陸之兵備。一旦告成，即欲以武力達其慾望。更派大兵於韓土，要擊我艦於韓海，狂妄已極。

清國之計，惟在使朝鮮治安之基無所歸。查朝鮮因帝國率先使之與諸獨立國為伍而獲得之地位，與為此表示之條約，均置諸不顧，以損害帝國之權利利益，使東洋平和永無保障。就其所為而熟揣之，其計謀所在，實可謂自始即犧牲平和以遂其非望。

事既至此，朕雖始終與平和相終始，以宣揚帝國之光榮於中外，亦不得不公然宣戰，賴汝有眾之忠實勇武，而期速克平和於永遠，以全帝國之光榮。

中立國宣言

第八章　諸外國局外中立ノ宣言

豊島ノ海戦ハ日清開戦交渉ノ端ヲ啓キ次テ征清ノ
詔出ツ清國モ亦宣戦ヲ公布ス是ニ於テ諸外
國モ亦局外中立ヲ宣言ヲ公布ス今之ヲ左ニ列
榮ス。

第一節　英國ノ局外中立宣言

第一　英國政府ノ宣言

4.8.01　英國局外中立宣言

○第二節　獨國ノ局外中立宣言

布告

本月一日日本國皇帝陛下ノ宣示セラレタル
日本國清國間ノ開戦ニ對スル獨乙帝國ノ局
外中立ニ關シテハ在日本國獨乙臣民及其保護國ノ
人ニ右局外中立ノ義務堅ク相守ル
ヘキ旨獨乙公使ヨリ生シタル
右ニ獨乙公使ノ詳細ナル訓示ニ依リ茲ニ布告ス。
事項ハ在日本獨乙領事館。

4.8.02　德國局外中立宣言

右ト同様ノ布告致發示候旨申進候ハ益
ニ重テ閣下ニ向ヒ敬意ヲ表シ候敬具
千八百九十四年九月一日東京ニ於テ
フォン、シュエミット

外務大臣子爵陸奧閣下

○第三節　露國ノ局外中立宣言

亞細亞局長ハ木使ニ明言シテ曰ク目下露政
府ハ局外中立ヲ宣言スルコトニ決セサリシ尤朝

4.8.03　俄國局外中立宣言

千八百九十四年八月八日
東京ニ於テ
エルドアルチー

外務大臣閣下

第十節　和蘭國ノ局外中立宣言

去月三十一日ヲ以テ本邦駐剳各國公使一同
清國間戦時ニ形状現在ノ旨御告知相成候
ニ付テハ其旨任國政府ヘ通知可致旨御訓
令相成候

4.8.04　荷蘭國局外中立宣言

○第十一節　丁抹國ノ局外中立宣言

外務大臣陸奧宗光閣下

（中畧）丁抹政府ノ遵守可致旨ヲ以テ
宣布相成候旨御訓示ヲ以テ
荷蘭丁抹兩國政府ハ告知書ヲ差送リ以テ
日清兩國間戦時ニ形状現存ノ旨並ニ開戦

嚴正中立ヲ遵守可致旨ノ回信本日接到候
付其ノ旨貴下ニ電禀致置候依テ右上申候敬

4.8.05　丹麥國局外中立宣言

戰爭ニ對シテ中立ヲ守ルコト更ニ宣告ヲ待タ
スシテ國自ラ宣告スル英國ノ知ル所ナルヘキヲ以テ
特ニ中立ヲ宣告スルハ為サル積ナル旨
返答有之卽右申進候敬具

在佛　特命全權公使

七七年八月九日

○第六節　伊國ノ局外中立宣言

外務大臣陸奧宗光殿

4.8.06　意大利國局外中立宣言

明治廿七年九月一日
在澳臨時代理公使大山綱介

外務大臣陸奧宗光殿

第九節　葡國ノ局外中立宣言

拜啓陳者日清兩帝國ノ間ニ戦爭ノ情況現在
シ葡國ト日清兩帝國トノ友誼アル國ニシテ其領
地及臣民ノ為ニ平和ト利益ヲ保有セントシ
且葡國ト日清兩帝國ノ間ニ存在スル條約ノ

4.8.07　葡萄牙國局外中立宣言

定メタル法則（前）ノ勅令（港灣ノ中立ニ關シ
後ノ勅令ハ王國ノ港灣及ヒ沿岸ニ於ル外國
軍艦平時ノ破泊碇繋ニ關ス）ニ注意スヘシ
知港事廳ハ所屬支廳及ヒ代理者ニ通
牒ヲ為スヘシ。

○第七節　瑞典諾威國ノ局外中立宣言

本月二日附第四十六号書蘭ヲ以テ申進候趣
モ有之候處瑞典諾威國皇帝陛下ハ現今ノ形

4.8.08　瑞典、挪威國局外中立宣言

東京
陸奧外務大臣

電信譯文廿七年八月廿四日

在米臨時代理公使

4.8.09　美國局外中立確認函

527

清日戰爭歷史人物

　　清日戰爭是世界近代史上的重大事件，戰爭的結局對中國、日本以及東亞的政治格局，產生了極為深遠的影響。諸多國家的政治家、名人、軍人和皇帝，捲入了這場重大的政治、外交、軍事對立事件中。

　　研究清日戰爭的歷史人物，窺視他們背後的故事，就能走近百年前戰爭的時代。翻開肖像畫沉重的扉頁，歷史人物給讀者留下祥和的視覺印象。在交戰雙方看來，他們是被相互仇恨的歷史罪人。但在國家的觀念上，他們代表自己國家的利益，是本國的政治偉人和英雄。他們的行為、魅力、智慧和愚昧，造就出近代史上驚心動魄的大事件，永遠載入史冊。

　　清國德宗皇帝愛新覺羅載湉、日本明治天皇睦仁祐宮、朝鮮國王高宗李熙，都是那個時代著名的傀儡皇帝，他們渴望和平，卻無法左右戰爭，一生受制於身後超越皇權的勢力。歷史看到清日戰爭落下最終的一幕，光緒皇帝在悲泣中蓋下了喪權辱國的大印；明治天皇為維新國家帶來榮耀；朝鮮高宗成了被宰割的羔羊。

　　李鴻章、伊藤博文是戰爭的源起者，他們是那個時代擁有智慧的政治家和獨具個人魅力的偉人。為了國家及個人利益，他們曾經在戰與和之間徘徊，最終還是走向戰爭的極端，在國家制度進步和落後的大舞台上決鬥較量。

　　清國軍人鄧世昌、左寶貴，是清國海陸軍武將，在與日軍生死拼搏面前，表現出無畏的勇武精神，成為被清國和近現代中國謳歌的民族英雄，感佩的佳話傳頌百年。東洋武士的日本軍人，作為明治新軍的主幹，在清日戰爭中展現出卓越的軍事才能，創造了震撼世界的戰爭神話。當世界都在稱頌維新文明誕生的時刻，島國陰暗中鼓噪戰爭的軍人群體，揭開了文明的面紗，露出軍國野心的獠牙。

　　朝鮮肖像人物將視線帶入了落後貧困的中世紀，他們眼神中透着的恐惑。上溯幾百年，朝鮮就是被周邊國家強食的弱肉，一塊淨土變成了戰場。甲午風雲的時代，朝鮮閔妃和大院君間的內鬥，把國家拖入了萬劫不復的深淵。

　　俄、德、法國的三國干涉，用清國的利益解救了清國遼東半島的領土危機。正如日本史學評說："李鴻章不惜引狼入室，借列強勢力把失去的領土贖了回來，保全了大陸版圖。其卓識在伊藤之上，其遠見在陸奧之先，勝者乃李鴻章其人也。"今日生息在遼東半島土地上的國人，回瞻李鴻章肖像，凝重的敬意油然而生。

清國歷史人物

【葉赫那拉·杏貞】（1835.11～1908.11）咸豐皇帝的妃子，因生育皇子而受寵，後尊為慈禧皇太后。她是清日戰爭的主和派，專擅清朝國政47年，至國運衰頹。

【愛新覺羅·載湉】（1871.8～1908.11）清朝第十一代皇帝（第十二位），廟號德宗，年號光緒。清日戰爭主戰派。因推行國家維新改革失勢，被慈禧太后幽禁至終。

【李鴻章】（1823.2～1901.11）清國洋務重臣，引導國家吸收外來文明，貢獻傑出。清日戰爭指揮失利，代表朝廷赴日和談，簽下《馬關條約》。

【袁世凱】（1859.9～1916.6）中國近代史上著名政治、軍事家。清日戰前，積極鼓動清軍入朝，戰爭中隱伏，無大作為。後成為推翻清朝體制的有功者之一。

【李經方】（1855～1934年）李鴻章養子。清國官僚、外交官，李鴻章貼身秘書、翻譯。清日馬關談判，李鴻章負傷後，朝廷委任其為和談全權大臣。

【丁汝昌】（1836.11～1895.2）清國北洋水師提督，為創建清國海軍貢獻卓著。清日戰爭中，黃海海戰失利，威海衛之役敗北降敵，引咎自盡。

【伍廷芳】（1842～1922年）清國外交家、著名法學家。清日戰爭期間，屢次作為使者赴日和談。曾代表清國與外國簽訂數個平等和不平等條約。

【鄧世昌】（1849.10～1894.9）北洋水師致遠艦管帶，黃海海戰中勇戰陣亡，受皇帝親賜壯節公謚號，追封太子少保，其忠勇傳為百年佳話。

【左寶貴】（1837～1894）奉軍統領，清日戰爭爆發，率軍入朝，參加平壤戰役，與日作戰陣亡。戰中勇壯之舉受日軍仰慕，曾授清國朝廷雙眼花翎之榮譽。

日本國歷史人物

【睦仁祐宮】明治天皇（1852.11～1912.7）近代日本國的象徵，國家維新改革的支持者。作為日本陸海軍最高統帥，他常駐大本營，督導了清日戰爭全過程。

【伊藤博文】（1841.10～1909.10）日本國首任內閣總理大臣，明治維新的旗手。清日戰爭主戰慎重派，主導清日停戰和談及簽署《馬關條約》。

【陸奧宗光】（1844.8～1897.8）日本著名外交家，任職外相期間主持修正了諸多與歐美的不平等條約。是清日戰爭的主謀者，馬關和談全權大臣。

【山縣有朋】（1838.6～1922.2）近代日本著名政治、軍事家，明治新軍的鼻祖。清日戰爭任第一軍司令官，因作戰獨斷被解職。

【大山巖】（1842.11～1916.12）近代日本著名軍事家，元帥陸軍大將。清日戰爭任第二軍司令官，指揮旅順口、威海衛方面作戰。

【林董】（1850.4～1913.7）明治時期政治、外交家。清日戰爭中任外務次官，官方主要發言人。協助陸奧簽署諸多國家條約。

【小松彰仁】（1846.2～1903.2）皇室成員，仁孝天皇的養子。近衛師團長、陸軍大將，清日戰爭末期任征清大總督，率作戰中樞抵旅順口，設立總督府。

【北白川宮能久】（1847.4～1895.11）日本皇族、親王。清日戰爭時，率近衛師團進攻台灣，期間感染瘧疾死亡，另說遭抗日軍襲擊身亡。受國葬禮遇。

【大鳥圭介】（1833.4～1911.6）近代日本國教育家。清日戰爭開戰前任駐清國、朝鮮特命全權公使，主要負責與朝鮮政治對話，係推動戰爭的強硬派。

日本國歷史人物

【樺山資紀】（1837.12～1922.2）
日本海軍大將、海軍大臣。清日戰爭
時，親臨黃海海戰督戰，僥倖躲過清
國魚雷艇攻擊。後出任首任台灣總
督。

【伊東祐亨】（1843.6～1914.1）
元帥海軍大將，清日戰爭任聯合艦隊
司令長官，黃海海戰、威海衛戰功勳
卓著。威海衛之戰，釋放清國降軍之
仁義舉措，被傳頌為史上佳話。

【坪井航三】（1843.4～1898.1）
名門出身，海軍中將。清日戰爭第一
遊擊隊司令官，坐鎮吉野艦。因在黃
海海戰中大膽採用單縱陣取勝而聞名
海軍界。

【東鄉平八郎】（1847.1～1934.5）
元帥海軍大將，日清、日俄戰爭創不
敗記錄。豐島海戰中，執意擊沉英國
籍清軍運兵船，首發日清戰爭開端。

【山本權兵衛】（1852.11～1933.12）
日本政治家、軍事家，海軍大臣，有日
本近代海軍之柱的美譽。清日戰爭中，
篡改豐島海戰首炮電報，混淆國際輿論。

【川上操六】（1848.12～1899.5）日
本名門之後，歷任陸軍大將、參謀總
長。清日戰爭開戰前出訪清國，戰爭中
是大本營骨幹，上席參謀兼兵站總監。

【野津道貫】（1841.11～1908.10）
元帥陸軍大將。清日戰爭中指揮平壤
役份，後接替山縣有朋任第一軍司令
，主持奉天南部對清作戰。

【山地元治】（1842.8～1897.10）陸軍
中將，因眇一目，號稱獨眼龍將軍。清
日戰爭第二軍第一師團長，主戰金州、
旅順、田莊台各役，旅順虐殺事件禍首。

【乃木希典】（1849.12～1912.9）著
名陸軍大將。清日戰爭任日軍步兵第一
旅團長，主攻金州旅順。第二任台灣總
督，明治天皇駕崩後，夫婦自刃殉葬。

531

朝鮮及三國干涉歷史人物

【李昰應】大院君（1820～1898）朝鮮國王高宗的生父，攝政期間推行鎖國政策，與高宗愛妃閔氏不共戴天。清日戰爭中，協助日軍驅逐清國勢力。

【李熙】朝鮮國王高宗（1852.9～1919.1），哲宗早逝無子，李熙以宗室身份繼位。生性懦弱，朝政旁落閔妃一族，清日戰爭後受制於日軍。

【閔茲暎】（1851.10～1895.10）朝鮮國王高宗的寵妃，在宮中組成閔家勢力專擅朝政，與大院君勢不兩立。在日、清、俄間搖擺不定，後被日本浪人殺害。

【崔時亨】（1852.11.3～1898.3）朝鮮東學教二代教主，主張西學和儒學之中庸。領導農民起義軍抗日，後被日軍抓獲處死刑。

【金玉均】（1851.2～1894.3）明治維新影響下的朝鮮親日開明派，主張政治改革，被朝廷視為大逆。在上海遭朝鮮刺客謀殺，後被凌遲戮屍，引發日清關係惡化。

【金弘集】（1842～1896）朝鮮王朝後期政治家，在清、日、俄勢力混亂情勢下，致力於政治改革，四次出任總理大臣，其親日立場招致忌恨被亂民殺害。

【尼古拉二世】（1868～1918）俄國皇帝，主導清日戰爭後的三國干涉，迫使日本退出遼東半島，為俄國取得在清國的大量權益，並與日本結下宿怨。

【威廉二世】（1859～1941）德國皇帝，積極參與三國干涉，牽制俄法聯盟換取俄國支持德國在東亞擴張，日清戰爭後取得山東膠州灣利益。

【福爾】（1841～1899）法國總統基於俄法聯盟以及長期窺視台灣利益，憤恨日本獨佔台灣，支持和參俄德兩國提議的三國干涉。

第五章

清日戰爭表記

1　戰爭機構

1-1　清國戰爭指揮機構及軍事編制

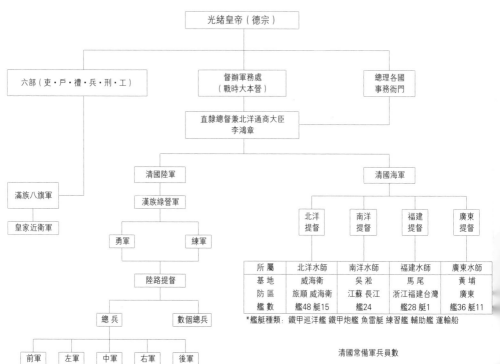

所屬	北洋水師	南洋水師	福建水師	廣東水師
基地	威海衛	吳淞	馬尾	黃埔
防區	旅順 威海衛	江蘇 長江	浙江 福建 台灣	廣東
艦數	艦48 艇15	艦24	艦28 艇1	艦36 艇11

*艦艇種類: 鐵甲巡洋艦 鐵甲炮艦 魚雷艇 練習艦 輔助艦 運輸船

營的建制

步兵營		騎兵營		
编制	定員	编制	定員	馬匹
1哨隊	108	1哨隊	52	54
2哨隊	108	2哨隊	52	54
3哨隊	108	3哨隊	52	54
4哨隊	108	4哨隊	52	54
營部	73	5哨隊	52	54
		營部	3	6
合計	505	合計	263	276

職務	營官: 參將 遊擊　　哨官: 都司 守備 千總 兵卒: 下士 親兵 護勇 正勇 伙勇 馬勇 獸醫 　　　 鐵匠 長夫

*清日戰爭中步兵平均350人/營　*馬隊平均250騎/營

總督	管轄防區	總督	管轄防區
直隸總督	京城 直隸 山東	四川總督	四川
兩江總督	江蘇 安徽 江西	兩廣總督	廣東 廣西
閩浙總督	福建 浙江	雲貴總督	雲南 貴州
兩湖總督	湖南 湖北	將軍	盛京 吉林
陝甘總督	陝西 甘肅		黑龍江

清國常備軍兵員數

省別	步隊		馬隊		合計
	營數	兵員	營數	兵員	
黑龍江	18	6,300	7	1,750	8,050
吉林	34	11,900	26	6,500	18,400
奉天	56	19,600	21	5,250	24,850
直隸	105	36,750	38	9,500	46,250
山東	40	14,000	8	2,000	16,000
河南	15	5,250	5	1,250	6,500
安徽	20	7,000	5	1,250	8,250
江蘇	60	21,000	5	1,250	22,250
浙江	35	12,250	5	1,250	12,250
福建	51	17,850	5	1,250	17,850
台灣	37	12,950	1	250	13,200
廣東	52	18,200	1	250	18,200
廣西	39	13,650	1	250	13,650
山西	16	5,600	13	3,250	8,850
陝西	23	8,050	6	1,500	9,550
湖北	21	7,350	3	750	8,100
湖南	43	15,050	3	750	15,050
江西	23	8,050	3	750	8,050
四川	34	11,900	3	750	11,900
貴州	34	11,900	3	750	11,900
雲南	39	13,650	3	750	13,650
甘肅	17	5,950	7	1,750	7,700
新疆	50	17,500	47	11,750	29,251
總計	812	301,700	192	48,000	349,700

*戰爭爆發後的1894.12.3清國設立督辦軍務處

1-2　日本戰爭指揮機構及軍事編制

明治天皇（睦仁）

統帥（大本營）

幕僚長	有棲川宮熾仁陸軍大將
	小松宮彰陸軍大將
陸軍參謀	川上操六陸軍中將
海軍參謀	中牟田倉之助海軍中將
	樺山仔紀海軍中將
兵站總監部統監	川上操六陸軍中將
運輸通信部長官	寺內正毅步兵大佐
野戰監督部長官	野田豁通陸軍監督長
野戰衛生部長官	石黑忠德陸軍軍醫總監
侍從武官	齋藤實海軍少佐
陸海軍大臣	大山巖　西鄉從道

眾議院

議長　楠木正隆
書記官　水野遵

樞密院

議長　山縣有朋
議長　黑田清隆

貴族院

議長　蜂須賀茂韶
議長　中根重一

國務院（內閣）

首相	伊藤博文
外相	陸奧宗光
陸相	大山巖
陸相	山縣有朋
海相	西鄉從道
內相	井上馨
內相	野村靖
遞相	黑田清隆
藏相	渡邊國武
藏相	松方正義
法相	芳川顯正
農商相	榎本武揚
文相	井上毅
文相	西園寺公望

海軍省

海軍大臣	西鄉從道海軍大將
海軍次官	伊藤雋吉海軍中將
軍務局長	伊藤雋吉海軍中將
官房主事	山本權兵衛海軍大佐
經理局長	川口武定主計統監
海軍大學校長	坪井航三海軍少將

參謀本部

參謀總長	有棲川宮熾仁陸軍大將
參謀本部次長	川上操六陸軍中將
參謀本部副官	大生定孝大佐
第一局長	寺內正毅步兵大佐
第二局長	高橋惟則大佐
第一局員	田村怡與造步兵少佐

外務省

外相	陸奧宗光
外務次官	林董
政務局局長	栗野慎一郎
翻譯兼電信課長	佐藤愛麿
通商局局長	原敬

陸軍省

陸軍大臣	大山巖陸軍大將
陸軍次官	兒玉源太郎陸軍少將
軍務局長	兒玉源太郎陸軍少將
經理局長	野田豁通陸軍監督長
醫務局長	石黑忠惠陸軍軍醫總監
屯田兵司令官	永山武四郎陸軍少將
軍醫學校長	森林太郎一等軍醫正

常備野戰部隊

近衛師團長(東京)	小松宮彰陸軍大將
第一師團長(東京)	山地元治中將
第二師團長(仙台)	佐久間左馬太中將
第三師團長(名古屋)	桂太郎中將
第四師團長(大阪)	北白川宮能久中將
第五師團長(廣島)	野津道貫中將
第六師團長(熊本)	黑木為楨少將

駐外公館

朝鮮公使	大鳥圭介
繼任	井上馨
繼任	三浦梧樓
繼任	杉村濬
京城領事	內田定槌
仁川領事	能勢辰五郎
釜山總領事	室田義文
元山領事	上野專一
兼擔國公使	大鳥圭介
代理公使	小村壽太郎
清國公使	林董
香港領事	中川恆次郎
上海總領事	大越成德
天津領事	荒川巳次
芝罘領事	伊集院彥吉
英國公使	青木周藏
俄國公使	西德二郎
法國公使	曾根荒助
德國公使	青木周藏
意大利公使	高平小五郎
美國公使	建野鄉三
奧地利公使	渡邊慎一郎
荷蘭公使	高平小五郎

軍令部

軍令部長	中牟田倉之助海軍中將
	樺山資紀海軍中將
副官	山本權兵衛海軍大佐

戰時特別編成軍

第一軍司令官	山縣有朋陸軍大將
第一軍司令官	野津道貫中將
第一軍參謀長	小川又次陸軍少將
第二軍司令官	大山巖陸軍大將
第二軍參謀長	井上光陸軍大佐
征清大總督府大總督	小松宮彰陸軍大將
陸軍參謀	川上操六陸軍中將
海軍參謀	樺山資紀海軍中將
副官	大生定孝步兵大佐

艦隊・軍港

常備艦隊司令長官	伊東祐亨海軍中將
	有地品之允海軍中將
	井上良馨海軍中將
西海艦隊司令長官	相浦紀道海軍少將
聯合艦隊司令長官	伊東祐亨海軍中將
聯合艦隊參謀長	鮫島員規海軍大佐
橫須賀港司令長官	井上良馨海軍中將
吳港鎮守府司令長官	有地品之允海軍中將
佐世保港司令長官	柴山矢八海軍少將

憲兵

司令官	春田景義大佐
副官	稻垣才三郎大尉

2 兩國軍力

2-1 清國海軍主要艦船

軍艦名	所屬	類型	材質	排水噸	馬力	航速節	乘員	下水年	主要搭載兵器	製造國	備註
定遠	北洋	裝甲炮塔艦	鋼	7,220	6,200	14.5	329	1882	30.5厘米炮 15厘米炮 6斤炮 7.5厘米炮 47厘米炮 6管炮 37毫5管炮 魚雷管	德國	擱淺
鎮遠	北洋	裝甲炮塔艦	鋼	7,314	7,200	14.5	363	1882	30.5厘米炮 15厘米炮 6斤炮 7.5厘米炮 47厘米炮 6管炮 37毫5管炮 魚雷管	德國	降停
來遠	北洋	裝甲炮塔艦	鋼	2,900	4,400	15.5	270	1887	21厘米炮 15厘米炮 7.5厘米炮 47厘米炮 37毫5管炮 魚雷管	德國	擊沉
清遠	北洋	巡洋艦	鋼	2,300	5,500	18.0	202	1886	21厘米炮 6尹安炮 6斤炮 3斤炮 1斤炮 峨炮	英國	降停
平遠	北洋	裝甲炮艦	鋼	2,150	2,400	10.5	202	1883	26厘米克炮 15厘米克炮 4斤速射炮 金陵製鋼炮 魚雷管	清國	降停
經遠	北洋	裝甲炮塔艦	鋼	2,900	5,000	15.5	202	1888	21厘米炮 15厘米炮 47毫速射炮 37毫5管炮 魚雷管	德國	擊沉
致遠	北洋	巡洋艦	鋼	2,300	5,500	18.5	202	1887	21厘米炮 6尹安炮 6斤炮 3斤炮 1斤炮 峨炮 魚雷管	英國	擊沉
揚威	北洋	巡洋艦	鋼	1,350	2,400	15.0	137	1881	10尹安炮 40斤安炮 9斤安炮 諾炮 37毫炮 峨炮	英國	擊沉
超勇	北洋	巡洋艦	鋼	1,350	2,400	15.0	137	1881	10尹安炮 40斤安炮 9斤安炮 諾炮 37毫炮 峨炮	英國	降停
威遠	北洋	炮艦	鐵骨木皮	1,300	750	12.0	124	1877	10.5厘米炮 7尹前裝安炮 40斤前裝安炮 諾炮	清國	
康濟	北洋	炮艦	鐵骨木皮	1,300	750	9.5	124	1882	40斤前裝瓦炮 12斤安炮 8.7厘米炮 金陵10斤銅炮 1尹諾炮 峨炮	清國	
鎮海	北洋	炮艦	木	950	350	9.0	73	1872	60斤前裝安炮 30斤前裝安炮	清國	
泰安	北洋	炮艦	木	1,258	600	8.0	82	1886	40斤前裝安炮 30斤前裝安炮	清國	
湄雲	北洋	炮艦	木	578	400	9.0	91	1869	16厘瓦炮 12厘瓦炮	清國	降停
操江	北洋	炮艦	鋼	640	450	10.0	54	1869	13斤鋼炮 16厘鋼炮	清國	降停
鎮江	北洋	炮艦	鋼	430	450	10.0	54	1879	8厘前裝安炮 12斤磅安炮 機關炮	英國	降停
鎮北	北洋	炮艦	鋼	430	450	10.0	54	1879	8厘前裝安炮 12斤磅安炮 機關炮	英國	降停
鎮東	北洋	炮艦	鋼	430	450	10.0	54	1879	8厘前裝安炮 12斤磅安炮 機關炮	英國	降停
鎮邊	北洋	炮艦	鋼	430	350	10.0	55	1881	8厘前裝安炮 12斤磅安炮 機關炮	英國	降停
鎮中	北洋	炮艦	鋼	440	450	10.0	60	1881	8厘前裝安炮 12斤磅安炮 機關炮	英國	降停
敏捷	北洋	帆船練習艦	木	700				1888	15厘米炮 12厘米炮	英國	
廣甲	廣東	巡洋艦	鐵骨木皮	1,296	1,600	15.0	150	1887	12厘速射炮 6斤炮 37毫5管炮	清國	觸礁自沉
廣乙	廣東	水雷炮艦	鐵骨木皮	1,000	2,400	16.5		1891	12厘速射炮 6斤炮 37毫5管炮	清國	自沉
廣丙	廣東	水雷炮艦	鐵骨木皮	1,000	2,400	16.5	110	1891	12厘速射炮 10.5克炮	清國	降停
廣戊	廣東	炮艦	鐵骨木皮	400	400	11.0		1888	12厘速射炮 10.5克炮	清國	
寰泰	南洋	炮艦	鋼	400	400	10.0	213	1888	12厘速射炮 10克炮	清國	
鏡清	南洋	巡洋艦	鐵骨木皮	2,700	2,400	15.0	213	1886	7尹安炮 40斤安炮 37毫5管炮	清國	
南瑞	南洋	巡洋艦	鋼	2,700	2,400	15.0	250	1886	7尹安炮 40斤安炮 37毫5管炮	德國	
南琛	南洋	巡洋艦	鋼	2,200	2,400	15.0	250	1883	8尹安炮 4.5尹安炮 4管炮 速射炮 峨炮	德國	
開濟	南洋	巡洋艦	鐵骨木皮	2,200	2,400	15.0	260	1883	8尹安炮 4.5尹安炮 7尹克炮 4管炮 諾炮 5管炮 峨炮	清國	
保民	南洋	巡洋艦	鐵	1,477	2,400	10.0	280	1884	21厘米炮 15厘米炮 12厘米炮 37毫5管炮	清國	
策電	南洋	炮艦	鐵	400	310	9.0	61	1877	前裝安炮 安炮 速射炮	英國	
飛霆	南洋	炮艦	鐵	400	310	9.0	61	1877	前裝安炮 40斤安炮 峨炮	英國	
龍驤	南洋	炮艦	鐵	319	310	9.0	60	1876	前裝安炮 安炮 峨炮	英國	
虎威	南洋	炮艦	鐵	319	310	9.0	60	1876	前裝安炮 安炮 峨炮	英國	
威清	南洋	炮艦	鐵骨木皮	1,000	605	10.0	145	1870	12厘克炮 12斤前裝白炮	清國	
福靖	福建	水雷炮艦	鐵骨木皮	1,000	1,200	17.0		1893	15厘米炮 12厘米炮	清國	
海靖	福建	運洋運送船	木	1,450	580	10.0	150	1873	16厘米炮 12厘米炮	清國	放停

2-2 日本海軍主要艦船

軍艦名	類型	鎮守港	材質	噸位	馬力	航速	乘員	下水年	主要搭載兵器	製造國
松島	海防	佐世保	鋼	4,278	5,400	16.0	360	1890	炮32cm×1 12cm×12 機關炮×8 魚雷管×4	法國
橋立	海防	橫須賀	鋼	4,278	5,400	16.0	360	1891	炮32cm×1 12cm×11 機關炮×6	日本
嚴島	海防	吳	鋼	4,217	5,400	16.0	360	1889	炮32cm×1 12cm×11 機關炮×5	法國
吉野	巡洋	吳	鋼	4,216	15,900	23.0	360	1892	炮15.0cm×4 12cm×8 機關炮×22 魚雷管×5	英國
扶桑	護衛艦	橫須賀	鋼	3,777	3,500	13.0	204	1877	炮24cm×4 17cm×4 魚雷管×2	英國
浪速	巡洋	橫須賀	鋼	3,709	7,604	18.0	325	1885	炮26cm×2 15cm×6 機關炮×6 魚雷管×4	英國
高千穗	巡洋	佐世保	鋼	3,709	7,604	18.0	325	1885	炮26cm×4 15cm×6 機關炮×6 魚雷管×4	英國
秋津洲	巡洋	佐世保	鋼	3,150	8,400	19.0	330	1892	炮15.2cm×4 12cm×6 機關炮×8 魚雷管×4	日本
千代田	巡洋	吳	鋼	2,439	5,678	19.0	350	1890	炮12cm×10 機關炮×14 魚雷管×3	英國
高雄	巡洋	橫須賀	鋼骨鑲皮	1,774	2,300	15.0	226	1888	炮15cm×4 12cm×1 機關炮×8 魚雷管×2	日本
八重山	報知	橫須賀	鋼	1,609	5,400	20.0	126	1889	炮12cm×3 機關炮×8 魚雷管×2	日本
築紫	巡洋	吳	鋼	1,350	2,887	16.4	177	1880	炮25.4cm×2 12cm×4 機關炮×1 魚雷管×2	英國
大島	炮艦	佐世保	鋼	640	1,217	13.0	130	1891	12厘比炮 47毫速射炮	日本
愛宕	炮艦	橫須賀	鋼骨鑲皮	614	950	11.0	103	1887	炮21cm×1 12cm×1 機關炮×1	日本
摩耶	炮艦	吳	鐵	622	963	10.3	60	1886	15厘炮 47毫速射炮 機炮	日本
赤城	炮艦	吳	鋼	614	950	10.0	126	1888	炮12cm×4 機關炮×6	日本
鳥海	炮艦	佐世保	鐵	622	963	10.3	89	1887	21厘炮 12厘炮 機炮	日本
金剛	護衛艦	吳	鐵骨木皮	2,284	2,535	13.2	321	1877	17厘炮 15厘炮 47毫速射炮 7.5克炮 機炮	英國
比叡	護衛艦	吳	鐵骨木皮	2,250	2,270	13.0	300	1877	炮17cm×3 15cm×6 機關炮×2 魚雷管×1	英國
武藏	單帆炮艦	橫須賀	鐵骨木皮	1,480	1,600	13.0	230	1886	炮17cm×2 12cm×5 機關炮×1	日本
大和	單帆炮艦	吳	鐵骨木皮	1,480	1,622	13.0	229	1885	炮17cm×1 12cm×5 機關炮×1	日本
葛城	護衛艦	佐世保	鐵骨木皮	1,502	526	8.0	114	1875	17厘炮 12厘炮 7.5克炮 6斤速射炮 6厘速射炮 機炮	英國
筑波	護衛艦	橫須賀	木	1,978		12.0	251	1871	前裝16厘炮 4斤炮 機炮	日本
天龍	單帆炮艦	吳	木	1,547	1,267	12.0	208	1883	17厘炮 15厘炮 12厘炮 機炮	日本
海門	單帆炮艦	佐世保	木	1,367	1,267	12.0	181	1882	17厘炮 12厘炮 7.5厘炮 機炮	日本
天城	炮艦	吳	木	936	720	11.5	148	1877	炮17cm×1 12cm×1 8cm×3	日本
磐城	炮艦	佐世保	木	667	659	13.0	109	1878	15厘炮 12厘炮 8厘炮 機炮	日本
鳳翔	炮艦	橫須賀	木	321	1,217	7.5	96	1871	8厘炮 40斤瓦炮 20斤瓦炮	日本
小鷹	水雷艇	橫須賀	鋼	203	525	19.0	20	1887	1尺4連諾機炮 魚雷發管4	英國
Creusot型	水雷艇	橫須賀	鋼	54		20.0		1888	機關炮1門 魚雷發管2（法國組件日本裝配19艘）	法國
西京丸 日本郵船會社	商船徵用	日本郵船會社	鐵	2,913	397	12.0	208	1888	炮12cm×1 機關炮×3	英國
近江丸 日本郵船會社	商船徵用	日本郵船會社	鐵	2,473	261	12.0	炮手12	1884	80式30口徑17厘炮 12斤安炮 1尹安炮	英國
山城丸 日本郵船會社	商船徵用	日本郵船會社	鐵	2,528	261	12.0	炮手10	1884	80式30口徑17厘炮 舊式12斤克炮 1斤安炮 1尹諾炮	英國
相模丸 日本郵船會社	商船徵用	日本郵船會社	鐵	1,885	183	10.0	炮手6	1884	80式12厘克炮 7.5厘克炮 47毫克炮 47毫速射炮	日本

＊度量單位：厘＝厘米、毫＝毫米、斤＝0.6Kg（炮彈重量）

537

2-3 清國新徵兵員及武器裝備

地方	人員（人）	兵器			馬（匹）
		大炮（門）	槍械（支）		
			洋式	火繩式	
奉　天	34,364	60	13,705	7,700	2,861
吉　林	30,813	56	8,395	2,140	5,306
黑龍江	40,637	136	31,331	2,070	8,720
直　隸	53,148	36	16,224	572	7,637
畿　輔	35,792	369	11,300	5,150	590
山　西	19,097	58	4,013	3,623	2,850
山　東	57,546	161	12,277	5,440	2,713
河　南	30,021	74	17,150	5,440	3,029
安　徽	14,777	35	4,128	400	564
江　蘇	60,588	143	20,326	998	3,526
江　西	15,917	70	6,000	5,210	650
浙　江	37,630	68	15,999	5,210	1,736
福　建	20,611	58	5,028	660	448
廣　東	24,051	68	14,900	1,800	612
廣　西	10,156	18	5,176	1,800	682
湖　南	29,382	30	6,440	1,800	1,500
湖　北	27,560	120	16,222	524	1,830
陝　西	22,181	68	5,230	3,300	2,908
甘　肅	11,989	10	4,754	420	5,155
新　疆	14,083	30	4,401	860	1,960
四　川	8,195	16	900	860	64
淮安清江一帶	11,991	33	5,923	860	827
黃河口一帶	1,934	16	680	860	827
雲　南					
貴　州					
總　計	612,463	1,733	230,502	40,867	56,168

2-4 日軍主要炮械

炮　名	口徑（mm）	炮身（cm）	射角（度）	彈量（Kg）	初速（m/s）	射程（m）
7厘米主戰山炮	75	100	−10～21	4.28	255	3,600
7厘米主戰野炮	75	178	−7～19	4.28	422	5,000
19厘米加農炮	190	4,302	−20～30	64	505	8,740
24厘米加農炮	230*	5,656	−8～32	150	435	9,000
26厘米加農炮	240*	6,376	−18～28	150	494	10,000
28厘米加農炮	280	2,863	−10～68	217	315	7,900

*炮口加裝鑄鐵箍　*大口徑炮裝備海防炮台　*7厘小口徑炮裝備陸軍作戰部隊

2-5 日本各師團槍炮配備

單位：槍（支）　炮（門）

槍械名	近衛師團	第一師團	第二師團	第三師團	第四師團	第五師團	第六師團	第七師團	製造國
村田步槍		15,416	10,980	10,980	2,128	12,028	14,550		日本
村田騎槍		497	489	845	4	443	470	185	日本
村田連發步槍	9,221				13,524				日本
村田連發騎槍	450				497				日本
比堡迪步槍								3,800	美國
斯本瑟步槍	130	262	217	228	207	190	187		美國
士乃德步槍		3,186	5,784	7,912	3,656	6,316	5,118		英國
S&W轉輪手槍	204	337	327	328	321	503	313	67	英國
7厘米野炮	26	26	26	2	26	2	26		日本
7厘米山炮		13	13	37	13	37	13	6	日本

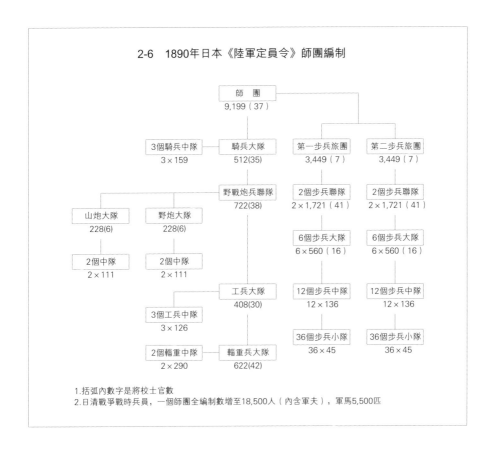

2-6　1890年日本《陸軍定員令》師團編制

1.括弧內數字是將校士官數
2.日清戰爭戰時兵員，一個師團全編制數增至18,500人（內含軍夫），軍馬5,500匹

2-7　日軍戰時僱用軍夫數量及分配

軍夫總數：152,365人

	部門別	野戰隊	兵站部	守備隊	合計		部門別	合計
作戰部隊軍夫配備數	近衛師團	3,451	5,107		8,558	附屬部門軍夫配備數	大本營所屬	21,627
	第一師團	9,468	4,256	432	14,156		第一軍所屬	17,235
	第二師團	5,746	5,755		11,501		第二軍所屬	12,100
	第三師團	6,172	8,423	392	14,987		台灣總督所屬	132
	第四師團		4,354	380	4,734		海城守備炮兵	21,547
	第五師團	8,922	2,361	94	11,377		經理局	8,799
	第六師團	966	3,053	536	4,555		工兵本署	368
	臨時第七師團	42	25		67		不明	622
小計（人）		34,767	33,334	1,834	69,935	小計（人）		82,430
從軍軍夫主要職役分類	槍械工　馬鞍工　木工　鍛工　鑄工　車工　縫工　蹄鐵工　靴工　家大工　船大工　帆工　石土工　泥土工　水井挖掘工　土方工　人夫　腳夫　車夫　工夫　蔦職　桶職　洗滌工　屠夫　廚夫　其他							

3 朝鮮戰役

3-1 日軍平壤會戰傷亡情況

單位（人）

部隊	區分	陣亡 將校	陣亡 兵卒	負傷 將校	負傷 兵卒	失蹤 兵卒
混成旅團	司令部			1		
	步兵第十一聯隊	3	26	9	89	
	步兵第二十一聯隊	2	86	6	140	
	騎兵第一中隊				1	
	炮兵第五聯隊	1	6	1	30	
	工兵第一中隊		5		12	
	野戰衛生隊		1		1	
	小計	6	124	17	273	0
朔寧支隊	司令部			1		
	步兵第二十聯隊		3		22	
	步兵第二十一聯隊		5	2	17	
	騎兵第五大隊				2	
	炮兵第五聯隊				2	
	工兵第五大隊					
	小計		8	3	43	0
元山支隊	司令部			1		
	步兵第十八聯隊	2	34	6	136	5
	騎兵第三大隊					
	炮兵第三聯隊					
	工兵第三大隊					
	野戰衛生隊				2	
	小計	2	34	6	138	5
師團主力	司令部			1		
	步兵第十一聯隊				3	
	步兵第十二聯隊		1	1	11	2
	步兵第二十二聯隊		3	1	3	2
	騎兵第三大隊				2	3
	野戰炮兵第五聯隊				4	
	工兵第五大隊		1		1	
	野戰衛生隊					
	小計	0	6	2	24	7
總計		8	172	28	478	12

3-2 日軍平壤戰鬥彈藥消費量

部隊	炮彈 榴彈	炮彈 榴霰	炮彈 霰彈	槍彈 槍彈
混成旅團	321	1,128	12	96,670
朔寧支隊	163	280		22,173
元山支隊	156	490		88,348
師團主力	40	230	4	77,678
總計	680	2,128	16	284,869

* 明治二十七年（1894）9月15.16日消費

3-3 清日朝鮮戰役總決算

作戰期間		1894年7月25日～1894年9月15日
作戰目的	清國	保衛在朝鮮的宗主國地位。
	日本	奪取朝鮮支配權，驅逐清國在朝鮮勢力。
軍力投入	清國	兵員總數15,500人、山野炮28門、機關炮6門。
	日本	兵員總數14,000人、山野炮44門。
主要戰鬥		成歡戰鬥、平壤會戰
戰役傷亡	清國	成歡、平壤戰合計死亡2,000–2,500人，負傷推計5,000餘人，俘虜619名。
	日本	成歡、平壤合計死亡221名，負傷565名。
作戰結果	清國	戰敗，退出朝鮮，保衛在朝地位目的未實現。
	日本	戰勝，佔領朝鮮，驅逐清軍目的實現。
戰略影響	清國	失去在朝鮮宗主國地位，暴露軍隊弱點和缺陷，導致戰爭擴大至本土。
	日本	取得朝鮮支配權，確定對清作戰信心，戰爭擴大至清國本土。

4-1 清軍旅順口陸地正面佈防炮台

單位（門）

	炮台名	炮種	數量	小計	所屬
東面防衛	松樹山炮台	12厘米加農炮	1	9	和字營（總兵）程允和一營400（兵）
		20厘米臼炮	2		
		12磅榴彈炮	1		
		8厘米野炮	1		
		7厘米野炮	1		
		6厘米山炮	2		
		哈乞開斯炮	1		
	二龍山炮台	12厘米加農炮	1	5	
		12厘米線臼炮	2		
		6厘米山炮	1		
		哈乞開斯炮	1		
	二龍山東部炮台	8厘米野炮	1	3	
		哈乞開斯炮	1		
		格林機關炮	1		
	望台北方炮台	12厘米加農炮	2	7	桂字營（總兵）姜桂題四營1,600（兵）
		8厘米野炮	3		
		7厘米野炮	1		
		格林機關炮	1		
	雞冠山西北炮台	6厘米山炮	3	5	
		格林機關炮	2		
	雞冠山西方炮台	12厘米加農炮	2	4	
		格林機關炮	1		
		哈乞開斯炮	1		
	雞冠山炮台	6厘米山炮	1	3	
		諾式機關炮	2		
	小坡山炮台	諾式機關炮	3	3	
	大坡山炮台	6厘米山炮	4	4	
	臨時炮台	6厘米山炮	4	6	
		哈乞開斯炮	2		
	臨時炮台	6厘米山炮	7	7	
	臨時炮台	8厘米野炮	4	4	
	臨時蟠桃山炮台	6厘米山炮	6	6	
西面防衛	椅子山左翼炮台	8厘米野炮	2	6	和字營（總兵）程允和兩營800（兵）
		格林機關炮	2		
	椅子山中央炮台	12厘米加農炮	2		
	案子山東炮台	12厘米加農炮	1	3	
		20厘米臼炮	2		
	案子山西炮台	12厘米加農炮	1	3	
		7厘米野炮	1		
	案子山低炮台	9厘米野炮	1	2	
		格林機關炮	1		
	案子山東麓小炮台	20厘米臼炮	2	4	
		諾式機關炮	2		
炮數及兵力合計			84	2,800	

4-2 清軍旅順口海岸正面佈防炮台

單位（門）

	炮台名	炮種	數量	小計	所屬
東岸防衛	黃金炮台	12厘米加農炮	2	17	慶字營（總兵）黃仕林四營1,600（兵）
		24厘米加農炮	3		
		12磅榴彈炮	4		
	黃金山東小炮台	12厘米加農炮	2		
	黃金山臼炮炮台	15厘米臼炮	6		
	摸珠礁炮台	15厘米加農炮	2	8	
		21厘米加農炮	2		
		8厘米野炮	4		
	嘮律咀炮台	24厘米加農炮	4	10	
		12厘米加農炮	2		
		5管格林機關炮	1		
	嘮律咀北山炮台	12厘米加農炮	3		
	人字牆炮台	12厘米加農炮	2	4	
		47毫米哈式炮	2		
西岸防衛	老虎尾炮台	21厘米加農炮	2	5	慶字營（總兵）張光前四營1,600（兵）
		12磅榴彈炮	3		
	威遠炮台	15厘米加農炮	2	5	
		12磅榴彈炮	3		
	蠻子營炮台	15厘米加農炮	4	6	
		12磅榴彈炮	2		
	饅頭山炮台	24厘米加農炮	3	6	
		15厘米加農炮	3		
	城頭山炮台	12厘米加農炮	2	10	
		8厘米野炮	6		
		5管格林機關炮	2		
炮數及兵力合計			71	3,200	

4-3 清軍大連灣海岸佈防炮台

單位（門）

炮台名	備炮類型	數量	小計	所屬
和尚島東炮台	21厘米加農炮	2	4	銘字營（2哨）200（兵）
	15厘米加農炮	2		
和尚島中炮台	21厘米加農炮	2	6	
	15厘米加農炮	2		
	8厘米野炮	2		
和尚島西炮台	21厘米加農炮	2	4	
	15厘米加農炮	2		
老龍島炮台	24厘米加農炮	4	4	
黃山炮台	21厘米加農炮	2	4	
	15厘米加農炮	2		
徐家山炮台	15厘米加農炮	4	16	
	8厘米野炮	8		
	4磅榴彈炮	4		

4-4 遼河平原戰役清軍兵力分佈

駐屯地名	指揮官 統領	指揮官 支隊	部隊名稱	步隊 營	步隊 哨	馬隊 營	馬隊 哨	小計 營	小計 哨	合計
營口	提督宋慶	總兵 劉世俊	嵩武軍	6		2	3	8	3	85營1哨
		總兵 張光前	新慶軍	5				5		
		總兵 姜桂題	銘字軍	11	2		1	11	3	
		總兵 李永芳	新毅字軍	5				5		
		總兵 李家昌	新毅字軍	5				5		
		總兵 龍殿揚	新毅字軍	5				5		
		總兵 程允和	新毅字軍	4				4		
		總兵 劉鳳清	新毅字軍	5			1	6		
		總兵 馬玉崑	毅字右軍	9				9		
		總兵 宋得勝	毅字左軍	5				5		
		總兵 蔣希夷	希字軍	7			1	8		
		總兵 徐邦道	拱衛軍	11				11		
	營口道台 喬干臣		道標步勇	2				2		
田莊台	巡撫 吳大澂	巡撫直轄	吳大澂撫標	2				2		13營
		副將 吳元愷	愷字軍	4				4		
		指揮 吳鳳桂	鳳字軍	1			6	7		
牛莊城	巡撫 吳大澂	道台 李光久	老湘軍	5				5		25營2哨
		布政使 魏光燾	新湘軍	8	2			8	2	
		總兵 梁永福	鳳字軍	5				5		
		總兵 劉樹元	吳大澂撫標	7				7		
錦州	巡撫 吳大澂	翰林院 曾廣均	吳大澂撫標	5				5		32營
		道台 左孝同	忠信軍	5				5		
		總兵 王連三	山東練軍	4		2		6		
	長順所屬	佐領 恩喜	吉字軍	8				12		
	裕祿所屬	侍衛 豐升阿	盛字練軍	4				4		
鞍山站 騰鰲堡間	黑龍江將軍 依克唐阿		敵愾軍	4				4		66營2哨
			鎮邊軍	4		9		13		
			齊字練軍	4		2		6		
			靖遠新軍	5		4				
			齊字新軍			3				
			豫軍精銳營	3	2		3	3		
			韓邊外民兵營	3				3		
	吉林將軍 長順		吉林靖邊軍	16	4	2	3	19	2	
			熱河馬隊			2	5	5		
把會寨	遼陽知州 徐慶璋		豐軍	3				3		13營
			鎮東軍	10				10		
摩天嶺 樊家寨台間	按察使 陳湜		新豐軍	3				3		37營3哨
			盛字軍	12	1	5	2	17	3	
			福壽軍	10				10		
	提督 唐仁廉		豐軍	2				2		
			奉天靖邊軍	4			1	5		
寬甸	道台 張錫鑾		定邊軍	7				7		36營2哨
通化懷仁 地方	侍衛 倭恆額		齊字練軍	4		2		6		
	姜天福、呂壽山		民兵團	10				10		
興京地方	副都統 奕澍		興安軍	3	2			3	2	
	侍衛 富林布		吉字營			5		5		
城廠	副都統 奕澍所屬		邊防	3				3		
高麗城	文祿（官職不明）		盛字練軍	1		1		2		

駐屯地名	指揮官	部隊名稱	步隊營	步隊哨	馬隊營	馬隊哨	小計營	小計哨	合計
遼陽	盛京將軍 裕祿	豐軍	5				5		18營4哨
		景字豐軍			5		5		
		盛字練軍	3		1		4	4	
		鐵字軍		24			4		
盛京	盛京將軍 裕祿	盛仁軍	8		4		12		25營
		長勝軍	4		1		5		
		捷勝軍	1		1		2		
		豐軍	3				3		
		新豐軍	3				3		
下馬塘	侍衛 壽山	敵愾軍	10				10		10營

遼河平原一線清軍兵力總數：約361營4哨（內含炮隊）

4-5　遼河平原清軍後方兵力分佈

駐屯地名	指揮官	部隊名稱	步隊營	步隊哨	馬隊營	馬隊哨	小計營	小計哨	合計
寧遠・中後所	按察使 陳湜	舜字	8		2		10		10營
中前所附近	副總 張世達	舜字	4				4		5營
	總兵 用得舜	鼎字	1				1		
朝陽附近	不明	崇勝軍	2		2		4		4營
山海關附近	（總督）劉坤一	總兵 陳鳳樓 鳳字軍	4		2		6		78營2哨
		總兵 鄧生業 督標 親兵	3	1			3	1	
		總兵 劉能用 督標 劉字軍	3	1			3	1	
		總兵 劉光才 督標 才軍	7				7		
		總兵 余虎恩 虎字	10				10		
		總兵 熊鐵生 鐵字	10				10		
		總兵 馬心勝 永興軍	4		2		6		
		總兵 姚文廣 泰安軍	5		3		8		
		副將 祁發祥 仁勝軍	2		2		4		
		總兵 宋朝濡 安徽練軍	9				8		
		副將 王在山 練軍			2		2		
		副將 王得勝 天津練軍	2				2		
		副將 潘萬才 銘字軍			3		3		
		佐領 恩景 承健練軍	6				6		
北京附近	提督 程文炳	威靖軍	29				29		158營2哨
	副將 張安壽	陝勇安字	4		1		5		
	不明	晉軍	2				2		
	不明	精健	3		2		5		
	不明	安徽	2				2		
	不明	安字	4				4		
	不明	湖南	8				8		
	不明	湖北鴻字	2				2		
	總兵 吳殿甲	安勇	7	2			7	2	
	總統 端郡王	抽調八旗	10		4		14		
	總統 奕劻	威靈制勝	14		11		25		
	道台 蔣世勳	通字	3				3		
	副將 牛守正	順字	2				2		
	協領 色克土	昌字	7				7		
	總兵 王志雄	雄勇	4				4		
	提督 董福祥	甘軍	20		6		26		
	總兵 達爾濟	察爾爾			6		6		
	總兵 賀星明	山西練軍	4		3		7		
洋河口	總兵 賈起勝	勝字軍	8				8		8營
灤河口	總兵 申道發	剛字軍	9		1		10		10營

543

地點	統領	軍名					營數
大清河口	總兵 閃殿魁	魁勝軍	10			10	10營
開平	提督 聶士成	保定練軍	4			4	8營
		仁字	4			4	
蘆台	提督 聶士成	提標	2	2		4	13營
	提督 鄭羨潞	豫勇	7	2		9	
北塘・白河口	總兵 羅榮光	督標	8			8	31營
	總兵 吳宏洛	宏字	10			10	
	不明	直字	2			2	
	知府 胡金貴	豫勇	7			7	
	不明	練軍	4			4	
小站・歧口	侍郎 王文錦	津勝軍	26		4	30	30營
天津附近	總兵 錢玉興	新募	10			10	34營
	總兵 楊鴻禮	河南練軍	6			6	
	總兵 田在田	乾字	6			6	
	總兵 吳殿元	蘆勇	2			2	
	副將 卞長勝	功字	10			10	

遼河平原清軍後方兵力總數：約399營4哨（內含炮隊）

4-6　清日戰爭日本第一軍作戰編制

4-7 日本第二軍作戰編制

第二軍 軍司令官 大山巖

混成第十二旅團 少將旅團長 長谷川好道

第十二旅團
- 第14聯隊1.2.3中隊 中佐隊長 盆勇邦介
- 第24聯隊1.2.3中隊 中佐隊長 吉田清一
- 第6大隊第1中隊 大尉隊長 山本榮太郎

騎兵部隊
炮兵部隊 野戰炮兵第6聯隊 少佐隊長 石井隼太
工兵部隊 第6大隊2中隊 大尉隊長 下山筆八
彈藥大隊 步兵1.3軍縱列
輜重部隊 第1糧食縱列
野戰醫院 第1野戰醫院
衛生隊

第一師團 中將師團長 山地元治

野戰電信隊
兵站部

第一旅團 少將旅團長 乃木希典
- 第1聯隊1.2.3中隊 中佐隊長 隱岐重節
- 第15聯隊1.2.3中隊 大佐隊長 河野通好

第二旅團 少將旅團長 西寬二郎
- 第2聯隊1.2.3中隊 大佐隊長 伊瀬知好成
- 第3聯隊1.2.3中隊 中佐隊長 木村有伯

騎兵部隊 第3大隊1.2中隊 少佐隊長 秋山好古
炮兵部隊 野戰炮兵第1聯隊 大尉隊長 今津孝則
工兵部隊 第1大隊1.2中隊 架橋隊 少佐隊長 田村義一
彈藥大隊 炮步兵1.2.3.4彈藥隊
輜重部隊 輜重1大隊1.2糧隊馬廠
野戰醫院 第1.2野戰醫院
衛生隊

第二師團 中將師團長 佐久間左馬太

臨時攻城廠

第三旅團 少將旅團長 山口素臣
- 第4聯隊1.2.3中隊 大佐隊長 仲木之楨
- 第16聯隊1.2.3中隊 大佐隊長 福島庸智

第四旅團 少將旅團長 貞愛親王
- 第5聯隊1.2.3中隊 中佐隊長 渡部進
- 第17聯隊1.2.3中隊 中佐隊長 瀧本美輝

騎兵部隊 第2大隊 少佐隊長 山岡光行
炮兵部隊 野戰炮兵第2聯隊 中佐隊長 西村精一
工兵部隊 第2大隊1.2中隊 架橋隊 少佐隊長 木村才藏
彈藥大隊 炮步兵1.2.3.4彈藥隊
輜重部隊 輜重1大隊1.2糧隊馬廠
野戰醫院 第1.2野戰醫院
衛生隊

單位(人)

	戰鬥日	戰鬥地點	日本軍				清　軍	
			參加部隊	兵員	死亡	負傷	兵員	炮/門
朝鮮	1894.07.29	成歡	混成第9旅團	3,547	31	49	3,500	8
	9.12	平壤	第5團	2,927		6		
	09.15	平壤	第5·3師團	11,707	190	498	15,000	37
清國本土	10.25	虎山	第5·3師團	15,052	33	114	18,250	79
	11.06	金州	第1師團	11,119	3	16	2,500	55
	11.18	岫岩	第3師團	3,177	2	2	2,000	10
	11.18	土城子	第1師團	919	13	38	5,200	2
	11.19	邢家溝	第5師團	157	14	1	500	
	11.20	水師營	第1師團	9,659		3	4,000	3
	11.21	旅順口	第1師團	14,949	43	227	12,700	154
	11.21	金州	第1師團	1,752	9	46	7,300	0
	11.22	金州	第1師團	1,696	5	11	3,500	
	11.25	草河口	第5師團	1,604	8	30	3,900	4
	11.29	黃嶺子	第5師團	765	13	5	1,500	
	12.10	樊家台	第5師團	2,247	11	48	3,000	4
	12.11	二道河子	第3師團	6,637		9	8,000	6
	12.13	海城	第3師團	6,290		4	5,000	1
	12.12	草河沿	第5師團	2,596	12	62	3,800	4
	12.19	缸瓦寨	第3師團	3,902	69	339	9,200	7
	1895.01.10	蓋平	第1師團	5,522	36	298	364	4
	01.17	海城	第3師團	7,186	3	38	13,000	13
	01.22	海城	第3師團	6,988	5	29	20,000	16
	01.24	湯家	第2師團	2,274	1	1	1,800	
	01.29	後亭子·大川	第2師團	2,682	4	13	1,000	4
	01.30	鳳林集·百尺崖	第2·6師團	17,247	64	152	8,000	
	02.01	羊亭集	第2師團	4,902	6	39	2,500	6
	2.31	威海灣	海軍陸戰隊	122	2			
	02.16	海城	第3師團	5,936	3	11	16,000	21
	02.21	海城	第3師團	8,664	2	7	8,000	19
	02.24	大平山·七里溝	第1師團	11,905	29	284	19,800	30
	02.26	寬田縣	第5師團	165	3	13	1,000	
	02.27	西煙台	第3師團	248			1,000	3
	02.27	沙河沿	第3師團	375		5	3,200	4
	02.27	海城	第3師團	4,211		3	3,070	6
	02.28	海城	第1·3師團	12,397	15	110	10,200	10
	03.01	乾線堡	第3師團	3,159		7	2,600	3
	03.02	海城	第3師團	2,978		4	3,000	6
	03.04	牛莊	第3·5師團	11,595	72	317	5,000	6
	03.04	大房身	第3師團	52		1	2,700	
	3.06	營口	第12團	1,785	3	1	2,800	
	03.07	田莊台	第3師團	756	4	2	500	
	03.08	田莊台	第3師團	3,010	2	2	6,000	30
	03.09	田莊台	第1·3師團	18,682	16	144	27,000	40
	03.11	香爐溝	第5師團	1,007		5	3,730	
台灣諸島	3.2324	澎湖島	混成支隊	2,724	3	26	3,500	
	06.02	瑞芳	近衛師團	1,384	3	16	2,000	5
	06.03	基隆	近衛師團	4,046	4	26	2,000	
	06.25	頭亭溪	近衛師團	187	4	7	300	
	07.01	安平鎮	近衛師團	595	12	23	400	
	07.10	新竹	近衛師團	1,168	4	6	500	2
	07.13	二甲九莊	近衛師團	217	4	15	500	
	07.13	龜崙	近衛師團	621	5	20		

	07.14	龍潭坡	近衛師團	1,204	4			
	7.1316	大料崁	近衛師團	892	12	23	1,600	3
	07.31	龍潭坡	近衛師團	2,216	3	13		
	07.31	新埔	近衛師團	76	3			
台灣諸島	8.2526	頭家廟	近衛師團	894	6	6	1,000	
	10.07	他裏霧	近衛師團	1,427	4	10	2,000	
	10.07	雲林	近衛師團	1,022	5	12	3,000	
	10.11	茄苳腳・埔頭	第2師團	805	16	58	700	
	10.12	校仔頭	第2師團	392	13	7		
	10.13	東石	第2師團	182	9	4	100	
	10.18	王爺頭	第2師團	1,579	3	19	4,000	
	10.20	曾文溪	第2師團	1,963	3	13	3,000	
	10.12	肅垅	第2師團	861	10	45	5,000	

*所載戰鬥係日清戰爭文獻記錄的，超過二百次大小戰鬥中選取的主要戰鬥之記錄。　　*陣亡者包括非戰鬥員。
*朝鮮、清國本土戰場單方戰鬥員投入超千名或日軍陣亡者超三名的戰鬥選擇計入。
*台灣戰場日軍陣亡者超三名的戰鬥選擇計入。

5 黃海海戰

5-1 黃海海戰清日兩軍戰艦及主要指揮官

	軍艦名	艦 型	製造國	艦 長	司令官
清國北洋水師	定遠	裝甲炮塔艦	德國	劉步蟾	
	鎮遠	裝甲炮塔艦	德國	林泰曾	提督
	來遠	裝甲炮塔艦	德國	邱寶仁	丁汝昌
	靖遠	巡洋艦	英國	葉祖珪	坐鎮定遠艦
	濟遠	巡洋艦	德國	方伯謙	
	平遠	裝甲炮艦	清國	李 和	副提督
	經遠	裝甲炮塔艦	德國	林永升	Von Hanneken
	致遠	巡洋艦	英國	鄧世昌	（漢納根）
	揚威	巡洋艦	英國	林履中	德國籍
	超勇	巡洋艦	英國	黃建勳	坐鎮定遠旗艦
	廣甲	巡洋艦	清國	吳敬榮	
	廣丙	水雷炮艦	清國	程璧光	
	福龍	魚雷艇	清國	蔡廷干	
日本聯合艦隊	松島	海防艦	法國	尾本知道	艦隊司令
	橋立	海防艦	日本	日高狀之丞	伊東祐亨
	嚴島	海防艦	法國	橫尾道昱	坐鎮松島旗艦
	吉野	巡洋艦	英國	河原要一	
	扶桑	護衛艦	英國	新井有貫	
	浪速	巡洋艦	英國	東鄉平八郎	第一遊擊隊
	高千穗	巡洋艦	英國	野村貞	司令官
	秋津洲	巡洋艦	日本	上村彥之丞	坪井航三
	千代田	巡洋艦	英國	內田正敏	坐鎮吉野艦
	赤城	炮艦	日本	坂元八郎太	
	比叡	護衛艦	英國	櫻井規矩之左右	
	西京丸	商船徵用	英國	鹿野勇之進	

5-2 黃海海戰日本聯合艦隊各艦死傷人數

單位（人）

軍艦名	秋津洲	松島	橋立	千代田	扶桑	嚴島	比叡	吉野	浪速	高千穗	赤城	西京丸	合計
戰死	6	57	3	0	4	14	20	2	0	1	11	0	118
負傷	10	56	9	0	10	12	33	9	0	2	14	11	166
人員傷亡合計	16	113	12	0	14	26	53	11	0	3	25	11	284

5-3 黃海海戰日本聯合艦隊各艦彈藥消耗

單位（發）

	軍艦名	秋津洲	松島	橋立	千代田	扶桑	嚴島	比叡	吉野	浪速	高千穗	赤城	西京丸	合計
消費量	鋼鐵彈	1,521	1,360	1,455	1,308	743	1,879	20	1,039	1,212	2,121	280	33	12,971
彈種	普通彈	17	155		56	359	21	4,561	18	316	42	104	198	5,847
	榴霰彈	460	12							1,084	401	24		1,981
彈藥消費合計		1,998	1,527	1,455	1,364	1,102	1,900	4,581	1,057	2,612	2,564	408	231	20,799

鋼鐵彈、普通彈中內含小口徑25毫米—尹諾典炮炮彈

6 清日和談

6-1 清日戰爭總決算

<table>
<tr><td rowspan="17">大清帝国</td><td>戰爭結論</td><td>戰 敗</td></tr>
<tr><td>全國動員兵力</td><td>962,163人</td></tr>
<tr><td>全國常備軍</td><td>349,700人</td></tr>
<tr><td>戰時新募兵</td><td>612,463人</td></tr>
<tr><td>參戰兵力總數</td><td>推算200,000人</td></tr>
<tr><td>傷亡總數</td><td>推算35,000人</td></tr>
<tr><td>戰俘</td><td>1,790人</td></tr>
<tr><td>軍艦損失</td><td>擊沉9艘（含自沉艦）
被俘艦14艘</td></tr>
<tr><td>炮械損失</td><td>重炮29門 輕炮451門
機關炮 速射炮107門</td></tr>
<tr><td>槍械損失</td><td>17,537支</td></tr>
<tr><td>冷兵器損失</td><td>11,764件</td></tr>
<tr><td>國土割讓</td><td>台灣 澎湖列島</td></tr>
<tr><td>戰爭賠償</td><td>戰費2億
遼東半島贖金3千萬兩白銀</td></tr>
<tr><td>在朝鮮利益</td><td>宗主國地位喪失</td></tr>
<tr><td>其他主權</td><td>對日開放口岸 自由貿易</td></tr>
</table>

<table>
<tr><td rowspan="16">大日本帝國</td><td>戰爭結論</td><td>戰 勝</td></tr>
<tr><td>全國動員兵力</td><td>240,616人</td></tr>
<tr><td>海外出征兵數</td><td>174,017人</td></tr>
<tr><td>徵用軍夫總數</td><td>154,000人</td></tr>
<tr><td>戰死總數</td><td>13,488人</td></tr>
<tr><td>戰鬥死</td><td>1,132人</td></tr>
<tr><td>疾病死</td><td>12,356人</td></tr>
<tr><td>其他原因</td><td>177人</td></tr>
<tr><td>消耗槍彈</td><td>1,241,800發</td></tr>
<tr><td>消耗炮彈</td><td>34,090發</td></tr>
<tr><td>馬匹損失</td><td>11,532匹</td></tr>
<tr><td>戰爭總軍費</td><td>200,475,508圓</td></tr>
<tr><td>陸軍軍費</td><td>164,520,371圓</td></tr>
<tr><td>海軍軍費</td><td>35,955,137圓</td></tr>
<tr><td>在朝鮮利益</td><td>獲得朝鮮支配權 朝鮮國脫離清國</td></tr>
<tr><td>在清國利益</td><td>獲得軍費賠償 領土割讓 口岸開放
自由貿易等權項</td></tr>
<tr><td>在俄國利益</td><td>阻止俄國在朝鮮擴張
抑制了俄國對日本的威脅</td></tr>
</table>

6-2 日軍參戰部隊總人數

單位(人)

部隊別	服務地	將官	佐官	士官	準士官	下士	兵卒	軍人（小計）	軍屬（小計）	合計
近衛師團	國 內	1	7	104	16	406	2,583	3,117	20	3,137
	海 外	3	39	447	75	1,683	15,465	17,712	211	17,923
第一師團	國 內	1	25	177	36	955	9,992	11,186	265	11,451
	海 外	3	54	568	89	2,236	21,221	24,171	29	24,200
第二師團	國 內	1	15	73	17	674	4,161	4,941	173	5,114
	海 外	2	49	643	101	2,306	25,416	28,517	152	28,669
第三師團	國 內	1	24	178	30	841	8,819	9,893	138	10,031
	海 外	4	51	522	93	2,280	20,689	23,639	64	23,703
第四師團	國 內	1	32	140	45	803	7,195	8,216	214	8,430
	海 外	2	42	563	103	2,142	23,032	25,884	122	26,006
第五師團	國 內	1	20	184	36	769	9,104	10,114	588	10,702
	海 外	4	77	557	93	2,263	20,602	23,596	183	23,779
第六師團	國 內	2	31	202	51	1,161	10,611	12,058	91	12,149
	海 外	4	52	529	76	1,884	20,938	23,483	105	23,588
第七師團（臨時編成）	國 內	1	11	120	21	468	4,879	5,500	45	5,545
	海 外									
大本營及臨時特設部隊	國 內	7	23	65	8	179	581	863	181	1,044
	海 外	29	251	688	56	1,498	4,461	6,983	3,409	10,394
常設官衙	國 內	2	46	87	51	365	160	711	505	1,216
	海 外			1		13	18	32		32
合計	國 內	18	234	1,330	311	6,621	58,085	66,599	2,220	68,819
	海 外	51	615	4,518	686	16,305	151,842	174,017	4,275	178,294
海內外總計		69	849	5,848	997	22,926	209,927	240,616	6,497	247,113

*國內：國內守備及出征預備部隊；*海外：海外出征作戰部隊；*軍屬：特別任命的敕任官、奏任官、判任官及隨軍僱員、傭人

6-3　清日戰爭日方參戰人員功勤賞賜

單位：人員（人）　金額（圓）

賞與等級＼受賞人員	軍人							軍屬				合計
	將官	上長官	士官	準士官	下士	兵卒	小計	委任官	判任官	備員	小計	
金鵄勳章	39	310	654	78	312	339	1,732	71	291	170	532	1,732
旭日章	19	359	2,386	431	4,754	4,647	12,596	36	440	835	1,311	13,128
瑞寶章	64	102	1,873	321	8,869	35,730	46,959	30	255	3,329	3,614	48,270
一時賜金		42	833	145	8,135	151,498	160,653					164,267
慰勞金										14,221	14,221	14,221
戰病死者賞賜金	1	19	184	26	863	12,875	13,968	1	14	394	409	14,377
合　計	123	832	5,930	1,001	22,933	205,089	235,908	138	1,000	18,949	20,087	255,995
受賞者　年金總額	33,840	184,259	265,605	16,964	82,748	71,772	655,188	1,979	3,726	1,328	7,033	662,221
一時賜金總額	9,000	99,050	712,105	47,840	1,129,455	7,230,460	9,227,910	16,315	52,385	395,935	464,635	9,692,545
總計金額	42,840	283,309	977,710	64,804	1,212,203	7,302,232	9,883,098	18,294	56,111	397,263	471,668	10,354,766

6-4　出征朝鮮台灣人員建功特別賞賜

單位（人）

賞與等級＼受賞人員	軍人							軍屬				合計
	將官	上長官	士官	準士官	下士	兵卒	小計	委任官	判任官	備員	小計	
特別一時賞賜金	9	56	256	32	777	3,022	4,152	7	57	380	444	4,596
獎狀授予		1	27	5	134	448	615		3	70	73	688
合　計	9	57	283	37	911	3,470	4,767	7	60	450	517	5,284

＊備員包括傭員、備員、備役、軍夫等

6-5　征清大總督府主要官員

大總督	陸軍大將	彰仁親王
幕僚　陸軍參謀	陸軍中將	川上操六
海軍參謀	海軍中將子爵	樺山資紀
副官	陸軍步兵大佐	大生定孝
兵站總監部　總監	陸軍中將	川上操六
運輸通信長官	陸軍少將	寺內正毅
野戰監督總督長官	陸軍監督總長	野田豁通
野戰衛生長官	陸軍軍醫總監	石黑忠悳
管理部　事務局長	陸軍炮兵中佐	村田惇

6-6　日軍總繳獲清國貨幣數量

貨幣種類	規格	數量	單位
日本幣	紙幣硬幣	5,995	圓
清國銀	馬蹄銀	208	大（個）
清國銀	馬蹄銀	281	小（個）
清國銀	馬蹄銀	226	貫（個）
清國錢	銅錢	26,001	貫
清國錢	銅錢	1,843,226	文
銀塊	饅頭形	396	個

貨幣種類	規格	單位	數量
日本幣	紙幣硬幣	圓	5,995
	磁碼形	個	30
銀塊	不定形	貫	2
金塊砂金	不定形	兩	2,754
俄國銀幣	銀錢	兩	14
朝鮮錢	銅錢	貫	33,178
墨西哥銀幣	銀錢	圓（相當）	258

6-7 日軍繳獲清國炮械明細

	炮械名	炮類	口徑(cm)	數量(門)	製造		炮械名	炮類	口徑(cm)	數量(門)	製造
重型炮	克式	海防加農	24.0	10	德國	輕型炮	克式	山炮	7.5	46	德國
	庫盧皂	海防加農	24.0	4	法國		克式	野炮	7.5	21	德國
	克式	海防加農	21.0	15	德國		克式	山野兼用炮	7.5	47	德國
	阿姆斯特朗	海防加農	30.0	6	英國		克式	重野炮	7.5	15	德國
	阿姆斯特朗	海防加農	25.4	4	英國		克式	山野兼用炮	6.0	145	德國
	阿姆斯特朗	海防加農	20.0	7	英國		克式	山炮	5.5	4	德國
輕型炮	阿姆斯特朗	海防加農	15.0	7	英國	機關炮・速射炮	加特林	手搖機關炮	2.5	52	美國
	克式	加農炮	15.0	27	德國		勞艾倫	機關炮		2	美國
	克式	臼炮	15.0	8	德國		密特拉艾倫	機關炮		11	
	克式	攻城炮	12.0	15	德國			二連發炮		2	
	克式	海岸加農炮	12.0	16	德國		諾爾登	機關炮	2.5	25	法國
	克式	加農炮	10.0	6	德國		格魯森	速射炮	4.0	1	德國
	克式	野炮	9.0	12	德國		豪齊凱斯	速射炮	4.3	10	美國
	克式	野炮	8.0	69	德國		斯高特	速射炮	3.7	1	捷克
	布勞道盧	山炮		5			克式	速射炮	4.7	1	德國
	巴巴斯魯	山炮		2			庫盧皂	速射炮	5.2	2	法國
	阿姆斯特朗	船舶炮	7.6	1	英國		豪齊凱斯	速射炮	5.7	1	美國
	克式	線臼炮	7.5	4	德國	舊式炮				159	清國

*洋式炮械中含清國仿造品

6-8 日軍繳獲清軍槍械彈藥明細

槍械名	廠商名	發射制式	口徑(mm)	槍長(m)	重量(Kg)	數量(支)	製造國	槍彈名	槍彈(實包)
毛瑟	Mauser	單發/連發/騎	7.9	1.1	3.9	5,100	德國	毛瑟	14,467,820
雷明頓	Remington	單發/連發	12.7	1.2(0.9)	4.0(3.0)	1,420	美國	雷明頓	259,080
亨利	Henry	單發/連發/騎	11.0	1.1(1.0)	4.8(3.5)	608	美國	亨利	275,869
比堡迪	Peabody	單發	12.5	1.4	4.5	603	美國	比堡迪	375,000
斯本瑟	Spenser	單發/騎	12.5	1.2(1.0)	4.6(3.9)	143	美國	斯本瑟	396,552
溫求斯特	Winchester	單發/連發/騎	11.0	1.1(1.0)		1,328	美國	溫求斯特	5,640,400
奧必尼	Albini	單發	14.5	1.2	4.1		奧地利	奧必尼	51,000
士乃德	Snider	單發	14.7	1.4	4.0	156	英國	士乃德	222,930
恩費魯	Enfield	單發	14.7	1.3(1.0)	3.9(3.1)		英國	豪齊凱斯	699,000
蓋威爾	Geweer	單發	17.5	1.5(1.1)	4.0(3.0)		荷蘭	毛利	192,480
夏普斯	Sharps	單發	13.0	1.2	4.0		美國	魯馬尼昂	105,580
毛利	Maure	單發	15.0	1.4	3.8	808	美國	黎意	16,960
卡斯堡	Chasepot	單發/連發	11.0	1.3	4.0	178	法國	德國無煙	31,000
雷管槍		單發(多類)	18.0	1.1			清國	清國連發	5,008
抬槍		單發(多類)	15.9	2.5	13.2	7,193	清國	抬槍	26,400
火繩槍		單發(多類)	12.0	1.3			清國	手槍彈	11,262
冷兵器	青龍刀 紅纓槍 三叉戟 長柄刀 劍 三角劍 槍劍 軍刀					11,764	清國	其他槍彈	3,380,958

*括弧內為騎槍規格 *槍械中含清國仿造西洋品

6-9　日軍繳清軍戰利品數量及分配部門

品名	批數	總數	單位	兵備	皇室	陸軍省	海軍省	參謀本部	師團	博物館游就館	陸軍諸學校	學習院	華族女校	文部省直屬校	造幣局	陸軍工廠	台灣總督府	各府縣
十厘米半以上火炮	9批	140	門	137			2	7										1
九厘米半以下輕炮	13批	389	門	366		3												8
機關炮・速射炮	10批	107	門	93		6						4						8
各種舊式炮	11批	159	門	17		5				16								120
槍支	38批	17,643	支	7,032	3	49			1,329	104	183	22		134		34		8,753
刀劍	9批	11,764	柄	6,767	7	36			92	54		3		38				4,768
炮彈	71批	188,923	發	179,312	55	77			366	232	283	28	1	56				8,514
機關・速射炮實包	8批	242,029	發	241,952	8	19				16	31	3						
槍彈實包	20批	22,260,193	發	21,907,683	32	72		7,928	52,250	48	96	12						
火具	17批	218,328	件	218,081					205	1	42							
土工具・電機器	24批	6,896	箱	6,896	15	8			2		6,016	6		10				
雜兵器	93批	475,516	件	158,470	6	46			654	338	21	13		5,189			9,151	1,206
被服	115批	43,148	件	21,606		33			818	171		46		66			13	7,159
火藥	17批	10,981	件						992									
貴金屬	14批	1,599件 15,650匁	件/匁												1,563件 15,650匁			9,667
					12件			24件										

*1匁＝3.75g

6-10　日軍在清國本土作戰繳獲炮彈種類及數量

炮彈規格	數量（發）	炮彈規格	數量（發）	炮彈規格	數量（發）	炮彈規格	數量（發）
24厘米克式尖銳鋼彈	1,097	12厘米克式尖銳鋼彈	1,523	7.5厘米克式榴霰彈	3,186	10.5厘米彈丸	933
24厘米克式堅鐵彈	436	12厘米克式霰彈	337	7.5厘米克式霰彈	1,884	6斤山炮榴彈	5,931
24厘米克式榴彈	1,618	10厘米克式尖銳彈	776	6厘米山炮榴彈	1,153	6斤山炮霰彈	385
24厘米克式圓筒彈	8	10厘米克式圓筒彈	352	6厘米山炮尖銳彈	46,742	10吋炮尖榴彈	277
21厘米克式尖銳鋼彈	444	10厘米克式榴彈	83	6厘米山炮榴彈	943	10吋炮榴彈	73
21厘米克式堅鐵彈	18	9厘米克式榴彈	2,974	6厘米山炮開花彈	960	10吋炮霰彈	19
21厘米克式榴彈	1,660	9厘米克式榴霰彈	7	21厘米榴彈	155	鉛彈	9,316
15厘米克式尖銳鋼彈	675	9厘米克式霰彈	1	20厘米彈丸	312	7厘米榴彈丸	640
15厘米克式榴彈	3,073	8厘米克式榴彈	31,392	20厘米漢彈	67	各種彈丸	2,636
15厘米克式榴霰彈	1,307	8厘米克式榴霰彈	2,169	15厘米榴彈	1,010	舊式彈	2,502
12厘米克式尖銳彈	677	8厘米克式霰彈	1,782	12厘米霰彈	938		
12厘米克式榴彈	5,540	7.5厘米克式榴彈	36,009	11厘米克式榴彈	2,793		

7 台灣作戰

7-1 日本對台灣殖民統治初期人口統計

單位（人）

種族人口			男	女	總數
本島人	漢族人	福建籍	1,430,196	11,323,016	2,753,212
		廣東籍	245,260	233,297	478,557
		其他籍	98	60	158
		合 計	1,675,554	1,556,373	3,325,755
	生番（未同化原住民）		22,577	23,575	46,152
	熟番（已同化原住民）		23,429	24,247	47,676
	本島人合計		1,721,560	1,604,195	3,325,755
外國人	支那系人		15,597	2,928	18,525
	其他外國人		153	82	235
	合 計		25,750	3,010	18,760
其他	內地人		75,737	59,664	135,401
	朝鮮人		6		6
人口總計			1,813,053	1,666,869	3,479,922

*生番係史上對未被漢民族同化的台灣原住民的蔑稱。
*支那系人係指先輩定居南洋，多代繁衍的大陸人，其中一部分從南洋遷入台灣。
*內地人指日本人。

7-2 日軍武力征台先遣作戰序列

聯合艦隊作戰序列							
司令長官：海軍中將 伊東祐亨			司令官：海軍少將 東鄉平八郎				
本隊	松島	大佐艦長 威仁親王	陸軍配置序列				
	嚴島	大佐艦長 有馬新一	臨時水雷艇佈設部 司令 海軍少佐 遠藤增藏	混成支隊司令官 步兵大佐 比志島義輝	後備步兵第一聯隊	隊長比志島義輝	第一大隊少佐 巖崎之紀
	橋立	大佐艦長 日高壯之丞					第二大隊少佐 巖元貞英
	千代田	大佐艦長 內田正敏					
遊擊隊	秋津洲	大佐艦長 河原要一					山炮中隊大尉 荒井信雄
	高千穗	大佐艦長 片岡七郎					
	浪速	大佐艦長 野村 貞			後備步兵第二十聯隊		第二大隊少佐 高橋種生
	吉野	大佐艦長 上村彥之丞					
第四水雷艇隊	25號水雷艇	司令少佐 鏑木誠					
	24號水雷艇						
	15號水雷艇						彈藥縱列
	16號水雷艇						
	17號水雷艇						
	20號水雷艇						
供給艦	西京丸・相模丸						
水雷母艦	近江丸						
工作艦	元山丸						
醫療艦	神戶丸						

7-3 台灣作戰日方死亡人數

單位（人）

死因	戰鬥死			病死			合計		
	軍人	其他	小計	軍人	其他	小計	軍人	其他	小計
第1期	414	113	527	3,901	70	3,971	4,315	183	4,498
第2期	411	231	642	3,182		3,182	3,593	231	3,824
第3期	191	628	819	451		451	642	628	1,270
合計	1,016	972	1,988	7,534		7,604	855	1,042	9,592

*其他死亡數包括總督府官吏及警察官

8　軍事體制

7-4　日軍在台灣戰區繳獲炮械數量

炮械名（門）　含仿造品		
重炮	英國安式12吋炮	4
	英國安式10吋炮	7
	英國安式8吋炮	8
	英國安式7吋炮	4
	英國安式6吋炮	4
	德國克式21厘米炮	4
輕炮	英國安式5吋炮	4
	德國克式12厘米炮	3
	德國克式6厘米山炮	6
炮彈種類（發）　含仿造品		
炮彈	英國安式	12吋堅鐵彈	130
	英國安式	12吋榴彈	475
	英國安式	10吋堅鐵彈	193
	英國安式	榴彈	743
	英國安式	8吋堅鐵彈	202
	英國安式	8吋榴彈	715
	英國安式	7吋堅鐵彈	138
	英國安式	7吋榴彈	597
	英國安式	6吋堅鐵彈	128
	英國安式	6吋榴彈	818
	英國安式	5吋堅鐵彈	124
	英國安式	5吋榴彈	743
	德國克式	21厘米堅鐵彈	68
	德國克式	21厘米榴彈	351
	德國克式	12厘米堅鐵彈	43
	德國克式	12厘米榴彈	168
	德國克式	6厘米榴彈	5,900
	德國克式	6厘米霰彈	840

*炮械炮彈含清國仿造品

8-1　明治時期日本兵役制度

明治五年（1872）頒佈

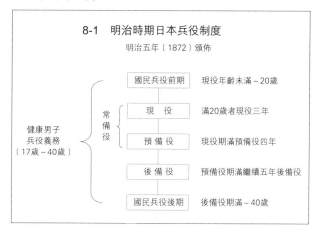

8-2　清日戰爭兩國陸軍戰力比較

清國陸軍	兵員	勇軍	步兵862營	301,700人
		練軍	騎兵192營	48,000人
		新募兵		612,463人
		合計：962,163人		
	武器	大炮、機關炮		1,733門
		洋槍		230,502支
		國產槍		40,867支
		馬匹		約50,000匹
日本陸軍	兵員	七個野戰師團	將校	6,766人
			士官	23,923人
			士兵	209,927人
		合計：240,616人		
	武器	野炮		168門
		山炮		72門
		國產村田槍、洋式槍		官兵全配置
		馬匹		47,221匹

8-3　清國陸海軍餉銀標準

北洋海軍		北洋陸軍	
官職	月俸銀(兩)	官職	月俸銀(兩)
提督	700	提督	217
總兵	330	總兵	168
副將	270	副將	98
參將	220	參將	62
一等水手	10	綠營兵一等	2兩＋米3斗
一等炮目	20	綠營兵二等	1.5兩＋米3斗
魚雷兵	24	綠營兵三等	1兩＋米3斗
探照燈兵	30	一等餉（騎兵、文書）	
岸上勤雜	3	二等餉（步兵）	
岸上伕役	3	三等餉（勤雜兵）	

*北洋水師官職俸銀＝40％官俸＋60％船俸

*北方時令米價0.015兩/斤、豬肉0.04兩/斤、農戶年收30—50兩、
紡織工年收15—25兩、勞工年收20—60兩

			清國	日本	○優勢 清國	△劣勢 日本
材質	鋼鐵艦	艦數	18艘	12艘	○	△
		總噸位	39,164噸	34,331噸	○	△
		平均單艦噸位	2,175.8噸	2,860.9噸	△	○
	鋼骨鐵皮艦	艦數		2艘	○	△
		總噸位		2,400噸	○	△
		平均單艦噸位		1,200噸	○	△
	鐵艦	艦數		3艘	○	△
		總噸位		5,021噸	○	△
		平均單艦噸位		1673.7噸	○	△
動力	5,000馬力以上		6艘	9艘	△	○
	5,000馬力以下		12艘	8艘	△	○
航速	16節以上		2艘	10艘	△	○
	15節以上		7艘	1艘	○	△
	14節以下		9艘	6艘	△	○
進水年	1887年後製造		3艘	12艘	△	○
	1884年後製造		2艘	3艘	△	○
	1883年後製造		13艘	2艘	△	○

*○優勢　△劣勢

9　兵站供給

9-1　清日戰爭日本陸軍軍馬增減狀況

單位（匹）

區分			近衛師團	第一師團	第二師團	第三師團	第四師團	第五師團	第六師團	第七師團	合計
動員時常備馬匹數			817	1,008	1,020	1,017	1,016	852	1,011	29	6,770
增數	徵發	內地	3,081	6,238	4,102	8,361	2,274	2,854	7,015	3,864	37,789
	購買	內地	350	34	584	838	964	65	26	411	3,272
		外地	44	13	3	610	6	1,168	130		1,974
	保管	內地	89	11		6	1,500	1,476	156		3,238
	轉入	外地	242		2,298		446	673			3,659
	補充轉入	內地	167	54	50	150	165	501	134		1,221
	繳獲	外地	3		7	122		81	40		253
	小計	內地	3,687	6,337	4,736	9,355	4,903	4,896	7,331	4,275	45,520
		外地	289	13	2,308	732	452	1,922	170		5,886
減數	廢棄撲殺	內地	233	380	126	678	638	127	437	420	3,039
		外地	1,013	673	1,937	2,800	538	774	443		8,178
	失蹤	內地	37	12	17	4	13	230	2		315
	保管	外地	637	389	1,821	550	592	589	242	2,389	7,209
	轉出	內地	1,795	2	529		15	1,249	1,055		4,645
	剩餘	外地		4,195	2,411	4,987	2,915	3,160	4,598	1,261	23,527
	賣卻	內地				807	553	358			1,718
	不明	外地	180	658	184	239	68	144	693		2,166
	小計	內地	870	4,964	4,358	6,215	4,145	3,876	5,277	4,070	33,775
		外地	2,845	687	2,483	3,611	1,119	2,611	1,500		14,856
		不明	180	658	184	239	68	144	693		2,166
復員馬匹			898	1,049	1,039	1,039	1,039	1,039	1,042	234	7,379
購買	牛・驢・騾		14			1,540	6	2,966	28		4,554
繳獲	牛・驢・騾			12		80		224	20		336

9-2 日本海軍戰前戰中營養供給

年次		明治23年 （1890）	明治24年 （1891）	明治25年 （1892）	明治26年 （1893）	明治27年 （1894）	明治28年 （1895）
糧食	蛋白質 g	159.2	140.3	145.3	147.6	179.0	166.4
	脂肪 g	29.1	25.0	27.5	27.9	33.8	30.5
	糖質 g	530.0	530.0	543.0	549.5	654.4	591.1
	熱量 kal	3,190.0	2,980.4	3,077.3	3,117.1	3,730.8	3,389.4

9-3 日本陸軍戰時伙食標準

月日	地點	早餐	中餐	晚餐	備註
6.20	仁川舍營	凍豆腐雜煮、梅乾菜	牛肉罐頭、大頭葱	牛肉燉土豆	自炊
6.21	仁川舍營	煎魚汁、梅乾	牛肉燉豆、大頭葱	煮大醬蒟蒻豬肉	自炊
6.22	仁川舍營	葱燉魚、梅乾	大醬豬肉煮	豆、豬肉、梅乾	自炊
6.23	仁川舍營	油豆腐	豬肉	煮豆、梅乾	自炊
6.24	仁川帳篷	大醬湯、梅乾	苟包雜煮、梅乾	梅乾	自炊
6.25	龍山幕營	梅乾	梅乾	雜煮牛肉蘿蔔	自炊
6.26	龍山幕營	凍豆腐雜煮	牛肉罐頭	煮豬肉大葱	自炊

*主食是白米飯做成的飯糰或乾麵包 　*伙食標準士兵和軍官各異 　*野外作戰餐食簡易化

9-4 日本海軍伙食標準

每星期供應標準

品目		航海艦船伙食 (g)		泊港艦船伙食(g)	
麵包	乾麵包	2,625	2,625	750	3,375
	麵包			2,625	
禽畜魚肉	儲藏畜肉	1,050	2,100	300	2,475
	儲藏魚肉	1,050		300	
	排骨畜肉	–		1,125	
	排骨魚肉	–		750	
穀物	白米	1,125	1,912.5	1125	1,575
	豆	412.5		112.5	
	麥粉	375		337.5	
乾物蔬菜	乾物	619	671.3	150	2,452.5
	生野菜	–		2,250	
	乾果	52.5		52.5	

9-5 日軍單兵背囊負荷

品目		數量	重量 (g)
背囊		1	2,175
村田槍彈		40發	1,835
村田槍彈備具		1	45
小口袋	針線包	一套	45
	梳子	1	
	剪子	1	
糧（糧袋）		2日量	765
食鹽（鹽袋）		3日量	100
零布頭		1	292
短褲		1	232
襪子		2	95
綁腿布		1	90
兩趾襪子		1	83
草鞋		1	113
預備短靴		1	750
外套		1	1,550
飯盒		1食份	1,000
合計重量			9,170

10 情報戰爭

10-1 日軍戰場地圖測繪

部門		測量區域	測量法種類	地圖比例尺	作業人員	作業日數	測量面積（方里）	合計面積（方里）
第一軍測量班	朝鮮	成歡・牙山	迅速（表面）	50000：1	4	11	12.15	18.56
		平壤	迅速（表面）	20000：1	4	22	6.41	
	盛京	九連城・安東縣	迅速（線路）	20000：1	6	5	2.25	84.16
		安東縣附近	迅速（表面）	20000：1	8	41	17.30	
		鳳凰城・一面山	迅速（表面）	20000：1	5	32	7.33	
		海城・牛莊	迅速（表面）	20000：1	6	53	33.87	
		蓋平附近	迅速（表面）	20000：1	7	11	8.14	
		大平山附近	迅速（表面）	20000：1	7	10	15.27	
第二軍測量班	盛京	花園口附近	迅速（表面）	20000：1	8	4	1.56	138.54
		花園口・貔子窩	路上（線路）	50000：1	4	3	5.88	
		貔子窩附近	迅速（表面）	20000：1	12	5	1.96	
		貔子窩・金州	路上（線路）	50000：1	7	4	10.95	
		金家屯・三十里堡	路上（線路）	50000：1	3	2	1.78	
		金州城	迅速（表面）	50000：1	1	2	0.05	
		和尚島炮台附近	迅速（表面）	20000：1	9	1	0.47	
		甜水淵・南鶯哥石	路上（線路）	50000：1	2	3	2.92	
		旅順口附近	迅速（表面）	20000：1	11	19	10.10	
		金州半島	迅速（表面）	50000：1	20	85	102.87	
	山東	榮成半島	迅速（表面）	20000：1	5	6	3.84	27.52
		榮成縣・鳳林集	路上（線路）	50000：1	2	4	6.28	
		榮成縣・百尺崖	路上（線路）	50000：1	2	4	5.00	
		百尺崖附近	目測（表面）	50000：1	5	1	4.93	
		威海衛附近	迅速（表面）	20000：1	5	24	7.43	
		威海衛城	迅速（表面）	50000：1			0.04	
臨時測量圖部	朝鮮	元山附近	目測（表面）	50000：1	38	126	1001.00	4122.00
		京城附近	目測（表面）	50000：1	37	155	770.00	
		平壤附近	目測（表面）	50000：1	38	169	1348.00	
		大邱附近	目測（表面）	50000：1	38	125	1003.00	
	盛京	鳳凰城附近	目測（表面）	50000：1	48	86	339.00	1761.00
		金州附近	目測（表面）	50000：1	49	88	283.00	
		海城附近	目測（表面）	50000：1	49	88	562.00	
		大孤山附近	目測（表面）	50000：1	48	91	343.00	
		復州附近	目測（表面）	50000：1	32	96	234.00	
	台灣	大巴望・茗濃附近	目測（表面）	50000：1	35	39	280.00	1674.87
		大麻裏附近	目測（表面）	50000：1	31	30	77.00	
		卑南附近	目測（表面）	50000：1	35	39	104.00	
		台北・宜蘭附近	目測（表面）	50000：1	35	76	189.69	
		基隆鳳山間	目測（表面）	50000：1	48	178	1024.18	
	澎湖	澎湖島	目測（表面）	50000：1	4	76	8.79	8.79
合計			地圖測量總面積					7835.42

* 日本方里是各邊長1日本里的面積　* 1日本里＝36町＝3.923公里　* 1方里＝15.39平方公里

10-2　清日戰爭時期歐美諸國遠東海域軍艦一覽

國名	艦隊	艦種類型	艦數（艘）	炮類裝備（門）	排水（噸）	航速（節）	製造（年）	司令長官
英國	遠東支那艦隊	一等戰鬥艦	1	29噸炮4　22噸炮8　15噸炮2　6厘米速炮58 6厘米炮48　5厘米炮37　47毫米速射炮22 9厘米炮4　6斤速炮100　3斤速炮71　機炮145 小炮24　魚雷發射管56	86,633	16	1887	斐利曼特 中將
		一等巡洋艦	5					
		二等巡洋艦	5					
		三等巡洋艦	4					
		一等炮艦	7					
		二等炮艦	3					
		通報艦	1					
		帆船艦	1					
		裝甲巡洋艦	1					
		合計	28	重炮227　輕炮344　魚雷發射管56				
法國	東洋艦隊	裝甲巡洋艦	1	2厘米炮4　19厘米2　16厘米速炮8 16厘米炮9　14厘米速射炮12　14厘米炮78 10厘米炮5　6.5厘米炮2　47毫米速炮20 機炮72　魚雷發射管10	30,961	14	1881	迪皮由依 少將
		二等巡洋艦	4					
		三等巡洋艦	4					
		通報艦	1					
		炮艦	3					
		合計	13	重炮113　輕炮89　魚雷發射管10				
俄國	太平洋艦隊	戰鬥艦	3	12厘米炮7　9厘米炮13　8厘米炮22 6厘米炮105　速射炮103　47毫米速炮16 37毫米速炮20　速機炮67　機炮37　小炮60 魚雷發射管54	71,863	15.7	1886	伊斯佩吉盧特 少將
		裝甲巡洋艦	4					
		一等巡洋艦	2					
		二等巡洋艦	3					
		裝甲炮艦	3					
		炮艦	4					
		水雷炮艦	2					
		水雷艇	12~84					
		合計	21	重炮250　輕炮200　魚雷發射管54				
美國	亞細亞	二等巡洋艦	2	8厘米炮6　8厘米滑炮4　6厘米炮28　60斤炮2 12斤炮1　3厘米炮1　6斤速炮12　3斤速炮5 1斤速炮8　機炮30　魚雷發射管13	14,303	16	1884	斯克魯特 少將
		三等巡洋艦	2					
		炮艦	1					
		合計	6	重炮38　輕炮65　魚雷發射管13				
德國	派遣艦	二等巡洋艦	2	15厘米炮46　15厘米速炮6　10.5厘米炮12 10.5厘米速炮8　8.7厘米速炮6　機炮24 小炮5　魚雷發射管17	20,504	12.5	1886	豪富曼 少將
		三等巡洋艦	5					
		炮艦	2					
		合計	9	重炮52　輕炮55　魚雷發射管17				
意大利	派遣艦	三等巡洋艦	3	15厘米炮10　12厘米速炮22　57毫米速炮14 37毫米速炮10　機炮16　小炮1　魚雷發射管7	9,286	15.3	1888	
		炮艦	1					
		帆船艦	1					
		合計	5	重炮32　輕炮41　魚雷發射管7				
外國軍艦數量總計			82	裝備重輕速射炮　魚雷發射管等武器	233,550			

557

11 戰爭通信

11-1 日軍戰地郵件集配統計

單位（件）

集配＼國別	集信 公用 平信	掛號信	小計	私用平信	小計	配送 平信	掛號信	小計	合計
朝鮮國	47,645	5,025	52,670	642,868	695,538	450,132	5,849	455,981	1,151,519
清國本土	227,910	24,653	252,563	2,674,062	2,926,625	4,121,449	44,749	4,166,198	7,092,823
台灣	249,580	23,758	273,338	1,330,281	1,603,719	2,173,789	27,176	2,200,965	3,804,684
合計	525,148	53,436	578,584	4,647,897	5,226,481	6,745,370	77,774	6,823,144	12,049,625

集配＼國別	平均一日集配信數 集信	配信	小計	事故郵件	
朝鮮國	4,070	2,668	6,738	平信	2,907
清國本土	6,128	8,723	14,851	掛號信	14
台灣	5,198	7,134	12,332	小計	2,921
合計	5,460	7,128	12,588	不能退還	93
				合計	3,014

*明治27年（1894）6月26日仁川野戰郵便創設開始至明治29年（1896）3月31日閉局為止的統計

*事故郵件指無法投遞的郵件，或因陣亡無法退還本人的郵件。

11-2 日軍戰地郵政儲送金統計

單位（圓）

野戰郵便局		匯款 匯款口數	金額（圓）	平均額/賬戶	儲蓄 預入度數	賬本交付	金額（圓）	平均額/度
朝鮮	漁隱洞	1,119	20,200.10	18.05				
	義州	4,638	126,825.54	27.35				
	平壤	1,030	38,099.86	36.99	250	72	4,800.00	19.20
	小計	6,787	185,125.51	27.46	250	72	4,800.00	19.20
清國本土	金州	29,474	854,031.64	28.98	6,797	2,095	90,540.51	13.32
	柳樹屯	21,807	703,454.54	32.26	1,028	344	19,731.60	19.19
	旅順口	28,880	757,678.46	26.24	4,127	1,362	69,162.05	16.76
	九連城	7,627	172,313.48	22.59				
	岫岩	1,327	54,384.62	40.98				
	海城	18,694	705,480.70	37.74	1,593	623	32,389.45	20.33
	威海衛	6,098	162,640.46	26.67	1,784	998	35,788.35	20.06
	鳳凰城	4,864	156,320.00	32.14	870	268	18,400.01	21.15
	大孤山	1,037	53,490.62	51.58				
	蓋平	3,578	142,913.71	39.94				
	缸瓦寨	1,380	64,310.40	46.60				
	營口	496	18,602.56	37.51	99	40	1,967.00	19.96
	小計	125,262	3,845,621.18	35.27	16,298	5,730	267,978.96	18.80
台灣	澎湖島	1,371	27,534.31	20.08	543	158	8,975.73	16.53
	基隆	17,786	400,785.49	22.53	4,007	1,415	52,341.79	13.06
	台北	30,470	660,294.91	21.67	8,764	3,543	130,197.44	14.86
	新竹	3,438	68,465.05	19.91	1,027	348	14,781.90	14.39
	後壠	2,025	39,600.70	19.56	568	212	8,950.38	15.76
	彰化	7,304	197,855.28	27.09	2,240	832	38,909.54	17.37
	打狗	3,479	53,308.91	15.32	1,358	425	18,264.86	13.45
	台南	10,434	266,768.22	25.57	3,453	1,112	64,663.13	18.73
	嘉義	4,114	83,604.33	20.33	3,039	518	38,796.41	12.77
	鳳山	2,130	42,386.15	19.90	797	231	11,341.60	14.23
	宜蘭	1,456	33,836.22	23.24	491	177	7,515.59	15.31
	淡水	635	10,576.48	16.66	291	141	5,595.74	19.23
	雲林	414	7,967.43	19.25	149	41	1,886.12	12.66
	恆春	173	2,867.06	16.57	204	107	4,563.00	22.37
	台中	144	4,082.21	28.35	86	23	1,462.90	17.01
	小計	85,373	1,899,932.75	21.07	27,017	9,283	408,246.12	15.85
總計		217,422	5,930,679.44	27.93	43,565	15,085	681,025.08	17.95

11-3　日軍軍用電線架設概覽

電信線路		線路（條）	延長（米）	架線員（人）
朝鮮	京城⇔仁川線	2	51,619	132
	釜山⇔京城線	5	527,855	624
	京城⇔義州線	9	277,080	575
清國本土	九連城⇔大東溝⇔大孤山線	2	130,620	81
	大孤山⇔海城線	7	234,960	617
	大孤山⇔龍王廟⇔九連城線	7	146,581	528
	海城⇔遼陽線	4	55,234	106
	海城⇔牛莊線	1	22,691	16
	海城⇔營口線	3	76,500	61
	蓋平⇔營口線	1	7,300	9
	大孤山⇔鳳凰城線	2	64,405	76
	金州⇔大孤山線	10	476,439	△339
	金州⇔旅順線	4	22,930	△50
	金州⇔蓋平線	3	20,065	50
	海城⇔蓋平線	3	68,173	77
	榮成⇔威海衛線	7	75,207	543
台灣	台北⇔淡水線	2	14,600	20
	台北⇔彰化線	10	245,582	△108
	彰化⇔台南線	5	73,028	127
	台南⇔東港線	5	27,636	△27
國內	各地	7	70,801	191
總計		99	2,689,306	3,833

*△統計不足數字
*各線路存在不詳數字，故累計與總延長距離有較大誤差。

11-4　日軍電線延長距離

單位(米)

地域別	新設線	改修線	總延長
朝鮮	614,842	192,491	807,333
清國本土	1,087,865	291,835	1,379,700
台灣	286,421	74,425	360,846
國內	70,801		70,801
合計	2,059,929	558,751	2,618,680

12　戰爭醫療

12-1　日軍死傷情況統計

單位(人)

死因	清國本土戰場 1894.7.25 ～ 1895.5.30	台灣戰場 1894.7.25 ～ 1895.5.30	合計
戰死	736	396	1,132
傷死	228	57	285
病死	1,658	10,236	11,894
變死	25	152	177
合計	2,647	10,841	13,488

12-2　日本陸軍戰鬥員負傷部位統計

單位（人）

創傷部位	槍傷			炮傷			合計		
	死	傷	小計	死	傷	小計	死	傷	小計
頭部	256	418	674	37	53	90	293	471	764
頸部	27	64	91	3	4	7	30	68	98
胸部	186	521	707	11	31	42	197	552	749
腹部	66	253	319	9	18	27	75	271	346
上肢	3	968	971	0	106	106	3	1,074	1,077
下肢	18	1,286	1,304	15	146	161	33	1,432	1,465
部位不明	8	6	14	2	2	4	10	8	18
總計	564	3,516	4,080	77	360	437	641	3,876	4,517

*槍傷：彈丸命中傷　*炮傷：彈片命中傷　*截傷：刃物砍殺傷　*刺傷：尖銳物刺傷

2-3　日本陸軍死傷階級及服役免除數

單位(人)

理由	階級	軍人						軍屬					合計
		將校	上長官	士官	準士官	下士	兵卒	小計	奏任官	判任官	僱員	傭人	小計	
死亡	戰死		3	34	7	119	953	1,116			16		16	1,132
	傷死	1	1	12		25	246	285						285
	病死	4	23	131	17	655	10,757	11,587	3	15	98	191	307	11,894
	變死		1	7	1	17	150	176		1			1	177
	小計	5	28	184	25	816	12,106	13,164	3	16	114	191	324	13,488
服役免除	傷痍		1	13	3	128	1,439	1,584						1,584
	疾病			5	2	111	2,056	2,174						2,174
	刑罰		1	1		5	29	36						36
	小計		2	19	5	244	3,524	3,794						3,794
合計		5	30	203	30	1,060	15,630	16,958	3	16	114	191	324	17,282

*變死：自殺、事故死、災禍死、不明死等死亡。

12-4 日軍戰鬥人員傷亡類別

單位（人）

創傷種類	朝鮮			清國本土			台灣			合計		
	死	傷	小計	死	傷	小計	死	傷	小計	死	傷	小計
槍傷	142	531	673	314	2,247	2,561	108	524	632	564	3,302	3,866
炮傷		29	29	75	244	319	2	7	9	77	280	357
刀傷		9	9	9	21	30	21	17	38	30	47	77
刺傷		7	7	1	10	11	1	25	26	2	42	44
地雷爆傷		1	1	2	5	7	3	23	26	5	29	34
其他	25	22	47	3	109	112	2	32	34	30	163	193
創死不明	53		53	15		15	34		34	102		102
生死不明	8		8	59		59	46		46	113		113
總計	228	599	827	478	2,636	3,114	217	628	845	923	3,863	4,786

12-5 日軍入院者主要患病類別

單位(人)

患病名	朝鮮		清國本土		台灣		患者數合計	死亡數合計	死亡率(%)
	患者	死亡	患者	死亡	患者	死亡			
痘瘡	5		125	30	5		135	30	22.2
麻疹	5		33				38		0.0
回歸熱			1		1		2		0.0
傷寒	929	239	2,587	606	613	280	3,516	1,125	32.0
霍亂			3,072	1,522	5,409	3,689	8,481	5,211	61.4
瘧疾	773	31	1,069	39	8,804	472	10,646	542	5.1
痢疾	5,157	590	2,612	139	3,632	783	11,401	1,512	13.3
流行性感冒	42		348	4	21		411	4	1.0
腳氣	1,001	74	12,389	746	16,886	1,040	30,276	1,860	6.1
精神系病	145	10	550	51	218	24	913	85	9.3
肺炎	115	38	455	77	39	8	609	123	20.2
肺結核	31	6	98	11	17		146	17	11.6
胸膜炎	193	8	915	40	113	5	1,221	53	4.3
循環器病	106	5	394	16	125	3	625	24	3.8
急性胃腸黏膜炎	736	29	4,638	766	6,281	800	11,655	1,595	13.7
其他胃腸病	1,126	33	3,150	65	4,166	161	8,442	259	3.1
肝・脾・腹膜炎	77	12	264	25	63	5	404	42	10.4
營養器病	199	1	808	5	180	4	1,187	10	0.8
泌尿・生殖器病	133	17	484	22	135	4	752	43	5.7
花柳病	419	2	1,732	2	399	4	2,550	8	0.3
眼病	201		948		165		1,314		0.0
耳病	6		46		13		65		0.0
皮膚病	334	2	1,006	6	424	6	1,764	14	0.8
筋骨腱運動器病	169	2	718	5	143	1	1,030	8	0.8
戰鬥外傷	615	5	2,682	40	644	12	3,941	57	1.4
凍傷	830	28	7,008	60	1	1	7,839	89	1.1
槍傷	649	52	1,783	115	445	21	2,877	188	6.5
自殺・他傷	4	4	1	1	2	2	7	7	100.0

12-6　日軍各師團陣亡及服役免除數

單位(人)

死因		近衛師團	第一師團	第二師團	第三師團	第四師團	第五師團	第六師團	臨時	常設	合計
死亡	戰死	198	174	121	270		311	45	11	2	1,132
	傷死	35	69	13	82		71	13	2		285
	病死	2,093	834	2,670	1,043	1,469	1,612	1,317	717	139	11,894
	變死	19	4	19	34	11	66	12	10	2	177
	小計	2,345	1,081	2,823	1,429	1,480	2,060	1,387	739	143	13,487
服役免除	傷痍	106	481	96	424	14	355	96	12		1,584
	疾病	193	492	148	287	219	389	424	21	1	2,174
	刑罰	1	5	8	9	5	4	3	1		36
	小計	300	978	252	720	238	748	523	34	1	3,794
合計		2,645	2,059	3,075	2,149	1,718	2,808	1,916	774	144	17,282

12-7　清日兩國士兵體格比較

明治二十七年（1894）12月調查

		年齡（平均）	身長（cm）	體重（kg）	胸圍（cm）	呼吸縮長差（cm）	肺活量（ml）	握力（kg）
日本兵		21歲5個月	164.8	61.3	85.1	7.03	3,631.0	41.0
清國兵		29歲10個月	166.6	54.8	89.7	6.70	3,029.0	31.0
評價	差值	8歲5個月	18.0	6.5	4.6	0.33	502.0	10.0
	比較	清兵年長	清兵高	清兵輕	清兵大	清兵少	清兵少	清兵弱

* 參加評價體檢清國兵狀況：服役最長者20年，最短者3個月，平均3年8個月。最年長者55歲，最年少者16歲
* 參加評價體檢日本兵狀況：成年20歲以上者，各兵種入營滿1年以上者
* 參加評價體檢統計人數：日本兵14,218名；清國俘虜兵77名
　數值係日本舊度量衡制數據換算成現代度量衡制的結果

12-8　日清戰爭時日本民間及外國隨軍人員

單位（人）

	記者	畫師	寫真師	神官	僧侶	合計
日本人	114	11	4	6	55	190
宗教區分	神道：金光教派2名 神宮教派2名 其他派2名 僧侶：真宗26名 禪宗6名 淨土宗8名 日蓮宗5名 真言宗7名 天台宗3名					

	記者	軍醫監	大尉	中尉	大佐	合計
英國人	8	1	2			11
美國人	5		1	1		7
法國人	4		1			5
俄國人					1	1
合計	17	1	4	1	1	24

13 戰爭俘虜

13-1 日軍收容轉運清軍俘虜明細

單位（人）

抑留地	區分	俘虜傷患者 患者(病數)	治癒(件數)	死亡	轉送途中死亡	轉送	事故	逃亡	患者送還	俘虜總數 總數	將校	死亡	逃亡	俘虜歸還
海城	海城營舍醫院	217	113	75			5	2	22					
	海城俘虜營舍	906	666	2		174	2		62	677	18	90	19	568
	小計	1,123	779	77		174	7	2	84					
東京	東京陸軍預備醫院	56	53	2	1									
	東京俘虜營舍	531	526						5	179	3			179
	小計	587	579	2	1				5					
佐倉	佐倉陸軍預備醫院	91	83	3			1		4					
	佐倉俘虜營舍	188	157			11			20	103	1	6		97
	小計	279	240	3		11	1		24					
高崎	高崎陸軍預備醫院	1		1										
	高崎俘虜營舍	13	11			1			1	42	4	1		41
	小計	14	11	1		1			1					
名古屋	名古屋陸軍預備醫院	26	26											
	名古屋俘虜營舍	303	270			26			7	100				100
	小計	329	296			26			7					
大阪	大阪陸軍預備醫院	264	213	8	1	2		1	39					
	大阪俘虜營舍	768	764			4				276	14	9	1	266
	小計	1,032	977	8	1	6		1	39					
其他地方	豐橋俘虜營舍	179	173			1	2		3	100	3			100
	大津俘虜營舍	368	355	2					98	100	1	2		98
	廣島陸軍預備醫院	60	29	3		21	2		5	8		3		5
	松山俘虜營舍	166	145	5		4			12	96	16	5		91
合計	營舍醫院	217	113	75			5	2	22					
	陸軍預備醫院	498	404	17	2	23	3	1	48					
	俘虜營舍	3,422	3,071	9		221	4		117					
總計		4,137	3,588	101	2	244	12	3	187	1,681	60	116	20	1,545

13-2 俘虜送還藥物清單

藥物及消耗品消費表

鹽酸莫爾比涅散	0.05
健胃散	225.0
次硝酸蒼鉛	30.0
芳香散	75.0
酒石酸	15.0
甘汞	10.0
阿片末	1.0
牛乳	2罐
武蘭煙酒	500.0
單軟膏	20.0
石炭酸	30.0
升汞	15.0
升汞棉紗	壹反
木棉	壹文

* 1895年8月海路俘虜送還記錄

13-3 清軍俘虜送還船中患者病情分類

單位（人）

病名	東京	佐倉	高崎	名古屋	大津	大阪	廣島	松山	豐橋	小計
胃腸病	2				3(1)	(4)				10
筋僂麻質斯									1	1
腳氣		1			3	31		3		38
腹膜炎・肝臟充血						1				1
肺結核						1				1
黃疸・陰囊脫腸症					1					1
間歇熱	1					(1)				1
角膜表層炎						1				1
濕疹						1				1
凍傷								3		3
火傷									1	1
槍傷						3	2			5
合計	3	1			9	42	5	3	2	6

* 1895年8月海路俘虜送還記錄　* 括號內數字是船中發病新患者數

13-4　戰地清軍俘虜收容及醫療救護

被俘地	被俘數	患者救護		抑留地收容前			抑留地收容後		送還
		患者	治癒	死亡	逃走	小計	死亡	逃走	
成歡　平壤	619	133	106	*62		557	16		541
豐島海戰	84			1		83	5		78
九連城　虎山等	25	14	10	3		22			22
四面城　分水嶺	5					5			5
大連　金州	221	38	25		1	213			213
雙台溝　旅順	11	11	4	2	5	4			4
蓋平　七里溝	36	11	4	6		30	1		29
海城　析木城	14	12	2	8	1	5			5
榮成縣	15					15	2		13
威海衛	58	21	17			58	2	1	55
牛莊城　田莊台	689	83	62	12		677	*90	19	568
澎湖島	11	2				11			11
神戶	1					1			1
不明	1			8					
總計	1,790	326	231	102	7	1,681	116	20	1,545
俘虜類別　將校官	60					60		1	59
俘虜類別　下士・兵卒	1,625			5		1,620	115	19	1,486
俘虜類別　不明	105			97	7	1	1		

註釋
*俘虜中官職相當日軍軍階
*平壤死者62人中47人、牛莊死者90人中13人，因越獄反抗被處刑（資料未記入）
*神戶俘虜1名係清國駐美國公使館職員，歸國途中在神戶中轉時因日清開戰被逮捕收容
*馬關條約簽訂後，根據雙方條約規定，在日本收容的清國俘虜在俘虜交換中送還清國

3-5　清國俘虜送還船費用支出明細

總金額：壹萬四千五百四拾壹圓八拾九錢六厘		備註
細目		
項目	金額（日圓）	
俘還送委員全體成員旅費	五千五百六拾五圓壹錢五厘	1 費用包含俘虜送還委員一行豐橋丸乘船期間的使用費，以及八月十九日大沽港俘虜上陸後至廿二日大連灣歸港期間，豐橋丸的使用費、煤炭費。
豐橋丸船內俘虜宿舍裝修工事費	九百五拾八圓八拾六錢	
俘虜九百七十六人車船旅費	六百八拾八圓貳拾九錢五厘	
俘虜九百七十六人船內費用	壹千四百五拾七圓貳拾錢	
八月十日至十八日豐橋丸燃煤費	壹千九百八拾圓	
八月十日至十八日豐橋丸使用費	三千七百六拾壹圓七錢	
俘虜行李及其他物品運送費	三拾五圓八拾五錢六厘	2 費用包含俘虜送還委員一行，大連灣、宇品間改乘東京丸船班歸國以及換乘汽船的船票及船中使用費。
俘患者使用人夫及人力車費	三拾六圓五拾八錢	
郵政電信費	五拾圓九拾九錢	
俘虜集中住宿雜件及電燈照明費	三圓九拾五錢	
俘患者護理用衛生紙	四圓六錢	

1895年8月10—18日簿記

13-6 清國北洋水師將校士官宣誓降服名簿（1）

提標

官職	姓名
參將	余貞順
都司	吳應科
守備	何廣成

定遠艦

官職	姓名
副管駕遊擊	李鼎新
總管輪遊擊	陳楠
幫帶大副都司	江仁輝
大管輪都司	孫輝恆
大管輪都司	陳兆鏘
駕駛大副守備	朱聲崗
魚雷副守備	徐振鵬
槍炮大副守備	沈壽坤
炮務副守備	楊金球
炮務副守備	高承錫
二管輪守備	陳日昇
二管輪守備	林敬先
三管輪千總	任如壯
三管輪千總	岑錦昌
三管輪千總	孫灼堂
千總	蔣拯
千總	林高昇
艙面管輪把總	林祥
艙面管輪把總	楊森
水手總頭目把總	鄭基明
把總	唐文盛
外委	陳穆經
外委	熊恩華
外委	潘恆言
外委	施輝蕃

鎮遠艦

官職	姓名
署副管駕遊擊	何品璋
總管輪署理遊擊	王齊辰
幫帶大副都司	曹嘉祥
大管輪都司	許啟邦
大管輪都司	劉冠南
駕駛大副守備	王珍
魚雷大副守備	湯金城
槍炮大副守備	沈叔齡
二管輪守備	楊品棠
二管輪守備	吳金山
炮務二副守備	饒鳴衡
炮務二副守備	陳成捷
船械三副千總	葉寶綸
舢板三副千總	翁阿琪
三管輪千總	徐正沅
三管輪千總	黃履川
三管輪千總	程宗伊
艙面管輪把總	陳德培
艙面管輪把總	陳成林
艙面管輪把總	楊楷
正炮辦把總	劉金富
水手總頭目把總	黃銀鎔
副炮辦外委	蔡桐
副炮辦外委	陳友和
副炮辦外委	黃森基
副炮辦外委	李建勳
教習	嚴容魁
教習	陳國榮
管輪學生	賀文翰
管輪學生	陳寶璋
管輪學生	陳源亭

靖遠艦

官職	姓名
管帶副將	葉祖珪
幫帶大副都司	劉冠雄
總管輪都司	任正中
魚雷大副守備	祁鳳儀
駕駛大副守備	陳成金
槍炮二副守備	洪桐書
大管輪守備	張玉明
大管輪守備	陳鳴龍
三副千總	曾瑞祺
船械三副千總	鄭祖彝
千總	常培基
千總	徐興倉
正炮辦把總	高大德
水手總頭目把總	林添壽
把總	沈念祖
副炮辦外委	蔣秉鈞
副炮辦外委	張潤清
副炮辦外委	葉有期
文案	吳柏潮
文案	陳雲霖
教習	邵得康
教習	黃世惠

來遠艦

官職	姓名
管帶副將	邱寶仁
大副都司	張哲仁
總管輪都司	任廷山
大副守備	鄭大超
二副守備	唐春桂
二副守備	謝葆璋
三副守備	施作霖
三管輪把總	張斌元
正炮辦把總	李山
水手總頭目把總	任世楨
副炮辦外委	劉錫廷
副炮辦外委	張華春
副炮辦外委	徐廣貞
副巡察外委	丁長桂
正炮辦把總	李貴
副炮辦把總	謝滋年
三副外委	林韻珂
副管輪軍功	邱志城
水手總目軍功	陳建
正教習軍功	林興梨
副教習軍功	陳紹芳
副教習軍功	陳祖蔭

濟遠艦

官職	姓名
管帶副將	林天福
幫帶大副都司	張浩
總管輪都司	梁祖全
魚雷大副守備	趙文錦
駕駛大副守備	譚學衡
槍炮二副守備	宗文翻
大管輪守備	鄭朝宗
大管輪守備	黃勝
船械三副千總	陸倫坤
舢板三副千總	黃鐘瑛
二管輪千總	林榮光
二管輪千總	唐國安
三管輪把總	楊傑永
三管輪把總	何嘉蘭
正炮辦把總	劉斌
水手總頭目把總	袁升基
副炮辦外委	鄧金城
副炮辦外委	江順達
副炮辦外委	孟玉發
副巡察外委	劉德隆
駕駛學生	衛汝基
管輪學生	朱正霖

平遠艦

官職	姓名
管帶都司	李和
總管輪都司	陳祥甸
大副千總	周獻琛
大副千總	梁汝輝
巡查千總	李得元
大管輪把總	陳陸
二副把總	歐天陸
副管輪把總	張光紳
三管輪把總	王如璋
三管輪把總	徐裕源

廣丙艦

官職	姓名
管帶遊擊	程璧光
總管輪都司	曾弼臣
大副守備	馮勵修
大管輪守備	詹茂山
二副千總	蔡叔緩
二管輪千總	黎允恭
二管輪千總	楊聲遠
三副把總	湯郎亭
三管輪把總	吳干臣
三管輪把總	梁勵山
正炮辦把總	葛子明
水手總頭目軍功	吳朝亮
副炮辦外委	程莜雲
巡查外委	劉韻泉
文案縣丞	林肖筠
支應訓導	吳普卿

威遠艦

官職	姓名
管帶遊擊	林穎啟
幫帶大副守衛	馬員玉
操練大副守備	陳杜衡
正炮辦把總	高大潤
水手總頭目外委	楊鈿
副炮辦外委	鄭國清
管輪學生	毛耀南

鎮東艦

官職	姓名
管帶守備	陳鎮培
大副千總	林葆懌
大管輪	楊進貴
二副把總	薛炳奎
二管輪把總	田潤生
炮辦外委	黃寶賢
	潘翼年

鎮西艦

官職	姓名
管帶千總	潘兆培
大管輪千總	葉銳
二副把總	張方揚

鎮西艦

二管輪把總	謝國樑
三管輪把總	歐陽有福
炮辦把總	李群慶
教習炮辦	曾爾煒
文案監生	何爾坤

鎮南艦

管帶都司	藍建樞
大副千總	任天龍
大管輪千總	鄭佳雲
二副把總	黃以雲
二管輪把總	林文或
三管輪把總	朱銘
炮辦外委	劉舉瑤
炮目軍功	唐連冬
教習軍功	林順登

鎮北艦

管帶游擊	呂天經
大副千總	伍壁英
大管輪千總	陳景康
二副把總	戴錫侯
二管輪把總	施文政
二管輪把總	陳翼辰
炮目外委	李聖惠

鎮中艦

管帶都司	林文彬
大副千總	曾兆麟
大管輪千總	葉顯光
二副把總	藍道生
二管輪把總	劉忠良
三管輪把總	陳彥芬
炮辦外委	楊奉吉

鎮邊艦

管帶都司	黃鳴球
大副千總	李恭岳
大管輪千總	張在明
二副把總	許應岳
二管輪把總	邱志傑
三管輪把總	張淘
炮辦外委	陳樹萱

康濟艦

管帶游擊	薩鎮冰
大副守備	翁祖年
大管輪守備	嚴鴻昌
二副千總	葉祖蔭

二管輪千總	陳兆渠
三副把總	陳錫昌
三管輪把總	丁芳蘭
正炮辦把總	邵森貴
水手總頭目把總	張柏

右隊一號魚雷艇

把總	朱振瀛

舊揚威乘員

都司	陳喬

左隊一號魚雷艇

千總	陳兆榮

練勇學堂

督操都司	劉學禮
大副千總	何金成
二副外委	孫士經
文案	黃金全
水手頭目	劉長生

威海東口水雷營

管帶守備	洪翼
洋文幫帶	金銘鼎
武幫帶	李金元

護軍正營

管帶	陸敦元
幫辦兼理左哨官	田餘慶
前哨哨官	沈殿魁
右哨哨官	堅希標
後哨哨官	朱培精
中哨哨長	王之恆
前哨哨長	何登玉
左哨哨長	徐宏業
右哨哨長	劉得勝
後哨哨長	榮鳳珍

護軍副營

翼長幫帶副官	袁雨春
幫帶兼理左哨官	張鴻勝
前哨哨官	趙玉和
右哨哨官	李鳳林
後哨哨官	宋道祺
前哨哨長	李得春
左哨哨長	袁錦昌
右哨哨長	呂廣為
後哨哨長	孫安貴

護軍前營

管帶	李春庭
幫帶	盧德才

前哨哨官	楊得勝
左哨哨官	王玉山
右哨哨官	王保山
後哨哨官	陳金山
前哨哨長	張德標
右哨哨長兼中哨	張世懷
後哨哨長	王青年

護軍後營

管帶	余發思
前哨哨官	丁長勝
左哨哨官	王國瑞
右哨哨官	吳振山

清國海軍雇用外籍人員降服名單

姓名	官職	僱傭前職務
John McClure	副提督	英國商船[Navy]船長
Mellows	掌炮長	英國軍艦[Alaclity]下士
Thomas	掌炮長	清國海關附屬招組船乘員
Charles Clarkson	炮術教官	英國軍艦[Imperieuse]乘員
W.L.Parker	炮術教官	清國廣東海關走私船巡捕
W.H.Graves	炮術士官	清國海關僱傭
S.S.Wood	炮術教官	九龍清國海關僱傭
R.Walpole	岸炮台士官	清國海關僱傭
W.G.Howard	機關術教官	香港造船所僱傭
Tyler	劉公島醫院	不詳

後哨哨官	鄭得勝
中哨哨長	李經忠
前哨哨長	高克昌
左哨哨長	項昌銀
右哨哨長	郭振標
後哨哨長	常錦春

護軍

先鋒官	王舉
先鋒官	朱緒常

電報局

值報生	魏紹緒
值報生	何瑞麒

威海衛劉公島戰利品（部分）

品目	數量	品目	數量
28厘米臼炮	6門	8厘米普通榴彈	227發
24厘米克炮	9門	7.5厘米開化榴彈	3,850發
12厘米速射炮	4門	12厘米圓彈	155發
12厘米臼炮	6門	3斤安炮彈	1,600發
8厘米克炮	5門	軍用火箭	120發
7.5厘米克炮	22門	57毫米保炮彈	2,064發
6.5厘米克炮	7門	37毫米速射炮彈	3,280發
37毫米速射炮	14門	毛瑟步槍子彈	380,000發
巍炮	7門	速射炮雷管	20,000枚
毛瑟步槍	830支	8厘米灑散彈	600發
速射炮裝藥機	4台	步槍槍劍	470把
水力起重機	7台	各種火罐	309個
30厘米榴彈	47發	炮彈時限管	340枚
30.5厘米鋼鐵彈	8發	鐵道用枕木	1,000根
28厘米鋼鐵彈	1,000發	潛水器	2副
21厘米普通榴彈	397發	暖爐	50個
21厘米鋼鐵榴彈	26發	搬運船	3艘
15厘米普通榴彈	229發	小蒸汽艇	4艘
12厘米速射榴彈	58發	舢板	10艘

14 戰場軍紀

14-1 清日戰爭日軍軍法判刑人員及犯罪地域

單位（人）

罪行類別			罪名	判刑人員				犯罪地域				
				軍人	軍屬	常人	合計	內地	朝鮮	清國本土	台灣	合計
全刑法	陸軍刑法	重罪	暴行罪　持兵器對上官施暴等	5			5	1		2		3
		輕罪	暴行罪　上官施暴 群架 軍品損棄 濫用職權等	107	3		110	3		9		12
			侮辱罪　辱罵哨兵 對上官及公務侮慢	6			6			1		1
			違令罪　違反哨兵令 哨兵離崗 睡眠 造謠等	294		2	296	8	4	12	9	33
			逃亡罪　無故離隊超三日等	612	43		655	3	51	212	52	318
			欺詐罪　自傷逃避兵役等	10			10				2	2
			結黨罪　私結團夥 妨礙命令等	302			302				1	1
			小　計	1,331	46	2	1,379	15	55	236	64	370
	刑法及其他法令	重罪	信用傷害罪　偽造及盜用 官文書 官印 偽幣等	1	1		2		1		2	3
			官吏瀆職罪　貪污 監守自盜等	1			1			2	1	3
			身體傷害罪　強姦 謀殺 傷害致死等	3	2		5	1	2	7	2	12
			財產強取罪　暴力強奪 致傷 致死等	1			1		4	8	8	20
			小　計	6	3		9	1	7	17	13	38
		輕罪	靜謐拒絕罪　脫獄 上官不敬 官印損棄 他宅侵入等	67	2		69	3	4	6	8	21
			信用傷害罪　身份 年齡 氏名 印鑒等欺詐等	92	40	1	132	39	2	4	4	48
			風俗傷害罪　財物賭博等	61	24		85	13	12	202	226	453
			身體傷害罪　毆傷 毆死 兇器威脅傷人等	74	8	1	83	4	7	63	32	106
			貞操侵害罪　強姦 強姦未遂等							10	1	11
			財產強取罪　偷盜 贓物隱匿 騙取 他人財物毀棄等	910	58	2	970	25	76	212	90	
			諸罰則違反罪　徵兵令 郵政條例 煙草 危害品違反等	10	1		11	4		2	3	9
			小　計	1,214	133	4	1,351	88	91	500	364	1,043
		違警罪	信用傷害罪　氏名 年齡詐稱等	2			2	1				1
			身體傷害罪　毆傷致休業等	2			2	1		7		8
			財產損害罪　錢物拾取私有及隱匿 防火等		2		2		1	10	1	12
			毆人致傷罪　毆人致傷 隨地大小便 辱罵等	15	3		18			1	7	8
			郵便違反罪　盜取郵便及欺詐等	54		2	56			1		1
			小　計	73	5	2	80	2	1	19	8	30
			合　計	1,293	141	6	1,440	106	154	772	449	1,481
			總　計	2,619	187	8	2,824	106	154	772	449	1,481

14-2 清日戰爭陸軍檢查處分人員統計

	訴訟概況		人數	職能
軍法會議	受理件數	公訴　件數	1,178	軍法會議執行軍隊內固有的陸軍刑法，實施軍隊紀律檢查，陸軍刑法還適用戰時編入作戰部隊的非軍人。
		公訴　人員	1,933	
		私訴　件數	29	
		私訴　人員	29	
	處理濟件數	審問　免訴	248	軍法會議
		審問　管轄誤	28	第一軍兵站監部軍法會議
		審問　死亡	4	第二軍兵站監部軍法會議
		判決　重罪	41	野戰近衛師團軍法會議
		判決　輕罪	1,410	野戰第一師團軍法會議
		判決　違警罪	30	野戰第二師團軍法會議
		判決　免訴		野戰第三師團軍法會議
		判決　無罪	39	野戰第四師團軍法會議
		判決　管轄誤		野戰第五師團軍法會議
		判決　死亡		野戰第六師團軍法會議
		判決　勝訴	29	臨時第七師團軍法會議
		判決　敗訴		混成第四旅團軍法會議
		撤訴　棄卻		混成第九旅團軍法會議
		撤訴　和解		佔領地總督部軍法會議

	處分職官	人數	職能
陸軍檢查	憲兵將校下士	1,522	戰爭中特設的陸軍檢查機構，根據陸軍治罪法第31條和32條之規定，主要面對軍官紀檢。對憲兵將校、下士、師團副官、旅團副官、警備隊司令官、各所管長官、團隊將校、大隊區司令官、監獄長、衛兵司令官等軍官，實施犯罪搜查、證據收集、處分治罪的職能。法律執行依據陸軍檢查、軍法會議之判決實施。
	師團副官	260	
	旅團副官	6	
	警備隊司令官	13	
	所管長官	37	
	團隊將校	2,881	
	大隊區司令官	5	
	監獄長	54	
	衛兵司令官	2	
	合計	4,780	
未決	公訴	133	野戰近衛師團兵站軍法會議
	私訴		台灣兵站臨時陸軍軍法會議
合計	公訴	1,933	台灣總督府臨時軍法會議
	私訴	29	
監獄			監獄執行軍刑法的宣判，戰時未決的嫌疑犯由所轄團團憲兵管理，所到之處別屋拘禁。已決囚徒隨軍勞役，長刑期者開除軍籍交付後方監獄服刑

14-3　日軍戰爭中刑法處罰概況

單位(人)

陸軍刑法

重罪		輕罪			
		重禁錮		輕禁錮	
死刑		五年以上		五年以上	
無期徒刑		三年以上		三年以上	
有期徒刑		二年以上	1	二年以上	
無期流刑		一年以上	10	一年以上	11
有期流刑	3	八月以上	86	八月以上	4
重懲役		六月以上	183	六月以上	7
輕懲役		三月以上	44	三月以上	5
重禁獄		一月以上	1	一月以上	12
輕禁獄		一日以上	2	一日以上	1
小計	3	小計	327	小計	40

刑法及其他法令

重罪		輕罪			
		輕罪		輕罪罰金	
死刑	1	五年以上	1	15圓以上	2
無期徒刑	2	三年以上	18	15圓以上	6
有期徒刑	5	二年以上	11	15圓以上	7
無期流刑		一年以上	24	15圓以上	100
有期流刑	11	八月以上	22	小計	115
重懲役	19	六月以上	28	其他輕罪	
輕懲役		三月以上	154	拘留	18
重禁獄		一月以上	572	罰金	12
輕禁獄		一日以上	98		
小計	38	小計	928	小計	30

15　戰地民政

15-1　日軍佔領地（遼東半島）人口調查表

單位（人）

市村管轄廳	市村別	市街村落人口				市村吏員數		
		戶數	男	女	合計	區村長	副區村長	合計
總督部民政部（金州）	市街	1,090	2,329	2,381	4,710	2	4	6
	村落	10,315	36,470	34,044	70,514	319	305	624
旅順口民政支部	市街	1,445	1,404	199	1,603			
	村落	8,952	33,778	29,396	63,174	253	249	502
貔子窩民政支部	市街	534	2,130	688	2,818			
	村落	21,336	91,872	77,919	169,791	144	144	288
復州民政支部	市街	577	1,857	1,189	3,046	4	4	8
	村落	18,389	72,351	69,844	142,195	224	219	443
蓋平民政支部	市街	1,568	5,436	2,006	7,442			
	村落	36,764	130,140	110,635	240,775			
海城民政支部	市街	1,455	2,491	1,600	4,091	4		4
	村落	16,799	53,029	38,850	91,879	306	461	767
營口民政支部	市街	6,166	22,215	11,462	33,677	4	4	8
	村落	4,282	12,866	11,286	24,152			
鳳凰城民政支部	市街	934	1,034	187	1,221	5		5
	村落	2,261	10,380	6,584	16,964			
岫岩民政支部	市街	621	2,466	993	3,459			
	村落	12,716	44,004	36,326	80,330			
大孤山民政支部	市街	3,232	6,530	4,203	10,733			
	村落	14,095	55,659	46,283	101,942	691	7	698
安東縣民政支部	市街	700	7,600	3,700	11,300			
	村落	13,382	31,721	25,969	57,690			
總　計	市街	17,222	55,492	28,608	84,100	20	13	33
	村落	159,291	572,270	487,136	1,059,406	1,937	1,385	3,322
	合計	176,513	627,762	515,744	1,143,506	1,957	1,398	3,355

各地域	國籍	戶數	男	女	未成年	新登陸日本人		合計
外國人	美國	2	2	1	3	學術人	3	11
	英國	40	38	28	42	醫師	1	149
	法國	1	2	12		雜貨商	477	492
	德國	2	2	1	4	貨運業	23	32
	丹麥	2	2			漁業	121	125
	瑞典挪威	2	2	1	6	其他	19	30
總計		49	48	43	55	644		839

15-2 日軍佔領地（遼東半島）行政部門職員配置

單位（人）

佔領地民政部	行政廳職員										
	將官	上長官	士官	下士	上等兵	奏任官	判任官	翻譯	僱員	清國人	合計
總督民政部（金州）	1	2	4	34	39	1		4	8	3	96
旅順口民政支部		1	2	16	17			2	5	4	47
貔子窩民政支部		1	1	7	5			1	3	5	23
復州民政支部		1	1	11	15			2	2	4	36
蓋平民政支部		1	2	13	15			2	2	8	43
海城民政支部		1	2	11	13			2	4	10	43
營口民政支部			3	23	27	1	2	4	3	18	81
鳳凰城民政支部		1	1	7	10			2	1	12	34
岫岩民政支部		1	2	9	10			1	2	5	30
大孤山民政支部		1	1	12	18			1	1	10	44
安東縣民政支部		1	1	11	19			2	1	7	42
總　計	1	11	20	154	188	2	2	23	32	86	519

15-3 日軍佔領地（遼東半島）行政部百姓救恤

單位（人）

佔領地民政部	施米		施鹽	施療			種痘
	人次	量（石）	量（石）	入院	外來	小計	人數
總督民政部（金州）				125	4,196	4,321	205
旅順口民政支部	140,745	562		29	319	384	
岫岩民政支部	7,179	39					
安東縣民政支部			400				
總　計	147,924	591	400	154	4,515	4,669	205

*佔領地其他行政部調查數據不完全，原始資料未記入。

15-4 日軍佔領地（遼東半島）警察管治(1)

單位（人）

職責	警察管治事由	國籍別			職責	警察管治事由	國籍別		
		日本人	清國人	合計			日本人	清國人	合計
逮捕・引渡・喚問	電線切斷者		11	11	逮捕・引渡・喚問	傷人者	28	31	69
	軍需妨礙者		2	2		綁人毆打者		4	4
	間諜嫌疑者		98	98		脅迫人者		7	7
	官吏公務妨礙者		4	4		幼者遺棄者		1	1
	囚徒逃走責任者		2	2		誘拐人者		12	12
	罪人隱匿者		3	3		強姦婦女者	65	2	67
	囚徒逃走忘記者	4		4		誣告誹謗者		21	21
	私用軍用槍彈者		2	2		財物盜竊者	51	630	681
	私人住宅侵入者		8	8		強盜行為者	16	398	414
	偽造銀幣者		3	3		拾得物隱匿者		3	3
	身份詐稱者	1	28	29		財物騙取者	14	43	57
	賣日本人鴉片者		2	2		贓物隱匿者		12	12
	賭博者	16	669	685		放火燒建物者		10	10
	飲料水污染者		1	1		放火財物燒燬者	2		2
	對教堂不敬者	16		16		家屋破壞者		5	5
	墳墓挖掘者		2	2		違反巡警取締規則者	7	65	72
	監守自盜者	2		2		合計件數	224	2,150	2,374
	殺人者	2	59	61					

15-5　日軍佔領地（遼東半島）警察管治(2)　單位（人）

職責	警察管治事由	國籍別		
		日本人	清國人	合計
諭說・教育・開導・警告	爭吵漫罵者	1,061	1,128	2,189
	物品強買強賣者	375	5	380
	無錢飲食者	26	1	27
	公共場所裸體者	96	176	272
	道路通行妨礙者	18	126	144
	規定場所外撒尿者	446	6,501	6,947
	賭博及似賭博者	78	441	519
	雜藝過激者	578	116	694
	毆人及毆人致傷者	185	110	295
	器物損壞損傷者	366	14	380
	他人物品劫去者	389	221	610
	他人物品無端使用者	18	2	20
	虛假不實報告者	5	56	61
	屆出申告怠慢者		91	91
	取締規則違反者		139	139
	委託保管物使用者	1	2	3
	官吏職務履行妨礙者	1	3	4
	猥褻調戲婦女者	164	1	165
	賣淫婦接近者	241		241
	賣淫及媒介者		32	32
	他人宅內猥褻者	531	73	604
	禁制物品販賣者		14	14
	飲料水污染者	1	12	13
	市場外設商攤者		1,699	1,699
	無許可經商者	15	315	330
	無定住業徘徊者	15	613	628
	家畜放飼者		86	86
	不法收購者	15		15
	腐壞食品販賣者	21	1,267	1,288
	污穢物道路投棄者	255	3,794	4,049
	排水溝損毀者	32	382	414
	家屋內外不掃除者	388	3,270	3,658
	其他	355	1,474	1,829
	合計件數	5,676	22,164	27,840
檢證	遭遇強盜者	1	18	19
	遭遇強盜家	1	49	50
	遭遇強盜船		5	5
	遭遇偷盜者	28	35	63
	遭遇偷盜家	2	13	15
	發生火災家		13	13
	遭遇暴行者	1	2	3
	遭受毆打者	3	6	9
	身體負傷者	1	2	3
	遭遇強姦者		3	3
	沉沒船隻	1		1
	合計件數	38	146	184

15-6　日軍佔領地（遼東半島）警察管治(3)　單位（人）

職責	警察管治事由	國籍別		
		日本人	清國人	合計
報告・告發等申告受理	告訴	297	1,380	1,677
	告發	38	33	71
	盜難申告	126	72	198
	偽幣發現申告	2	10	12
	拾得物申告	131	30	161
	遺失物申告	189	19	208
	出產申告		46	46
	死亡申告		111	111
	轉居申告		63	63
	結婚申告		8	8
	逃亡返回申告		359	359
	軍馬逃走申告	30		30
	軍馬捕獲申告	20		20
	通行證取得申請		14,039	14,039
	開市許可狀申請		6,309	6,309
	出入證取得申請		1,121	1,121
	房田產保護申請		188	188
	借家申請	28	182	210
	家屋明渡申請		181	181
	船舶進出許可申請		235	235
	漁業申請		165	165
	施療申請		572	572
	其他		1,534	1,534
	合計件數	871	26,653	27,524
檢視	凍死者	2		2
	他殺者	1	14	15
	自殺者		6	6
	病死者		20	20
	卒倒者	2	6	8
	行倒者		26	26
	淹死者		5	5
	遺棄屍體		10	10
	漂浮屍體	1		1
	合計件數	6	87	93
救護	凍死者	6	6	12
	戶外生病者	26	64	90
	酩酊大醉者	212	43	255
	負傷者	5	27	32
	被遺棄者		3	3
	落水者	1	4	5
	發狂者		4	4
	遭受暴行者		12	12
	被強姦者		4	4
	遭到搶奪者		5	5
	自殺者	1	2	3
	遭遇強盜者	1		1
	其他	39	65	104
	合計件數	291	239	530

15-7 日軍佔領地（遼東半島）人民犯罪罪名及判決刑

單位（人）

法令別		罪名	男	女	合計	重刑	輕刑	違警刑
日本軍令	重罪	軍需妨礙罪	1		1	1		
		間諜罪	8		8	8		
		電線切斷罪	2		2	2		
		小計	11		11	11		
	輕罪	間諜行為	1		1		1	
		間諜未遂	1		1		1	
		過失電線切斷	3		3		3	
		身份詐稱城證濫用	2		2		2	
		身份詐稱通城關	4		4		4	
		氏名詐稱	1		1		1	
		城門證偽造使用	1		1		1	
		官吏抗拒	3		3		3	
		罪犯包庇出具偽證	3		3		3	
		毆人致傷	3		3		3	
		擅自捆綁監禁	3		3		3	
		他人誣陷誣告	2		2		2	
		他人所有物盜取	99		99		99	
		脅迫暴行強取財物	6		6		6	
		他人欺騙騙取財物	3		3		3	
		盜竊贓物窩藏	1		1		1	
		他人財物無端使用	2		2		2	
		他人家屋物品毀壞	2		2		2	
		隱秘賣淫及拉皮條	3	3	6		6	
		小計	143	3	146		146	
日本刑法及其他法令	重罪	攜帶兇器偷竊	2		2	2		
		強盜傷人	1		1	1		
		小計	3		3	3		
	輕罪	未判決逃跑囚徒	2		2		2	
		私入他人住宅	1		1		1	
		財物賭博	4		4		4	
		毆人致傷	3		3		3	
		他人誣陷誣告	1		1		1	
		他人所有物盜取	32		32		32	
		他人財物騙取	1		1		1	
		小計	44		44		44	
	違警罪	毆打他人	3		3			3
		他人所有物盜取	2		2			2
		死亡未申告埋葬	1	1	2			2
		違反傳染病規則		2	2			2
		小計	8	1	9			9
		日本律令罪刑合計	55	1	56			56

法令別		罪名	男	女	合計	重刑	輕刑	違警刑
清國法律法令	重罪	謀殺罪	2		2	2		
		故意殺人罪	2		2	2		
		毆傷致死罪	1		1	1		
		盜竊（120兩以上）	5		5	5		
		脅迫暴行強取財物	49		49	49		
		攜帶兇器強盜	70		70	70		
		強盜傷人殺人	21		21	21		
		他人財物騙取	1		1	1		
		放火燒煨他人家屋	2		2	2		
		小計	153		153	153		
	輕罪	官吏抗拒	4		4		4	
		已判決囚徒逃跑	2		2		2	
		隱藏逃跑囚犯	2		2		2	
		私藏軍器彈藥	1		1		1	
		私入他人住宅	1		1		1	
		財物賭博	47		47		47	
		盜掘墳墓	2		2		2	
		謀殺未遂	2		2		2	
		毆人致傷致死	2		2		2	
		毆人致傷	9		9		9	
		擅自捆綁監禁	1		1		1	
		殺人脅迫	1		1		1	
		姦淫幼女者	1		1		1	
		他人誣告	14		14		14	
		他人誹謗	1		1		1	
		盜竊他人物品	179		179		179	
		脅迫暴行強取財物	29	2	31		31	
		攜帶兇器強盜	5		5		5	
		隱藏拾得遺失物	1		1		1	
		欺騙他人財物	11		11		11	
		他人財物無端使用	2		2		2	
		窩藏強盜贓物	5		5		5	
		毀壞他人家屋	2		2		2	
		道路上撒尿	7		7		7	
		教唆掃除人夫罷業	1		1		1	
		乳兒重症誤診投棄		1	1		1	
		小計	332	3	335		335	
		清國律令罪刑合計	485	3	488			488
		日本及清國律令判決總數	694	7	701			701

*各民政部斷罪總數721人，其中免訴12人，無罪8人不包括在上表內
*清國罪刑：1重罪：死刑　2輕罪：徒刑、牢獄、杖刑、笞刑、枷鎖
*日軍罪刑：1重罪：死刑、無期、懲役　2輕罪：重禁錮、罰金、斷髮　3違警罪：拘留、罰金

15-8 營口港輸往清國國內港物品及額度

貨幣單位（清國兩）

品物類	上海	芝罘	淡水	廈門	廣東	天津	漢口	汕頭	寧波
穀物種子類	198,595.1	30.0		496,298.1	828,010.5			680,464.4	
菜果類	1,892.4			2,845.5	1,386.1	201.0		2,553.6	58.0
砂糖		2,195.2							
煙草類		764.2	119.2			7,442.0			
魚介類	1,262.8	430.4		23,425.2				864.8	
酒類	100.0	1,471.6		6,030.9				10,225.4	
食物類	1,004.2			3,351.1	479.2		71.0	673.8	
漢藥類	43,657.8	1,947.0	46.2	1,527.1	19,520.6	91.4	4,783.6	18,864.4	491.1
染料類		1,106.9							
油及蠟類	8,305.5			4,672.4	101,674.2			952.2	
麻製品	10.0	671.5							
棉製品	4,503.0	7,112.4							
絲製品	226,475.0	8,827.0							
傢具類	347.6	16.0							
骨角毛皮革	89,270.6	25.0		505.6	2,909.0	240.0	434.8	12,028.1	2,770.2
金屬製品		699.8							
肥料	92,111.0			109,470.0				203,916.4	
器械類	50.0								
其他雜品	1,321.0	327.4			420.0	863.0	830.5	30.0	
總計	668,906.0	25,624.3	165.4	648,125.9	954,399.6	8,837.4	6,119.9	930,573.2	3,319.3

15-9 清國國內港輸入營口港物品及額度

貨幣單位（清國兩）

品物類	上海	芝罘	淡水	廈門	廣東	天津	漢口	汕頭	寧波
穀物種子類	958.9				96.5				
菜果類	3,841.0	58.4						52.4	
砂糖	35,846.9	3,959.4		198,196.4				75,803.2	
茶類	1,473.9	26.4							
煙草類	11,759.9	636.0	2,487.0			250.0	119.9		
魚介類	839.6	114.4							
食物類	4,420.8	342.8						3,621.0	
藥品類	12,393.3			120.9	293.4		501.6	37.4	893.9
染料類	15,799.5	612.6							
油及蠟類	61,452.5								
紙類	63,327.1	1,419.9		423.5	24.0	1,800.0		321.0	
麻布類	6,558.9	492.0		656.8	380.0			620.0	
棉製品	914,112.8	14,335.0					305.0		
絲製品	47,430.5	1,795.7			58.5				
毛製品	6,097.0								
其他布類	162,380.5	2,577.0						211.0	
傢具類	14,422.6								
毛皮類	1,816.7								
竹製品	3,221.6			458.6	36.0				559.0
金屬製品	38,684.1	991.0			711.2				224.1
煤炭						7,930.0			
其他雜品	81,421.5	18,029.3		420.4	531.0	2,400.2	16.0	5,410.5	238.0
總計	1,488,259.5	45,390.0	2,487.0	200,276.6	2,380.5	12,250.1	822.6	86,076.5	1,915.0

15-10　營口港向外國港輸出物品及額度

品物類	香港	黃浦	仁川	海參崴	橫濱	神戶	長崎	合計
穀物種子類	167,163.0	11,786.3			3,000.0	313,941.0	5,000.0	2,914,299.4
菜果類	2,058.1	64.6						11,059.4
砂糖								2,195.2
煙草類								8,325.4
魚介類	92.4							26,075.6
酒類	1,033.0							18,860.8
食物類	2,518.4							8,097.6
漢藥類	31,273.1	15.0				2,661.8		124,879.0
染料類	240.0							1,346.9
油及蠟類	4,800.4					1,641.0		122,025.8
麻製品	219.1			224.3				1,224.9
棉製品								1.1615.36
絲製品						1,672.8		246,974.7
傢具類				378.0				741.6
骨角毛皮革	6,402.5		355.7			743.4		115,684.9
金屬製品	10.0							709.8
肥料	8,960.0				3,000.0	264,468.0	29,885.0	711,460.4
其他雜品						173.0		4,164.9
總計	234,769.9	11,865.0	355.7	602.3	6,000.0	791,141.9	34,885.0	4,329,791.4

15-11　外國港向營口港輸入物品及額度

貨幣單位（清國兩）

品物類	香港	福州	仁川	菲律賓	海參崴	神戶	長崎	合計
穀物種子類	48.0							1,103.4
菜果類	2,729.8							6,139.7
砂糖	34,869.0							347,789.7
茶類						288.0	189.0	932.4
煙草類	95.0							14,646.0
魚介類	443.7		240.0		15,273.9	1,038.4		17,950.0
食物類								7,447.7
藥物類	449.1					176.9		13,701.5
染料類	514.0							16,266.1
油及蠟類	3,000.0							62,279.3
紙類	40.0	9,820.0	120.0					75,625.2
麻布類	1,110.0					240.2		5,760.4
棉製品	151,468.0					4,417.0		1,980,133.1
絲製品								48,282.2
毛織品	120.0							6,087.0
其他布類	80.0							162,936.6
紙扇								12,983.2
傢具類						15.2		13,905.9
毛皮類								1,816.7
竹製品								4,275.1
金屬製品	2,102.2							41,552.7
煤炭					3,040.0			10,970.0
其他雜品	41,108.1		1,059.0			14,473.9		153,203.8
總計	138,176.8	9,820.0	1,419.0	3,040.0	15,273.9	20,649.6	189.0	2,992,804.5

*其他佔領地行政部調查數據不完全，資料未收入原統計表。

15-12　明治二十八年（1895）營口港海關進出口額度

貨幣單位（清國兩）

	輸出額			輸入額			合計	輸入超額
徵稅品	免稅品	小計	徵稅品	免稅品	小計		
4,329,792	534,423	4,864,215	3,128,573	3,105,944	6,234,517	2,098,732	1,370,303

金銀單位（清國兩）

	輸出額			輸入額			合計	輸入超額
金貨・金塊	銀貨・銀塊	小計	金貨・金塊	銀貨・銀塊	小計		
－	502,571	502,571	19,340	2,980,982	3,000,322	3,502,893	2,497,751

15-13　明治二十八年（1895）營口港海關出入港船舶

單位（噸）

船籍	入港船舶			出港船舶			出入合計
	蒸汽船	風帆船	小計	蒸汽船	風帆船	小計	
日本	2,913	－	2,913	2,913	－	2,913	5,826
英國	92,981	361	93,342	92,981	361	93,342	186,685
德國	38,322	4,977	43,299	38,322	4,977	43,299	86,598
挪威	27,393	2,804	30,197	27,393	2,804	30,197	60,394
瑞典	6,362	－	6,362	6,362	－	6,362	12,724
丹麥	3,454	－	3,454	3,454	－	3,454	6,908
美國	700	－	700	700	－	700	1,400
清國	326	－	326	326	－	326	652
總計	172,451	8,142	180,593	172,451	8,142	180,593	361,187

*清國形船（指以船爲家的民戶船隻）入港數26,100艘，出港數17,080艘，總計43,180艘

15-14　明治二十八年（1895）營口港海關出入港船舶稅收額度

貨幣單位（清國兩）

船種類型	輸出稅	輸入稅	雜收入	合計	輸出超過
蒸汽船・風帆船	236,063	94,922	1,720	332,705	141,141

15-15　日軍佔領地（遼東半島）行政徵稅計劃

佔領地民政部	耕地租賃稅/年			海關稅	鹽稅	其他稅
	耕地（畝）	地稅（清兩）	清兩/畝	（日圓）	（日圓）	（日圓）
總督民政部（金州）	290,935	14,547.20	0.050			
旅順口民政支部	226,134	4,993.87	0.022	2,517		
貔子窩民政支部	317,608	13,590.72	0.043	18,200	28,000	
復州民政支部	529,189	22,423.63	0.042	15,811	49,437	
蓋平民政支部	517,060	21,604.79	0.042	4,152		2,580
海城民政支部	272,932	16,436.24	0.060			2,126
營口民政支部	26,687	5,214.45	0.195	724,581	195,599	
鳳凰城民政支部	1,406,220	39,133.92	0.028			
岫岩民政支部	160,472	6,429.34	0.040			
大孤山民政支部	789,722	50,887.79	0.064	120,001		
安東縣民政支部	605,071	26,084.12	0.043	502,782		
合計	5,142,030	221,346	0.057	1,388,044	273,036	4,706

徵稅計劃依據清國納租法之銀納、穀納平均價額算出　　*徵稅計劃因遼東半島返還未實施

16 戰中民眾

16-1 清日戰爭前後日本國民薪金水準

職 業	年	薪 水	註 釋
保姆（女）	1892	0.82圓/月	包食包住
長短工（男工）	1892	1.55圓/月	包食包住
紡織女	1892	（8.4錢/日薪）1.7圓/月	
日僱農民（男農）	1892	（15.5錢/日薪）3.1圓/月	（女農）9.4錢/日
日僱民工	1892	（18.4錢/日薪）3.7圓/月	
建築工（平均）	1892	（27錢/日薪）5.4圓/月	東京是全國平均數的2倍
小學教師初任	1886	8圓/月	代用教師5圓/月
警察初任	1891	8圓/月	其他津貼另外支給
新聞記者	1894	12～25圓/月	
造幣局職工平均	1892	9.3圓/月	
造幣局官吏平均	1892	33.6圓/月	局長250圓/月
銀行員初任	1898	35圓/月	大銀行統計
高級公務員初任	1894	50圓/月	高等文官國家考試合格者
國會議員	1889	（年俸800圓）67圓/月	1899年增薪2000圓/年
東京府知事	1891	（年俸4000圓）333圓/月	
外國人僱傭	1890	平均100～500圓/月	醫師、教授、校長、學者
1位～24位巨富	1887	696,596圓/年～50,096圓/年	財閥、藩主、巨商、大地主、實業家
敕任官（1等）	1875	500～800圓/月	大臣、議長、卿、一等判事、陸海大將
敕任官（2等）	1875	400圓/月	大輔、特命全權公使、陸海中將
敕任官（3等）	1875	350圓/月	少輔、知事、大警視、陸海少將
奏任官（4等）	1875	250圓/月	大丞、權知事、權大警視、總領事、大佐
奏任官（5等）	1875	200圓/月	少丞、參事、中警視、領事、中佐
奏任官（6等）	1875	150圓/月	少書記官、權參事、權中警視、少佐
奏任官（7等）	1875	100圓/月	權助、權參事、少警視、大尉
判任官（8等）	1875	70圓/月	大錄、大技師、權少警視、中尉
判任官（9等）	1875	50圓/月	權大錄、中技師、大警部、少尉
判任官（10等）	1875	40圓/月	中錄、少技師、權大警部、少尉補
判任官（11等）	1875	30圓/月	權中錄、少技手、中警部、曹長
判任官（12等）	1875	25圓/月	少錄、少技手、權中警部、軍曹
判任官（13等）	1875	20圓/月	權少錄、少技手、少警部、伍長
判任官（14等）	1875	15圓/月	筆生、大技生、權少警部
判任官（15等）	1875	12圓/月	省掌、中技生、警部補

*敕任官、奏任官、判任官是明治憲法下的文官官吏等級，任命程序上由天皇親自頒佈任令。

16-2 清日戰爭前日本紡織女工月生活費

（圓/月）

消費項目	三重紡織		名古屋紡織		愛知物產組合	
	通勤	宿舍	通勤	宿舍	通勤	宿舍
食費	2.40	2.10	2.30	1.50	2.00	2.50
房租	1.00		1.00			
服裝費	0.30	0.30	0.80	0.80	0.80	0.50
雜費			0.70	0.20	0.30	0.40
合計	3.70	2.40	4.80	2.50	3.10	2.40

本表1894.7～1895.11從朝鮮作戰至平定台灣為止，各戰鬥參與的戰鬥員發生的死傷者統計

16-3　明治27年（1894）日本國內物品物價指數

明治20年（1887　1月=100）

物品名	年初	年中	年末	物品名	年初	年中	年末	物品名	年初	年中	年末
煤炭	125	167	167	大麥	135	141	172	雞肉	143	149	185
銅	152	151	156	小麥	136	131	-	雞蛋	143	191	202
鐵	139	152	169	小麥粉	129	131	127	香煙	111	111	111
棉線	114	111	109	鹽	81	77	85	茶	116	127	126
真棉	88	85	92	食油	117	147	143	木材	170	155	179
白布	112	122	116	醬油	117	109	117	木炭	116	83	113
絹絲	120	97	104	大醬	128	137	144	材薪	104	113	132
麻	125	133	125	酒	100	93	115	石油	98	94	92
衣料	102	104	97	油渣	149	153	151	生漆	100	104	97
皮革	131	131	146	穀糠	124	153	153	肥料	106	103	112
玻璃板	122	123	118	鰹節	110	121	175	平均指數	123	127	132

*日本銀行調查統計局《明治以降卸賣物價指數統計》　　**全40種物品中之部分摘錄　　***年中8月1日清日兩國開戰

16-4　日本愛知縣各郡市戰死者遺族及負傷者撫恤

市郡	組織	財源	戰死者 弔慰料 戰死	戰死者 弔慰料 病死	戰死者 遺族扶助料 支付額	戰死者 遺族扶助料 條件	負傷者 支付額	備考
名古屋市	恤兵會	義捐金	≤10圓		20～50圓	生活貧困者	10～30圓	建墓碑
愛知郡	恤兵義會	義捐金	3圓		10圓	町村貧富差		
西春日井郡	尚武會	義捐金	≤40圓				30圓	
丹羽郡	恤兵會	義捐金	20圓	10圓			≤20圓	
中島郡	出軍兵員就恤法	義捐金	≤20圓					建墓碑
碧海郡	徵兵慰勞會	義捐金	25圓				≤15圓	
南設樂郡	徵兵慰勞會	義捐金	≤65圓 ≤60圓	≤55圓 ≤50圓			≤45圓 ≤35圓	≤12圓 ≤9圓
北設樂郡	軍人家族保助規約	義捐金			15圓以上		7圓以上	
東加茂郡	尚武會	義捐金	≤10圓		20～50圓	町村恤兵法		建墓碑
寶飯郡	尚武會規約	義捐金	未記載				≤20圓	
渥美郡	尚武會	義捐金	10～30圓				10～20圓 1～5圓	
葉栗郡	徵兵慰勞會	義捐金	20圓				≤15圓	
海西郡	徵兵優待規約	義捐金	10圓	※5圓	15圓	內地 死亡者5圓	3～5圓	
八名郡	尚武會	義捐金	35圓 30圓	25圓 23圓			1.2～22圓 1～20圓	建墓碑
幡豆郡	徵兵慰勞會	義捐金	20～25圓		10圓以上	恩給法;賑恤 金交付迄	≤20圓	建墓碑
西加茂郡	徵兵優待規約 尚武會	義捐金	30圓 5圓	10圓				
東春日井郡	徵兵慰勞會	義捐金	20圓	15圓			5～15圓	
知多郡	徵兵慰勞義會 從軍者家族慰問	義捐金	A15圓 B15圓					
額田郡	徵兵慰勞會	義捐金	30圓	20圓			糕點料50錢	
海東郡	義勇會	義捐金	10～15圓				≤7圓	建墓碑

16-5 愛知縣幡豆郡留守家族扶助狀況

町村名	窮困者	恤兵義會	徵兵慰勞會	資金 捐助	資金 公費	資金 公費捐助	資金 不明	慰問 有 官吏	慰問 有 議會	慰問 有 有志	慰問 有 不特定	慰問 無	扶助 白米	扶助 現金 一律	扶助 現金 等級	扶助 現金 其他	農耕 現金	農耕 互助	農耕 人夫	免除 稅金	免除 諸役	免除 授業料
西尾町	有	○					○		○							○						
西野町村	有						○				○				○		○					
中畑村	無									○									○			
平板町	有	○		○					○						○							
奧津村	有	○								○												
寺津村	有	○		○						○								○				
西崎村	有	○		○							○				○			○				
榮生村	不			○										○						○		
一色町	不							○								○						
味澤村	有				○		○				○		○			○	○					
五保村	有															○		○				
衣崎村	有														○				○			
六鄉村	有	○		○				○					○		○			○				
豐田村	有			○					○							○						
井崎村	有			○				○	○							○						
大寶村	有	○		○							○			○								
久麻久村	有		○	○												○			○			
御鍬村	不	○		○				○	○							○						
川崎村	有			○				○								○						
吹羽良村	無												×									
室場村外村	有		○			○								○	○							
松板村	不												×									
豐國村	有	○		○					○						○		○					
横須賀町	不	○		○					○							○		○				
瀨門村	無									○	○				○				○			○	○
廚村	無																		○				
狄原村	有								○								○					
吉田村	不							○										○				
富田村	有							○								○		○				
保定村	不								○													
宮崎村	有																			○		
幡豆村	有							○	○								○					
東幡豆村	有	○		○					○						○			○				
佐久島村	無												×									

576

民生・健康・文化	社會・軍事
2.— 官員月俸10%獻納改革公佈，官場腐敗悲泣，家中用度、書生、車夫、下婢、酒館自肅節減。月俸一成獻納金總額一百四十七萬圓。國民盡高等唱罵抗議國界，國民盡高等唱罵判日本政界。 * 日軍艦"千島"號沈沒事件，英國與輿論沸騰抗議國際。國內輿論沸騰抗議規則。 2.3 外務省發佈保護海外渡航的日本婦女第一號訓令，阻止娼妓渡海外的風潮。3.—岐阜縣市內私娼調查約1,500人，市政發佈管理條例。唱娼風俗改正取締規則。 7.14 岡山縣暴風雨，死423人，傷991人。災後痢疾蔓延死899人。10.13 九州遭受颱風襲擊，死1,567人。 * 全國痢疾、天花病大流行，痢疾患者24,455人，死5,973人。天花病患者5,211人，死者2,034人。* 東京府腸傷寒流行，患者1,896人，死685人。 * 生活疾苦，日本人大批出行海外，夏威夷日本人總數達20,310人。蕾金山博覽會，密航委娼達300人，當地日語刊物發表批判文。同年朝鮮京城在留日本娼達219人。	2.7 眾議院否決建造鐵甲艦巡洋艦預算，引發伊藤內閣彈劾危機，天皇詔救"和衷協同"，議會安協。軍費增額，決定官員薪水獻納一成，用於支援軍艦建造等。 2.8 朝鮮發佈防穀令。日派遣軍艦與朝鮮交涉，李鴻章調停，朝鮮賠償十一萬圓。 10.— 日本基督教婦人矯風會訪美宣告。11.—福島縣婦人會百餘人聯名廢娼，縣議會未採納。12.31 群馬縣廢止公娼，日本第一個廢娼縣誕生。 12.— 東京府人口調查，在留外國人，美國298人，英國198人，清國83人，德國81人，法國81人，俄國10人，朝鮮90人。新潟縣人口全國第一，東京第二。 12.1 警視廳禁止日本人嘲笑戲弄清國人、外國人。* 海軍首次採用水雷裝填下瀨火藥計劃，下瀨火炮彈丸實用化急速研發中。 * 陸軍新水標準，上等兵2圓64錢，1等兵1圓20錢，2等卒90錢，收食標準。1日精米6合（912g），副食5～6錢。

民生・健康・文化	社會・軍事
1.— 東京電燈數增至18,000檯。 1.— 手絹製造業發達，從事職業勞工增10～20歲女性佔7萬人。 1.12 文部省歉勵貧困兒童就學，星期日校放學，規定就學年齡6～14歲。3.—經濟不景氣，東京出租屋空室增加。 3.— 東京大日本紡織會社設立托兒所，史上最初的企業托兒所誕生。4.6 文部省公佈高等師範學校規程，分文科、理科2學科科。 4.20 國內移民公司組織的第一批遂生移民團，由橫濱出發前往加大。 5.— 東京慈惠醫院看護婦9人進入廣島陸軍醫院勤務。8月日赤十字看護婦20人派遣同醫院工作，女性看護婦戰時從軍初認定，在社會引起反響和效仿。 6.30 物需用品急需、梅乾、鹹菜、大醬、蔬菜等民用食品價格高騰，物價高騰速歉前的2～3倍，梅乾1升1錢～2錢7厘5毛。 7.29 街巷標題，日清兩國兵攜帶煙草、餅乾、地圖、清兵攜帶大蒜、銅錢，清兵便於攜帶。6.25 高等中學校改制《日清戰爭歌》創刊，報刊銅版印刷技術大好評，報刊銅版印刷繪行。 6.20 東京成事以來，倒唱家屋4,800戶，死傷170人，工學部、醫學部。醫事設置法事部。 7.— 朝鮮東學事以來，報刊號外發行量激增，以叫賣號外報紙大報之態，購買多許。事故編入小學預科。 7.— 霍亂病患者56,000人，死39,000人。	3.9 明治天皇、皇后銀婚式祝典。日本史上首發婚紀念郵票。紀念明治天皇大婚25年。 4.17 朝鮮政治家金玉均在清國坡暗殺，兇手洪鐘宇抓捕，世論譁征韓呼聲。 4.19 朝鮮東學農民起義爆起，主匪斥洋排倭。官軍和政府感應境危機，日本高度警戒。5.—板橋火藥製造所歸屬軍省所管轄，無煙槍械火藥投入量產。 5.22 政府公佈戰時大本營條例，設為戰爭或軍事變明間的作戰機關，天皇為統帥南國海陸軍的最高統帥。陸海軍大作戰計劃的權限，參謀總長責任實施。6.—日清兩國朝鮮出兵。 5.30 福澤諭吉發表文章，救近政府出兵朝鮮。5.31 眾議院彈劾內閣上奏。 6.—日清戰爭軍用品需求，大阪成為物資集散地，各業商家運往大阪，商勢振興。6.18 艦隊條例改定，三艘軍艦以上編成艦隊。6.7 日本發佈朝鮮出兵通告。6.9 李鴻章請求英國公使阻止日本向朝鮮派兵。 7.25 日本豐島、讓豐擊清國艦隊，日清戰爭爆發。8.1宣戰。8.2 政府公布實施戰時新聞記事檢查令。9.13廢會令解除。 7.29 政府成歡戰鬥，牙山戰大捷，日本小平捨堅守收攻豐戰死，英雄事勋在全日本傳為話題。報刊繪圖畫為廣為報道，爭型編入小學教材。 8.16 日清戰爭勃發，長崎縣在日清國人遭受清國攻擊激。8.21 政府公布徵制初始，史上外國公布徵制初始。＊日清戰爭北海道採用班期班船10數艘披徵軍用，航班終止。 8.25 開戰以來日本廣角西洋鏡流行，目鏡中可以窺視到戰爭的照片，街巷間大人氣。

軍事

8.－日清兩國宣戰，日本政府初次認可接受藝妓、娼妓爲戰爭捐款的意願，娼妓群體掀起支援戰爭的捐獻熱潮。

9.1 近衛師團在宮玉縣徵收馬匹，至翌年共徵得2,198頭，全國軍馬每匹需求格高騰，每匹24圓33錢。

9.1 山縣有朋第一集團軍編成，屬下第3、5師團中心。9.26大山巖第二集團軍編成，屬下第1、2師團中心。9.15天皇駕臨廣島。

9.17 聯合艦隊主力與清國北洋水師主力在海洋島遭遇，爆發黃海海戰，擊沉清國軍艦5艘，日本艦隊勝利。

9.－陸軍野戰衛生長官石黑忠悳倡議女性從軍看護婦制度，日清戰爭初實現。9.－平壤戰鬥中從軍記者山下靜戰死，記者會成爲大本營，職工每日增收3日份薪水，屠牛每日150頭。

10.3 金鵄勳章年全會公布，功1級者900圓～功7級者65圓。10.－東京府下各壤頭會諸24小時操業，東京靖國神社參拜人數激增，尋訪參觀就館展示的清國戰利品。

10.20新潟縣某村25歲人妻，爲征清從軍的丈夫守節剌掉黑髮引起社會驚動和話題。*社會上工女轉職的浪潮，酌婦嫁業需求的娼婦，軍隊慰安婦不足。

10.－滿洲潛入的軍事密探山路煙東三郎、鍾崎三郎、藤崎秀被俘虜，金州城外處刑，金州作爲戰爭前沿實施威脅令。

11.30 爲防止男女生殖器因賣令引發諸種疾病，成功發明「陰囊母口」軍用恩所所裝。此防患用具成爲國內民間附屬軍人的人氣物件。

*大阪炮兵工廠開始製作鉛藥飯盒、水壺等兵器。

11.－伯爵榎本揚明領役夫20人隨軍二軍從軍，實現戰景現地攝影取材。12.20國家援兵與山縣有朋元勳榮華，廣島作爲戰爭前沿實施威脅令。

11.12 廣島步兵連隊營房失火造成38人燒死事件。*廣島指定爲大本營所在地，帝國議會臨時召集地，帝國議會諸種疾病，成功發明「陰囊母口」軍用恩所所裝。

12.14 日軍戰場上商賈興隆，商家推出軍載洗浴衣，受到大人治兵大歡迎。12.－東京不景氣因由，生活困難人力集中於超4萬人，響應政府號召應募軍家隨軍參加日清戰爭。

*明治十六（1841）工廠數661廠，全國工廠數大阪天紡紗廠第二工廠女工龍工，要求合法權益。*大阪天紡紗廠第二工廠系列的，接近明戰前年國家總預算的2億6,000萬人。

終戰年

2.17 聯合艦隊完全控制威海衛軍港，清國北洋艦隊降服。

2.23 陸軍恤兵部收容種種形式的獻金，其中收皇縣62人貧困村民，合募獻品梅乾兩斗兩升四合六分，平均每人梅乾15位，民間支援戰爭的行動受到讚揚。

社會・文化

8.－日清開戰後，從清國輸入大豆被迫中斷，坊間大豆價格暴漲，豆腐價格騰貴，豆腐屋商賈經營艱難。*8.9市井間戰爭題材的錦繪競相販賣，報紙戰場新聞插圖印刷大賣，加倍受日本人，橫濱市民誣告清國居民在飲水道投毒。

8.4 戰爭爆發初間流傳謠言痼仇視清相賣，橫濱市民誣告清國居人，各同人無現行諮據被捕。

8.16 東京舞台新劇種相繼出台，《海戰再見》題材博得市民喝彩，舞台歌劇隆鴻弄家寒，槍杆折斷東臺路沉沒，告於舞台小小無法施展出大場面。9.15陸軍恤兵接受民間捐獻，草鞋89,000雙，手巾28,403條。

8.31 東京淺草劇場上演《壯絕快綽的日清戰爭》初日滿員，此後戰爭題材初激增。

9.1 朝鮮牙山之役穫獲的清軍戰利品中混有娼妓禮裝，將軍遊玩下乒乓之，戰時爭相效跑皆兵弱乒，在市井成爲報刊盛傳之笑料。

9.11 橫濱寓居地的清國人和日本人小島結婚，10月10日清國人與渡邊結婚，開戰以來日清間結婚3對，政府發佈在日清國人保護令之。*電風扇販賣開始。

9.－辦乾食品賣質，天皇賜餐大衆飲。凱旋汽水等戰時特色食品登場。*全國各地出現照相熱，東京照相館商賣大繁榮。

10.5 信州北佐地方怪事，數年前唐鍋大量繁殖收本地日本鰻較減，去年日本鰻突然劇增畜逐唐鍋，令唐鍋大生跡絕諺謀人費解。占卜者云，日本鰻繁盛乃我軍勝戰之先兆也。

10.7 東京清國展旨辮吊掛人形肥皂熱賣，岐阜縣亦鴻章人形發已遊戲致入氣，靶形以上、耳、鼻、四肢，腹部爲還。

10.22 山形縣大地震，震毀民家3,124戶，燒毀2,505戶，死者717人。

*大器湯被認足下蛋白質價值的食品，"大器湯是農家牛乳"之語登場流行。

*痢疾流患爆發，全國患者15萬5,000餘人，死者8,094人。

*2年前天花終息宣言，本年天花再然，患者1萬2,400人，死者3,300人。

*日清戰爭，日軍比軍增強，日本人員春戰激增私娼橫行，梅毒大流行。結地，5,000人私生子誕生。

12.5 傳清國朝廷四大臣中，希望本國敗戰者大有人在，期行日本快速全勝盤早結束戰爭。日清戰地流傳議論。

*調查報道，明治以上學生患肺結病，微兵檢查不合格者居多。

*調查判明3.5%高等學子生5,144人中255人感結痘病，100人休學，本年中結核約76人。

*全國基督教人數到達2,900人。

民生・健康・文化

2.－從軍僧從軍許可，戰地佛教從亡者、病死者的安葬弔唁及宗教活動展開。

2.7 威海衛佔領，國內軍國論聲談盛上，兒童間流行兩軍對壘遊戲，萬歲吶喊中清軍連敗。

3.－日清讚和修約簽字式，日本祝賀初次公式性使用「河豚」毒魚料理。

明治28年（1895）

3.24 日清戰爭會談期間，李鴻章遭遇襲小山槍擊負傷，事件驚動國際社會。3.30 日本政府迫於壓力與清國簽定休戰條約。

3.31 仙台後備部隊兵110人因反抗上官，集體脱營逃亡。3.9 大連港輸送的軍需物資罐頭包裝箱內混有石塊，惹商受輿論譴責。

4.17 日清馬關條約簽字。清國承認朝鮮獨立，遼東半島、台灣彭湖列島割讓，賠償金2億。日本戰爭損失，死亡、殘疾者1萬7,000人，馬1萬1,500頭，軍費2億2,147萬。

4.23 俄德法勸告日本返還遼東半島，組成三國干涉強勢。5.4 日本政府被迫決定全面放棄遼東半島。世論安撫激憤民眾臥薪嚐膽，主張國家強才有再戰之力。

5.25 台灣島民反抗日本接受台灣，宣告成立台灣民主國。

6.- 橫濱火柴會社出口香港的火柴，因盒上貼有 "NIPPON"（日本）字樣的國名，故香港政府海關截行，以地球上無此國名為由拒絕入關退回。9.- 為增加傷殘軍人福利，政府在輕井澤別墅地開設陸軍療養所，熱海溫泉療養所。

7.15 金鵄勳章的年金增加6成，功1級者1,500圓，以下1,000圓～100圓。

8.6 台灣實施軍政，總督府頒佈條例。* 戰後看護婦着用醫護衛衣普及。* 日清戰後景氣上升，農民騷亂事件大幅減少。

10.31 依照日清講和條約，清國第一回賠償金822萬英鎊受領。11.16遼東半島返還清國，清政府支付贖金493萬英鎊。

12.- 大都市人口統計。東京134萬2,152人、大阪49萬人、京都33萬9,896人、名古屋20萬9,270人。* 本年度東京地震129回。

東京各處興建進征軍回營豪華凱旋門，比台凱旋門高30米，長108米，綠葉裝飾。

成為日本初有的動物，觀摩市民大入氣。7.- 敵國的樂器 "月琴" 在國內流行。

2.27 日清戰爭開戰以來，各都市相繼從早到晚繁盛雜踏，前來照相者大多是出征清國的士兵、親屬、故舊，相互送留念共勉情誼。

3.- 開赴台灣彭湖列島的比志志丸團遭遇霍亂疫情，並傳回國內感染迅速擴大，當年國內霍亂病死者4萬150人。

4.- 基督教會師立勤道館，自己資全在函館借用民宅創建道路院。4.- 廣島女專校開設保姆養成專科。5.28 長崎保姆養育所設立。

5.- 日清戰爭勝利氣氛橫溢，慶應義塾集體入學。

5.1 朝鮮人留學生114人，慶應義塾學生400人突破。5.- 東京府人力車總數4萬258台。

5.- 長崎地方清國人來日旺盛，1個月以來400人突破。5.- 東京府人力車總數4萬258台。

* 戰後好景氣，和服屋販賣大繁盛。* 男子光頭平板頭髮型流行，剃頭推子熱賣。* 東京寶塚尿吸取回收費用，年度平均大人35錢，小人17.5錢。

8.- 日清戰爭勝利 "鎮遠艦" 對市民開放，觀客踴躍，大眾。兵隊玩具流行，個刀、連發槍、鐵炮、大砲、連發槍，兵隊人形等登場。* 戰後市民開放，通往軍港的橫賀線開通以來空前混雜。

11.- 東京發表電話增設計劃。* 戰後北大豆輸入增加，豆腐、納豆、煮豆行情看好。電話價格暴跌，時價200圓跌至150圓。

12.3 日本紡織業資本進軍清國，上海設立紡織會社。* 台灣產砂糖陸續進入國內市場，日本食品開始流行甜味口感料理。

12.20 清國戰爭賠償金10%分給全國小學校，23,066校受益。國家全面推進學齡兒童就學。

清日戰爭年表

戰爭史稱	清國(甲午戰爭)	日本國(明治二十七八年戰役)	歐美國(First Sino-Japanese War)
開戰年	公曆 1894 年　農曆甲午年	清國(光緒二十年)　日本國(明治二十七年)	朝鮮國(高宗三十一年)
主要戰場	朝鮮國　清國本土　台灣島		
戰爭結局	清國戰敗　日本國戰勝		

大事年月日	清　國	日本國	朝鮮國　國際社會
1894 年 01 月 26 日		大阪天滿紡織廠工人罷工	開成民亂、黃州、中和、鐵島、金寧、鐘城、統營、雲山、楊州民亂。
1894 年 01 月 30 日			駐朝鮮英國代理總領事卡特鈞上任。
1894 年 02 月 03 日			全琫準等 60 餘名農民向古阜郡守趙秉甲陳情稅政，官府無視默殺。
1894 年 02 月 15 日		朝鮮日本語報紙《漢城新報》創刊	全羅道古阜邑東學教民起義蜂起，抗議郡守趙秉甲暴政。
1894 年 03 月 01 日	清英兩國締結雲南緬甸條約。	第三次臨時總選舉。3.9 日本史上首發紀念郵票，紀念明治天皇大婚 25 年。	
1894 年 03 月 28 日	流亡日本的朝鮮政治家金玉均在上海遭暗殺。	4.2 英國倫敦，日英通商條約改正交涉開始。	
1894 年 03 月 29 日			農民起義軍再蜂起，發佈革命四大綱領、民革命方向發展。
1894 年 04 月 26 日		在日本避難的朝鮮政治家朴泳孝遭朝鮮殺手暗殺未遂	
1894 年 05 月 1 日		第六次帝國議會開會	朝鮮全羅南道東學教農民起義規模擴大，國家動亂。招討使洪啟薰率領京城兵 800 名討敵歐北
1894 年 05 月 15 日		眾議院、內閣彈劾政府上案決定	東學農民起義軍佔領全州。
1894 年 05 月 31 日	袁世凱會見閔泳駿，商討退敵策，暗示出兵。		
1894 年 06 月 02 日	袁世凱會見日本公使館書記主鄭永邦，坦承朝鮮請求清國出兵。	內閣臨時會議決定出兵朝鮮，對抗清國派兵。眾議院解散。	
1894 年 06 月 03 日	袁世凱電告李鴻章，日本無大舉出兵意向。	杉村公使暗示袁世凱，日本也出兵朝鮮。	朝鮮國王婆出正式官方公文，請求清國出兵。

日期	事件	備註
1894 年 06 月 04 日	陸海軍會議決定設置戰時大本營	國際奧林匹克委員會成立
1894 年 06 月 05 日	駐朝鮮公使大鳥圭介率領先遣陸戰隊出兵，日軍參謀本部設立戰時大本營	
1894 年 06 月 06 日	清軍總兵聶士成率兵出征朝鮮，第一支隊從大沽港出發。外務省電信課截獲李鴻章知會日本出兵的電報。	
1894 年 06 月 07 日	清國行文通告知會日本，清國出兵朝鮮。日本通告清國，日本也有出兵權。	
1894 年 06 月 08 日	聶士成先遣一支隊自石浦登陸，總兵葉志超率二支隊從山海關出發。	
1894 年 06 月 09 日	清國軍艦 5 艘，日本軍艦 6 艘在仁川港對峙。大鳥公使先遣隊至仁川登陸，混成旅團先頭支隊宇品港出發	政府向農民軍妥協，雙方達成《全州合約》。
1894 年 06 月 10 日	大鳥公使至仁川登陸，混成旅團先頭支隊宇品港出發。第一支隊宇品港出發。	朝鮮政府抗議日軍入朝，各國公使指責日本出兵，東學軍自主解散。
1894 年 06 月 12 日	日本遞交對清國抗議書	
1894 年 06 月 13 日	混成旅團先頭支隊進入京城	
1894 年 06 月 14 日	混成旅團第一支隊至仁川港	朝鮮要求日公使見奧外相，要求日本撤軍。
1894 年 06 月 15 日	內閣通過朝鮮改革案，外相陸奧向清國汪公使提出日清共同參與朝鮮內政改革	
1894 年 06 月 22 日	清國通告日本，拒絕日清共同參與朝鮮內政改革，御前會議，內閣首腦請求天皇裁可增派軍隊，提交清國拒絕改革案反駁書	
1894 年 06 月 23 日	混成旅團後續部隊進入朝鮮京城	
1894 年 06 月 24 日		法國總統傷迪加諾被暗殺
1894 年 06 月 25 日	高等學校會公佈 清國增援部隊牙山登陸	俄國駐日公使勸告日本從朝鮮撤兵
1894 年 06 月 27 日	內閣會議決定，日本單獨實施朝鮮內政改革。混成旅團第二支隊仁川入港。	
1894 年 06 月 28 日	陸奧向大鳥發出朝鮮內政改革訓令	大鳥照會朝鮮外務省辦，要求朝鮮政府表明態度。
1894 年 06 月 30 日		朝鮮國王發佈罪己詔。朝鮮政府敦促日清兩國撤兵。俄國駐日公使強硬勸告日清兩國撤兵。
1894 年 07 月 01 日	內閣會議作出"拒絕俄國要求日本撤兵的勸告"決議，呈天皇裁可。	
1894 年 07 月 02 日	天皇裁可內閣決議，陸奧覆答俄國政府。	

日期	清國	大鳥公使向朝鮮國王提示改革案	朝鮮國王任命改革委員
1894年07月03日	清軍葉志超請求李鴻章增派援軍	大鳥公使向朝鮮國王提示改革案	朝鮮國王任命改革委員
1894年07月07日	駐清英國公使斡旋日清關係失敗	內閣會議作出對清國照會的決定	日本擅自在京城、仁川間架設軍用電線
1894年07月12日	清國對日開戰意識確定		俄國政府遞交對日本通告書
1894年07月13日		陸軍省設立佽兵部長	
1894年07月14日		日英通商航海條約簽字。樺山資紀出任海軍軍令部長。	
1894年07月16日	袁世凱秘密歸國，唐紹儀臨時代理朝鮮事務。李鴻章決定向朝鮮增派援軍。	陸奧外相向清政府交付最後通牒。	趙秉稷代表朝鮮政府向大鳥公使遞交拒絕內政改革回答書。英國調停日清兩國臨時戰事態提出仲裁案。日本未經朝鮮政府許可，斷然在京城和金山間設軍用電線。
1894年07月19日		日本聯合艦隊編成。大鳥照會朝鮮。架設漢城、仁川、金山間電線成，戰爭準備加速。	
1894年07月20日	清國增派赴朝援軍，從大沽港出發前往牙山。	大鳥公使向朝鮮政府交付最後通牒	
1894年07月21日		下達對結局警備動員令	英國交付對日勸告
1894年07月22日		陸奧外相交付"反駁英國勸告書"	
1894年07月23日	英籍高陞號商船裝載清國赴朝援兵，從大沽港出發。	日朝開戰，日軍佔領朝鮮王宮，扶植大院君傀儡政權，驅逐日佐佳港出航。	朝鮮王宮內改革、京城陷落、日軍護衛下大院君入宮。
1894年07月25日	豐島海戰，清軍敗北。清日戰爭實質爆發。	豐島海戰日聯合艦隊大勝，日艦浪速撃沉英籍高陞號運輸船。	大院君政權自佈廢棄清國和朝鮮閨門全部條約，委任日軍驅逐牙山清軍。組成金弘集為首的朝鮮親日政權。設立軍國機務處。
1894年07月27日		伊藤首相列席大本營會議	
1894年07月28日		日清交涉破裂，陸奧外相相告列國公使。	
1894年07月29日	清政府電訓公使與日本斷交，撤去駐日使館。	成歡戰鬥清軍敗北，向平壤方向潰退。	
1894年07月30日	清國表明開戰責任在日方，電命汪公使對日宣戰，通告日方斷絕兩國關係。	內閣起草對日宣戰書案，上奏天皇在清使館，下達第五師團動員命令。	
1894年07月31日	清國總署署日通告小林公使，與日本斷交，廢止清日諸條約。	陸奧外相向列國公使交付日清交戰通告書(宣戰書)。陸奧發佈戰時新水規則。	
1894年08月01日	清國光緒皇帝發佈對日宣戰詔書	宣戰詔書初稿在內閣引起爭議。公佈朝鮮國入國禁止令。發佈對外交軍事論緊急論限令，廢止日清諸條約，駐清公使小村通理衙門，撤去清公使館歸國。	朝鮮官制改革、宮內府、議政府下設八衙門。
1894年08月02日		內閣通過宣戰詔書議案，呈請天皇簽發。	使用開國紀元，高宗三十一年為開國503年
1894年08月03日	清國汪公使撤離東京歸國	宣戰詔書送至有樓川宮參謀總長	

日期			
1894 年 08 月 04 日	公佈在日本清國居民保護令及征動員令。		
1894 年 08 月 05 日	對清作戰大本營移至宮中，參謀總長作戰方針上奏天皇。	光緒帝諭令左寶貴奉軍、馬玉昆毅軍、衛汝貴軍，豐升阿盛字營四路大軍入朝。	
1894 年 08 月 06 日	下達第六師團隊部動員令		
1894 年 08 月 07 日	天皇裁可軍司令部編制。發佈止詔		
1894 年 08 月 08 日	內閣決定對朝鮮方針。公佈義勇兵詔救		繼難日本的朝鮮政治家朴泳孝歸國
1894 年 08 月 09 日	天皇拒絕親臨宣戰告祭奠		
1894 年 08 月 10 日	聯合艦隊抵達威海海域，清艦主力不在	旗艦定遠號率艦隊執行護衛赴朝運兵船命令	
1894 年 08 月 11 日	天皇派遣敕使參加宣戰奉告祭奠		
1894 年 08 月 13 日	公佈軍資收支緊急敕令		
1894 年 08 月 14 日	下達第三師團出征朝鮮命令		
1894 年 08 月 15 日	公佈軍事公債條例		
1894 年 08 月 17 日	陸奧外相在內閣會議提出對朝鮮四項政策		制定租稅金納制，朝鮮國開始立銀行，政府公佈社會改革案 23 條，財政經濟改革案 6 項，實施銀本位制，改定度量衡
1894 年 08 月 18 日	內閣通過日清戰爭開戰日的決定		
1894 年 08 月 20 日	日本和朝鮮暫定合同條款簽字		第一任金弘集內閣成立。廢止地方監收官
1894 年 08 月 26 日	日本和朝鮮締結同盟國條約		
1894 年 08 月 27 日	日英通商航海條約的公佈		京金、京仁鐵路開工，全羅道治岸開港。朝鮮、日本締結攻守同盟。慶尚道農民暴動
1894 年 08 月 30 日	文武官陸海軍間相互協調上諭。伊藤首相軍事外交上申書，山縣有朋出任第一軍司令官儀式。下達第一師團動員令		
1894 年 08 月 31 日	大本營冬季作戰方針決定		英日確立戰爭親日立場
1894 年 09 月 01 日	參謀總長奏請天皇，將大本營移駐廣島。伊藤首相奏請天皇，將大本營移駐下關。第一軍下達戰時編制及戰時序列命令。第四回眾院臨時總選舉		西園寺大使拜見朝鮮國王
1894 年 09 月 08 日	宣佈大本營移駐廣島		
1894 年 09 月 10 日	內閣通過決議，日清戰爭開戰日為 1894 年 7 月 25 日；宣戰日為 1894 年 8 月 1 日。		

日期			
1894年09月12日		廢止外交軍言論緊急統限救令	日本第一軍開始在朝鮮仁川登陸
1894年09月13日	平壤會戰清軍大敗，奉軍統領左寶貴陣亡。	戰時大本營移往廣島	平壤會戰
1894年09月15日	平壤守軍葉志超自主棄城，向義州潰退。	日軍佔領平壤	平壤陷落
1894年09月16日			
1894年09月17日	黃海海戰爆發，北洋水師5艘戰艦沉沒。	黃海海戰日本勝利，聯合艦隊傷5艦。	
1894年09月18日		設置廣島臨時政府府邸，第二軍編成。	
1894年09月24日	清軍退兵東北一線。李鴻章下令鴨綠江佈防，阻止日軍越境。		朝鮮政府廢除罪人連坐制度
1894年09月25日		大山巖大將出任第二軍司令長官。下達第二師團、近衛師團出征命令。	各地東教農民軍暴動再燃，與日軍交戰
1894年09月29日		制定金鵄勳章年金令	
1894年10月03日		下達第二軍戰鬥序列命令	
1894年10月05日		廣島宇品被定指為軍港。發佈戰時戍嚴令。	
1894年10月07日		大本營發出佔領順半島的訓令	英國提議與德國聯合調停
1894年10月08日		第二次帝國會議召開	英國公使向陸奧提出仲裁意願
1894年10月09日			意大利國公使向日本提出仲裁意願
1894年10月15日	清關內部隊向旅順增援		
1894年10月16日		第二軍司令部、第一師團出征	
1894年10月18日		第七次帝國議會開院式，天皇與會。	
1894年10月23日		佐藤支隊渡過鴨綠江，潛入清國東北境內。	井上馨出任駐朝鮮公使
1894年10月24日	清國政府宣佈認朝鮮國獨立，放棄對朝鮮的宗主國地位。	第二軍第一師團大連北部花園口登陸	
1894年10月25日		第三師團渡過鴨綠江，佔領虎山。	
1894年10月26日		下達第四師團出征動員令	
1894年11月24日			陸奧外交付對英國仲裁提議回答
1894年11月26日		陸奧答覆英國，對清講和附加條件。	
1894年11月27日			
1894年11月29日		第一軍集結馬瑞游作戰	

日期	清國（光緒二十一年）	日本（明治二十八年）	朝鮮（高宗三十二年）
1894 年 11 月 30 日	清國要求日本開示講和條件		意大利與日本通商海航條約簽字
1894 年 12 月 01 日		陸奧拒絕清國開示講和條件的要求	金弘集等五大臣誓約親日
1894 年 12 月 02 日		大山巖司令官請求大本營殲滅清國北洋艦隊	
1894 年 12 月 06 日		第一軍司令官山縣有朋大將解任辦國	東學軍公州戰鬥
1894 年 12 月 08 日		立見旅團佔領析木嶺炮台	
1894 年 12 月 10 日		第三師團佔領析木城	朝鮮軍國機務處廢止，成立中樞院。
1894 年 12 月 12 日	清國政府提議在上海舉行議和會談		
1894 年 12 月 13 日		第三師團佔領海城	
1894 年 12 月 14 日	清軍進攻鳳凰城，奪城未果。	大本營決定實施山東作戰	
1894 年 12 月 17 日		陸奧答覆清講和會談在日本國內舉行	第二任金弘集內閣成立
1894 年 12 月 18 日	清末慶軍主力與日軍在瓦房築激戰	野津中將任輔第一軍司令官	東學教農民軍公州作戰大敗
1894 年 12 月 19 日	清國政府提議講和提議		
1894 年 12 月 20 日			
1894 年 12 月 22 日		第八次帝國國會召開	
1894 年 12 月 23 日			俄國駐日公使質疑日講和和附加條件
1894 年 12 月 26 日		陸奧答覆清講和會議在廣島舉行	全琫準於淳昌被捕，押解京城。
	農曆乙未年	**公曆 1895 年**	
1895 年 01 月 05 日		第一軍司令部移營岫岩	
1895 年 01 月 07 日		乃木混成第一旅團增援第一軍佔領蓋平	朝鮮國王發佈獨立宣言，公佈洪範 14 條，廢除與清國間的宗藩關係。
1895 年 01 月 10 日		有樓川宮熾仁參謀總長死去	
1895 年 01 月 15 日		海城守軍防禦	
1895 年 01 月 17 日	第一次海城攻城戰未果	新編山東作戰部隊榮成灣龍睡灣登陸，山田部隊佔領榮成灣	
1895 年 01 月 20 日			孫秉熙指揮的東學軍主力在忠州解散
1895 年 01 月 22 日	第二次海城攻城戰未果	海城守軍防禦	
1895 年 01 月 26 日		小松宮彰仁就任參謀總長。國民軍例制定	
1895 年 01 月 27 日		御前會議決定講和條約案	

日期			
1895 年 01 月 28 日	任命北白川宮能久近衛師團長，山澤靜吾為第四師團長。		
1895 年 01 月 30 日		日軍威海衛南攻擊開始	
1895 年 01 月 31 日	清國媾和使張蔭桓、邵友濂廣島下關登陸。	任命伊藤、陸奧為講和全權代表大臣。	
1895 年 02 月 01 日	廣島講和會議。(廣島縣政府廳)	台灣作戰部隊比志島混成支隊編成	
1895 年 02 月 02 日	清國媾和使級別遭質疑，廣島媾和失敗。	第二軍佔領威海衛及北岸炮台	
1895 年 02 月 05 日		水雷艇襲擊沉來遠。定遠艦重傷，9 日沉沒。	
1895 年 02 月 06 日		水雷艇擊沉來遠、威遠兩艦。	
1895 年 02 月 07 日		聯合艦隊炮制劉公島日島炮台	
1895 年 02 月 09 日		陸軍使用清岸炮擊清艦沉清內清遠艦	
1895 年 02 月 12 日	清國講和使張蔭桓一行從長崎歸國。北洋水師軍使程璧光遞交降書。	松島旗艦上，清國北洋艦隊投降談判。	
1895 年 02 月 13 日	丁汝昌提督引咎服毒自殺		朝鮮拆除迎恩門
1895 年 02 月 14 日	牛和兩道合代表北洋水師投降交涉	大本營命令聯合艦隊赴清國南方沿海	俄國公使強調日本不可割佔清國本土，容忍清國割讓台灣。
1895 年 02 月 16 日	第三次海城攻城戰	陸奧通告清國講和談判的基礎條件	
1895 年 02 月 17 日		析木城攻防戰	
1895 年 02 月 18 日	清國政府決定派遣李鴻章全權赴日媾和談判		
1895 年 02 月 20 日		大本營發佈進攻澎湖島作戰命令	
1895 年 02 月 21 日	第四次海城攻城戰	日本意大利通商航海條約的批准	
1895 年 02 月 24 日		第一師團佔領大平山	俄國公使贊成日本講和談判基礎條件
1895 年 02 月 27 日	第五次海城攻城戰	日美通商航海條約的批准	
1895 年 02 月 28 日	第六次海城攻城戰	第三師團遼河橋夢作戰開始	
1895 年 03 月 02 日	第七次海城攻城戰	第三師團佔領鞍山	
1895 年 03 月 04 日		第一軍佔領牛莊	
1895 年 03 月 06 日		乃木第一旅團佔領營口。比志島支隊開赴澎湖島作戰	
1895 年 03 月 07 日		艦軍山縣有明兼任陸軍大臣。大本營派遣征清大總督赴清軍直隸決戰	
1895 年 03 月 08 日			德國通告日本，不可割佔清國本土。

日期	事件	國際動向
1895 年 03 月 09 日	第一軍第一師團佔領田莊台	
1895 年 03 月 15 日	清國李鴻章全權講和使從天津出發；派往清國南方沿海的艦隊從佐世保出港	
1895 年 03 月 16 日	小松宮彰仁就任征清大總督	
1895 年 03 月 18 日	李鴻章一行抵達下關；赤馬關市及門司町發佈保安條例	
1895 年 03 月 19 日	下關春帆樓講和會談開始；天皇任命伊藤、陸奧為講和全權大臣。皇后前往廣島慰問征清部隊傷病員。	
1895 年 03 月 20 日	征清軍編成	
1895 年 03 月 23 日	比志島支隊澎湖島登陸	
1895 年 03 月 24 日	小山豐太郎槍擊李鴻章事件；比志島支隊佔領澎湖媽公城	
1895 年 03 月 28 日	陸奧通告李鴻章，同意無條件休戰。	俄國要求公示講和條件
1895 年 03 月 29 日		德國要求公示講和條件
1895 年 03 月 30 日	清日兩國調休戰條約簽字。日清休戰條約公佈。佔領地總督府條例公佈。	
1895 年 04 月 01 日	陸奧向李經方提示講和條件	
1895 年 04 月 04 日	小山豐太郎判無期徒刑，送兵庫監獄。	
1895 年 04 月 06 日	清國任命李經方為全權大臣繼續與日方會談	
1895 年 04 月 08 日	暗殺事件後，李經方和伊藤會談再開。侵略台灣的近衛師團、第四師團從宇品出港。	德國提議同英國共同干涉日清講和條件
1895 年 04 月 09 日	李經方提出清國講和的條件案；天皇指示伊藤盡力促使和談成功，不可發起直隸作戰。	俄國提議英法德共同干涉日清講和條件
1895 年 04 月 11 日	征清大總督府從旅順港出港。	
1895 年 04 月 13 日	李經方堅持不可割讓台灣；征清大總督抵達旅順	
1895 年 04 月 17 日	清日簽署《馬關條約》；日清《馬關條約》調印	
1895 年 04 月 18 日	征清皇帝批准的《馬關條約》	
1895 年 04 月 20 日	天皇發佈恢復和平詔書	
1895 年 04 月 21 日	青木前往陸奧療養地舞子報告三國干涉情勢。政府公告本營移駐京都	
1895 年 04 月 22 日	大本營決定派遣一個師團前往台灣	
1895 年 04 月 23 日	清國發還《馬關條約》；命伊東已代治往清國交換。大本營御前會議內定列國勸告處理議案	俄、德、法三國干涉，勸告日本放棄遼東半島。
1895 年 04 月 24 日	伊藤、陸奧、松方、野村舞子會議	
1895 年 04 月 25 日		東學教農民軍首領等準備處刑執行

日期			
1895 年 04 月 27 日		大本營移往京都	俄德法三國催促日本答覆勸告案
1895 年 04 月 28 日			
1895 年 04 月 29 日			俄德法三國再度催促日本答覆勸告案
1895 年 05 月 02 日	清國皇帝批准《馬關條約》		康有為公車上書
1895 年 05 月 04 日		內閣會議通過永遠放棄遼東半島決定	
1895 年 05 月 05 日		政府向各國政府通告永遠放棄遼東半島決定	
1895 年 05 月 08 日	遼東半島返還書交換式在芝罘進行	伊東與伍廷芳交換遼東半島返還書	駐清德、俄公使催促交換返還批准書
1895 年 05 月 10 日		日清講和條約、開約、議定書公佈。遼東半島返還。總督出任首任台灣總督。詔書公佈，樺山資紀出任首任台灣總督，天皇發表陸海軍人敕語。	
1895 年 05 月 13 日			
1895 年 05 月 19 日			金弘集總理大臣辭任
1895 年 05 月 21 日		小松宮彰仁征清大總督神戶凱旋。台灣總督府先遣隊從宇品出港。	
1895 年 05 月 24 日		台灣總督府從宇品出港。	
1895 年 05 月 25 日	台灣宣佈台灣民主國建國，唐景崧為首任總統。	第一師團凱旋，宇品登陸。	
1895 年 05 月 26 日		御前會議決定戰後對朝鮮方針政策	
1895 年 05 月 29 日		近衛師團在台灣三貂灣登陸	
1895 年 06 月 01 日		似島臨時陸軍檢疫所業務開始	
1895 年 06 月 02 日	李經方和樺山資紀在基隆灣橫濱丸船上舉行台灣領土受渡儀式	近衛師團佔領基隆。內閣任命西園寺代理臨時外務大臣。	
1895 年 06 月 03 日			
1895 年 06 月 06 日	唐景崧逃往廈門	近衛師團佔領台北。總督府吏員從宇品出港。	閔妃暗殺陰謀暴露
1895 年 06 月 07 日		內閣開設台灣事務局	
1895 年 06 月 13 日		台灣總督開廳儀式	
1895 年 06 月 17 日		廣島市及宇品港解除戰時戒嚴令	
1895 年 06 月 20 日			地方官制改革，全國設置 23 府 331 部。
1895 年 06 月 22 日		坂井支隊佔領新竹	
1895 年 06 月 28 日		三木部隊進攻安平失敗	
1895 年 07 月 06 日			朴泳孝被剝奪官職，逃往仁川，再赴日本避難。

日期	事件	朝鮮／其他相關
1895年07月16日	第二旅團佔領大科崁。日本語教育開始。內閣決定向戰死者遺族及戰傷者發放一時金。	全國霍亂蔓延，數千人死亡。
1895年07月19日	任命三浦梧樓為駐朝鮮公使	
1895年07月22日	近衛師團佔領台灣北部稍湯第一期作戰	
1895年07月29日	近衛師團佔領台灣北部稍湯第二期作戰	
1895年07月31日	戰死者遺族及戰傷者賜金制度公佈	
1895年08月08日	台北保衛總局設置	
1895年08月09日	近衛師團佔領尖筆山、中港。	
1895年08月13日	近衛師團佔領後瓏	
1895年08月14日	近衛師團佔領苗栗	
1895年08月20日	台灣副總督高島鞆之助敕任命為南進軍軍統	
1895年08月21日	台灣總督府頒佈軍政條例。	
1895年08月24日	日軍佔領大甲。台灣總督府施戒兵令	第三任金弘集內閣成立
1895年08月26日	近衛師團佔領台中	
1895年08月28日	近衛師團佔領彰化	
1895年09月01日	任命三浦梧樓駐朝鮮公使	
1895年09月02日	第二師團長山根少將病死	
1895年09月04日	沖繩縣公佈實施戒兵令	
1895年09月07日	近衛師團佔領他里霧、斗六。	朝鮮學校令及學校規則公佈
1895年10月07日	近衛師團佔領嘉林。日清戰爭從軍紀念章規則制定	朝鮮訓練隊解散。郵遞司設立，業務開始。
1895年10月08日	近衛師團佔領嘉義	三浦公使略使日本浪人入王宮，殺死朝鮮國王閔妃（乙未事件）
1895年10月09日	第二師團佔領枋寮	
1895年10月11日	公佈緊急救令，日本人禁止前往朝鮮。	
1895年10月13日	第二師團佔領鳳山城	小村壽太郎派遣朝鮮接替三浦公使
1895年10月16日	三浦公使涉嫌謀殺閔妃解任歸國，小村壽太郎赴朝就任公使。	朝鮮國王特賜閔妃國母號（明成皇后）
1895年10月17日		

台灣軍民與日軍戰鬥激化

公曆	清國	日本	朝鮮
1895年10月19日	劉永福逃往內陸、台灣藝龍激戰	遼東半島還付條約交涉	
1895年10月21日		第二師團佔領台南。伊藤首相上奏對朝鮮基本方針。	
1895年10月24日		三浦公使被罷免官職、等候乙未事件裁判。	因乙未事件，日本遭到國際輿論指責。
1895年10月26日	樺山總督進入台南城		實施大陽曆，太陰曆開國 504 年 11 月 17 日為開國 505 年 1 月 1 日。
1895年10月28日	孫文廣州舉兵計劃失敗	北白川宮近衛師團長死於台南城	
1895年10月30日		樺山總督解除南進軍編制	陸軍編制綱領公佈
1895年11月06日		遼東半島還付條約調印	
1895年11月08日	《遼南條約》簽字、遼東半島回歸	樺山總督返回大本營、宣佈台灣平定。	
1895年11月26日			種痘規則公佈實施
1895年11月28日			親俄、親美派企圖推翻金弘集內閣，發生王宮衛隊襲擊事件（春門事件）。
1895年12月03日	遼東半島還付條約公佈		朝鮮國王為閔妃發喪
1895年12月28日	第九次帝國議會開會		
1895年12月31日			朝鮮公佈和嚴厲實施斷髮令。朝鮮年號制定、開國 505 年為建陽元年。
公曆 1896 年　農曆丙申年	**清國（光緒二十二年）**	**日本（明治二十九年）**	**朝鮮（高宗三十三年）**
1896年01月01日	芝山事件		全國民眾義兵蜂起。抗議對閔妃的殺害及斷髮令。
1896年01月06日		混成第七旅團編成	朝鮮江原道反日武裝起義
1896年01月13日		日軍基隆登陸	
1896年01月19日		混成第七旅團在宜蘭進行鎮壓	
1896年01月20日	俄清銀行設立		
1896年02月04日		廣島地方裁判所審判三浦等 48 人免訴	
1896年02月10日			以保衛公使館的理由，俄軍從仁川登陸，進駐京城。朝鮮國王避難俄國公使館（播遷事件）。
1896年02月12日			金弘集被亂民殺死
1896年02月13日			親俄內閣成立，金炳始出任總理大臣。發佈抗日兵斷詔敕。解散詔敕。朝鮮始任日兵繼續與日軍戰鬥。

1896 年 03 月 01 日	執政黨的反對派進步黨成立（立憲進步新黨、中國進步黨、帝國財政革新會、大手俱樂部）
1896 年 03 月 11 日	台灣守備混成團編成
1896 年 03 月 14 日	陸軍擴死至 13 個師團
1896 年 03 月 26 日	議會期延長詔敕。台灣守備步兵運隊編成。
1896 年 03 月 29 日	第九次帝國議會閉會。大本營最終會議。
1896 年 03 月 30 日	台灣新法令法律領佈。台灣總督府條例及總督府官制領佈。增設拓殖務省。
1896 年 04 月 01 日	大本營解散 俄國沙皇尼古拉二世加冕式

戰爭年日本國傷亡大事記

1893.7.14 岡山縣暴風雨，死者 423 人。＊痢疾蔓延，死者 899 人。10.13 九州遭颱風襲擊，死者 1,567 人。

1893 年度全國痢疾患者 2 萬 4,455 人，死者 5,973 人。天花病患 5,211 人，死者 2,034 人。＊東京府腸傷寒流行，患者 1,896 人，死者 685 人。

1894.6.20 東京大地震，倒塌民居 4,800 戶，死傷 170 人。1.24 鹿兒島市大火 503 戶燒失。5.27 山形市大火 1,200 戶燒失。6.17 橫濱市大火 1,000 戶燒失。

1894 7.- 霍亂病患 56,000 人，死者 39,000 人。

10.22 山形縣大地震，震毀民家 3,124 戶，燒毀 2,505 戶，死者 717 人。11.12 廣島步兵運隊營房失火造成 38 人燒死

＊痢疾病患爆發，全國患者 15 萬 5,000 餘人，死者 3 萬 8,094 人。

＊2 年前宣佈天花病遭滅，本年天花再燃，全國患者 1 萬 2,400 人，死者 3,300 人。

3.- 開赴台灣澎湖列島的比志島混成旅團遭遇瘧疾侵襲，並傳回國內。感染迅速擴大，當年國內霍亂病患者 4 萬 150 人。割讓遼東半島；台灣、澎湖列島；賠償金 2 億；日本戰爭損失，死者 7,000 人、殘疾者 1 萬人、馬 1 萬 1,500 頭、軍費 2 億。

4.17 日清《馬關條約》簽字。清國承認朝鮮獨立。

表記參考資料

1-1 清國戰爭指揮機構及軍事編制 《明治廿七八年日清戰史》 參謀本部 東京印刷 1904

1-2 日本戰爭指揮機構及軍事編制 《日清戰爭秘藏寫真が明かす真實》 檜山幸夫 講談社 1997.8

2-1 清國海軍主要艦船 海軍軍令部編《廿七八年海戰史》 春陽堂 1905；大本營海軍參謀部《戰史編纂準備書類 第47號》；明治二十三年10月14日清國北洋艦隊艦船表に関する件 C10124759100

2-2 日本海軍主要艦船 海軍軍令部編纂《廿七八年海戰史》 春陽堂 1905；參謀本部編纂《明治廿七八年日清戰史》第1—8卷 參謀本部

2-3 清國新徵兵員及武器裝備《明治廿七八年日清戰史》第1—8卷 參謀本部 東京印刷 1904

2-4 日軍主要炮械 《大阪炮兵工廠》（日本の技術）第一法規出版 1989.8；《兵器材》（炮兵沿革史）偕行社 1962

2-5 日本各師團槍炮配備 《日清戰爭統計集》第1—4卷 明治二十七八年戰役統計 陸軍省 海路書院 2005

2-6 1890年日本《陸軍定員令》師團編制 御署名原本 明治二十三年 敕令第二百六十七號 陸軍定員令 A03020086800（註：含1890—1894年"定員令"條項的改正、追加、削除修訂）

2-7 日軍戰時僱用軍夫數量及分配 《日清戰爭統計集》第1—4卷 明治二十七八年戰役統計 陸軍省 海路書院 2005

3-1 日軍平壤會戰傷亡情況 《明治廿七八年日清戰史》第1—8卷 參謀本部 東京印刷 1904

3-2 日軍平壤戰鬥彈藥消費量 《明治廿七八年日清戰史》第1—8卷 參謀本部 東京印刷 1904

3-3 清日朝鮮戰役總決算 《日清戰爭日本の戰史》 舊參謀本部 德間書店 1966

4-1 清軍旅順口陸地正面佈防炮台 《明治廿七八年日清戰史》第1—8卷 參謀本部 東京印刷 1904

4-2 清軍旅順口海岸正面佈防炮台 《明治廿七八年日清戰史》第1—8卷 參謀本部 東京印刷 1904

4-3 清軍大連灣海岸佈防炮台 《明治廿七八年日清戰史》第1—8卷 參謀本部 東京印刷 1904

4-4 遼河平原戰役清軍兵力分佈 《明治廿七八年日清戰史》第1—8卷 參謀本部 東京印刷 1904

4-5 遼河平原清軍後方兵力分佈 《明治廿七八年日清戰史》第1—8卷 參謀本部 東京印刷 1904

4-6 清日戰爭日本第一軍作戰編制 《日清戰爭日本の戰史》舊參謀本部 德間書店 1966

4-7 日本第二軍作戰編制 《日清戰爭日本の戰史》舊參謀本部 德間書店 1966

4-8 清日戰爭主要戰役 《日清戰爭統計集》第1—4卷 明治二十七八年戰役統計 陸軍省 海路書院 2005；《明治廿七八年日清戰史》第1—8卷 參謀本部 東京印刷 1904

5-1 黃海海戰清日兩國戰艦及主要指揮官 《清將的賞罰任免及清國海軍士官の舉動 1-2》 防衛省防衛研究所 C08040485700；C08040485800

5-2 黃海海戰日本聯合艦隊各艦傷亡人數 《明治27年9月17日黃海海戰戰死傷數》 防衛省防衛研究所 C06061789400

5-3 黃海海戰日本聯合艦隊各艦彈藥消耗 《彈藥の消費 1-3》 防衛省防衛研究所 C08040489000；C08040489100；C08040489200

6-1 清日戰爭總決算 《明治廿七八年日清戰史》第1—8卷 參謀本部 東京印刷 1904；《日清戰爭統計集》第1—4卷 明治二十七八年戰役統計 陸軍省 海路書院 2005

6-2 日軍參戰部隊總人數 《日清戰爭統計集》第1—4卷 明治二十七八年戰役統計 陸軍省 海路書院 2005

6-3 清日戰爭日方參戰人員功勳賞賜 《日清戰爭統計集》第1—4卷 明治二十七八年戰役統計 陸軍省 海路書院 2005

6-4 出征朝鮮台灣人員建功特別賞賜 《日清戰爭統計集》第1—4卷 明治二十七八年戰役統計 陸軍省 海路書院 2005

6-5 征清大總督府主要官員 《明治廿七八年日清戰史》第1—8卷 參謀本部 東京印刷 1904

6-6 日軍繳獲清國貨幣數量 《日清戰爭統計集》第1—4卷 明治二十七八年戰役統計 陸軍省 海路書院 2005

6-7 日軍繳獲清軍炮械明細 《日清戰爭統計集》第1—4卷 明治二十七八年戰役統計 陸軍省 海路書院 2005

6-8 日軍繳獲清軍槍械彈藥明細 《日清戰爭統計集》第1—4卷 明治二十七八年戰役統計 陸軍省 海路書院 2005

6-9 日軍繳獲清軍戰利品數及分配部門 《日清戰爭統計集》第1—4卷 明治二十七八年戰役統計 陸軍省 海路書院 2005

6-10 日軍在清國本土作戰繳獲炮彈種類及數量 《日清戰爭統計集》第1—4卷 明治二十七八年戰役統計 陸軍省 海路書院 2005

7-1 日本對台灣殖民統治初期人口統計 《台灣軍司令部 1895—1945》 古野直也 東京國書刊行會 1991.9

7-2 日軍武力征台先遣作戰序列 《明治廿七八年日清戰史》第1—8卷 參謀本部 東京印刷 1904

7-3 台灣作戰日方死亡人數 《帝國統計年鑑》；《軍事機密明治三十七八年戰役統計》；《靖國神社忠魂誌》；《日清戰爭統計集》第1—4卷 明治二十七八年戰役統計 陸軍省 海路書院 2005

7-4 日軍在台灣戰區繳獲炮械數量 《日清戰爭統計集》第1—4卷 明治二十七八年戰役統計 陸軍省 海路書院 2005

8-1 明治時期日本兵役制度 《御署名原本 明治二十二年 法律第一號 徵兵令改正》A03020030000

8-2 清日戰爭兩國陸軍戰力比較 《明治廿七八年日清戰史》第1—8卷 參謀本部 東京印刷 1904；《日清戰爭日本の戰史》 舊參謀本部 德間書店 1966

8-3 清國陸海軍餉銀標準 《北洋海軍章程》總理海軍衙門原奏 1888.12.1

8-4 清日戰爭清日海軍作戰艦比較 海軍軍令部編纂《廿七八年海戰史》春陽堂 1905；《日本海軍艦艇寫真集》第 1—6 卷 吳市海事歷史科學館 東京ダイヤモンド社 2005

9-1 清日戰爭日本陸軍軍馬增減狀況 《日清戰爭統計集》第 1—4 卷 明治二十七八年戰役統計 陸軍省 海路書院 2005

9-2 日本海軍戰前戰中營養供給 《寫真で見る海軍糧食史》 藤田昌雄 光人社 2007.3

9-3 日本陸軍戰時伙食標準 《日清戰爭日本の戰史》 舊參謀本部 德間書店 1966

9-4 日本海軍伙食標準 《寫真で見る海軍糧食史》 藤田昌雄 光人社 2007.3

9-5 日軍單兵背囊負荷 《寫真で見る海軍糧食史》 藤田昌雄 光人社 2007.3

10-1 日軍戰場地圖測繪 《日清戰爭統計集》第 1—4 卷 明治二十七八年戰役統計 陸軍省 海路書院 2005

10-2 清日戰爭時期歐美諸國遠東海域軍艦一覽 《東洋派遣諸海國艦船一覽表》(海報第 33 號) C06060155100

11-1 日軍戰地郵件彙配統計 《日清戰爭統計集》第 1—4 卷 明治二十七八年戰役統計 陸軍省 海路書院 2005

11-2 日軍戰地郵政儲送金統計 《日清戰爭統計集》第 1—4 卷 明治二十七八年戰役統計 陸軍省 海路書院 2005

11-3 日軍軍用電線架設概覽 《日清戰爭統計集》第 1—4 卷 明治二十七八年戰役統計 陸軍省 海路書院 2005

11-4 日軍電線延長距離 《日清戰爭統計集》第 1—4 卷 明治二十七八年戰役統計 陸軍省 海路書院 2005

12-1 日軍死傷情況統計 《日清戰爭統計集》第 1—4 卷 明治二十七八年戰役統計 陸軍省 海路書院 2005；《日清戰爭》 藤村道生 岩波書店 1979

12-2 日本陸軍戰鬥員負傷部位統計 《日清戰爭統計集》第 1—4 卷 明治二十七八年戰役統計 陸軍省 海路書院 2005

12-3 日本陸軍死傷階級及服役免除數 《日清戰爭統計集》第 1—4 卷 明治二十七八年戰役統計 陸軍省 海路書院 2005

12-4 日軍戰鬥人員傷亡類別 《日清戰爭統計集》第 1—4 卷 明治二十七八年戰役統計 陸軍省 海路書院 2005

12-5 日軍入院者主要患病類別 《日清戰爭統計集》第 1—4 卷 明治二十七八年戰役統計 陸軍省 海路書院 2005

12-6 日軍各師團陣亡及服役免除數 《日清戰爭統計集》第 1—4 卷 明治二十七八年戰役統計 陸軍省 海路書院 2005

12-7 清日兩國士兵體格比較 《日清戰爭從軍寫真帖》 龜井茲明 柏書房 1992.7

12-8 日清戰爭時日本民間及外國人隨軍人員 《日清戰爭統計集》第 1—4 卷 明治二十七八年戰役統計 陸軍省 海路書院 2005

13-1 日軍收容轉運清軍俘虜明細 《日清戰爭統計集》第 1—4 卷 明治二十七八年戰役統計 陸軍省 海路書院 2005

13-2 俘虜送還藥物清單 《捕虜還送委員長復命書》 防衛省防衛研究所 C06060437900

13-3 清軍俘虜送還船中患者病情分類 《捕虜還送委員長復命書》 防衛省防衛研究所 C06060437900

13-4 戰地清軍俘虜收容及醫療救護 《日清戰爭統計集》第 1—4 卷 明治二十七八年戰役統計 陸軍省 海路書院 2005

13-5 清國俘虜送還船費用支出明細 《捕虜還送委員長復命書》 防衛省防衛研究所 C06060437900

13-6 清國北洋水師將校士官宣誓降服名簿(1) 《威海衛軍港明渡關係書類》 防衛省防衛研究所 C06061769500

13-7 清國北洋水師將校士官宣誓降服名簿(2) 《威海衛軍港明渡關係書類》 防衛省防衛研究所 C06061769500

14-1 清日戰爭日軍軍法判刑人員及犯罪地域《日清戰爭統計集》第 1—4 卷 明治二十七八年戰役統計 陸軍省 海路書院 2005

14-2 清日戰爭陸軍檢查處分人員統計 《日清戰爭統計集》第 1—4 卷 明治二十七八年戰役統計 陸軍省 海路書院 2005

14-3 日軍戰爭中刑法處罰概況 《日清戰爭統計集》第 1—4 卷 明治二十七八年戰役統計 陸軍省 海路書院 2005

15-1 日軍佔領地(遼東半島)人口調查表 《日清戰爭統計集》第 1—4 卷 明治二十七八年戰役統計 陸軍省 海路書院 2005

15-2 日軍佔領地(遼東半島)行政部門職員配置 《日清戰爭統計集》第 1—4 卷 明治二十七八年戰役統計 陸軍省 海路書院 2005

15-3 日軍佔領地(遼東半島)行政部百姓救恤 《日清戰爭統計集》第 1—4 卷 明治二十七八年戰役統計 陸軍省 海路書院 2005

15-4 日軍佔領地(遼東半島)警察管治(1) 《日清戰爭統計集》第 1—4 卷 明治二十七八年戰役統計 陸軍省 海路書院 2005

15-5 日軍佔領地(遼東半島)警察管治(2) 《日清戰爭統計集》第 1—4 卷 明治二十七八年戰役統計 陸軍省 海路書院 2005

15-6 日軍佔領地(遼東半島)警察管治(3) 《日清戰爭統計集》第 1—4 卷 明治二十七八年戰役統計 陸軍省 海路書院 2005

15-7 日軍佔領地(遼東半島)人民犯罪罪名及判決刑 《日清戰爭統計集》第 1—4 卷 明治二十七八年戰役統計 陸軍省 海路書院 2005

15-8 營口港輸往清國國內港物品及額度 《日清戰爭統計集》第 1—4 卷 明治二十七八年戰役統計 陸軍省 海路書院 2005

15-9 清國國內港輸入營口港物品及額度 《日清戰爭統計集》第1—4卷 明治二十七八年戰役統計 陸軍省 海路書院 2005

15-10 營口港輸向外國港物品及額度 《日清戰爭統計集》第1—4卷 明治二十七八年戰役統計 陸軍省 海路書院 2005

15-11 外國港向營口港輸入物品及額度 《日清戰爭統計集》第1—4卷 明治二十七八年戰役統計 陸軍省 海路書院 2005

15-12 明治二十八年(1895)營口港海關進出口額度 《日清戰爭統計集》第1—4卷 明治二十七八年戰役統計 陸軍省 海路書院 2005

15-15 日軍佔領地(遼東半島)行政徵税計劃 《日清戰爭統計集》第1—4卷 明治二十七八年戰役統計 陸軍省 海路書院 2005

16-1 清日戰爭前後日本國民薪金水準 《日本長期統計総覧》 總務廳統計局監修 日本統計協會 1988

16-2 清日戰爭前日本紡織女工月生活費 《日清戰爭》藤村道生 岩波書店 1979

16-3 明治二十七年(1894)日本國內物品物價指數 《明治以降卸売物價指數統計》 日本銀行調查統計局 日本銀行 1987

16-4 愛知縣各郡市戰死者遺族及負傷者撫恤 《都史資料集成》第1—2卷 日清戰爭と東京 東京都 1998.3

16-5 愛知縣幡豆郡留守家族扶助狀況 《都史資料集成》第1—2卷 日清戰爭と東京 東京都 1998.3

註：表記參考資料參考上述文獻作成，各表格形式的設計均與原文不同。部分表格經過多份文獻歸納整合而成。讀者若希望取得原始數據，請參考本表記內參考文獻。

結　語

作者的話

1894年的世界史上記錄了一起重大事件，位於亞洲東方大陸的大清國和島國日本國之間爆發了一場戰爭。戰爭在跨越朝鮮國、清國本土和台灣島的空間展開，歷時一年零七個月，以清國戰敗日本勝利的結果告終。

近幾個世紀以來，東亞諸國諸民族在長期的國家關係中，建立了獨自的政治秩序。十六世紀，統一日本的豐臣秀吉為實現西進東方大陸的野心，企圖打破以明朝為中心的東亞秩序，發動了兩次侵略朝鮮的戰爭。但在和明朝的軍事作戰中敗北，破滅了日本長久以來的大陸夢。隨着明朝的覆滅，滿族人建立的清國誕生，大清國延續了對日本採取外交限定、貿易統制的大國主義政策。此後在海洋相隔的大陸和島國彼岸，以大清國皇帝為主流的王朝體制，和以江戶幕府德川將軍為支流的大君體制在東亞形成。兩個有着漢唐文化傳承的國家，創造了各自的近代文化，經歷了輝煌和衰落，建立了獨自的國際關係秩序。大清國的歷史延續了二百六十八年，日本江戶幕府的歷史延續了二百六十四年。

十九世紀中葉，東亞受到西方列強的侵略。英法對清國發動了兩次鴉片戰爭，清國的國家主權遭到侵害。美國艦隊駛入日本江戶灣引發"黑船來航"事件，迫使幕府打開國門。明治新政府深感西方外來侵略的危機，為了維護國家自身的利益，意欲聯清、聯朝組成三國聯盟，共同對抗外來侵略的威脅。但清、朝兩國無視日本的願望，堅持華夷秩序的宗藩體制，使孤立的日本轉而向歐美靠攏，實行"脫亞入歐"的外交路線。明治維新脫亞入歐，加快了日本國家政治經濟的起步，也使日本和清、朝兩國的對立日益加深。在西方炮艦衝擊兩國的國門時，日本選擇了敞開國門接受西方的文明。大清國則仍然堅持閉關自守的鎖國政策。結果日本比清國提前四十三年，完成由封建社會向近代資本主義的轉型。

東亞的國際關係秩序中，最讓大清國耿耿於懷的是日本明治政府公開授予明治天皇，相當於皇帝的"天皇"尊號。在傳統的華夷秩序體制下，清國對"皇帝"稱謂十分敏感，具有很深意味的政治解釋。明治政府的所為，象徵着日本無視大清國的華夷秩序，這種平起平坐的行為是對大清國皇帝的侮辱。清國在強大經濟原動力支持下，加快軍事近代化步伐，對抗日本維新國家的崛起。清國組建了強大的北洋水師，建設了配備世界上最新銳大炮的堅固要塞。大清國為了達到維護華夷秩序支配朝鮮的目的，全面警戒日本在朝鮮的進出，鼓勵朝鮮堅持閉關自守的鎖國政策，排擠日本對朝鮮的滲透。大清國把朝鮮視為阻止日本西進最重要的屬國，絕不能容忍豐臣秀吉當年侵略朝鮮的野心再度重演。

國家間經濟和軍事力量的差距，使日本無法撼動以大清國為主體的東亞華夷秩序體系。明治政府開始了國家的全民動員，軍事上直追大清國，挑戰清國在東亞的主導地位。清日戰爭前夜，日本終於找到和清國軍事較量的機會，通過朝鮮內政改革議案，在國際輿論上孤立清國。日清間互不妥協的態度，加劇了日、清、朝三國間的緊張關係。開戰外交在複雜的背景下展開，清國迴避戰爭的努力失敗，被動投入與日本對決的戰爭之中。

清日戰爭是二十世紀東亞的開幕大戲。戰爭產生了新的東亞國際秩序，歐美列強在東亞的強權被削弱，在東亞國際關係體系中加入了亞洲強國的新成員，一種複合型的國際秩序開始形成。清日戰爭的發生，加深了歐美列強之間的矛盾，直接影響到國際關係的質變。大清國原始制度被撼動，東亞的政治舞台上，以大中華漢民族為中心的多元化社會誕生。

清日戰爭，清國失去了對朝鮮的獨佔權和國土台灣。戰敗雖然沒有推翻國家政權，清國作為王朝國家繼續存在。但清日戰爭失敗帶來的影響，導致大清王朝的全面崩潰，義和團運動、辛亥革命，漢民族作為國家領袖登上了歷史舞台。被"愚民"化的大陸臣民，終於看到自身在國家觀中的價值，明白了明治維新贏得戰爭的關鍵要素。

維新的日本接受了西方"國民"的概念，國家的人民從愚昧狹隘的個人意識，一舉躍進到國家觀的高度。"國民"的思想，超越了"人民"、"臣民"的理念。"民"的脫胎，成為國家為我，我為國家的近代國家主義。日本"國民"思想的誕生，凝聚了國家力量，贏得了勝利，在這場戰爭中也喚醒了近代大陸民眾渴望解放的動力。

清日戰爭經過百年時光，給中國人內心深處留下隱隱傷痛與恥辱，從那個時代開始，外來侵略一直成為纏繞這塊東方大陸的夢魘。在中國近代化的歷史中，當西方文明和明治維新與古舊的清朝體制發生猛烈碰撞時，戰爭的失敗也催生了中華革命的歷史紀元。

清日戰爭的失敗是從外來勢力的清國觀形成開始的，而清國觀的形成源於一支懦弱的國家軍隊，這支軍隊的存在，導致中華民族反覆遭到列強的傷害和蹂躪。清日戰爭半個世紀後，當中國軍隊在朝鮮與強敵美國的較量中，打出了中華民族的世界地位時，"大中國觀"才開始真正意義上形成。中華民族需要一支有能力捍衛國家和民族尊嚴的強大軍隊。

縱觀中國近代史，清日戰爭的失敗對中華民族而言是悲哀的，但也是幸運的。清日戰爭的歷史意義在於引導中華民族重新登上歷史舞台，奠定一個新概念的國度，確立國家版圖的格局，創設國家間關係的新秩序，衍生新興中華的歷史文明，讓世界注視到睡獅的醒來。

1894 年清日兩國的戰爭，清國用干支紀年的甲午年命名"甲午戰爭"；日本國命名"明治二十七八年戰役"；歐美國命名"First Sino-Japanese War"。清國和日本國的命名均不能準確表達戰爭當事國的主賓關係。近代以來，日本人改稱"日清戰爭"，中國人繼續延用"甲午戰爭"或衍生"中日甲午戰爭"的稱呼。依據國際上對戰爭命名的慣例，明確作戰當事國的主賓關係，本著題名《清日戰爭》，而在日本國角度敍述戰爭時，使用"日清戰爭"的表達方式。

本著少量使用"中國"、"支那"的用語。早期"中國"一詞偶見於清國洋務派李鴻章的外交用語中，日本報刊中亦有少量應用。但是大清朝廷並不完全認同中華或中國的稱謂，因為中華帶有以漢人文化背景的濃厚色彩。

日本的近代史不把清國看作真正意義上的中華，中華是以漢唐文化為代表的民族傳承，清國的華夏子孫只是附庸於大清蠻夷統治下，生存在自己土地上的一個大民族。日本在區別滿洲人和漢族人共同存在的國家時，引入了西方詞彙中的外來語"China"一詞。日本語"China"的西文字表述為"支那"，發音為"西那"。"支那"一詞，中性地表述了近代日本對華夏漢民族的認同，對她擁有文化的敬仰，以及對滿族的區分。"支那"一詞的漢文描述和應用，在近代史書裏可以看到中國人並不忌諱的痕跡。隨着日本軍國主義對中國戰爭的長期擴大，原本中性的"支那"一詞從侵略者嘴裏吐出，就逐漸形成了帶有貶義的概念。中國的崛起和對

"支那"稱謂的非認同，是現代中國反對戰爭，不忘日本曾經傷害過中華民族的政治取向。

　　本著的構成以日本國內收藏的歷史文獻為主要資料源，書中對戰爭的敍述和圖表的解說，是歷史上日本人對日清戰爭的一般認識。由於清國官方缺少對戰爭的準確記錄和統計，本著使用日本文獻研究清日戰爭，會存在片面性，也會與中國的歷史觀點存在矛盾，作者期待中外研究者逐漸澄明正確的歷史史實。書中收錄的照片、繪畫、統計表等文獻，僅反映當時日本人及歐美人對戰爭的描繪和記錄，非作者對戰爭當事國褒貶的立場。

　　本著使用的統計資料及表格數據，主要採用了日軍參謀本部 1904 年編纂的《明治廿七八年日清戰史》8 卷；2005 年舊陸軍省編纂的《日清戰爭統計集》4 卷；國立公文書館、外務省外交史料館、防衛省防衛研究所公開的館藏文獻資料。各文獻記載的個別數據存在差異，誤差理由和產生的原因不明。基於尊重歷史文獻記載的考慮，文本和表記如實轉載，特此説明。

　　本著完成之際，誠意向日本國立國會圖書館、國立公文書館、外務省外交史料館、防衛省防衛研究所、東京都立圖書館、武藏野市圖書館、西東京市圖書館等提供資料協助的圖書館致以謝意。對致力研究和整理清日戰爭史料的中日學者表示敬意。向長年給予本著協助的張黎明博士致謝。書中的參考資料及引用文獻列記《參考及引用文獻》，特此鳴謝。

參考及引用文獻

■圖書資料文獻

《日清戦争実記》島田薫、河村直、他 博文館 初版1894.8.30

《明治廿七八年日清戦史》第1～8巻 参謀本部 東京印刷1904

《日本外交史》鹿島守之助 鹿島研究所出版部1965

《日清戦争日本の戦史》 舊参謀本部 徳間書店1966

《機密日清戦争》 伊藤博文 原書房1967

《郵政百年史資料》第28巻 郵政省編 吉川弘文館1971

《日清戦争従軍秘録》 浜本利三郎 青春出版社1972

《日本の歴史》 宇野俊一 小学館1976.4

《明治維新－現代日本の起源》 羽仁五郎 岩波新書1979

《日清戦争》 藤村道生 岩波書店1979

《帝国海軍と日清戦争》 海軍編集委員会 東京誠文図書1981.9

《蹇蹇録》 陸奥宗光 東京岩波書店1988

《日本は朝鮮になにをしたの》 映画「侵略」上映委員会 明石書店1991.8

《台湾軍司令部1895～1945》 古野直也 東京国書刊行会1991.9

《大阪砲兵工廠の研究》 三宅宏司 思文閣出版1993.2

《日清戦争の社会史"文明戦争"と民衆》 大谷正 原田敬一 大阪フォーラムA 1994.9

《ニュースで追う明治日本発掘》第5巻 鈴木孝一 河出書房新社1995.2

《旅順虐殺事件》 井上晴樹 筑摩書房1995.12

《日本の戦史日清戦争》 舊参謀本部 東京徳間書店1995.8

《現代歴史学と戦争責任》 吉田裕 東京青木書店1997.7

《戦争と差別と日本民衆の歴史》 久保井規夫 明石書店1998.1

《乃木"神話"と日清 日露》 嶋名政雄 東京論創社2001.3

《近代日本の形成と日清戦争》 桧山幸夫 雄山閣出版2001.4

《陸奥宗光とその時代》 岡崎久彦 PHP研究所2002.02

《帝国陸軍戦場の衣食住》 藤田昌雄 東京学研2002.10.2

《中国近現代史》 池田誠 法律文化社2002.3

《日本軍国主義の源流を問う》 星野芳郎 東京日本評論社2004.6

《明治時代館》 ビジュアルワイド 東京小学館2005.12

《異国人の見た幕末》 明治JAPAN 菅春貴 東京新人物往来社2005.6

《開化派リーダーたちの日本亡命》 姜健栄 朱鳥社2006.1

《帝国陸軍の改革と抵抗》 黒野耐 講談社2006.9

《鉄砲伝来の日本史》 宇田川武久 吉川弘文館2007.1

《韓国の歴史》 水野俊平 河出書房新社2007.9

《日清戦争》 原田敬一 吉川弘文館2008.8

■寫真圖繪資料文獻

《日清戦争写真帖》 博文堂 博文堂1896

《聖徳記念絵画館壁画集》　乾巻　坤巻　明治神宮奉賛会　出版社東京1932
《帝国連合艦隊》　千早正隆　講談社1969
《風俗画報》1894〜1895年初版　明治復刻版　国書刊行会1973
《図解古銃事典》　所荘吉　雄山閣1974
《日清戦争期の漫画》　G=ビゴー　筑摩書房1985.6
《近代百年史》第2〜3巻　日本近代史研究会　東京日本図書センター1989.1
《日清戦争従軍写真帖》　亀井茲明　柏書房1992.7
《世界銃砲史》（上下）　岩堂憲人　国書刊行会1995
《幕末明治の生活風景》　須藤功　東京東方総合研究所1995.3
《写真記録日中戦争》　鈴木亮　笠原十九司　東京ほるぷ出版1995.8
《日清戦争秘蔵写真が明かす真実》　檜山幸夫　講談社1997.8
《百年前の日本》　小西　四郎　岡　秀行　小学館2005.2
《世界の軍服》　崔海源　星雲社2000.5
《日本の砲術》　板橋区立郷土資料館　板橋区立郷土資料館2004.2
《日本海軍艦艇写真集》第1〜6巻　呉市海事歴史科学館　東京ダイヤモンド社2005
《図解日本陸軍歩兵》　田中正人　並木書房2006
《兵士と軍夫の日清戦争》　大谷正　有志舎2006.5
《上野彦馬歴史写真集成》　馬場章編　東京渡辺出版　2006.7
《写真で見る海軍糧食史》　藤田昌雄　光人社2007.3
《晩清七百名人図鑑》　閔杰　上海书店出版社2007.12.1
《大砲入門》　佐山二郎　光人社2008.5
《図説中國文明史・清》　稲畑耕一郎　劉煒　陳萬雄　張倩儀　創元社　2006.1
《世界のなかの日清韓関係史》　岡本隆司　講談社　2008.8

■統計資料文献
《日清戦争統計集》　第1〜4巻　明治二十七八年戦役統計　陸軍省　海路書院2005
《性風俗史年表》　明治編　下川耿史編　河出書房新社2008.6
《都史資料集成》　第1〜2巻　日清戦争と東京　東京都1998.3
《明治大正家庭史年表》　下川耿史　河出書房新社2000.3
《目でみる東京百年》　東京都　東京都都政資料館1968
《明治編年史》　新聞集成第九巻　中山泰昌　東京財政経済学会1970
《朝鮮近現代史年表》　新東亜編輯室　東京三一書房1980.6
《明治　大正　昭和軍隊マニュアル》　一ノ瀬俊也　東京光文社2004.7
《明治廿七八年日清史》第1〜8巻、附録　参謀本部　東京印刷　1904
《明治以降卸売物価指数統計》　日本銀行調査統計局　日本銀行　1987

■國家檔案館館藏文献
《山口正清援刀隊編制志望の件報告》　国立公文書館　A05032103600
《日清両国休戦条約》　国立公文書館　A01200837500
《講和条約、別約、議定書、追加休戦定約、御批准書》　国立公文書館　A03033009900
《御署名原本　明治二十八年　詔勅五月十日占領壊地ヲ還付シ東洋ノ平和ヲ鞏固ニス》　国立公
　文書館　A03020190800

602

《御署名原本　明治二十八年・条約十二月三日　奉天半島還付ニ関スル条約》　国立公文書館
　A03020213500

《長崎事件》　外務省外交史料館　B03030243200

《マンチユリヤ号（長崎）事件》　防衛省防衛研究所　C05110191200

《東学党変乱ノ際韓国保護ニ関スル日清交渉関係》　外務省外交史料館　B03030205300

《第一回朝鮮事件》　外務省外交史料館　B03030242200

《朝鮮政府援兵ヲ清国ニ乞フ事》　外務省外交史料館　B03030207500

《英国商船高陞号撃沈ノ事》　外務省外交史料館　B03030208100；B07090653000

《朝鮮国豊嶋近海ニ於テ帝国軍艦浪速ノ為英国汽船高陞号撃沈ノ件》外務省外交史料館
　B07090653300

《日清韓交渉事件記事　英国関係ノ分》　外務省外交史料館　B03030190400

《豊島沖ノ海戦及朝鮮政府ノ依頼ニ応シ在牙山清兵ノ駆逐並日清両国宣戦ノ詔勅公布ノ事》
　外務省外交史料館　B03030208000

《外国新聞記者ノ第二軍ヘ従軍ノ義暫停ノ件》　外務省外交史料館　B07091018700

《米国ニューヨークヘラルド其他ノ同国新聞社通信員ジエーダブリユダヴィッドソン戦況視察
　ノ為第一軍ニ従軍ノ件（不許可）》　外務省外交史料館　B07091016500

《独乙国フランクホルトツアイトンク新聞通信員文学博士アルブレヒトヴィルト従軍ノ件》
　外務省外交史料館　B07091017900

《李鴻章来朝及遭難、李経方ノ全権委員ニ就任》　外務省外交史料館　B06150070300

《日清講和条約締結一件/会見要録》　外務省外交史料館　B06150073200；B06150073000

《清国の出師準備》　防衛省防衛研究所　C08040476000

《清国の出兵及募兵1-2》　防衛省防衛研究所　C08040477600；C08040477700

《清国兵の朝鮮国に派遣始末1》　防衛省防衛研究所　C08040560100

《清国北方の状況》　防衛省防衛研究所　C08040560700

《日清両国の宣戦及外国の局外中立》　防衛省防衛研究所　C08040464900

《高陞号船長以下引渡の請求、英国商船を臨検せさる請求、英国軍艦の広乙残兵回送、英国軍
　艦の中立義務違犯》　防衛省防衛研究所　C08040544500

《高陞号撃沈前の事実》　防衛省防衛研究所　C08040545600

《弾薬の消費1-3》　防衛省防衛研究所　C08040489000；C08040489100；C08040489200

《海洋島海戦報告書1-2》　防衛省防衛研究所　C08040487400；C08040487500

《日清海戦史　黄海役　附図　海軍軍令部》　防衛省防衛研究所　C08040532300

《明治27年9月17日　黄海海戦戦死傷数》　防衛省防衛研究所　C06061789400

《清国南北洋の艦隊戦略司令長官の命令1-2》　防衛省防衛研究所　C08040476700；
　C08040476800

《清将の賞罰任免及清国海軍士官の挙動1-2》　防衛省防衛研究所　C08040485700；
　C08040485800

《清艦の移動、所在、挙動状況1-4》　防衛省防衛研究所　C08040477400；C08040477100；
　C08040477200；C08040477300；C08040477400

《清国北洋水師提督丁汝昌への書簡英訳》　防衛省防衛研究所　C06061769400

《北洋海軍提督丁汝昌の北洋大臣李鴻章に贈る書》　防衛省防衛研究所　C06061857600

《水雷艇福龍号管帯蔡廷幹を尋問せし問答書》　国立公文館　C06061586700

《国外より得たる海洋島海戦に関する記事》　防衛省防衛研究所　C08040487800

《明治23年10月14日清国北洋艦隊艦船表に関する件》　防衛省防衛研究所　C10124759100

《明治23年10月13日清国海軍合操及南洋福建廣東艦隊の表等に関する件》　防衛省防衛研究所　C10124759200

《威海衛軍港明渡関係書類》　防衛省防衛研究所　C06061769500

《捕虜交換報告書抜粋》　防衛省防衛研究所　C06060333100

《捕虜交換報告書抜粋　捕虜交換景況》　防衛省防衛研究所　C06060461300

《捕虜還送委員長復命書》　防衛省防衛研究所　C06060437900

《支那捕虜将校11名本邦へ送る筈なり　塩屋兵站監》　防衛省防衛研究所　C06061845200

《捕虜交換の大略報告》　防衛省防衛研究所　C06061112900

《平壌の戦報　支那兵撲滅並捕虜》　防衛省防衛研究所　C06060138200

《葉志超より左宝貴に与ふる書》　防衛省防衛研究所　C06060137400

《第5師団戦闘報告9月15日元山支隊戦闘詳報》　防衛省防衛研究所　C06062049100

《鴨緑江架橋及び渡舟詳報　第1軍工兵部長　矢吹　秀一》　防衛省防衛研究所　C06062039200

《第1砲攻撃開始より椅子山堡塁団奪略に至る》　防衛省防衛研究所　C06062132000

《清国政府敗将を賞す》　防衛省防衛研究所　C06060140100

《朝鮮国派遣中特別書類　連合艦隊司令長官》　防衛省防衛研究所　C08040632200

《清国の蛮行及蛮行に就ての論評》　防衛省防衛研究所　C08040488900

《列国局外中立の宣言》　防衛省防衛研究所　C08040516400

《外国新聞外国人の評論1-3》　防衛省防衛研究所　C08040607000；C08040607100；
　C08040607200

《日清戦争実記抜萃》　防衛省防衛研究所　C08040607900

《富山県知事　従軍願に付上申》　防衛省防衛研究所　C06060082300

《衆議院議員秋岡義一従軍願の件》　防衛省防衛研究所　C06061036500

《真宗僧呂特派従軍の件》　防衛省防衛研究所　C06061425300

《写真師従軍願の件》　防衛省防衛研究所　C06031034700

《薬剤師従軍願の件》　防衛省防衛研究所　C06031003400

《台湾へ新聞記者等派遣の件》　防衛省防衛研究所　C06060236800

《英国旅団医官等従軍願の件》　防衛省防衛研究所　C06021919300

《追加休戦定約》　防衛省防衛研究所　C06061949100

《下の関談判1-2》　防衛省防衛研究所　C08040540500；C08040540500

《劉永福勧降始末》　防衛省防衛研究所　C08040582000

《劉永福遁走》　防衛省防衛研究所　C08040582500

《劉永福の使書拒絶始末》　防衛省防衛研究所　C06060340800

《本邦領属後の台湾島に係る雑件1-2》　防衛省防衛研究所　C08040496700；C08040496800

《総督府開庁》　防衛省防衛研究所　C08040580500

【文献資料検索説明】

アジア歴史資料センター［Japan Center for Asian Historical Records(JACAR)]，中國語（亞洲歷史資料中心），所屬日本國國立公文書館網站，是近現代日本國內閣、外務省、陸軍、海軍保存的公文，以及從其他記錄檔案中選出匯集的，日本國與亞洲近鄰各國之間關係的文獻資料庫。讀者查閱本著引用的亞洲歷史資料中心參考文獻時，請在http://www.jacar.go.jp/網頁的檢索欄內輸入檢索編號，點擊"畫像閱覽"即可閱讀原始文獻。A編號：國立公文書館；B編號：外務省外交史料館；C編號：防衛省防衛研究所